U0612583

中华古籍保护计划

ZHONG HUA GU JI BAO HU JI HUA CHENG GUO

·成果·

册府千華

江苏省藏国家珍贵古籍特展图录

南京图书馆（江苏省古籍保护中心）　编

国家图书馆出版社

图书在版编目（CIP）数据

册府千华：江苏省藏国家珍贵古籍特展图录 / 南京图书馆（江苏省古籍保护中心）编. — 北京：国家图书馆出版社, 2024.11

ISBN 978-7-5013-7306-2

Ⅰ. ①册… Ⅱ. ①南… Ⅲ. ①古籍—中国—图录 Ⅳ. ①G256.22-64

中国版本图书馆CIP数据核字（2021）第150429号

书　　名　册府千华——江苏省藏国家珍贵古籍特展图录
著　　者　南京图书馆（江苏省古籍保护中心）　编
责任编辑　王佳妍
封面设计　一瓢文化·邱特聪

出版发行　国家图书馆出版社（北京市西城区文津街7号　100034）
（原书目文献出版社　北京图书馆出版社）
010-66114536　63802249　nlcpress@nlc.cn（邮购）
网　　址　http://www.nlcpress.com
印　　装　北京雅图新世纪印刷科技有限公司
版次印次　2024年11月第1版　2024年11月第1次印刷

开　　本　889×1194　1/16
印　　张　26.75
书　　号　ISBN 978-7-5013-7306-2
定　　价　398.00元

编委会

前　言

浩如烟海的古代典籍是中华文化绵延数千载的历史见证，这些穿越历史的文字，凝结着先贤的智慧，记载着文明的足迹，所以做好古籍保护是利在当代、功在千秋的重要文化工程。党的十八大以来，全国各级有关部门和古籍保护工作者围绕“保护为主、抢救第一、合理利用、加强管理”的方针，以坚定的文化自信和强烈的使命担当，推动着“中华古籍保护计划”深入发展，全国古籍保护事业取得了重要进展。2013 年，习近平总书记在十八届中央政治局第十二次集体学习时的讲话中强调：“中华文化是我们提高国家文化软实力最深厚的源泉，是我们提高国家文化软实力的重要途径……要系统梳理传统文化资源，让收藏在禁宫里的文物、陈列在广阔大地上的遗产、书写在古籍里的文字都活起来。”更是突出了古籍深厚的历史文化价值与新的时代内涵。

紬奇册府，总百代之遗编。“册府千华”系列展览，立足于古籍普查登记的基础之上，旨在展示古籍之美，以及古籍在修复保护、整理研究、阐释利用、传播推广等领域取得的一系列重要成果，在全国多地举办，已成为国内最具影响力的专业古籍展览。江苏省作为古籍大省，古籍数量和善本总量都位居全国同级范围首位，为中华典籍的积累、保存、整理和传播作出了巨大贡献，江苏省古籍保护中心在 2014 年、2018 年两度举办“册府千华——江苏省藏国家珍贵古籍特展”，展出的宋元古椠、明清佳刻、碑帖印谱、精写旧抄达 400 余部，充分展现出江苏文化的广博精深、文献资源的丰赡珍贵、古籍保护事业的蓬勃发展。

为进一步总结并展示十三五时期“中华古籍保护计划”成果，合理开发馆藏古籍资源，挖掘展览的社会效益，国家图书馆（国家古籍保护中心）设立“‘册府千华’系列展览图录编纂项目”，推进古籍保护工作在新时期更高效、更科学和更深入地保护和利用，形成具有学术影响力和社会影响力的“中华古籍保护计划”特色品牌，形成古籍保护宣传的窗口效应。江苏省古籍保护中心积极配合，共同推动“册府千华”系列展览图录的编纂工作。此次编纂出版《册府千华——江苏省藏国家珍贵古籍特展图录》，意在进一步总结展示“中华古籍保护计划”开展以来江苏省古籍保护工作成果，合理开发馆藏古籍资源，挖掘展览的社会效益，更好地传承并弘扬中华优秀传统文化，满足人民群众的精神文化需求。

2014年，江苏省藏国家珍贵古籍特展共展出了200部珍本，包含了刻本、稿本、抄本、活字印本、套印本、拓本、钤印本、彩绘本等多种版本，涵盖了内府、藩府、儒学、书院、私人、家塾、书坊等多方刻书机构，展示内容丰富多样。为了让更多的民众通过这本图录走近古籍，了解古籍，本图录不仅回顾了从2007年中华古籍保护计划开展以来，江苏在古籍保护各项工作中取得的辉煌成果，还对展览的每一部珍本撰写了文字介绍并选择相应的书影1至3幅，深入挖掘珍贵古籍的版本价值、文物价值、艺术价值，提炼优秀传统文化的精神内核，展示古籍的文化精髓，讲好古籍故事。

我们的文化自信与文化特色来自五千年延续不绝的中华文明，古籍作为传承中华文明、赓续中华文脉的重要载体，是中华民族的智慧结晶。守护好古籍，利用好古籍，是我们传承中华优秀传统文化的基础性工作，意义深远。诚愿此图录的出版，能让更多读者了解古籍知识、重视古籍保护，以敬畏之心善待古籍，共同守护我们的优秀传统文化。

南京图书馆（江苏省古籍保护中心）

2022年

展览总体情况说明

五千年的历史长河，孕育了绚烂多彩的中华文明。“惟殷先人，有册有典”，中华典籍文献世代相传，是中华优秀传统文化的重要载体，在世界上独树一帜。江苏是中华文化的重要发祥地之一，其历史悠久，文化底蕴深厚，特别是东晋南北朝和明清时期，江苏两度成为中国的文化中心，迁客骚人，俊采星驰，留下了丰厚的文献典籍，这些珍贵的文献典籍数量庞大、分布广泛、内容丰富，是保存江苏文化、延续江苏文脉的重要文献资源，在江苏文化和中华文明的薪火传承中起着重要作用。

自2007年，国家正式启动“中华古籍保护计划”以来，江苏古籍保护工作扎实推进，持续发展，全省古籍工作从业者众志成城、砥砺奋进，在古籍普查、分级保护、学术研究、古籍存藏、人才培养、古籍修复、数字文献、保护宣传等方面均取得阶段性的重大进展，推动着江苏省古籍保护事业走在全国前列。为彰显江苏古籍文献资源的丰富性，体现江苏省在古籍保护、宣传推广等方面的信心与自觉，2014年10月22日至11月21日期间，受国家图书馆（国家古籍保护中心）委托，南京图书馆（江苏省古籍保护中心）特别举办了“册府千华——江苏省藏国家珍贵古籍特展”，在为期一个月的时间里，展出入选国家珍贵古籍名录的200部善本。

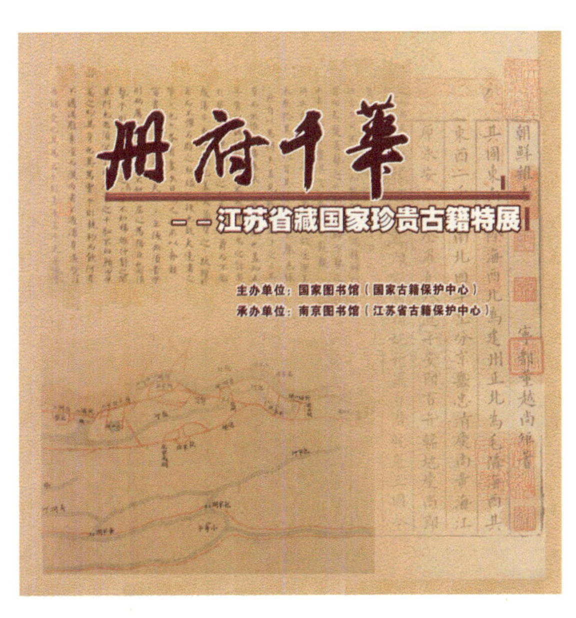

展标

宣传册

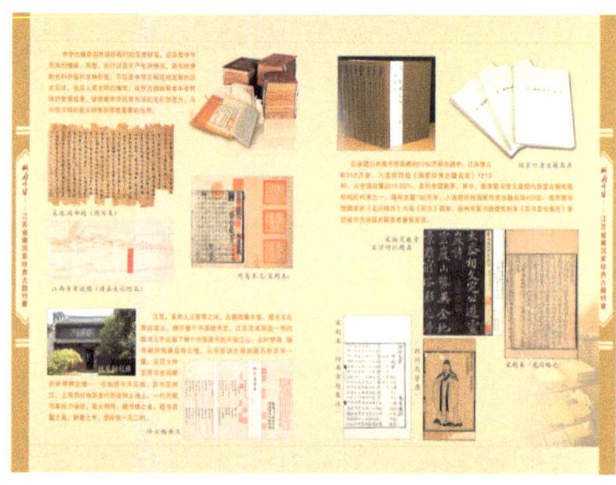

宣传册

一、展品介绍

此次展览，南京图书馆陆续展出了入选国家珍贵古籍名录的200部善本，诸如宋元旧椠、内府刻书、名家手稿等，都一并与广大读者见面。这也是南京图书馆历史上规模最大、珍本最丰、规格最高的古籍展览，正可谓册府千华，珍品迭现。此次展出的200部珍贵古籍善本中，宋本4部、元本3部、明本173部、清本20部，包括了刻本、稿本、抄本、活字印本、套印本、拓本、钤印本、彩绘本等各种版本，涵盖了内府、藩府、儒学、书院、私人、家塾、书坊等多方刻书机构及刻书者。不少珍本是首次出库与广大读者见面，如宋拓《灵岩寺宋贤题诗题名集拓》、明内府所抄《永乐大典》残页、研究明代南京马政的重要典籍《南京太仆寺志》等。此外，一批极具可观性的珍本，如在中国印刷史上占有一定地位的泾县翟金生泥活字印《仙屏书屋初集诗录》、曾被选为南图十大珍藏古籍的元刻本《乐府新编阳春白雪》等也再度出山，以供读者观摩与赏鉴。

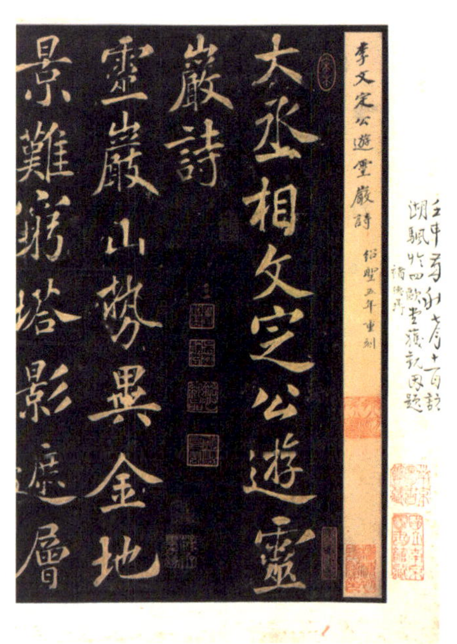

灵岩寺宋贤题诗题名集拓

其中首次出库的宋拓本《灵岩寺宋贤题诗题名集拓》是南图馆藏珍品之一。

灵岩寺，位于山东省济南市长清区万德镇境内，地处泰山西北部。灵岩寺始建于东晋，于北魏孝明帝时期开始重建，至唐代达到鼎盛。宋代，随着灵岩寺声名日隆，处在由京城到京东路官道上的灵岩寺，不但会迎接当时赴任齐鲁的官员，有时也会招待一些朝中到京东巡游视察的官员，他们在灵岩寺留宿后往往也会赋诗留念。这些留在寺中的题诗后由寺僧移刻于石，此本即为宋代原石的拓本，此石现已不存，故此拓尤贵。此拓当年申报珍贵古籍名录时，因是首次露面，评审专家恐照片鉴定不确，特派有关专家亲赴本馆目验原书，最终确定为宋拓无疑。

同样首次出库的《永乐大典》残页也可谓国之珍宝。众人皆知，《永乐大典》是中国最著名的一部大型古代典籍，它保存了 14 世纪以前中国历史地理、文学艺术、哲学宗教等各科文献，其规模是西方同时代典籍所望尘莫及的，比英国《大英百科全书》早 300 多年，是迄今为止世界最大的百科全书，堪称世界文化遗产的珍品。《永乐大典》共计有 22877 卷、目录 60 卷，分装成 11095 册，全书字数约 3.7 亿字。可惜的是，《永乐大典》永乐年间在南京纂修完成后，仅抄录了一部，被称为“永乐正本”；到嘉靖朝，怕《大典》有损，又重录了一部，称为“嘉靖副本”。因为两部《大典》都深藏在皇宫中，没有刊印，流传稀少，在朝代更迭、内忧外患中被偷盗、抢掠、焚烧，“正本”消失了，“副本”也只剩下 400 余册，且散藏于世界各地。因此，南京图书馆所藏的《永乐大典》虽为残页，亦弥足珍贵。

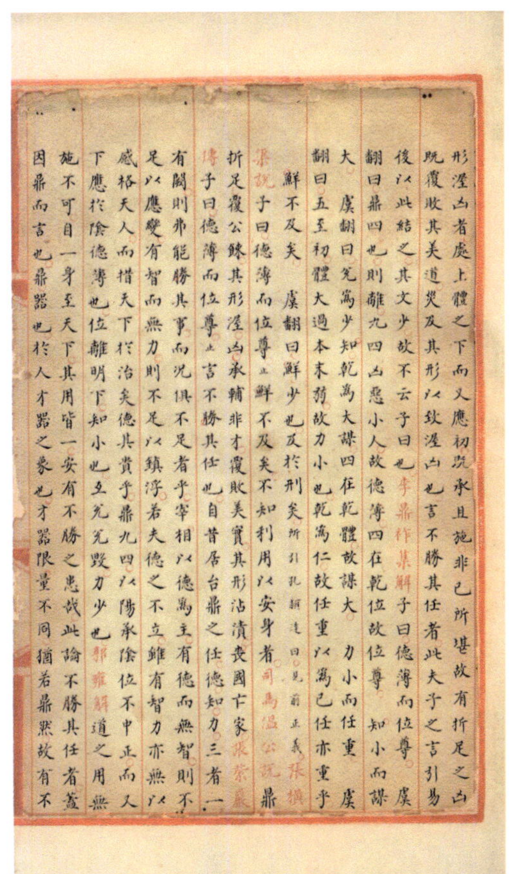
形渥凶者處上體之下而又應初既承且施非己所堪故有折足之凶
既覆敗其美道災及其形以致渥凶也言不勝其任者此夫子之言引易
後以此結之其文少故不云子曰也 李鼎祚集解 子曰德薄而位尊 虞
翻曰鼎四也則離九四凶惡小人故德薄四在乾位故位尊 知小而謀
大 虞翻曰兌爲少知乾爲大謀四在乾體故謀大 力小而任重 虞
翻曰五至初體大過本末弱故力小也乾爲仁故任重以爲己任亦重乎
鮮不及矣 虞翻曰鮮少也及於刑矣 所引孔穎達曰見前正義 張橫
渠說 子曰德薄而位尊止鮮不及矣不知利用以安身者 司馬溫公說 鼎
折足覆公餗其形渥凶承輔非才覆敗美實其形沾漬喪國亡家 張紫巖
傳 子曰德薄而位尊止言不勝其任也自昔居台鼎之任德知力三者一
有闕則弗能勝其事而况俱不足者乎宰相以德爲主有德而無智則不
足以應變有智而無力則不足以鎮浮若夫德之不立雖有智力亦無以
感格天人而措天下於治矣德其貴乎鼎九四以陽承陰位不中正而又
下應於陰德薄也位離明下知小也互兌兌毀力少也 郭雍解 道之用無
施不可自一身至天下其用皆一安有不勝之患哉此論不勝其任者蓋
因鼎而言也鼎器也於人才器之象也才器限量不同猶若鼎器故有不

南京图书馆藏《永乐大典》

《南京太仆寺志》为明代雷

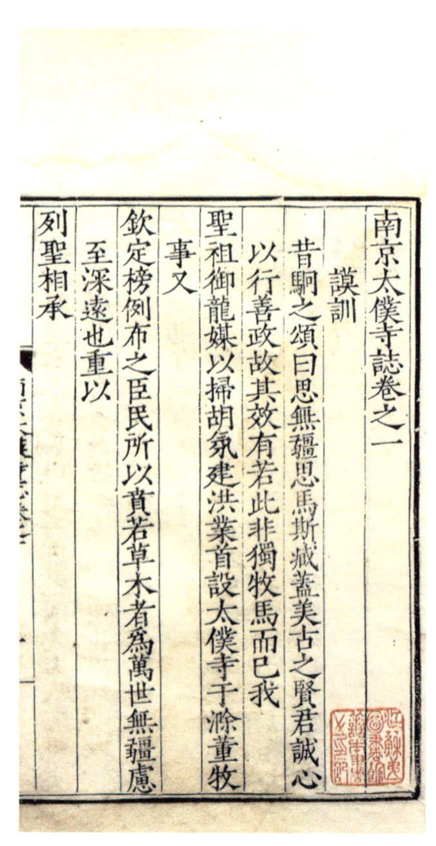
南京太僕寺誌卷之一
謨訓
昔駉之頌曰思無疆思馬斯臧蓋美古之賢君誠心
以行善政故其效有若此非獨牧馬而已我
聖祖御龍媒以掃胡氛建洪業首設太僕寺于滁董牧
事又
欽定榜例布之臣民所以責若草木者爲萬世無疆慮
至深遠也重以
列聖相承

南京太仆寺志

礼任南京太仆寺少卿时所撰，是明代唯一记述南京太仆寺的详细情况、研究明代南京地区马政的重要典籍，保留了当时马政实施以来的第一手材料。马政是古代交通运输和军事武备方面的重要政务，明代官马牧养与供应及官马的多寡是衡量国力强弱的一种标志，有所谓“马政即国政”之称。南图所藏嘉靖本为此书初刻，清朗、完整，又是唯一的刻本，之后没有再刻。除此本外，国内尚有浙江天一阁存有十一卷残本，也就是《四库全书存目》著录之本，所以此书传本稀少，足本尤为珍贵。

此次展览集中展出的明代藩府刻书也具有鲜明的特点。明藩府刻书既多且精，为明代印本特色之一，此次展览选取了楚藩、郑藩、德藩、崇府、伊藩、晋府、沈藩、唐藩、吉府、益府、赵府、秦藩 12 个藩府所刻书，可以让大家充分领略其中的精美。所谓藩府，是指明王朝分封的各个亲王府。有明一代，皇诸子受封为王的先后有 62 人，而建藩之国者 50 人。这 50 个亲王在全国各地分别建立了 50 个王府，其中 28 个王府与明朝相始终。这些亲王因是皇家宗室，待遇十分优厚，加上明代提倡藩王读经、诵经、习文、昌艺，故而藩王宗室中出了不少人才，也著有数百种书。同时他们大量藏书、刻书，成为一种风气。藩府官署中设有长史、纪善、伴读、教授等职，相当于藩王的秘书与教员，其中不少是著名学者，刊书时他们又多任校对之役，因此藩府刻书有较好的编校人员，校勘便精审，加之财力雄厚，刻书也就铺陈考究。藩府刻书始于洪武末年，以嘉靖、万历两朝为最盛。此次展出的《史记》一百三十卷，就是较有代表性的一部。此书与明嘉靖十三年（1534）晋府虚益堂刻本《初学记》，讹字最少，清代学者均以为“极善”。因为这种刻本质量非常高，旧时往往被书商撕去序跋等，冒充宋、元刻本。

二、展览设计思路

此次作为南京图书馆历史上规模最大、珍本最丰、规格最高的古籍展览，我们在展陈设计中侧重选取了兼具观赏性与代表性的馆藏古籍，向广大读者全方面展示江苏藏书的丰富与精美。

展板共分为“前言”“纸墨留香——解密古籍”“芸香书影——魅力江苏”“册府千华——南图珍籍”四个部分，系统介绍了古籍的基本概念、中华古籍保护计划、国家珍贵古籍名录、江苏古籍保护工作等情况。

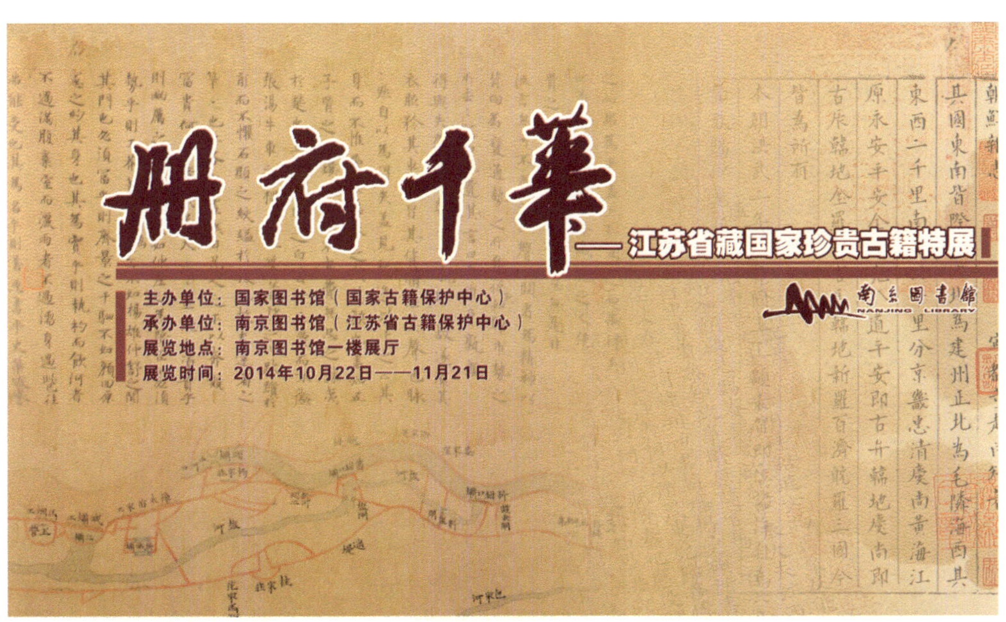

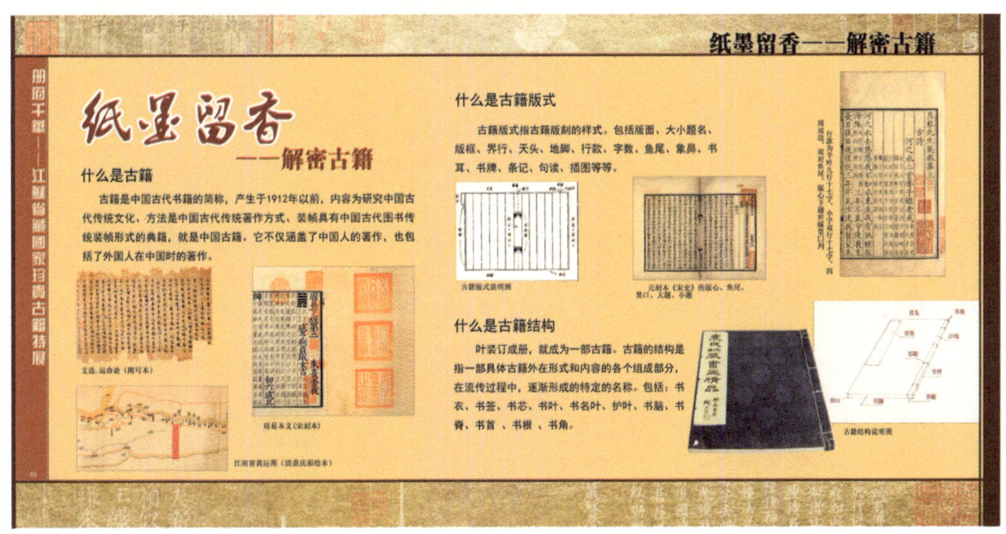

展板图片

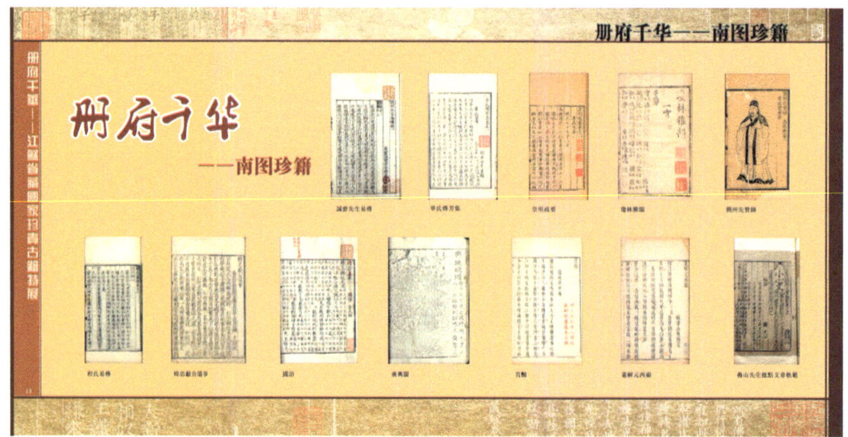

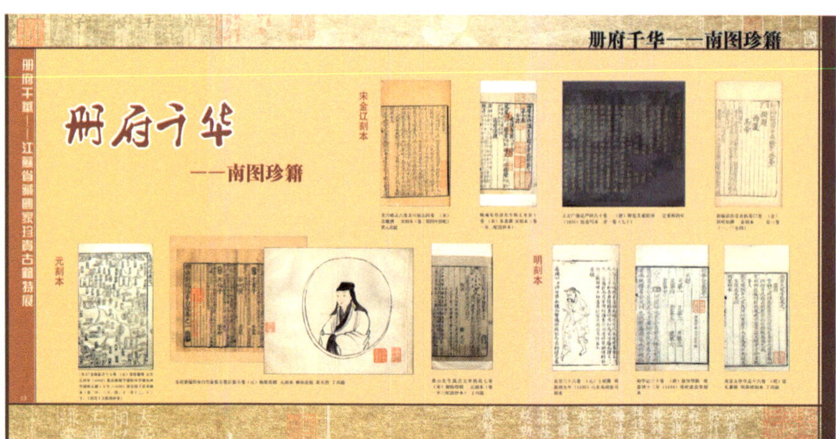

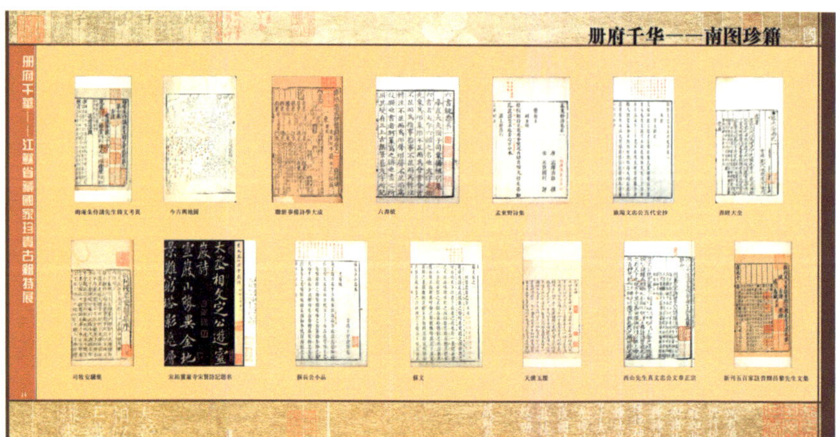

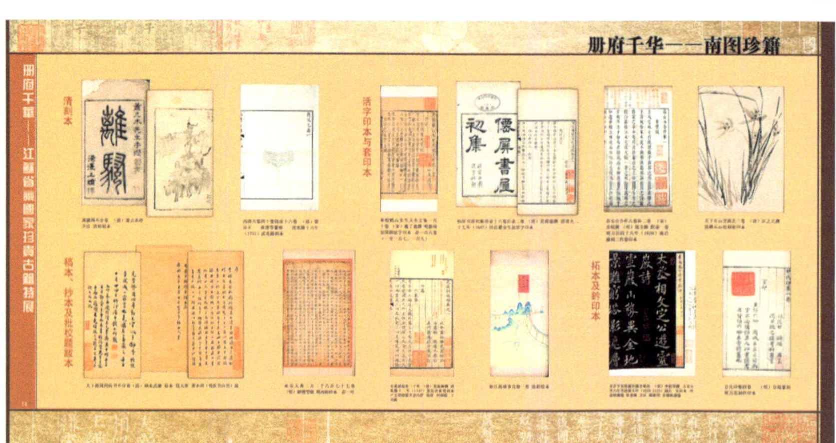

展板图片

三、活动概况

展览举办的一个月期间，取得了显著的社会效益，近10万人次的读者参观了展览，南京师范大学等不少在宁高校的文学院系还专门组织学生前来参观学习，正在江苏参加“第十七期全国古籍修复技术初级培训班”的30名学员，也专程参观了展览。为做好珍贵古籍保护的普及与宣传工作，南京图书馆在展品陈设的基础上还专门制作了展板，以图文并茂的形式进行广泛宣传。丰富的内容吸引了不少读者带着纸笔前来记录，同时南京图书馆还特别安排了历史文献部古籍编目组的专家在展览期间每天在现场为读者进行讲解与交流。

展览现场

展览期间，南京图书馆副馆长全勤、历史文献部副主任周蓉，还分别在金陵科技学院和南京图书馆举办了“册府千华——江苏省藏国家珍贵古籍主题讲座”以及“中国古籍印刷中的泥活字”两场讲座。讲座受到了师生和读者的热烈欢迎，起到了宣传古籍、宣传中华传统文化的作用。

讲座现场

四、新闻宣传

南京图书馆、江苏省古籍保护中心非常重视此次“册府千华——江苏省藏国家珍贵古籍特展”的宣传报道工作，从三个层次全方位、立体化地集中宣传。 是召开新闻通气会，组织国内和省内主流媒体予以专题报道。会上，全勤副馆长向媒体记者介绍了展览的举办背景、活动特点，并回答了记者关于珍贵展品、安全保卫等方面的问题，包括新华社、中国文化报、新华日报、南京日报、现代快报、金陵晚报、江苏电视台、南京电视台等多家报纸、电视台、网络的主流媒体参加了新闻通气会。会议结束后，记者们还对南图古籍专家进行了集中采访。二是多家媒体广泛报道，不仅有上述参加了新闻通气会的媒体进行了专题报道，后续又引发了其他媒体的报道热潮，多家报纸将该条新闻发布在了头版，活动的吸引力和社会关注度可见一斑。三是为了扩大宣传，南京图书馆还专门印制了 2000 份展览宣传页，向读者免费发放。

自 2007 年中华古籍保护计划实施以来，古籍保护事业得到了积极的推动与发展。由国家图书馆、国家古籍保护中心筹划的“册府千华”系列展览，正是一次极好的古籍保护成果展示机会。南京图书馆作为当时全国仅有的 5 个展览举办单位之一，既可借此机会充分彰显古籍大馆的风采，让广大读者走近历史文献，与珍贵古籍亲密接触；亦是借此激励自身：继往圣绝学，续古籍新生。

A10 文体

“扎根人民，扎根生活”

——我市文艺家学习贯彻习近平总书记文艺座谈会讲话精神

南图“晒”出200部国宝古籍

10处南朝石刻首次装上“电子眼”

南朝石刻保护规划年底编制完成

江苏女篮主场搬至五台山

南京体彩开展“体彩达人杯”优秀销售员宣讲比赛

公共文化

以示范区创建推动区域文化协同发展

戏里戏外都精彩

立足文化传统 打造城市品牌

相关报道

江苏省古籍保护事业成果概况

自“中华古籍保护计划”实施以来，江苏省内古籍从业者坚守着古籍文献这一珍贵的文化遗产，以传承弘扬中华优秀传统文化为要旨，在江苏省古籍保护中心的协调指导下，全省古籍收藏单位通力协作，为江苏省古籍保护领域开辟了广阔天地，取得了一系列优秀成果，主要体现在以下几个方面：

古籍普查　顺利完成

江苏省历史悠久、教育发达、文化昌盛，拥有吴、金陵、淮扬、中原四大文化及地域特征，是中华文明的重要发祥地之一。深厚的文化底蕴给江苏留下了丰厚的文献典籍遗产，从古籍藏量看，江苏古籍收藏数量位列全国之首，古籍收藏单位也较为集中。因此，江苏古籍保护工作的首要任务就是摸清家底，完成全省古籍普查登记工作。

据普查统计，江苏省共有古籍450多万册，分布在156家收藏单位。截至2022年，江苏已完成99.8%的古籍普查登记工作，收集全省156家古籍收藏单位的古籍书目数据26万条，填补了江苏该项工作的空白，创造了江苏省公藏机构现存古籍书目的历史新纪录。

分级保护　精准管理

在推进全省古籍普查登记的同时，为了更加全面、科学、规范地进行古籍保护，江苏省积极推动省内古籍收藏单位参与国家珍贵古籍名录、“国家级古籍重点保护单位”评选工作；同时还组织评选了五批江苏省珍贵古籍名录和“江苏省古籍重点保护单位”“江苏省古籍保护单位”，至此省内古籍分级管理保护机制逐步建立完善。截至2022年底，江苏省有21家国家古籍重点保护单位、24家江苏省古籍重点保护单位、25家江苏省古籍保护单位；在国家一至六批珍贵古籍名录评选中，江苏省共有1422部古籍入选，占全国总量的10.9%。

江苏省组织评选了四批江苏省珍贵古籍名录，收录珍贵古籍共计2806部。2021年10月24日，受江苏省文旅厅委托，江苏省古籍保护中心组织召开了第五批江苏省珍贵古籍名录、“江苏省古籍重点保护单位”和“江苏省古籍保护单位”评审会。在对全省1153部古籍和3家单位的申报材料进行了严格的审核后，通过了3家单位的申报材料并选出220部书目上报文旅厅。江苏省古籍保护中心是全国同级范围内开展省级珍贵古籍名录申报遴选工作次数最多的单位。在2021年5月召开的“古籍保护与活化利用调研座谈会”上，文旅部公共服务司领导对江苏持续开展省级珍贵古籍名录评选工作表示了充分的肯定。

此外，在省内古籍藏量较多的地区，如苏州、镇江、扬州等地还成立了地市级古籍保护中心，统筹推进各地区具体的古籍保护工作。其中，镇江市人民政府在2017年颁布了全国第一个市级古籍保护文件《镇江市古籍保护办法》，充分体现了各地区对历史文化典籍保护的重视程度。

随着国家及全省古籍重点保护单位评比活动的开展，全省古籍收藏单位近年来都不同程度地新建或改建了古籍库房，改善了保管条件，推动了古籍书库的标准化建设。2022年，江苏省有21家古籍收藏单位入选全国古籍重点保护单位。江苏省文化和旅游厅和省古保中心也先后评定了省级古籍重点保护单位22家，省级古籍收藏单位26家。截至2022年，全省古籍库房共有105个，总面积达23580平方米。

依托项目　提升水平

在古籍整理与研究方面，江苏省重视以编纂项目为契机，来强化全省古籍整理与研究能力。其中江苏省社会科学重大基金项目《江苏经籍志》在经历了申请立项、组织实施、中期论证、成果汇报等诸多过程后已结项，进一步提升了江苏古籍在全国的影响力。此外，江苏省古籍保护中心牵头省内多家公共图书馆参与的《中国茶文化资料集成·江苏卷》编纂工作也已全部完成。目前，我省正积极推进《江苏文脉·书目编》和《中华古籍总目·江苏分省卷》的编纂，以全面体现江苏历史文化和藏书文化的脉络。

同时，为探索新时期古籍整理与保护的发展道路，2018年，我省召开以“传承·融合·发展”为主题的古籍整理与保护学术研讨会，深入探讨新时期古籍整理出版与保护工作。2020年，我省参与国家“十四五”规划相关调研工作，南京图书馆联合金陵图书馆承担了公共图书馆事业发展——“传承弘扬中华优秀传统文化”的项目研究任务，完成了约十万字的课题报告，目前课题也已顺利结项。

深度开发　整理利用

近几年来，省内各古籍收藏单位在“藏用并举”的原则下，积极开展馆藏历史文献的整理，出版了一系列质量较高的历史文献丛书，包括原本影印、书目整理、图录编纂，等等，其中有不少还获得了国家出版基金项目、国家重点古籍整理规划项目、国家“十三五”重点出版规划项目等资助，取得了丰厚的成果。以南京图书馆为例，近两年间，《南京图书馆藏未刊稿本集成》史部、子部两个项目均入选国家出版基金项目，《南京图书馆藏稀见书目书志丛刊》入选国家“十三五”重点出版规划项目，此外苏州图书馆、扬州图书馆等单位也编辑出版了馆内重要的古籍整理书目。

在古籍数字化方面，省内多家图书馆均加快了古籍数字化的进程，重视古籍数据库的研究与整理，开发了地方特色古籍数据库，数字化古籍公开发布数量超过4776部，省内馆藏纸本古籍已完成数字化的数量达19528部15042350拍。同时江苏省古籍保护中心配合国家古籍保护中心，积极组织省内单位参加或举办古籍数字资源联合在线发布活动，南京图书馆、苏州吴中区图书馆均参与了在线发布活动，并在数字资源的整合与相关平台的搭建上积极尝试。多个重点数字资源建设项目也在有序推进，“江苏省珍贵古籍数字资源集成”项目已获江苏省文旅厅专项经费支持。江苏省珍贵古籍全文影像数据库（一期），获国家古籍整理出版工作小组首批数字化整理资助项目。

良工尽艺　妙手回春

为推进古籍原生性保护，在省古籍保护中心的号召与支持下，随着新馆建设的推进，省内多家古籍收藏单位着手本单位古籍修复室的情况，不同程度新建或改建古籍修复室，为更好地开展本馆古籍修复工作奠定基础，截至2022年，全省已建设古籍修复室27个，总面积达2606平方米，共修复古籍3万余册，并启动《天下郡国利病书》《永类钤方》《太平御览》等珍贵古籍的修复工程。

为持续推进古籍修复技艺的传承发展，发挥“国家级古籍修复基地”、国家古籍修复技艺中心“江苏传习所”（南京图书馆）的作用，加强与全省各古籍存藏单位的联系与合作，我省采取古籍修复基础研究与古籍修复项目相结合的方式，在朱振彬导师的传帮带下，培养一批古籍修复专业人才，传承古籍修复技艺，提高古籍修复水平。另外，省古籍保护中心组织全省 20 家单位、70 位修复人员参加国家古籍保护中心开展的修复师申报。在 2020 年“古籍修复技艺竞赛暨古籍修复成果展示” 活动中，江苏省共 4 家单位 6 位修复人员的作品参赛。其中 1 位获二等奖，5 位获优秀奖。此次活动不仅所有参赛人员都获得奖项，而且参赛单位范围较广，体现了江苏整体古籍修复水平。

2021 年，南京图书馆被中国图书馆学会推荐代表中国参加“中英图书馆交流论坛”项目，并就古籍保护修复做了专题视频交流。10 月，国家古籍保护中心联合中国文物保护基金会开展了字节跳动古籍保护专项基金支持项目，全国 12 家国家级古籍修复中心开展首批申报，经申报、线上评审与答辩等一系列流程，南京图书馆的元刻本《永类钤方》修复项目入选中国文物保护基金会支持项目。

人才培养　梯队成型

江苏省一直非常重视对古籍保护人才的培养，通过外派学习、自主培训以及合作办学等方式，系统培养全省古籍保护工作人才。自 2008 年起，江苏省古籍保护中心坚持每年举办全省古籍保护工作培训班，截至 2022 年，共举办培训班 24 期，内容涵盖古籍普查、古籍修复、传统文化弘扬等多方面，培训千余人次。自“中华古籍保护计划”实施以来，江苏省古籍保护从业人员由过去的 30 多人发展到目前 173 人，副高级以上职称人员达 40 人，本科学历以上人员占比超 90%。

“十三五”期间，为进一步加强古籍修复人才培养，提升古籍修复技术，江苏省古籍保护中心全力申报成立修复技艺传习所，2015 年南京大学图书馆设立国家级古籍修复传习中心江苏传习所，2016 年设立国家古籍修复技艺传习中心金陵刻经处传习所，2018 年南京图书馆也成功设立国家古籍修复技艺传习中心江苏传习所。传习所重在古籍修复的非遗技艺传承，采取传统的“师带徒”形式，充分利用专家资源，专项培养古籍修复的骨干力量，推动江苏地区珍贵古籍的修复工作，修复古籍数量达25800册1308200页。

同时，江苏省古籍保护志愿者对江苏省乃至全国古籍普查工作的完成起了很大的作用。我省积极参与由中国古籍保护协会发起的“中华古籍普查文化志愿服务行动”，发挥自身特色，面向高校招募、选拔古籍保护志愿者进行培训，由省中心专业人员带队前往古籍收藏单位进行古籍普查，有效开展了古籍保护的培训、实践、科研等多项工作。由此，江苏省古籍保护中心获“2017年中华古籍普查文化志愿服务行动”表彰。2018年底至2019年初，协助南京师范大学图书馆完成二阶段古籍普查32000册；2019年6月至7月，又应中国古籍保护协会要求，协助上海崇明区图书馆完成古籍普查6610册、甘肃省武威市博物馆完成古籍普查16995册。2021年，江苏省古籍保护中心又协助金陵科技学院培训古籍保护志愿者15人，前往甘肃省开展古籍普查活动。

加强宣传　影响广泛

我省古籍存藏单位通过举办多种特藏展览、开展专题讲座、开发文化创意产品等活动，来加强对中华古籍的研究和利用，发挥古籍的文化作用和社会意义。近五年来，全省共开展了上千场展览宣传活动。如联动全省古籍收藏单位举办“中华古籍保护计划”成果宣传推广——江苏站活动；2014年、2018年举办 “册府千华——江苏省藏国家珍贵古籍特展”“过云楼藏书合璧展”；2021年南京大学图书馆举办“册府千华·南雍撷珍——南京大学古籍菁华展暨中国古代套色版画特展”，展出200余种珍贵善本、70余种传统木刻套色版画，是南大图书馆迄今为止规模最大、展品最精的古籍展；2021年，苏州市图书馆举办“册府千华——苏州市藏国家珍贵古籍特展”。在开展以上展览宣传活动的同时，我们还重视利用新闻媒体、微信公众号、官方网站、微博等网络平台同步进行古籍宣传。

另外，江苏省古籍保护中心积极带头，协调组织省内各级公共图书馆、高校图书馆在内的多家单位定期开展传统节庆活动，烘托节日氛围，继承发扬优秀文化传统；配合国家“文化和自然遗产日”“中华传统晒书活动”等主题，发动省内多家公共图书馆、高校图书馆、职业中专等古籍收藏单位举办系列活动，营造保护文化遗产的良好氛围，提升公众的古籍保护意识，真正让“书写在古籍里的文字活起来”。近几年，江苏省内各级图书馆采取线下与线上相结合的方式，运用新媒体、新技术等手段有序开展各类“晒国宝”“晒经典”“晒技艺”“晒传统”系列活动百余场，让中华传统文化更加深入大众日常生活，取得了良好的社会反响。

凡　例

一、本书内容分为两部分。一部分是介绍本次展览总体情况及江苏省古籍保护事业成果概况；另一部分是200部古籍展品的书影及著录，为每部展出的珍贵古籍撰写介绍并选择相应的书影数幅，以正文卷端为主。

二、200部古籍展品按国家珍贵古籍名录号先后顺序排序，皆南京图书馆善本，诸如宋元旧椠、内府刻书、名家手稿等。包括了刻本、稿本、抄本、活字印本、套印本、拓本、钤印本、彩绘本等各种版本，涵盖了内府、藩府、儒学、书院、私人、家塾、书坊等多方刻书机构及刻书者。

三、本书文字一律用简体字。

目　录

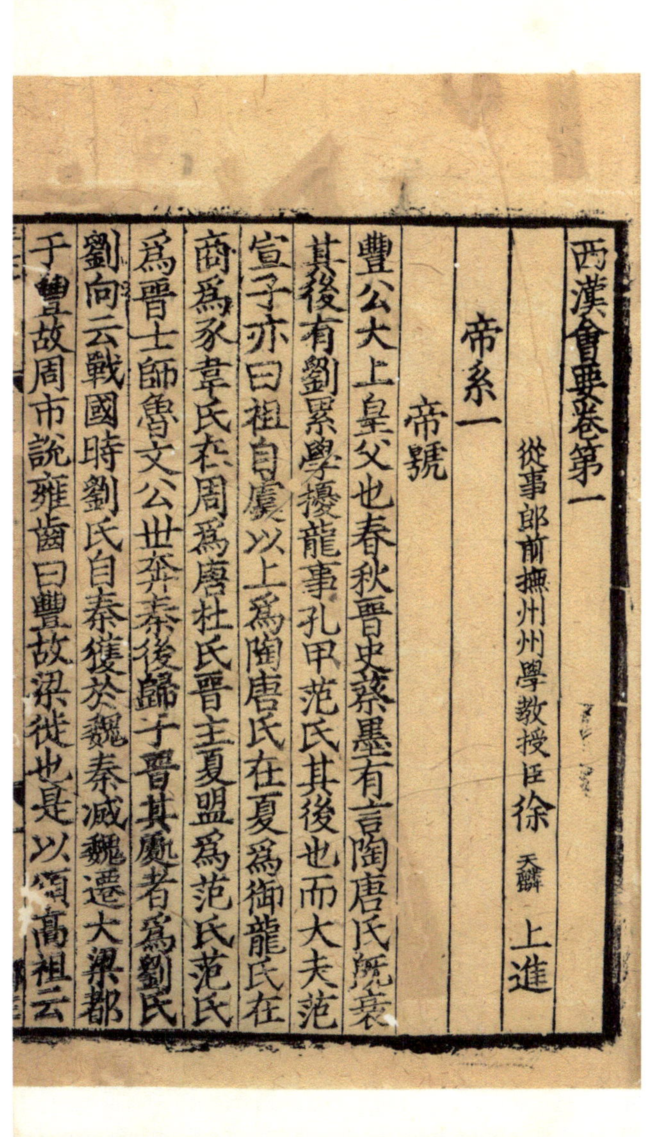

西漢會要卷第一

從事郎前撫州州學教授臣徐天麟上進

帝系一

帝號

豐公大上皇父也春秋晉史蔡墨有言陶唐氏既衰其後有劉累學擾龍事孔甲范氏其後也而大夫范宣子亦曰祖自虞以上爲陶唐氏在夏爲御龍氏在商爲豕韋氏在周爲唐杜氏晉主夏盟爲范氏范氏爲晉士師魯文公世奔秦後歸于晉其處者爲劉氏劉向云戰國時劉氏自秦獲於魏秦滅魏遷大梁都于豐故周市說雍齒曰豐故梁徙也是以頌高祖云

西汉会要七十卷

（宋）徐天麟撰　宋嘉定建宁郡斋刻元明递修公文纸印本　二十四册　名录号及索书号 00538—115473

徐天麟，字仲祥，宋临江军清江（今江西樟树）人。开禧元年（1205）进士。官英德知府、广西转运判官。著有《东汉会要》《汉兵本末》《西汉地理疏》（后两书已佚）等。

此书为宋宁宗嘉定四年（1211）徐天麟任抚州教授时所撰，仿《唐会要》体例，将《史记》《汉书》所载西汉典章制度分类编纂，凡十五类七十卷。《四库全书总目》谓其“诠次极为精审”，“贯串详洽，实未有能过之者”。

此为宋嘉定建宁郡斋刻本，历经元、明两代修版，以明代公文纸印刷。钤马玉堂朱文方印“笏斋”“马玉堂印”、白文长印“汉唐斋”等，又钤朱文方印“廷佐”“瞑琴山馆珍藏”“钱唐梁氏珍藏书画记”、白文长印“戆猛生”“子子孙孙永用之”等。

哀帝時大司馬董賢第門自壞

哀帝建平二年四月乙亥朔御史大夫朱博爲丞相少府趙玄爲御史大夫臨延登受策有大聲如鍾鳴殿中郎吏陛者皆聞焉五行志

元壽元年九月孝元廟殿門銅龜鋪首鳴紀

平帝元始元年二月乙未義陵寢神衣在柙中丙申旦衣在外牀上寢令以聞用大牢祠紀

占驗

漢興承秦滅學之後景武之世董仲舒治公羊春秋始推陰陽爲儒者宗宣元之後劉向治穀梁春秋數其旤福傳以洪範與仲舒錯至向子歆治左氏傳其

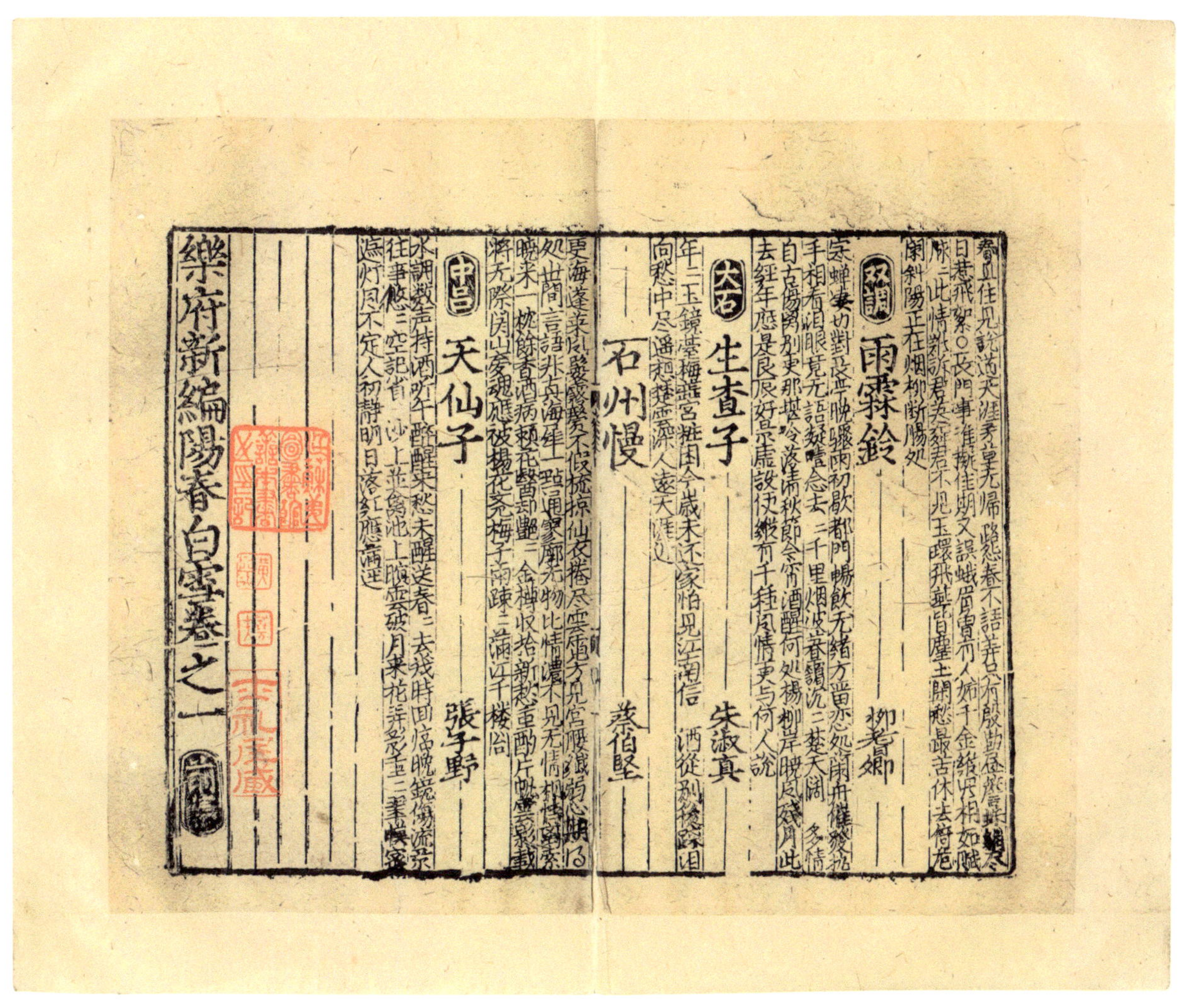

乐府新编阳春白雪前集五卷后集五卷

（元）杨朝英辑　元刻本　（清）柳如是校　（清）黄丕烈　丁丙跋　二册　名录号及索书号 01261—111968

杨朝英，字英甫，号澹斋，青城（今山东高青，一说属四川）人。曾官郡守、郎中，后归隐。

此本集宋、金、元共 53 人词曲之作，其中多首他书未见，直赖此流传至今。是书为蝴蝶装，曾为钱谦益、柳如是所藏，首有柳如是小像一幅，中有朱、墨笔校勘，笔姿秀媚，传为柳如是手校。书末有清藏书家黄丕烈（号复翁）手书跋文三篇。

钤有“惜玉怜香”“复翁”“何元锡”“士礼居藏”“陈宝晋印”“八千卷楼珍藏善本”等印。

總識

余所見陽春白雪共有三本一爲影元鈔本即從此出已有失真者或因印本糢糊以致傳録錯誤或因閲者校勘遂使面目兩歧一爲殘元刻本僅存二卷多寡分合又與此本不同一爲舊鈔本似從殘元刻出而稍有脱譌今擬以此刻爲主而以殘元刻舊鈔參補未備則陽春白雪粲然可觀矣然觀此刻原校似尚有殘元刻舊鈔所未備者是不知又何本也古書難得本子不同爲之浩歎當博訪之 復翁又識

越歲辛未中春廿有二日錢唐陳曼生偕其弟雲伯同過余齋出此相示因雲伯去年曾攝常熟邑篆有修柳如是墓一事于河東君手迹亦有見者兹以校字證之雲伯以爲然當不謬也 復翁記

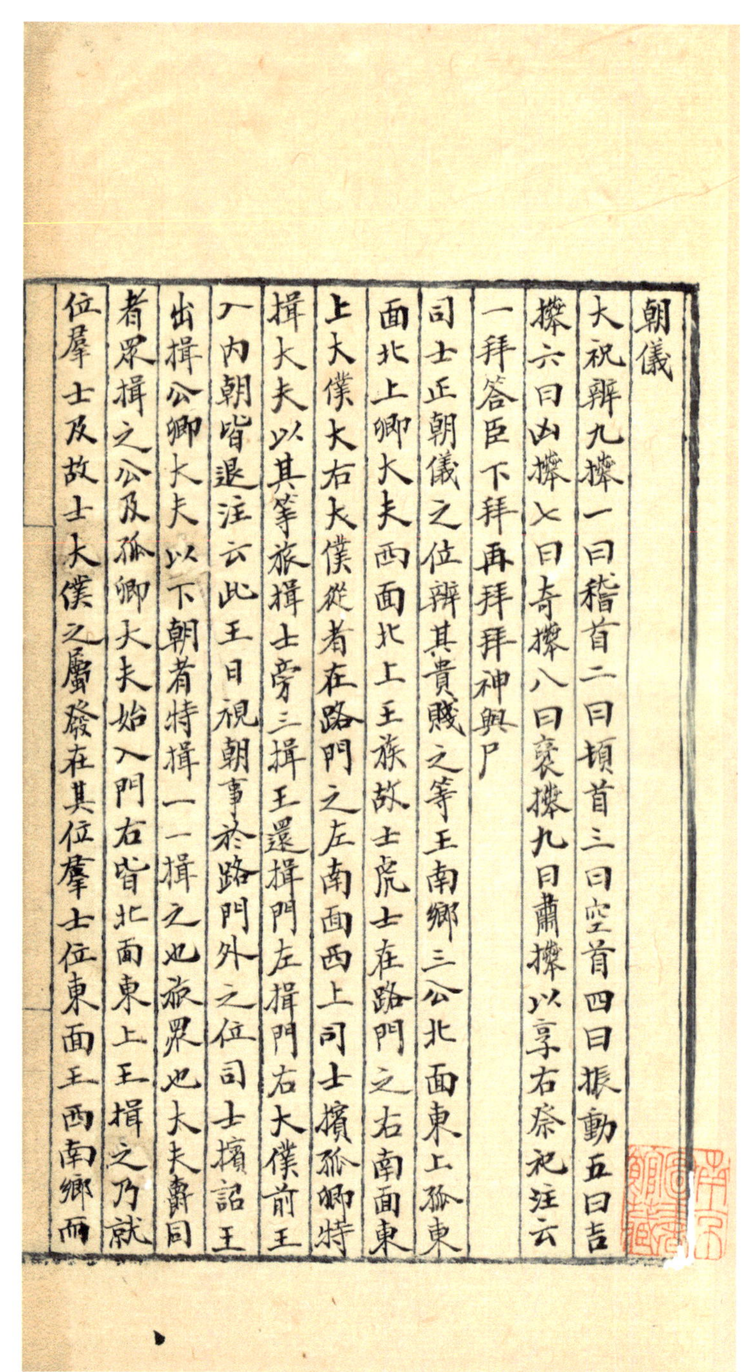
朝儀
大祝辨九㩑一曰稽首二曰頓首三曰空首四曰振動五曰吉
㩑六曰凶㩑七曰奇㩑八曰褒㩑九曰肅㩑以享右祭祀注云
一拜答臣下拜再拜拜神與尸
司士正朝儀之位辨其貴賤之等王南鄉三公北面東上孤東
面北上卿大夫西面北上王族故士虎士在路門之右南面東
上大僕大右大僕從者在路門之左南面西上司士擯孤卿特
揖大夫以其等旅揖士旁三揖王還揖門左揖門右大僕前王
入内朝皆退注云此王日視朝事於路門外之位司士擯詔王
出揖公卿大夫以下朝者特揖一一揖之也旅衆也大夫爵同
者衆揖之公及孤卿大夫始入門右皆北面東上王揖之乃就
位羣士及故士大僕之屬發在其位羣士位東面王西南鄉而

周礼政要二卷

（清）孙诒让撰　稿本　二册　名录号及索书号 01338—114900

孙诒让（1848—1908），字仲容，别号籀庼，浙江瑞安人。同治举人。官刑部主事，引疾归。毕生穷经著书。著有《周礼正义》《古籀拾遗》《契文举例》等。

此书原名《周官政要》或《变法条议》，成于清光绪辛丑年（1901），原为应会办商务大臣盛宣怀、翰林院编修费念慈之约而撰。时清政府被迫宣布变法，要求疆吏举要通筹，盛宣怀为应诏筹划变法之策，邀约孙诒让以《周礼》为纲，西法为目，将周代制度与西方制度

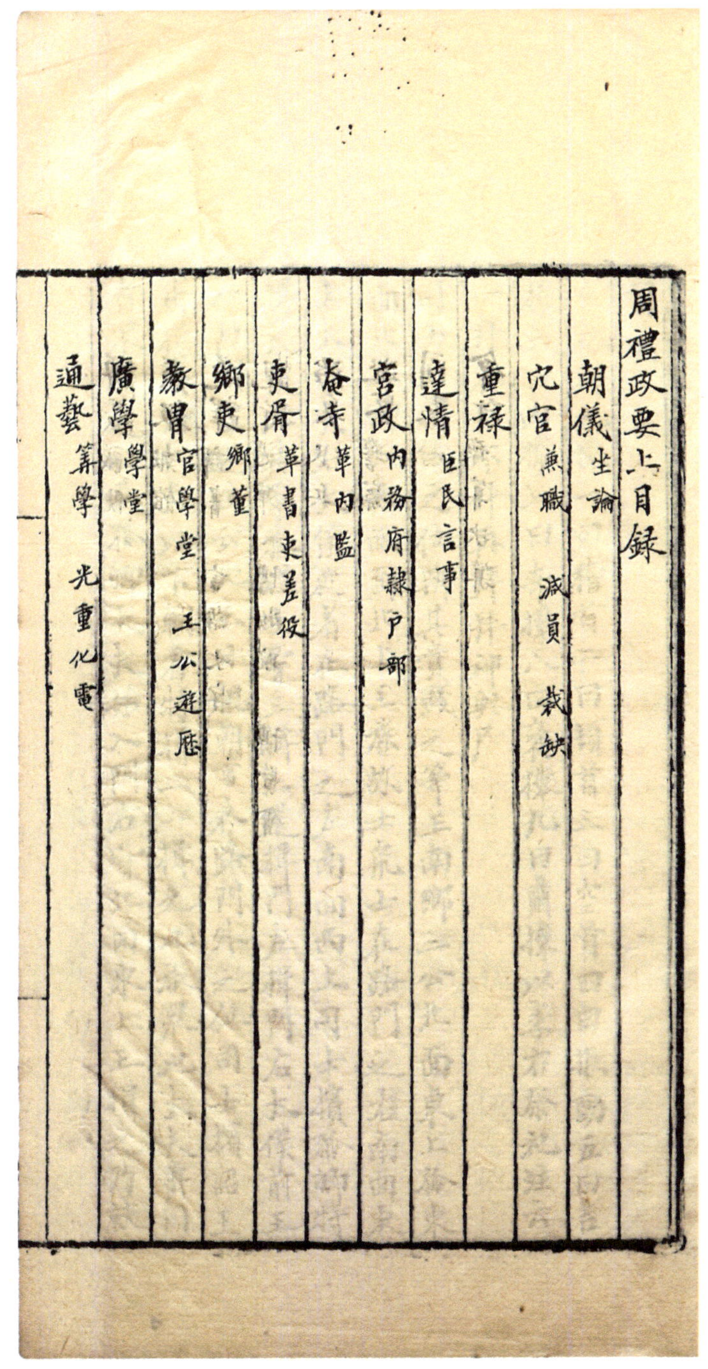
周禮政要上目録

朝儀　坐論

冗官　兼職　減員　裁缺

重祿

達情　臣民言事

宮政　内務府隸戶部

奄寺　革内監

吏胥　革書吏差役

鄉吏　鄉董

教胄　官學堂　王公遊歷

廣學　學堂

通藝　算學　光重化電

相结合加以阐述，从而找出变法的依据。后因清政府接受张之洞、刘坤一《江楚会奏变法三折》所提建议，此议作罢。次年，孙诒让即以《周礼政要》之名将此书在瑞安刊印问世。

此本在《中国古籍善本书目》《国家珍贵古籍名录》皆著录为稿本。定为稿本的依据当为书末民国二十六年（1937）许承尧题跋中所云“此二册确为手书无疑也”及封面所题“孙籀庼先生周礼政要稿本”。然许承尧亦云此稿笔迹“较老苍矣”，已非其早年所见手书之“绝妍雅”。且此书孙诒让跋中有“光绪己丑，天子将更法自强”一语，其中“己丑”乃为“辛丑”之误。光绪辛丑年正是孙诒让撰写此书之年，也是给当时国人留下深刻烙印之年，出现如此笔误，极有可能是抄写讹误所致。故此本定为稿本尚需其他依据。

孫籀廎先生手書昔見其題岳忠武印詩乃早年作絕妍雅比晚筆較老蒼矣點畫則俱遵說文乃一特徵此二冊確爲手書無疑也

丁丑許承堯記

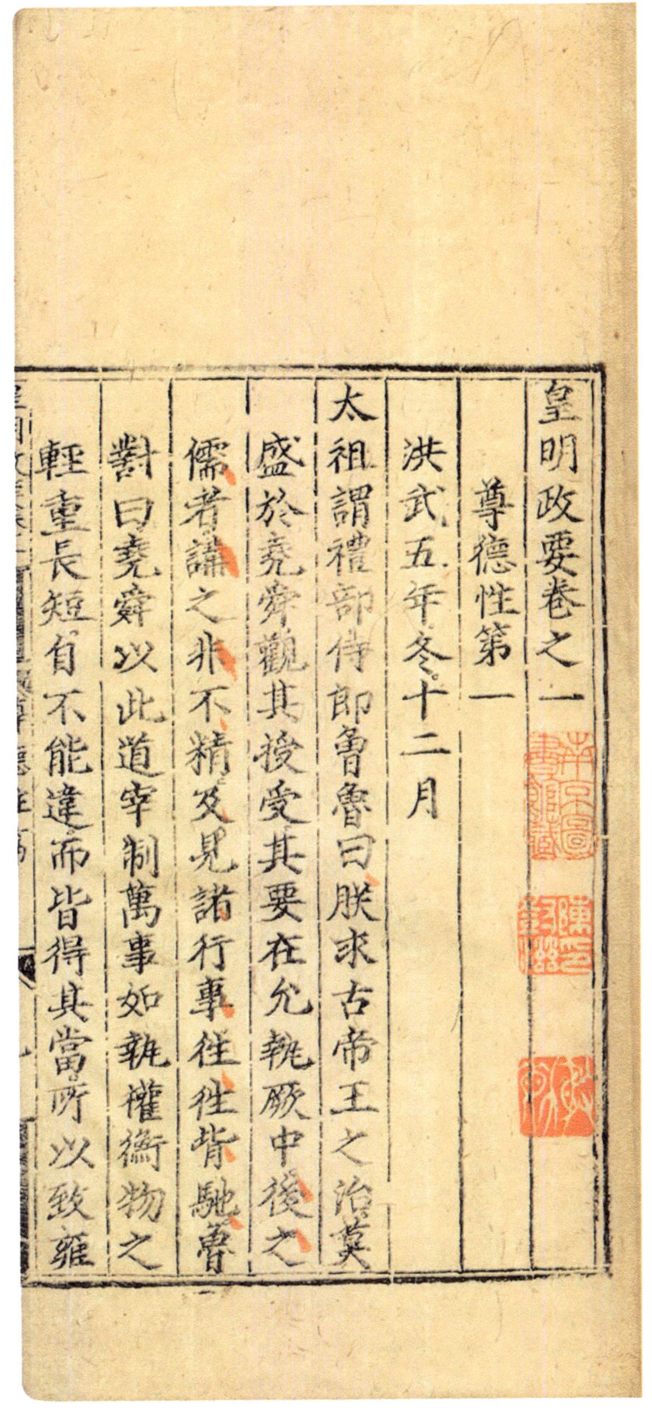

皇明政要卷之一

尊德性第一

洪武五年冬十二月

太祖謂禮部侍郎曾魯曰朕求古帝王之治莫盛於堯舜觀其授受其要在允執厥中後之儒者論之非不精及見諸行事往往背馳曾對曰堯舜以此道宰制萬事如執權衡物之輕重長短自不能違而皆得其當所以致雍

皇明政要二十卷

（明）娄性撰　明正德二年（1507）慎独斋刻本　三册　名录号及索书号 01534—117612

娄性，江西上饶人。明成化辛丑（1481）进士，官至南京兵部武库司郎中。

全书共分二十卷，依照《贞观政要》格式厘定四十篇四百五十二条：一曰尊德性、二曰道问学、三曰端好尚、四曰戒嗜欲、五曰畏天戒、六曰悲人穷、七曰崇正道、八曰辟异端、九曰遵成宪、十曰重储贰、十一曰立孝敬、十二曰溥仁惠、十三曰亲儒臣、十四曰敬耆宿、

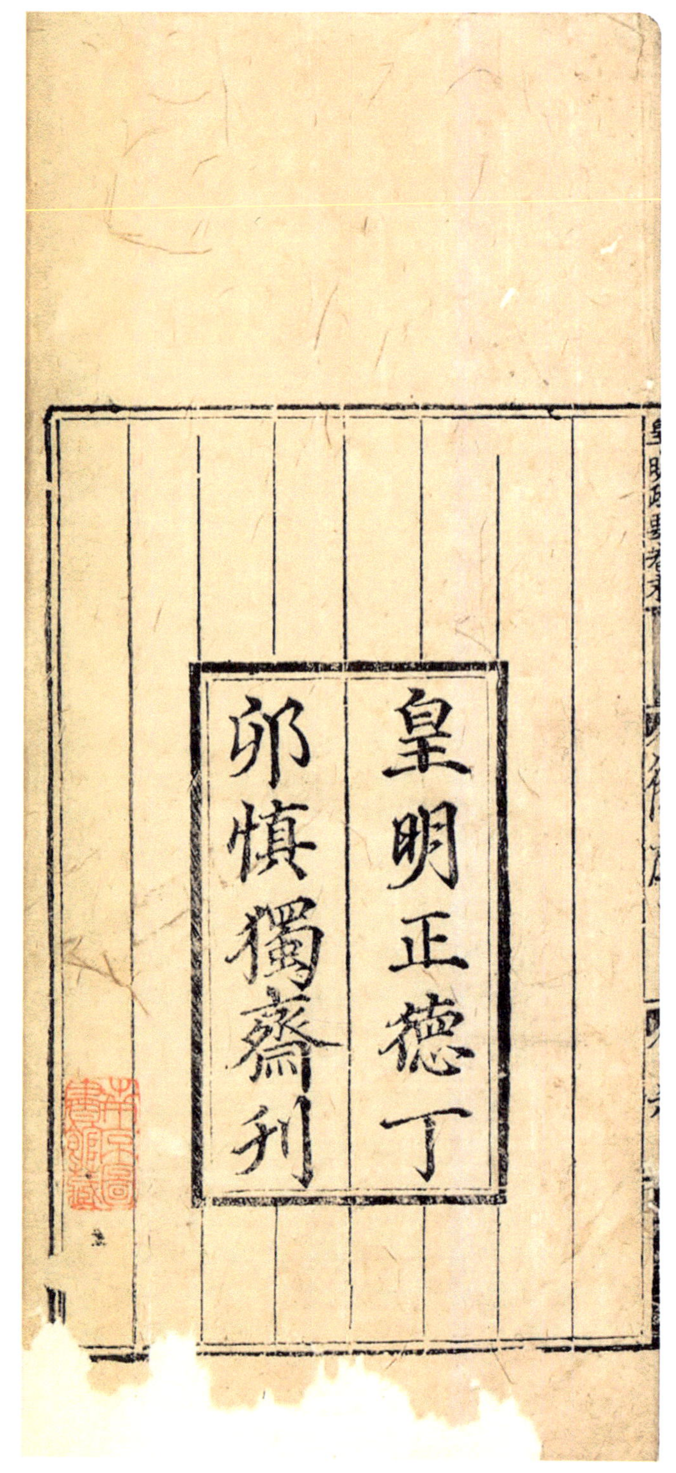

十五曰开言路、十六曰乐改过、十七曰审兴替、十八曰辩贤邪、十九曰公荐举、二十曰慎铨衡、二十一曰明赏罚、二十二曰严考课、二十三曰兴学校、二十四曰育人才、二十五曰表忠节、二十六曰厚风教、二十七曰正法令、二十八曰恤刑狱、二十九曰勤政事、三十曰节财用、三十一曰却贡献、三十二曰薄征敛、三十三曰课农事、三十四曰赈荒歉、三十五曰修武备、三十六曰儆无虞、三十七曰定礼乐、三十八曰谨祭祀、三十九曰固封守、四十曰御蛮夷。

文末有弘治四年（1491）娄性《后序》，末页刻有木记"皇明正德丁卯慎独斋刊"。

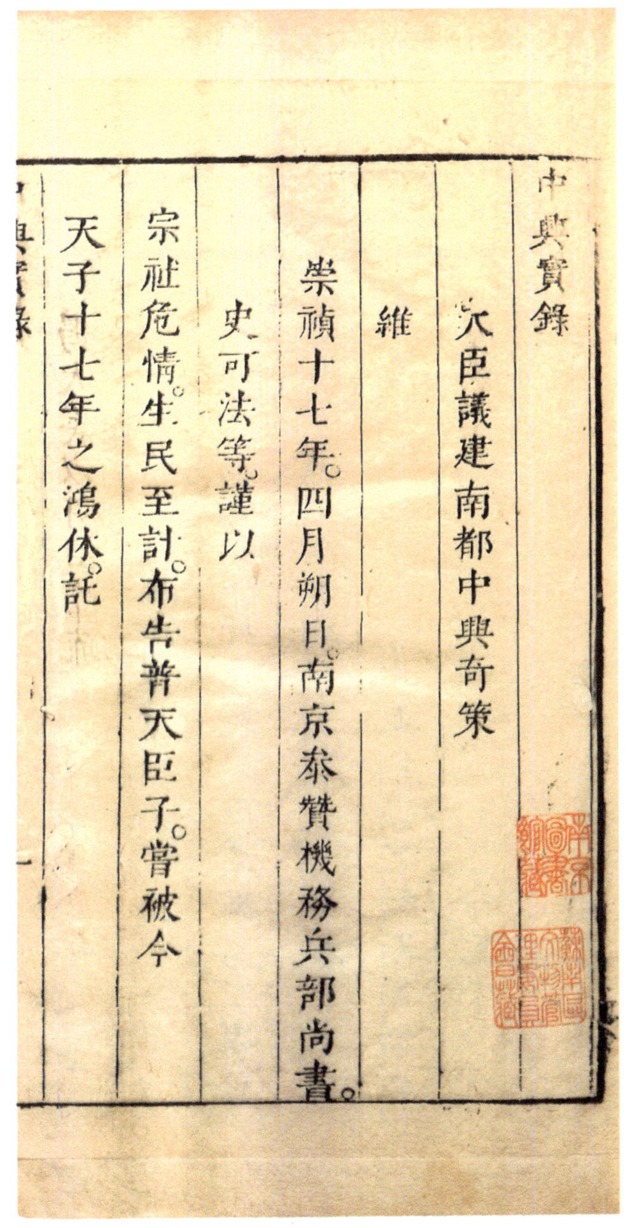
中興實錄

大臣議建南都中興奇策

維

崇禎十七年。四月朔日。南京叅贊機務兵部尚書。

史可法等。謹以

宗社危情。生民至討。布告普天臣子。嘗被今

天子十七年之鴻休。託

中兴实录不分卷

（明）冯梦龙撰　明弘光刻本　四册　名录号及索书号 01537—116614

冯梦龙（1574—1646），字犹龙、耳犹，号翔甫，又号龙子犹、姑苏词奴、顾曲散人、墨憨子，长洲（今江苏苏州）人。崇祯间贡生。善诗文、小说、词曲，尤工于经学。官寿宁县（今福建宁德）知县。明亡后不久忧愤而死。著有《春秋衡库》《智囊》《古今谭概》等，并辑有小说集《喻世明言》《警世通言》《醒世恒言》等。

是书成于明崇祯十七年（1644），主要辑录南明政权诏令、奏疏及塘报原文，其中多关于南明福王登基史实、镇压大顺政权之策略及朝臣被掳杀之惨状等，借以寄托重振故国、光复河山之思。

此本刻于南明弘光间，传世稀少，今仅见南京图书馆收藏。

啟福王登極實錄

恭聞

監國自福邸至淮也。南都文武大臣。及科道諸臣方集議擁立之事。僉謂以親以賢以序。即當推奉為臣民主。操臣誠意伯劉孔炤。督臣馬士英各傳諭所部將士。以代來

中興之意。將士聞命感泣。亦願奉為六軍主。建義旗

討賊諸臣恭謁
陵
廟告。非常大變。慟哭乃告。推奉
監國之議。議協叅贊機務兵部尚書史可法。至浦口
具啟。迎
駕于淮安。禮部司務官。齋　南都百官公啟。迎
駕于儀真。渡江。泊燕子磯。百官郊迎。

命以王禮見
監國。素袍角帶。對百官慟哭。百官行禮。手掖之皐。
賜茶。言及
宗社震驚。
大行異變。復哭失聲。因流涕言。封疆大計。惟仗諸先
生主持。至迎立。決不敢當。蓋播遷以來。
國母尚無消息。故不攜宮眷一人。始意欲擇浙東僻

润州先贤录六卷

（明）姚堂　刘文徽辑　明天顺七年（1463）刻本　四册　名录号及索书号 01561—110251

姚堂，字彦容，又字仲升，浙江慈溪人。明正统四年（1439）进士。景泰二年（1451）由工部虞衡司主事升工部郎中，三年（1452）擢广信知府，天顺间先后任苏州、镇江知府，成化时任广东参政。辑有《广信先贤事实录》六卷。

刘文徽，字迪猷，湖广湘阴（今湖南岳阳）人。明宣德四年（1429）举人。天顺六年（1462）任镇江府通判，官至扬州同知。

此本旧藏于扬州吴氏测海楼，后归富晋书社，陈乃乾编《测海楼旧本书目》载此本。民国二十二年（1933），富晋书社以百四十元售此本于国学图书馆，其值不下宋元本。此书《明史艺文志》不载，《四库全书总目》“传记类存目”有汪启淑家藏本。莫伯骥《五十万卷楼藏书目录初编》载一本，“半叶十行，行二十一字”，与此本不同，而今亦不见。此为天顺刻本，颇近元本风格，今已是海内孤本。

直隸鎮江府知府四明姚堂編輯
通判湘陰劉文徽同編

事實始末

季子名札泰伯十九世孫吳王壽夢之少子長子曰諸樊次曰餘祭次曰夷眛次曰季札諸樊立爲王且死立弟餘祭欲令兄弟傳國以及季子餘祭夷眛卒立季子札乃讓不受退耕於延陵按春秋左傳魯襄公二十九年吳公子札來聘見叔孫穆子說之謂穆子曰子其不得死乎好善而不能擇人吾聞君子務在擇人吾子爲魯宗卿而任其大政不慎舉何以堪之禍必及子請觀於周樂使工爲之歌周南召南曰美哉始基之矣猶未

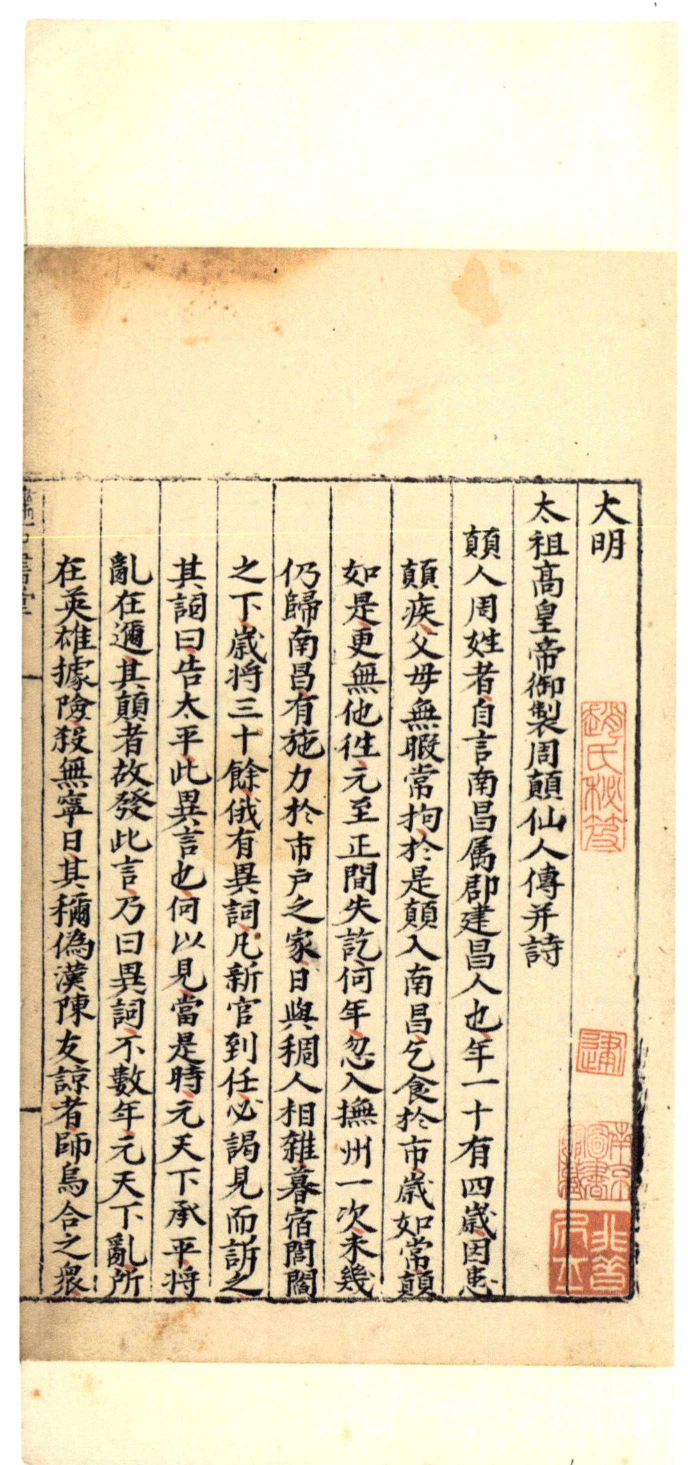
大明
太祖高皇帝御製周顛仙人傳并詩
顛人周姓者自言南昌屬郡建昌人也年一十有四歲因患
顛疾父母無暇常拘於是顛入南昌乞食於市歲如常顛
如是更無他往元至正間失記何年忽入撫州一次未幾
仍歸南昌有施力於市户之家日與稠人相雜暮宿閭閻
之下歲將三十餘俄有異詞凡新官到任必謁見而訴之
其詞曰告太平此異言也何以見當是時元天下承平將
亂在邇其顛者故發此言乃曰異詞不數年元天下亂所
在英雄據險殺無寧日其稱偽漢陳友諒者師烏合之衆

天潢玉牒一卷

明嘉靖十八年（1539）秦汴绣石书堂抄本　一册　名录号及索书号 01562—115459

中国历代皇族族谱称为玉牒。是书载明太祖历代世系，及其自微时以至即位后事，故名。大略以编年为次，至明成祖永乐止，凡皇后、太子、诸王谥号封爵，亦皆详列之。

书衣书“天潢玉牒明太祖钱遵王藏本”，钱曾《述古堂书目》载《天潢玉牒》抄本一册，

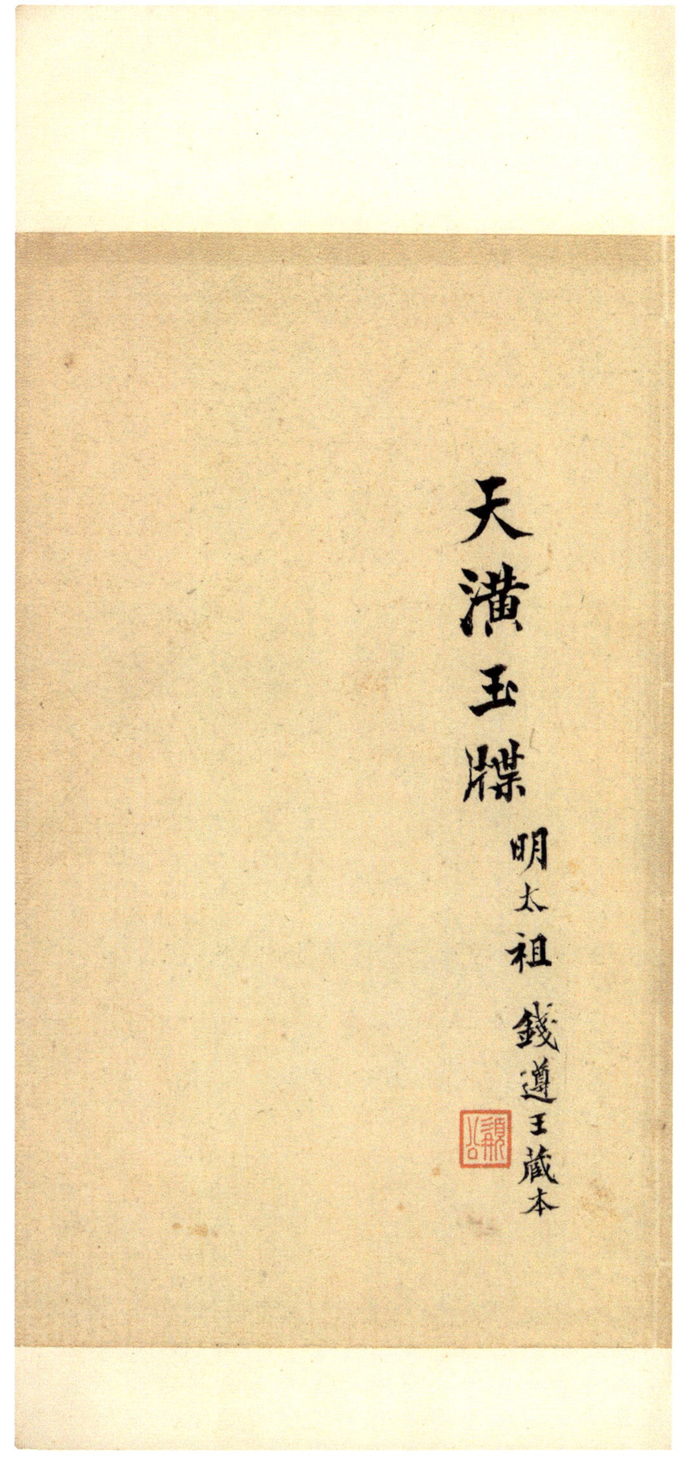

或即此本。《天潢玉牒》原本已不传，传播较广者为明代《国朝典故》所收之本。此本末有秦汴跋云："大明嘉靖己亥仲夏廿又一日，无锡国子生臣秦汴稽首谨校，牒内阙疑不敢妄改，姑俟来哲。"嘉靖己亥为嘉靖十八年，此书是今传较早的《天潢玉牒》版本，可资《天潢玉牒》流传之考。

钤有"赵氏秘籍"朱文长方印、"非昔居士"白文方印、"旧山楼"朱文长方印、"非昔经眼""髯公"朱文方印等。

天潢玉牒

太祖高皇帝先世江東句容縣朱家巷人熈祖生於宋孝季元初太后王氏二子長壽春王次仁祖淳皇帝渡淮因家泗州太后陳氏生四子長南昌王次盱眙王次臨淮王仁祖年五十歲遷鍾離之東鄉天曆元年戊辰龍飛濠梁九月十八日太祖皇帝降誕先是陳太后在麥塲見西北有道士修髯簪冠紅服象簡來至塲中以簡撥白丸置手中太后問曰此何物也道士曰太丹你若要時將與你一丸不意吞之忽然不知何往及誕白氣自東南貫室異香經宿不散後不能食淳皇求醫歸

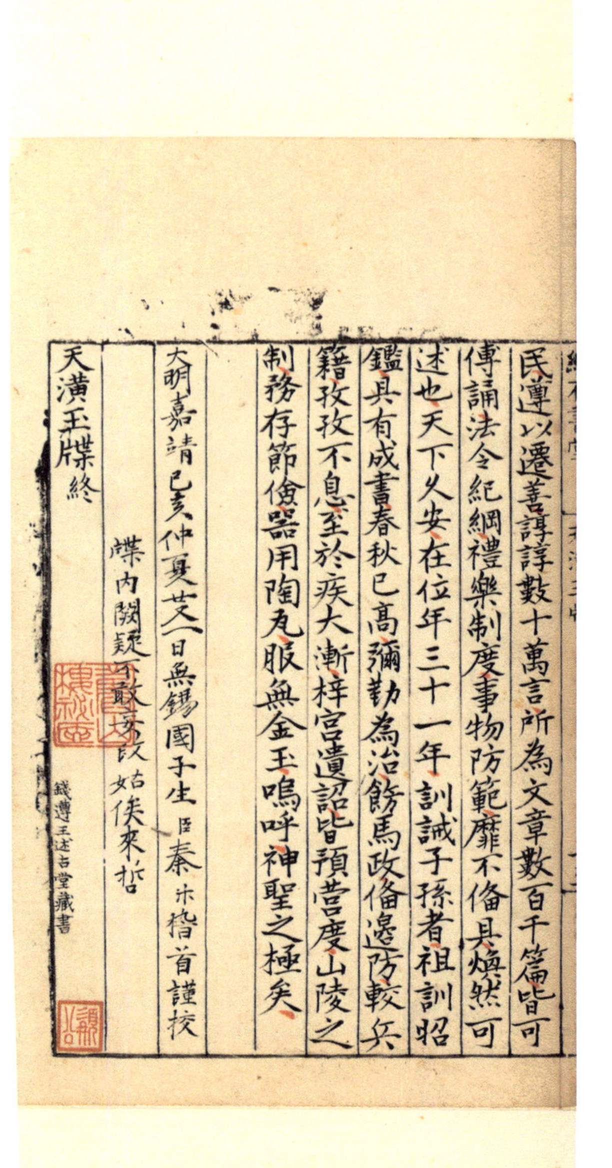
氏運以遷善諱諱數十萬言所為文章數百千篇皆可傳誦法令紀綱禮樂制度事物防範靡不倫具煥然可述也天下久安在位年三十一年訓誡子孫者祖訓昭鑑具有成書春秋已高彌勤為治飭馬政備邊防較兵籍孜孜不息至於疾大漸梓宮遺詔皆預營度山陵之制務存節儉器用陶瓦服無金玉嗚呼神聖之極矣

大明嘉靖己亥仲夏廿又八日無錫國子生臣秦汴稽首謹校

牒內闕疑不敢妄改姑俟來哲

天潢玉牒終

錢遵王述古堂藏書

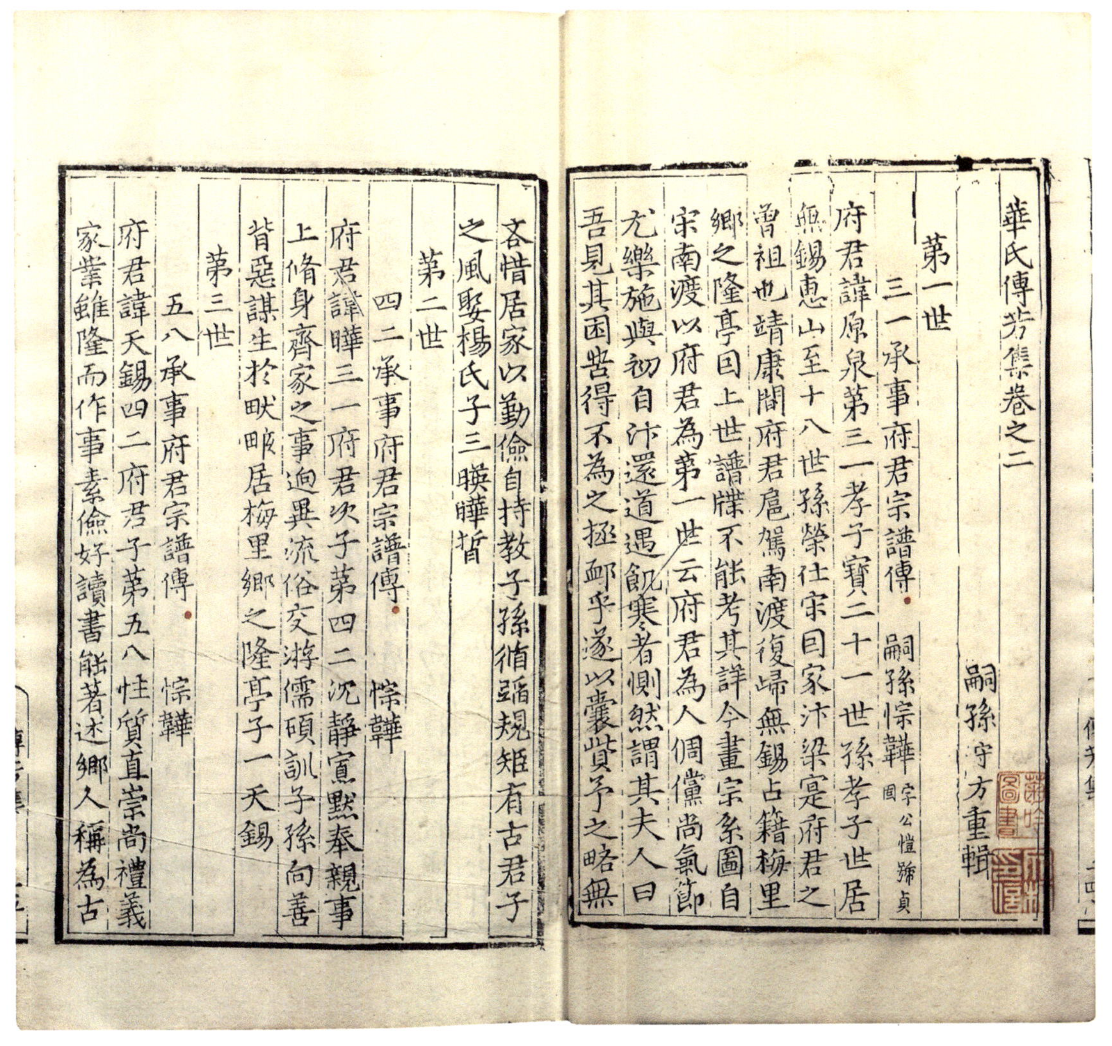
華氏傳芳集卷之二

嗣孫守方重輯

第一世

三一承事府君宗譜傳　嗣孫悰韡字公愷號貞固

府君諱原泉第三一孝子寶二十一世孫孝子世居無錫惠山至十八世孫榮仕宋因家汴梁寔府君之曾祖也靖康間府君扈駕南渡復歸無錫占籍梅里鄉之隆亭因上世譜牒不能考其詳今書宗系圖自宋南渡以府君為第一世云府君為人倜儻尚氣節尤樂施與初自汴還道遇飢寒者惻然謂其夫人曰吾見其困苦得不為之拯卹乎遂以囊貲予之略無吝惜居家以勤儉自持教子孫循蹈規矩有古君子之風娶楊氏子三暎韡晳

第二世

四二承事府君宗譜傳　悰韡

府君諱韡三一府君次子第四二沉靜寡默奉親事上脩身齊家之事迥異流俗交游儒碩訓子孫向善背惡謀生於畎畝居梅里鄉之隆亭子一天錫

第三世

五八承事府君宗譜傳　悰韡

府君諱天錫四二府君子第五八性質直崇尚禮義家業雖隆而作事素儉好讀書能著述鄉人稱為古

华氏传芳集十一卷

（明）华守方辑　**续集五卷**　（明）华察辑　明嘉靖十一年（1532）华从智刻隆庆六年（1572）华察续刻本　八册　名录号及索书号 01567—111958

华守方（1407—1487），原名方，字守方，号时葺，江苏无锡人。敦朴谨厚，克勤克俭，乐善好施，终老未仕。其子华燧（1439—1513），为明代藏书家、刻书家，铜活字印刷家。

华察（1497—1574），字子潜，号鸿山，江苏无锡人。华氏后人。嘉靖五年（1526）进士，历官户部、兵部主事，翰林院修撰、侍读学士，掌南京翰林院。

正文十一卷，卷一、二卷端次行下题“嗣孙守方重辑”，卷五及卷十一末镌“嘉靖壬辰（十一年，1532）裔孙从智重刊”。袁尊尼在续集序里说续集六卷，但续集实从卷十三起，版心下有“传芳续集一”字样，“一”为页码，直至续集卷十七终。

钤“菊吟图书”“文柏印信”“江南图书馆藏”等印。江南图书馆创建于 1907 年，由当时的两江总督端方奏请朝廷筹办。端方委派缪荃孙等以公费购入杭州丁氏“八千卷楼”藏书，又收购武昌范氏月槎“木樨香馆”的藏书，以此为基础，在龙蟠里九号原惜阴书院的旧址上，建成当时国内较早的公共图书馆，是现在南京图书馆前身之一。

華氏傳芳續集卷之十三

隆亭華氏重輯宗譜序　黄宗載 南京吏部尚書

自周官小史之職既廢因姓胙土之典不行尊卑失其序親踈無所統若魯人之不弔其族而相爲途人者何限所以士大夫家之宗譜不可以不輯也宗譜既輯則知其源之所自出泒之所由分于以維其本支聯其族屬世次可攷名分不淆庶幾服盡而親不盡親盡而恩不衰於乎宗譜所繫其不輕而重也若是士大夫家其可以不輯耶若今隆亭華靖彦謀氏汲汲於宗譜之輯者其意良有在

前集共十一卷　後集共四卷　兩共合計十五卷

查續集序文應共四卷出續

查續集今本第十三卷起而十六卷並無，不解何故。原

集以十一卷為正，續序文合為續集，誤初十二、十三以

致十三至十七均云下卷也。臨以之人不及手校，皆識大畧於此。

方三公　傳芳集　載子二

汝立　汝器

陽月十五日　筠沈氏記

傳芳集序

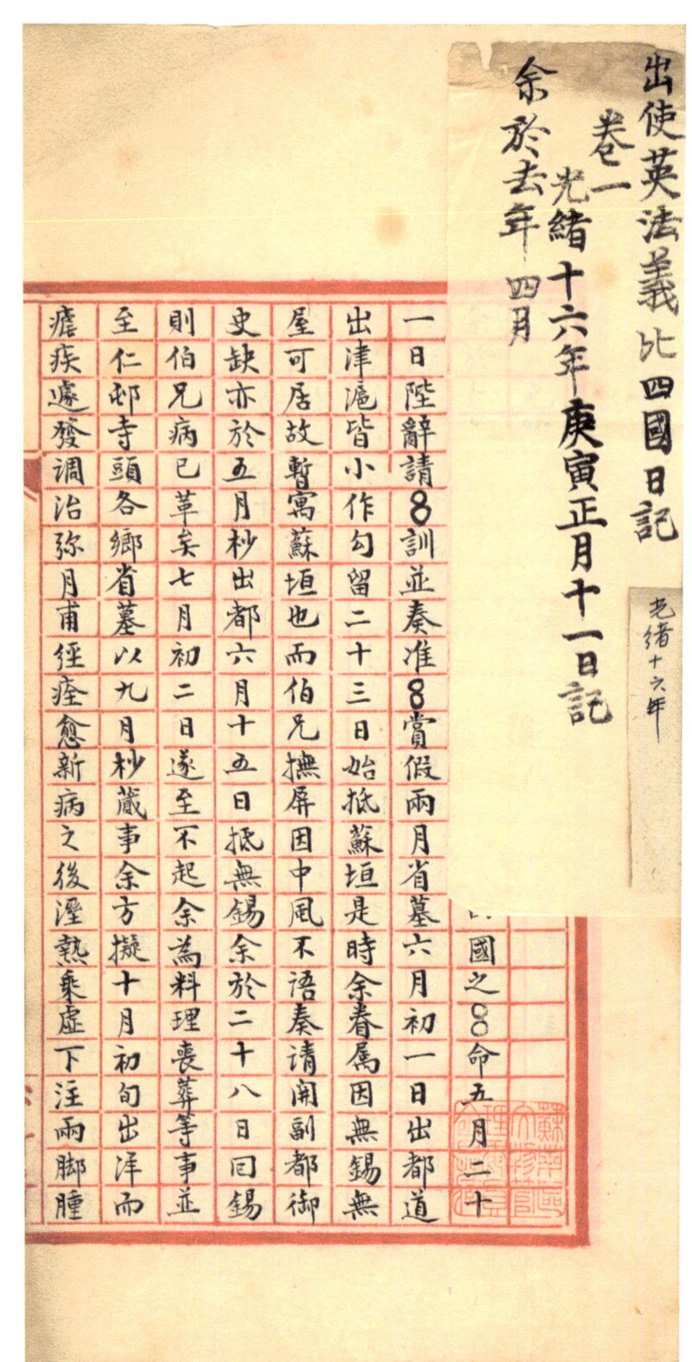
出使英法義比四國日記

卷一　光緒十六年庚寅正月十一日記

余於去年四月

光緒十六年

國之命五月二十一日陛辭請訓並奏准賞假兩月省墓六月初一日出都道出津滬皆小作勾留二十三日始抵蘇垣是時余眷屬因無錫無屋可居故暫寓蘇垣也而伯兄撫屏因中風不語奏請開副都御史缺亦於五月杪出都六月十五日抵無錫余於二十八日回錫則伯兄病已革矣七月初二日遂至不起余為料理喪葬等事並至仁邨寺頭各鄉省墓以九月杪蒇事余方擬十月初旬出洋而瘧疾遽發調治弥月甫經痊愈新病之後溼熱乘虛下注兩腳腫

出使英法义比四国日记六卷续十卷

（清）薛福成撰　稿本　存十一卷（一、续全）　十一册　名录号及索书号 01600—116443

薛福成（1838—1894），字叔耘，号庸庵，江苏无锡人。同治六年（1867）副贡。晚清著名思想家、外交家。光绪十六年（1890）至二十年（1894）间，他以钦差大臣身份，出使英国、法国、意大利、比利时等欧洲四国。有《庸庵文编》《海外文编》《出使奏疏》等。

《出使英法义比四国日记》为薛福成多年日记中的一部分，同时也是按照清政府总理各国事务衙门的要求，对所出使各国外交事务及风土人情等方面的详细记录。作为晚清维新派

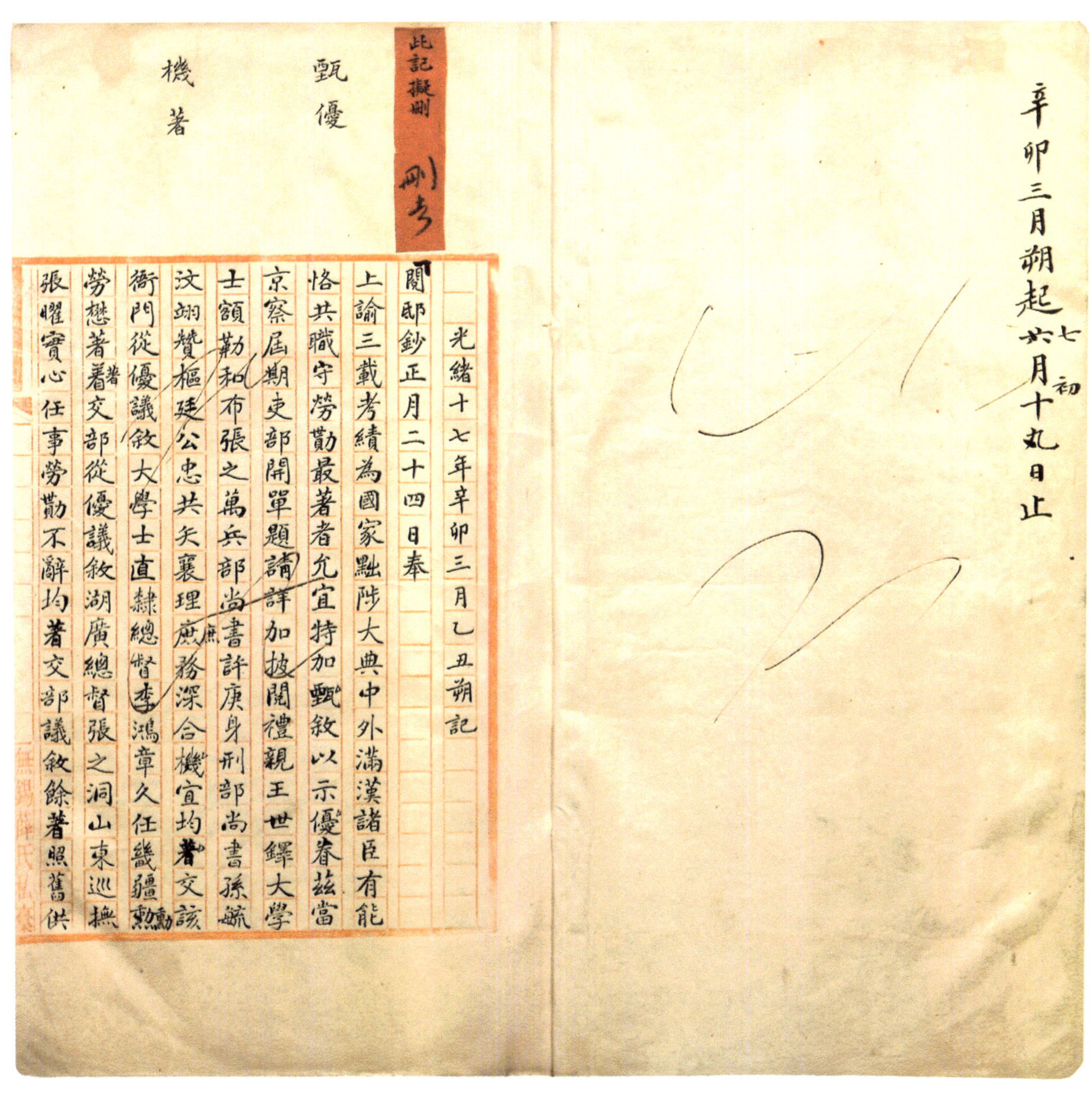

思想家，薛福成对西方的观察角度独特，故而此日记不仅是一般意义上的见闻录，同时也是其对于当时世界形势的认知以及对于西学源流、西方富强原因探究的记录。其中，“由考核而得于昔者十有五六，由见闻而得于今者十有三四”。

此日记，光绪十六年正月十一日至十七年二月三十日间日记凡六卷，经薛福成手校，于光绪十七年问世；光绪十七年三月初一日至光绪二十年五月二十八日间日记凡十卷，由其子薛莹中校订，于光绪二十四年刊刻问世。此段日记刊刻时，对其中所涉不宜公开的一些人物、事件都作了删除，因此稿本所包含的内容比刻本更为丰富。（存卷一：光绪十六年正月十一日至二月十七日）

壬辰六月十三日起七月廿七日止

光緒十八年壬辰閏六月初二日

法蘭西通國有三十三省、八十七府、共居民三百七十萬，內入天主教者三千六百五十萬人、入耶穌教者六十萬人、入猶太教者五萬人、而耶穌教又各分門戶、約有數種。西人之初入中國者、不以通商而以行教、傳教之士、如利瑪竇、湯若望、南懷仁輩、西學頗優、而亦兼通中學。彼按中國字義、譯彼之聖人曰耶穌者、中國俗語呼父曰爺、其敬而畏之者亦曰爺、如金人之呼宗爺爺、岳爺爺、今巴蜀漢沔之間呼諸葛武侯亦曰爺爺、耶者爺也、蓋兼敬愛兩義焉。穌者蘇也、以其既死數日之後而復蘇也。

初四日記

英法諸國外部尚書雖不時換人、而其下辦事之侍郎、總辦等、則皆數十年在此署中、往往終身不換、如英之外部侍郎克蕾、副侍郎山特生、法之外部侍郎尼薩等、皆在外部辦事二十餘年、比國之侍郎貝爾芒已

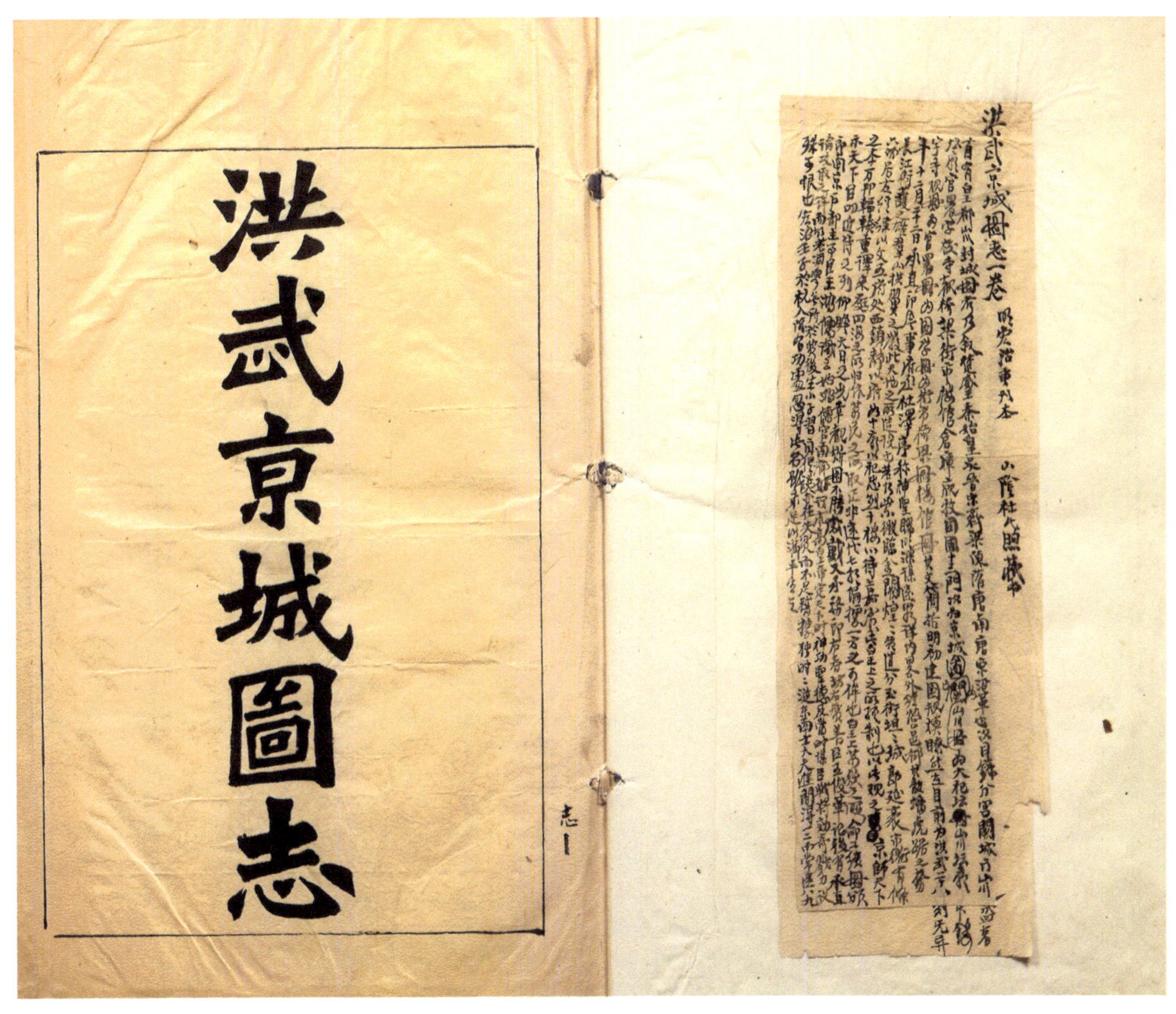

洪武京城图志一卷

明弘治五年（1492）朱宗刻本　（清）丁丙　柳诒徵跋　一册　名录号及索书号 01657—110308

此书是明洪武时礼部奉敕所撰，为明初都城南京的地方图志。书分宫阙、城门、山川、坛庙、官署、学校、寺观、桥梁、街市、楼馆、仓库、厩牧、园圃十三类，并附皇城、大祀坛、山川坛、庙宇寺观、官署、国学、街市桥梁、楼馆八图。是志展现了当时南京城的盛大规模与恢宏气象，正如书前王俊华《记》中所述，此书“凡所以大一统之规模者，可以一览而尽得之矣。……使天下之人足迹，未尝一至者皆得睹其胜概”。

是志于洪武年间刊刻行世，原刻已不传，此为目前可见最早之刊本，现存世仅一部。此本前有清丁丙跋，后有柳诒徵跋。柳跋赞此书“不惟治史者得以研索明都，即今日经营建设，亦宜研阅，以识前人之伟大，而知所自力”。

钤“杜煦之印”等印。

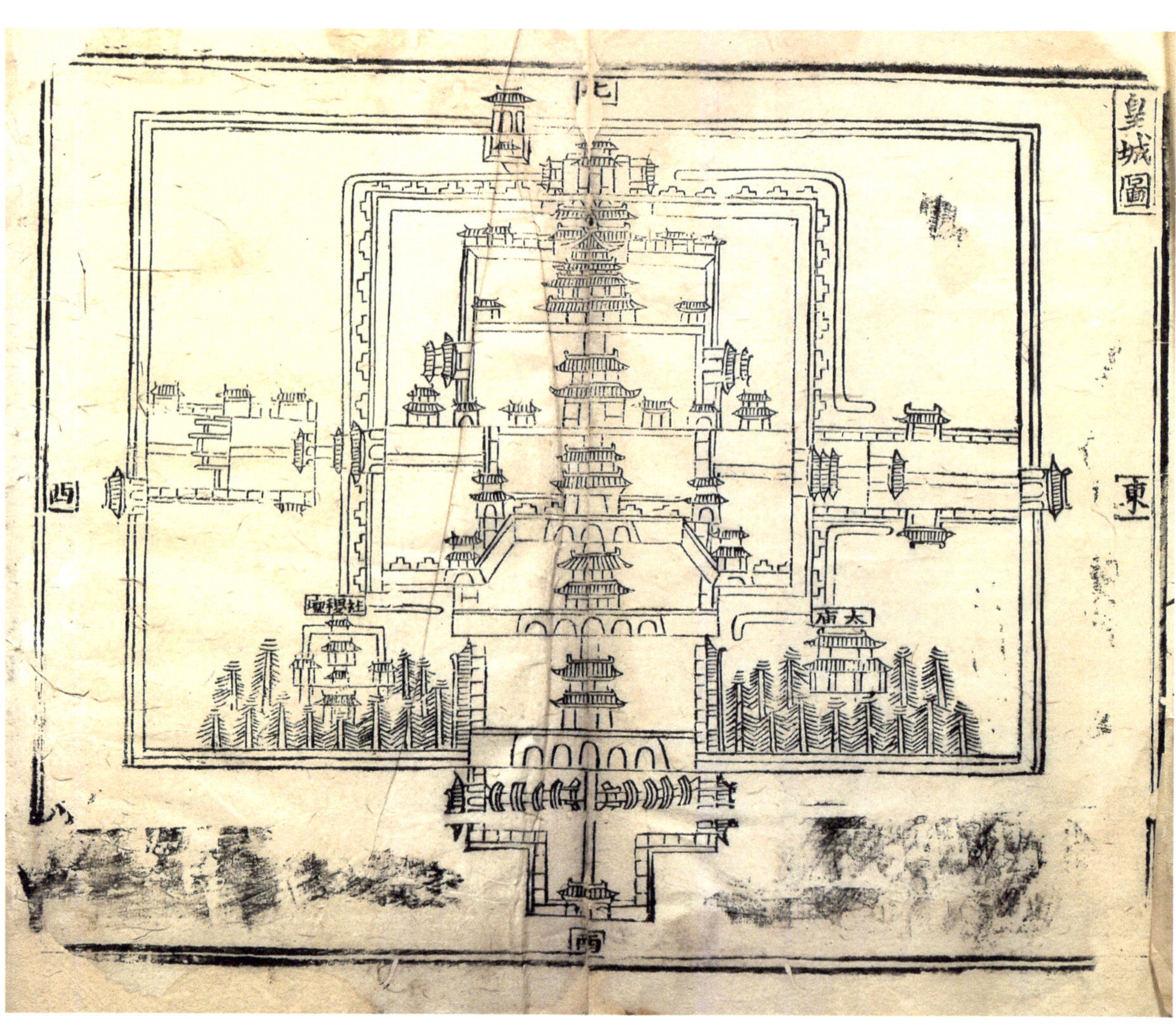
皇城圖
北
西
東
社稷壇
太廟
南

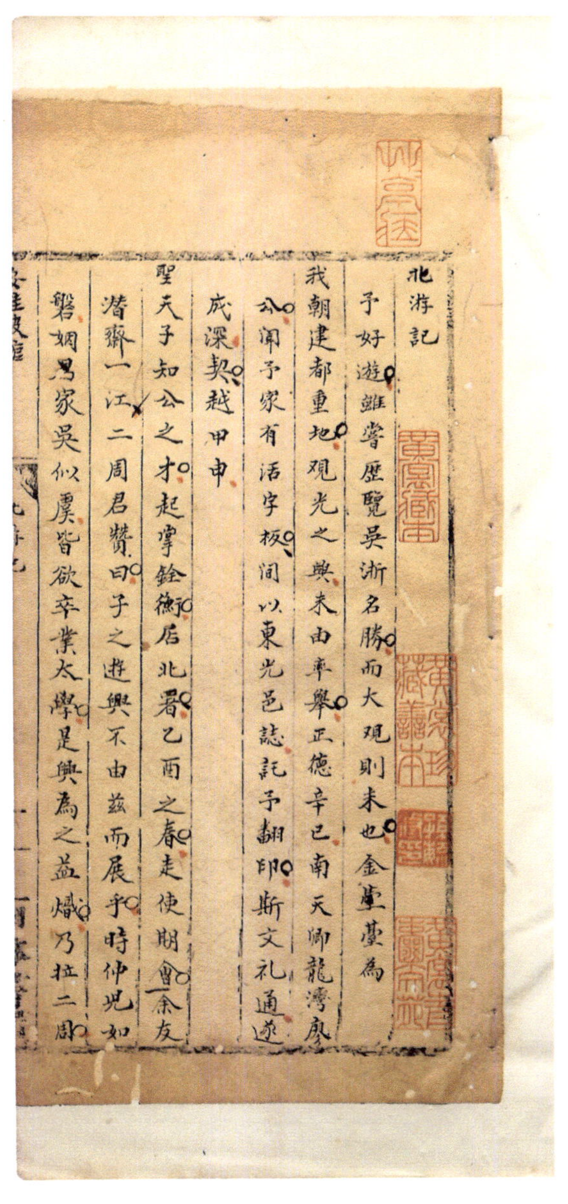

北游记一卷西游记一卷东游记一卷

（明）安国撰　**附赠言三卷**　明安氏西林书屋抄本　一册　名录号及索书号 01690—118344

安国（1481—1534），字民泰，号桂坡，常州府无锡人。安国年少时即聪慧好学，广泛涉猎经史，好古书画彝鼎。因酷爱桂花，植丛桂于后山岗，自题住所为“桂坡馆”，人称安国为“桂坡公”。所藏古书、彝鼎甚富，并善于校勘，所校之书，在每一标题下，记有“锡山安国校勘”字样。他从嘉靖二年（1523）开始，用铜活字印刷了大量书籍。又在无锡胶山南麓建庭院“西林”，是当时闻名全国的江南园林。

黑格抄本，框高 19 厘米，宽 10.8 厘米。半叶八行，行二十四字。四周单边，白口，单黑鱼尾。版心上写“安桂坡馆”四字，版心中间上写“北游记”“西游记”“东游记”等字，下写叶次。版心下印“西林书屋”四字。

安氏以布衣经商起家，富几敌国，人称“安百万”，他乐善好施，喜藏书刻书，又好游，

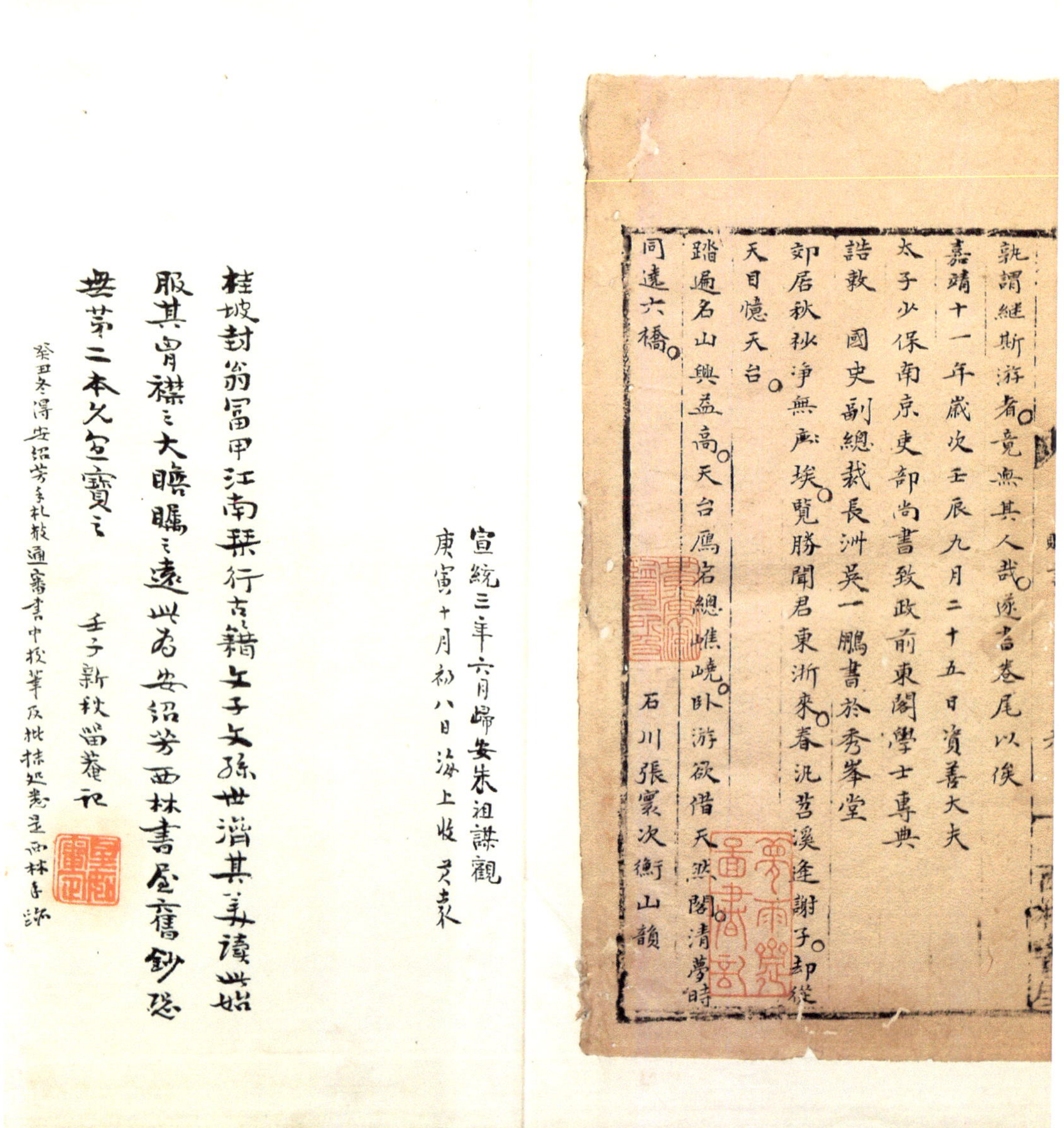
桂坡封翁富甲江南，梓行古籍，子子孫孫世濟其美。讀此始服其胸襟之大，瞻矚之遠。此為安紹芳西林書屋舊鈔底，無第二本，允宜寶之。
壬子新秋留菴記
癸丑冬得安紹芳手札，校通審書中校筆及批抹處，是西林手跡

宣統三年六月歸安朱祖謀觀
庚寅十月初八日海上收 黄裳

孰謂繼斯游者，竟無其人哉。遂書卷尾以俟。
嘉靖十一年歲次壬辰九月二十五日資善大夫太子少保南京吏部尚書致政前東閣學士專典誥敕 國史副總裁長洲吴一鵬書於秀峯堂
郊居秋水淨無塵埃，覽勝聞君東浙來。春泛苕溪逢謝子，卻從天目憶天台。
踏遍名山興益高，天台鴈宕總嶕嶢。臥游欲借天然閣，清夢時同遶六橋。
石川張寰次衡山韻

足迹踏遍半个中国。此书即为安氏分别于嘉靖三年、八年及十一年的北、西、东三游记，游迹所至，北至天寿山、居庸关；西至庐山、武当山；东历天台、雁荡至普陀山。每至一处，则访当地之胜景，与名流士绅酬唱往还。书中多墨笔校勘及批抹处，为安氏曾孙安绍芳手迹，西林书屋即安绍芳藏书室。此书应是出版前所用底稿。安绍芳（1548—1605），字懋卿，号砚亭居士，弘扬祖业，将先人藏书移置西林，凡有名士前来阅读，置酒持烛以相待。

书末有清宣统三年朱祖谋跋题、民国元年孙毓修题跋及1950年黄裳题。钤有“孙毓修印”“黄裳青囊文苑”“黄裳珍藏善本”“黄裳藏本”“草草亭藏”“黄裳流览所及”“梦雨斋图书记”等印。黄裳（1919—2012），原名容鼎昌，笔名勉仲等，满族，山东益都（今山东青州）人。现代散文家、高级记者、藏书家、版本学家。喜好收藏明清古籍善本，尤以明清易代之际的野史、笔记为专。其藏书处名来燕榭、木雁斋、草草亭、梦雨斋等。著作有《榆下说书》《银鱼集》《锦帆集》《黄裳书话》《来燕榭读书记》《翠墨集》《黄裳论剧杂文》《花步集》《珠还记幸》等。

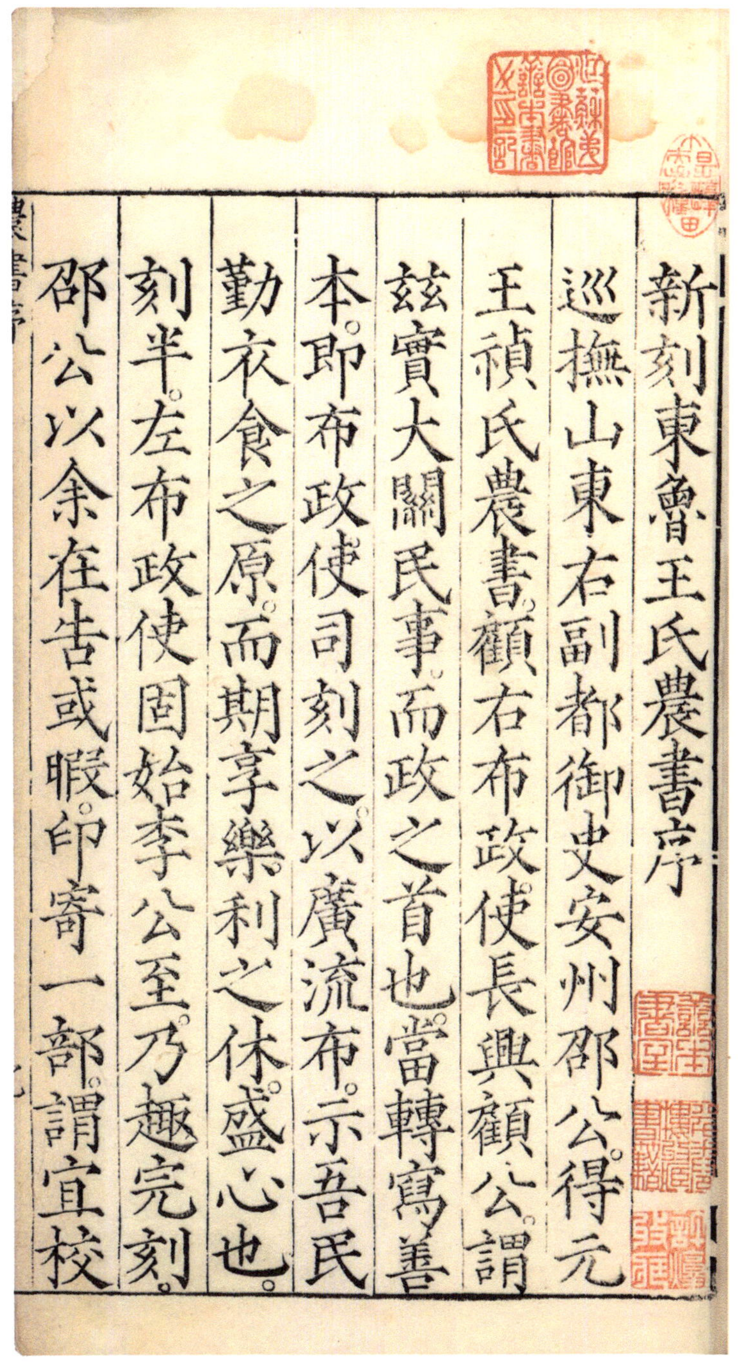
新刻東魯王氏農書序
巡撫山東右副都御史安州邵公得元
王禎氏農書顧右布政使長興顧公謂
茲實大關民事而政之首也當轉寫善
本即布政使司刻之以廣流布示吾民
勤衣食之原而期享樂利之休盛心也
刻半左布政使固始李公至乃趣完刻
邵公以余在告或暇印寄一部謂宜校

农书三十六卷

（元）王祯撰　明嘉靖九年（1530）山东布政使司刻本　十册　名录号及索书号 01780—110709

王祯，字伯善，山东东平人。元贞初年（1295）由承事郎升任旌德（今安徽宣城）县尹，大德四年（1300）调任信州永丰（今江西广丰）县尹。王祯善诗，有《农务集》，今不传，清顾嗣立《元诗选》辑入其农器诗多首。

此书为中国古农学重要著作。前有嘉靖九年临清阎闳《新刻东鲁王氏〈农书〉序》，书

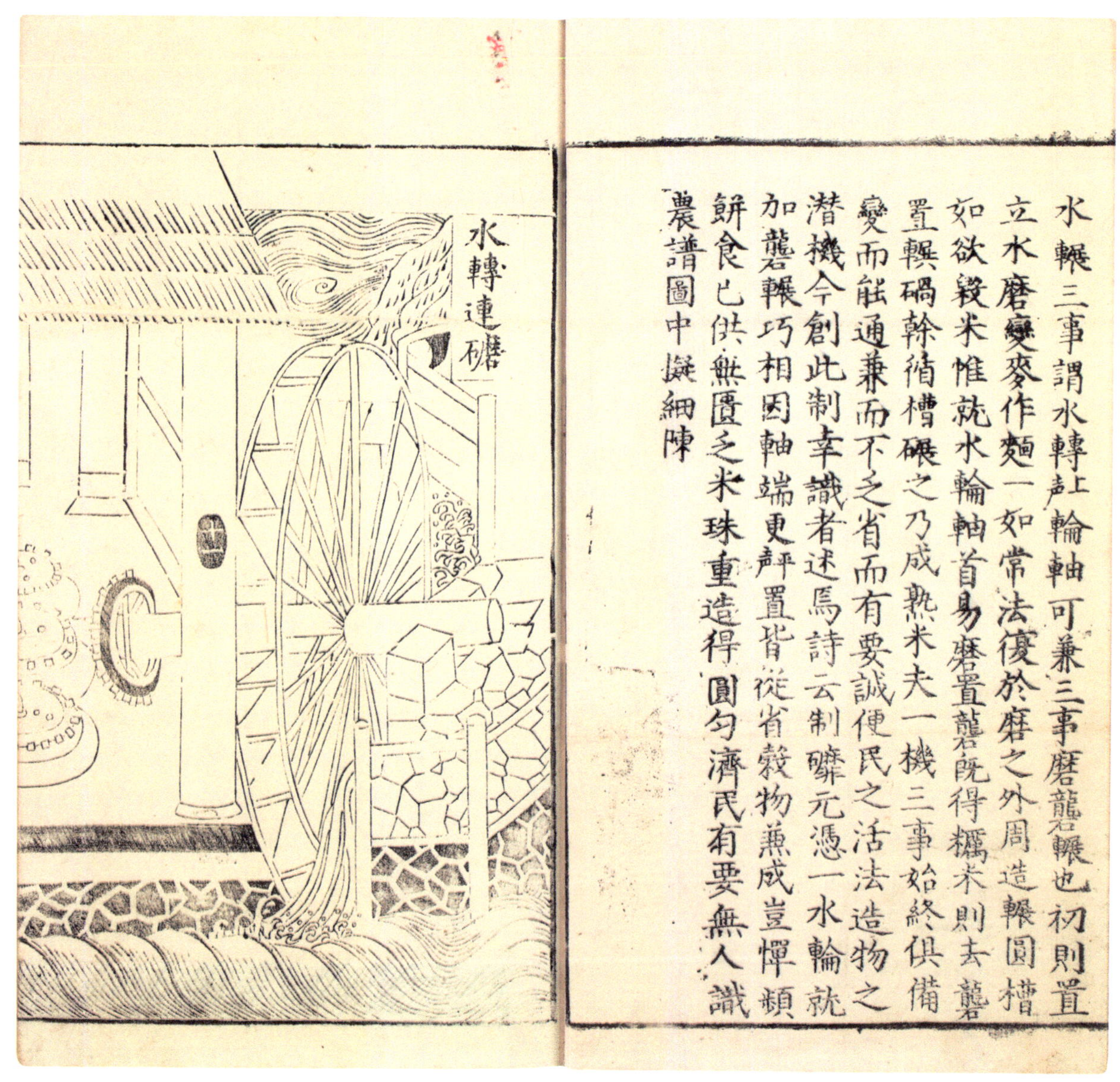

水輾三事謂水轉上声輪軸可兼三事磨礱輾也初則置立水磨變麥作麪一如常法復於磨之外周造輾圓槽如欲毇米惟就水輪軸首易磨置礱既得糲米則去礱置輾碢幹循槽輾之乃成熟米夫一機三事始終俱備變而能通兼而不乏省而有要誠便民之活法造物之潛機今創此制幸識者述焉詩云制礫元憑一水輪就加礱輾巧相因軸端更平声置皆從省穀物兼成豈憚頻餅食已供無匱乏米珠重造得圓匀濟民有要無人識農譜圖中擬細陳

末载“山东等处承宣布政使司为遵明旨刻农书以勤劝课事”之刊印文移。正文三十六卷，为《农桑通诀》六集、《农器图谱》二十集、《谷谱》十集。《农器图谱》后附杂录二目，载《造活字印书法》，为古代印刷史上的珍贵文献。《谷谱》目录作十一卷，下有《豳七月诗说》《食时五观》《备荒》三小目。正文只十卷，《备荒论》刻入卷十之末，《豳七月诗说》《食时五观》原阙。

此书原刻久佚，至嘉靖九年山东布政使司以流传抄本为底本，加以校正，命工翻刻而成，为本书现存最早刻本。

钤“许焞收藏”“个是醇夫手种田”“鸥寄室王氏收藏”及丁氏“八千卷楼珍藏善本”“八千卷楼收藏书籍”等印。

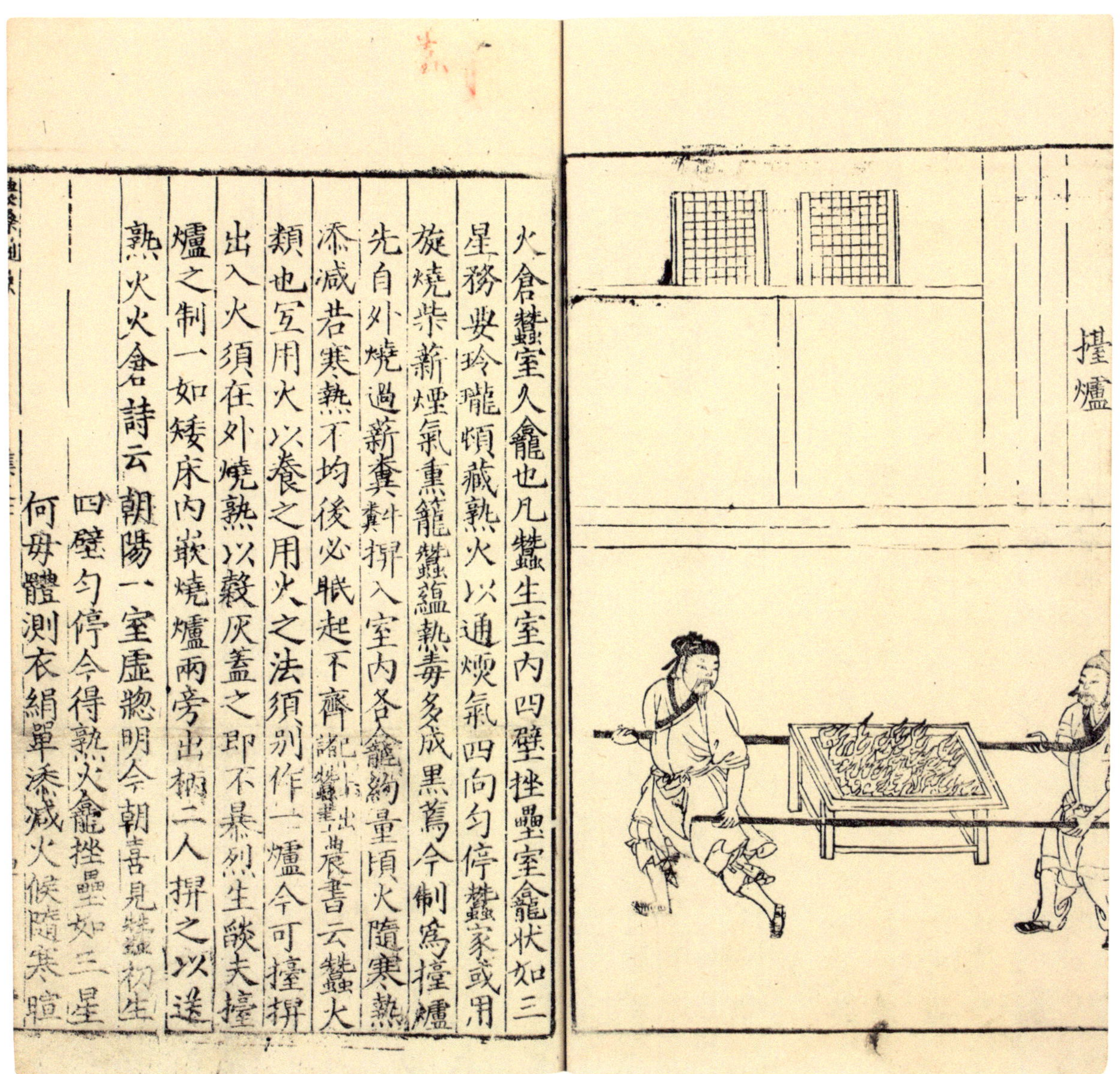

火倉蠶室久龕龍也凡蠶生室内四壁挫壘室龕狀如三星務要玲瓏預藏熟火以通煖氣四向匀停蠶家或用旋燒柴薪煙氣熏籠蠶蘊熱毒多成黑蔫今制爲擡爐先自外燒過薪糞糞斗擡入室内各龕約量頓火隨寒熱添減若寒熱不均後必眠起不齊已上出諸蠶書農書云蠶火類也宜用火以養之用火之法須別作一爐令可擡舁出入火須在外燒熟以穀灰蓋之即不暴烈生燄夫擡爐之制一如矮床内嵌燒爐兩旁出柄二人舁之以送熟火火倉詩云

朝陽一室虛聰明今朝喜見蠶初生
四壁匀停令得熟火龕挫壘如三星
何毋體測衣絹單添減火候隨寒暄

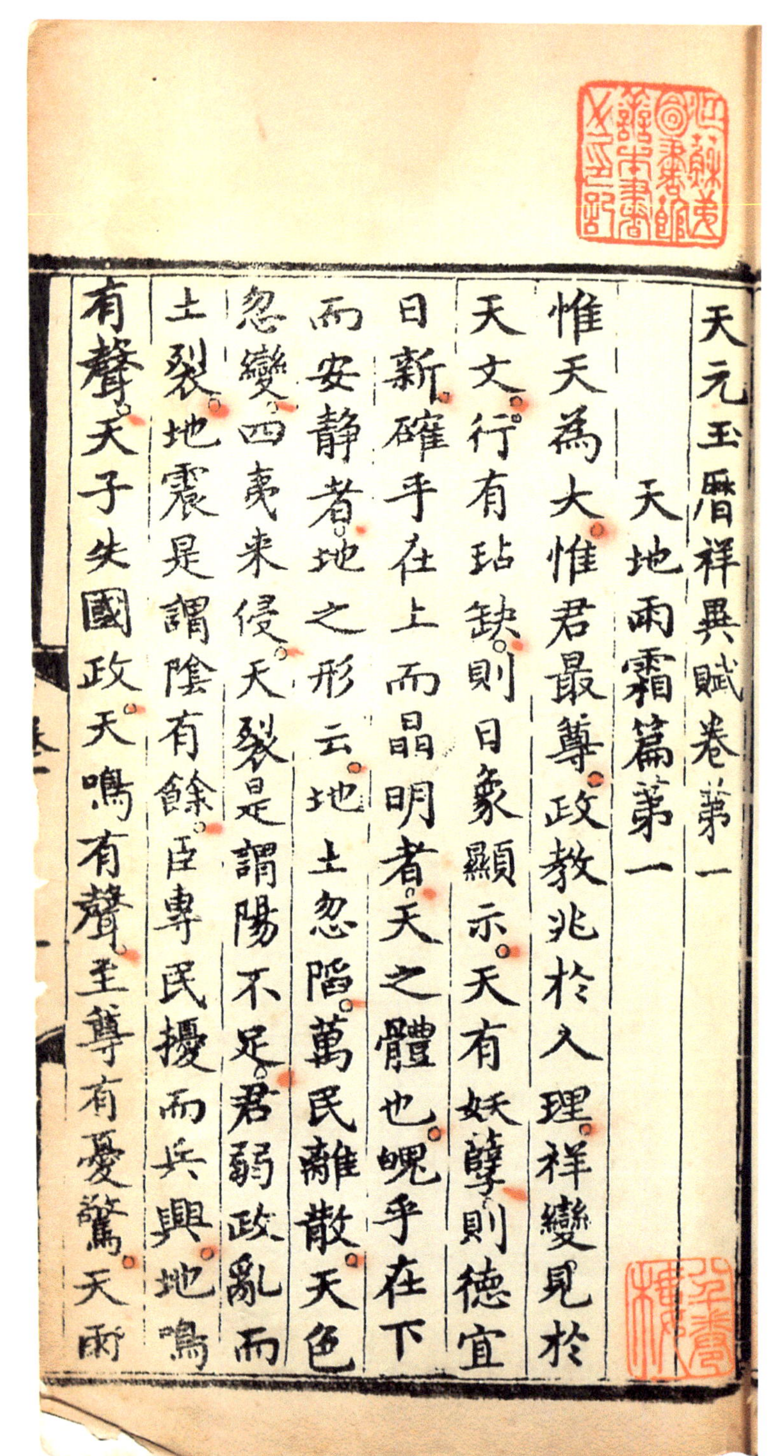
天元玉曆祥異賦卷第一
天地雨霜篇第一
惟天爲大惟君最尊政教兆於人理祥變見於
天文行有玷缺則日象顯示天有妖孽則德宜
日新確乎在上而晶明者天之體也隗乎在下
而安静者地之形云地土忽陷萬民離散天色
忽變四夷來侵天裂是謂陽不足君弱政亂而
土裂地震是謂陰有餘臣專民擾而兵興地鳴
有聲天子失國政天鳴有聲主尊有憂驚天雨

天元玉历祥异赋七卷

（明）仁宗朱高炽撰　明洪熙元年（1425）内府刻本　（清）丁丙跋　四册　名录号及索书号 01831—110800

朱高炽（1378—1425），明成祖朱棣长子，永乐二年（1404）立为太子，永乐二十二年（1424）即位，为明代第四任皇帝，年号洪熙。在位未满一年即病逝，庙号仁宗。识天象，深谙天人

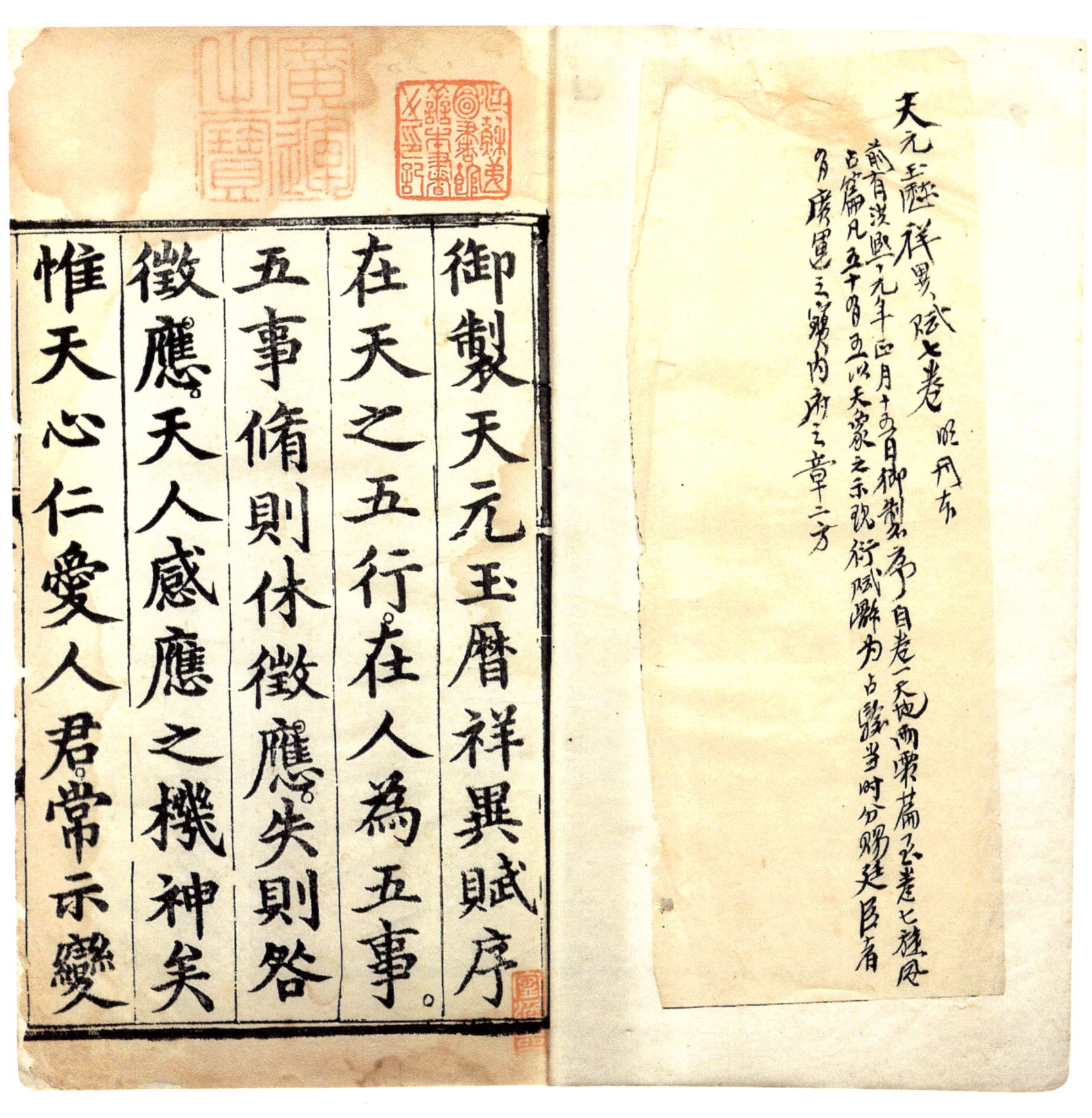

御製天元玉曆祥異賦序

在天之五行在人為五事。

五事脩則休徵應失則咎

徵應天人感應之機神矣

惟天心仁愛人君常示變

天元玉歷祥異賦七卷 明刊本

前有洪熙元年四月十五日御製序自卷一天地雨雲篇至卷七雜風占篇凡五十有五以天象之示現衍賦辭為占驗當時分賜廷臣者

有廣運之寶內府之章二方

感应之道，曾于宫中筑观天台，观测天象。是书以赋体载录各种天象所示祥异、吉凶，颁赐大臣，以有所惕厉修省，凡五十五篇。

此本钤朱文方印“广运之宝”“内府之章”，为明洪熙元年内府刻本，字体圆润，行格疏朗，楮墨精良。又钤丁氏八千卷楼朱文长印“八千卷楼珍藏善本”“嘉惠堂藏阅书”、白文方印“嘉惠堂丁氏藏书之记”、朱文方印“八千卷楼”“善本书室”等，并有清代著名藏书家丁丙题跋。

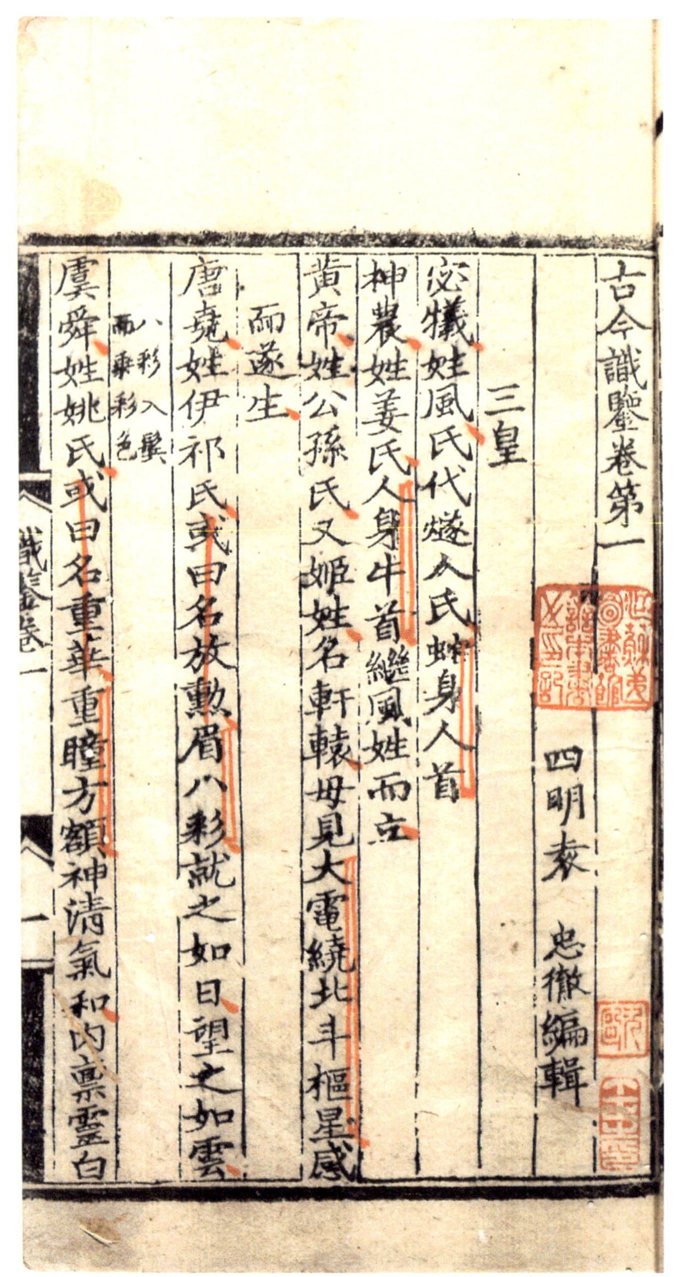

古今識鑒卷第一

四明袁　忠徹編輯

三皇

宓羲姓風氏代燧人氏蛇身人首

神農姓姜氏人身牛首繼風姓而立

黃帝姓公孫氏又姬姓名軒轅母見大電繞北斗樞星感而遂生

唐堯姓伊祁氏或曰名放勳眉八彩就之如日望之如雲八彩入鬢而乘彩色

虞舜姓姚氏或曰名重華重瞳方額神清氣和內稟靈白

古今识鉴八卷

（明）袁忠彻辑　明景泰二年（1451）刻本　（清）丁丙跋　二册　名录号及索书号 01834—110811

袁忠彻（1376—1458），字静思，一字公达，鄞县（今浙江宁波）人。幼传父技，精相术，深得明成祖朱棣信任，官至尚宝司少卿。著有《符台外集》《人相大成》《神相全编》等。是书为奉明宣宗朱瞻基之命，辑录历代相术案例而成，自上古三皇至明代，凡八卷。

此本传世稀少，今仅见南京、上海等图书馆收藏。钤丁氏八千卷楼朱文长印“八千卷楼珍藏善本”、白文方印“丁氏八千卷楼藏书记”、朱文方印“八千卷楼”，并有清代著名藏书家丁丙题跋。又钤白文方印“古芸书屋”、朱文方印“青门居士”“次欧”等。

士不用彼獐頭鼠目子求官耶後載入相被誅

毛若虛眉毛覆於眼性残忍天寳末為武功丞

李白字太白形色秀耀手有三日文蘇頲見之曰是子天才英特少益以學可比相如賀知章稱為謫仙

栢良器字公亮父友王奐見之曰尔額紋以臨淮王面黑子似顏平原殆能立功薦於李光弼年二十四更戰陣六十二德宗封平原郡王

王晙氣貌偉特時為熊虎相祖有方奇之曰是子當興吾宗累官并州都督以破虜功拜兵部尚書卒謚忠為唐名將

郭子儀身長七尺二寸初在行伍李白客并州於哥舒翰座上見之曰此壯士目光如火照人不十年當擁節旄屢脫其刑責翰因署為牙門將後子儀戡之安史之亂歷諸道節度及永王璘反事干李白子儀上天下兵馬副元帥印綬贖其罪

楊貴妃肌態豐艷膚理細膩骨肉停匀絕世無雙

虢國夫人貴妃妹也眉髮秀黑精采豔麗不施脂粉自有美色常素面入朝

李夫人光弼之母有鬚數十長五寸許封韓國太夫人二子光弼光顏

天下有山堂画艺二卷

（清）汪之元撰　清樵石山房刻套印本　三册　名录号及索书号 01843—119715

汪之元，字体斋，安徽休宁人。工翰墨，能诗歌，善画兰竹，流寓广州。

此书为清初最有影响力的美术著作之一。正文分墨竹谱及墨兰谱两部分，各有目录。有文有图，详述兰竹的画法及衬景的画法。

此套印本以深浅两色着墨。根据文化部颁发的《古籍定级标准》，定为二级古籍。

钤有丁峻“臣丁峻印”“潜生”；张佩纶“绳叔藏书”“绳叔”“佩纶私记”；杨复明“金陵杨氏宾叔劫余金石书画”“宾叔”“杨鹿鸣鉴藏章”；张金鉴“金鉴”“祝秋”等印。

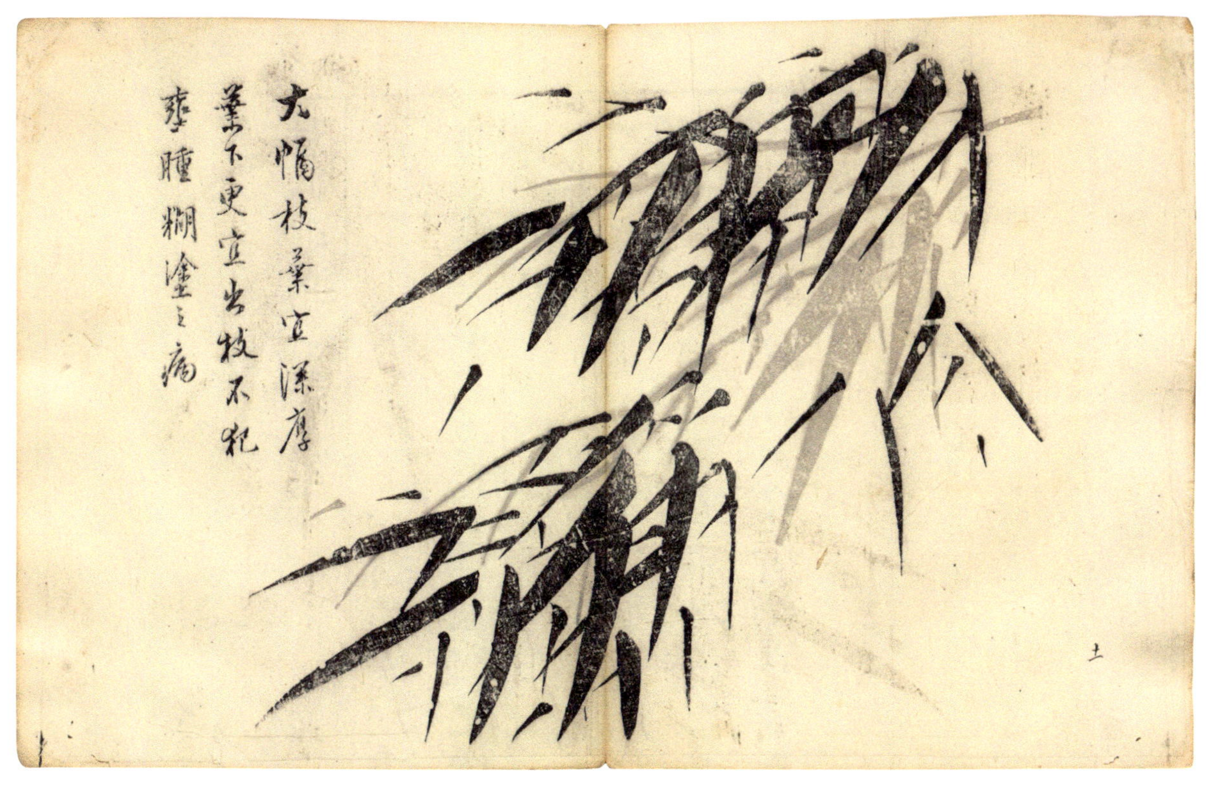
大幅枝葉宜深厚
葉下更宜出枝不犯
臃腫糊塗之病

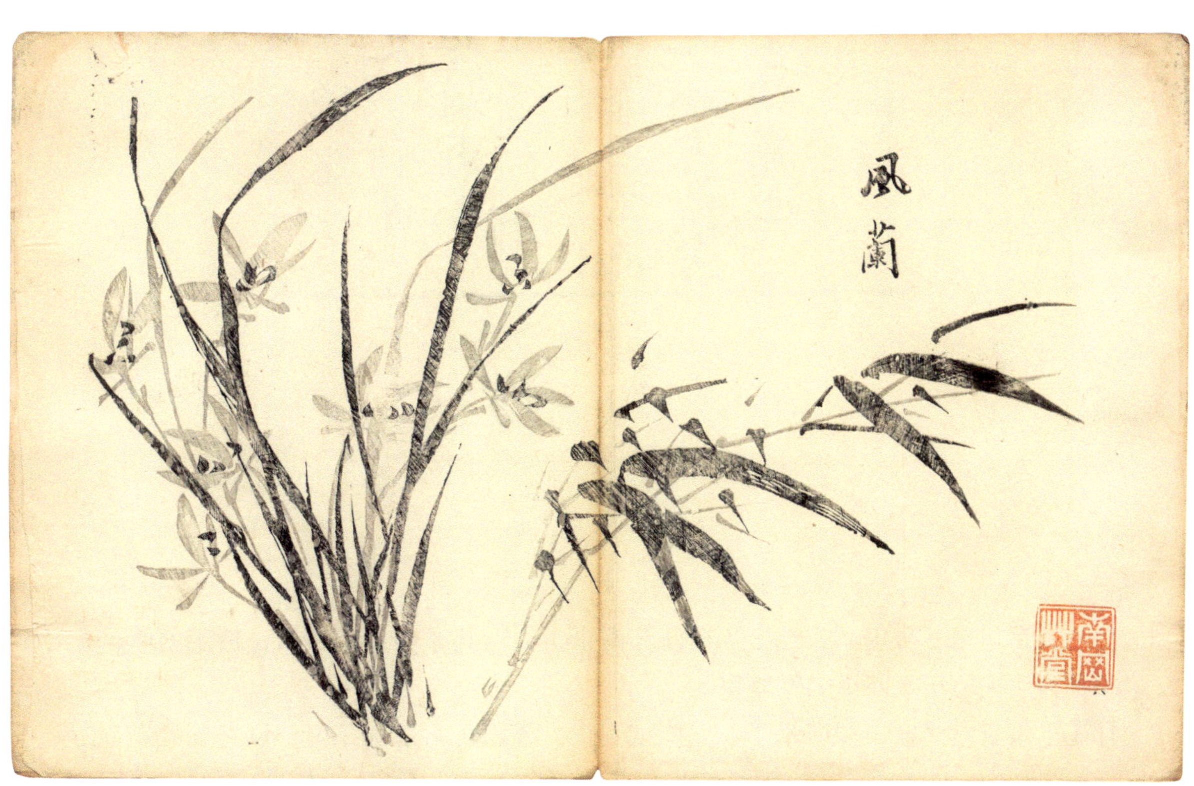
風蘭

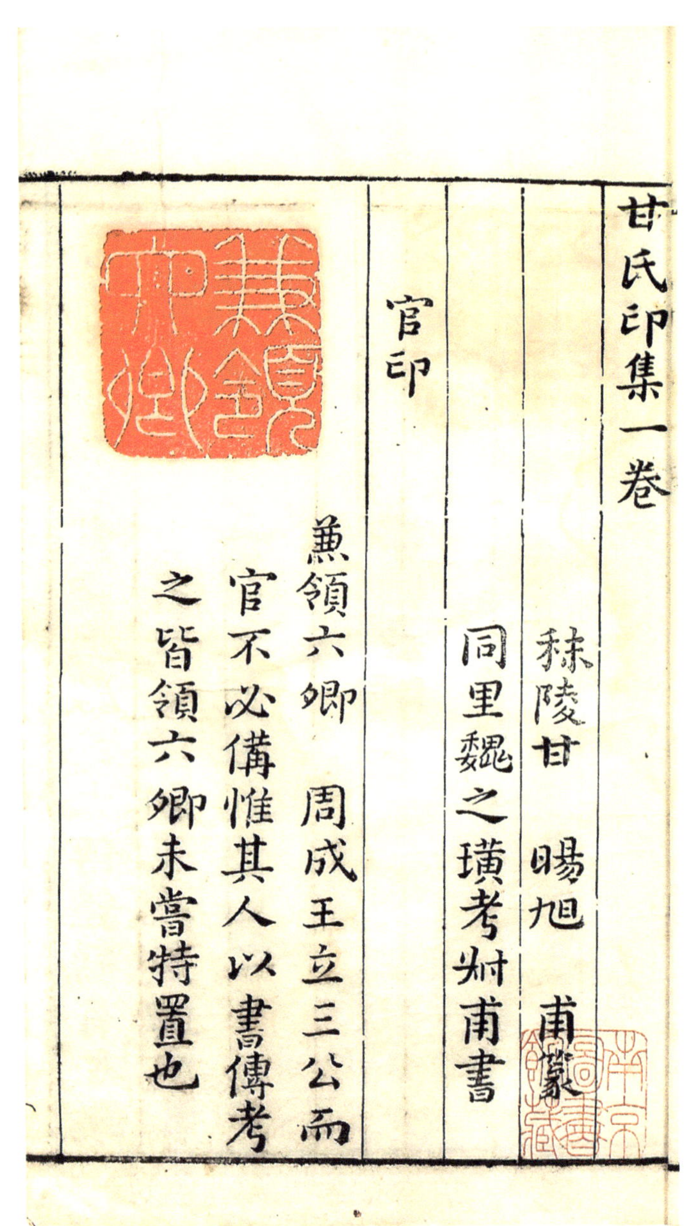
甘氏印集一卷

秣陵甘暘旭甫篆

同里魏之璜考甫書

官印

兼領六卿　周成王立三公而官不必備惟其人以書傳考之皆領六卿未嘗特置也

甘氏印集四卷

（明）甘旸篆刻　明万历刻钤印本　二册　名录号及索书号 01844—115615

甘旸，字旭甫，号寅东，江宁（今江苏南京）人。其篆书负有盛名，精于刻印，尤好秦汉玺印，为明代万历年间著名篆刻家。

甘氏出生官宦之家，少习举子业，应试不售，遂隐于南京鸡笼山，以书刻自娱，游心于此近三十年。书前自序云：“海内缙绅先生及诸名公，索之者广，间有得意，集诸笥中，计二千有奇……盐官许令典先生命予为谱。”全书共四卷：卷一为官印，卷二为斋堂馆阁印，卷三至四为名印。

是书行款不一，四周单边，白口，无鱼尾，双面钤印，每面一至八方不等，界格划分，下注释文。

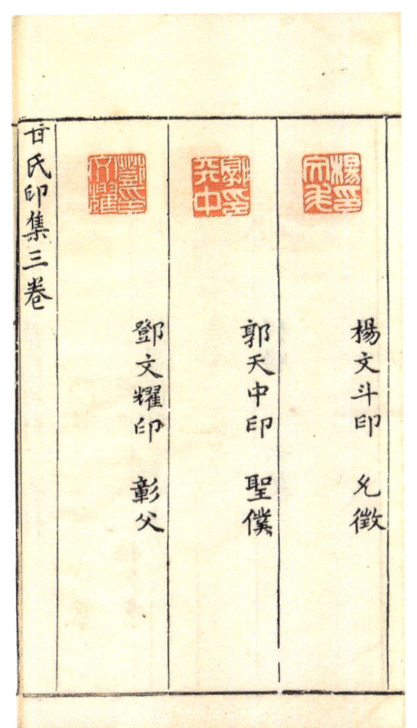

楊文斗印　允徵

郭天中印　聖僕

鄧文耀印　彰父

甘氏印集三卷

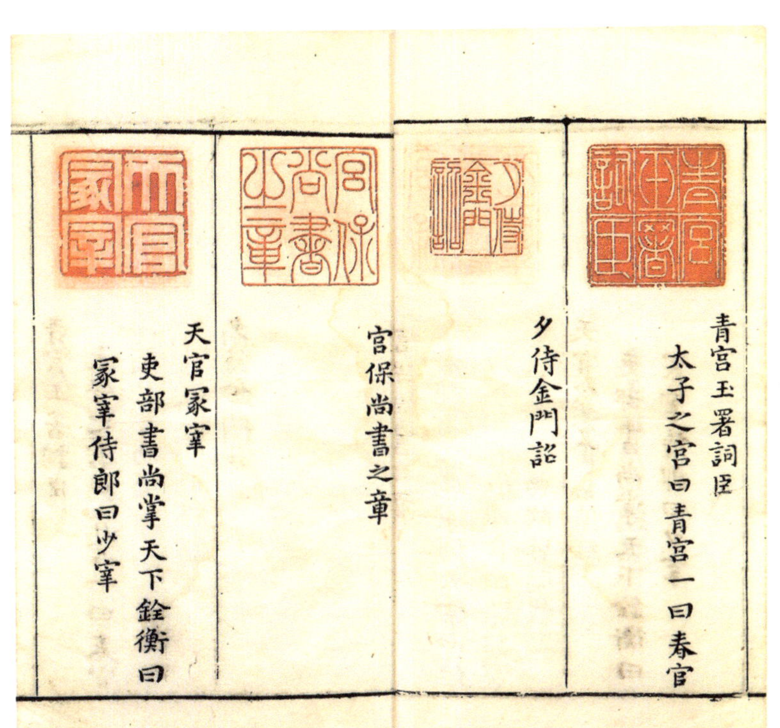

青宮玉署詞臣

太子之宮曰青宮一曰春宮

夕侍金門詔

宮保尚書之章

天官冢宰

吏部尚書掌天下銓衡曰冢宰侍郎曰少宰

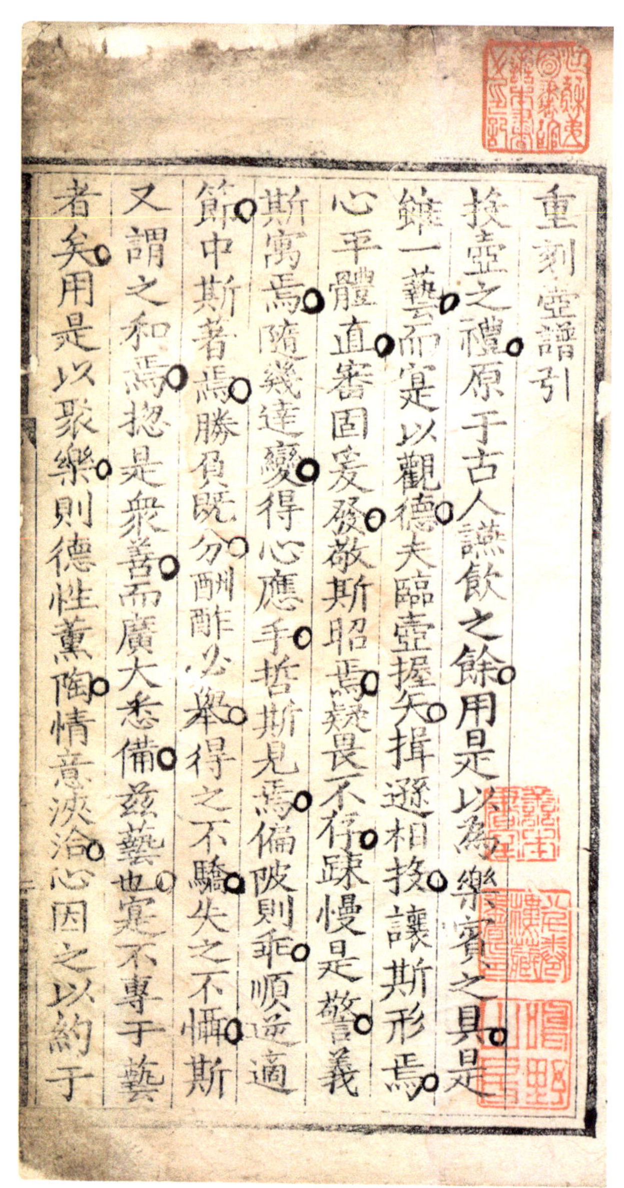
重刻壺譜引
投壺之禮。原于古人讌飲之餘。用是以為樂賓之具。是雖一藝。而寔以觀德。夫臨壺握矢揖遜相授。讓斯形焉。心平體直審固爰發。敬斯昭焉。疑畏不存。肆慢是警。義斯寓焉。隨幾達變。得心應手。哲斯見焉。偏陂則乖。順適節中。斯著焉。勝負既分。酬酢必舉。得之不驕。失之不懾。斯又謂之和焉。總是衆善。而廣大悉備。茲藝也。寔不專于藝者矣。用是以聚樂。則德性薰陶。情意浹洽。心因之以約于

壶谱一卷

（明）王汇征撰　明嘉靖四十一年（1562）刻本　一册　名录号及索书号 01851—110842

王汇征，西安人。嘉靖十三年（1534）举人。曾任山西按察司佥事、山西右参议等职。

投壶是我国古代兼具礼仪教化与休闲娱乐的一项游戏活动，是站在规定的距离之外，将一定数目的箭或者其他杆状物，用各种方法将其投入壶内，以投入的多少决定胜负，至今已有数千年历史。

前有嘉靖四十一年王汇征自序《重刻壶谱引》，后接《神机心妙目录》，全谱分为十八目共一百三十二式，上栏题式名，中栏以图绘投壶之法，下栏为文字说明。卷末有嘉靖四十一年杨臬撰《跋壶谱后》。此版本流传较少，未见他馆收藏。

钤“鸣野山房”“八千卷楼珍藏善本”“八千卷楼藏书印”等印。沈复灿（1779—1850），字霞西，山阴（今浙江绍兴）人，喜抄书藏书，家有鸣野山房藏书处。

中。又豈可以藝而輕之邪。壺譜司馬公衍之以圖敬所。子飾之以儀法度。條理既詳且密。所以斥僥倖之勝而欲歸之正也。余于暇日。默思古人矩度。引伸觸類。間有所得。乃作譜以廣其義。因類以立名。因名以繪象。因象以著訣。凡百三十有二壺。雖未獲禮之全體。亦得以竊餘緒以自慶也。不敢自私。鋟梓以傳。崇雅高賢。當共鑑賞。

嘉靖壬戌歲仲夏之望長安石峯王彙征書

神機心妙目錄

一矢直壺目

十二朝元　假途滅虢

乾坤一統　楚漢鴻溝

斗柄斜河　滄海釣鰲

獨占鰲頭　潛龍起蟄

楊妃春睡　朱簾暮捲

玉兎搗藥　禹門三汲

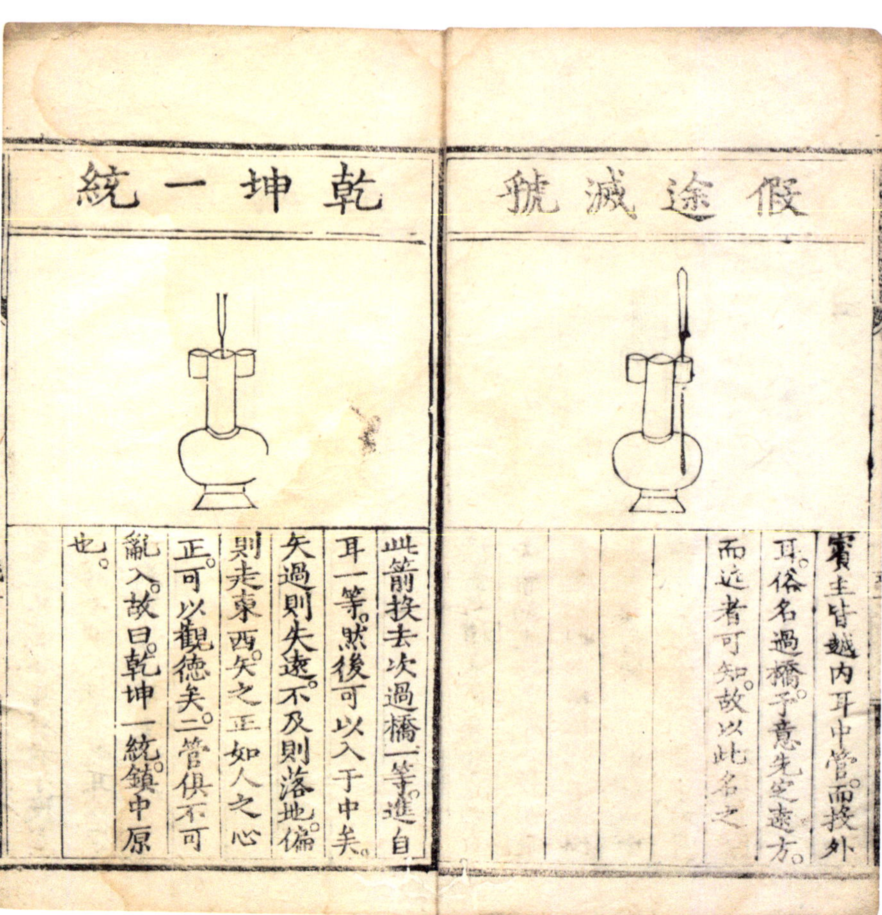

假途滅虢

賓主皆越內耳中管。而投外耳。俗名過橋。予意先定遠方。而近者可知。故以此名之

乾坤一統

此箭投去次過橋一等。進自耳一等。然後可以入于中矣。矢過則失遠。不及則落地。偏則走東西。矢之正如人之心正。可以觀德矣。二管俱不可亂入。故曰乾坤一統。鎮中原也。

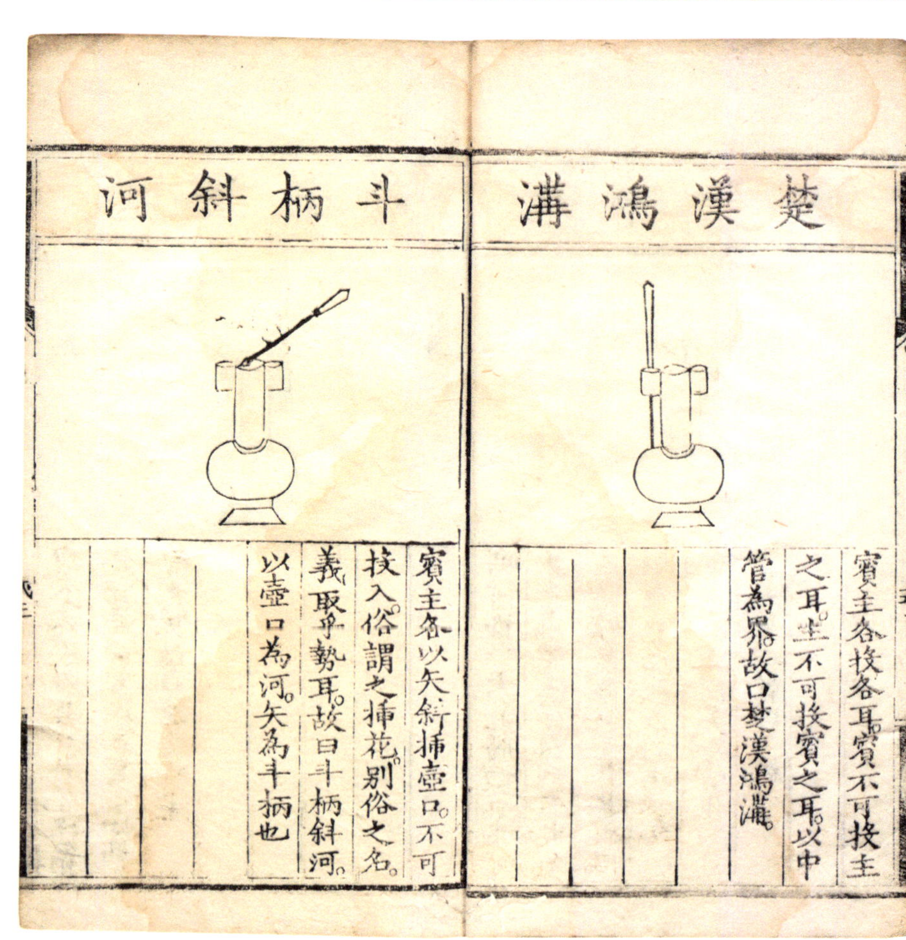

楚漢鴻溝

賓主各投各耳。賓不可投主之耳。主不可投賓之耳。以中管為界。故曰楚漢鴻溝。

斗柄斜河

賓主各以矢斜插壺口。不可投入。俗謂之插花。別俗之名。義取乎勢耳。故曰斗柄斜河。以壺口為河。矢為斗柄也

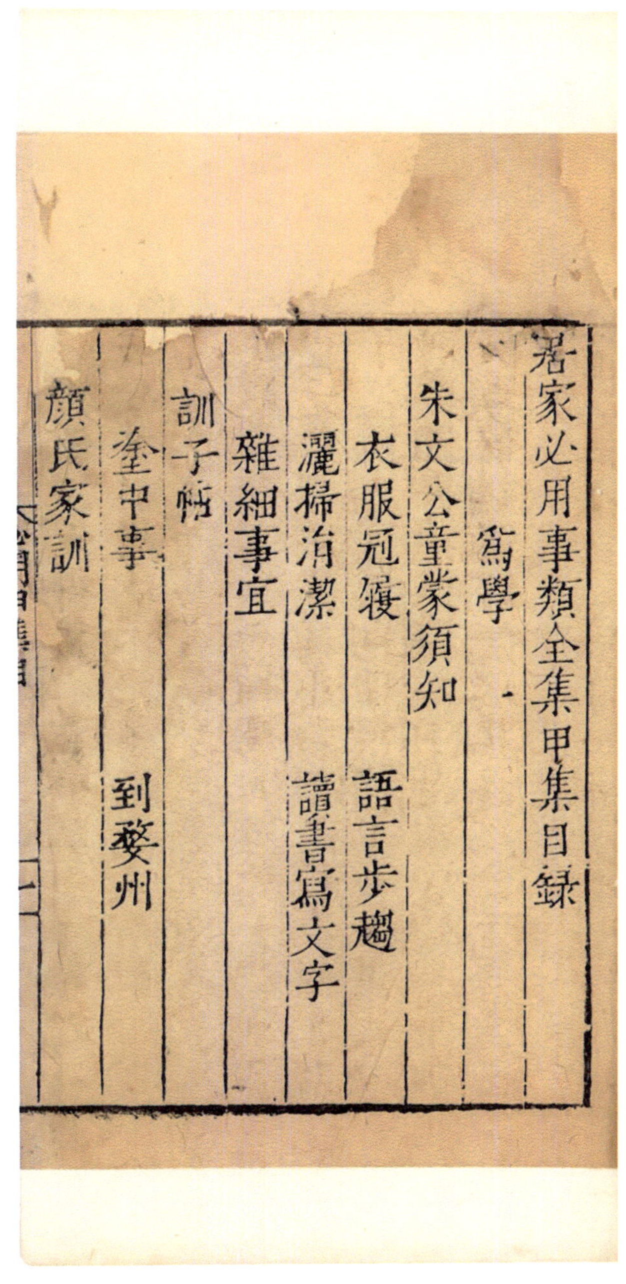

居家必用事類全集甲集目録

爲學

朱文公童蒙須知

衣服冠履　語言步趨

灑掃涓潔　讀書寫文字

雜細事宜

訓子帖

塗中事　到夔州

顔氏家訓

居家必用事类全集十卷

明隆庆二年（1568）飞来山人刻本　二十册　名录号及索书号 01894—118525

此书不署撰者，飞来山人序曰：“引用多宋元事，为元人所辑。”

此书分为甲、乙、丙、丁、戊、己、庚、辛、壬、癸十集，所辑包括学习、婚丧、礼俗、饮食、禁忌等，凡日常生活中所遇事物皆有涉及，可谓家庭百科全书。其中的记载贴近当时生活，对研究社会、民俗有独特价值。很多实用类的记录，如烹调方法、植物种植方法、书信写作方法等，对于今天仍有借鉴意义。

此类书籍多为书坊编辑以获利，当时即以鄙俚琐碎不为读书人所重，因此流传至今者并不多。

心備誠先得[illegible]心者第莫知作者之名
其引[illegible]多今元事為元人所輯殆近
有[illegible]其言多[illegible]俚事屬瑣屑宜無
足取者殊不知灑掃應對可達天德而四
也元老亦必克勤小物則是籍也固士君
子之所不可無也往年梓于吾杭洪氏今
則廢置矣予深惜之于是捐貲收集重加
校正補刻遺闕使永其傳以公于同志云
隆慶二年秋九月飛來山人書

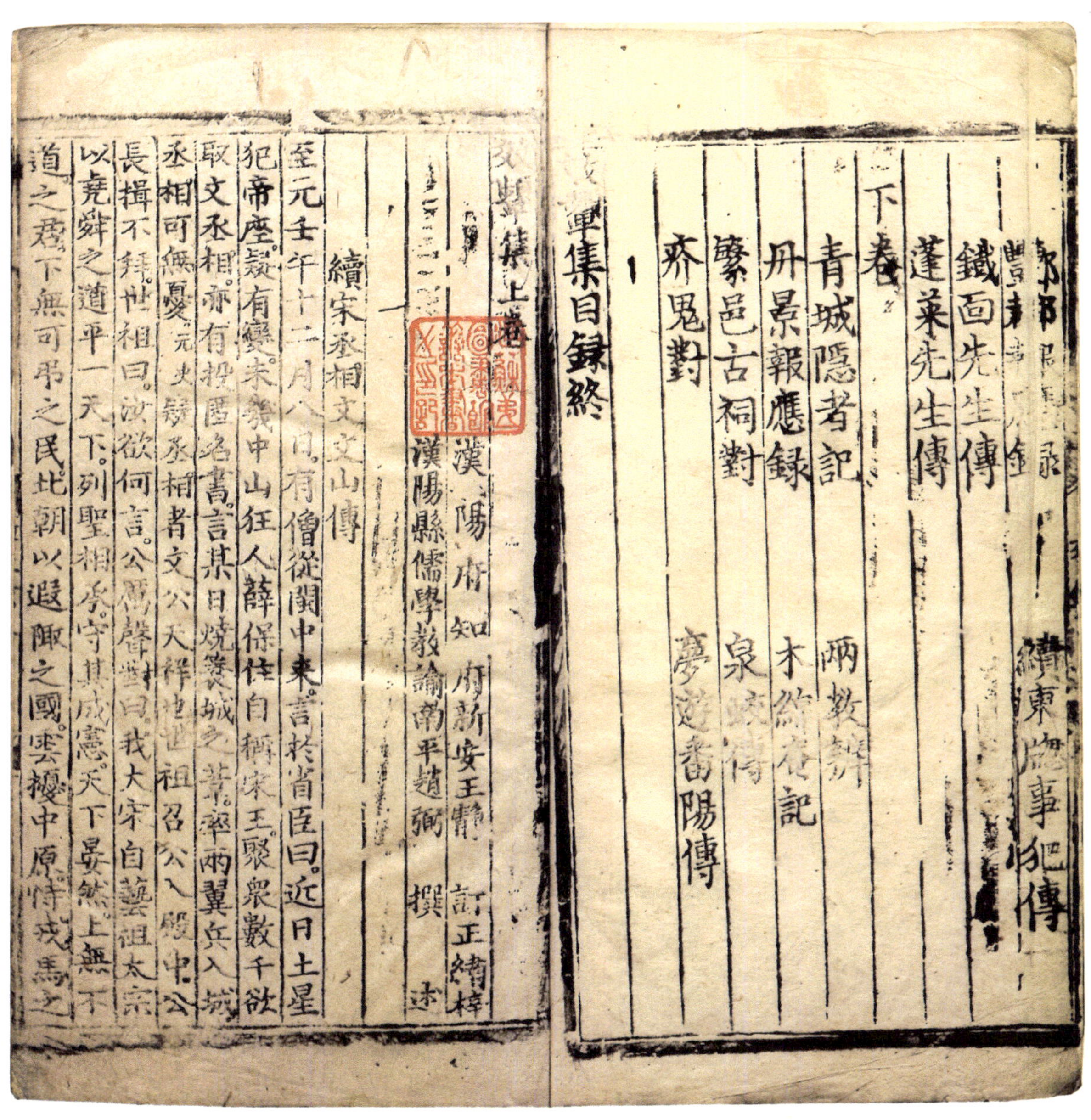

效顰集三卷

（明）赵弼撰　明宣德王静刻本　（清）丁丙　丁申跋　一册　名录号及索书号 01906—112441

赵弼（1364—约 1450），字辅之，号雪航，四川南平（今重庆）人。元末避兵迁居汉川。明永乐初举明经，历任新繁、资县、汉阳等县儒学教谕。宣德间修纂《汉阳府志》（今佚）。著有《雪航肤见》等。

是书为赵弼任汉阳教谕期间，仿宋洪迈《夷坚志》、明瞿佑《剪灯新话》而作，内容出自先辈言谈或亲眼所见，多为忠节、道义、孝友之传记，间亦有幽冥、鬼神之类，意寓褒善

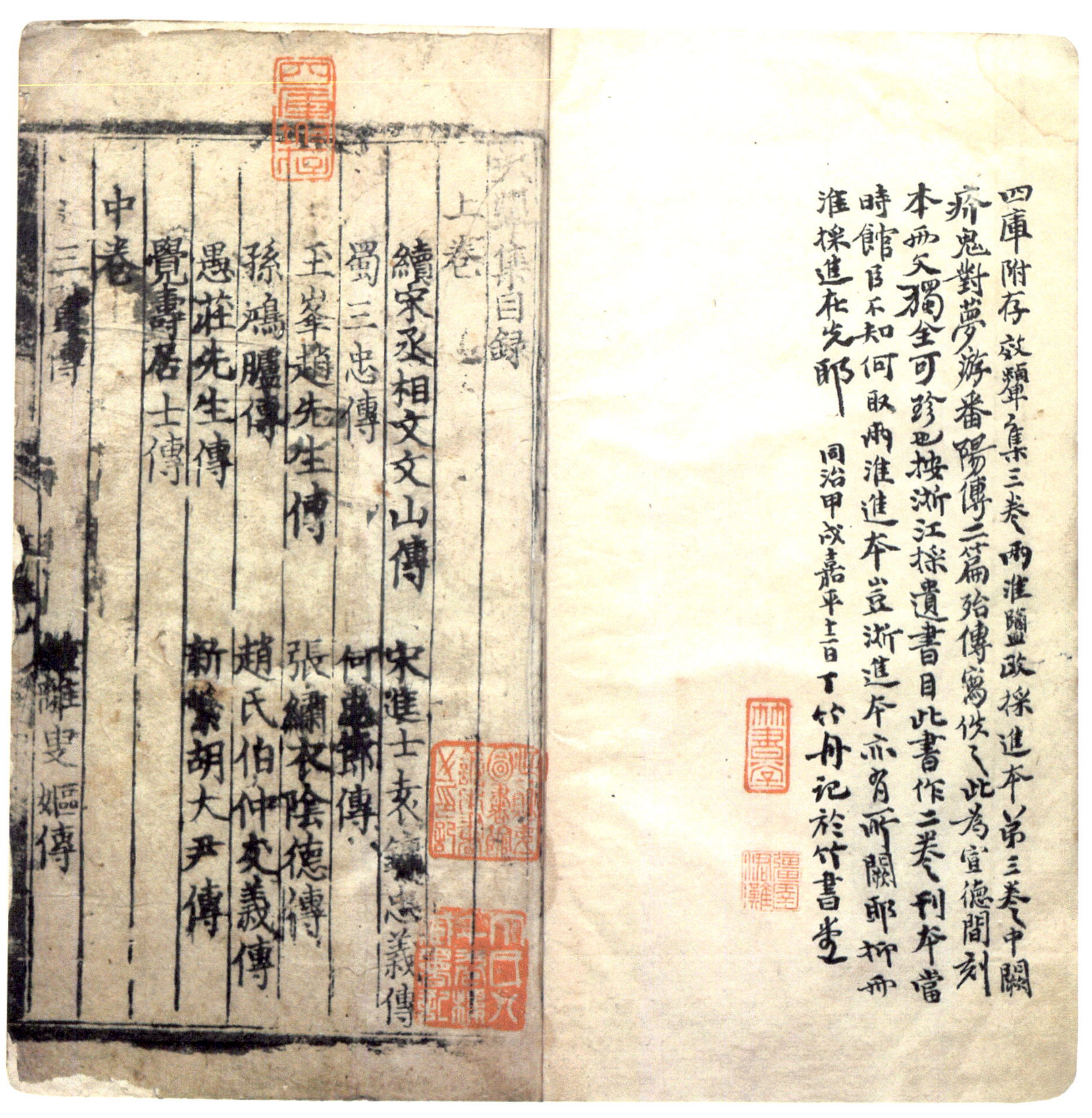
效顰集目錄
上卷
續宋丞相文文山傳
宋進士袁鏞忠義傳
蜀三忠傳
玉峯趙先生傳
張繡衣陰德傳
孫鴻臚傳
趙氏伯仲交義傳
愚莊先生傳
覺壽居士傳
中卷

四庫附存效顰集三卷兩淮鹽政採進本第三卷中闕疥鬼對夢游番陽傳二篇殆傳寫佚之此為宣德間刻本而文獨全可珍也按浙江採遺書目此書作二卷刊本當時館臣不知何取兩淮進本豈浙進本亦有所闕耶抑兩淮採進在先耶
同治甲戌嘉平十二日丁竹舟記於竹書堂

贬恶。名曰《效颦集》，即著者自谦不及洪迈、瞿佑之作，所谓“效西施之捧心，而不觉自炫其陋也”。此书在刊刻之前已广为传抄，初为二十六篇，而此本凡二十五篇，篇目当经改编。《四库全书总目》（两淮盐政采进本）缺《疥鬼对》《梦游番阳彭蠡传》二篇，而此本未缺，亦可见此本之独特。

此本钤朱文长印“八千卷楼珍藏善本”“竹书堂”、朱文方印“彊圉涒滩”、白文方印“丁氏八千卷楼藏书记”。《中国古籍善本总目》《国家珍贵古籍名录》著录有清丁丙跋，但书中未见，或已散佚，今仅见清同治甲戌（1874）丁申跋。丁申（1829—1887），原名壬，字竹舟，钱塘（今浙江杭州）人。丁丙兄，藏书家。诸生。候选主事。著有《武林藏书录》等。

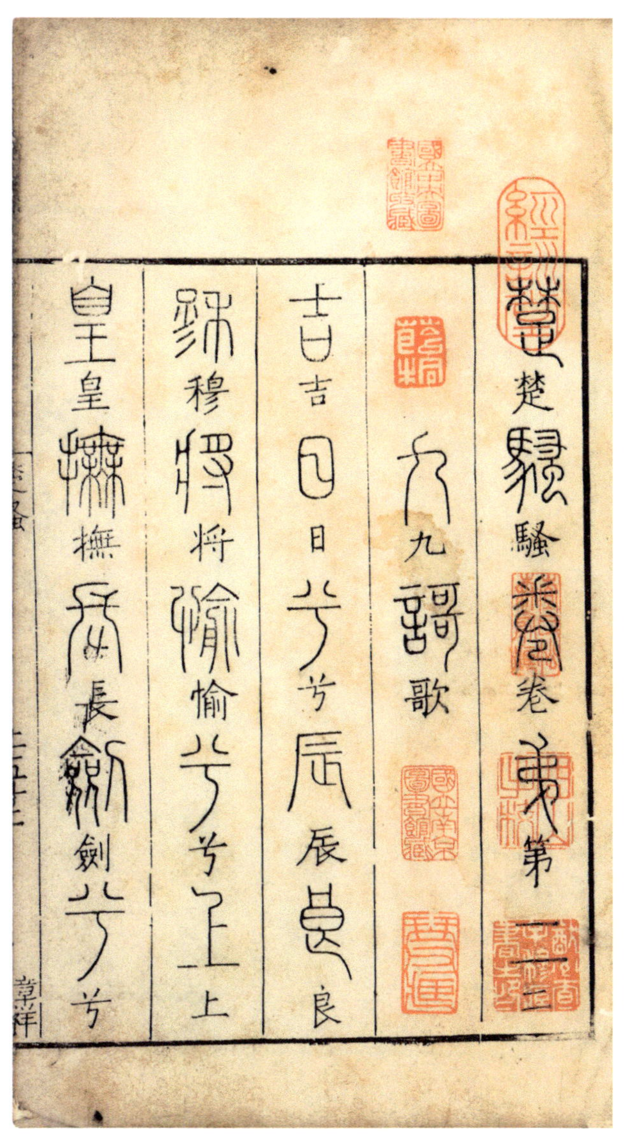

楚骚五卷

（战国）屈原撰　**附录一卷**　（汉）司马迁撰　明正德十五年（1520）熊宇篆字刻本　四册　名录号及索书号 02000—117285

屈原（约前 340—约前 278），战国时期楚国人，芈姓，屈氏，名平，字原，又名正则，字灵均。任楚国左徒、三闾大夫。作《离骚》《九章》《九歌》等诗篇。

司马迁（前 145 或 135—？），字子长，夏阳（今陕西韩城）人，一说龙门（今山西河津）人。司马迁早年受学于孔安国、董仲舒，游历各地，了解风俗，采集传闻。初任郎中，奉使西南。元封三年（前 108）任太史令，继承父业，著述历史。他以“究天人之际，通古今之变，成一家之言”的史识创作了中国第一部纪传体通史《史记》。该书记载了从上古传说中的黄帝时期，到汉武帝太初四年，长达 3000 多年的历史，是“二十四史”之首，被鲁迅誉为“史家之绝唱，无韵之《离骚》”。

框高 19.4 厘米，宽 14.8 厘米。每半叶五行，每行五个大字篆字，其下附字正字。四周单边，

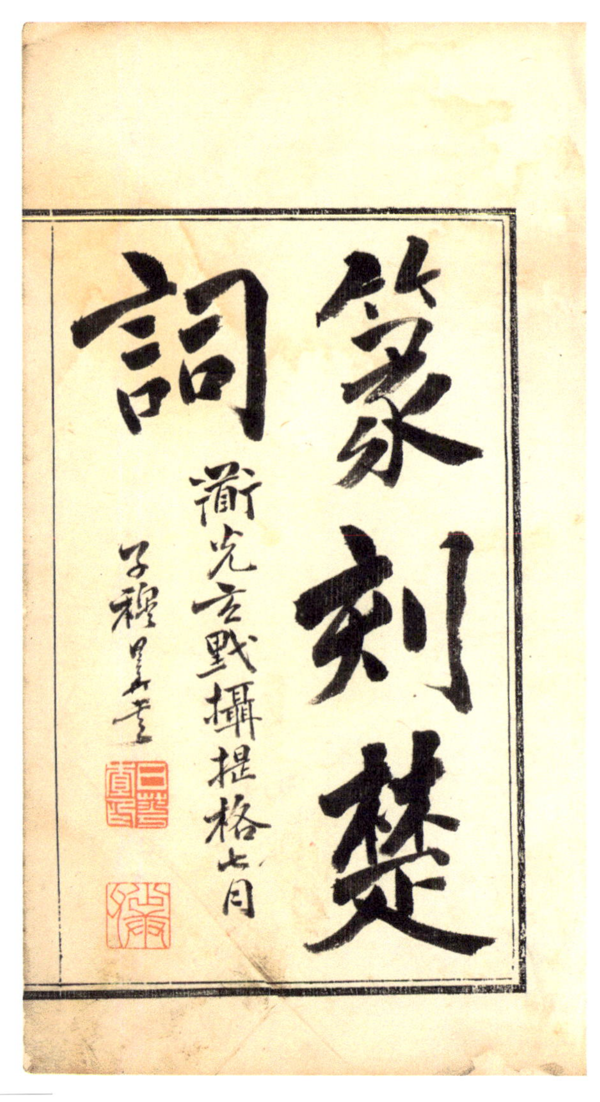

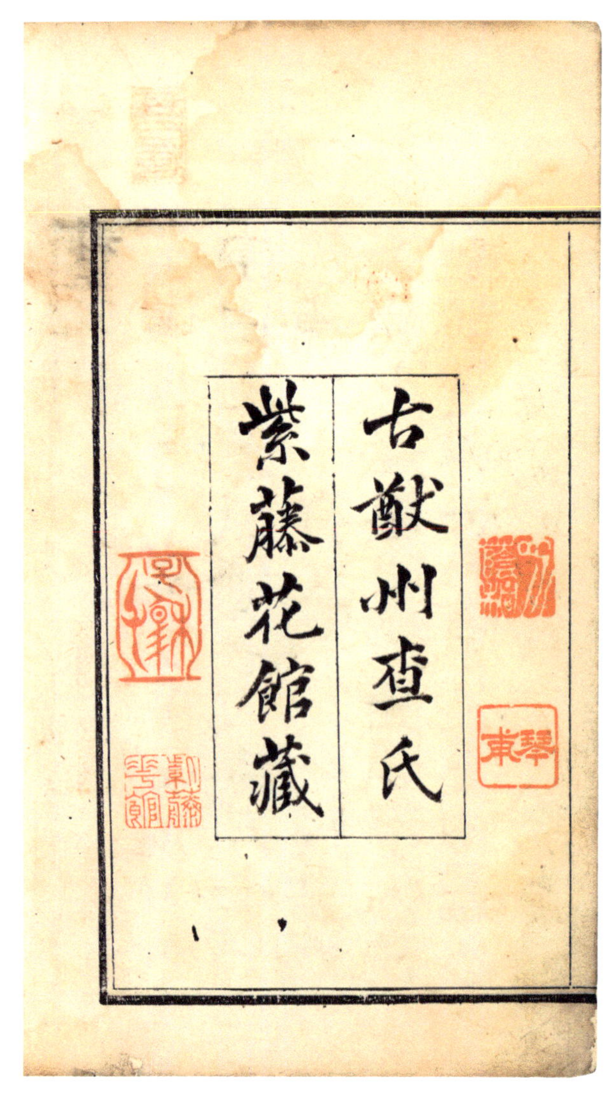

白口，无鱼尾。版心中题书名、叶次。版心下署刻工名。

是书前有手书牌记，正面云“篆刻楚词　道光玄黓摄提格七月子穆墨书”，背面云“古猷州查氏紫藤花馆藏”。正文前有正德十五年（1520）长沙熊宇撰《楚骚序》。正文乃篆字所书楚辞，包括《离骚》《九歌》《九章》《远游》《卜居》《渔父》等篇，篆字下皆附正字。《附录》为“屈原贾生列传”，摘自《史记》。

熊宇，字元性，号轸峰，善化（今湖南长沙）人。正德十二年（1517）进士。授行人司行人，升监察御史。嘉靖八年（1529）任直隶松江府知府，去苛剔蠹，与民休息。嘉靖十二年主教岳麓书院，因教育有方，书院被称为科甲复兴之地。《［天启］云间志略》有传。

刻工：龚受之、徐敖、陆天定、刘朝、章祥、陆鉴、马盛等。

书末有道光壬午（二年，1822）查日华跋。钤有“日华查印”“少庚父”“紫藤花馆”“子穆父”“查日华”“丽圃”“查子穆父秘笈之印”“济阳经训堂查氏图书”“猷州查子穆藏书之印”“查氏松森家藏”“丽圃审定”“泾川查氏紫藤花馆藏书之印”等印。查日华（1806—？），字子穆，号丽圃，一号霁亭，安徽泾县人。清道光十九年（1839）举人，二十年进士。尝署大名府知府，并署大顺广兵备道，授中宪大夫等。

山書局有明楚南熊氏所刻精巧絕倫板燬久矣今年春三月修禊節過紅杏山莊途遇老媼持此冊求售急以錢一串購得之識快事也

道光壬午麗園識

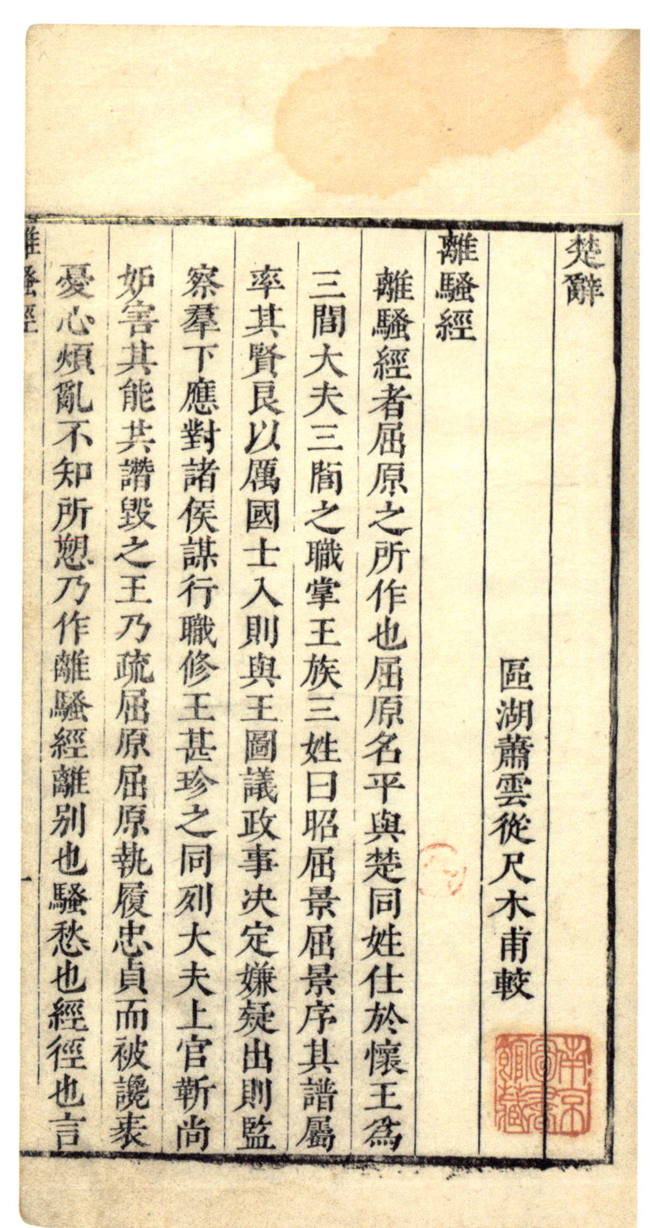

楚辭

匯湖蕭雲從尺木甫較

離騷經

離騷經者屈原之所作也屈原名平與楚同姓仕於懷王為三閭大夫三閭之職掌王族三姓曰昭屈景屈景序其譜屬率其賢良以厲國士入則與王圖議政事決定嫌疑出則監察羣下應對諸侯謀行職修王甚珍之同列大夫上官靳尚妒害其能共譖毀之王乃疏屈原屈原執履忠貞而被讒衺憂心煩亂不知所愬乃作離騷經離別也騷愁也經徑也言

離騷經　一

离骚图不分卷

（清）萧云从绘并注　清初刻本　四册　名录号及索书号 02003—115733

萧云从（1596—1673），字尺木，号无闷道人、钟山老人等，安徽芜湖人，一作当涂人。明末为两科副贡，入清不仕。笃志绘事，师法古人而自成一家，始创“姑孰画派”。

萧氏为《离骚》绘制插图，以人物画为主，结为一集，镂板以传。此书共有六十四图，其中《九歌》九图、《天问》五十四图，《三闾大夫》《卜居》《渔父》合为一图。目录凡例所称《离骚》《远游》诸图并已阙失，而《香草》图自称有志未逮。图后各载原文，附以注解。郑振铎赞此书曰：“其衣冠履杖，古朴典重，雅有六朝人画意，若‘黄钟大吕之音’，非近人浅学者所能作也。”

此本为初刻，雕版精细，图注俱全，较好地保留了原作风貌。钤“镏春孙印”等印。

蕭尺木先生手授圖書

離騷

湯復上繡梓

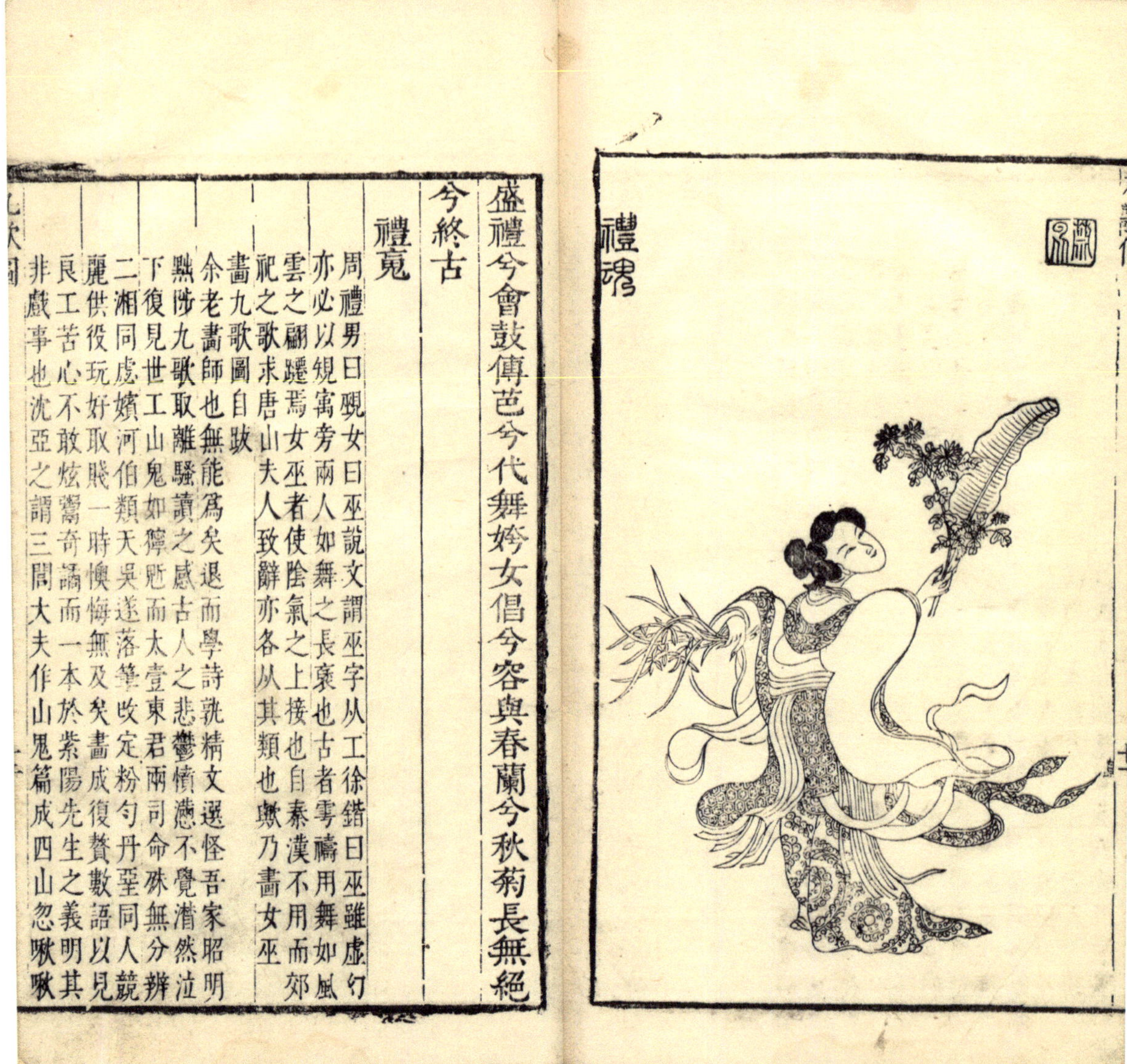

盛禮兮會鼓傳芭兮代舞姱女倡兮容與春蘭兮秋菊長無絕兮終古

禮竟

周禮男曰覡女曰巫說文謂巫字从工徐鍇曰巫雖虛㣲亦必以規寓旁兩人如舞之長褎也古者雩禱用舞如風雲之翩躚焉女巫者使陰氣之上接也自秦漢不用而郊祀之歌求唐山夫人致辭亦各从其類也歟乃畫女巫

畫九歌圖自跋

余老畫師也無能為矣退而學詩孰精文選怪吾家昭明黜陟九歌取離騷讀之感古人之悲鬱憤懣不覺潸然泣下復見世工山鬼如獰貶而太壹東君兩司命殊無分辨二湘同虛嬪河伯類天吳遂落筆改定粉匀丹堊同人競麗供役玩好取賤一時懊悔無及矣畫成復贅數語以見良工苦心不敢炫鬻奇譎而一本於紫陽先生之義明其非戲事也沈亞之謂三閭大夫作山鬼篇成四山忽啾啾

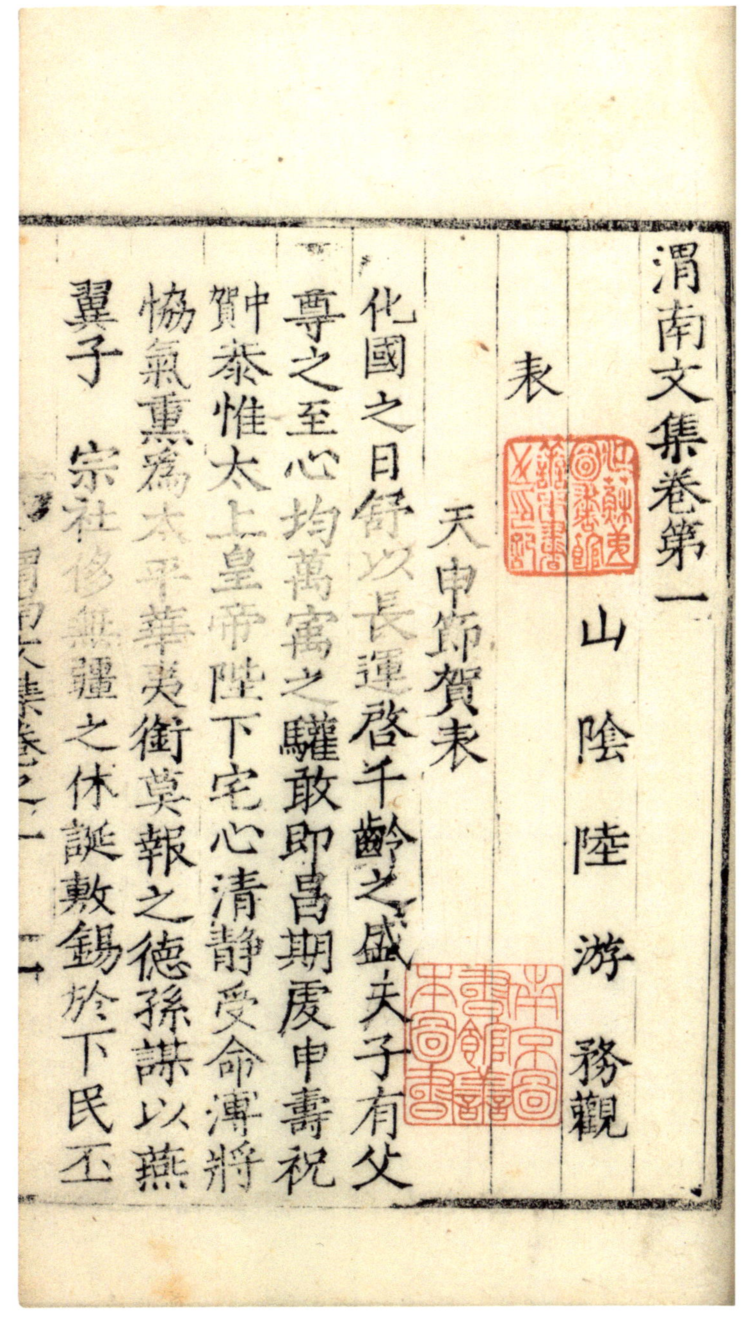

渭南文集卷第一

山陰陸游務觀

表

天申節賀表

化國之日舒以長運啓千齡之盛夫子有父

尊之至心均萬寓之驩敢即昌期虔申壽祝

中賀恭惟太上皇帝陛下宅心清靜受命溥將

協氣熏爲太平華夷銜莫報之德孫謀以燕

翼子宗社侈無疆之休誕敷錫於下民丕

渭南文集五十卷

（宋）陆游撰　明弘治十五年（1502）华珵铜活字印本　（清）丁丙跋　十册　名录号及索书号 02083—111316

陆游（1125—1210），字务观，号放翁，山阴（今浙江绍兴）人。南宋著名诗人。宋孝宗隆兴年间赐进士出身，官宁德主簿、夔州通判、礼部郎中、秘书监等，以太中大夫充宝谟阁待制致仕。晚年封渭南县开国伯，即以“渭南”名其文集。此集各篇乃陆游亲自选定，收录其诗集《剑南诗稿》以外的文字。陆游虽以诗名世，文、词亦佳。明代文学家祝允明谓其文“文笔简健，有良史风”，堪称“中兴大家”。

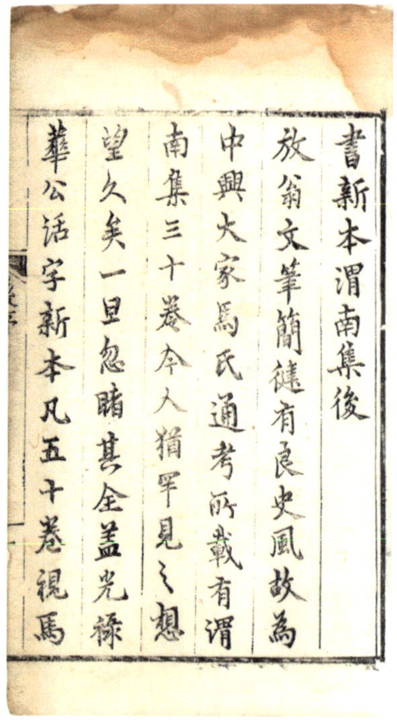

書新本渭南集後
放翁文筆簡健有良史風故為
中興大家馬氏通考所載有渭
南集三十卷今人猶罕見之想
望久矣一旦忽睹其全蓋光祿
華公活字新本凡五十卷視焉

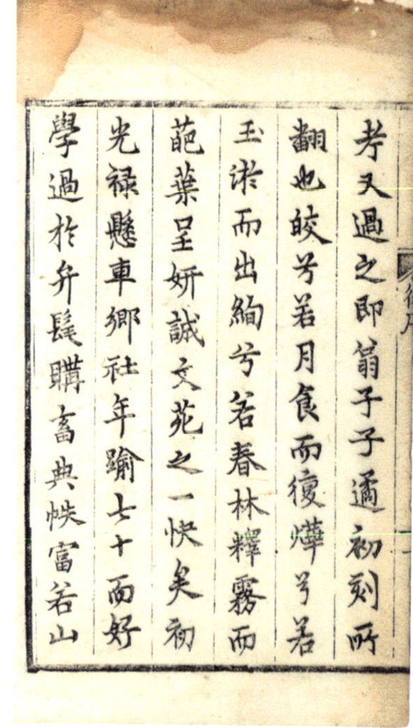

考又過之即翁子子遹初刻所
翻也皎兮若月食而復爍兮若
玉淤而出絢兮若春林釋霧而
葩葉呈妍誠文苑之一快矣初
光祿懸車鄉社年踰七十而好
學過於弁髦購書典帙富若山

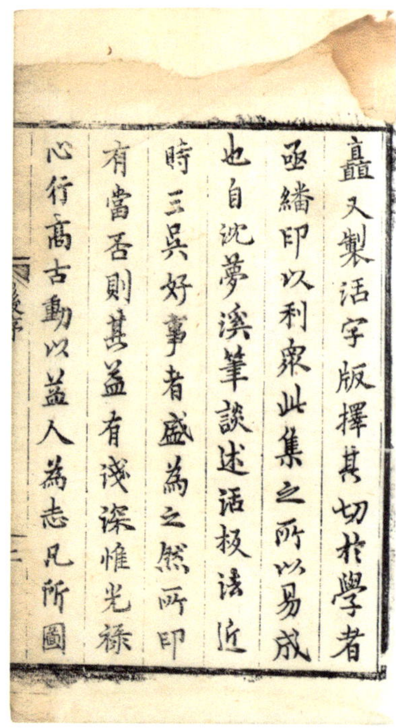

矗又製活字版擇其切於學者
亟繙印以利眾此集之所以易成
也自沈夢溪筆談述活板法近
時三吳好事者盛為之然所印
有當否則其益有淺深惟光祿
心行高古動以益人為志凡所圖

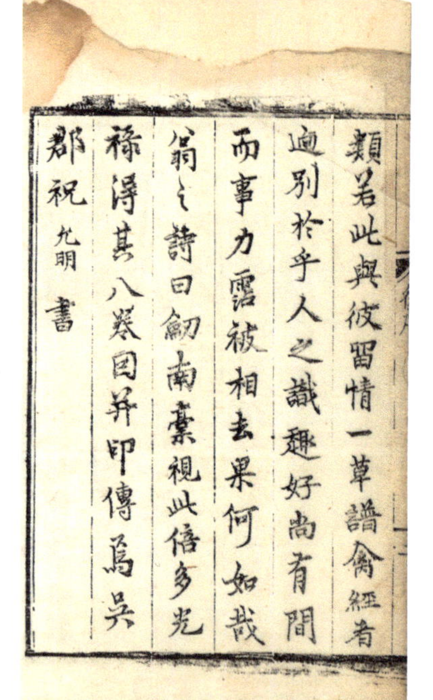

類若此與彼留情一草譜禽經者
迥別於乎人之識趣好尚有間
而事力隨被相去果何如哉
翁之詩曰劍南稾視此倍多光
祿得其八卷因并印傳焉吳
郡祝允明書

《渭南文集》编定后，初由陆游幼子、刻书家陆子遹刊刻。此本即以此为底本，由华珵以活字翻印。华珵（1438—1514），字汝德，号尚古生，南直隶无锡（今江苏无锡）人。以贡生授光禄寺署丞，后辞官居家。喜藏书，室名“尚古斋”。又以活字印书，曾刷印丛书《百川学海》等。华珵与其族侄华燧皆为明代无锡华氏活字印刷的代表人物。关于华氏活字，一般以其为铜活字，但近来铜版锡活字的观点也逐渐占据一席之地。

此本钤“仲鱼图象”“简庄艺文”“得此书费辛苦后之人其鉴我”等印鉴，曾为清代著名藏书家、校勘家陈鳣收藏。

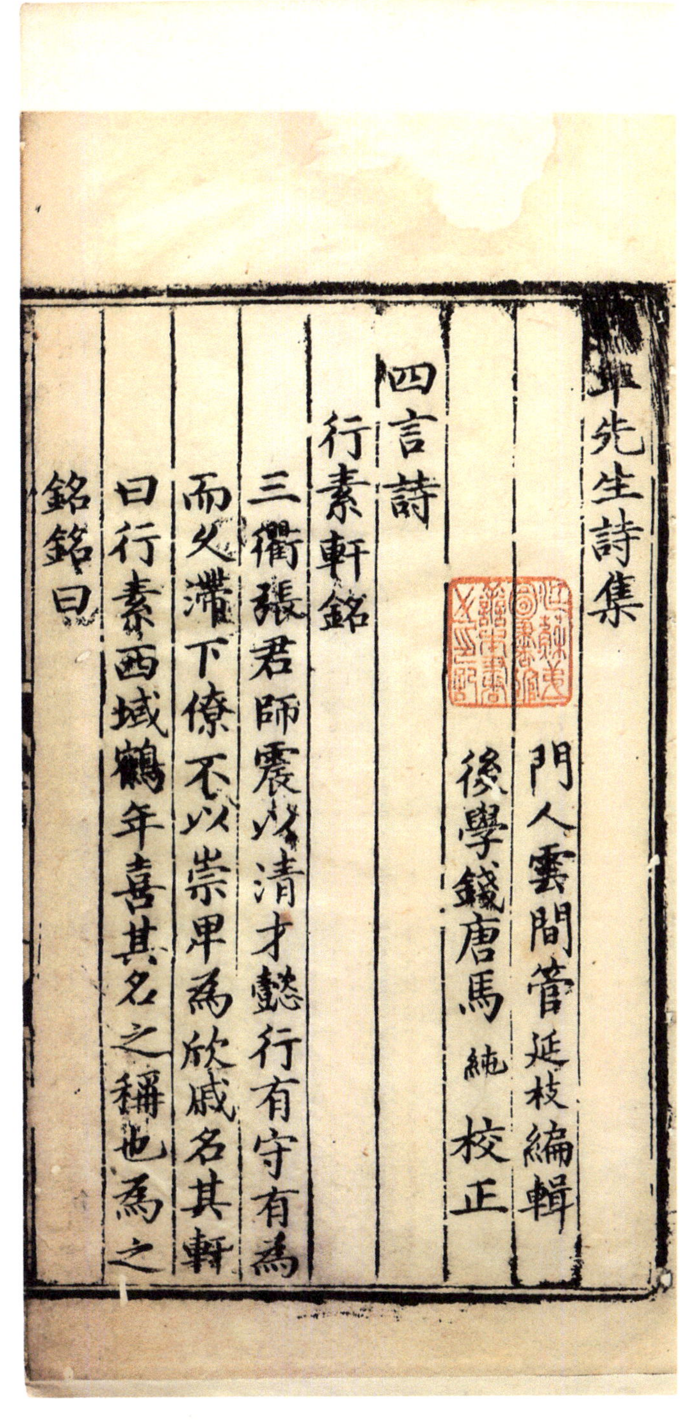
年先生詩集

門人雲間管 延枝編輯

後學錢唐馬 純 校正

四言詩

行素軒銘

三衢張君師震以清才懿行有守有為而久滯下僚不以崇卑為欣戚名其軒曰行素西域鶴年喜其名之稱也為之銘銘曰

鹤年先生诗集一卷

（元）丁鹤年撰　**附录一卷**　（元）吉雅谟丁　（元）爱理沙　（明）吴惟善撰　明正统九年（1444）楚藩刻本　（清）丁丙跋　三册　名录号及索书号 02088—111595

丁鹤年（1335—1424），字永庚，号友鹤山人，祖先西域色目（一作回族）人。元末，父官湖北武昌，遂为武昌人。

吉雅谟丁，字元德，燕山人。家镇江，鹤年从兄。

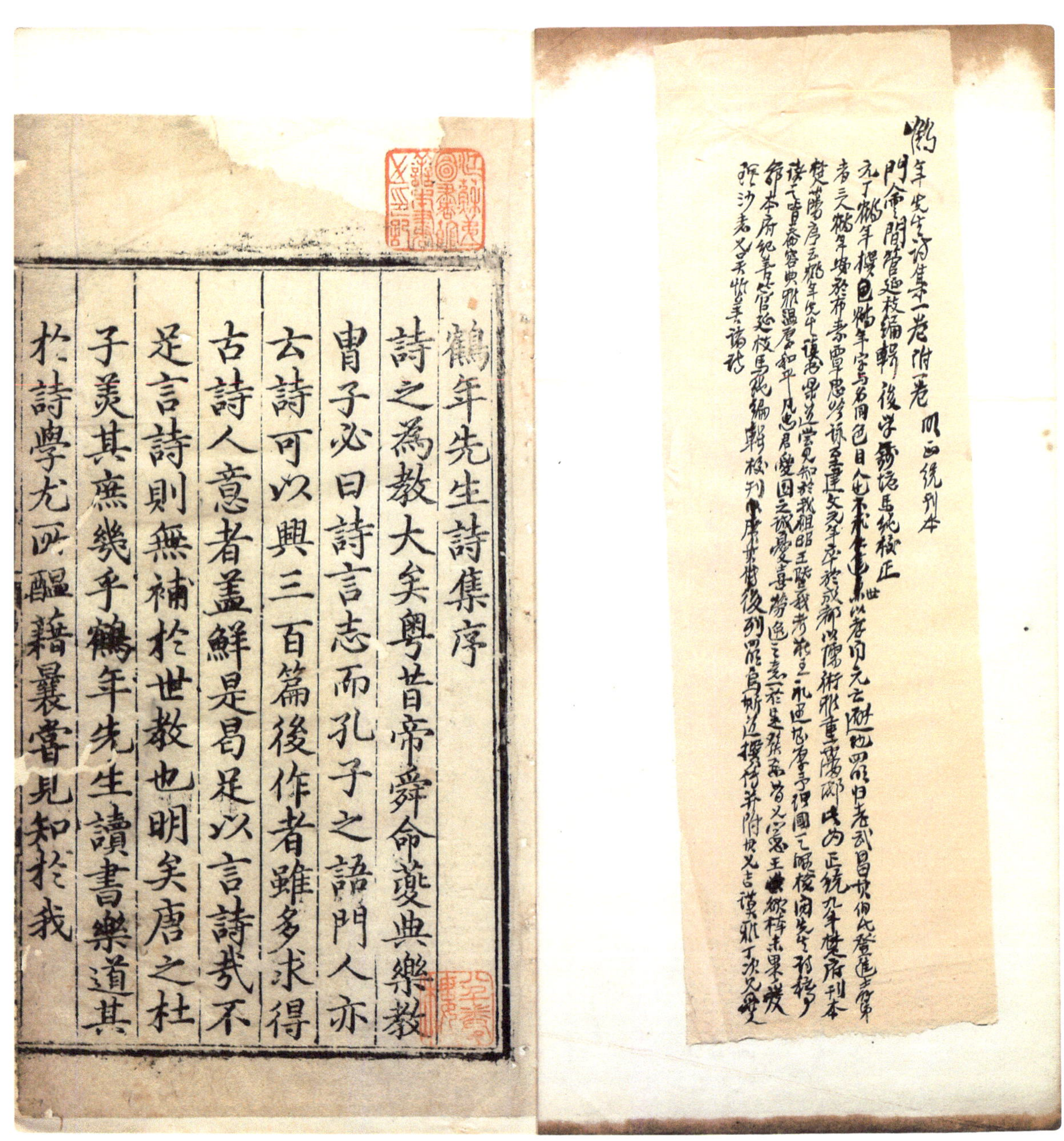

鶴年先生詩集序

詩之為教大矣粵昔帝舜命夔典樂教冑子必曰詩言志而孔子之語門人亦云詩可以興三百篇後作者雖多求得古詩人意者蓋鮮是曷足以言詩哉不足言詩則無補於世教也明矣唐之杜子美其庶幾乎鶴年先生讀書樂道其於詩學尤所醞藉曩嘗見知於我

鶴年先生詩集一卷附一卷　明正統刊本

門人命聞管延枝編輯　後學魏隆馬純校正

正文前有明正统九年楚康王朱季埱撰《鹤年先生诗集序》。后有清四明乌斯道撰《丁孝子传》。附录一卷，收录丁鹤年兄爱理沙、从兄吉雅谟丁及表兄吴惟善等人诗作。

明朝初年，朱元璋分封诸子为各地藩王，其第六子朱桢为楚王，封地为湖广武昌府，有明一代，楚藩共历八代九王，享国 262 年。明朝藩府刻书风气盛行，各地藩府成为明代独有之刻书群体，凭借着政治、经济及文化上的优势，其所刻之书展现出校勘精审、刊装精美、纸墨精良的特点，质量上乘的藩府本，历来受到学者们的重视。

钤“八千卷楼”印。

祖昭王暨我
考莊王咸禮遇之厚予於理國之暇檢閱
經史得先生詩藁於櫝中盖先世所藏
也披而讀之不勝感愴觀其古體歌行
五七言律凡若干篇率皆舂容典雅溫
厚和平而凡愛
君忠國之誠憂喜勞逸之意一於是焉發
之盖得子美之遺意者歟昔
兄憲王嘗欲繡梓未果而薨予恐其久而
失傳爰命本府文臣紀善管延枝馬純
編輯校正命工刋之以廣其傳庶俾先
生之詩與名爲不泯云
正統九年歲次甲子仲冬初吉書

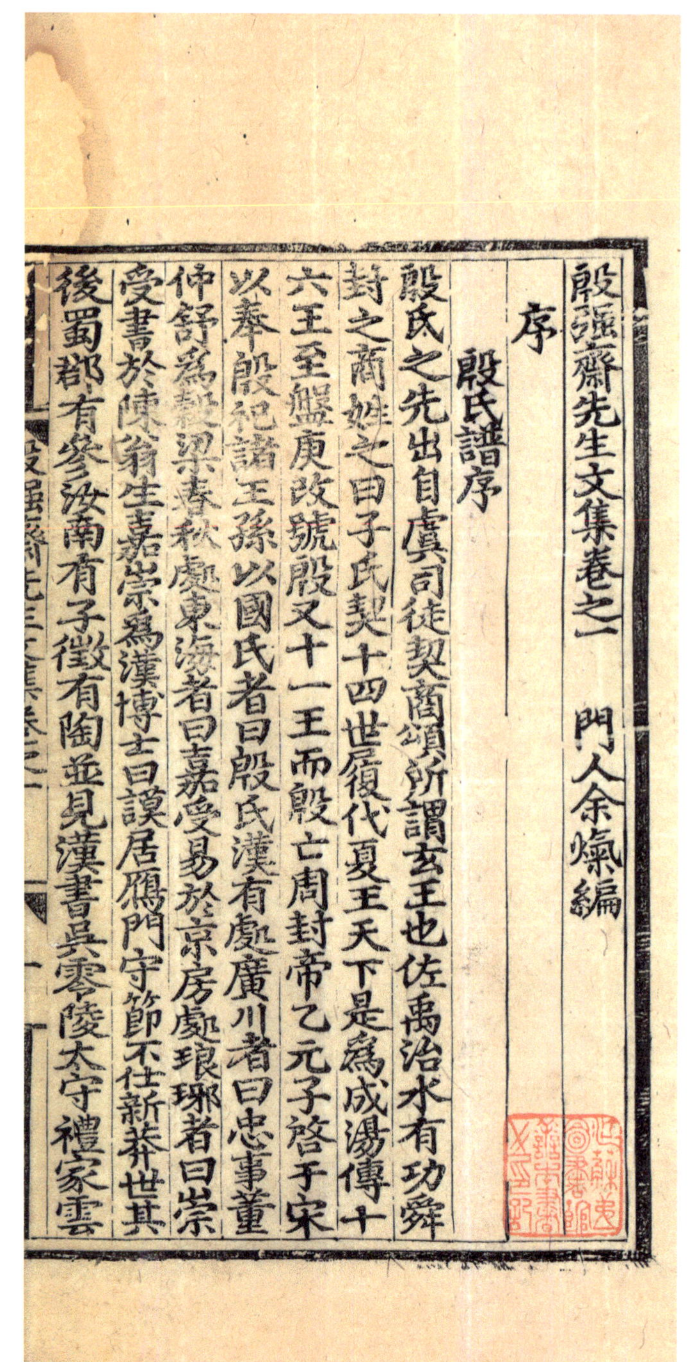

殷强齋先生文集卷之一　門人余熂編

序

殷氏譜序

殷氏之先出自虞司徒契商頌所謂玄王也佐禹治水有功舜封之商姓之曰子氏契十四世履伐夏王天下是爲成湯傳十六王至盤庚改號殷又十一王而殷亡周封帝乙元子啓于宋以奉殷祀諸王孫以國氏者曰殷氏漢有處廣川者曰忠事董仲舒爲穀梁春秋處東海者曰嘉受易於京房處瑯琊者曰崇受書於陳翁生嘉崇爲漢博士曰謨居鴈門守節不仕新莽世其後蜀郡有參汝南有子徵有陶並見漢書吳零陵太守禮家雲

殷强斋先生文集十卷

（明）殷奎撰　明正统十三年（1448）王叔政刻本　（清）何焯　丁丙跋　二册　名录号及索书号 02093—111680

殷奎（1331—1376），字孝章，一字孝伯，号强斋，江苏昆山人。洪武初年，授咸阳教谕。卒，门人私谥“文懿先生”。此书即由其门人余熂所编。

正文前有明洪武十五年（1382）陈振祖撰《殷强斋先生文集序》，明洪武十五年余熂撰《书强斋先生文集后》。正文凡十卷，卷一至二序，卷三记、志、状、书，卷四行状、述、

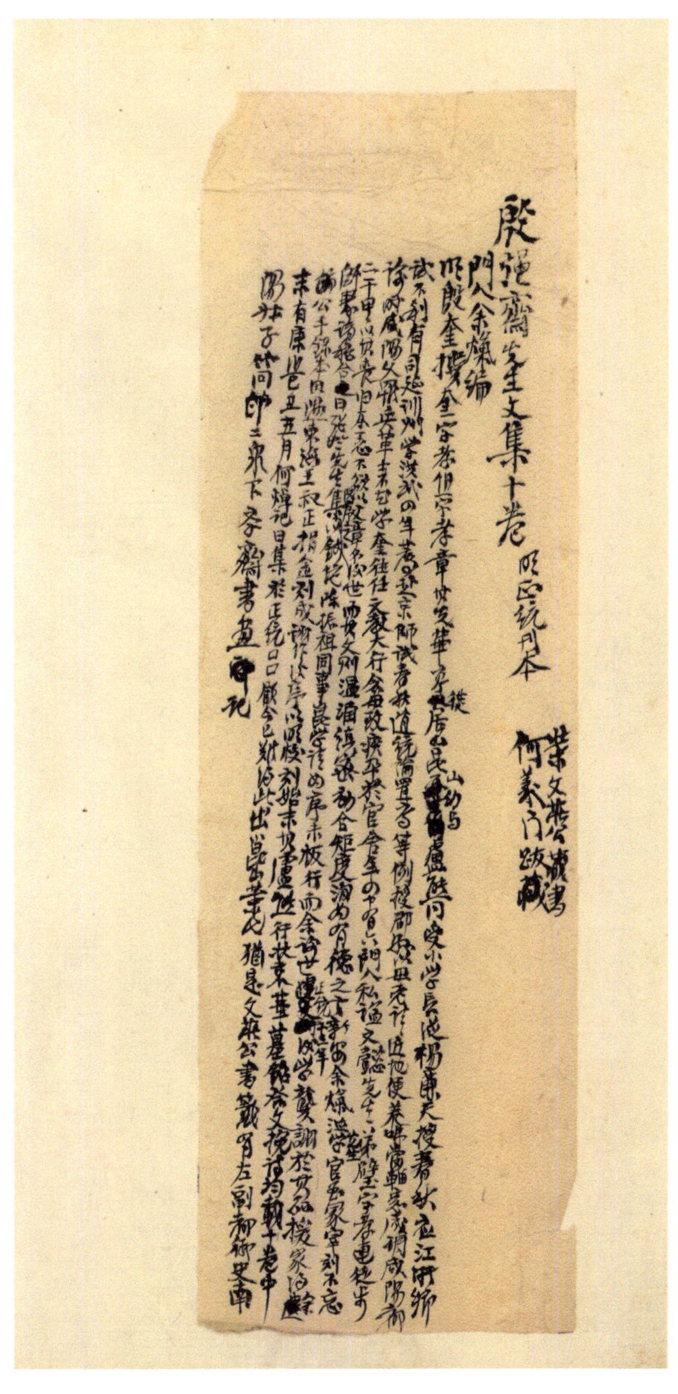

殷強齋先生文集十卷　明正統刊本

葉文莊公藏書　何義門跋藏

門人余燦編

墓志铭、墓表，卷五辞、祭文、祝文、表笺，卷六颂、赞、铭、箴、传、文、疏、题跋、启、杂著，卷七至八诗，卷九诗拾遗，卷十文懿先生殷公行实。正文后有明正统十三年龚诩撰《新刊殷强斋先生文集序》。

钤“右佥都御史印”“下学斋书画记”“二泉”“南阳叔子苞印”等印。叶盛（1420—1474），字与中，号蛻庵，自号白泉，江苏昆山人。正统十年（1445）中进士，天顺二年（1458），擢都察院右佥都御史、巡抚两广。成化十年（1474）病卒，谥“文庄”。叶盛酷嗜藏书，家有菉竹堂，藏书二万余卷，为江南藏书家之首。叶奕苞（1629—1686），字九来，号二泉，叶盛裔孙，家有下学斋、经锄堂等藏书处，清初藏书家、金石学家。

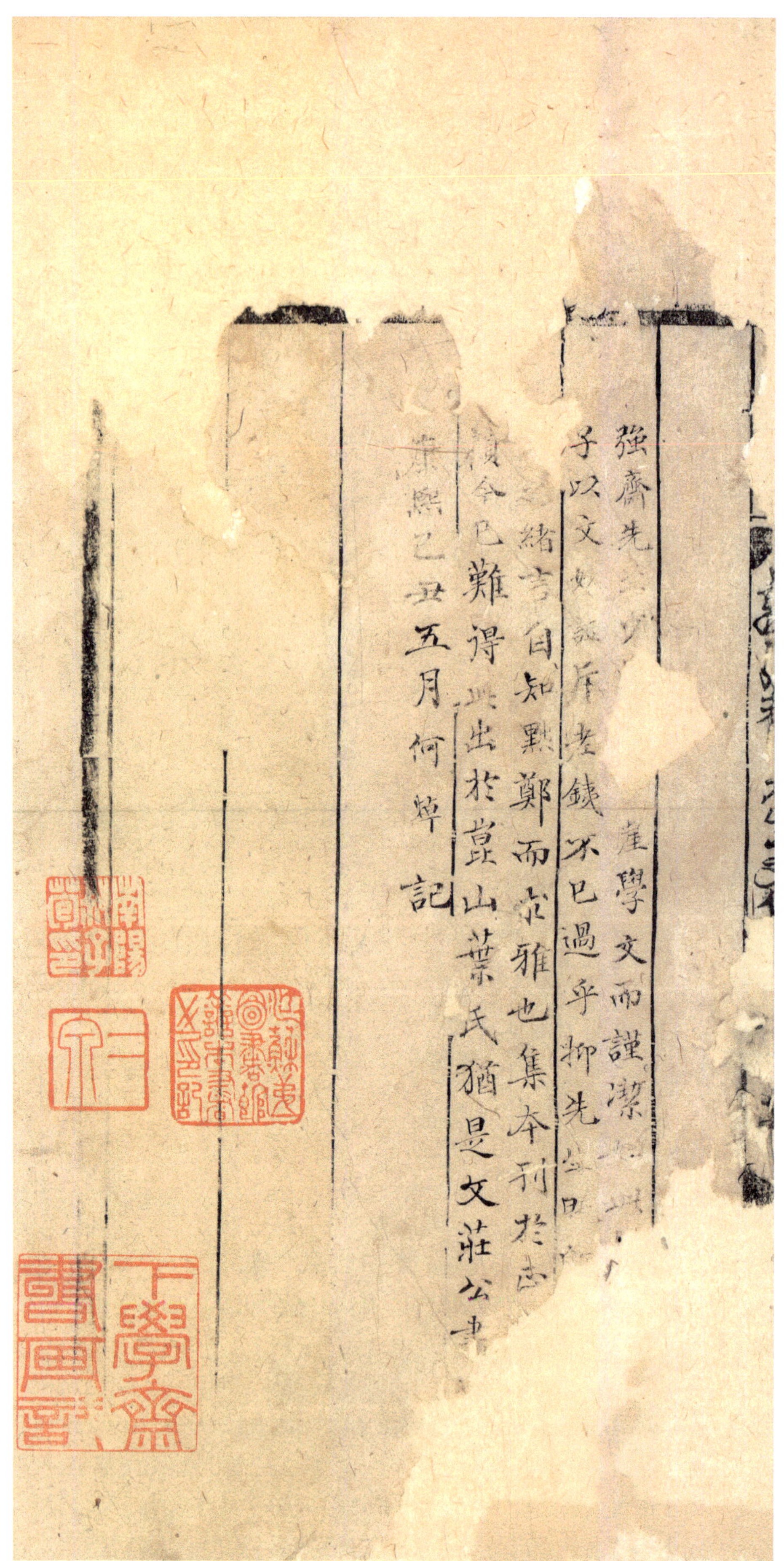

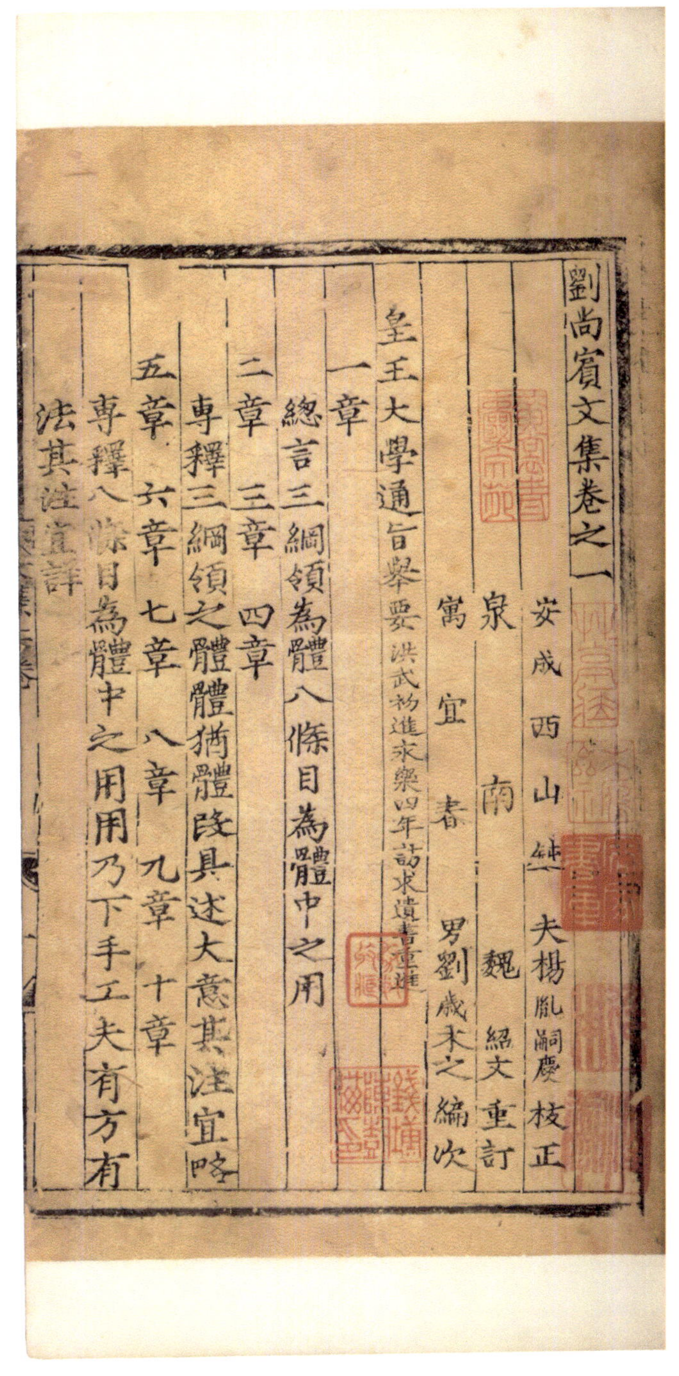

刘尚宾文集五卷续集四卷［奉使交趾赠送诗一卷］

（明）刘夏撰　明永乐刘拙刻成化刘衢续刻本　四册　名录号及索书号 02098—118368

刘夏（1314—1370），字迪简，号商卿，安成（今江西安福）人。元末寓居龙兴（今江西南昌），后避居瑞州（今江西高安）。明朝开国前三年（1365）被朱元璋任命为尚宾馆副使。洪武二年（1369）受命访求元顺帝一朝事迹，以补元史。次年奉使交趾，归途病逝南宁府境。

卷一皇王大学通旨，卷二五言绝句、五言律、五言古体、七言绝句、七言律、歌行，卷

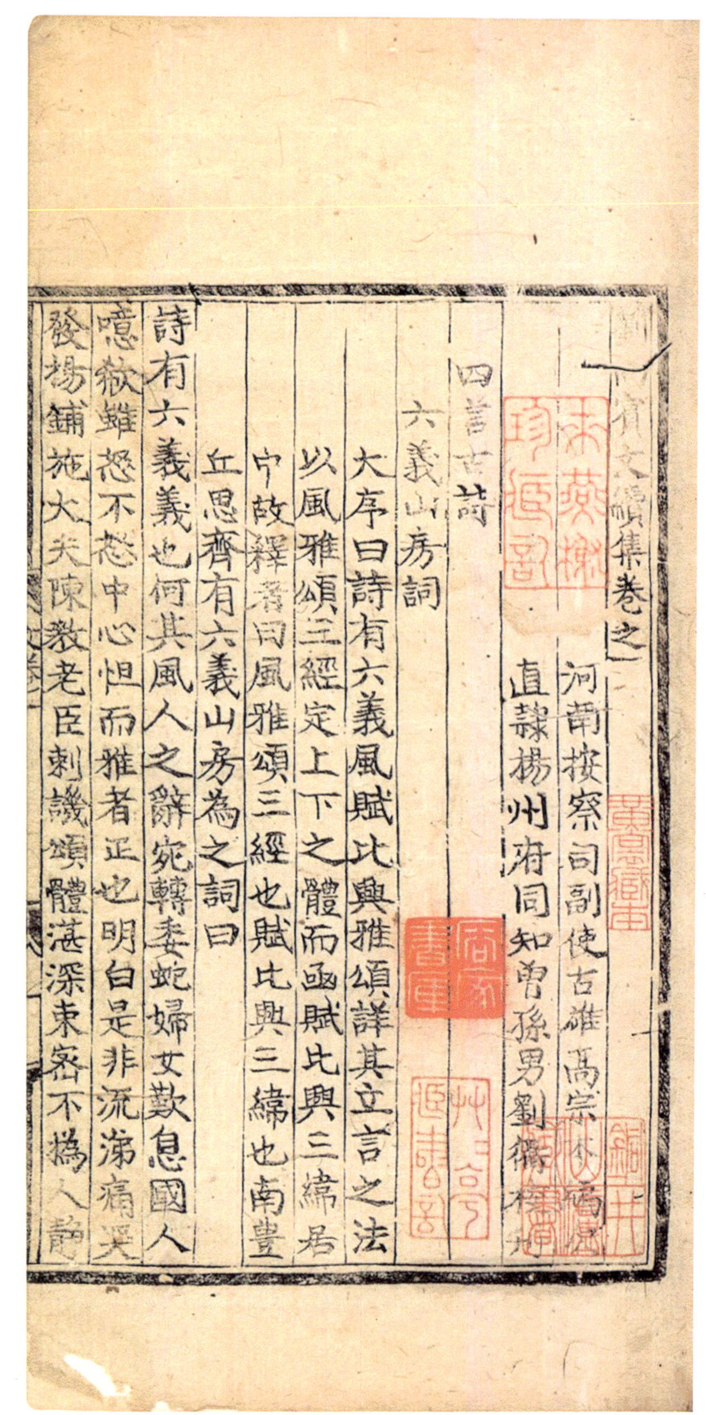
劉尚賓文續集卷之一

河南按察司副使古雄高宗本編次

直隸揚州府同知曾孫男劉衢校刊

四言古詩

六義山房詞

大序曰詩有六義風賦比興雅頌詳其立言之法以風雅頌三經定上下之體而函賦比興三緯居中故釋者曰風雅頌三經也賦比興三緯也南豐丘思齊有六義山房為之詞曰

詩有六義義也何其風人之辭宛轉委蛇婦女歎息國人噫欷雖怨不怒中心怛而雅者正也明白是非流涕痛哭發揚鋪施大夫陳教老臣剌譏頌體湛深柬畧不揺人聽

二杂著、说、书，卷四序，卷五记、铭、义。后附录《奉使交趾赠送诗》，文末提及刘拙刻书一事。《续集》四卷：卷一四言古诗、五言古诗、七言古诗、古乐府、歌行、五言律、七言律、七言绝句、诗余，卷二序、记，卷三书、杂著，卷四奏疏、附录。《续集》正文首卷卷端下题“河南按察司副使古雄高宗本编次　直隶扬州府同知曾孙男刘衢校刊”。

是书罕秘，今所存仅南京图书馆一部。此本迭经陈封滋、莫棠、黄裳等递藏，钤“钱塘陈封滋印”“铜井山庐藏书”“黄裳藏本”“来燕榭珍藏记”“草草亭藏书记”“容家书库”“木雁斋”等印，并有黄裳题识。

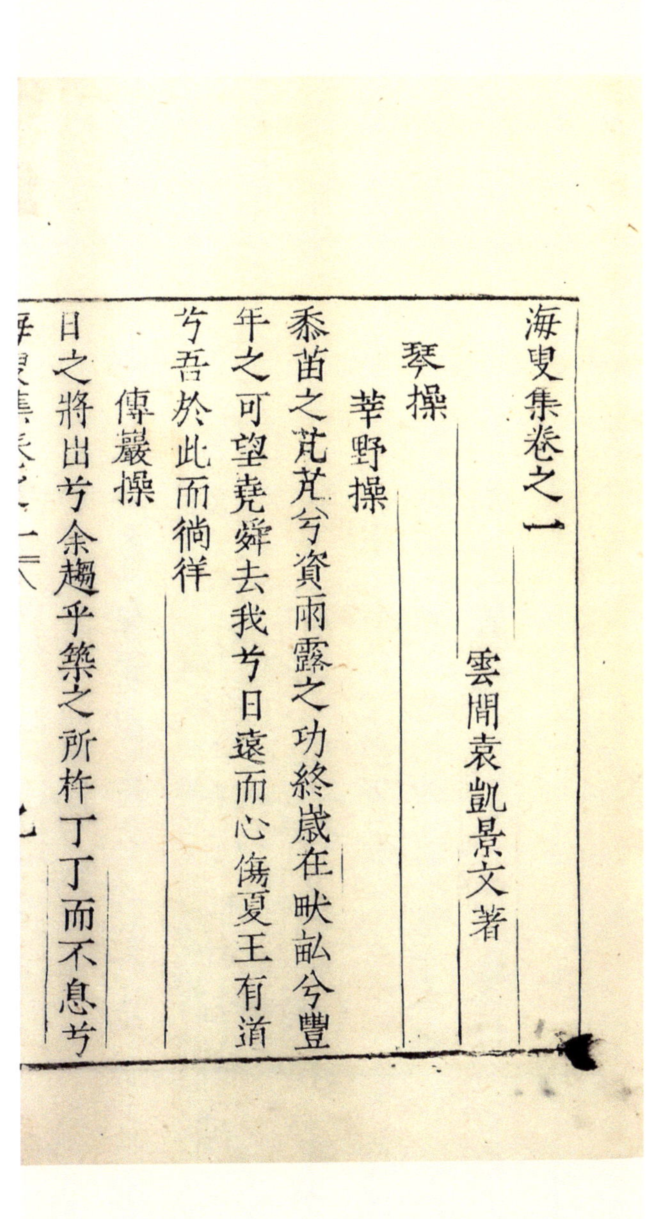

海叟集卷之一

雲間袁凱景文著

琴操

莘野操

黍苗之芃芃兮資雨露之功終歳在畎畆兮豈年之可望堯舜去我兮日逺而心傷夏王有道兮吾於此而徜徉

傅巖操

日之將出兮余趨乎築之所杵丁丁而不息兮

海叟集四卷

（明）袁凯撰　明隆庆四年（1570）何玄之活字印本　（明）张重熙题　（清）杨引传跋　二册　名录号及索书号 02104—115861

袁凯，字景文，号海叟，华亭（今上海）人。元末为府吏，明洪武三年（1370）荐授监察御史。因事为太祖所恶，谢病辞归。早年以《白燕》诗得名，人称“袁白燕”。《明史》有传。

此书为袁氏诗集，收录琴操、乐府、古诗、律诗、绝句等不同体裁的诗作凡 383 首。书前有何景明序、正德元年（1506）李梦阳序，后有隆庆四年（1570）何玄之跋。据何跋，知此本系何氏得祥泽旧刻，以活字校印而成。此本在传世袁集中属年代较早、较为完整的版本。

有“宫保世家”“奕世甲科”等钤印。内封有明张重熙题款及清杨引传题跋。

按四庫全書提要云海叟集明袁凱撰隆慶時何元之得祥澤舊刻以活字校印百部傳之則此本固百部之一也至今已三百餘年余得於里中許氏重加裝訂而藏之序之前不知何人書藏者姓名字蹟頗為工因其舊不復芟除

光緒十四年元宵後之日楊引傳識

山東廉訪使張受翁藏于願豐樓

四十六葉

萬曆己酉端午節諸生張重熙覌

袁海叟集序

信陽何　景明撰

景明仕宦時嘗與學士大夫論詩謂三代前不可一日無詩故其治美而不可尚三代以後言治者弗及詩無異其靡有治也然詩不傳其原有二稱學爲理者比之曲藝小道而不屑爲遂亡其辭其爲之者率牽于時好而莫知上達遂亡其意辭意併亡而斯道廢矣學之者苟非好古而篤信弗有成也譬之挐者古操人所不樂

海叟集序　一

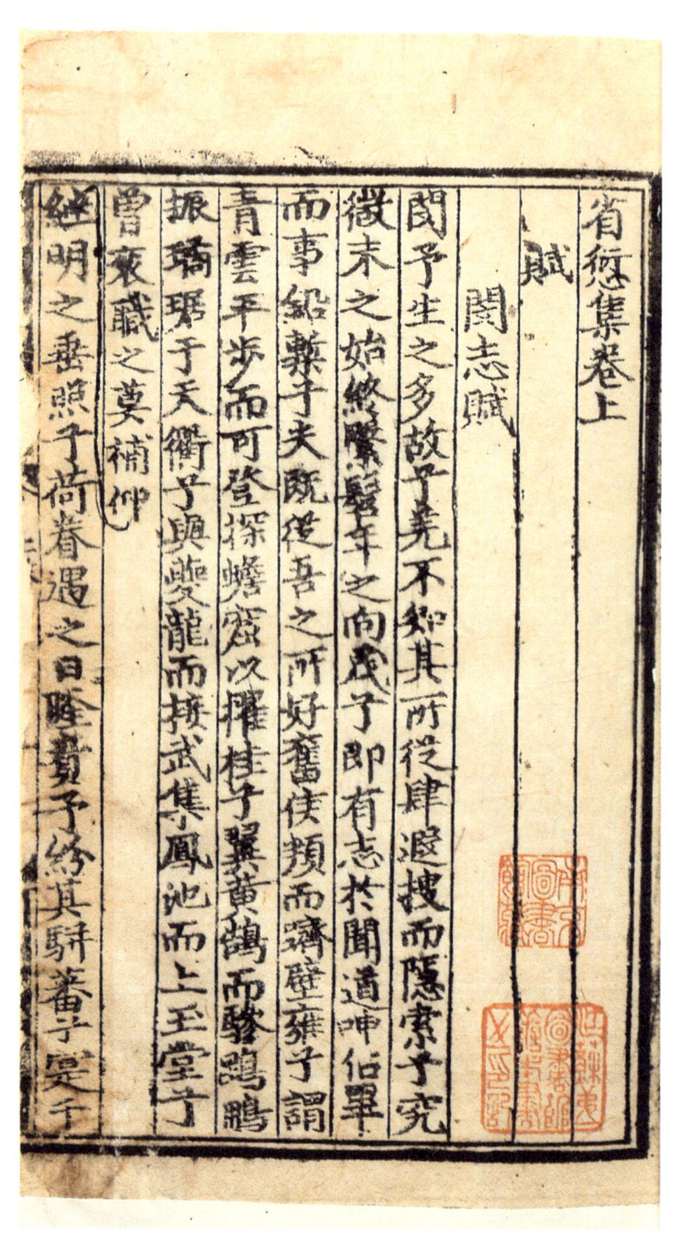
省愆集卷上

賦

閔志賦

閔予生之多故兮羌不知其所從肆遐搜而隱索兮究微末之始終繫髫年之向成兮即有志於聞道呻佔畢而事鉛槧兮夫既從吾之所好奮侯頖而躋璧雍兮謂青雲平步而可登探蟾窟以攀桂兮翼黃鵠而驂鵷鵬振琦琚于天衢兮與夔龍而接武集鳳池而上玉堂兮曾袞職之莫補仰繼明之垂照兮荷眷遇之日隆賁予紱其騂蕃兮寔千

省愆集二卷

（明）黄淮撰　明正统八年（1443）王豫刻本　（清）丁丙跋　二册　名录号及索书号02105—111715

黄淮（1367—1449），字宗豫，号介庵，永嘉（今浙江温州）人。洪武三十年（1397）进士，历仕太祖至宣宗五朝。曾以事系诏狱十年，仁宗时复官，官至武英殿大学士、户部尚书。

省愆，反省罪过之意。《四库全书总目》：“此集乃其系狱时所作，故以省愆为名。当

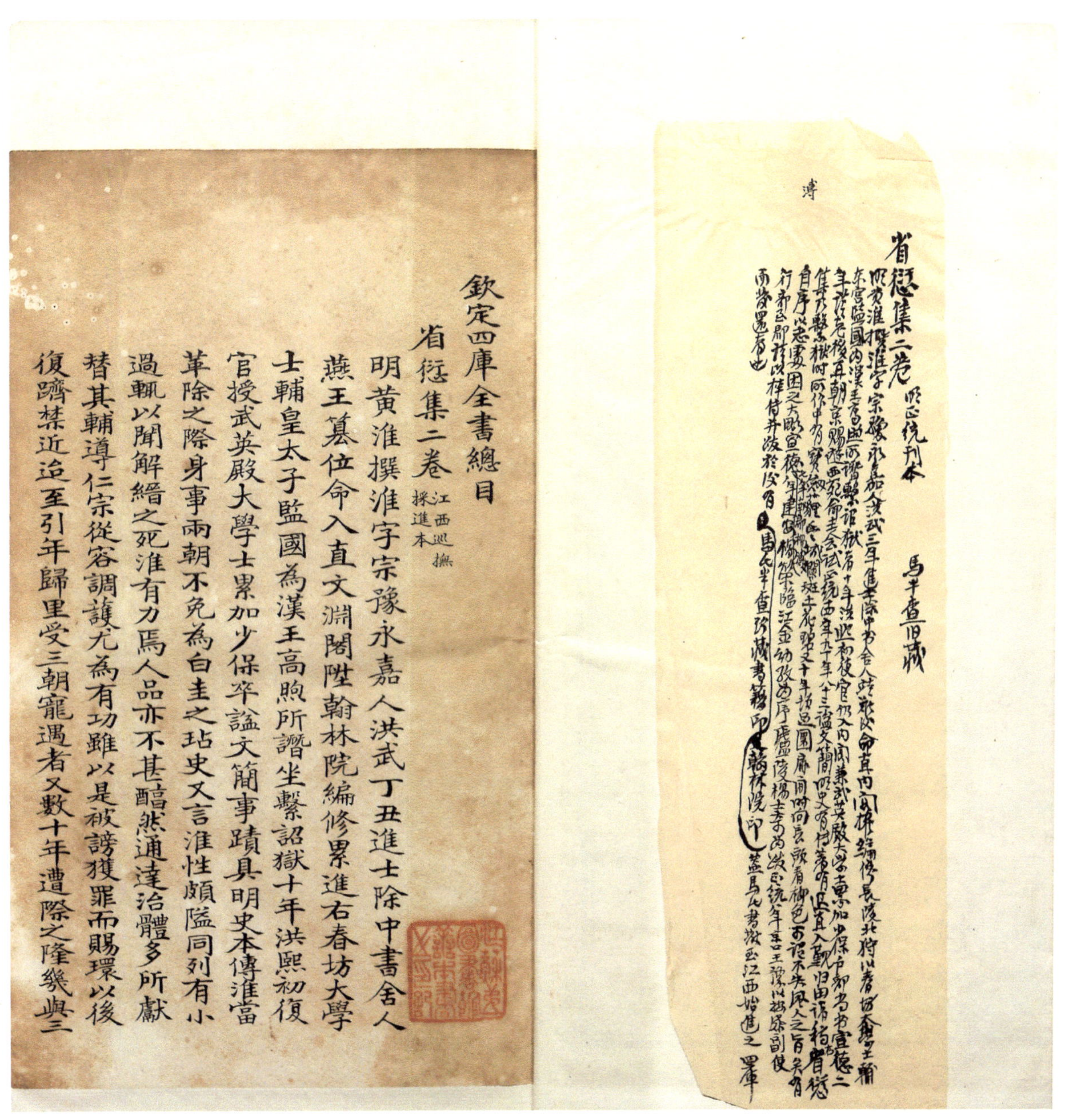

欽定四庫全書總目

省愆集二卷 江西巡撫採進本

明黃淮撰淮字宗豫永嘉人洪武丁丑進士除中書舍人燕王纂位命入直文淵閣陞翰林院編修累進右春坊大學士輔皇太子監國為漢王高煦所譖坐繫詔獄十年洪熙初復官授武英殿大學士累加少保卒謚文簡事蹟具明史本傳淮當革除之際身事兩朝不免為白圭之玷史又言淮性頗隘同列有小過輒以聞解縉之死淮有力焉人品亦不甚醇然通達治體多所獻替其輔導仁宗從容調護尤為有功雖以是被譖獲罪而賜環以後復躋禁近迨至引年歸里受三朝寵遇者又數十年遭際之隆幾與三

省愆集二卷 明正統刊本

馬半查舊藏

患难幽忧之日，而和平温厚，无所怨尤，可谓不失风人之旨。”此书分上、下二卷，收录黄氏所作之赋、四言诗、古诗、词、律诗、绝句、乐府等不同体裁诗文计370首。

前有清丁丙跋，卷端钤“马氏半查珍藏书籍印”、“古潭州袁卧雪庐收藏”、满汉朱文大方印“钱唐丁氏正修堂藏书”、“翰林院印”。此本曾为扬州盐商、藏书家马曰璐旧藏，经江西巡抚进呈四库馆，为《四库全书》底本。其后并未被发还，而为袁芳瑛私携出宫，后归丁丙八千卷楼。

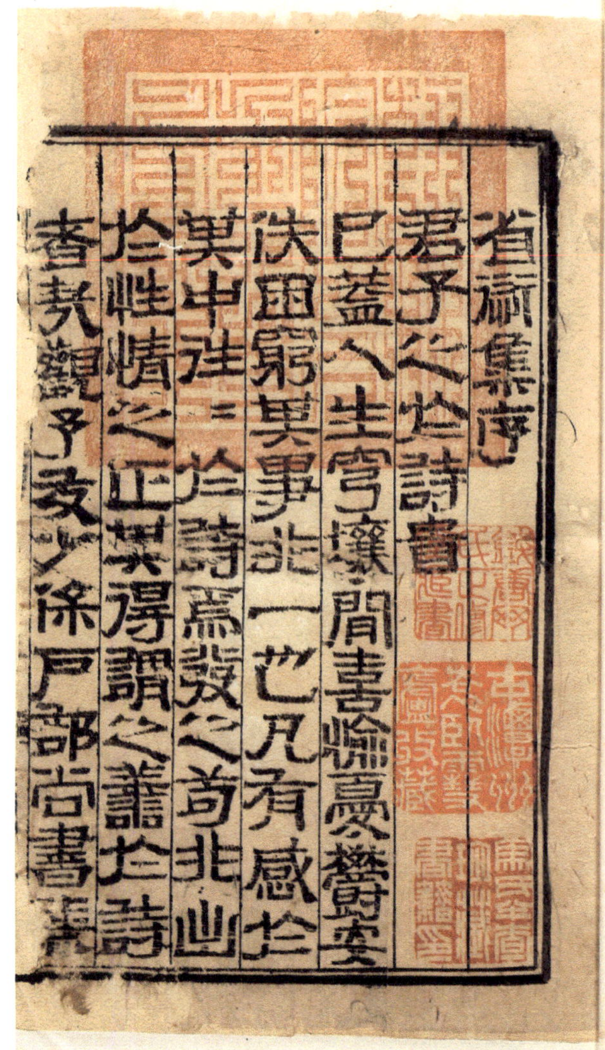
省愆集序

君子之於詩尚已蓋人生穹壤間喜愉憂鬱變佚困窮其事非一也凡有感於其中往往於詩焉發之苟非由於性情之正其得謂之善於詩者歟觀予友少保戶部尚書黃

楊相埒其文章舂容安雅亦與三楊體格略同此集乃其繫獄時所作故以省愆為名當患難幽憂之日而和平溫厚無所怨尤可謂不失風人之旨故特存之以見其著作之梗概至其退直入覲歸田三稾同編為介菴集者門徑與三楊不異東里諸集既已著錄則是可姑置焉

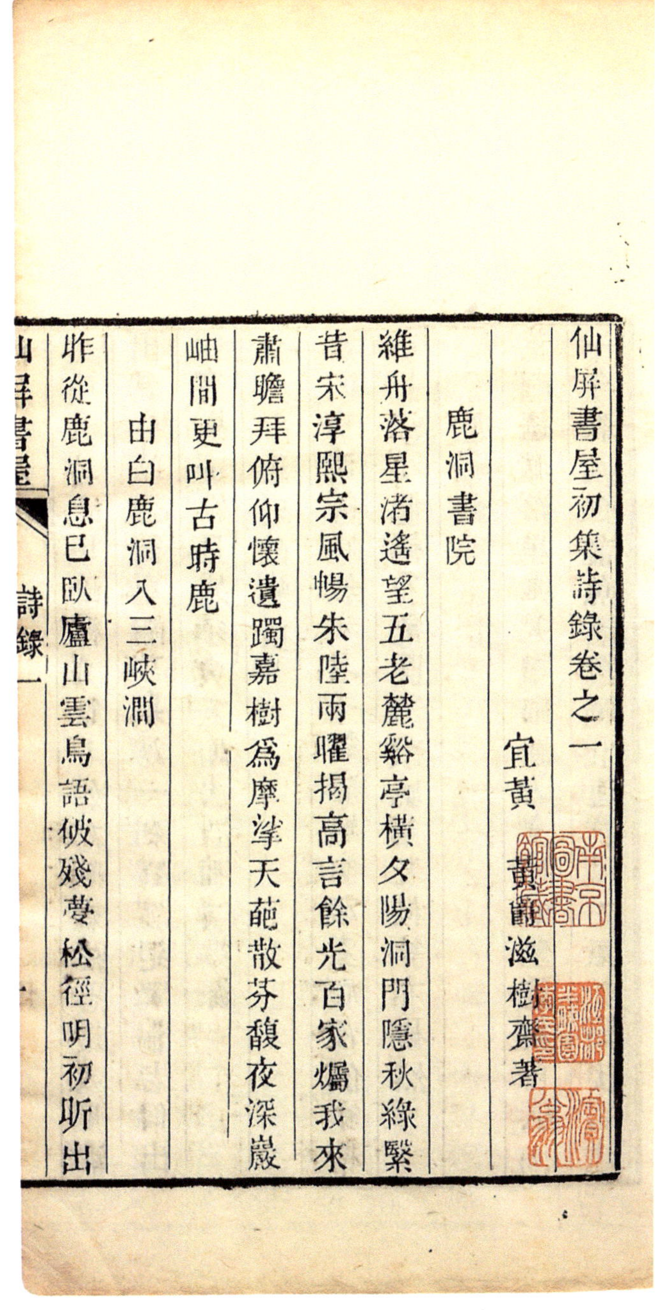

仙屏書屋初集詩錄卷之一

宜黃　黄爵滋樹齋著

鹿洞書院

維舟落星渚遙望五老麓谿亭横夕陽洞門隱秋綠繫昔宋淳熙宗風暢朱陸兩曜揭高言餘光百家燭我來肅瞻拜俯仰懷遺躅嘉樹爲摩挲天葩散芬馥夜深巖岫閒更叫古時鹿

由白鹿洞入三峽澗

昨從鹿洞息已臥廬山雲鳥語破殘夢松徑明初昕出

仙屏書屋　詩錄一

仙屏书屋初集诗录十六卷后录二卷

（清）黄爵滋撰　清道光二十七年（1847）泾县翟金生泥活字印本　五册　名录号及索书号 02153—118064

黄爵滋（1793—1853），字德成，号树斋，晚号一峰居士，室名仙屏书屋，江西宜黄人。道光三年（1823）进士。累官刑部左侍郎。直言敢谏，刚正不阿。道光间上《严塞漏卮以培国本疏》，主张严禁鸦片。道光十年（1830）加入宣南诗社，与林则徐、龚自珍、魏源等交游，讲求经世致用之学，主张诗歌应反映社会现实，在道光诗坛颇有声望。

此集收录黄爵滋诗作千余首，道光二十五年（1845）由其侄黄秩升、婿余绍芸及门生张

道光丙午冬月家大人以仙屏書屋詩初集底本郵寄涇縣翟西園先生處排印泥字活版計五冊每行十八字先生因所試印尊箸字有未合另用一種小泥字每行加三字將底本重鈔於丁未九月付工先生子與甫一傑與其弟煥然一新書閣乙燃聚堂其奎秋江澄文於書成之後兩經校正誤字排印集前以便讀者核改仿戴東原先生成式也今歲五月與甫偕其族叔季華攜書四百部親至豫章秩模謹加勘讀於所校正外復有刊誤數十條統計前後共若干條與甫欲攜歸續行排印而索觀

仙屏書屋　詩錄校誤　一

懋芝等编录。其时，黄爵滋因户部银库亏空失察罪落职，赴安徽泾县等地游历，适遇友人翟金生愿以泥活字为其排印诗集。翟金生即泾县人，字西园，号文虎，精诗善画，时年已逾古稀。一生以教书为业，有志于印书。曾率领子孙，前后花费三十年时间，仿照宋人沈括《梦溪笔谈》中所介绍的毕昇胶泥印字法，制成泥活字十万余枚。翟金生以泥活字印书，首印为其自著诗集《泥版试印初编》，次印即黄爵滋诗集，共印就四百部。此本字体匀称，墨色清晰，为自宋代毕昇发明泥活字以来泥活字印书中的传世佳品。

此本钤“江都李氏选楼藏书”“滨翁”“江都半亩园李氏印”等藏印，原为近代江都学者李祖望藏书。

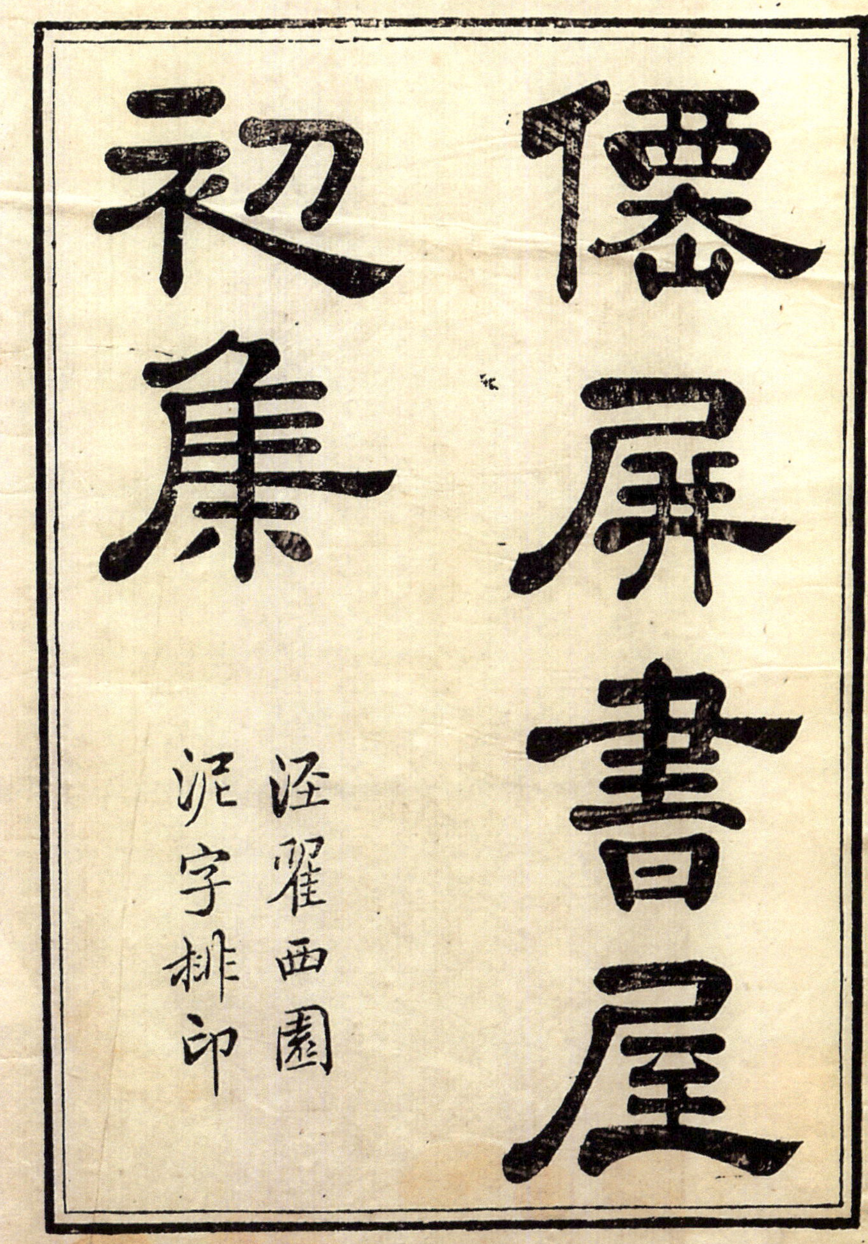

僊屏書屋

初集

涇翟西園

泥字排印

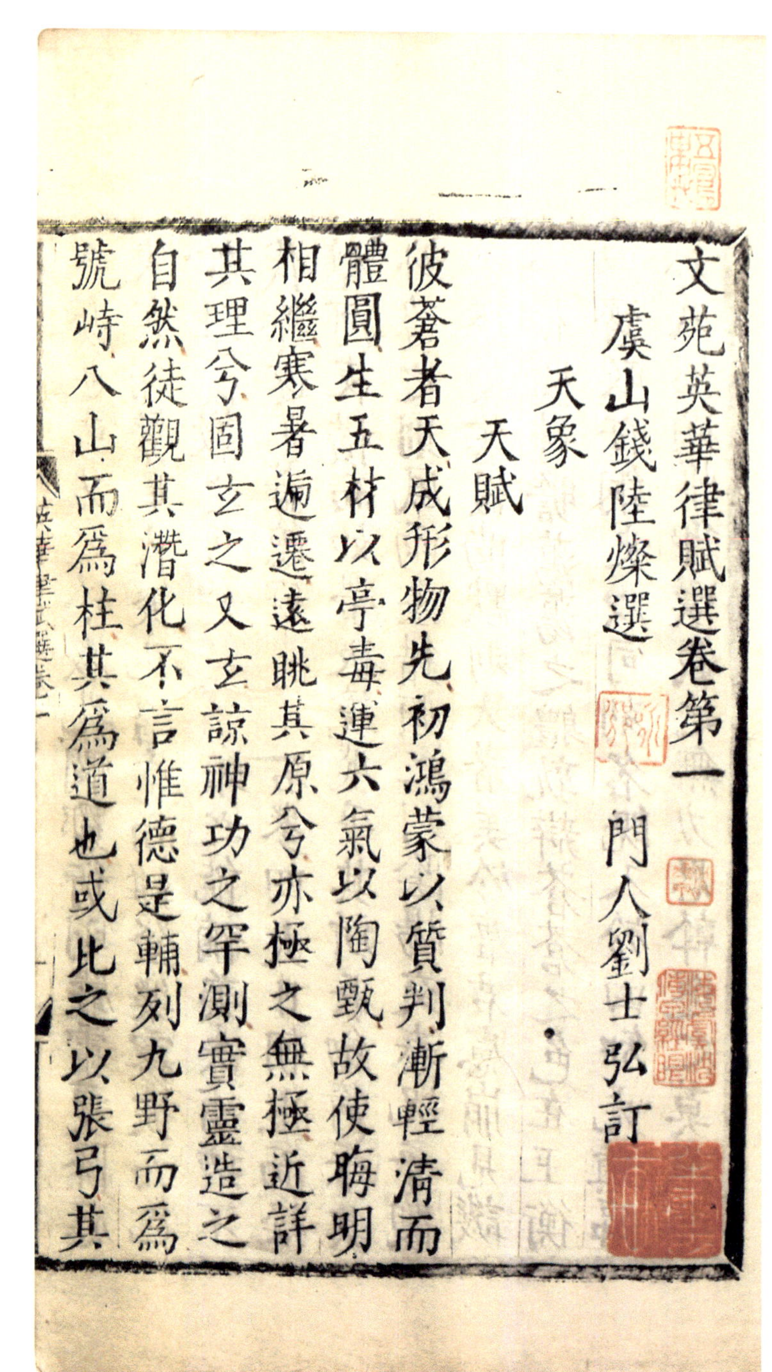
文苑英華律賦選卷第一
虞山錢陸燦選　門人劉士弘訂
天象
天賦
彼蒼者天成形物先初鴻蒙以質判漸輕清而
體圓生五材以亭毒運六氣以陶甄故使晦明
相繼寒暑遍遷遠眺其原兮亦極之無極近詳
其理兮固玄之又玄諒神功之罕測實靈造之
自然徒觀其潛化不言惟德是輔列九野而爲
號峙八山而爲柱其爲道也或比之以張弓其
英華律賦選卷一

文苑英华律赋选四卷

（清）钱陆灿辑　清康熙二十五年（1686）吹藜阁铜活字印本　二册　名录号及索书号 02189—115980

钱陆灿（1612—？），字尔弢，号湘灵，自号圆沙，江苏常熟人。清顺治举人。著名学者，虞山诗派的代表人物之一。通经义，工书法，嗜收藏。教授常州、金陵间，从游者甚众。学者称“圆沙先生”。有《调运斋集》《钱湘灵先生诗集》《麓读斋稿》等。

是书为清代第一部唐人律赋总集，辑自宋代大型文学类书《文苑英华》，凡255篇，分

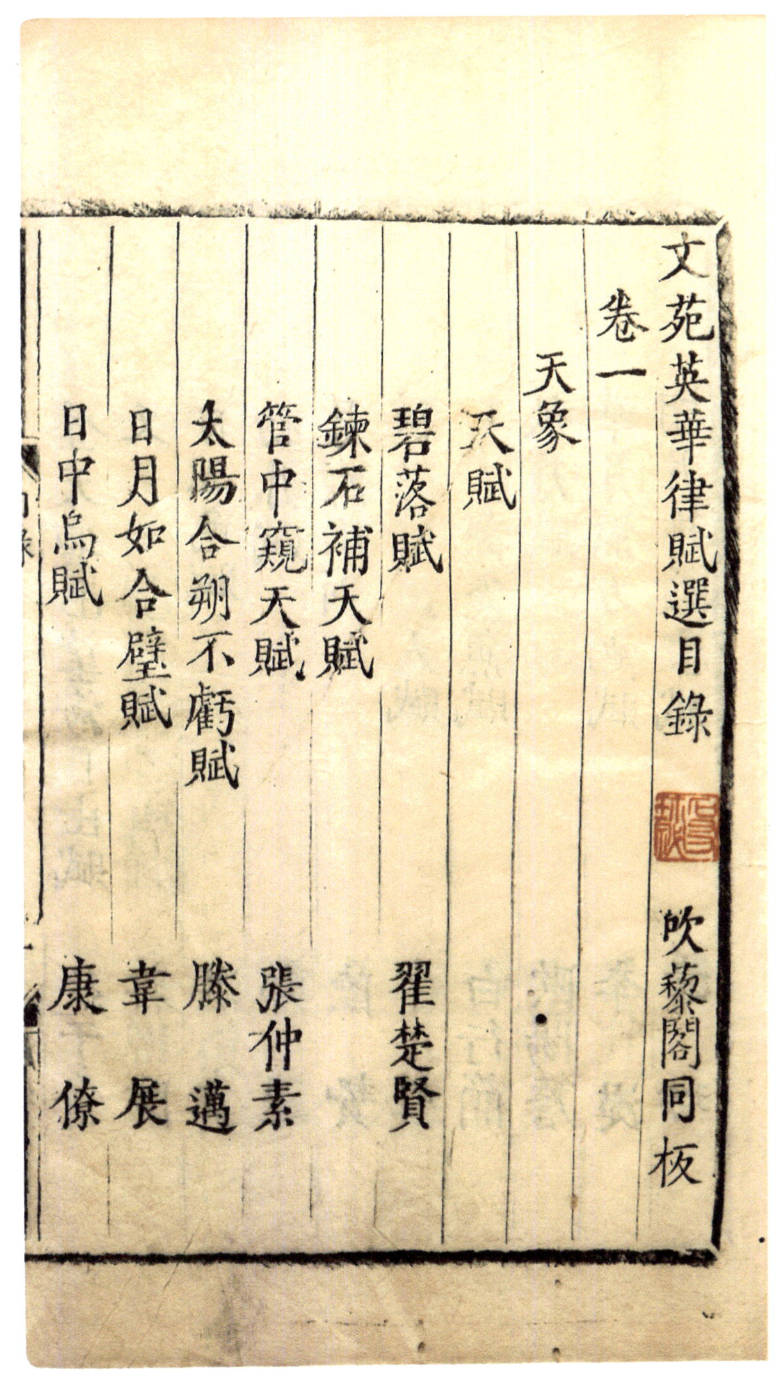

文苑英華律賦選目錄　吹藜閣同板

卷一

天象

天賦

碧落賦　翟楚賢

鍊石補天賦

管中窺天賦　張仲素

太陽合朔不虧賦　滕邁

日月如合璧賦　韋展

日中烏賦　康僚

类、次序皆依原书，所录以天象、乐、器用、水类为多，旨在供士子阅读、仿习之用。

是书目录首页及书尾题“吹藜阁同板”，《中国古籍善本书目》及《第一批国家珍贵古籍名录》皆著录为吹藜阁铜活字印本，然近年亦有学者持“木活字印本”之说。吹藜阁为明万历间钱世扬（1554—1610）室名。钱世扬，字士兴，一字孝成，又字偁孝，号景行，自号謦隅子，常熟人。万历十九年（1591）副榜。有《春秋说》《古史谈苑》《吹藜阁杂俎》等。清康熙二十五年（1686）其后裔以活字印刷此书。

此本钤沈传甲朱文长印“海虞沈传甲经眼”，又钤朱文方印“咏邠”、白文方印“半云轩”“养余山馆”等。

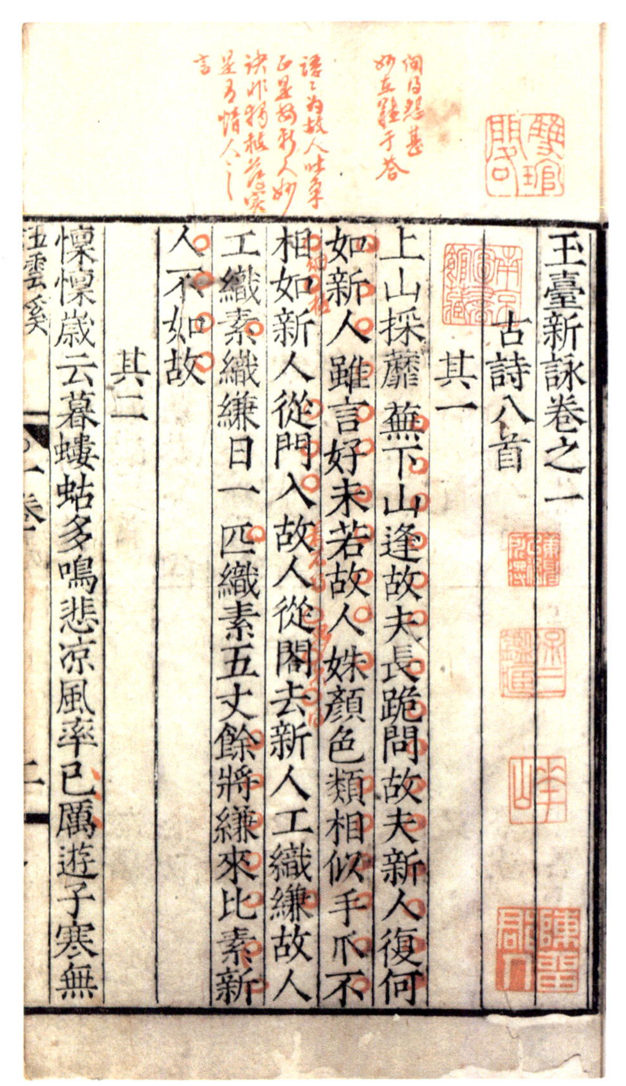
玉臺新詠卷之一
古詩八首
其一
上山採蘼蕪下山逢故夫長跪問故夫新人復何
如新人雖言好未若故人姝顏色類相似手爪不
相如新人從門入故人從閤去新人工織縑故人
工織素織縑日一匹織素五丈餘將縑來比素新
人不如故
其二
懔懔歲云暮螻蛄多鳴悲涼風率已厲遊子寒無

玉台新咏十卷

（南朝陈）徐陵辑　明五云溪馆铜活字印本　四册　名录号及索书号 02191—114689

徐陵（507—583），字孝穆，东海郯县（今山东郯城）人。其父徐摛，即以诗名，其宫体诗的成就，与庾肩吾齐名。徐陵幼颖悟，善属文，精通《老子》《庄子》，博涉史籍，颇有口才。善于宫体诗创作，诗文皆以轻靡绮艳见称，与庾信齐名，并称“徐庾”。著有《徐孝穆集》。

正文前有徐陵《玉台新咏集序》，末有宋嘉定乙亥陈玉父《玉台新咏集后序》，目录位于各卷前。全书“选录艳歌，凡为十卷”（自序），收录汉代至梁朝诗歌约七百首，“其书前八卷为自汉至梁五言诗，第九卷为歌行，第十卷为五言二韵之诗，虽皆取绮罗脂粉之词，而去古未远，犹有讲于温柔敦厚之遗，未可概以淫艳斥之”（《四库全书总目》卷一百八十六集部三十九）。

此书版心上镌“五云溪馆活字”。五云溪馆为明嘉靖年间苏州一刻书家的室名。据王欣夫《文献学讲义》所言，五云溪馆还曾活字印行《襄阳耆旧传》一种，今未见。

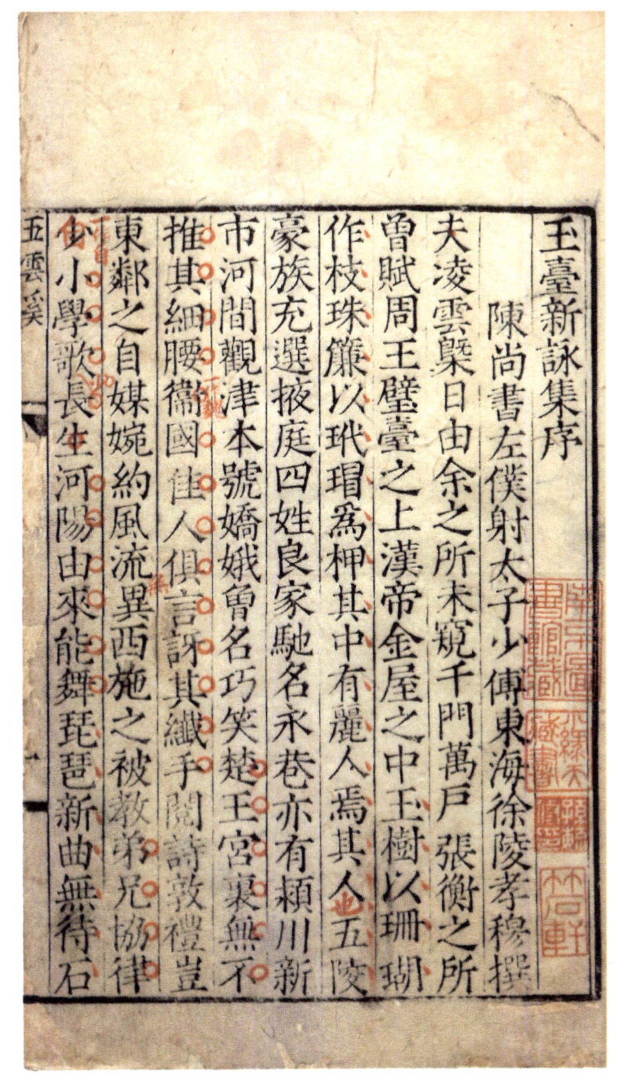
玉臺新詠集序
陳尚書左僕射太子少傅東海徐陵孝穆撰
夫淩雲槩日由余之所未窺千門萬戶張衡之所曾賦周王璧臺之上漢帝金屋之中玉樹以珊瑚作枝珠簾以玳瑁爲押其中有麗人焉其人五陵豪族充選掖庭四姓良家馳名永巷亦有穎川新市河間觀津本號嬌娥曾名巧笑楚王宮裏無不推其細腰衛國佳人俱言訝其纖手閱詩敦禮豈東鄰之自媒婉約風流異西施之被教弟兄協律生小學歌長生河陽由來能舞琵琶新曲無待石

钤有“竹石轩”“孙毓修印”“小绿天藏书”“义门何氏家藏”“冢宰之属”“吴郡金氏藏书”“陈留郡人”“华山”“保三鉴藏”“庚申以后所得”“双琯阁”“时济”“吴下阿鳌”等印。

阮鳌，明人，号华山道人，生平事迹不详。“华山”“时济”“吴下阿鳌”三印应是其藏书印。何焯（1661—1722），字润千，更字屺瞻，号茶仙、蓼谷等，学者称义门先生，江苏长洲（今江苏苏州）人。康熙四十二年进士，精通经史百家之说，蓄书数万卷，多购宋元旧刊及故家抄本，尤精于校勘，长于考订。其校定两汉书、三国志最有名。著有《义门读书记》《困学纪闻笺》《道古录》等。金德鉴（1810—1887后），一作宝鉴，字保三，号前释老人，又号双琯阁主人，元和（今江苏苏州）人，流寓上海。精研医经，留心喉科，悬壶沪北。曾刊印《焦氏喉科枕秘》《急救霍乱方》。辑有《喉痧辑要》。孙毓修（1871—1923），字星如，一作恂如，号留庵，别署小绿天主人、东吴旧王孙等，江苏无锡人。曾从缪荃孙习版本目录之学，主持过涵芬楼古籍采购和《四部丛刊》编印工作。喜藏书，所藏至数万卷，颇多善本，尤以藏宋元明三朝监本十七史诸书为特色。王绍曾编有《小绿天善本书辑录》。后其部分藏书归宝山楼。著有《江南阅书记》《永乐大典考》《中国雕版源流考》等。

宮艷

趙飛燕外傳

西吳適園主人評輯
吳郡儒廬逸史參閱

趙后飛燕父馮萬金祖大力工理樂器事江都王協律舍人萬金不肯傳家業編習樂聲亡章曲任爲繁手哀聲自號凡靡之樂聞者心動焉江都王孫女姑蘇主嫁江都中尉趙曼曼幸萬金食不同器不飽萬金得通趙主主有娠曼性

宮艷 卷一 一

宫艳二卷

题（明）适园主人辑并评　明刻套印本　二册　名录号及索书号 02261—113067

适园主人，其人未详。

此书选辑历代宫闱艳事传奇小说。正文分二卷，卷一《赵飞燕外传》《赵飞燕合德别传》《飞燕余事》，述赵飞燕事，后附编者评语；又《迷楼记》《大业拾遗记》，述隋炀帝事，附编者评语。卷二《长恨歌传》《杨太真外传》，附录《太真遗事》《梅妃传》，述唐明皇、梅妃等事，后亦系编者评语。全书以朱墨二色套印，正文墨色，书眉、行间镌朱色圈点、批注，篇后评语亦朱色。

此本国内仅南京图书馆一家藏，钤“木犀香馆珍藏”印。印主范志熙（1815—1889），字月槎、子穆等，别号石湖诗孙，湖北武昌人。富藏书，室名“木犀香馆”，或作“木樨香馆”。清末江南图书馆购得范氏藏书四千余种，成为今南京图书馆珍贵馆藏。

可謂善怨

帝常以三秋閑日與飛燕戲於太液池以沙棠木爲舟貴其不沈没也以雲母飾於鷁首一名雲舟又刻大桐木爲虬龍雕飾如眞以夾雲舟而行以紫桂爲柂枻及觀雲棹水玩擷菱蕖帝每憂輕蕩以驚飛燕命佽飛之士以金鎖纜雲舟於波上每輕風時至飛燕殆欲隨風入水帝以翠纓結飛燕之裾常恐曰妾微賤何復得預纓裾之游

奇 媚

宫艷卷一 又十九

評曰飛燕昭儀妖艷絶矣至如曉暢方書尤是第一流人恨成帝於桃李之外無他風致耳然能作一二情句爲兩人傳神頗似得箇中趣者余嘗設一轉語曰使漢成帝爲唐明皇趙家姊妹當更勝楊妃一籌否一笑一一

董解元西廂

顧渚山樵點定

仙呂調醉落魄纏令引辭　吾皇德化喜遇太平多暇干戈倒載閑兵甲這世爲人白甚不歡洽秦樓謝館鴛鴦幄風流稍是有聲價教惺惺浪兒每都伏咱不曾胡來俏倬是生涯

整金冠攜一壺兒酒戴一枝兒花醉時歌狂時舞醒時罷每日價疎散不曾着家放二四不拘

董西廂卷一　一

董解元西厢四卷

（金）董解元撰　明刻朱墨套印本　四册　名录号及索书号 02275—114674

董解元，金人，约为金章宗时人，生平不详。“解元”疑为当时对读书人的通称。

又名《董西厢》《西厢记诸宫调》。金人董解元所作长篇讲唱文学，故事源于唐元稹传奇小说《莺莺传》，代表了宋金时期讲唱文学的最高水平。书首载《董解元西厢题辞》，末署“清远道人书于玉立堂”。“清远道人”者，汤显祖号。此本天头及正文行格间以朱色套印汤显祖评点，字迹疏朗，套色准确，为晚明套色印本之上品。

书前护叶有刘之泗跋。书中钤有“刘之泗印”阴文蓝印，“刘之泗”“公鲁”“寅白”阳文蓝印。刘之泗（1900—1937），字公鲁，号畏斋，一号寅白，安徽贵池人。刘世珩子。

董解元西廂金源院本也卷耑題顧
渚山樵點定鳳夢樓暖紅室刊梓中
多金時方言綴錄如左 沒色彈 宋人包拯善彈人
適饗人者因有沒包彈之謗 鶻鴒 即胡伶聰明之謂 淥老 指此人眼 大小
猶言偌大 九伯 按方以智通雅陳無已曰世人以癡為騃九百愛日齋叢抄言東坡亦用之
鐸 喧鬧之意 瞑子 謂係暗地瞑一作酩 鄧 謂奚落 撐 謂羨 掙
搶 即撐字之義句云做為掙百事搶 鄧將軍 日也 啞你 即哄你
丁卯清明偶讀董風蘐陸筆漫錄於此 公魯

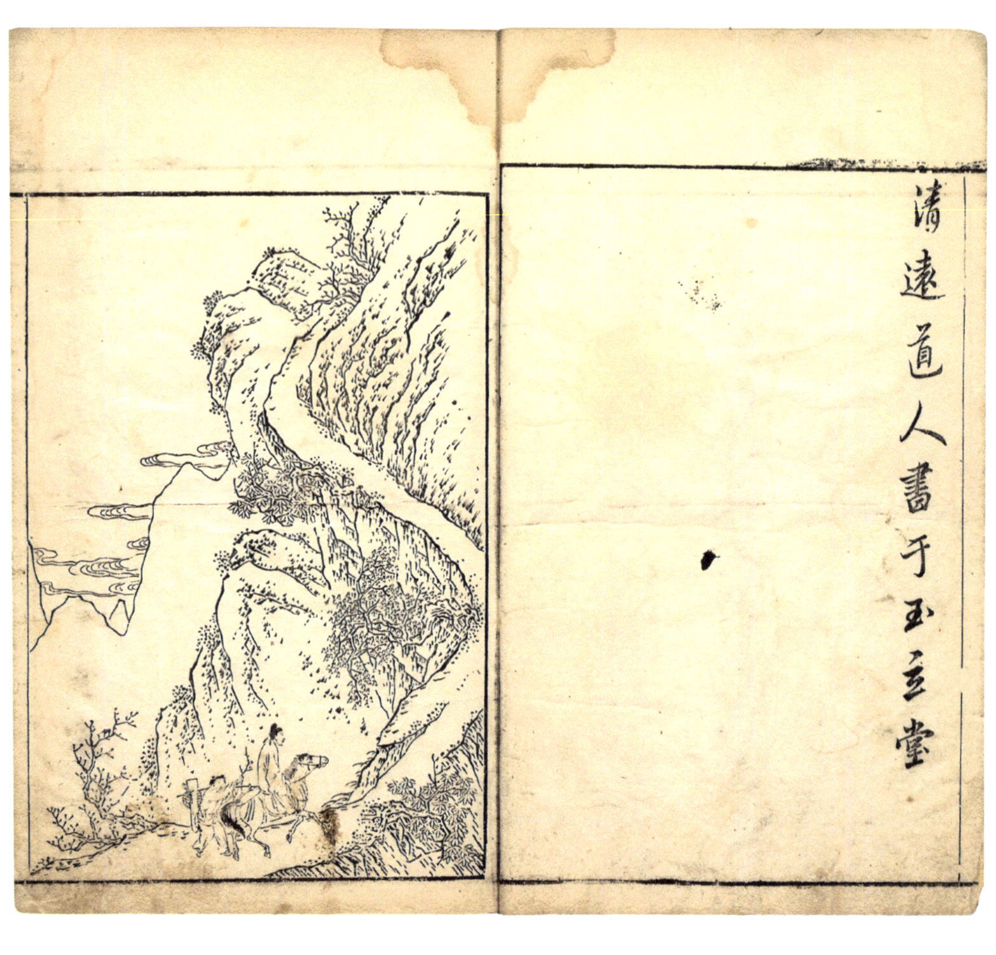

清遠道人書于玉茗堂

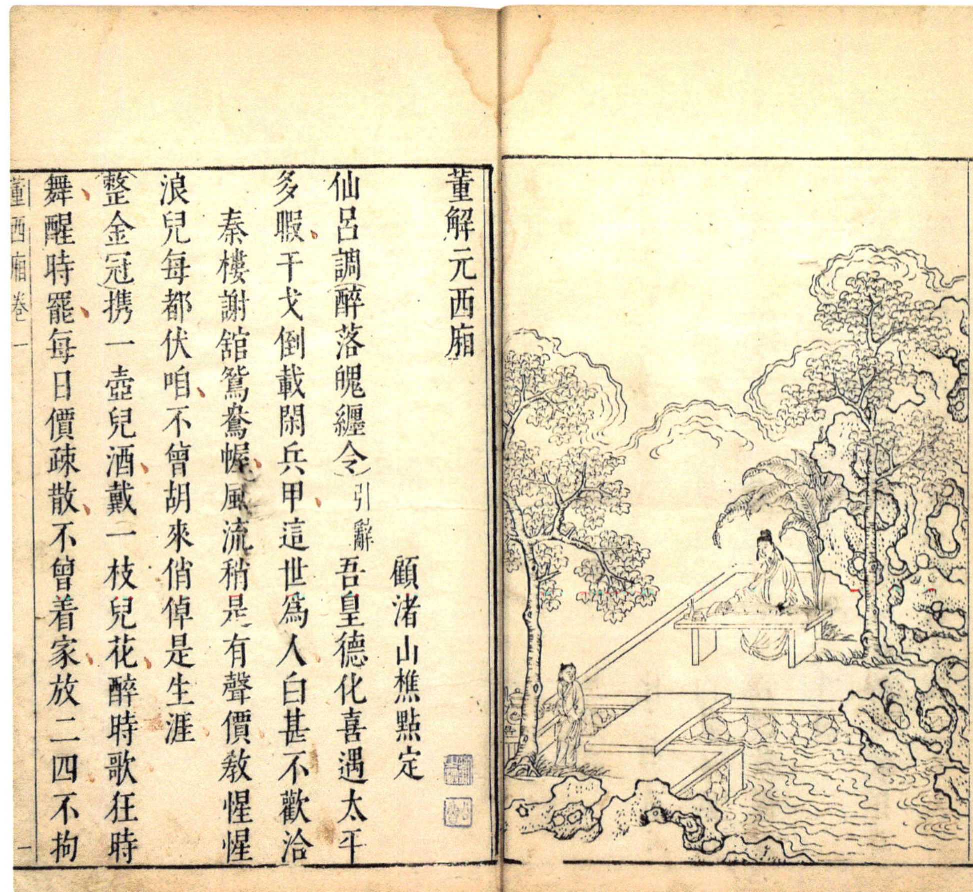

董解元西廂

頤渚山樵點定

仙呂調醉落魄纏令引辭　吾皇德化喜遇太平
多暇干戈倒載閑兵甲這世爲人白甚不歡洽
秦樓謝館鴛鴦幄風流稍是有聲價敎惺惺
浪兒每都伏咱不曾胡來俏倬是生涯
整金冠攜一壺兒酒戴一枝兒花醉時歌狂時
舞醒時罷每日價疎散不曾着家放二四不拘

董西廂卷一　一

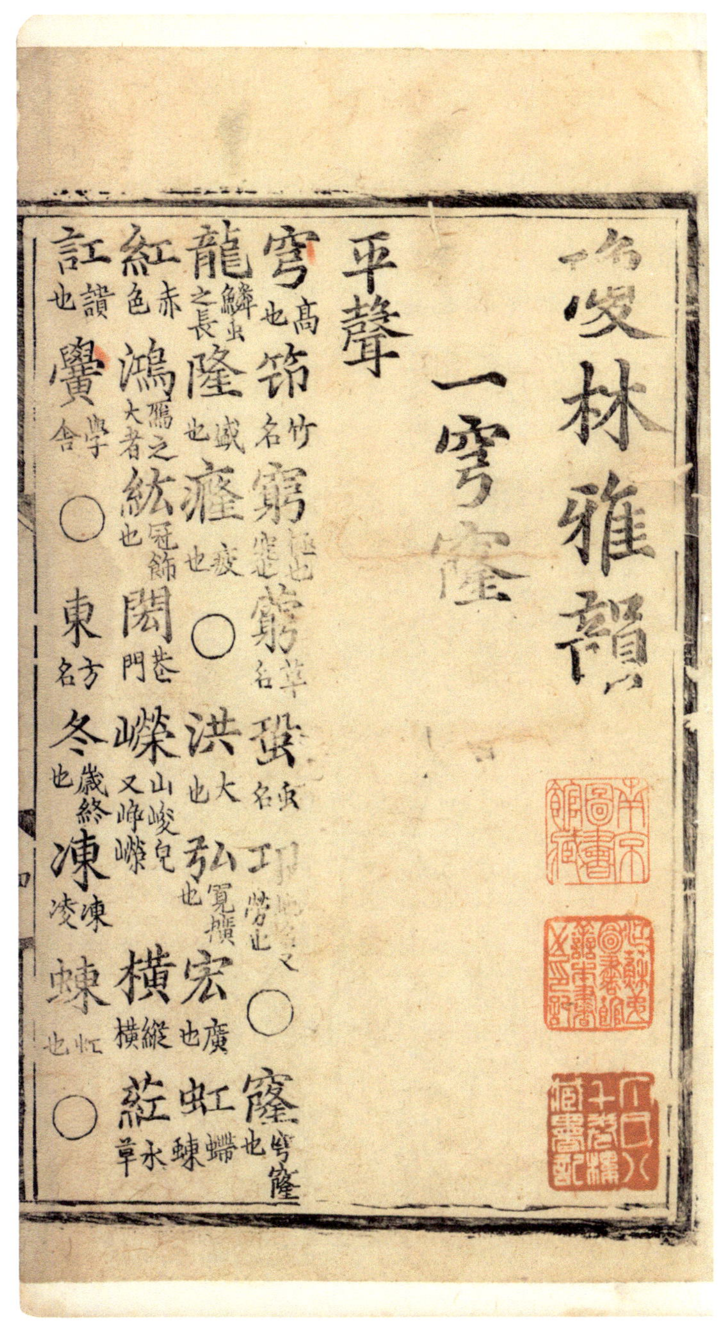

琼林雅韵不分卷

（明）朱权撰　明洪武三十一年（1398）刻本　（清）丁丙跋　四册　名录号及索书号 02280—111982

朱权（1378—1448），明太祖第十七子（圹志作十六子，应为齿序）。封宁王，就藩大宁（今内蒙古赤峰），永乐元年（1403）改封南昌。晚年托志冲举，自号臞仙，涵虚子、丹丘先生、青天一鹤均其别号。好宏奖风流，群书有秘本，莫不刊布之。著《汉唐秘史》等书百余种，自经、子、九流、星历、医卜、黄冶诸术皆具。卒谥献。

是书为明藩府刻本，为宁王朱权戏曲音韵论著。全书分十九韵，体例大抵承袭周德清《中

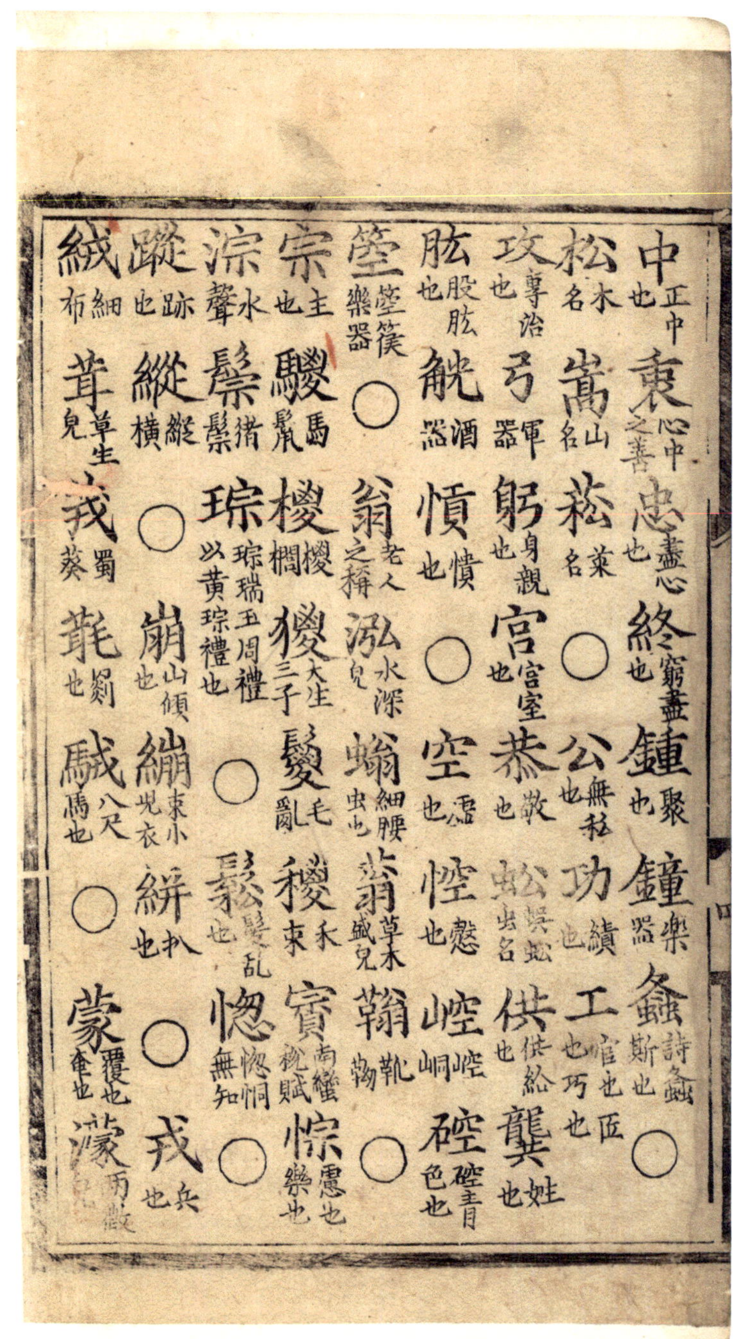
中正中也 衷心中之善 忠盡心也 終窮盡也 鍾聚也 鐘樂器 螽詩螽斯也 ○
松木名 嵩山名 菘菜名 ○ 公無私也 功績也 工官也匠也巧也
攻專治也 弓軍器 躬身親也 宮宮室也 恭敬也 蚣蜈蚣虫名 供供給也 龔姓也
肱股肱也 觥酒器 憒憒也 ○ 空虛也 悾愨也 崆崆峒 硿硿青色也
箜箜篌樂器 ○ 翁老人之稱 泓水深皃 螉細腰虫也 蓊草木盛皃 鞝靴鞝物 ○
宗主也 騣馬鬣 椶椶櫚 稯大生三子 鬉毛亂 稯禾束 賨南蠻稅賦 悰慮也樂也
淙水聲 鬃豬鬃 琮琮瑞玉周禮以黃琮禮地 ○ 鬆髮亂也 愡愡恫無知 ○
蹤跡也 縱縱橫 ○ 嵸山傾也 繃小束衣皃 絣扒也 ○ 戎兵也
絨細布 茸草生皃 戎蜀葵 毧毛罽也 駥八尺馬也 ○ 蒙覆也奄也 濛雨微皃

原音韵》，主要是对元人卓从之《中州乐府音韵类编》进行审音定韵修订。朱权一生著述甚富，属于曲、韵类的，则有《太和正音谱》《琼林雅韵》《大雅诗韵》《务头集韵》等。

《太和正音谱》卷前洪武戊寅（三十一年）朱权序云：“余因清燕之余，采摭当代群英词章及元之老儒所作，依声定调，按名分谱，集为二卷，目之曰《太和正音谱》；审音定律，辑为一卷，目之曰《琼林雅韵》；搜猎群语，辑为四卷，目之曰《务头集韵》，以寿诸梓，为乐府楷式。”序末两印与《琼林雅韵》序末的相同，可知此三书为宁王府同时刻印。

钤有“璜川吴氏收藏图书”“八千卷楼收藏书籍”等印，曾经苏州木渎吴氏、钱塘丁氏递藏。

六书统二十卷

（元）杨桓撰　元至大元年（1308）江浙行省儒学刻元明递修本　（清）丁丙跋　二十册

名录号及索书号 02620—112127

杨桓（1234—1299），字武子，号辛泉，山东兖州人。诸生。官至秘书少监，预修《大一统志》。《元史》有传。

此本应为初刻本，后经元明递修。卷二十末页刻条记：“至大三年八月江浙等处儒学提举余谦补修。”

钤有“泉唐丁氏竹舟申松生丙辛酉以后所得”“嘉惠堂藏阅书”“宧光”“赵”“丁居士”“纪千”“王杶之印”等印。

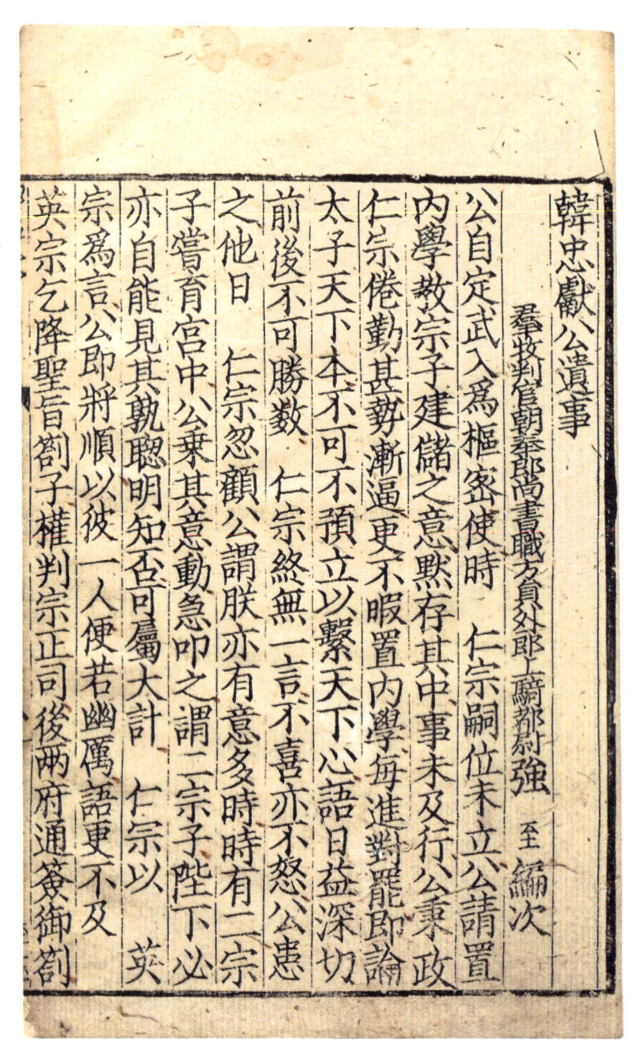

韓忠獻公遺事
羣牧判官朝奉郎尚書職方員外郎上騎都尉強 至 編次
公自定武入爲樞密使時 仁宗嗣位未立公請置
內學教宗子建儲之意默存其中事未及行公秉政
仁宗倦勤甚勢漸逼更不暇置內學每進對罷即論
太子天下本不可不預立以繫天下心語日益深切
前後不可勝數 仁宗終無一言不喜亦不怒公患
之他日 仁宗忽顧公謂朕亦有意多時有二宗
子嘗育宮中公乘其意動急叩之謂二宗子陛下必
亦自能見其孰聰明知否可屬大計 仁宗以 英
宗爲言公即將順以彼一人便若幽厲語更不及
英宗乞降聖旨劄子權判宗正司後兩府通簽御劄

韩忠献公遗事一卷

（宋）强至撰 宋刻百川学海本 （清）许丹臣 丁丙跋 一册 名录号及索书号 02851—110230

强至（1022—1076），字几圣，浙江杭州人。宋庆历六年（1046）进士，官至祠部郎中。著有《祠部集》四十卷，已佚，四库馆臣据《永乐大典》辑为三十五卷。传见清强汝询《求益斋文集》卷八《祠部公家传》。

此书杂记韩琦事。治平四年（1067），韩琦判永兴军，至在韩琦幕府。故此书记韩琦遗事甚详，亦有较为可靠的史料价值。

今传此书，以宋刻《百川学海》本最早，唯南京图书馆与国家图书馆有藏。《善本书室藏书志》著录此本为“明刊本”，误。此本为许丹臣旧藏，后为丁氏八千卷楼所得，护叶有丁氏跋，曰：“许丹臣心扆，为叶九来先生壻，藏书具有渊源。是册尾题‘与内子话旧’，卷前有叶氏藏书印，当为奁中物也。余藏《陆甫里先生文集》，亦有丹臣题‘康熙壬辰六月十八日校正’一行，乃后两载所记者。何幸熊鱼兼获耶！光绪七年七月七日暴书偶记，八千卷楼丁丙。”

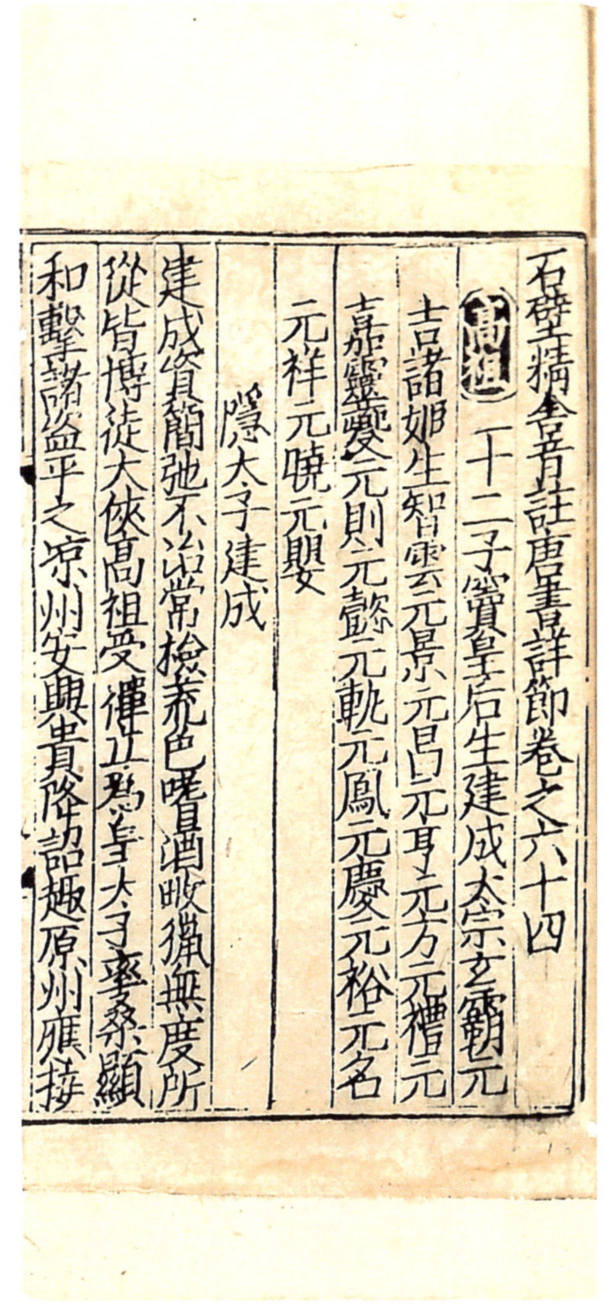
石壁精舍音註唐書詳節卷之六十四
高祖 十二子竇皇后生建成太宗玄霸元
吉諸姬生智雲元景元昌元亨元方元禮元
嘉靈夔元則元懿元軌元鳳元慶元裕元名
元祥元曉元嬰
隱太子建成
建成資簡弛不治常檢荒色嗜酒畋獵無度所
從皆博徒大俠高祖受禪立爲皇太子率衆顯
和擊諸盜平之涼州安興貴降詔趣原州應接

石壁精舍音注唐书详节□□卷

（宋）陈鉴辑　宋刻本　吴湖帆题记　存三卷（六十二至六十四）　一册　名录号及索书号 02870—117408

是书开本较小，框高 9.4 厘米，宽 6.5 厘米。南京图书馆藏一册，残存三卷：卷六十二为后妃传，六十三至六十四为宗室传。书中玄字、贞字，时有缺末笔避讳。护叶有墨笔手书“海内孤本石壁精舍音注唐书详节三卷”，下署“宋巾箱本甲戌嘉平吴湖帆篆”，并钤“湖帆”“丑簃长寿”等印。

吴湖帆（1894—1968），初名翼燕，又名倩，更名万，字通骏、东庄，号倩庵，别署丑簃，

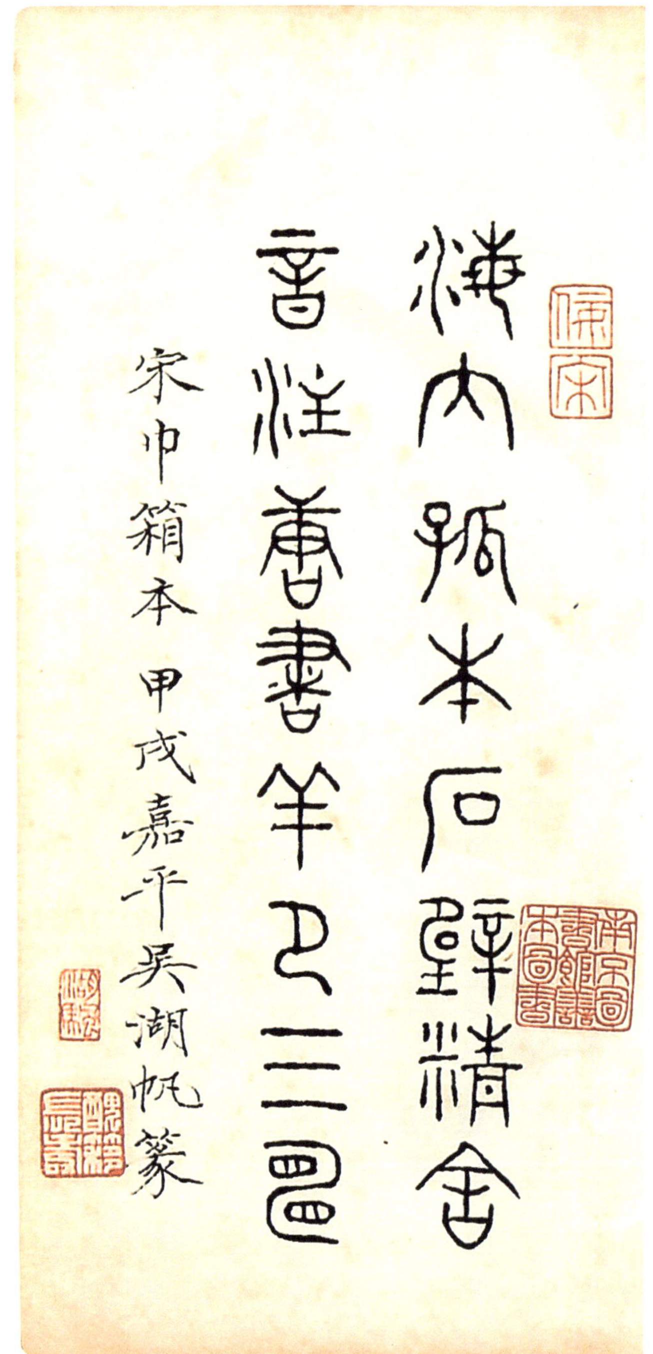

书画署名湖帆，江苏苏州人。近代著名书画家、文物鉴藏家。书中另钤有“张珩私印”“吴兴张氏图书之记”“木雁斋”等印。印主张珩（1915—1963），字葱玉，别署希逸，浙江湖州南浔人。古书画鉴定专家。

此宋本虽为残帙，然孤本仅存，弥足珍贵。除南图藏本外，另有三册零本分藏于中国国家图书馆（存一册一卷）、上海图书馆（存二册七卷）。2018 年中国嘉德春拍，其中的五十一册一百六十卷重现于世，故此宋刻孤本目前存世共一百七十一卷。且据该书卷一卷端下题“翰林学士兼给事中充史馆修撰欧阳修撰，石壁野人陈鉴纂”，可知此书乃宋人陈鉴对欧阳修等修撰的《新唐书》所作之详节音注。

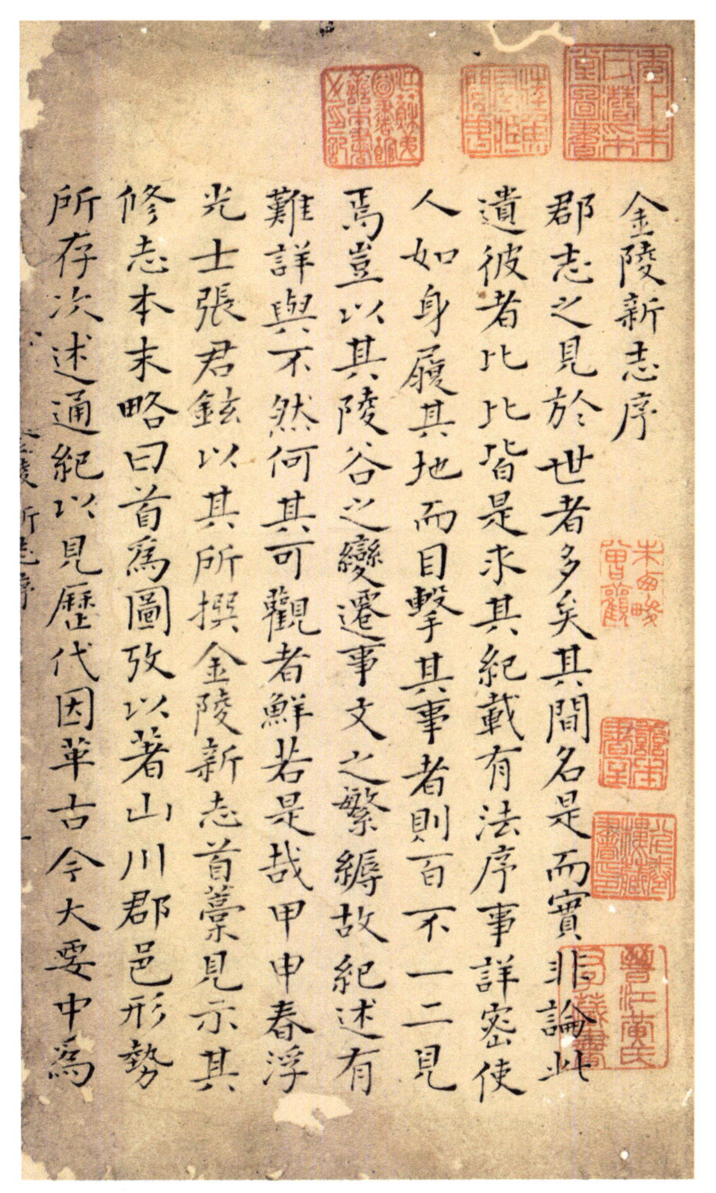
金陵新志序
郡志之見於世者多矣其間名是而實非論此遺彼者比比皆是求其紀載有法序事詳密使人如身履其地而目擊其事者則百不一二見焉豈以其陵谷之變遷事文之繁縟故紀述有難詳與不然何其可觀者鮮若是哉甲申春浮光士張君鉉以其所撰金陵新志首槀見示其修志本末略曰首爲圖攷以著山川郡邑形勢所存次述通紀以見歷代因革古今大要中爲

［至正］金陵新志十五卷

（元）张铉纂修　元至正四年（1344）集庆路儒学溧阳州学溧水州学刻明正德十五年（1520）南京国子监重修本（卷三中、三下、四、十一至十二、十三下、十四至十五配清抄本）　（清）丁丙跋　二十四册　名录号及索书号 02880—112175

张铉，字用鼎，陕西人，一说光州（今河南潢川）人。曾为奉元路学古书院山长。

是书为续南宋周应合《景定建康志》，遂体例多参照后者而略有删改，卷目内容起自周元王四年（前 473），讫元至正三年（1343）。元修志甚少，此本沿革清楚、简繁有度，被《四库全书总目》评曰："学问博雅，故荟萃损益，本末灿然，无后来地志家附会丛杂之病。"但《四库全书》误将书名记作《至大金陵新志》。

半叶九行，行十八字，小字双行同，左右双边，白口，双对鱼尾。版心上方镌字数或"正德十五年刊"，版心中间镌"金陵新志"、卷次、叶次，版心下方镌刻工名。

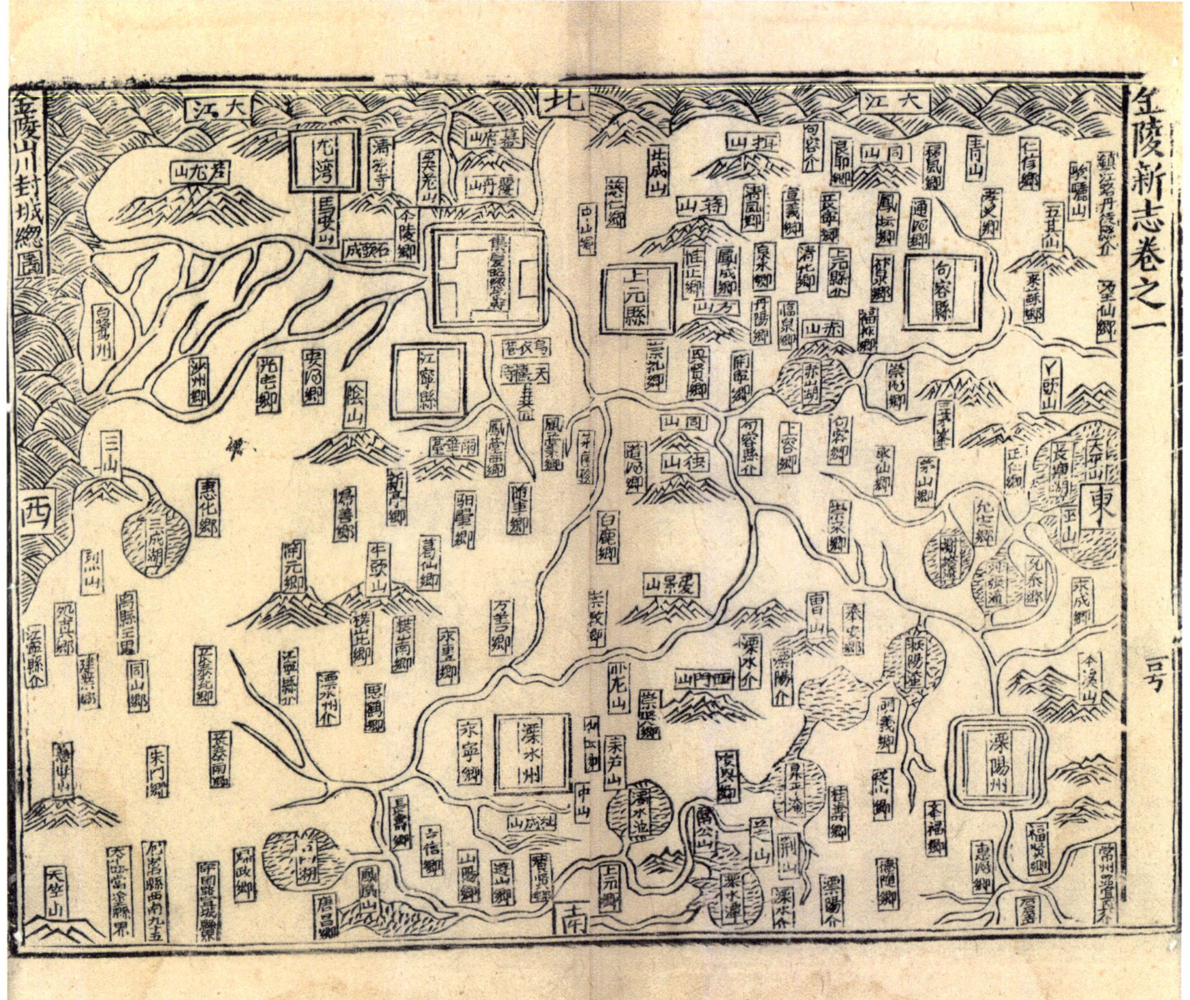
金陵新志卷之一
金陵山川封城總圖
大江
北
南
東
西
上元縣
句容縣
江寧縣
溧水州
溧陽州

鄭漁仲曰乾之初九一事物也其在天地人蟲之內天地人蟲之外其象如潛龍勿用不可以千萬計也皆乾

周易卷第一

上經　　宋　眉山蘇軾傳

☰ 乾下乾上

乾元亨利貞初九潛龍勿用（楊用脩曰出則元亨處則利貞貞元者出處之則也）

乾之所以取于龍者以其能飛能潛也飛者其正也不得其正而能潛非天下之至健其孰能之

九二見龍在田利見大人

飛者龍之正行也天者龍之正處也見而在田明其可安而非正也

易傳卷一　上經　一

易传八卷

（宋）苏轼撰　**王辅嗣论易一卷**　（三国魏）王弼撰　明闵齐伋刻朱墨套印本　八册　名录号及索书号 03214—112442

此书又名《东坡易传》《苏氏易传》，因北宋元祐党禁，不敢显题轼名，以其卒于常州（古称毗陵），故亦称《毗陵易传》。正文凡八卷，卷一至三上经，释乾至离三十卦；卷四至六下经，释咸至未济三十四卦；卷七至八释击辞传、说卦传、序卦传、杂卦传。此书为苏轼解《易》代表作，其易学思想多见于其中。

此本为湖州闵齐伋所刻，全书墨印《易传》原文。书前有朱印《易考》，天头及行间朱字批语引用自汉至明杨慎等人论易之评注。后附《王辅嗣论易》，收《易总论》一篇。《四库总目》称：“乌程闵齐伋以朱墨板重刻，颇为工致，而无所校正。”

钤有“八千卷楼”“四库著录”“嘉惠堂藏阅书”“光绪庚寅嘉惠堂得”等印。

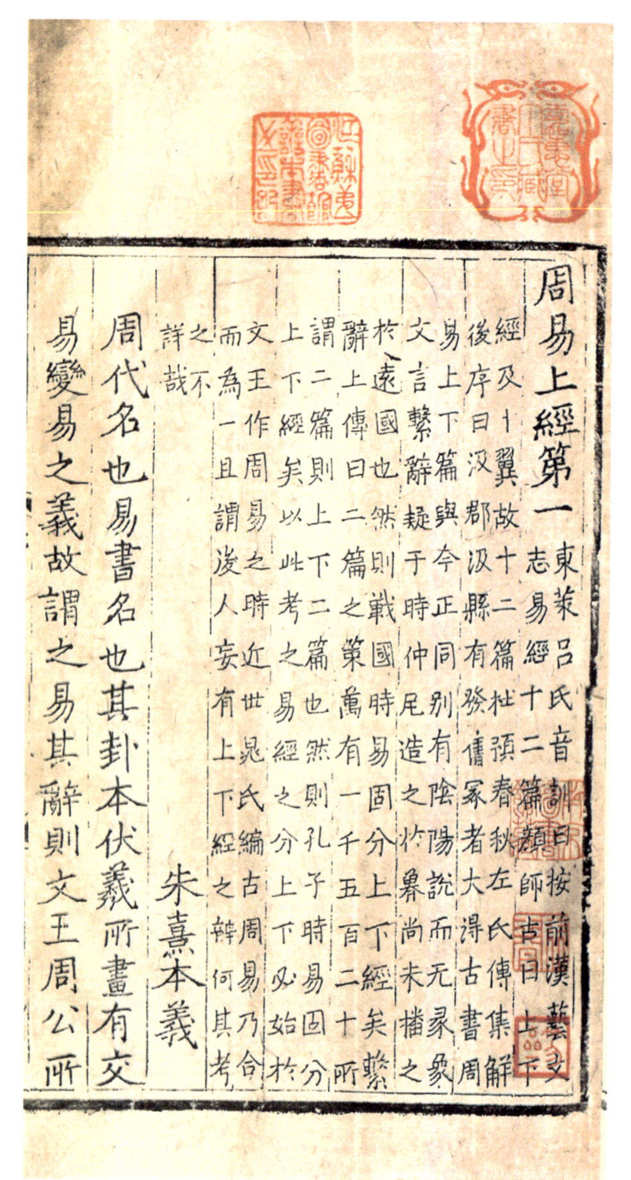
周易上經第一　東萊呂氏音訓曰按前漢藝文志易經十二篇顔師古曰上下經及十翼故十二篇杜預春秋左氏傳集解後序曰汲郡汲縣有發舊冢者大得古書周易上下篇與今正同別有陰陽說而无彖象文言繫辭疑于時仲尼造之於魯尚未播之於遠國也然則戰國時易固分上下經矣繫辭上傳曰二篇之策萬有一千五百二十所謂二篇則上下二篇也然則孔子時易固分上下經矣以此考之易經之分上下必始於文王作周易之時近世晁氏編古周易乃合而為一且謂後人妄有上下經之辨何其考之不詳哉

朱熹本義

周代名也易書名也其卦本伏羲所畫有交易變易之義故謂之易其辭則文王周公所

周易本义十二卷易图一卷五赞一卷

（宋）朱熹撰　明刻本　（清）朱彝尊　顾广誉　丁丙跋　八册　名录号及索书号 03216—112112

此书不著何人所刻与开雕年月，丁丙曰其为元刊本，顾广誉跋称“蒙意大较出明初人手”。

护叶有康熙丁亥（四十七年，1707）朱彝尊跋，又有同治三年（1864）顾广誉跋。此本原有丁丙跋，收入《善本书室藏书志》卷一，今已缺失。另有夹页，佚名过录陈鳣《宋咸淳本周易本义跋》。书中多处粘朱笔书校语浮签，未知何人所为。末有墨笔鲁元龙录《读书敏求记》一则。

钤有朱彝尊“小长芦”；鲁元龙“元龙”“鲁良父”；马玉堂“马玉堂”“汉唐斋”“笏斋”；丁丙“曾藏八千卷楼”“八千卷楼”及梁公约“公约过眼”印，此外钤有“香草山房藏本”等印。

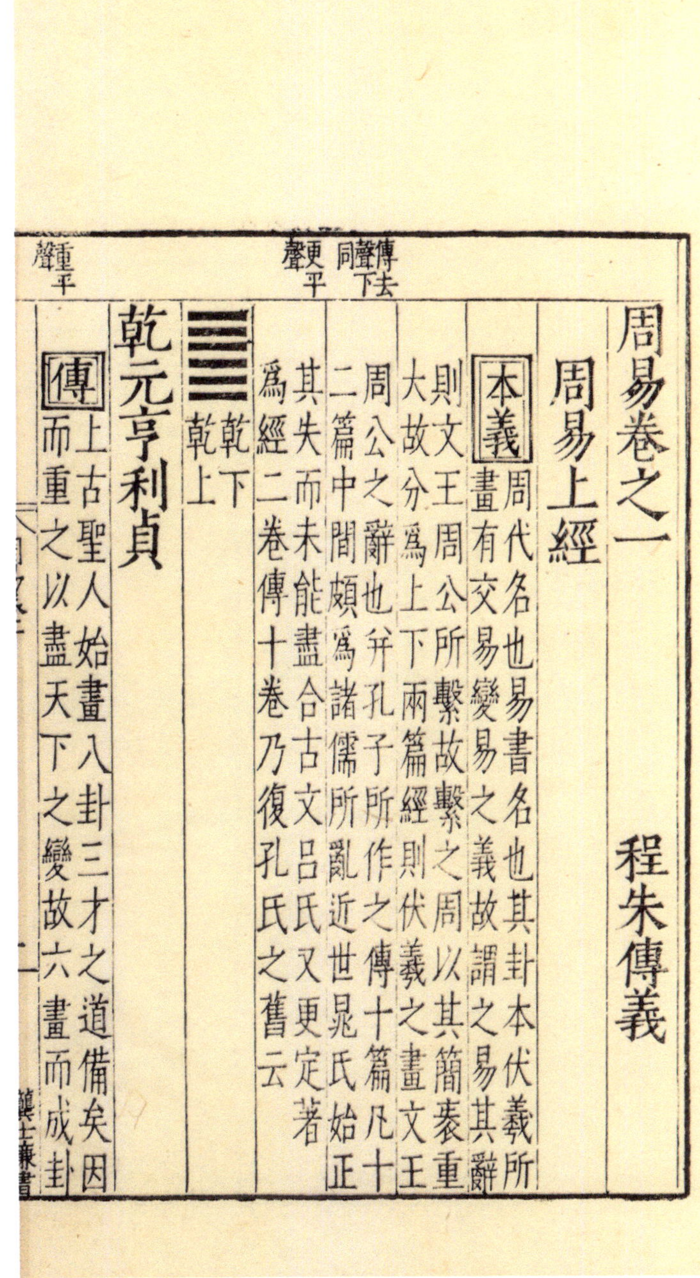
周易卷之一　　程朱傳義

周易上經

本義 周代名也易書名也其卦本伏羲所畫有交易變易之義故謂之易其辭則文王周公所繫故繫之周以其簡袠重大故分爲上下兩篇經則伏羲之畫文王周公之辭也并孔子所作之傳十篇凡十二篇中間頗爲諸儒所亂近世晁氏始正其失而未能盡合古文呂氏又更定著爲經二卷傳十卷乃復孔氏之舊云

䷀ 乾下乾上

乾元亨利貞

傳 上古聖人始畫八卦三才之道備矣因而重之以盡天下之變故六畫而成卦

周易程朱传义二十四卷

（宋）程颐　朱熹撰　**上下篇义一卷**　（宋）程颐撰　**朱子图说一卷五赞一卷筮仪一卷**　（宋）朱熹撰　明嘉靖吉澄刻本　六册　名录号及索书号 03222—114429

程颐（1033—1107），字正叔，世称“伊川先生”，洛阳伊川人。曾与其兄程颢同求学于周敦颐，为北宋理学的奠基人，并称“二程”。初召为秘书省校书郎，后擢为崇政殿说书等职，出勾管西京国子监。嘉定十三年（1220）赐谥“正”。有《易春秋传》《语录》

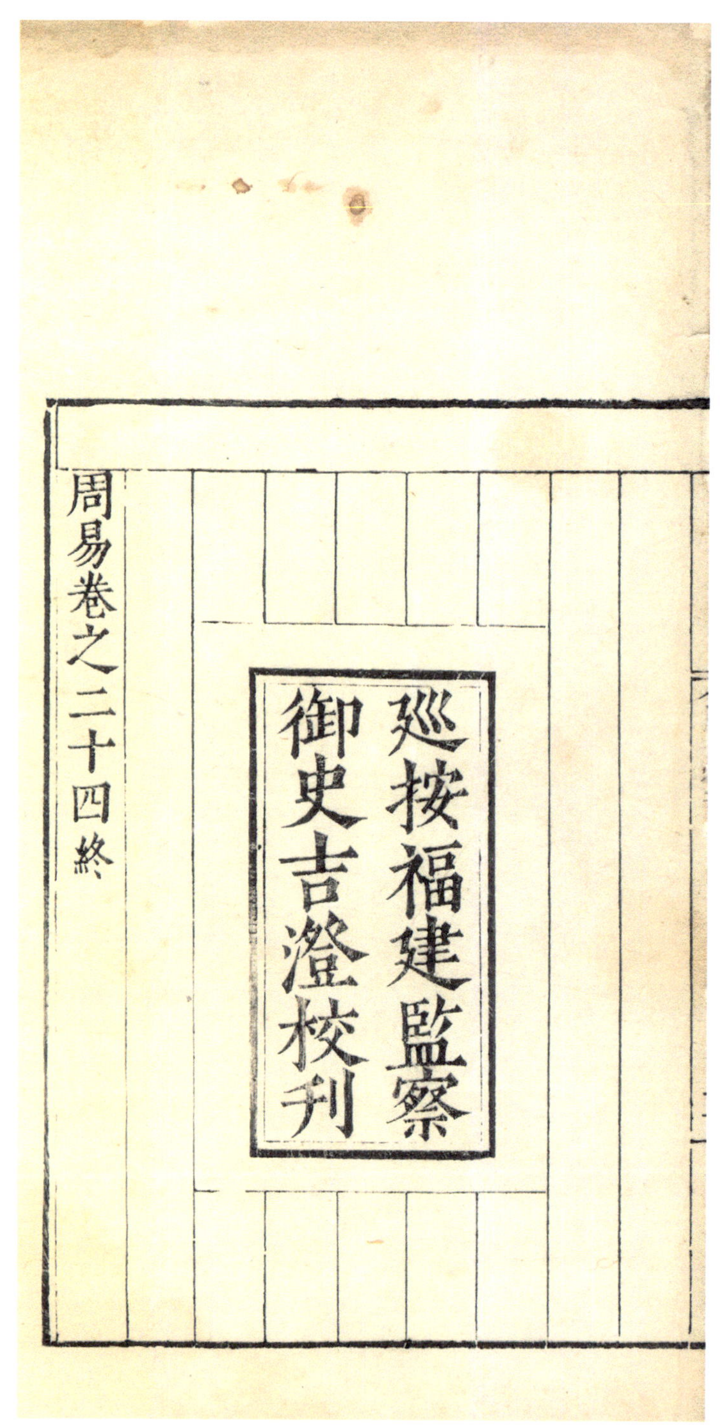

及《文集》等。

朱熹（1130—1200），字符晦，一字仲晦，号晦庵，晚号晦翁，祖籍徽州婺源（今属江西），生于南剑州尤溪（今福建三明），寓建州（今福建建瓯）。绍兴十八年进士。官至焕章阁待制，赠太师，追封徽国公。谥“文”。宋理学之集大成者，著有《诗集傳》《楚辞集注》《四书章句集注》等。

此本合程颐传与朱熹本义为一，原文后各以方围标“传”“本义”以别。每卷末有“巡按福建监察御史吉澄校刊”长方形牌记。

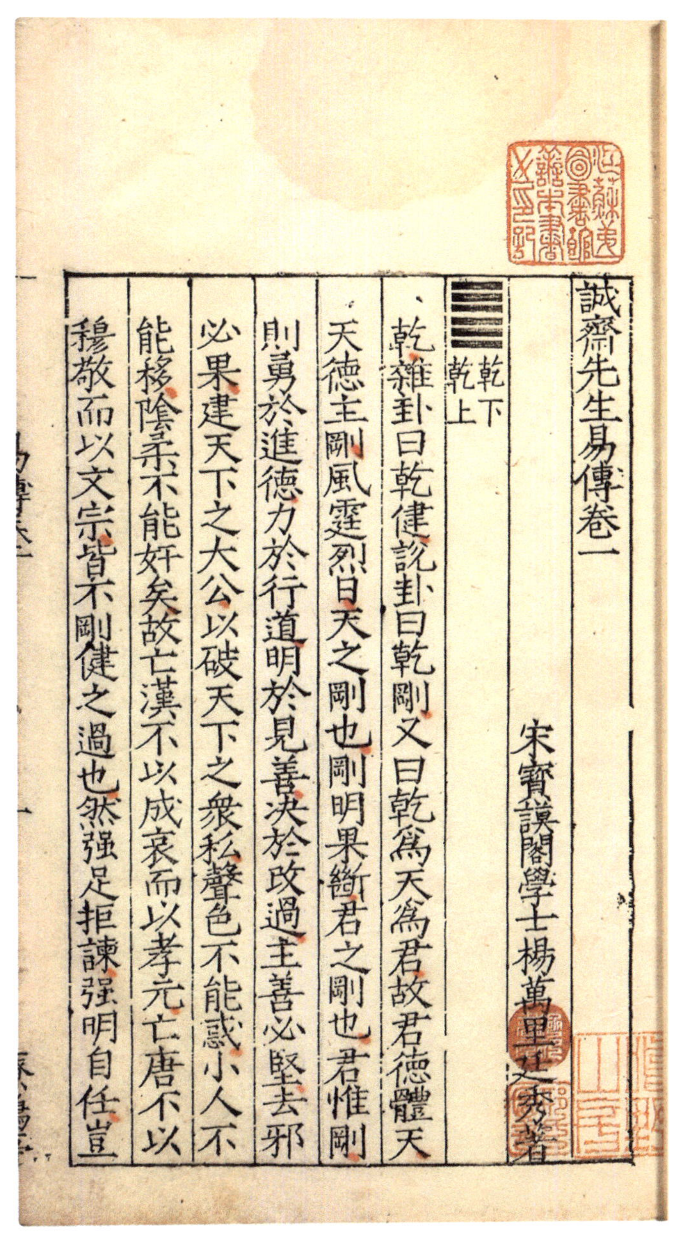
誠齋先生易傳卷一　　宋寶謨閣學士楊萬里廷秀著
☰乾下乾上
乾雜卦曰乾健說卦曰乾剛又曰乾爲天爲君故君德體天
天德主剛風霆烈日天之剛也剛明果斷君之剛也君惟剛
則勇於進德力於行道明於見善決於改過主善必堅去邪
必果建天下之大公以破天下之衆私聲色不能惑小人不
能移陰柔不能奸矣故亡漢不以成哀而以孝元亡唐不以
穆敬而以文宗皆不剛健之過也然強足拒諫強明自任豈

诚斋先生易传二十卷

（宋）杨万里撰　明嘉靖二十一年（1542）尹耕疗鹤亭刻本　（清）丁丙跋　十二册　名录号及索书号 03225—110012

杨万里（1127—1206），字廷秀，号诚斋，吉州吉水（今江西吉安）人。南宋绍兴二十四年（1154）进士，授赣州司户，调永州零陵丞，累官至学士。有《诚斋集》。

据书前宋臣僚请抄录《易传》状，又杨承议申送《易传》状，知杨氏撰此书"自淳熙戊申八月下笔，至嘉泰甲子四月脱稿，阅十有七年而后成书"。兹书大旨宗程颐《易》论，为引史证经解《易》之代表作。

此本为宋本之外较早刻本。前有嘉靖壬寅（二十一年）王崇庆《刻诚斋先生易传序》、同年尹耕《叙刻》等，版心下镌"疗鹤亭"三字。

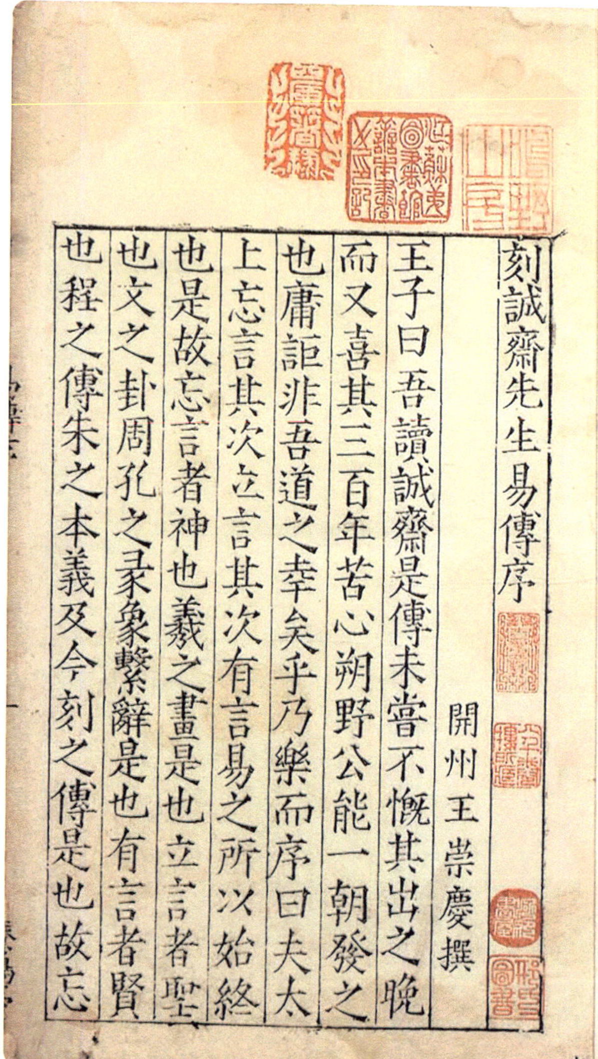

刻誠齋先生易傳序

開州王崇慶撰

王子曰吾讀誠齋是傳未嘗不慨其出之晚而又喜其三百年苦心朔野公能一朝發之也庸詎非吾道之幸矣乎乃樂而序曰夫太上忘言其次立言其次有言易之所以始終也是故忘言者神也羲之畫是也立言者聖也文之卦周孔之彖象繫辭是也有言者賢也程之傳朱之本義及今刻之傳是也故忘

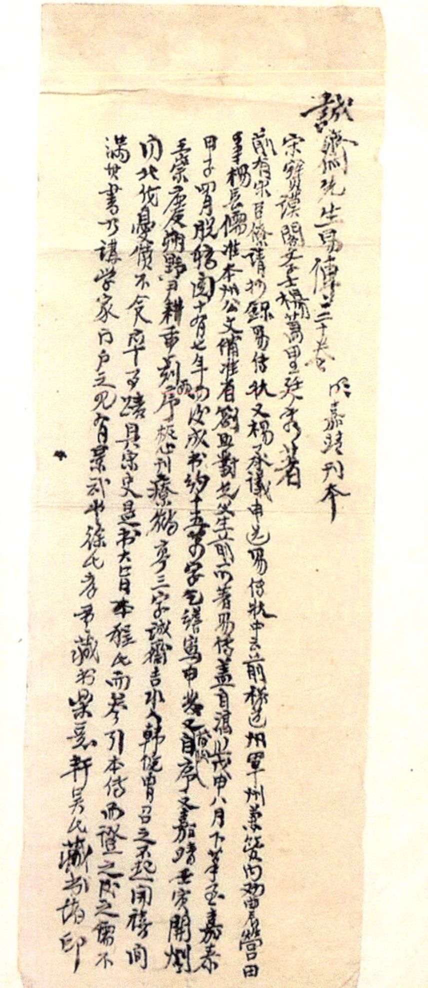

誠齋先生易傳二十卷 明嘉靖刊本

呂氏家塾讀詩記卷第一

綱領

論語詩三百一言以蔽之曰思無邪程氏曰思無邪誠也。謝氏曰君子之於詩非徒誦其言又將以考其情性非徒以考其情性又將以考先王之澤蓋灋度禮樂雖亡於此猶能併與其深微之意而傳之故其爲言率皆樂而不淫憂而不困怨而不怒哀而不愁如綠衣傷已之詩也其言不過曰我思古人俾無訧兮擊鼓怨上之詩也其言不過曰土國城漕我獨南行至軍旅數起大夫久役止曰自詒伊阻行役無期度思其危難以風焉不過曰苟無飢渴而已若夫言天下之事美盛德之形容固不待言而可知也其與憂愁思慮之作孰能優游不迫也孔子所

吕氏家塾读诗记三十二卷

（宋）吕祖谦撰　明嘉靖十年（1531）傅凤翱刻本　（清）丁丙跋　十二册　名录号及索书号 03260—110040

吕祖谦（1137—1181），字伯恭，婺州（今浙江金华）人。隆兴元年（1163）进士。后复中博学鸿词科。历官秘书郎、国史院编修、著作郎、直秘阁。著有《古周易》《大事记》等。生平详见《宋史》卷四三四《儒林传》。

书前有陆釴序称此书底本是从丰坊处获得的一部宋本，《善本书室藏书志》著录此书为“明嘉靖覆宋刻本”。也正因此，书商经常将陆氏的序去掉，将之冒充成宋本。清人见书中避宋讳，又不及见陆氏序，多有将这部书误认为宋本的，如《天禄琳琅书目后编》就著录为宋本。

其釋鴟鴞合金縢釋北山蒸民合孟子昊天成命合國語碩人清人黃鳥皇矣合左傳由庚諸篇合儀禮其可尊信視三家獨多故呂氏之言曰毛詩與經傳合最得其真朱子亦曰其從來也遠有傳據證驗不可廢者是故刻呂氏以存毛翼朱求合經以致同而已矣呂氏凡二十二卷乃公劉以後編纂未就其門人續成之玆又斯文之遺憾云

嘉靖辛卯孟冬既望古鄞陸釴撰

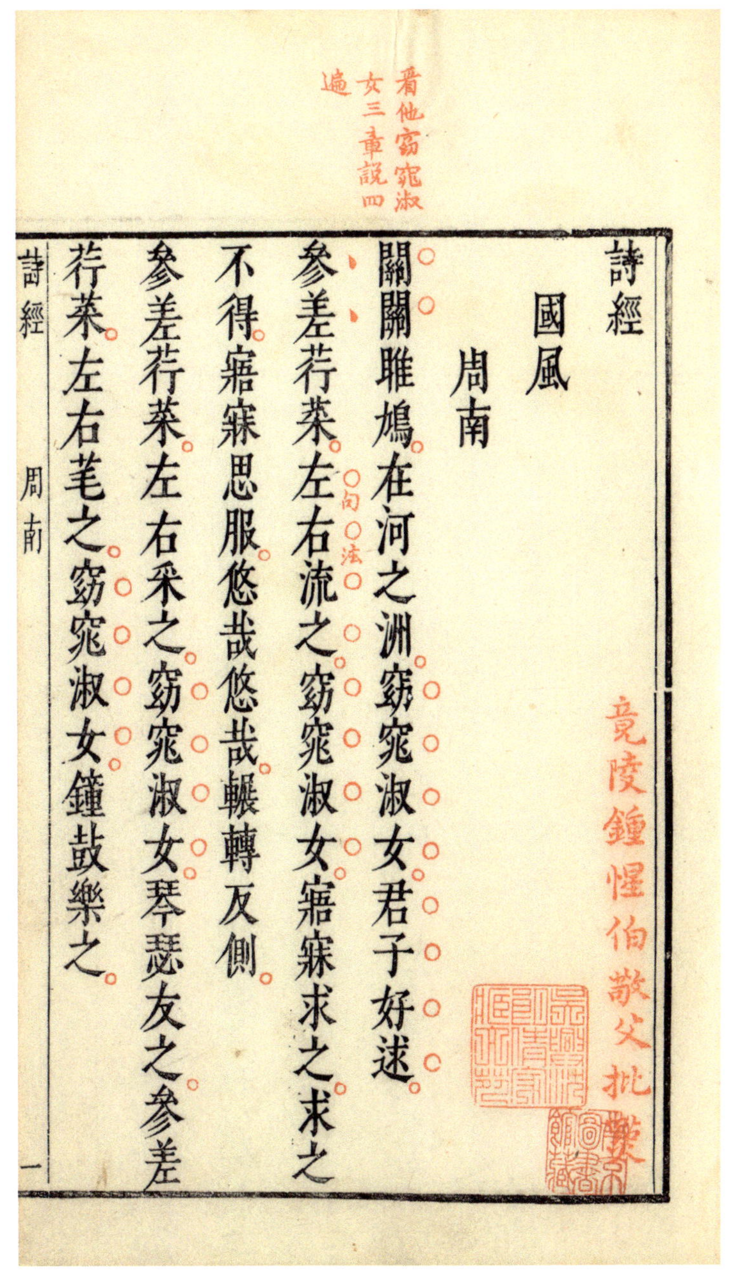
看他窈窕淑女三章說四遍

竟陵鍾惺伯敬父批點

詩經

國風

周南

關關雎鳩在河之洲窈窕淑女君子好逑

參差荇菜左右流之窈窕淑女寤寐求之（句法）

不得寤寐思服悠哉悠哉輾轉反側

參差荇菜左右采之窈窕淑女琴瑟友之參差

荇菜左右芼之窈窕淑女鐘鼓樂之

詩經　周南　一

诗经四卷

（明）钟惺批点　明凌杜若刻朱墨套印本　二册　名录号及索书号 03263—116544

钟惺（1574—1624），字伯敬、景伯，号退谷、止公居士，湖广竟陵（今湖北天门）人。万历三十八年（1610）进士。官至福建提学佥事。晚明竟陵派代表人物。好品诗，有《诗归》等多部评点著作。

全书分国风、小雅、大雅、颂四卷，前有凌濛初《钟伯敬批点诗经序》、凌杜若识语。是书为明代套印出版世家吴兴凌氏所刊，正文墨印匠体字，钟惺批点为朱印写刻字体，兼采眉批、夹批、圈批等形式。是书应当时评《诗》之风尚，镌版套印，朱墨灿然，醒目美观，殊足珍贵。

仲父初成自燕中歸示余以鍾伯敬先生所評
點詩經本受而卒業玩其微言精義皆于文字
外別闡玄機足為詞壇標示法門非僅僅有裨
經生家已也因壽諸梨棗以公之知詩者

吳興凌杜若識

習習谷風維山崔嵬無草不死無木不萎忘我大德思我小怨

按說通曰友本以患難相依安樂棄之而詩人若不忍直言猶以大德小怨分任其辜亦誠不以富亦祇以異之意也

谷風

蓼蓼者莪匪莪伊蒿哀哀父母生我劬勞

蓼蓼者莪匪莪伊蔚哀哀父母生我勞瘁

取譬工甚似亦古有此語

缾之罄矣維罍之恥鮮民之生不如死之久矣

無父何怙無母何恃出則銜恤入則靡至

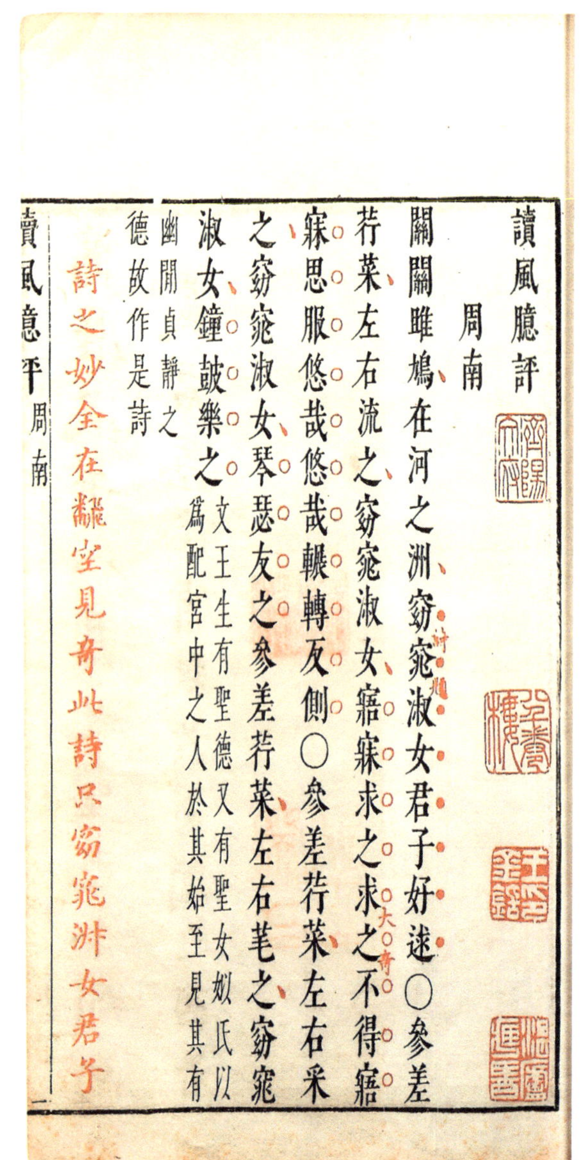
讀風臆評

周南

關關雎鳩在河之洲窈窕淑女君子好逑〇參差荇菜左右流之窈窕淑女寤寐求之求之不得寤寐思服悠哉悠哉輾轉反側〇參差荇菜左右采之窈窕淑女琴瑟友之參差荇菜左右芼之窈窕淑女鐘鼓樂之 文王生有聖德又有聖女姒氏以爲配宮中之人於其始至見其有幽閒貞靜之德故作是詩

詩之妙全在鑿空見奇此詩只窈窕淑女君子

讀風臆評 周南

读风臆评一卷

（明）戴君恩撰　明万历四十八年（1620）闵齐伋刻朱墨套印本　（清）丁丙跋　二册
名录号及索书号 03273—110046

戴君恩（1570—1636），字忠甫，号紫宸，别号兰江痴叟，澧州（今湖南澧县）人。万历四十一年（1613）进士，累官至右佥都御史，巡抚山西。

是书对《诗经》十五国风加以圈评。按周南、召南、邶、墉、卫、王、郑、齐、魏、唐、秦、陈、桧、曹、豳顺序排列，先列诗正文，又节录朱熹传于每篇之后，再以朱文套印戴氏评语，有圈点、批点，也有夹批、眉批、尾评。书尾缀闵齐伋撰《书戴忠甫读风臆评后》。又有《附空同诗选》跋文，乃其为刻《空同诗选》所撰，附存于此。

卷末有篆书“皇明万历庚申乌程闵齐伋遇五父校”。钤有“闵十二”“齐伋”“湛庐藏书”“王金铻印”“松露斋”等印。

二禮集解卷之一

錫山後學李黼著

周禮 周禮周公之所作也雖備載姬周一代天子六官之事其間吉凶軍賓嘉之禮亦在焉故謂之周禮

天官冢宰 立天官以象天冢長宰治也冢宰相天子統百官則司徒以下無非冢宰所統故六卿之有冢宰猶家婦之有冢婦也 惟王建國辨方正位體國經野設官分職以爲民極乃立天官冢宰使帥其屬而掌邦治以佐王均邦國 建立也國謂王畿辨方正位辨別四方之向而正祖社朝市之位體猶分也經猶畫也國謂郊門之內鄉遂之地野謂郊

二礼集解十二卷

（明）李黼撰　明嘉靖十六年（1537）常州府刻本　六册　名录号及索书号 03322—112533

是书前有明嘉靖七年李黼撰《二礼集解序》，称：“（《周礼》《仪礼》）二经自郑、贾注疏之后，皆为后儒之所淆乱……惟吴兴陈君复《周礼集说》、秦溪杨信斋《仪礼图》颇得其详，亦非成书。黼自蚤岁窃有志于是而未有所得，研精覃思，竭平生之力，粗知一二，敢于是书重加订正。凡《周礼》五官之全文、《考工记》之补亡、《仪礼》十七篇与夫记者之先后次第，复注疏之旧，合二经为一，总名之曰《二礼》。而所集之解更考注疏及求先儒议论，间有文义之未属者，窃以己意通之。仍从《周礼》陈氏《集说》，以官名各置本章之首；《仪礼》杨氏《图》以逐节各分逐章之后，庶是经无淆乱之病，学者无难读之患。”全

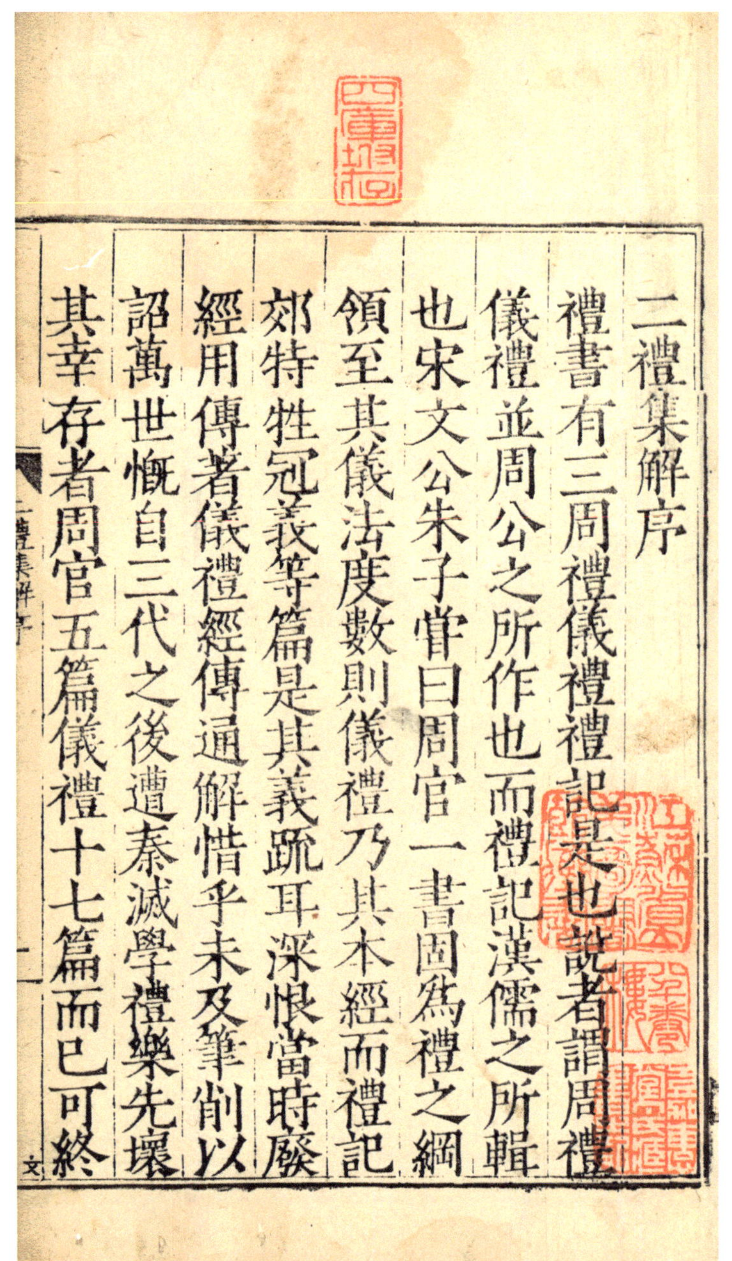

二禮集解序

禮書有三周禮儀禮禮記是也說者謂周禮儀禮並周公之所作也而禮記漢儒之所輯也宋文公朱子嘗曰周官一書固爲禮之綱領至其儀法度數則儀禮乃其本經而禮記郊特牲冠義等篇是其義疏耳深恨當時廢經用傳著儀禮經傳通解惜乎未及筆削以詔萬世慨自三代之後遭秦滅學禮樂先壞其幸存者周官五篇儀禮十七篇而已可終

书凡十二卷，卷一至六为《周礼集解》，卷七至十二为《仪礼集解》。每卷卷端首行顶格题书名、卷次，次行下题“锡山后学李黼著”。书末镌“嘉靖十六年常州府刊行”一条木记。《四库全书总目》：“是书以陈友仁《周礼集说》、杨复《仪礼图》为蓝本，故《周礼》以序官分冠各官之首，用陈氏例。《仪礼》逐节分注各章之后，用杨氏例。其说率循文笺释，罕所考证发明。”据王慎中《遵岩集》卷二十二“与郑海亭书”，王氏曾答应为《二礼集解》作序，今未见。

刻工：王迎之、王文、王兵、胡宗、何恩、丘江、王立、黎旭、王正、周仁、周二、王益、范楷、范相、陆敖、陆孜、王楠、夏晋、王智、宋彬、陈奎等。

钤有“八千卷楼”“嘉惠堂丁氏藏书之记”“四库附存”“八千卷楼藏书之记”等丁氏藏书印。

人拜送于廟門外乃反婦人乃徹徹室中之饌乃執俎以出即祝執也有司受歸之歸之於祝也徹室中之饌即改設于西北隅者有司饌之婦人徹之外内相兼禮殺也不使有司者下大夫之禮也

右俎出送賓徹饌

嘉靖十六年常州府刊行

二禮集解卷之十二

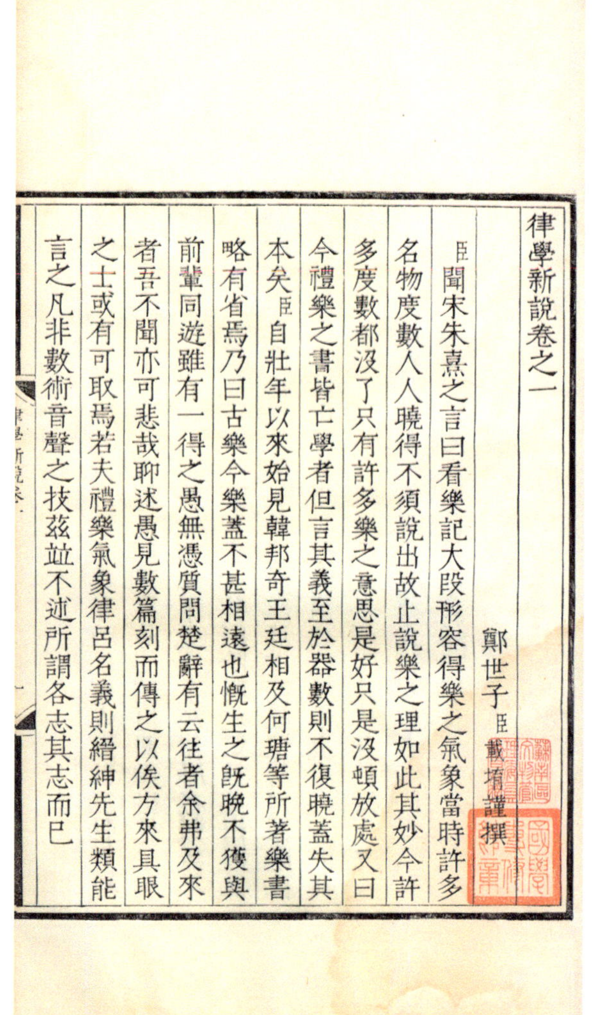
律學新說卷之一

鄭世子臣載堉謹撰

臣聞宋朱熹之言曰看樂記大段形容得樂之氣象當時許多名物度數人人曉得不須說出故止說樂之理如此其妙今許多度數都沒了只有許多樂之意思是好只是沒頓放處又曰今禮樂之書皆亡學者但言其義至於器數則不復曉蓋失其本矣臣自壯年以來始見韓邦奇王廷相及何瑭等所著樂書略有省焉乃曰古樂今樂蓋不甚相遠也慨生之既晚不獲與前輩同遊雖有一得之愚無憑質問楚辭有云往者余弗及來者吾不聞亦可悲哉聊述愚見數篇刻而傳之以俟方來具眼之士或有可取焉若夫禮樂氣象律呂名義則縉紳先生類能言之凡非數術音聲之技茲竝不述所謂各志其志而已

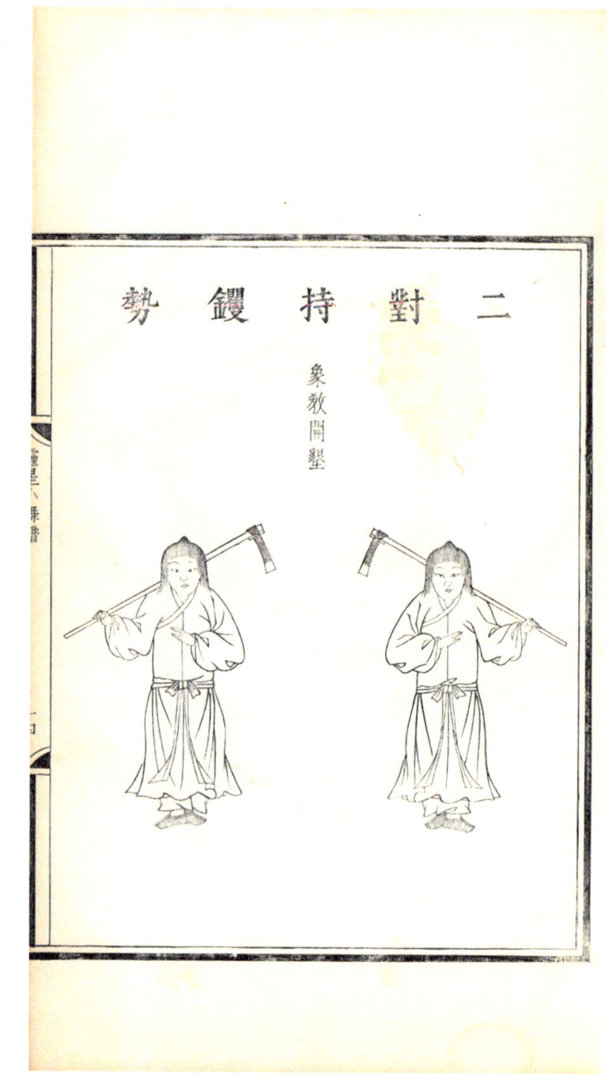

乐律全书三十九卷

（明）朱载堉撰　明万历郑藩刻本　十六册　名录号及索书号 03334—116752

朱载堉（1536—1611），字伯勤，号句曲山人、九峰山人，祖籍安徽凤阳，生于怀庆府河内县（今河南沁阳）。明太祖九世孙，郑藩第六代世子。谥号端清。

此书是一部乐、舞、律、历的百科专著。正文凡十三种三十九卷：律学新说四卷、乐学新说一卷、乐经古文一卷、算学新说一卷、律吕精义内篇十卷、律吕精义外篇十卷、操缦古乐谱一卷、旋宫合乐谱一卷、乡饮诗乐谱六卷、六代小舞谱一卷、小舞乡乐谱一卷、二佾缀

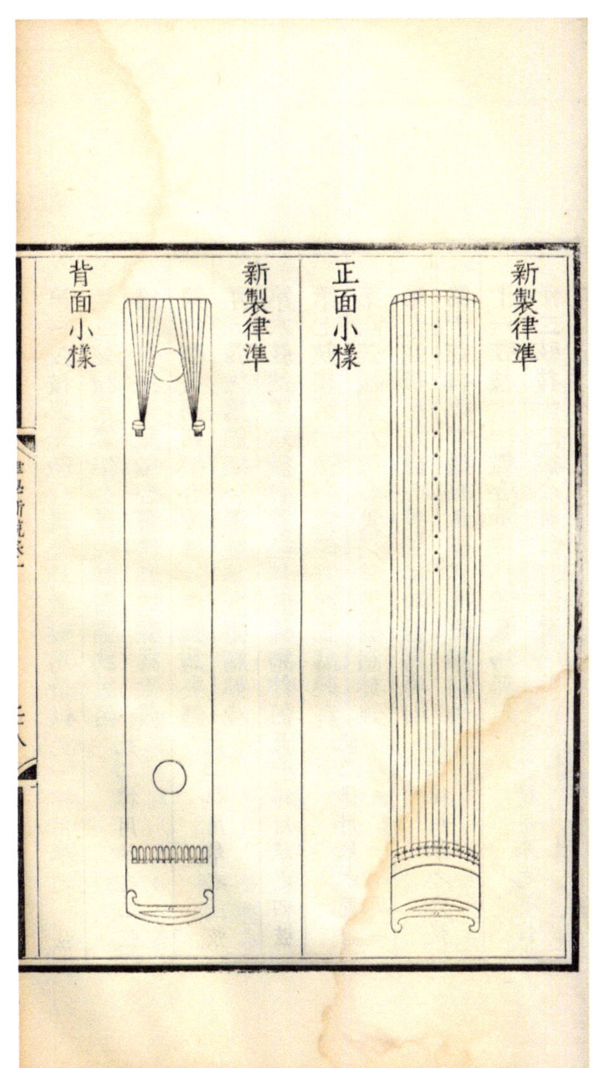

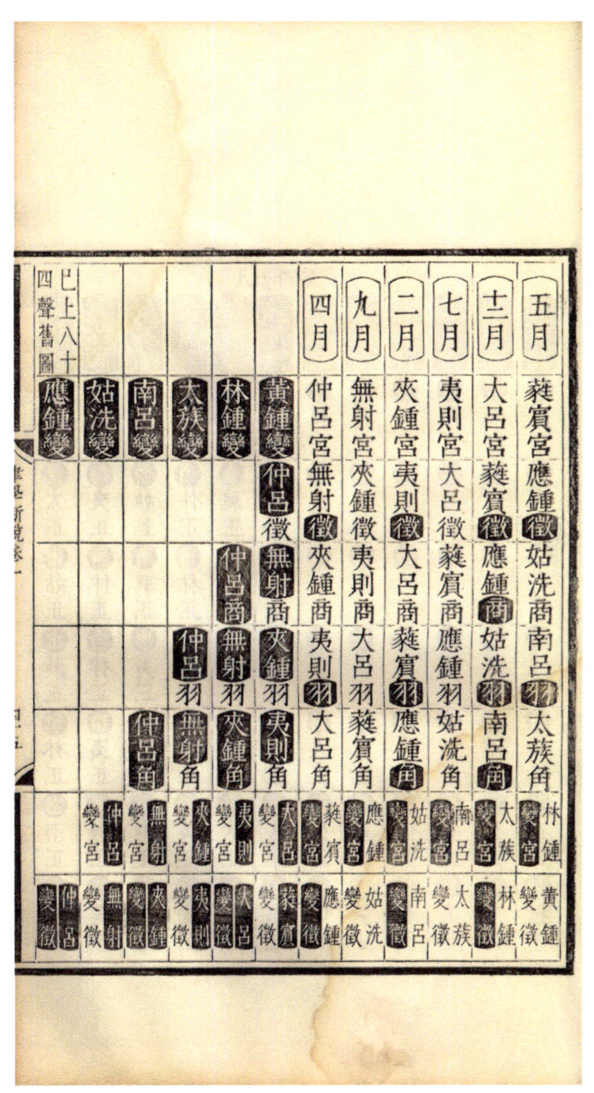

五月	十二月	七月	二月	九月	四月							已上八十四聲舊圖
蕤賓宮	大呂宮	夷則宮	夾鍾宮	無射宮	仲呂宮	黃鍾變	林鍾變	太蔟變	南呂變	姑洗變	應鍾變	
應鍾徵	蕤賓徵	大呂徵	夷則徵	夾鍾徵	無射徵	仲呂徵						
姑洗商	應鍾商	蕤賓商	大呂商	夷則商	夾鍾商	無射商	仲呂商					
南呂羽	姑洗羽	應鍾羽	蕤賓羽	大呂羽	夷則羽	夾鍾羽	無射羽	仲呂羽				
太蔟角	南呂角	姑洗角	應鍾角	蕤賓角	大呂角	夷則角	夾鍾角	無射角	仲呂角			
林鍾變宮	太蔟變宮	南呂變宮	姑洗變宮	應鍾變宮	蕤賓變宮	大呂變宮	夷則變宮	夾鍾變宮	無射變宮	仲呂變宮		
黃鍾變徵	林鍾變徵	太蔟變徵	南呂變徵	姑洗變徵	應鍾變徵	蕤賓變徵	大呂變徵	夷則變徵	夾鍾變徵	無射變徵	仲呂變徵	

兆图一卷、灵星小舞谱一卷。

是书为朱载堉毕生精力之所聚，其中以《律吕精义》内外篇各十卷最为重要，是世界音乐史上最早用等比级数音律系统阐明十二平均律的科学著作，解决了我国律学史上“黄钟还原”的理论难题。其次《律学新说》揭示了十二平均律。其他各书也多精论，书中收载的大量乐谱、舞谱，是根据史书典籍的记载，又结合明代的舞蹈实践，通过古今印证、详细考证后创制的，对研究明代音乐及古代乐学有重要参考价值，得到历代学者的重视。朱载堉出身皇族，被誉为明代的“科学和艺术巨星”，这部《乐律全书》就是他的代表性著作，反映了他在历学、算学、音乐、舞蹈等多种学科上取得的卓越成就。

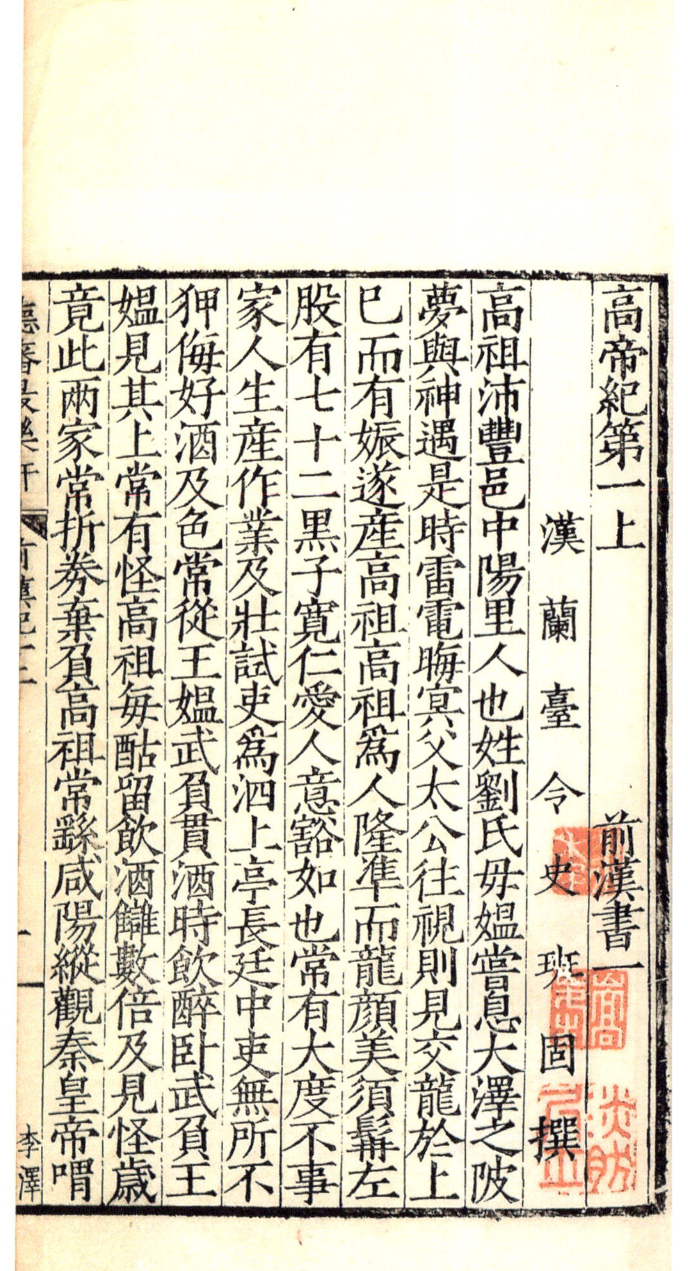
高帝紀第一上　　前漢書一
漢　蘭　臺　令　史　班　固　撰
高祖沛豐邑中陽里人也姓劉氏母媪嘗息大澤之陂
夢與神遇是時雷電晦冥父太公往視則見交龍於上
已而有娠遂產高祖高祖為人隆準而龍顔美須髯左
股有七十二黑子寬仁愛人意豁如也常有大度不事
家人生產作業及壯試吏為泗上亭長廷中吏無所不
狎侮好酒及色常從王媪武負貰酒時飲醉臥武負王
媪見其上常有怪高祖每酤留飲酒讎數倍及見怪歲
竟此兩家常折券棄負高祖常繇咸陽縱觀秦皇帝喟
德藩最樂軒　前漢紀一上　一　李澤

前汉书一百卷

（汉）班固撰　明德藩最乐轩刻本　三十八册　名录号及索书号 03523—117786

班固（32—92），字孟坚，扶风安陵（今陕西咸阳）人。东汉著名史学家、文学家。太学生。官兰台令史，迁郎，典校秘书。和帝永元初，从窦宪攻匈奴，任中护军。后因窦宪在权力争斗中失败，受牵连，死于狱中。有《两都赋》《答宾戏》《幽通赋》等。

是书为班固奉汉明帝之命，续撰父班彪《史记后传》而成，记载了汉初至王莽新朝二百余年间的史事，为我国首部纪传体断代史。永元四年（92）班固死，《前汉书》未竟，其妹班昭及马续奉和帝命完成八表及天文志，全书始竣。

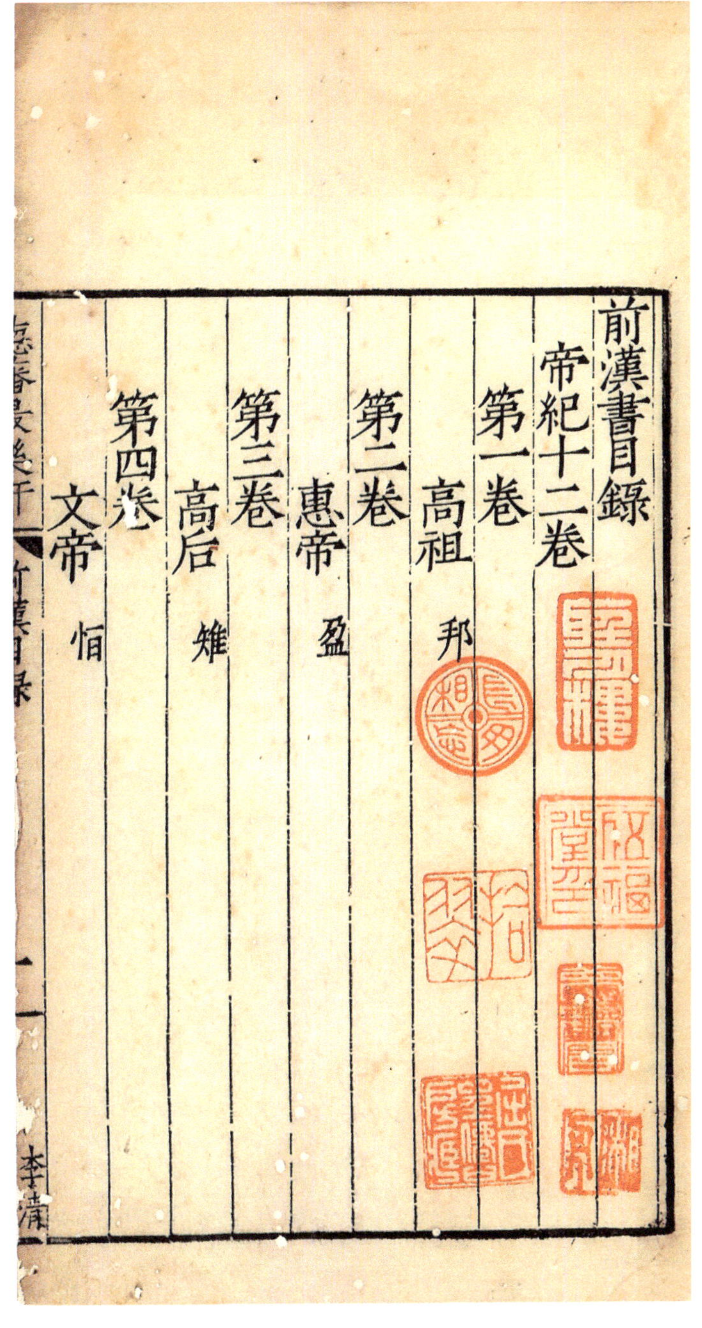
前漢書目錄
帝紀十二卷
第一卷　高祖　邦
第二卷　惠帝　盈
第三卷　高后　雉
第四卷　文帝　恒

《汉书》行文典雅，古奥难读，历代传抄多有讹误。唐初学者颜师古曾汇集前人注述，纠谬补缺，为之作注。此明德藩最乐轩刻本，为无注本。叶德辉《郎园读书志》云此本与明南监本、汪文盛本、汲古阁本及清乾隆武英殿刻本相较，“文字颇有异同”，其版本或另有所自。最乐轩为明德恭王朱载堉室名。德藩始封于明英宗朱祁镇次子见潾，天顺元年（1457）封德王，初就藩德州，后改济南。卒谥庄。嘉靖十八年（1539）载堉嗣位，为第三代德王。万历二年（1574）卒，谥恭。最乐轩另刻有《绍明太子文集》《儒门事亲》《云庄乐府》等。

此本钤朱白文方印“湘舟”“嵩峰”、白文方印“屈氏望仙山房藏”、朱文方印“拾翠”、白文长印“听月楼”等。

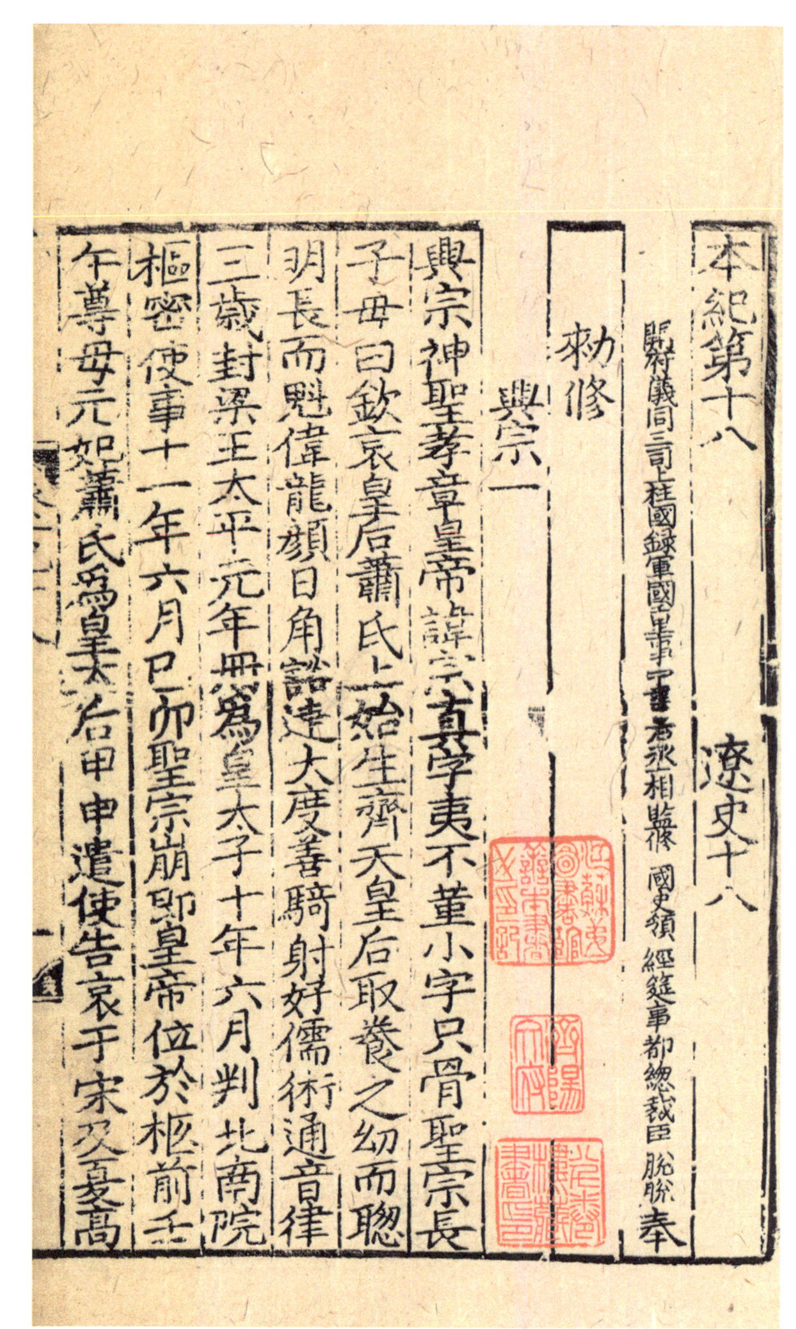

本紀第十八　遼史十八

開府儀同三司上柱國錄軍國重事中書右丞相監修國史領經筵事都總裁臣脫脫奉

勑修

興宗一

興宗神聖孝章皇帝諱宗真字夷不堇小字只骨聖宗長子母曰欽哀皇后蕭氏上始生齊天皇后取養之幼而聰明長而魁偉龍顏日角豁達大度善騎射好儒術通音律三歲封梁王太平元年冊爲皇太子十年六月判北南院樞密使事十一年六月己卯聖宗崩即皇帝位於柩前壬午尊母元妃蕭氏爲皇太后甲申遣使告哀于宋及夏高

辽史一百十六卷

（元）脱脱等撰　明初刻递修本　二十七册　名录号及索书号 03576—112138

脱脱（1314—1355），亦作托克托，字大用，蒙古人。官至御史大夫、中书右丞相。在位期间，改革旧政，复科举、开马禁、减盐额，史称“脱脱更化”。至正间主持修撰辽、金、元三史，起用贾鲁治理黄河，推行变钞法，时人誉为“贤相”。

元中统二年（1261）和至元元年（1264），都曾议修辽、金二史。南宋亡后，又议修辽、金、宋三史。由于“义例”未定，三朝孰为正统之争不休，以至“六十余年，岁月因循”。直到至正三年（1343），脱脱任三史都总裁，确立了辽、金、宋“三国各与正统，各系其年

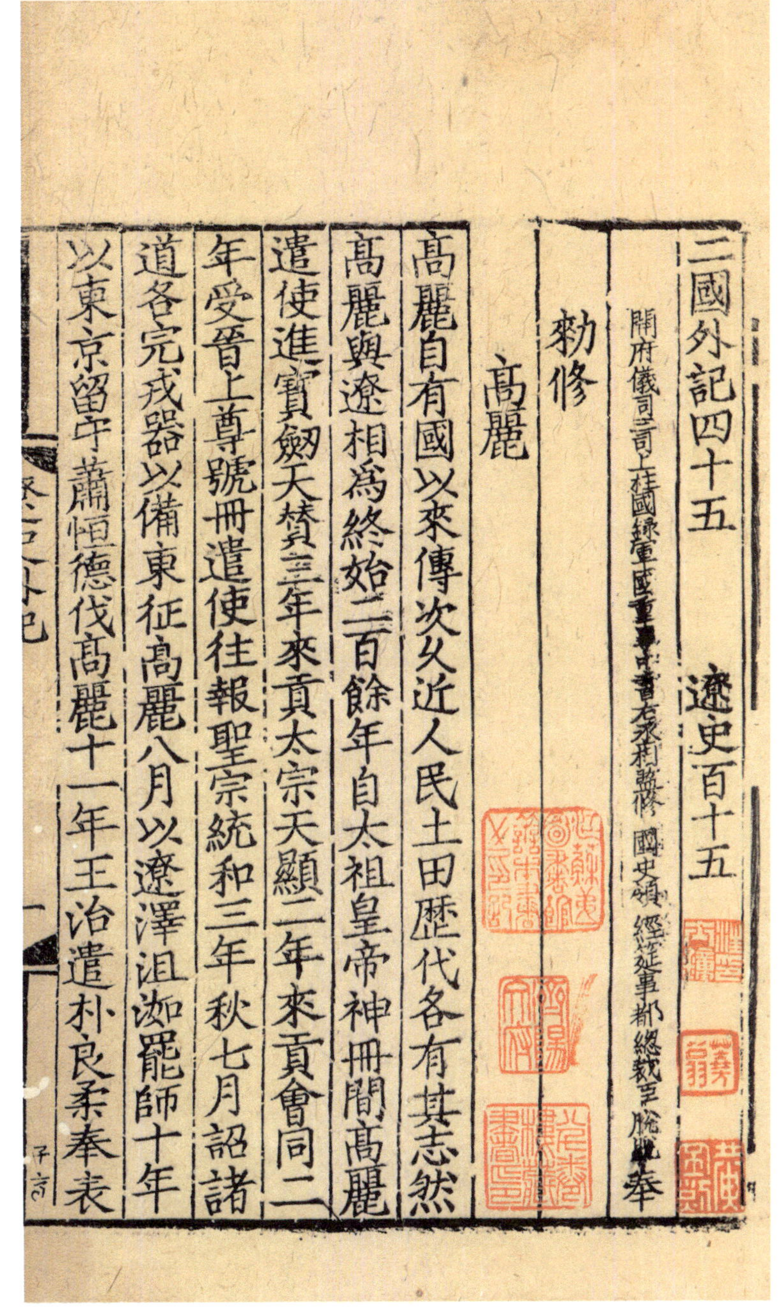
三國外記四十五　　遼史百十五

開府儀同三司上柱國錄軍國重事中書右丞相監修國史領經筵事都總裁臣脫脫奉

勑修

高麗

高麗自有國以來傳次久近人民土田歷代各有其志然高麗與遼相爲終始二百餘年自太祖皇帝神冊間高麗遣使進寶劍天贊三年來貢太宗天顯二年來貢會同二年受晉上尊號冊遣使往報聖宗統和三年秋七月詔諸道各完戎器以備東征高麗八月以遼澤沮洳罷師十年以東京留守蕭恒德伐高麗十一年王治遣朴良柔奉表

号”的原则，并由廉惠山海牙、王沂、徐昺、陈绎曾四人负责分撰，修史工作得以开展。此外，还有畏兀儿、哈剌鲁、唐兀、钦察等众多少数民族史学家参与，这种情况在二十四史中是仅见的。

正文一百十六卷，卷一至卷三十本纪，卷三十一至卷六十二志，卷六十三至卷七十表，卷七十一至卷一百十四列传，卷一百十五二国外记，卷一百十六国语解。

南京图书馆藏，存九十九卷（十八至一百十六），线装，二十七册。卷十八首叶钤“八千卷楼藏书印”朱文方印、“济阳文府”朱文竖长方印，卷一百十五首叶钤“黄丕烈”白文方印、“荛翁”朱文方印、“汪士钟印”白文方印。

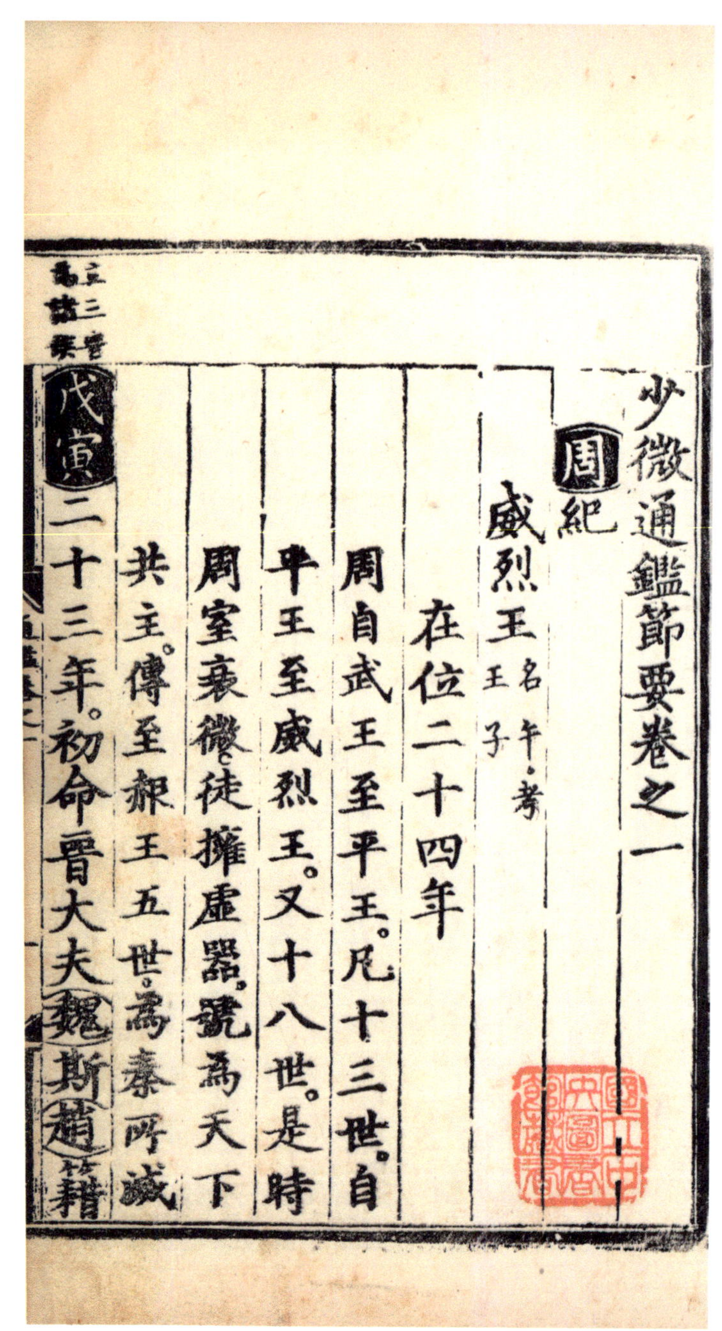
少微通鑑節要卷之一
周紀
威烈王名午考王子
在位二十四年
周自武王至平王。凡十三世。自
平王至威烈王。又十八世。是時
周室衰微。徒擁虛器。號爲天下
共主。傳至赧王五世。爲秦所滅
戊寅二十三年。初命晉大夫魏斯趙籍

少微通鉴节要五十卷外纪四卷

（宋）江贽撰　明正德九年（1514）司礼监刻本　三十六册　名录号及索书号 03603—117131

江贽（1045—1117），字叔圭，号少微先生，建州崇安（今福建武夷山）人。初举八行，游上庠，与龚深之以学《易》著名。后隐居，征召不赴。徽宗政和中举遗逸，三聘不起，赐号少微先生。

框高 22.7 厘米，宽 16.1 厘米，分两栏，上栏小字，每行三字，下栏半叶九行，每行十五字，小字双行同。上下黑口，四周双边，双对黑鱼尾，版心中间镌“通鉴”、卷次、叶次。

楊綰請罷明經進士

帥河北。自為黨援。朝廷亦厭苦兵革。苟冀無事。因而授之（出懷恩傳）○六月。禮部侍郎楊綰上疏。以為古之選士。必取行實近世專事文辭。自隋煬帝始置進士科。猶試策而已。至高宗時。考功員外郎劉思立始奏進士加雜文。明經加帖括。從此積弊轉而成俗。朝之公卿以此待士。家之長老以此訓子。其明經則誦帖括以求僥倖。又舉人皆令投牒自應。如此

正文前有《少微通鉴节要目录》，正文五十卷，卷一周纪，卷二周纪、列国纪、后秦纪，卷三后秦纪，卷四至卷二十五汉纪，卷二十六至卷三十晋纪，卷三十一宋纪、齐纪，卷三十二梁纪，卷三十三陈纪，卷三十四隋纪，卷三十五至卷四十八唐纪，卷四十九五代纪、后梁纪、后唐纪、后晋纪，卷五十后汉纪、后周纪。外纪四卷，前有《历代帝王传授总图》，卷一三皇纪、五帝纪，卷二夏纪，卷三商纪，卷四周纪。

据《天禄琳琅书目》卷八“少微通鉴节要”条：此书前有明武宗序，称“偶检少微通鉴，悦之。详不至泛，略不至疏，一开卷间，首尾俱见……第岁久字画模糊，因命司礼监重刻之”云云，今此书前未见序文。

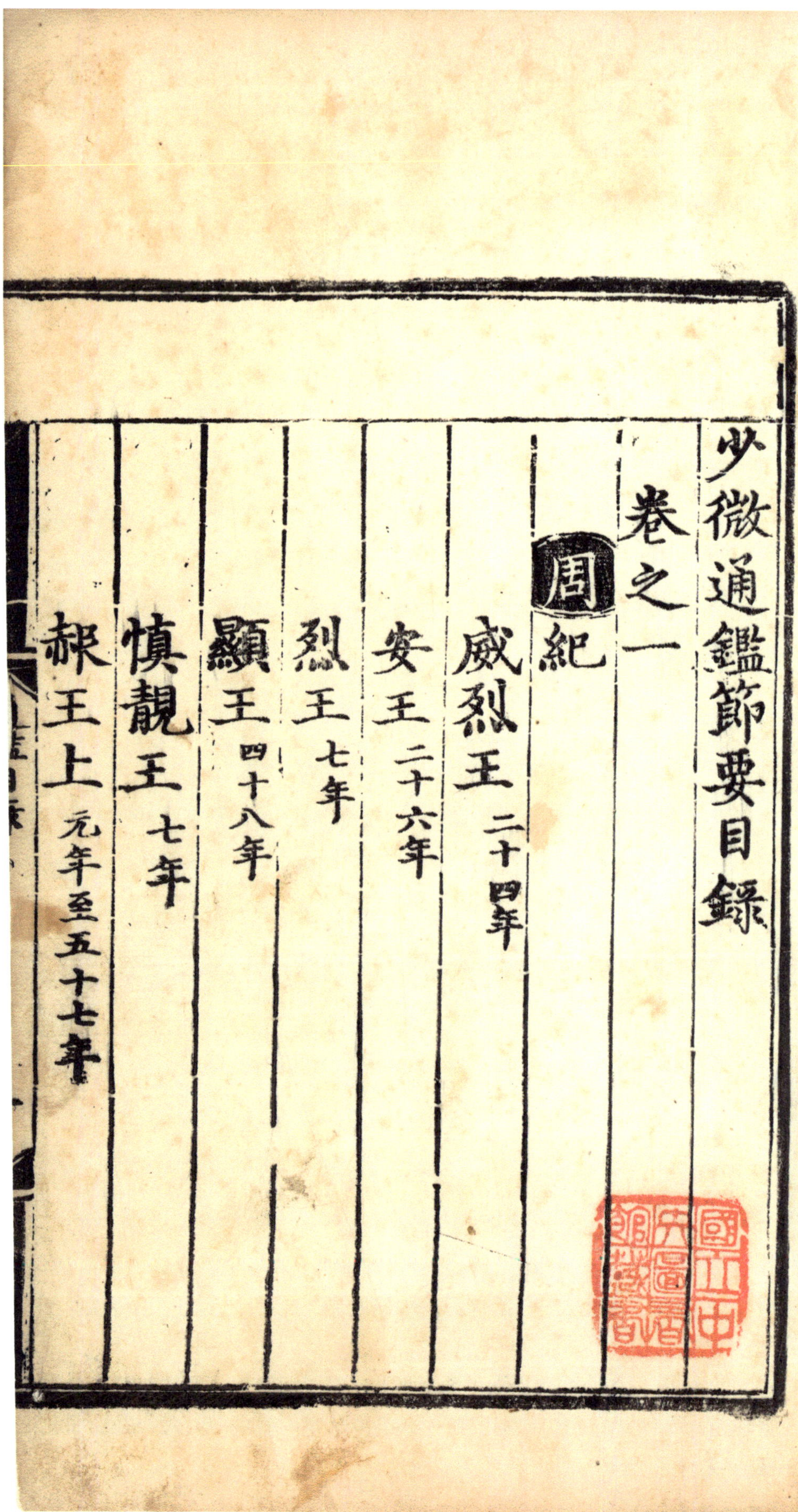

少微通鑑節要目錄

卷之一

周紀

威烈王 二十四年

安王 二十六年

烈王 七年

顯王 四十八年

慎靚王 七年

赧王上 元年至五十七年

資治通鑑綱目集覽卷第一

周威烈王二十三年繁纓小物也而孔子惜之左傳成二年衛孫桓子與齊師戰衛將敗新築大夫仲叔于奚救桓子是以免既衛賞之以邑辭請繁纓以朝許之仲尼聞之曰惜也惟器與名不可以假人注繁纓馬飾皆諸侯之服也器謂車服名謂爵號繁步干反字與樊通禮巾車樊纓注樊讀如鞶帶之鞶今馬大帶也纓當胷以削革爲之

六卿春秋晉有智氏趙氏韓氏魏氏范氏中行氏號六卿後晉君失政六卿專權貞定王十一年智趙韓魏共滅范中行而分其地十六年趙韓魏又共滅智氏而分其地安王二十六年三家共廢晉君而分其地

三家即趙韓魏也號爲三晉正誤三家指晉大夫孟孫叔孫季孫之家趙韓魏已在六卿中不應複舉

晉陽地理

资治通鉴纲目集览五十九卷

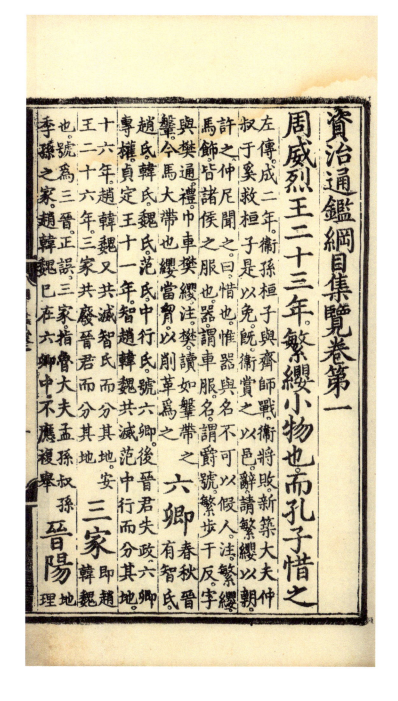

（元）王幼学撰　（明）陈济正误　明内府刻本　六册　名录号及索书号 03652—112551

王幼学（1275—1368），字行卿，别号慈湖，安徽望江人。幼遭战乱，被蒙古军掠至河南，为陈氏养子。博学经史，精通程朱之学，元初返乡，讲学于慈湖书院，世称“慈湖先生”。

陈济（1364—1424），字伯载，江苏武进人。少读书，过目成诵，精通百家之说，以布衣召修《永乐大典》，为都总裁。著有《书传通证》《元史举要》等。

宋朱熹与门人据《资治通鉴》《通鉴目录》《通鉴举要》《通鉴举要补遗》四书撰成《通鉴纲目》，凡五十九卷，先大字简叙总括提要，即为“纲”，再以分注逐条详述细节，是为

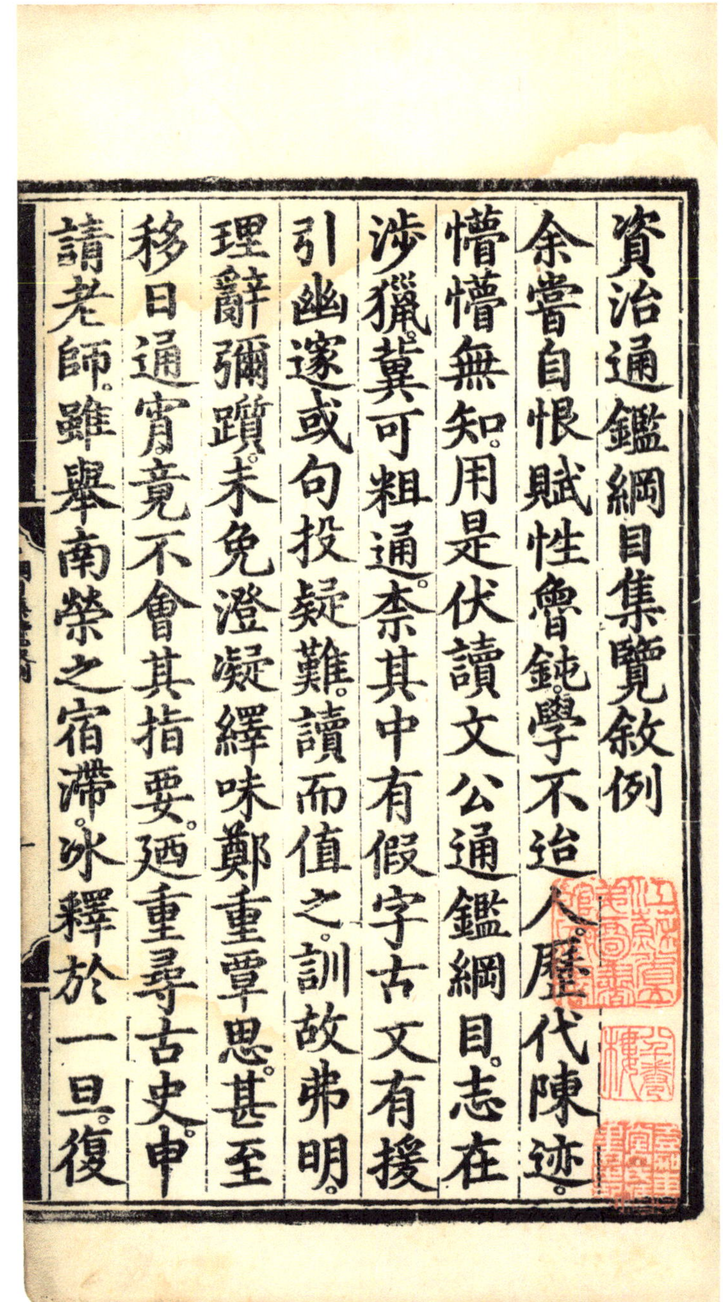
資治通鑑綱目集覽敘例

余嘗自恨賦性魯鈍學不迨人歷代陳迹懵懵無知。用是伏讀文公通鑑綱目。志在涉獵。冀可粗通。柰其中有假字古文有援引幽邃。或句投疑難。讀而值之。訓故弗明。理辭彌蹟。未免澄凝繹味。鄭重覃思。甚至移日通宵。竟不會其指要。廼重尋古史。申請老師。雖舉南榮之宿滯。冰釋於一旦。復

“目”，首创纲目体史书体裁。王氏读朱子之书，苦其援引幽深，句读难辨，于是遍览群书，广采众说，对《纲目》之幽邃疑难之字、词、文、句读等加以考证，汇拟成稿，因其荟蕞丛集，便于检阅，故名集览。正文以帝王年号作标记，所引原书文字一律大书，传释文字采用小字分注，明陈济又因陈氏之书尚有谬误，又加考补修正四百余条。

明代内府刻本，即明代皇家刻书，其上承五代、两宋国子监刻书和元代兴文署刻书，下启清代内府（武英殿）刻书，是中国古代官府刻书的典型代表，也是古籍版本领域极为重要的版本类型之一。因皇家强大人力、物力支撑，明内府所刻之书，无论从用纸、装帧、版式、行款等方面，质量均属上乘，具有“版式宽大，行格疏朗，字大如钱，多做赵体，醒目悦神”等特点。

資治通鑑綱目集覽卷第四

漢景帝元年。張歐史記。張叔者。名歐。正義曰。歐。於友反。索隱曰。烏後反。漢書注。歐音驅有此異耳治刑名家索隱曰。劉向別錄云。申子之學號曰刑名者。循名以責實。其尊君卑臣。崇上抑下。合於六經也。正義曰。刑。刑家也。名家在太史公自有傳。言治刑法及名實也二年。二十始傳注見漢王劉邦二年老弱未傳廟堧垣韋昭曰。堧。而緣反。宮外餘地也。正義曰。廟外垣內游地也。游亦餘也。師古曰。堧者。外垣之內。內垣之外夜入宮自歸為句。漢書作入宮上謁自歸。上。師古曰。歸首於天子也嘉請為句。請。奏也宂官漢書注。散官也。韻會注。官中之宂食人也。徐氏曰。無定所執也雨雹注見晉穆帝永和五年三年。膏腴師古

西汉年纪三十卷

（宋）王益之撰　清乾隆翰林院抄本［四库底本］　（清）邵晋涵校　十册　名录号及索书号 03771—115387

王益之，字行甫，婺州金华（今浙江金华）人。淳熙进士。官大理司直。熟于两汉史事。有《汉官总录》（已佚）、《职源撮要》等。

是书为编年体史书，叙述西汉高祖至平帝间史事，凡三十卷。撰述所据除《史记》《汉书》《汉纪》外，兼采《楚汉春秋》《说苑》诸书，考订精审，较《资治通鉴》更为详密。

是书原本已佚，此为清乾隆间纂修《四库全书》时，辑抄自《永乐大典》，即四库底本，由四库馆臣邵晋涵校笔。邵晋涵（1743—1796），字与桐，号二云，又号南江，余姚（今浙江宁波）人。乾隆三十六年（1771）进士。通经史，尤长于史学，为浙东学派大家。官至翰林院侍讲学士。乾隆三十八年（1773）入四库馆，任纂修兼分校官，主持校勘《永乐大典》及《四库全书总目》史部提要之撰写，史部提要多出自其手。著有《南都事略》《尔雅正义》《輶轩日记》等。

此本钤邵晋涵朱文方印“观书石室”、白文方印“臣晋涵印”等。

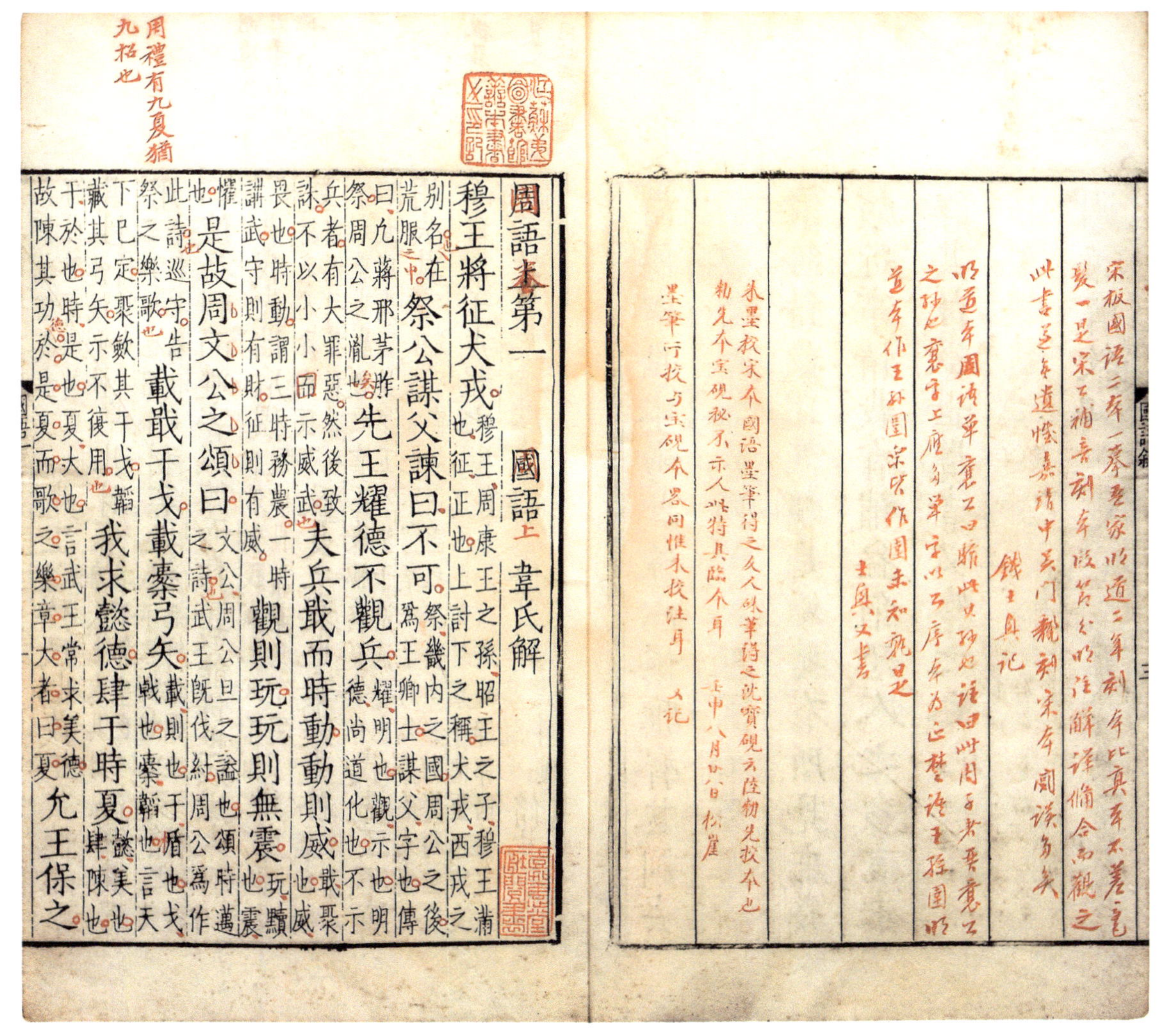

国语二十一卷

（三国吴）韦昭注　明嘉靖七年（1528）金李泽远堂刻本（卷七至十四配清嘉庆黄氏读未见书斋刻本）　（清）惠栋校并跋　（清）钱士真跋并录钱曾跋　（清）丁丙跋　四册　名录号及索书号 03794—110219

韦昭（约 204—273），字弘嗣，吴郡云阳（今江苏丹阳）人。好学善属文。曾任太史令，撰《吴书》，后任中书郎、博士祭酒，奉诏校定群书。《国语》韦氏注为现存最早保留的较为完整的《国语》古注。

正文二十一卷，包括《周语》三卷、《鲁语》二卷、《齐语》一卷、《晋语》九卷、《郑语》一卷、《楚语》二卷、《吴语》一卷、《越语》二卷。

此本流传有序，递藏有家，集有名家批校题跋及诸多钤印。清惠栋朱笔校并跋于书上。惠栋（1697—1758），字定宇，号松崖，学者称为小红豆先生，吴县（今江苏苏州）人。究心经学，尤精考据，为吴派经学代表人物。又有清钱士真朱笔跋并录钱曾跋。书前有清丁丙墨笔跋两则。

钤有清黄丕烈“荛圃”“士礼居”及丁丙“嘉惠堂丁氏藏”“八千卷楼”等藏书印。

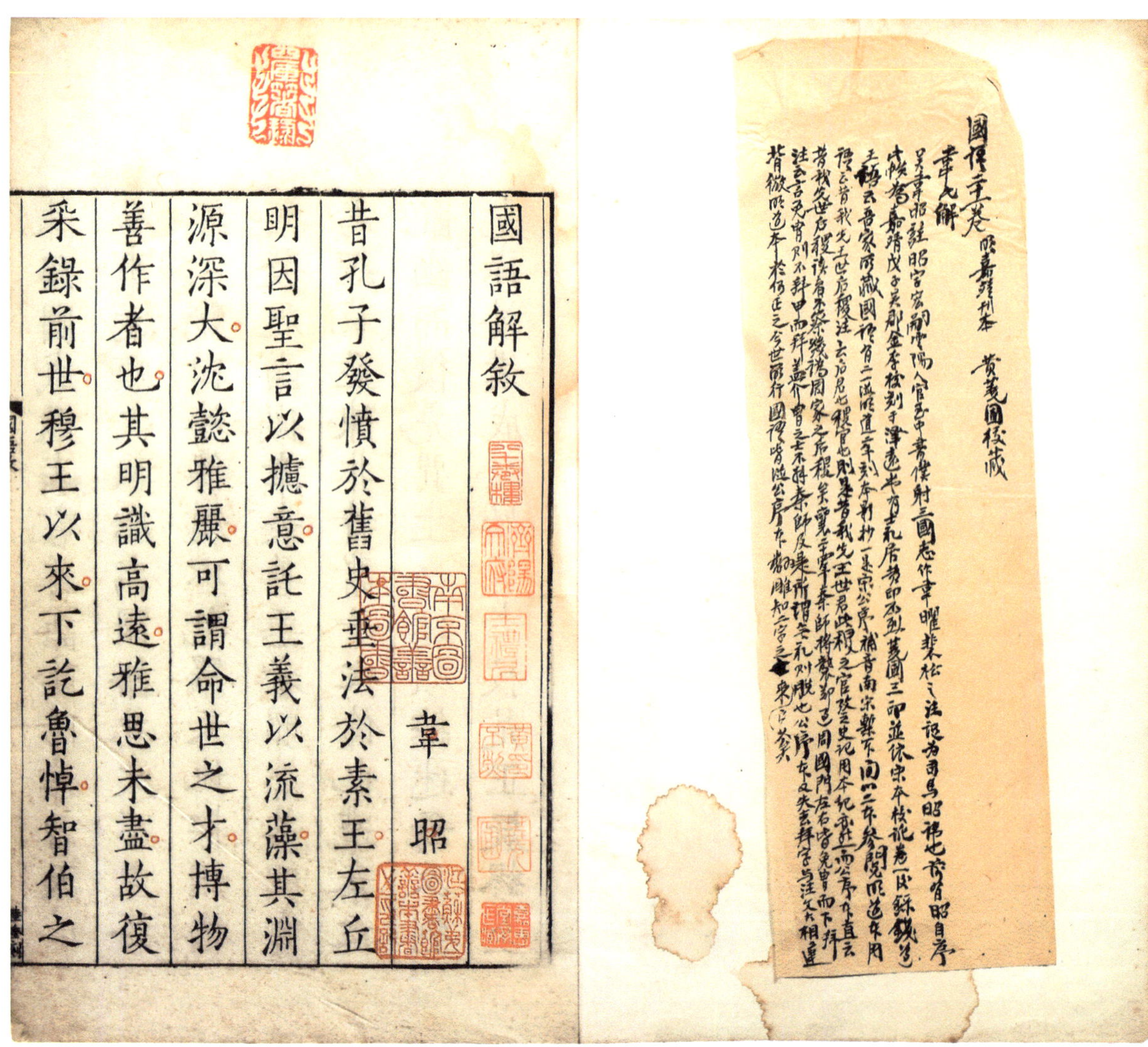
國語解敘

韋昭

昔孔子發憤於舊史垂法於素王左丘明因聖言以攄意託王義以流藻其淵源深大沈懿雅麗可謂命世之才博物善作者也其明識高遠雅思未盡故復采錄前世穆王以來下訖魯悼智伯之

國語卷第七

晉語一　　武公　　韋氏解

武公伐翼殺哀侯武公曲沃桓叔之孫嚴伯之子武公稱也翼晉國都也哀侯晉昭侯之孫鄂侯之子哀侯光也初昭侯分國以封叔父桓叔爲曲沃伯沃盛彊昭侯微弱後六年晉潘父弒昭侯而納桓叔不克晉人立昭侯之子孝侯於翼更爲翼侯後十五年桓叔之子嚴伯伐翼殺孝侯翼人立其弟鄂侯鄂侯生哀侯魯桓三年曲沃武公伐翼殺哀侯後竟滅翼侯之後而兼之魯莊公十六年王使虢公命武公以一軍爲晉侯遂爲晉祖考

止欒共子曰苟無死欒共子晉哀侯大夫共叔成也初桓叔爲曲沃伯共子之父欒賓傅之故止共子使無死也吾以子見天子令子爲上卿制晉國之政上卿執政命於天子者也辭曰成聞之民生於三事之如一三君父師也如一服勤至死也父生之師教之君食之食謂祿也非父不生非食不長非教不知生之族也族類也故壹事之壹事之事之如一也唯其所在則致死焉在君父爲君父在師爲師也報生以死報賜以力人之道也賜惠也以力謂家臣也臣敢以私利廢人之道私利謂不死爲上卿也

鮑氏國策西周卷第一
縉雲鮑　彪校注
西周漢志河南洛陽穀城平陰偃師鞏緱氏皆周地也
安王威烈王子此類並以事見紀表世家新出
嚴氏爲賊嚴仲殺韓相傀列侯三年書殺俠累是也殺人不以道曰賊於此爲五年而陽
竪與焉鴻烈人間訓注竪小使也韓策名竪道周出亡過周周君留之十
四日載以乘車駟馬而遣之乘四馬也一車駕四馬所謂駟馬車韓
使人讓周讓譙責也然則此時周之令已不行於諸侯矣周君患之客謂
周君正語之曰使以留之之情告之寡人孤寡不穀王侯之稱知嚴氏
之爲賊而陽竪與之故留之中四日以待命也待韓
之命小國不足衍字亦以容賊君之使又不至是以遣

鲍氏国策十卷

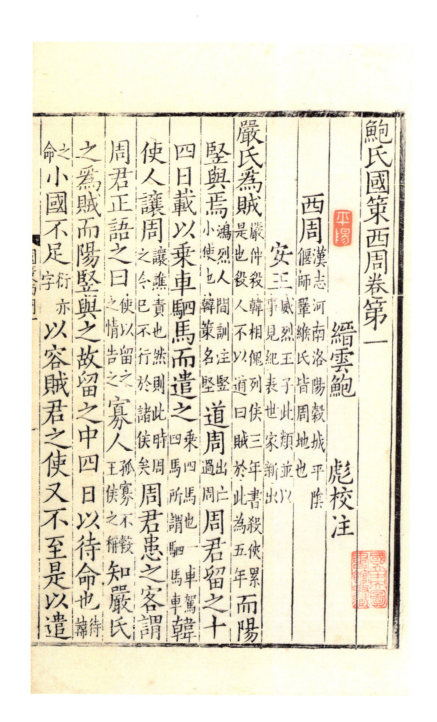

（宋）鲍彪校注　明嘉靖七年（1528）龚雷影宋刻本　八册　名录号及索书号 03811—114474

鲍彪（约 1090—1157 后），字文虎，号潜翁，又号知命居士，缙云（今浙江丽水）人。建炎二年（1128）进士，授文林郎秀州判官。任严州、郴州、潮州教授。绍兴二十五年（1155）以左宣教郎任太常博士。绍兴二十七年（1157）朝廷举行大祭祀，鲍彪因选用祭品不合法度，遭御史弹劾。

是书前有宋绍兴十七年鲍彪撰《战国策序》，又有宋曾巩序及汉刘向序。全书十卷：卷

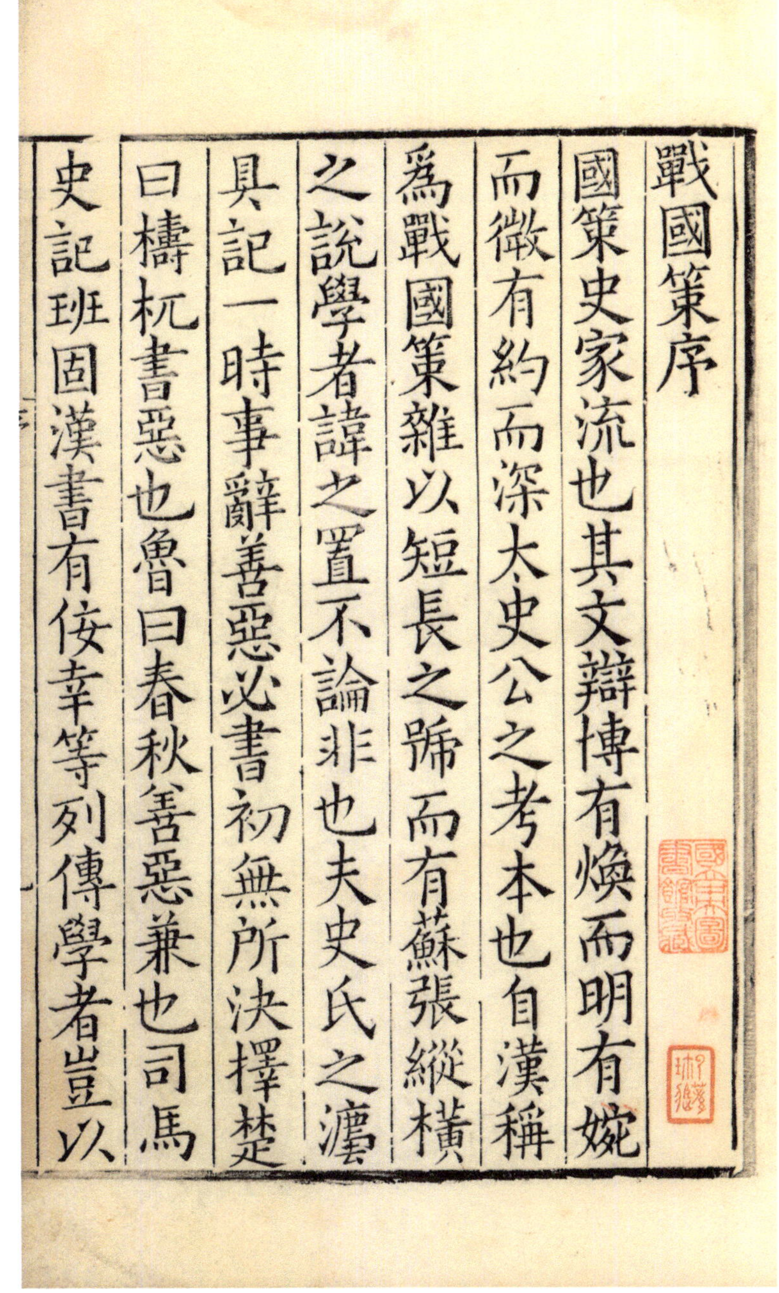

戰國策序
國策史家流也其文辯博有煥而明有婉
而微有約而深太史公之考本也自漢稱
爲戰國策雜以短長之號而有蘇張縱橫
之說學者諱之置不論非也夫史氏之灋
具記一時事辭善惡必書初無所決擇楚
曰檮杌書惡也魯曰春秋善惡兼也司馬
史記班固漢書有佞幸等列傳學者豈以

一西周十九章，卷二东周二十六章，卷三秦六十七章，卷四齐五十九章，卷五楚五十六章，卷六赵六十三章，卷七魏八十九章，卷八韩六十章，卷九燕三十一章，卷十宋六章、卫九章、中山九章。卷端首行上题“鲍氏国策西周（东周、秦、齐）卷第X”，次行下题“缙云鲍彪校注”。卷末有绍兴二十年鲍彪识语、《李文叔书战国策后》及《王觉题战国策》。书末有“嘉靖戊子后学吴门龚雷校刊”木记，下有“民威”墨色图记。

龚雷，字民威，一作明威，明嘉靖年间长洲人。曾任汉川县知县。另刻印过《陶渊明集》《杜律五七言》。此书为龚氏影南宋绍熙刻本而成。影宋是指以宋版书为底本，逐叶覆纸，将其一丝不苟地描摹或双勾下来，再用摹好的书叶逐一上版镌雕，刷印。

钤有“云荪珍藏”“平阳”“国立中央图书馆收藏”等藏书印。

利言之合從連衡變詐百出然自春秋之後以迄于秦二百餘年興亡成敗之迹粗見於是矣雖非義理之所存而辨麗橫肆亦文辭之最學者所不宜廢也會有求予本以開板者因以授之使廣其傳庶幾證前本之失云清源王覺題

嘉靖戊子后學吳門龔雷校刊

周之無王久矣此東西周君耳非周王也周王久已寄食于東西周矣

戰國策第一

西周

考王封弟揭於河南，是爲河南桓公，實西周之始。時則東有王，西有公，而東西之名猶未立也。桓公生威公，威公生惠公，惠公別封少子班於鞏，以奉王，號東周，沒亦謚惠。時則西有公，東亦有公，二公雖各有所食，而周尚爲一。至顯王二年，趙、韓分周爲二，二周公治之，於是王直寄焉而已矣。鮑氏攷之不確，即以西周爲王，故此係以安王、赧王，而東周係以惠公。彼西周桓、威、惠、武等公著在史冊，獨不見乎？安王實居東周，可係之西周乎？

安王

嚴氏爲賊，而陽豎與焉。道周，周君留之十四日，載

戰國策 西周 一

战国策十二卷

（明）闵齐伋裁注　**元本目录一卷**　明万历四十八年（1620）闵齐伋刻三色套印本　八册

名录号及索书号 03818—117799

闵齐伋（1580—1662），字及武，号寓五，乌程（今浙江湖州）人。明诸生。明末著名刻书家，与凌濛初齐名，为套版印刷史上最重要的代表人物。

此书首为汉刘向所撰《战国策序》，序后缀万历庚申四十八年（1620）闵齐伋识语。次接目录。正文凡十二卷，于天头处印三色批注，正文中有三色圈、点、注。卷十末有闵齐伋万历己未四十七年（1619）识语。后有《元本目录》一卷，录收三十三卷四百八十六章之元本目录。

钤有闵氏“齐伋”“闵十二”“闵”“齐”“伋”等印。

態狀絶妙

陡出奇

陸深曰善射不然之辭

支左屈右亦妙

鉤元作拘拘有鉤音古或通

濃處全在弓撥矢鉤四字

前喻已盡此處不無太衍

武安杜郵之禍蓋基之於善息

戰國策

善射去柳葉者百步而射之百發百中左右皆曰善有一人過曰善射可教射也矣養由基曰人皆善子乃曰可教射子何不代我射之也客曰我不能教子支左屈右夫射柳葉者百發百中而不以善息少焉氣力倦弓撥矢鉤一發不中前功盡矣今公破韓魏殺犀武而北攻趙取藺離石祁者公也公之功甚多今公又以秦兵出塞過兩周踐韓而以攻梁一攻而不得前功盡滅公不若稱病不出也

只此四句同

尊韓作曽劉辰翁謂地猶弟皆失攷

不黜無霸王王之道四却翻作量秦三跂

韓作棄甲負弩

秦戰最雄莫如長平之勝秦之最悔莫如不乘勝取趙以致後來王陵王齕之敗故於此痛切言之可令秦王髮竪此最其善揣摩處

須天下徧隨而伏霸王之名可成也而謀臣不爲引軍而退與趙氏爲和以大王之明秦兵之强霸王之業地尊不可得乃取欺於亡國是謀臣之拙也且夫趙當亡不亡秦當霸不霸天下固量秦之（覆說趙事愈有精神）謀臣一矣乃復悉以攻邯鄲不能拔也棄甲兵怒（文手趙事中更作三跂波瀾疊疊）戰慄而却天下固量秦力二矣軍乃引退并於李下大王又并軍而致與戰非能厚勝之也又交罷（○文○緊○甚○似○只○收○末○暎○向○）却天下固量秦力三矣內者量吾謀臣外者極吾兵力由是觀之臣以天下之從豈其難矣內者吾（○前○四○跂○俱○收○妙○手○）

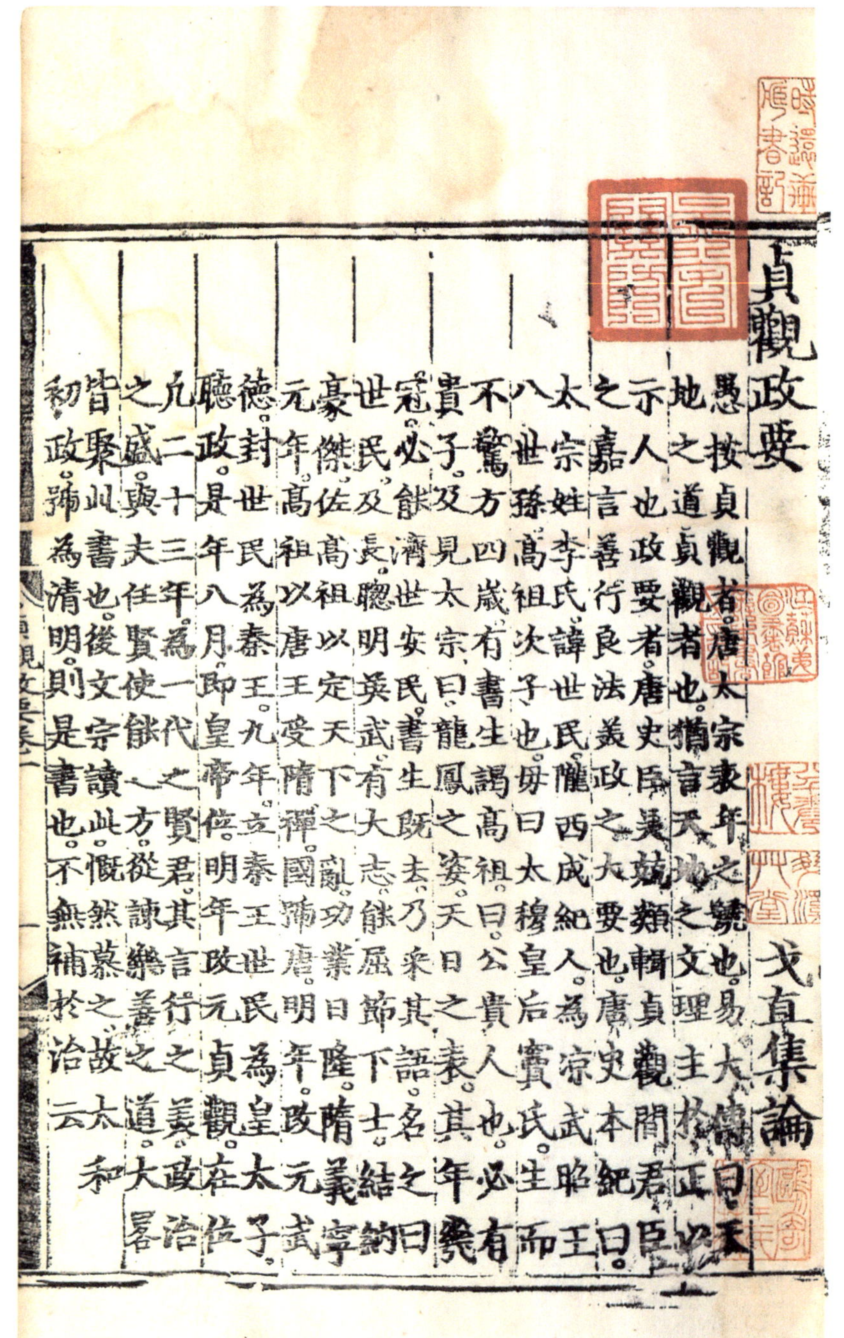

貞觀政要　戈直集論

愚按貞觀者唐太宗表年之號也易大傳曰天地之道貞觀者也猶言天地之文理主於正以示人也政要者唐史臣吳兢類輯貞觀間君臣之嘉言善行良法美政之大要也唐史本紀曰太宗姓李氏諱世民隴西成紀人為宗武昭王八世孫高祖次子也母曰太穆皇后竇氏生而不驚方四歲有書生謁高祖曰公貴人也必有貴子及見太宗曰龍鳳之姿天日之表其年幾冠必能濟世安民書生既去乃采其語名之曰世民及長聰明英武有大志能屈節下士結納豪傑佐高祖以定天下之亂功業日隆隋義寧元年高祖以唐王受隋禪國號唐明年改元武德封世民為秦王九年立秦王世民為皇太子聽政是年八月即皇帝位明年改元貞觀在位凡二十三年為一代之賢君其言行之美政治之盛與夫任賢使能之方從諫樂善之道大畧皆聚此書也後文宗讀此慨然慕之故太和初政號為清明則是書也不無補於治云

贞观政要十卷

（唐）吴兢撰　（元）戈直集论　明成化十二年（1476）崇府刻本　十册　名录号及索书号 03840—110224

吴兢（670—749），汴州浚仪（今河南开封）人。少勤学，通经史。武周时入史馆，编修国史。中宗时任右补阙、起居郎、水部郎中，玄宗时官谏议大夫，兼修文馆学士等职。其修史秉笔直书、叙事简核，有“良史”之称。

戈直，字以敬，更字敬伯，临川（今江西抚州）人。元儒士。

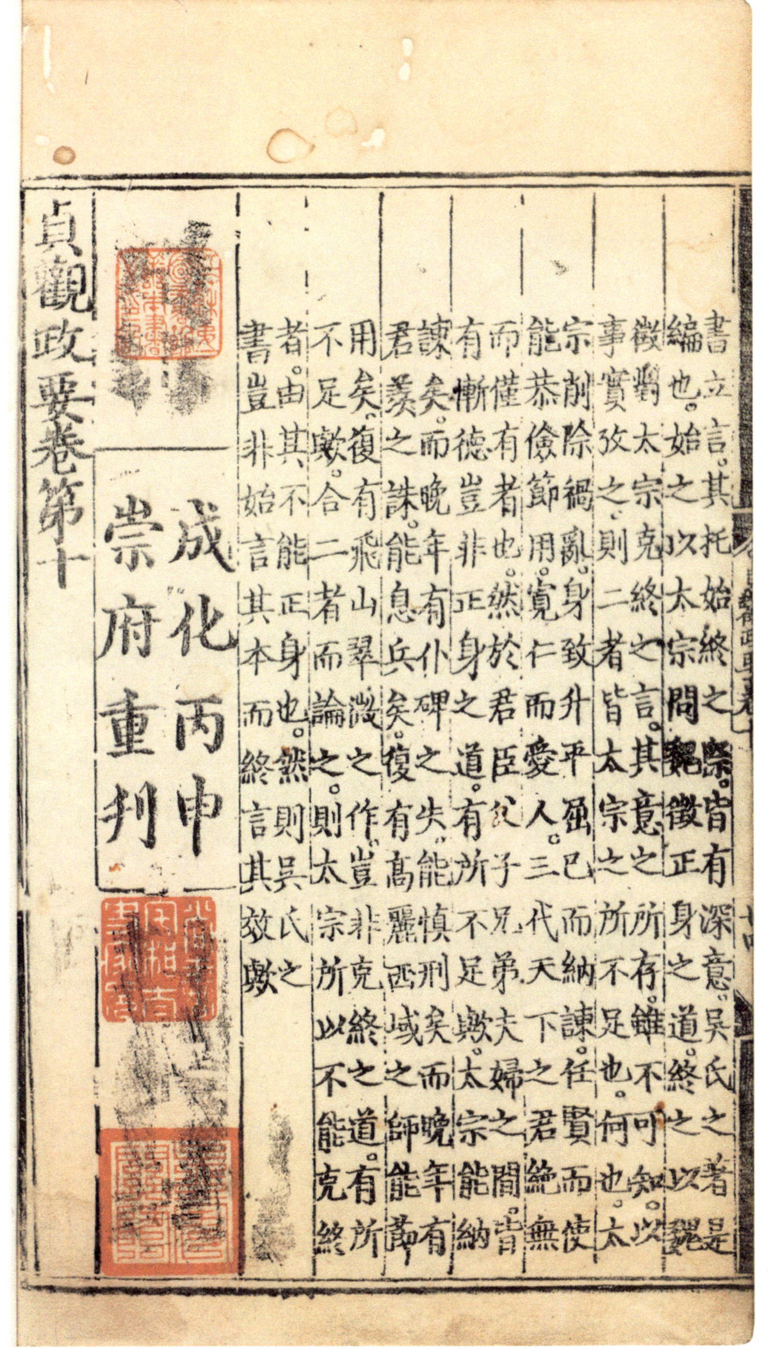

此书以类编撰，分四十篇，记录了唐太宗与魏徵、王珪等朝臣之间的问对，大臣的谏议、奏疏以及朝廷施政措施等，全面总结了“贞观之治”的历史经验。后戈直复加考订注释，附载诸儒论说以畅其义，成为通行的集论本。

此本为明藩府所刻，卷十末有“成化丙申崇府重刊”牌记。书内钤“嘉靖丙辰进士育庵葛邦典印”“赐锦堂收藏图书”“时还轩藏书记”“鸥寄室王氏收藏”“琴溪草堂”“吴印赞思”“子子孙孙珍秘”“八千卷楼藏阅书”“八千卷楼”“嘉惠堂藏阅书”“八千卷楼珍藏善本”等印。

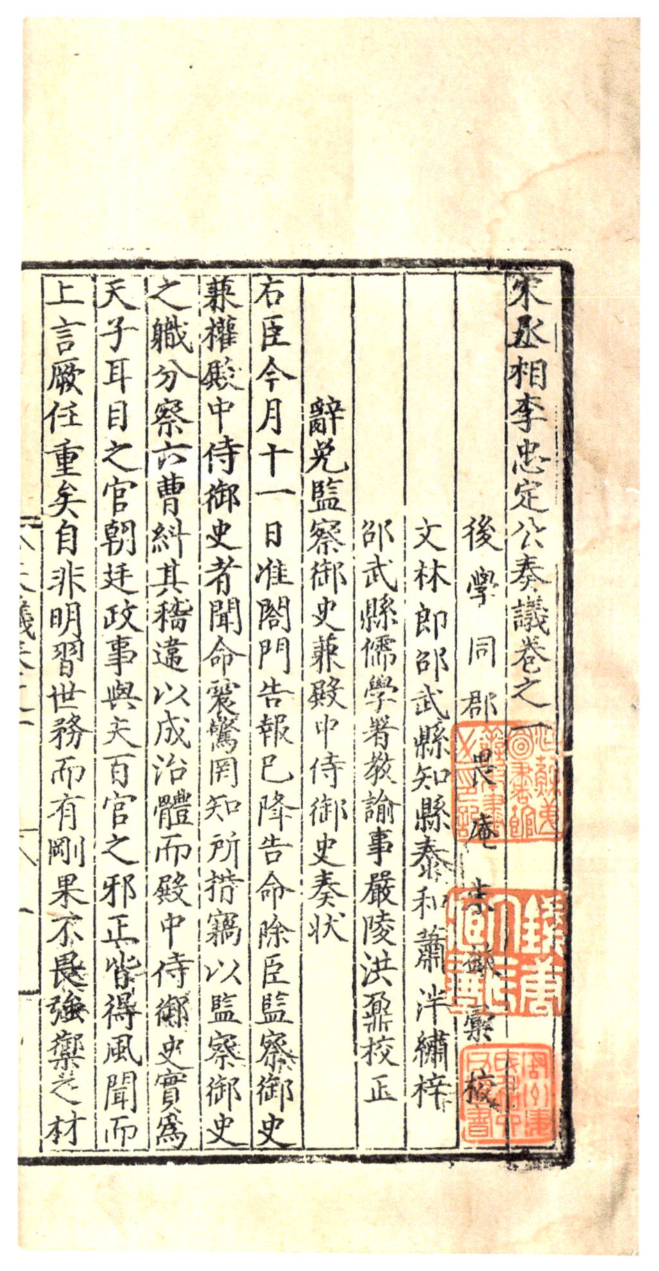

宋丞相李忠定公奏議卷之一
後學同郡畏庵朱欽彙校
文林郎邵武縣知縣泰和蕭泮繡梓
邵武縣儒學署教諭事嚴陵洪鼐校正
辭免監察御史兼殿中侍御史奏狀
右臣今月十一日准閤門告報已降告命除臣監察御史
兼權殿中侍御史者聞命震驚罔知所措竊以監察御史
之職分察六曹糾其稽違以成治體而殿中侍御史實爲
天子耳目之官朝廷政事與夫百官之邪正皆得風聞而
上言厥任重矣自非明習世務而有剛果不畏强禦之材

宋丞相李忠定公奏议六十九卷附录九卷

（宋）李纲撰　明正德十一年（1516）胡文静、萧泮刻本　（清）丁丙跋　二十四册　名录号及索书号 03893—110408

李纲（1083—1140），字伯纪，号梁溪先生，邵武（今福建邵武）人，自其祖迁居无锡。宋政和二年（1112）进士，官监察御史兼权殿中侍御史，改比部员外郎，迁起居郎。靖康元年（1126）金兵侵攻汴京，任京城四壁守御使。建炎初，拜尚书右仆射兼中书侍郎（右相），力图革新内政，然仅77天即遭罢免。绍兴十年（1140）病逝，追赠少师。淳熙年间又追赠陇西郡开国公，谥号忠定。著有《易传内外篇》《靖康传信录》《梁溪集》等。

奏议，古代臣子上奏帝王的各类文字的统称，包括表、奏、疏、议、上书、封事等。此书分正录、附录两部分，据宋陈俊卿《宋丞相李忠定公奏议序》、朱熹《宋丞相李忠定公奏议后序》所言，此书为李纲卒后，其子搜集其平生奏草而成，共八十卷，今存六十九卷，或已非原貌。书前有宋丞相李忠定遗像及郭伯寅撰像赞。

此书为明正德十一年（1516）胡文静、萧泮刻本，正文首卷卷端下题有“后学同郡畏庵朱钦汇校　文林郎邵武县知县泰和萧泮绣梓　邵武县儒学署教谕事严陵洪鼐校正”三行；又书后附王思撰《李忠定公祠堂祭田记》、正德十一年林俊撰《宋丞相李忠定公奏议后序》。此书未见宋元刻本，此为明朝最早的一个刻本。

钤有“湖州凌氏嘉六父藏书”“钱唐丁氏藏书”“丁氏八千卷楼藏书记”“嘉惠堂藏阅书”“松老”等藏印。凌德（1831—1901），一名维佳，字蛰庵，号嘉禄、嘉六，浙江归安人。卖字糊口，尤善写大字，武林、吴兴诸胜迹匾额，多出其手。亦精医术，尤擅妇科，著有《女科折衷纂要》等书。

馬端肅公奏議卷之一

同郡後學魏尚綸編集

都察院左都御史臣馬文升謹

題爲正心謹始以隆繼述事切惟人君之要莫大乎謹始謹始之要莫先於正心而正心之要又在主乎敬焉爾蓋敬者一身之主宰萬事之本根聖學之所以成始而成終者也能敬則心存心存則德愈謹而後可以凝

天命得人心保大業而治道無不隆矣若敬有不存則心放心放則德不謹而萬事俱不立矣尚何

马端肃公奏议十六卷

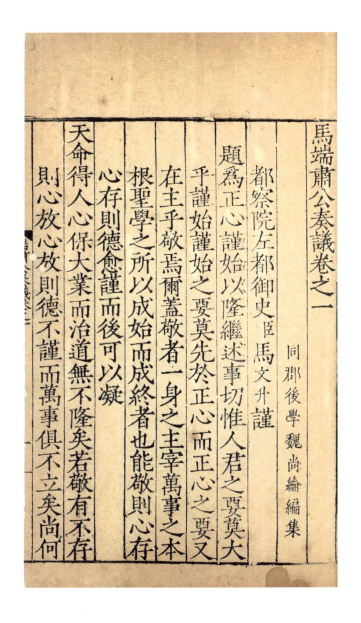

（明）马文升撰　明嘉靖二十六年（1547）葛涧邗江书馆刻本　八册　名录号及索书号 03895—114530

马文升（1426—1510），字负图，别号约斋，又号三峰居士、友松道人，钧州（今河南禹州）人。景泰二年（1451）进士，官至兵部尚书，历事英宗、代宗、宪宗、孝宗、武宗五朝，立朝五十余年。著有《马端肃公诗集》等。《明史》有传。

正文前有明嘉靖二十六年谢应征撰序，书后有嘉靖二十六年魏尚纶跋。正文十六卷，辑录明孝宗弘治元年至武宗正德元年（1488—1506）间历任各官所作奏议，内有陈言振肃风纪裨益治道事、厘正选法事、巡抚事、勤恤小民以固邦本事、追究庸医用药非宜明正其罪事、厘正封赠事、传奉事、禁伐边山林木以资保障事、陈言申明职掌清理刑狱事、讲明律意以重民命事、申明旧章以正罚俸事、申明律意以弭盗贼事等多目。

序首叶钤“阳湖陶氏涉园所有书籍之记”朱文竖长方印。

馬端肅公奏議序

予聞端肅馬公爲舊名臣覽三記莫不高其制
禦夷狄之略而想見其人既以使楚得拜祠下
以仰公肖像而戰功圖之壁間其討哈密誅滿
四撫東夷烱然在目越歲而予巡於淮乃釣人
守揚州魏君出公遺編以示予又得以盡公之
議論嘗謂成周建都洛邑以據中和之宅當其
時周召閎宜之徒莫不疏附後先以成熙和之
治宋至仁英君子相應和於時論道者既高潔
於六經之上[illegible][illegible]於敦大之裕韓范富

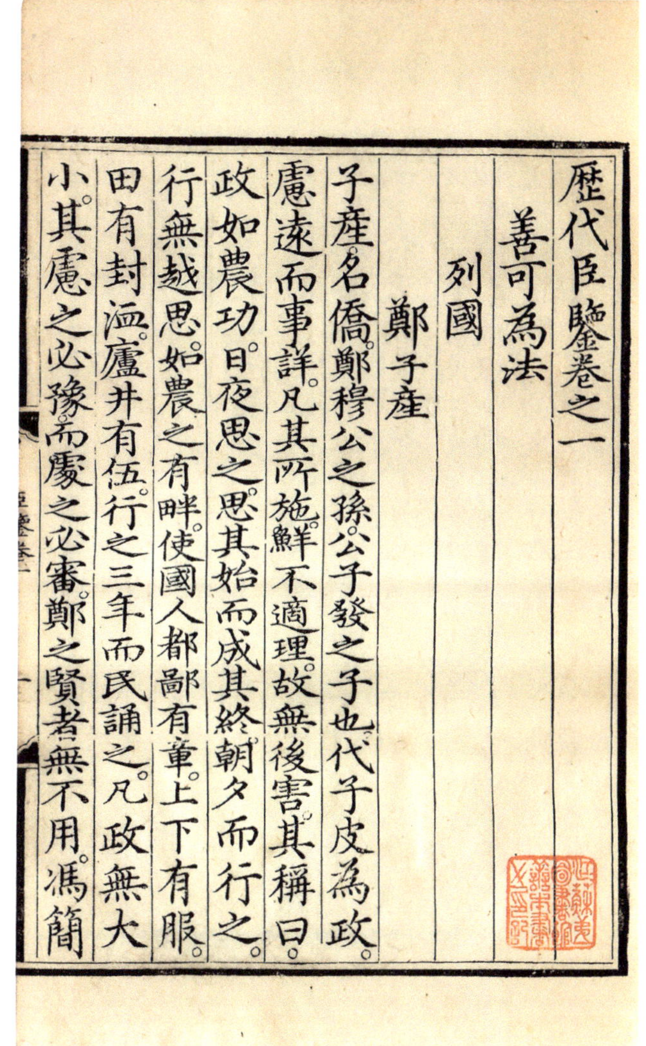
歷代臣鑒卷之一
善可爲法
列國
鄭子產
子產名僑鄭穆公之孫公子發之子也代子皮爲政
慮遠而事詳凡其所施鮮不適理故無後害其稱曰
政如農功日夜思之思其始而成其終朝夕而行之
行無越思如農之有畔使國人都鄙有章上下有服
田有封洫廬井有伍行之三年而民誦之凡政無大
小其慮之必豫而處之必審鄭之賢者無不用馮簡

历代臣鉴三十七卷

（明）宣宗朱瞻基撰　明宣德元年（1426）内府刻本　（清）丁丙跋　二十册　名录号及索书号 03915—110549

宣宗朱瞻基（1398—1435），明仁宗长子，明朝第五位皇帝，公元 1425—1435 年在位。

是书乃宣宗敕令臣工编就而成，总执笔人为大学士兼工部尚书杨荣。正文前有宣德元年（1426）四月宣宗朱瞻基撰“御制历代臣鉴序”，后接目录。正文分三十七卷，每卷择取春秋战国以来权臣若干，从历代经史读本中摘抄编辑代表性事例，以为鉴戒。全书分两大部分，按类编撰，善恶并书，卷一至二十九为“善可为法”，卷三十至三十七为“恶可为戒”。

内府刻本是明代宫廷所刻书籍，多由宦官掌管，在司礼监所属经厂刻行。因出自皇家，大都质量上乘，以“版框宽大，字大如钱，纸墨上等，雕印良工，有句读”而为人所重。但主事者多为宦官，学识不足，有校勘不精之处，亦常有讹误。

书前有清丁丙跋。书中钤“八千卷楼珍藏善本”“钱唐丁氏藏书”“四库附存”“光绪壬辰钱塘嘉惠堂丁氏所得”等印。

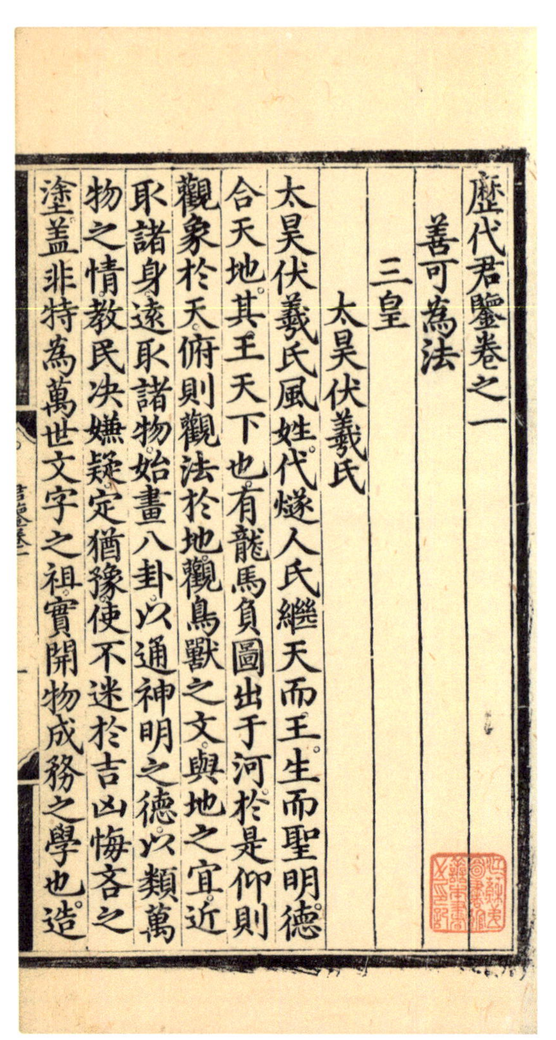

歷代君鑑卷之一

善可爲法

三皇

太昊伏羲氏

太昊伏羲氏風姓代燧人氏繼天而王生而聖明德合天地其王天下也有龍馬負圖出于河扵是仰則觀象扵天俯則觀法扵地觀鳥獸之文與地之宜近取諸身遠取諸物始畫八卦以通神明之德以類萬物之情教民決嫌疑定猶豫使不迷扵吉凶悔吝之塗蓋非特爲萬世文字之祖實開物成務之學也造

历代君鉴五十卷

（明）代宗朱祁钰撰　明景泰四年（1453）内府刻本　（清）丁丙跋　二十册　名录号及索书号 03925—110548

朱祁钰（1428—1457），明宣宗次子，明英宗之弟，明朝第七位皇帝。宣德十年（1435）十二月封郕王。土木堡之变，英宗被俘，受孙太后命监国，不久即帝位，改元景泰。败瓦剌于东郊，边境得安。后英宗返京复辟，被废为郕王，卒。谥景帝，庙号代宗。

是书乃代宗敕令臣工编就而成，总执笔人为宣宗宣德五年探花、翰林院编修林文。此书从历代经史读本中摘抄三代至明宣宗历朝君主可法、可戒之事例，以资君王治国借鉴。正文分五十卷，按类编撰，善恶并书。卷一至二八为三皇至元，卷二九至三五为明太祖至宣宗，皆是善可法者。卷三六至五〇则自夏太康至元顺帝，皆恶可戒者。此本为内府刻本，纸墨精良，开本宽阔。

有清丁丙跋，钤有“八千卷楼珍藏善本”朱文长方印、“钱唐丁氏藏书”白文方印、“八千卷楼”朱文方印、“求己室”朱文竖椭圆印、“四库附存”朱文竖长方印、“光绪壬辰钱塘嘉惠堂丁氏所得”朱文方印。

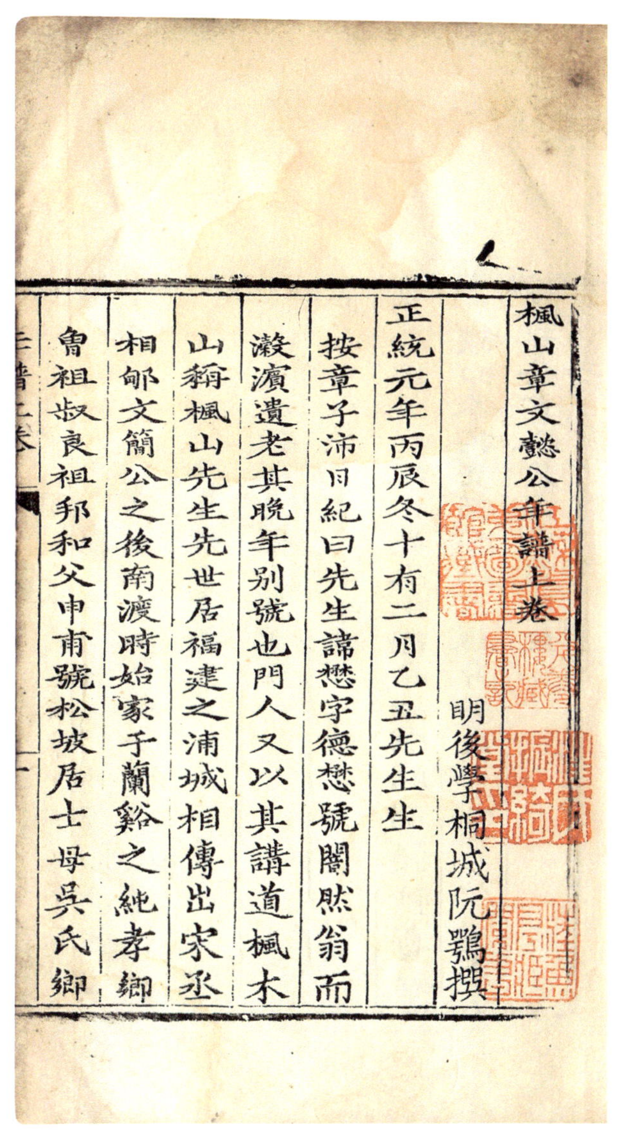

楓山章文懿公年譜上卷

明後學桐城阮鶚撰

正統元年丙辰冬十有二月乙丑先生生

按章子沛日紀曰先生諱懋字德懋號闇然翁而瀫濵遺老其晚年別號也門人又以其講道楓木山稱楓山先生先世居福建之浦城相傳出宋丞相郇文簡公之後南渡時始家于蘭谿之純孝鄉曾祖叔良祖邦和父申甫號松坡居士母吴氏鄉

枫山章文懿公年谱二卷

（明）阮鹗撰　明嘉靖三十三年（1554）唐铖刻本（下卷配清抄本）　一册　名录号及索书号 03979—112634

章文懿公即章懋（1437—1522），字德懋，号暗然子，晚号谷滨遗老，浙江兰溪人。成化二年（1466）进士。官至南京礼部尚书。卒赠太子少保，谥文懿。曾辞官归里，讲学于枫木山，从学者甚众，世称枫山先生。有《枫山集》《枫山语录》等，并纂修《兰溪县志》。

此谱为嘉靖二十四年（1545）章懋弟子唐铖在南京任幕僚时，委托南京刑部主事阮鹗编撰，并自为刻印。阮鹗（1509—1567），字应荐，号函峰，安徽桐城人。嘉靖二十三年（1544）进士。官至右都御史，巡抚浙江、福建。唐铖为章懋晚年入室弟子，字君赐，号婺野，浙江兰溪人。嘉靖元年（1522）举人。官溧阳知县、扬州府同知、楚府长史。著有《唐楚相集》等。

此本钤汪宪朱文方印“汪鱼亭藏阅书”、白文方印“汪氏振绮堂印”，丁氏八千卷楼朱文方印“八千卷楼藏书记”、白文方印“光绪庚寅嘉惠堂所得”等。

兩漢博文卷第一

北闕 高帝紀

七年上至長安蕭何治未央宮立東闕北闕前殿武庫太倉

師古曰未央宮雖南嚮而尚書奏事謁見之徒皆詣北闕公車司馬亦在此焉是則以北闕為正門而又有東門東闕至於西南兩面無門闕矣蓋

兩漢博聞卷一　二

两汉博闻十二卷

（宋）杨侃辑　明嘉靖三十七年（1558）黄鲁曾刻本（卷三配清抄本）　（清）丁丙跋　四册　名录号及索书号 04071—110229

杨侃（964—1032），本名侃，避真宗藩邸名讳改名大雅，字子正，钱塘（今浙江杭州）人。是书摘录《汉书》《后汉书》之文，以原文字句为标题另作记事纂言，又节取颜师古、章怀太子注，列于其下。

半叶八行，行十六字，小字双行同。左右双边，白口，单白鱼尾。卷三配清抄本。书衣写“两汉博闻四册八千卷楼藏”。书钤“八千卷楼珍藏善本”“四库著录”“汪鱼亭藏阅书”“八千卷楼藏阅书”“辛卯劫后所得”等印。

刻兩漢博聞序

自狂秦書儒之禍而三代之文不覽者多矣漢興如隋何魯兩生輩或者亦焚坑孑遺之子未可謂之弘雅也歟後陳農求遺書於天下而未火者出焉蓋異於孔壁之所藏有所槩限者矣由是人漸以傳習文始向盛如司馬遷之史記

唐之衰也天子不能誅宦官而崔胤等爲之外倚彊藩彊藩入宦官誅而唐亦以亡歐陽公次梁紀其所摹寫殆盡而與李克用兩爭處尤工予故錄之以見公之史才云

歐陽文忠公五代史抄卷一

本紀

梁太祖紀

太祖神武元聖孝皇帝姓朱氏宋州碭山午溝里人也其父誠以五經教授鄉里生三子曰全昱存温誠卒三子貧不能爲生與其母傭食蕭縣人劉崇家全昱無他材能然爲人頗長者存温勇有力而温尤兇悍唐僖宗乾符四年黄巢

五代史抄卷一

欧阳文忠公五代史抄二十卷

（明）茅坤辑　明刻朱墨套印本　十册　名录号及索书号 04093—112615

茅坤（1512—1601），字顺甫，号鹿门，浙江吴兴人。明嘉靖十七年（1538）进士。历知青阳、丹徒二县，官至大名兵备副使。后罢归，专事著述。工诗文，明散文大家，推崇韩愈、欧阳修、苏轼，主张习唐宋古文，编选《唐宋八大家文钞》，盛行海内。著有《史记钞》《白华楼藏稿》《玉芝山房稿》等。《明史》有传。

茅坤有感于欧阳修《新五代史》之微言大义，遂从原书辑抄精编，并批评点校，以此可见茅氏史学功力。正文分本纪、家人传、梁臣传、唐臣传、唐晋周臣传、死节传、死事传、行传、唐六臣传、义儿传、伶官传、宦官传、杂传、论、世家、夷附录，共二十卷。

劉氏吹笙佐酒酒罷去留劉氏以賜莊宗先時莊宗攻梁軍於夾城得符道昭妻侯氏寵專諸宮宮中謂之夾寨夫人莊宗出兵四方常以侯氏從軍其後劉氏生子繼岌莊宗以爲類巳愛之由是劉氏寵益專自下魏博戰河上十餘年獨以劉氏從劉氏多智善迎意承旨其他嬪御莫得進見其父聞劉氏巳貴詣魏宮上謁莊宗召袁建豐問之建豐曰臣始得劉氏於成安北

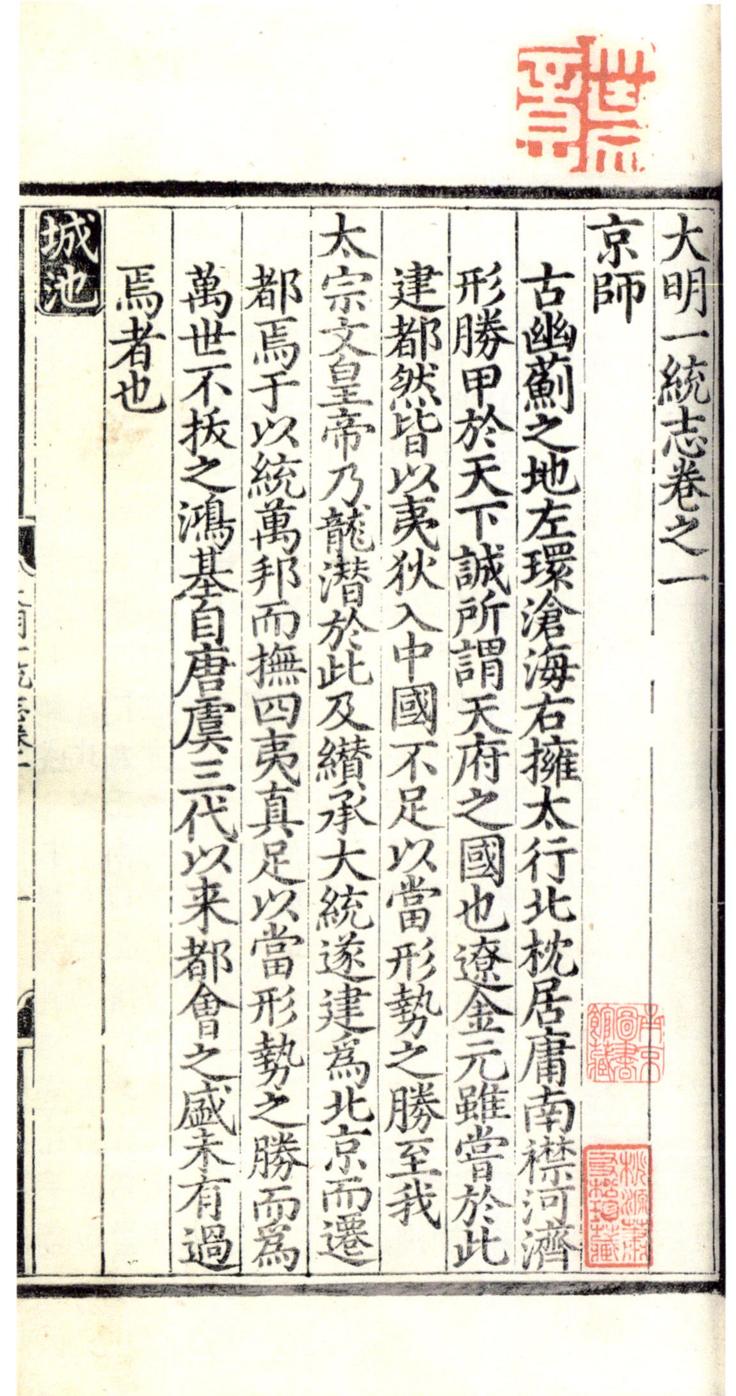

大明一統志卷之一
京師
古幽薊之地左環滄海右擁太行北枕居庸南襟河濟形勝甲於天下誠所謂天府之國也遼金元雖嘗於此建都然皆以夷狄入中國不足以當形勢之勝至我
太宗文皇帝乃龍潛於此及纉承大統遂建爲北京而遷都焉于以統萬邦而撫四夷真足以當形勢之勝而爲萬世不拔之鴻基自唐虞三代以来都會之盛未有過焉者也
城池

大明一统志九十卷

（明）李贤　万安等纂修　明天顺五年（1461）内府刻本　四册　名录号及索书号 04111—117525

李贤（1409—1467），字原德，河南邓州人。明宣德八年（1433）进士。历任吏部验封司主事、吏部郎中、兵部右侍郎、户部右侍郎等。英宗复位，以翰林学士，入直文渊阁。参机务，晋尚书。宪宗进少保、华盖殿大学士。著有《古穰集》《天顺日录》等。《明史》

卷一七六有传。

万安（1419—1489），字循吉，眉州（今四川眉山）人。明正统十三年（1448）进士。累官至吏部尚书、华盖殿大学士，内阁首辅。《明史》卷一六八有传。

此书以两京十三司为纲，以府、卫所等为目，分建置、沿革、郡名、形胜、风俗、山川、土产、公署、学校、书院、宫室、关津、寺观、祠庙、陵墓、古迹、名宦、流寓、人物、列女、仙释等三十八门介绍各地情况。此书虽然有不少讹谬，但仍是了解明代政区地理的重要参考文献。

广舆图二卷

（元）朱思本撰　（明）罗洪先　胡松增补　明嘉靖四十五年（1566）韩君恩、杜思刻本　（清）丁丙跋　四册　名录号及索书号 04122—112046

此本为罗洪先据朱思本《广舆图》缩小分图并加以增补而成，是第一部综合性地图集，为元明两代的制图学高峰。全书凡二卷：卷一舆地总图、北直隶舆图、南直隶舆图、山东舆图、山西舆图、陕西舆图、河南舆图、浙江舆图、江西舆图、湖广舆图、四川舆图、福建舆

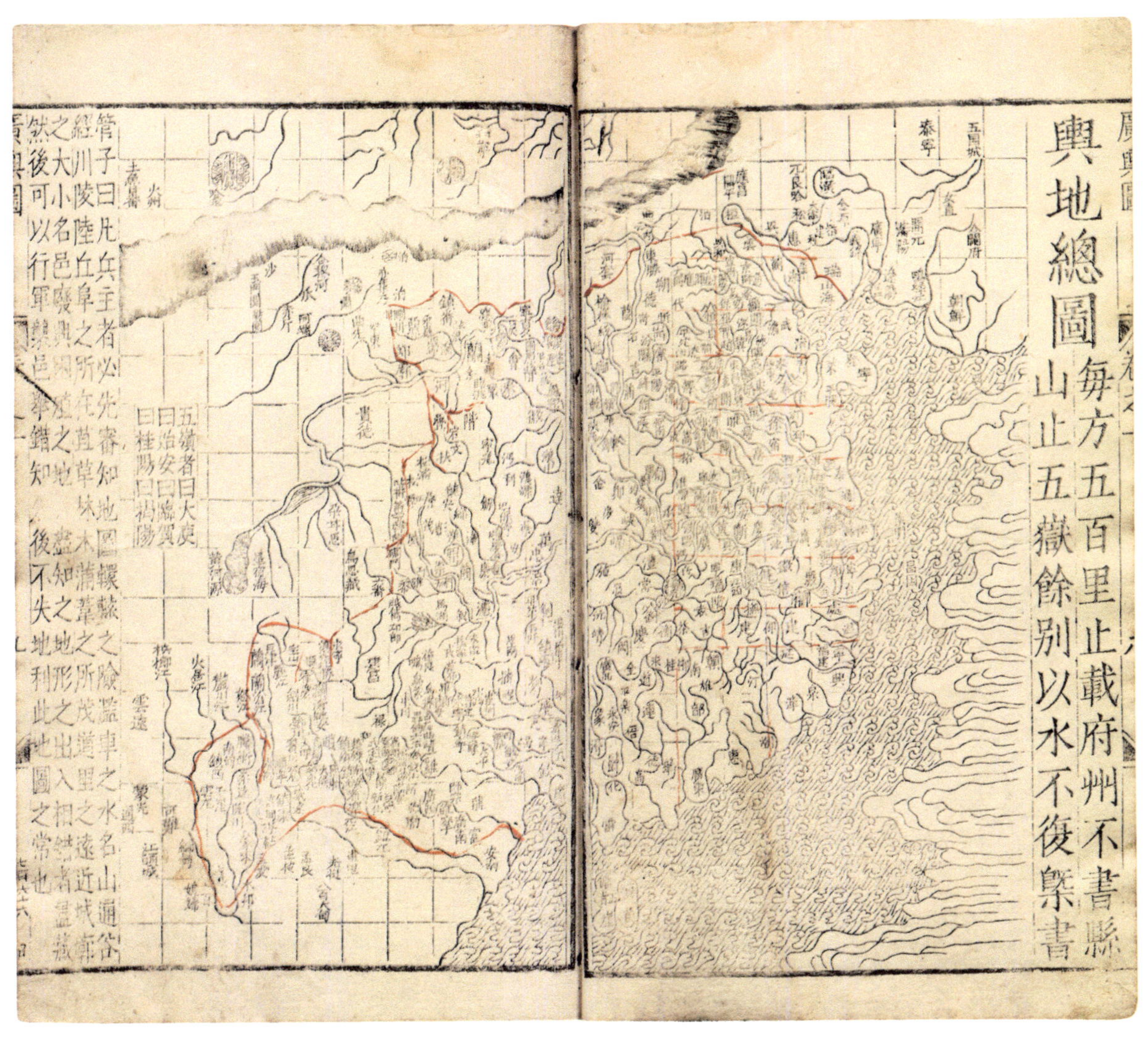

图、广东舆图、广西舆图、云南舆图、贵州舆图；卷二九边舆图、辽东边图、蓟州边图、内三关边图、宣府边图、大同外三关边图、榆林边图、宁夏固兰边图、庄宁凉永边图、甘肃山丹边图、洮河边图、松潘边图、建国图、麻阳图、虔镇图、黄河图、海运图、漕运图、朝鲜图、东南海夷图、西南海夷图、安南图、西域图、朔漠图、琉球图、日本图、四夷图。

此本中琉球图一幅，有中国册封琉球王、琉球藩属记录，为琉球地区归属问题的有力佐证。

有清丁丙跋二则，一墨笔书于护叶粘条上，一墨笔书于护叶上。钤有“八千卷楼珍藏善本”“丁丙”等印。

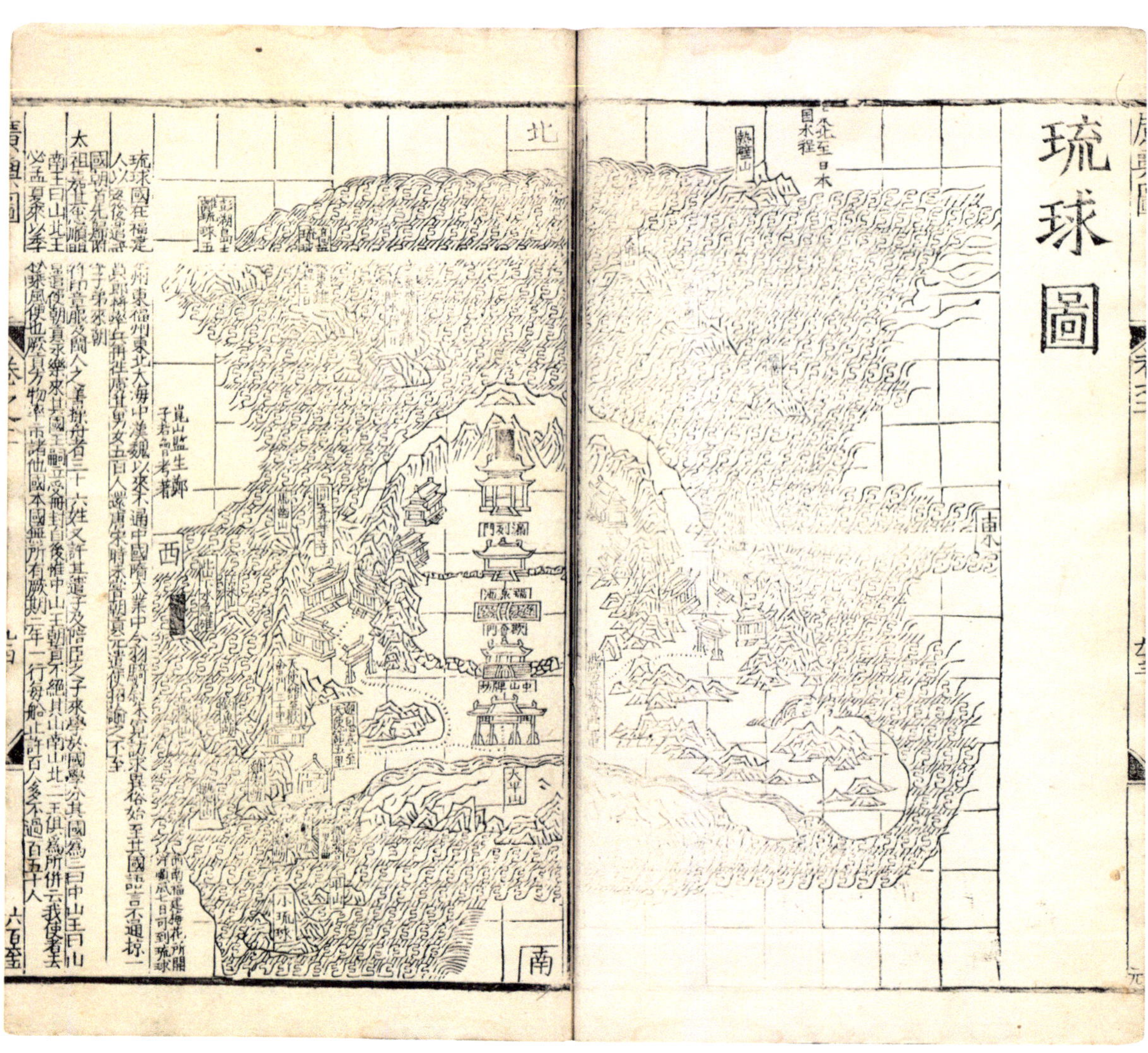
琉球圖
北
西
南
崑山監生鄭子若曾考著
琉球國在福建泉州東福州東北大海中漢魏以來不通中國隋大業中令羽騎尉朱寬訪求異俗始至其國語言不通掠一
人以歸後遣武賁郎將陳稜率兵浮海往虜其男女五百人還唐宋時未嘗朝貢元遣使招諭之不至
國朝首先歸附等子弟來朝
太祖嘉其忠順賜以印章服及閩人之善操舟者三十六姓又許其遣子及陪臣之子來學於國學分其國為三曰中山王曰山
南王曰山北王皆遣使朝貢永樂來其國王嗣立受冊封自後惟中山王朝貢不絕其山南山北二王俱為所併云我使者去
必孟夏乘以季冬候風便也厥貢方物率市諸他國本國無所有厥則二年一行每船止許百人多不過百五十人

今古輿地圖說

昔先王體國經野以五方風氣所生剛柔輕重各有其性不相遷易故彊理天下物其土宜條其物產達其志而通其欲齊其政而修其教自黃炎以來圖籍相踵而可知逮至成周則夏官司險掌建九州之圖地官誦訓掌方志以詔觀事春官保章以星土辨九州之地秋官職方掌天下之圖地使同其貢司徒掌邦土地之圖而冢宰掌建邦之六典實總其事又有太史以六典逆冢宰之治何其詳哉夫然故先王不下堂皇而郊甸采衞各有寧宇用能保世以滋大皇風邈逝攻伐相雄奇策材力之士飈飛電激抵掌盱衡談形勝而取世資是故蘇秦按地理而

今古舆地图三卷

（明）吴国辅　沈凤举撰　明崇祯十六年（1643）刻朱墨套印本　三册　名录号及索书号 04126—115127

吴国辅，字期生，号金吾，山阴（今浙江绍兴）人。钱谦益《有学集》载有《吴金吾小传》。

沈凤举，原名云冲，字定之，四明（今浙江宁波）人。沈九畴长子。贡生，万历四十三年（1615）乡试落榜。著《癸甲集诗草》，今佚。

正文凡三卷，文中多数地图附有图说，以说明历史沿革，所印地图以墨色明朝地图为底，其他时代的疆域、郡县名称以朱色套印于墨色底图之上，以示古今地理的沿革变迁。

张寿镛《约园杂著三编》卷七有《今古舆地图序》，云："《今古舆地图》三卷，明崇祯十一年十月鄞沈凤举进呈之书也。"又附录金兆蕃跋，谓："撰人沈凤举，明州人，明季副榜贡生。书入四库存目，提要云'不知撰人'，又未见明代专图，谓名为'今古舆图'，以今冠古上，胡有古而无今？盖进书时因有忌讳撤去序表及首二三图，馆中未睹其全也。"《中国古籍善本书目》《国家珍贵古籍名录》著录"沈定之"宜更为"沈凤举"。

钤"太原王氏"印。

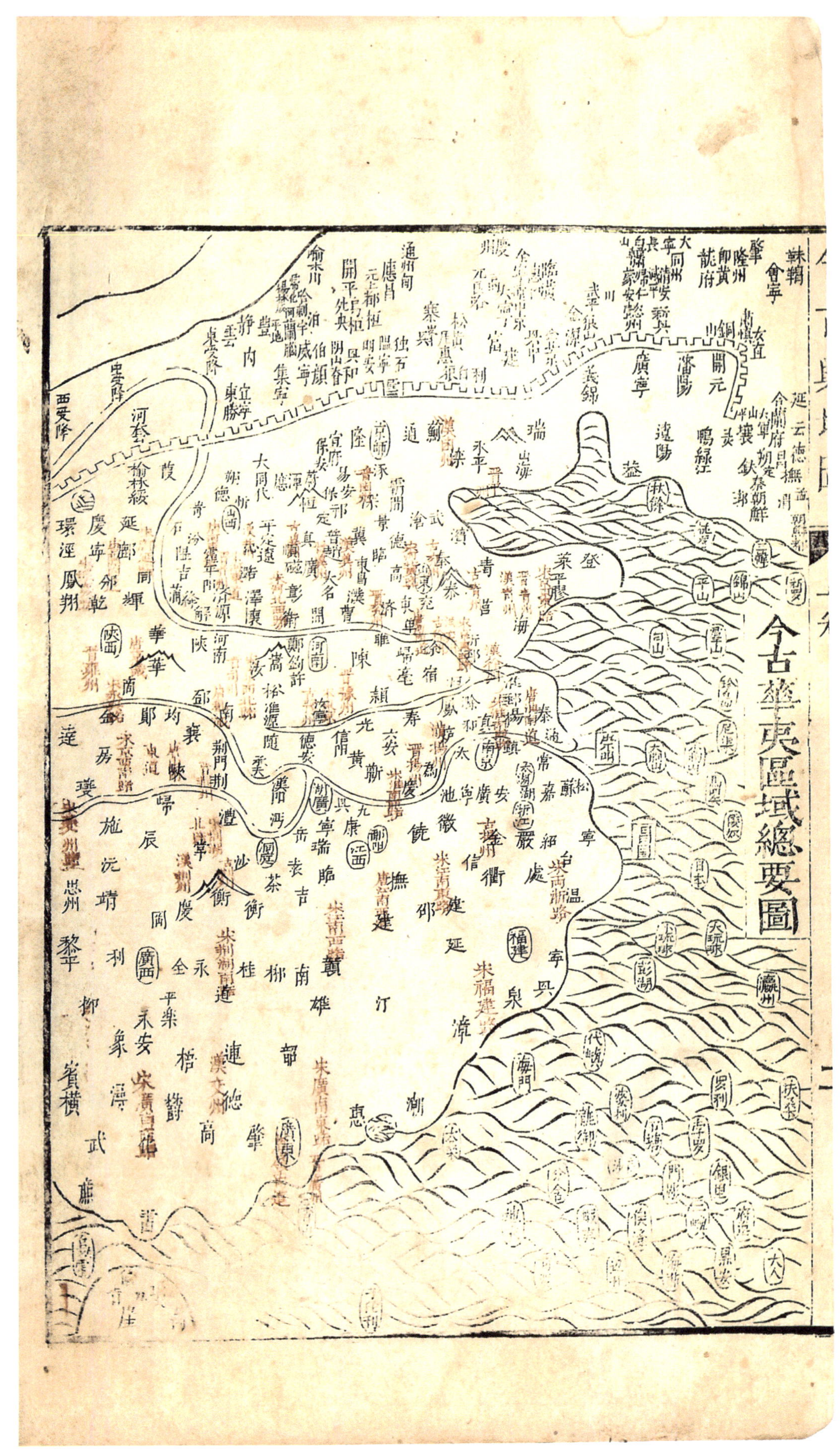
今古華夷區域總要圖

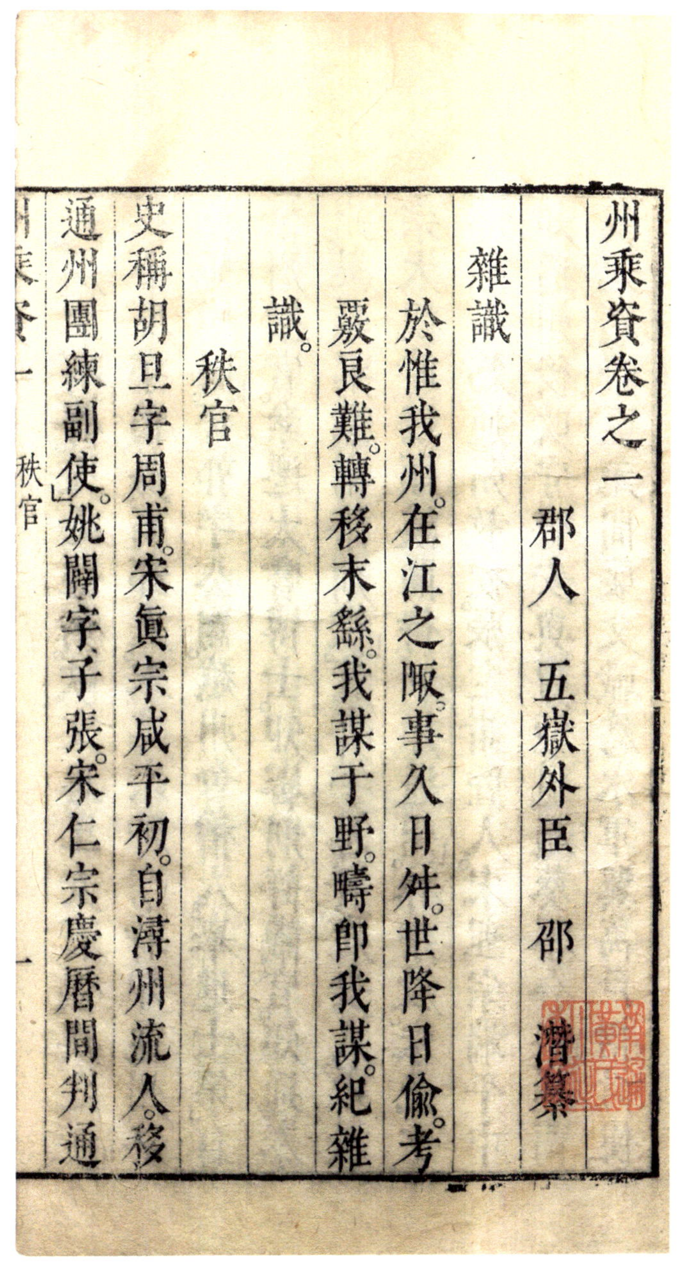
州乘資卷之一

郡人 五嶽外臣 邵 潛纂

雜識

於惟我州。在江之陬。事久日舛。世降日偸。考覈良難。轉移末繇。我謀于野。疇卽我謀。紀雜識。

秩官

史稱胡旦字周甫。宋眞宗咸平初。自潯州流人移通州團練副使。姚闢字子張。宋仁宗慶曆間判通

州乘資卷一 秩官 一

州乘资四卷

（清）邵潜撰　南明弘光刻本　二册　名录号及索书号 04151—115404

邵潜（1581—1665），字潜夫，号五岳外臣，通州（今江苏南通）人。工书法，好著述，颇负诗名。晚年寓居如皋。有《邵山人诗集》《循吏传》《印史》等。

是书为南通地志之作。邵潜素负澄清天下之志，长期致力于乡邦文献、掌故之搜集，日积月累，勒成此编。是志记事侧重于明万历五年（1577）至南明弘光元年（1645）间，对前志缺漏讹误者多有补正，考证精详，秉笔直书，堪称“志中南董”。

此南明弘光刻本，传世稀少，今仅见南京、南通等图书馆收藏。钤黄楨白文方印“南通黄氏”、朱文方印“南通黄氏小延年室”，又钤白文方印“夏印之时”。

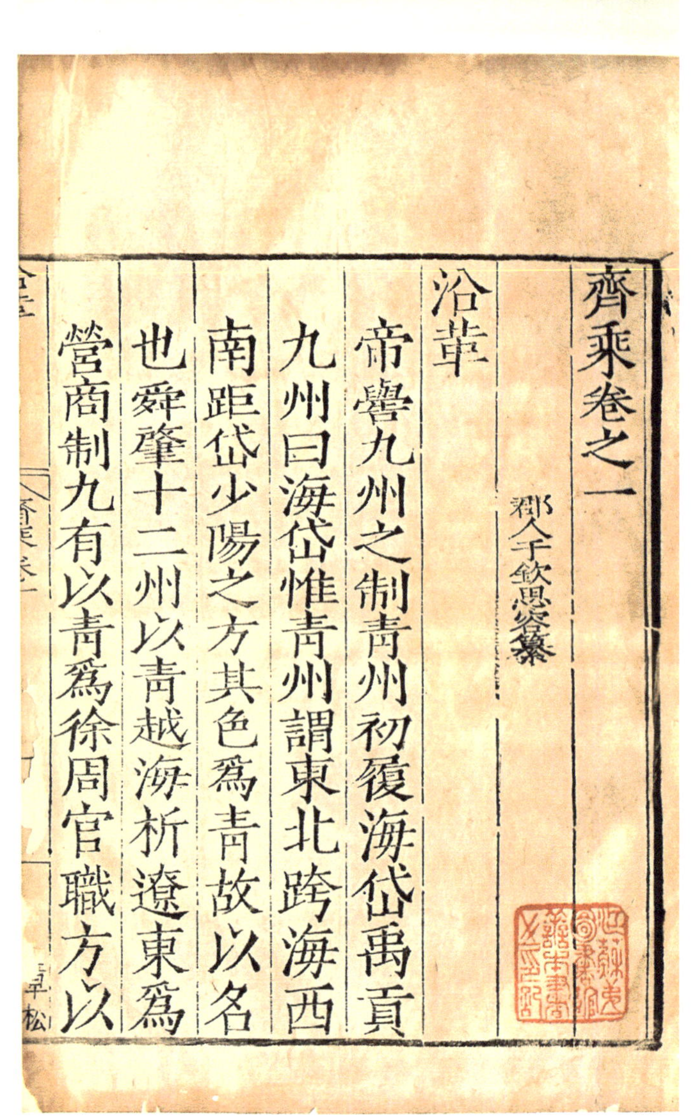
齊乘卷之一

郡人于欽思容纂

沿革

帝嚳九州之制青州初覆海岱禹貢九州曰海岱惟青州謂東北跨海西南距岱少陽之方其色爲青故以名也舜肇十二州以青越海析遼東爲營商制九有以青爲徐周官職方以

齐乘六卷

（元）于钦纂修　**释音一卷**　（元）于潜撰　明嘉靖四十三年（1564）杜思刻本（卷三配清抄本）　（清）丁丙跋　六册　名录号及索书号 04159—112027

于钦（1284—1333），字思容，益都（今山东青州）人，随父居平江（今江苏苏州）。由淮西宪司书吏入为国子助教，擢山东宪司照磨，累官中书左司员外郎，历御史台都事、兵部侍郎，出为益都般阳田赋总管。于潜，于钦子，至正十一年（1351）为两浙盐运副使。

是书为现存最早的山东通志，为研究元代山东一地历史提供可靠资料。正文凡六卷：卷一沿革、分野、山川（山），卷二山川（水），卷三郡邑，卷四至五古迹（城郭、亭馆、丘垄），卷六人物。

钤有“秀水朱氏潜采堂图书”印，为清词人、学者、藏书家朱彝尊旧藏。另有丁丙“彊圉柔兆”及“虞山周辅借观”等印。

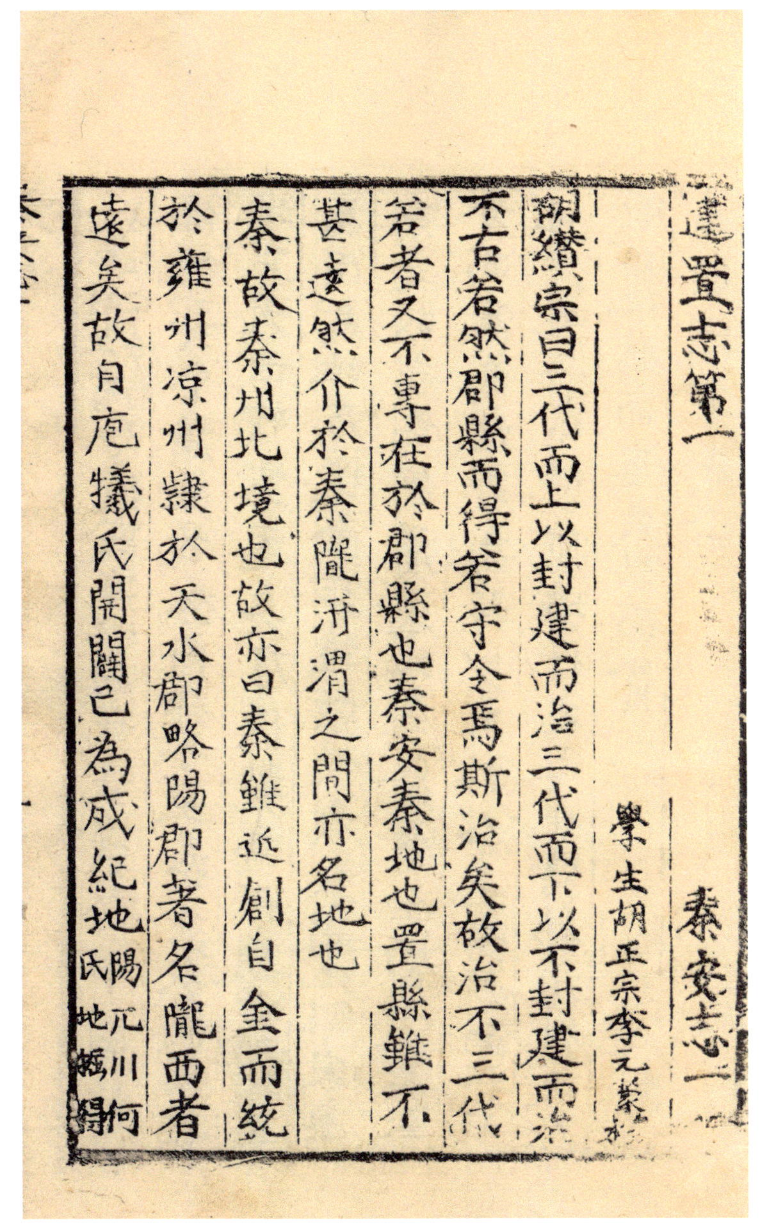

建置志第一　　秦安志一

學生胡正宗李元[illegible]校

胡纘宗曰三代而上以封建而治三代而下以不封建而治不古若然郡縣而得若守令焉斯治矣故治不三代若者又不專在於郡縣也秦安秦地也置縣雖不甚遠然介於秦隴汧渭之間亦名地也

秦故秦州北境也故亦曰秦雖延創自金而統於雍州涼州隸於天水郡略陽郡著名隴西者遠矣故自庖犧氏開闢已為成紀地陽兀川何氏地[illegible]得

［嘉靖］秦安志九卷

（明）亢世英　胡缵宗纂修　明嘉靖十四年（1535）刻增修本（有抄配）　四册　名录号及索书号 04168—114536

亢世英，字允杰，山西汾西人。嘉靖九年（1530）以国子生授任秦安知县。在任三年，有政声，以丁忧离任。任职期间，适逢胡缵宗归里，遂邀请胡缵宗编纂县志。

胡缵宗（1480—1560），字孝思，又字世甫，号可泉，别号鸟鼠山人，巩昌府秦州秦安（今甘肃天水）人。正德三年（1508）进士。任翰林院检讨，历嘉定州判官，安庆、苏州知府，山东、河南巡抚，足迹遍及江南、中原。嘉靖十三年（1534）罢官归里，遂开阁著书，有《鸟鼠山人集》《可泉辛巳集》《安庆府志》《〔嘉靖〕巩郡记》等多部著作传世。

是书前有明嘉靖十四年康海撰《秦安县志序》，明嘉靖十四年亢世英撰《秦安志引》（残）。

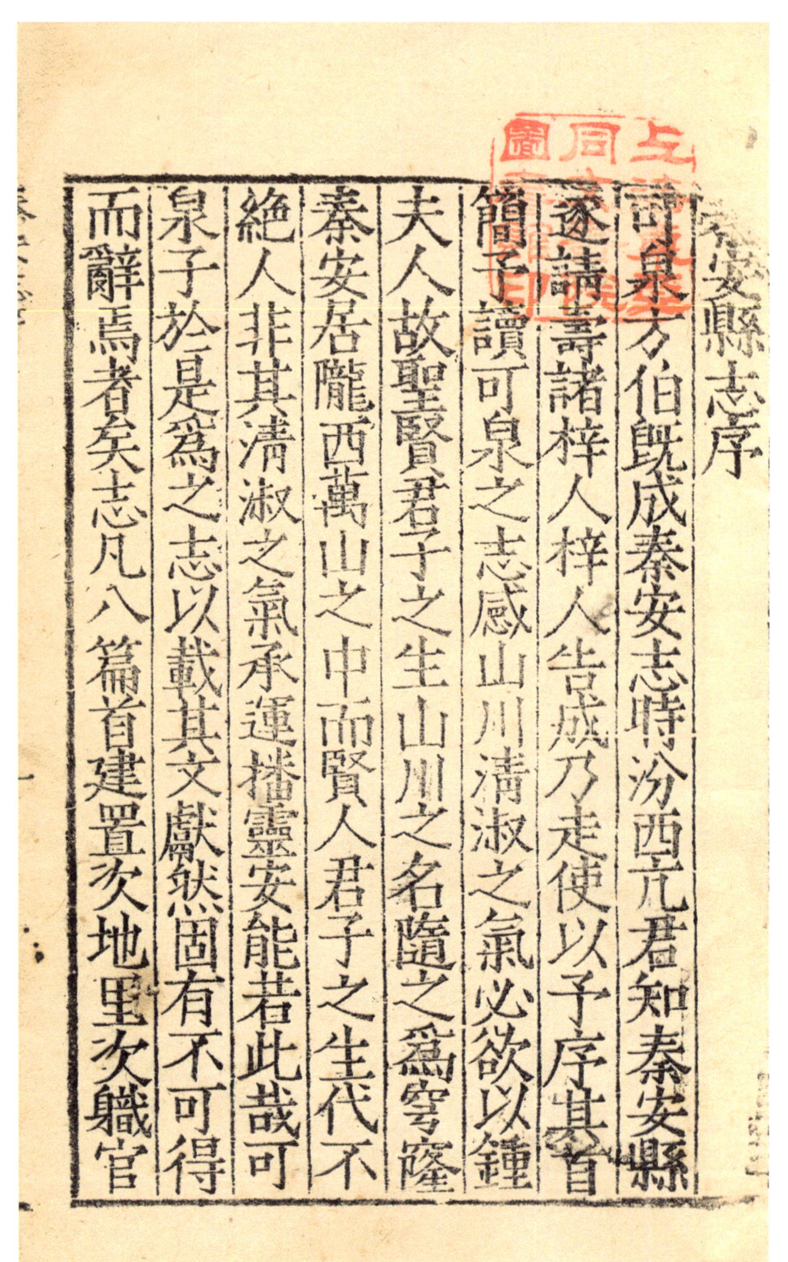

秦安縣志序

司泉方伯既成秦安志時汾西亢君知秦安縣遂請壽諸梓人梓人告㦯乃走使以予序其首簡予讀可泉之志感山川淸淑之氣必欲以鍾夫人故聖賢君子之生山川之名隨之爲穹窿秦安居隴西萬山之中而賢人君子之生代不絶人非其淸淑之氣承運播靈安能若此哉可泉子於是爲之志以載其文獻然固有不可得而辭焉者矣志凡八篇首建置次地里次職官

全志九卷，依次为建置志、地理志、职官志、礼制志、学校志、人物志、田赋志、艺文志。末有明嘉靖十三年陈瀛撰《秦安志跋》、明耿尚义撰跋及明关治教撰序。是志削标目琐屑之弊，平列门类，不分细目。各分志的记述均先以小序讲缘起，后列条目，再逐一记述。此书版本流传较少，惜书内多缺叶及漫漶处。

钤有“上海东亚同文书院图书馆印”朱文方印。东亚同文书院，是日本在 1901 年创立于上海的以进行“中国学”研究为专务的高等间谍学府。学院组织历届学生对中国进行长达四十余年实地调查，遍及除西藏以外的中国所有省区，内容涉及地理、工业、商业、社会、经济、政治等多方面，作为当时日本对华决策的重要依据。1945 年日本战败，日本外务省下属的东亚同文会，被盟军司令部勒令解散，会长近卫文麿畏罪服毒自杀。上海东亚同文书院作为其下属的间谍机构，被勒令关闭。

人物志第六　　秦安志七

學生胡在宗李元蒙校

胡纘宗曰秦得成紀畧陽顯親地則成紀畧陽顯親人物秦得得傳矣然成紀今爲秦州凢成紀人物皆屬之州縣莫得而識别也典籍無徵故老無聞亦莫得而考訂也故不載成紀者載畧陽顯親者然彬彬桓桓亦足照耀簡編於千百載矣

漢郭整畧陽人也慱洽多聞抱道自重漢安帝

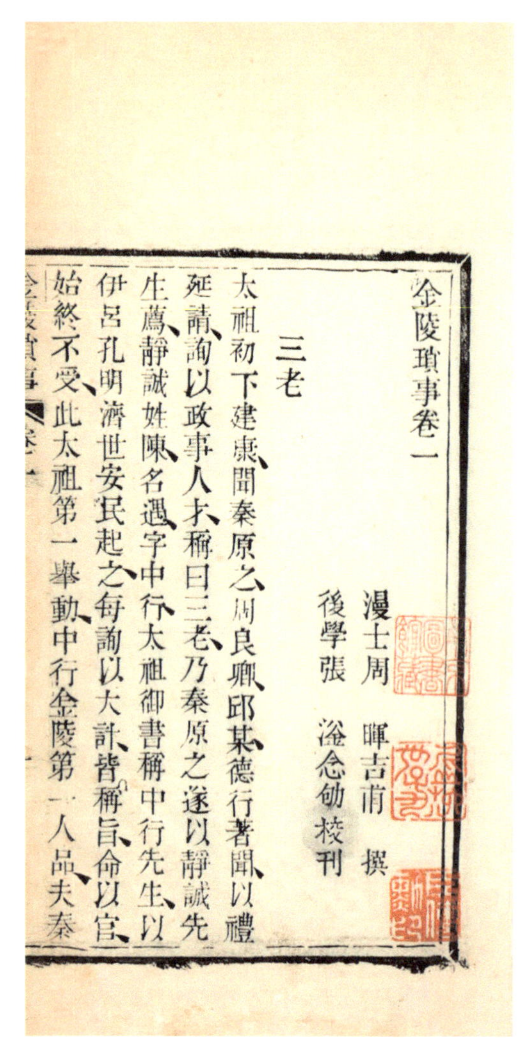
金陵瑣事卷一
漫士周　暉吉甫　撰
後學張　溰念劬校刊
三老
太祖初下建康、聞秦原之、周良卿、邱某德行著聞、以禮延請、詢以政事人才、稱曰三老、乃秦原之遂以靜誠先生薦、靜誠姓陳、名遇、字中行、太祖御書稱中行先生、以伊呂孔明濟世安民起之、每詢以大計、皆稱旨、命以官、始終不受、此太祖第一舉動、中行金陵第一人品、夫秦
金陵瑣事　卷一

金陵琐事四卷

（明）周晖撰　清乾隆四十年（1775）张溰活字印本　二册　名录号及索书号 04178—115284

周晖（1546—？），字吉甫，号漫士，又号鸣岩山人，上元（今江苏南京）人。诸生。博古洽闻，隐而不仕。曾加入白门诗社，诗句之美，冠绝当时。年八十余卒。有《琐事剩录》《幽草斋集》等。

周晖好读书，广交游，有闻必录，久而积成《尚白斋客谈》数卷。后从中辑出与金陵相关者，成《金陵琐事》四卷、《续金陵琐事》二卷、《二续金陵琐事》二卷。所载门类繁多，无论帝王公卿、朝政典章，抑或市井百态、风土人情，皆有涉猎。虽曰“琐事”，然多信而有征，可补史乘之阙，其中所录奏疏、呈文、诗文、书目等，今已难觅，颇具文献价值。明代学者焦竑云：“读之，可以辨风俗，征善败。”

清乾隆间同邑张溰将《金陵琐事》四卷加以校订补注，并撰《古字音释》一篇附之，以木活字印刷流传。张溰，字念劬，清上元人。诸生。好古嗜博。有《娜嬛书屋集句诗》等。

此本钤白文方印“臣傅勋印”。

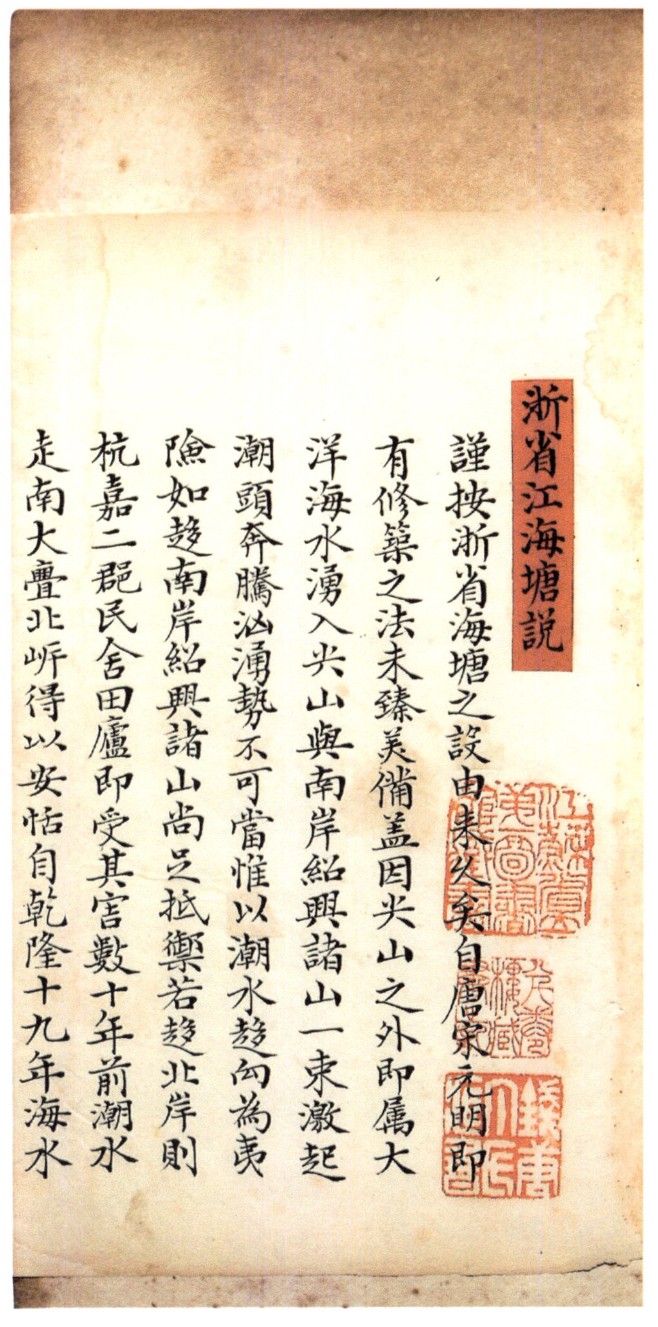

浙省江海塘說

謹按浙省海塘之設由來久矣自唐宋元明即有修築之法未臻美備蓋因尖山之外即屬大洋海水湧入尖山與南岸紹興諸山一束激起潮頭奔騰汹湧勢不可當惟以潮水趍向為夷險如趍南岸紹興諸山尚足抵禦若趍北岸則杭嘉二郡民舍田廬即受其害數十年前潮水走南大亹北岸得以安恬自乾隆十九年海水

浙江海塘事宜册一卷

清彩绘本　一册　名录号及索书号 04212—112707

不著撰人姓氏。

开本高 31.1 厘米，宽 18.2 厘米。文字部分无边框，半叶八行，行十八字。

封面题笺“浙江海塘事宜册”，前有《浙省江海塘说》，中为彩色图绘《江海塘全图》，后有《海塘丈尺银数总目》，记载所费工钱。

《浙省江海塘说》首页钤有“钱唐丁氏藏书”白文方印、“八千卷楼藏书之记”朱文方印，卷末钤有“光绪壬辰钱塘嘉惠堂丁氏所得”朱文方印。

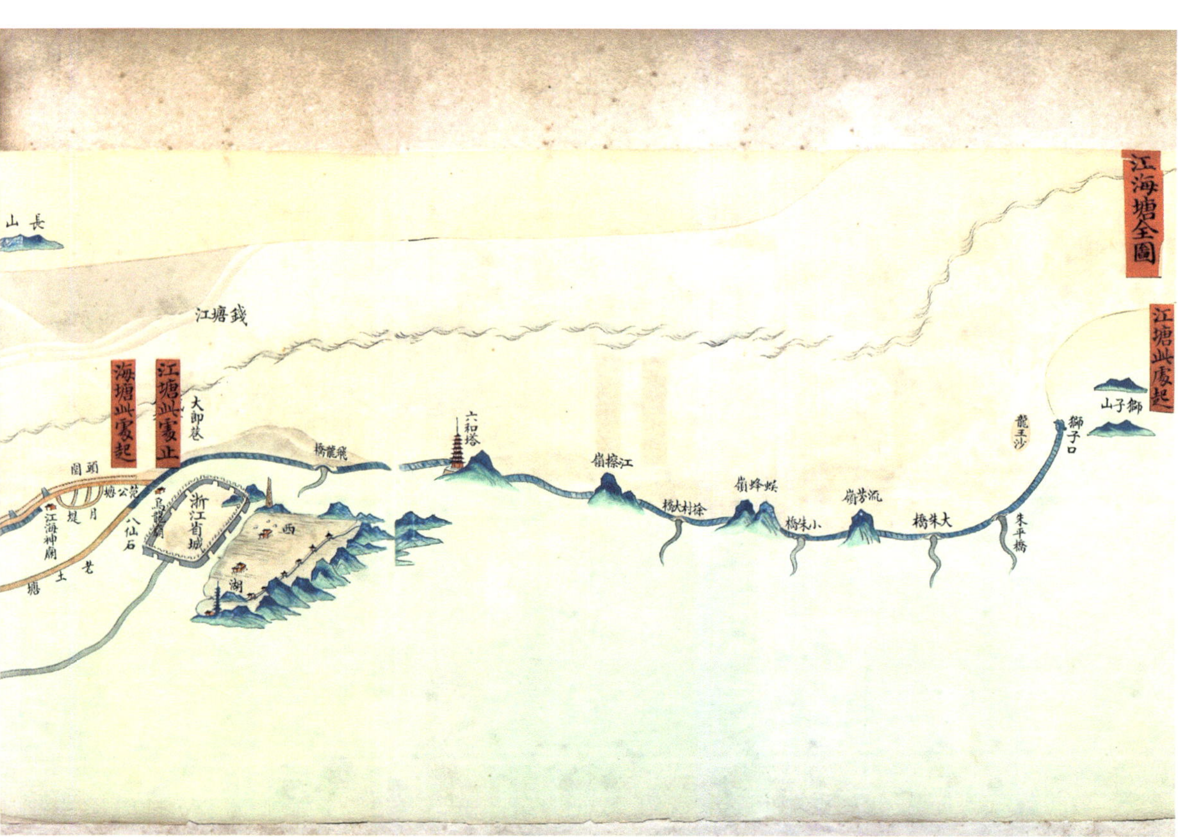
江海塘全圖
江塘此處起
獅子山
獅子口
龍王沙
大朱橋
流芳嶺
小朱橋
徐村大橋
六和塔
飛龍橋
錢塘江
長山
江塘此處止
海塘此處起
范公塘
月堤
江海神廟
八仙石
老土塘
烏龍廟
浙江省城
西湖

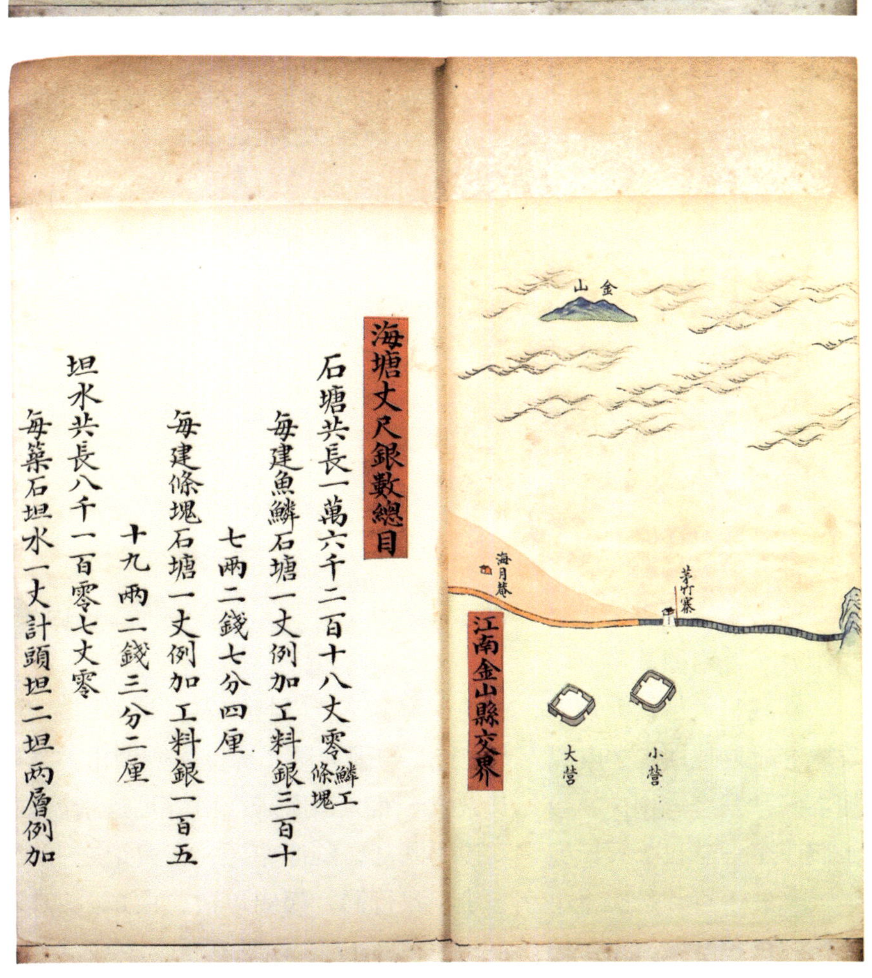

海塘丈尺銀數總目

石塘共長一萬六千二百十八丈零鱗工條塊

每建魚鱗石塘一丈例加工料銀三百十七兩二錢七分四厘

每建條塊石塘一丈例加工料銀一百五十九兩二錢三分二厘

坦水共長八千一百零七丈零

每築石坦水一丈計頭坦二坦兩層例加

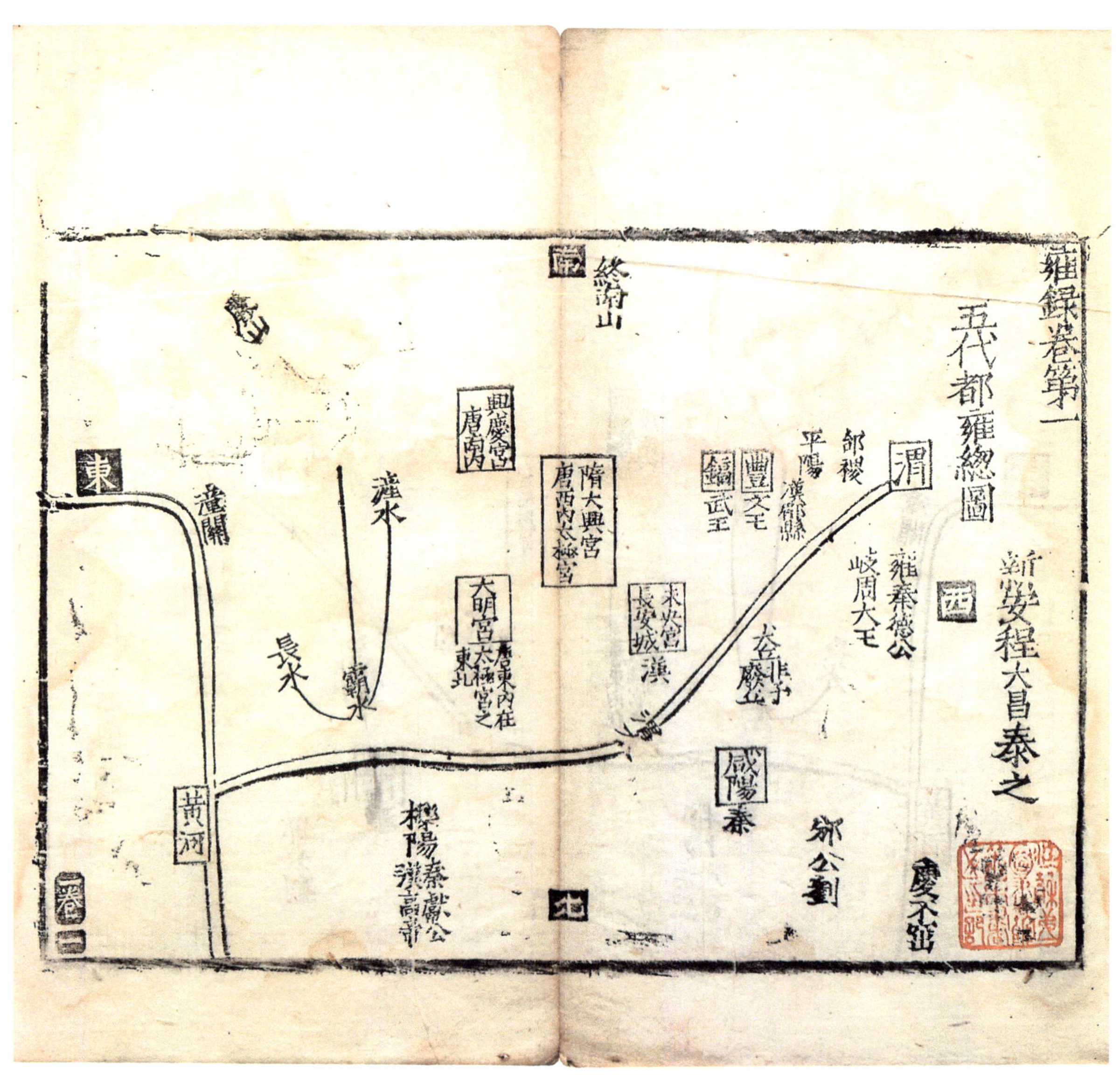

雍录十卷

（宋）程大昌撰　明嘉靖十一年（1532）李经刻本　（清）丁丙跋　四册　名录号及索书号 04215—110309

程大昌（1123—1195），字泰之，安徽徽州休宁人。

此书是一部古地志书，为考订关中（今西安）古迹而编，因关中古为雍州之地，而获名《雍录》，附图甚多。

据载，大昌撰此志时，关中已为金土，隔越江表，是邻国之地。但观其卷五《汉唐用兵攻取守避要地图》，由蜀入秦之迹，与郭允蹈《蜀鉴》所谓由“汉中取关、陕者”大旨相合，加之宋孝宗有志中原，可见其微意。然大昌所居江南，足迹未涉关中，书多参校亦有疏漏，《四库全书总目》评曰：“其搜罗既富，辩证亦详，在舆记之中固为最善之本。”

半叶十行，行二十一字，小字双行同。四周单边，白口。钤“八千卷楼”“嘉惠堂丁氏藏”“汪鱼亭藏阅书”印。

杜氏通典二百卷

（唐）杜佑撰　明嘉靖李元阳刻本　（清）丁丙　丁立中跋　五十册　名录号及索书号 04246—110364

杜氏通典卷第一　增入宋儒議論

唐京兆杜佑君卿纂　明御史後學李元陽仁甫校刊

佑少嘗讀書而性且蒙固不達術數之藝不好章句之學所纂通典實采群言徵諸人事將施有政夫理道之先在乎行教化教化之本在乎足衣食易稱聚人曰財洪範八政一曰食二曰貨管子曰倉廩實知禮節衣食足知榮辱夫子曰既富而教斯之謂也夫行教化在乎設職官設職官在乎審官才審官才在乎精選舉制禮以端其俗立樂以和其心此先哲王致治之大

杜佑（735—812），字君卿，京兆万年（今陕西西安）人。杜佑早年以荫入仕，历官济南郡参军、工部郎中、抚州刺史、御史中丞、户部郎中、饶州刺史、岭南节度使、尚书左丞、淮南节度使、刑部尚书等职。贞元十九年(803)，杜佑拜相。元和元年（806），进拜司徒。元和七年（812），杜佑患病致仕，同年卒于家，追赠太傅，谥号安简。

杜佑虽位极人臣，仍手不释卷，白日忙于公务，晚上孜孜不倦。他博览古今典籍及历代名贤论议，考溯各种典章制度的源流，耗时三十余年，撰成《通典》二百卷。此书记述了远古黄帝时期至唐朝天宝末年的制度沿革，分为食货、选举、职官、礼、乐、兵、刑法、州郡、边防九典，并以说、议、评、论的方式，提出自己的见解和主张，以示劝诫，是中国第一部记述历代典章制度的典志体史书。

《通典》存世最早的版本有上海图书馆、国家图书馆等馆所藏的宋刻本或宋刻递修残卷本，明刻本较为多见。又因《通典》卷帙浩繁，使用不便，至宋时出现《新入诸儒议论杜氏通典详节》一书。此书四十二卷，选择欧阳修、苏洵、王安石、司马光、吕祖谦等两宋二十一位名儒，针对《通典》所言，增入结合宋朝实际所进行的议论，学者认为当是南宋的科举应用之书。后又有《杜氏通典纂要》《通典辑要》等书，皆是《通典》的辑略本。

钤有“浙西郑晓图书”“丁氏八千卷楼藏书记”“八千卷楼藏书印”“丁印立中”等印。郑晓（1499—1566），字窒甫，号淡泉，浙江海盐人。嘉靖二年（1523）进士，授职方主事。累官兵部右侍郎，兼副都御史，总督漕运。改右都御史，协助戎务。后升刑部尚书，因屡忤严嵩，落职归，卒谥端简。郑晓博览群籍，谙熟典故。性喜聚书，藏书甚富。著有《九边图志》《禹贡图说》《端简文集》等。

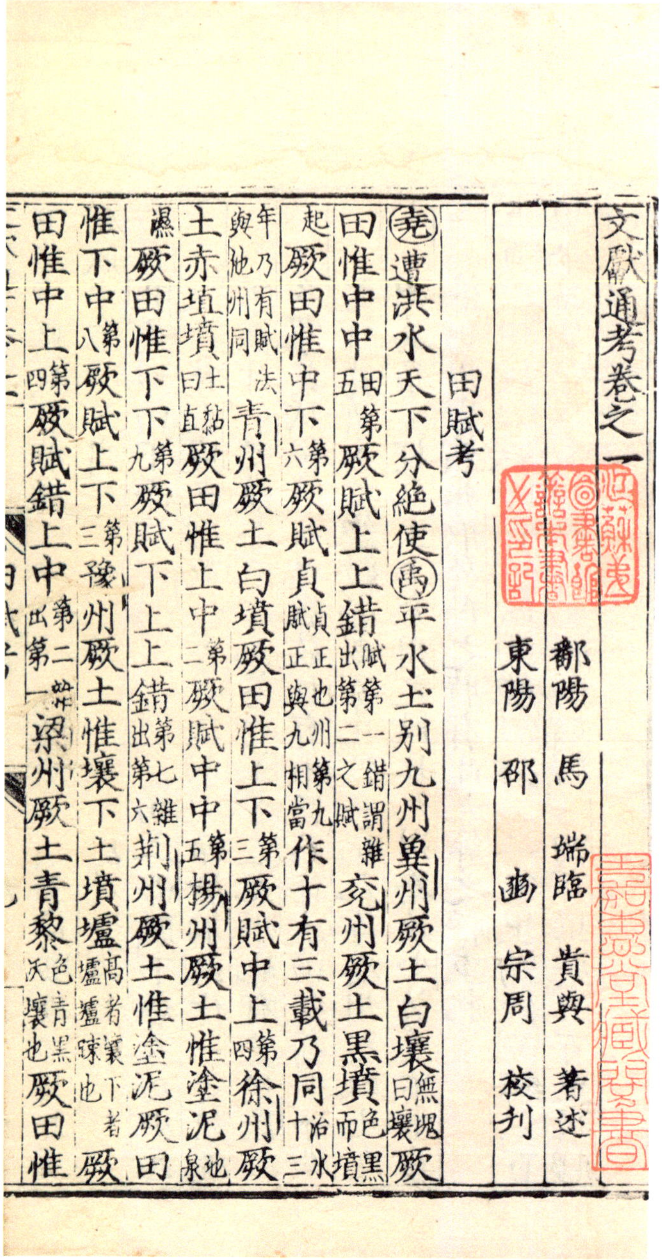

文献通考三百四十八卷

（元）马端临撰　明正德十一至十四年（1516—1519）刘洪慎独斋刻十六年（1521）重修本（有抄配）　（清）丁丙跋　八十册　名录号及索书号 04256—110366

马端临（1254—？），字贵与，号竹洲，饶州乐平（今江西乐平）人。咸淳中漕试第一。宋亡后，曾为慈湖书院山长、柯山书院山长。

此本目录末镌牌记“皇明正德戊寅慎独精舍刊行”，卷五十八末锓牌记“皇明正德丙子慎独斋刊”，卷二百十八末刻牌记“皇明正德岁在戊寅慎独斋刊”。刘氏慎独斋为明代建阳较为著名的刻书者，《书林清话》言“明人刻书之精品”云：“其中刻书独多，为刘洪慎独斋，刘宗器安正堂，而皆建阳产。”

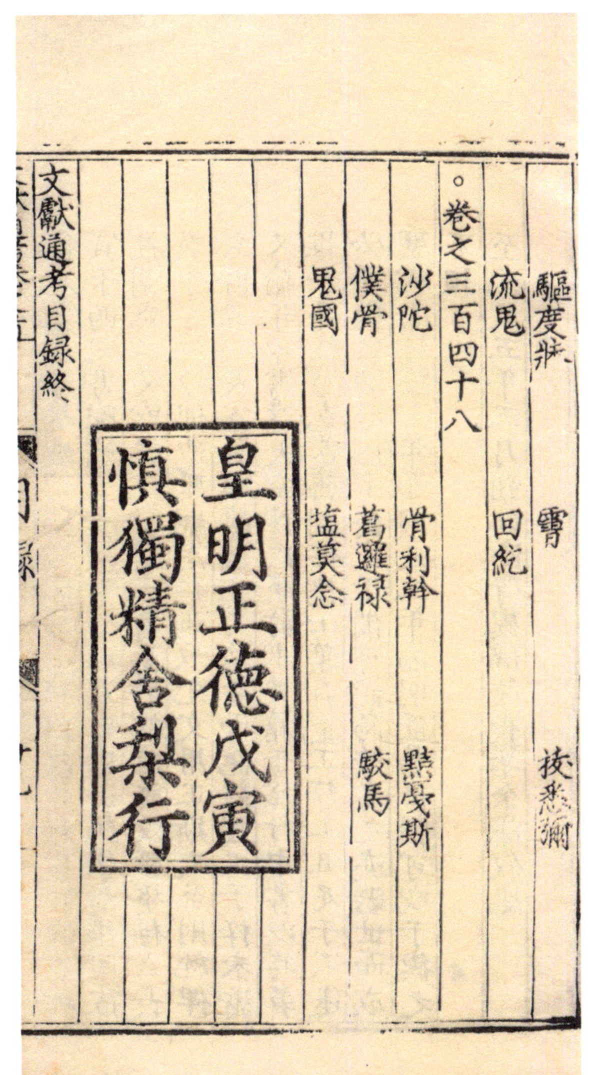

驅度寐　霫　拔悉彌
流鬼　回紇
○卷之三百四十八
沙陀　骨利幹　黠戛斯
僕骨　葛邏祿　駮馬
鬼國　鹽莫念

皇明正德戊寅
慎獨精舍梨行

文獻通考目録終

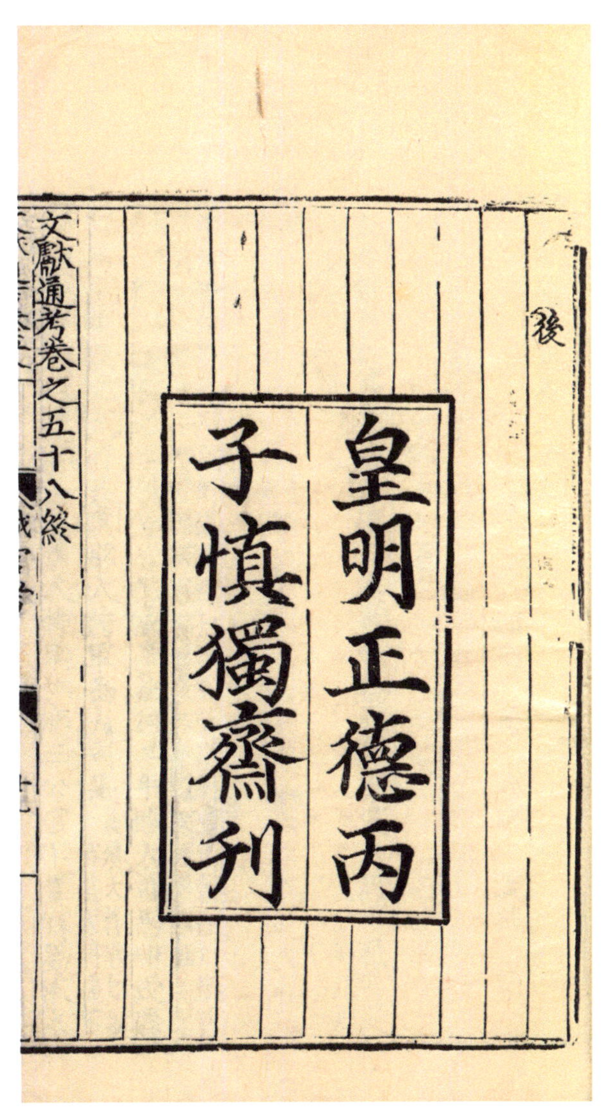

後

皇明正德丙
子慎獨齋刋

文獻通考卷之五十八終

大明集禮卷之一
吉禮第一
祀天
總叙
天子之禮莫大於事天故有虞夏商皆郊天配
祖所從來尚矣周官大司樂冬至日祀天於地
上之圜丘大宗伯以禋祀祀昊天上帝孝經曰
周公郊祀后稷以配天所以重報本反始之義
而其禮則貴誠而尚質見於遺經者可考也秦

大明集礼五十三卷

（明）徐一夔　梁寅等撰　明嘉靖九年（1530）内府刻本（卷十三至二十、二十四至二十五、二十七至三十四、三十七至四十四、五十至五十一配清抄本）　五十册　名录号及索书号 04298—114542

徐一夔（1319—1399），字大章，浙江天台人。元末任建宁路教授，洪武间任翰林。博学工文，颇受宋濂推崇。明初主持修撰礼书，后奉召修《大明日历》。著有《始丰稿》《洪武杭州府志》等。《明史》有传。

梁寅（1303—1390），字孟敬，人称石门先生，江西新余人。家贫，自学不倦，元末为

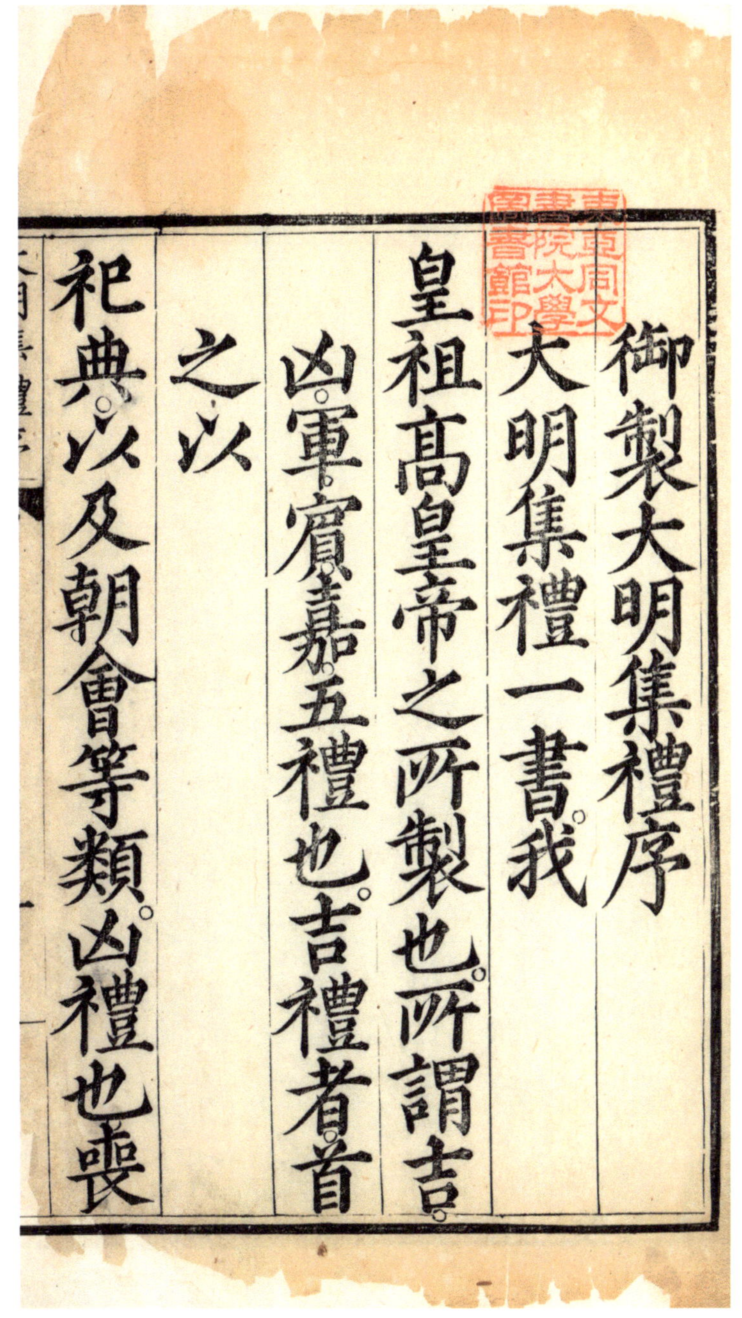
御製大明集禮序
大明集禮一書我
皇祖高皇帝之所製也所謂吉
凶軍賓嘉五禮也吉禮者首
之以
祀典以及朝會等類凶禮也喪

集庆路儒学训导，后辞归隐居教授。明初与修礼书，议论精详，诸儒推服。于石门山讲学，士子多从之，誉为“梁五经”。著有《周礼考注》《石门集》等。《明史》有传。

《大明集礼》初修于明洪武三年（1370），但修而未刊，密藏内府160年，至明嘉靖九年（1530），明世宗为祭祀改制，始正式刊布。

全书分“吉礼”“嘉礼”“宾礼”“军礼”“凶礼”“冠服”“车辂”“仪仗”“卤簿”“字学”“乐”，凡十一类。正文卷端首行顶格题“大明集礼卷之某”，次行低一格题类名及类次。凡朝代皆以黑底白文双圈标示。文中有小白圈断句。是书为明朝第一部礼制全书，亦是研究明代礼制史的重要文献。书中钤有朱印方印“东亚同文书院大学图书馆印”。

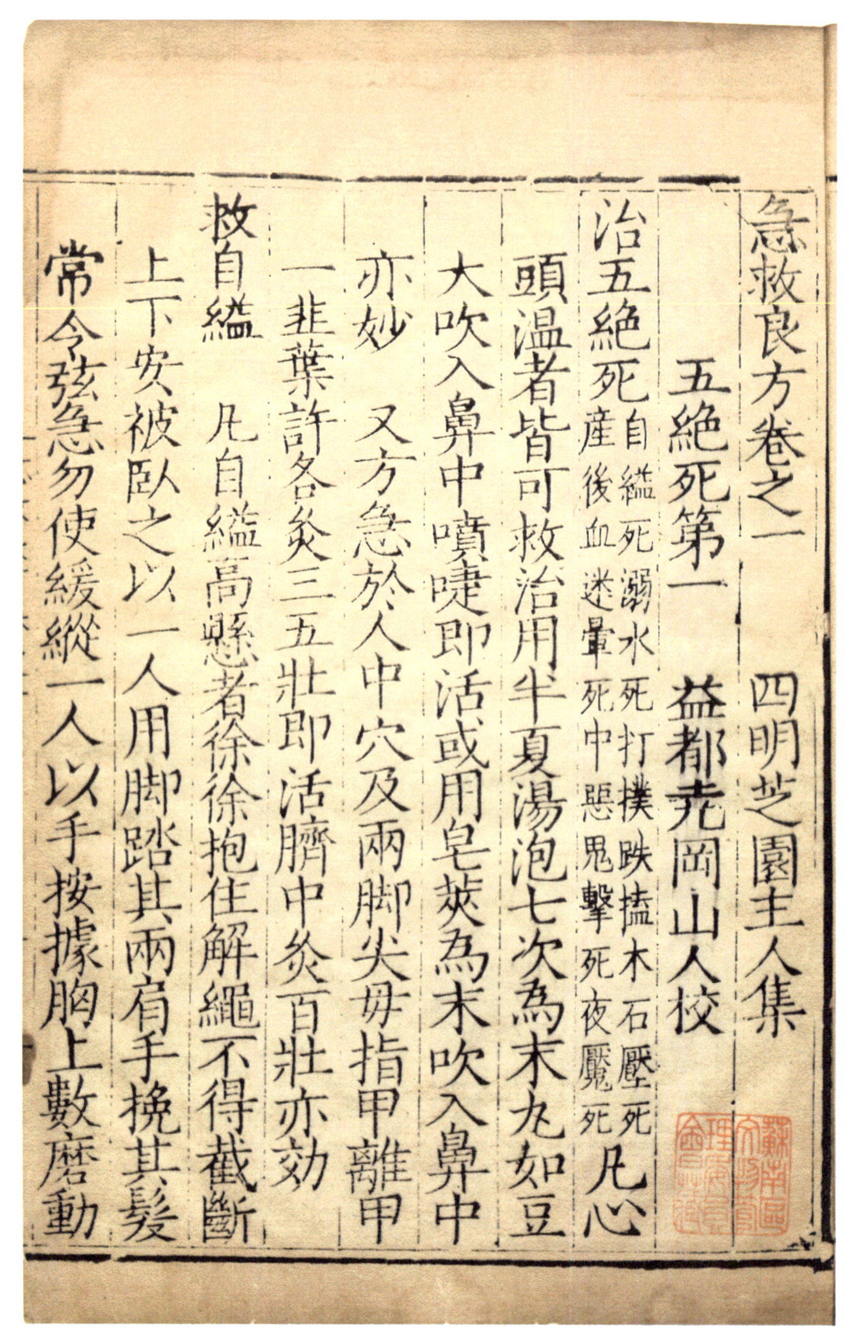
急救良方卷之一　　四明芝園主人集
五絕死第一　　益都尭岡山人校
治五絕死自縊死溺水死打撲跌搕木石壓死産後血迷暈死中惡鬼擊死夜魘死凡心
頭温者皆可救治用半夏湯泡七次為末丸如豆
大吹入鼻中噴嚏即活或用皂莢為末吹入鼻中
亦妙　又方急於人中穴及兩脚尖毋指甲離甲
一韭葉許各灸三五壯即活臍中灸百壯亦効
救自縊　凡自縊高懸者徐徐抱住解繩不得截斷
上下安被臥之以一人用脚踏其兩肩手挽其髮
常令弦急勿使緩縱一人以手按據胸上數磨動

急救良方二卷

（明）张时彻辑　明嘉靖二十九年（1550）自刻本　二册　名录号及索书号 04605—116686

张时彻（1500—1577），字惟静、九一，号东沙、芝园，鄞县（今浙江宁波）人。明嘉靖二年（1523）进士。历官至南京兵部尚书。著有《善行录》《明文苑》《芝园定集》等。生平详见王世贞撰《资德大夫南京兵部尚书参赞机务东沙张公墓志铭》。

著者感穷乡僻壤往往无医，且有亦索值甚昂，故刻此书以希人能自救、救人。著者恻隐之心可嘉，然穷乡僻壤之人能否识字，又有无银钱购书则未知虑及否。此书诸方今仍有实用价值，若能一一实验证明，则于今之急救当亦有助。

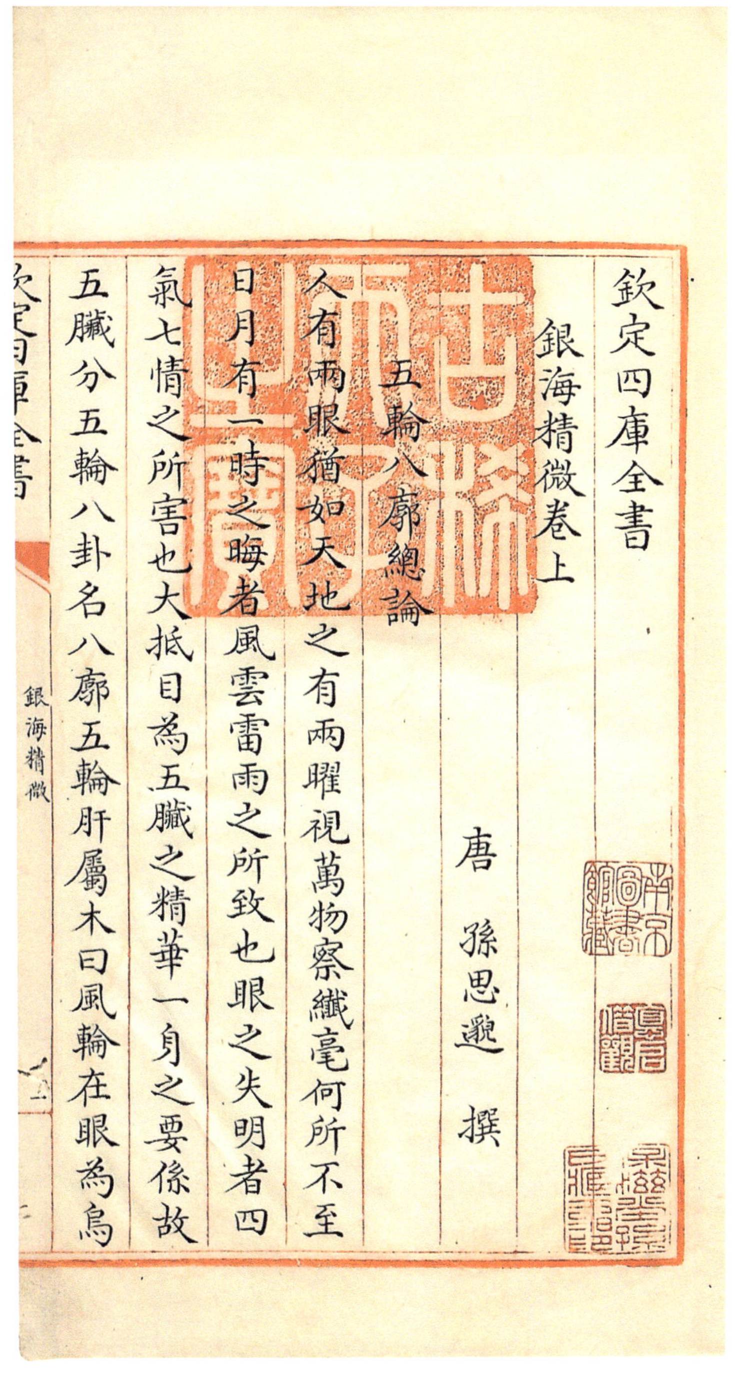

欽定四庫全書

銀海精微卷上

唐　孫思邈　撰

五輪八廓總論

人有兩眼猶如天地之有兩曜視萬物察纖毫何所不至日月有一時之晦者風雲雷雨之所致也眼之失明者四氣七情之所害也大抵目為五臟之精華一身之要係故五臟分五輪八卦名八廓五輪肝屬木曰風輪在眼為烏

欽定四庫全書

銀海精微

银海精微二卷

题（唐）孙思邈撰　清乾隆内府写南三阁四库全书本　二册　名录号及索书号 04620—117030

撰者不详。后人常托名孙思邈所著。《四库全书总目》：“方技之家，率多依托。但求其术之可用，无庸核其书之必真。”

银海，眼睛之义。苏轼《雪后书北台壁二首・其二》：“冻合玉楼寒起粟，光摇银海眩生花。”《瀛奎律髓》引用王安石的说法，称道家书籍中以肩为玉楼，目为银海。

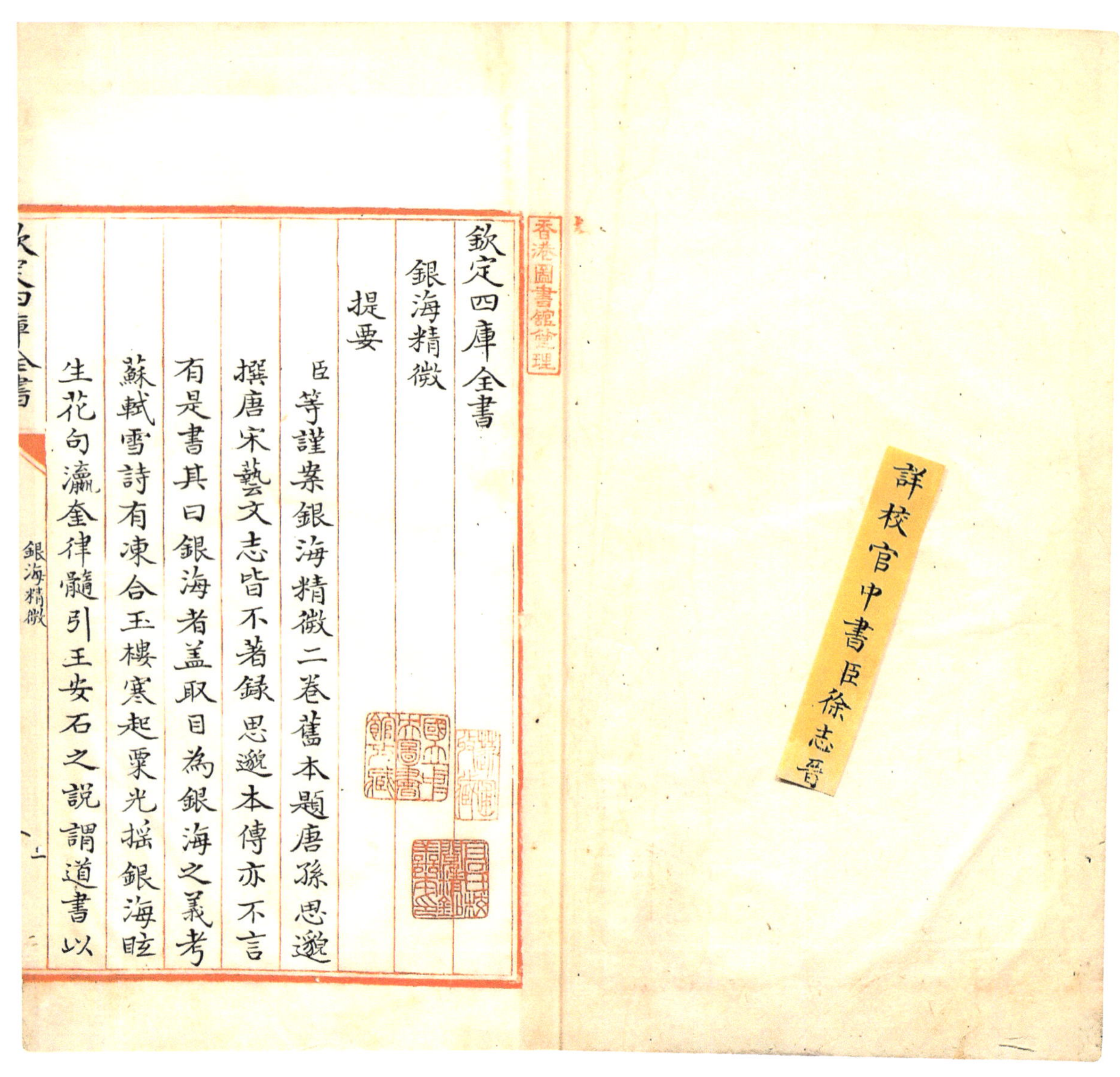

欽定四庫全書

銀海精微

提要

臣等謹案銀海精微二卷舊本題唐孫思邈撰唐宋藝文志皆不著録思邈本傳亦不言有是書其曰銀海者蓋取目為銀海之義考蘇軾雪詩有凍合玉樓寒起粟光搖銀海眩生花句瀛奎律髓引王安石之説謂道書以

銀海精微

詳校官中書臣徐志

是书是一部眼科专书，各册护叶浮签上均墨笔详书校官姓名。正文前有《四库》之《银海精微》提要，末有《银海精微序》。正文分二卷，卷上首为“五轮八廓总论”；其后至卷下上半，配图列各种眼病及诊治之法约八十种；卷下后半，记录各种治眼药方约百种；末为“五脏要论”“审症应验口诀”“审症秘论”“辩眼经脉交传病症论”“用夹法”“开金针法”“观音咒”“眼科用药次第法”“金针眼科经验方药诗括”“丹药和论”“药性论”。

书衣为团龙黄缎。《提要》首钤“高氏校阅精钞善本印”朱文方印，正文首卷卷端钤“保滋堂孙氏臧书印”“德启借观”“古稀天子之宝”，卷上末钤“乾隆御览之宝”，卷下卷端钤“芹圃收藏”。

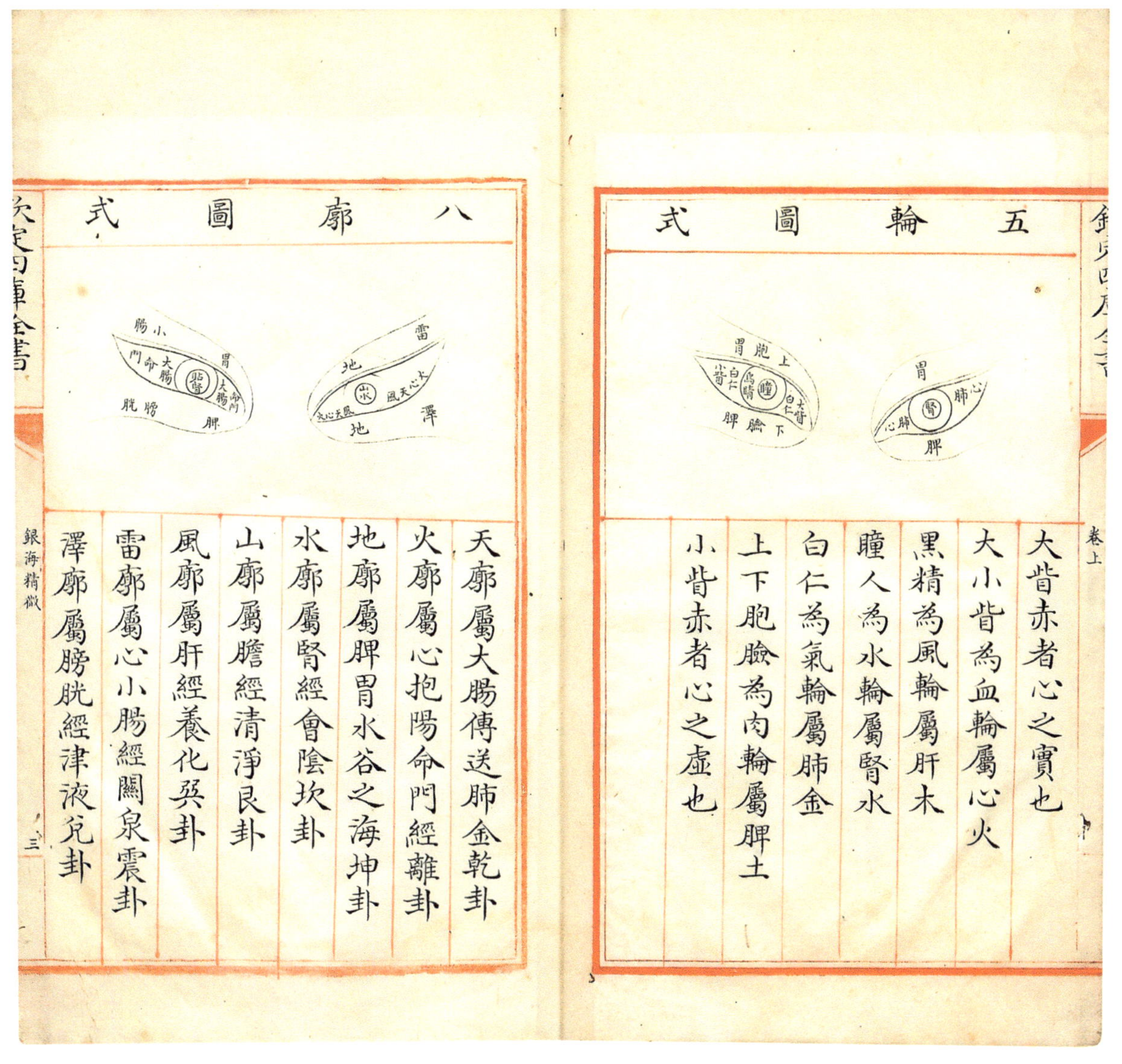

五輪圖式

大眥赤者心之實也
大小眥為血輪屬心火
黑精為風輪屬肝木
瞳人為水輪屬腎水
白仁為氣輪屬肺金
上下胞瞼為肉輪屬脾土
小眥赤者心之虛也

八廓圖式

天廓屬大腸傳送肺金乾卦
火廓屬心抱陽命門經離卦
地廓屬脾胃水谷之海坤卦
水廓屬腎經會陰坎卦
山廓屬膽經清淨艮卦
風廓屬肝經養化巽卦
雷廓屬心小腸經關泉震卦
澤廓屬膀胱經津液兌卦

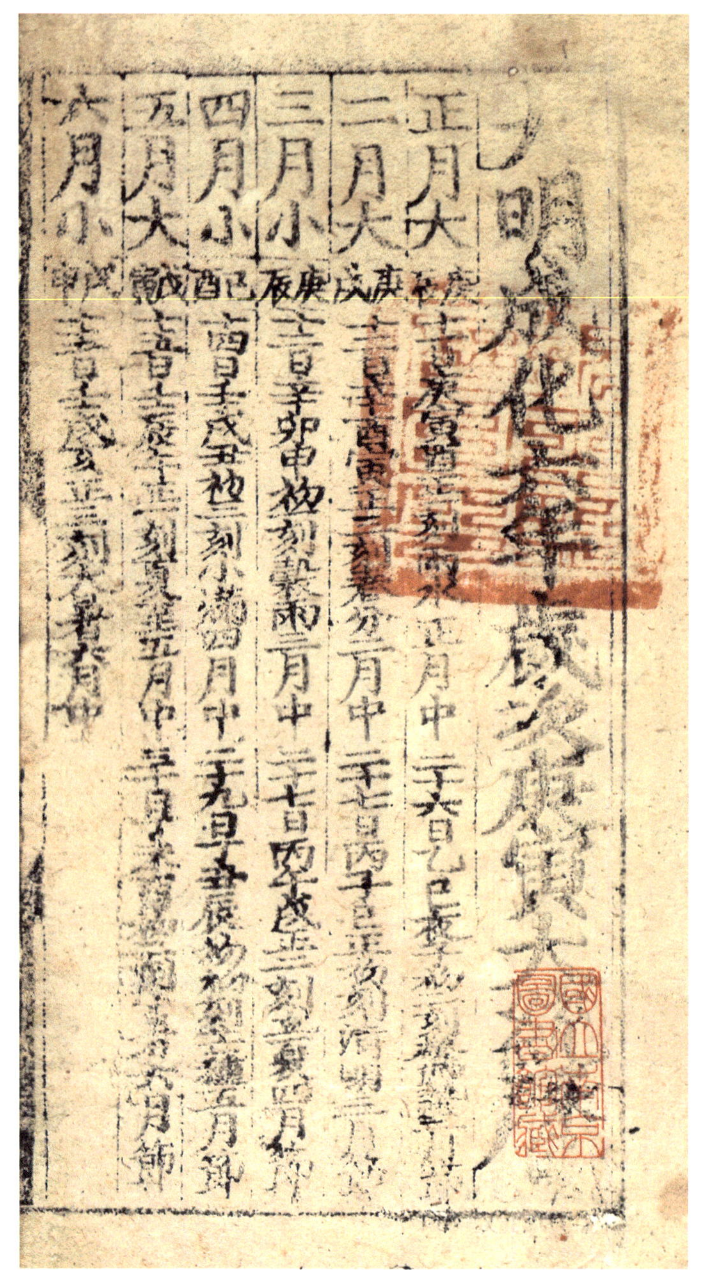

大明成化六年岁次庚寅大统历一卷

明成化刻本　一册　名录号及索书号 04637—117429

明代官颁历书袭用元《授时历》，改称《大统历》。

此书首叶为月份节气，起首印有历日全称“大明成化六年岁次庚寅大统历”。次叶为“年神方位之图”。后按月、日编排列表，每月一叶，凡十二叶。每月标明月之大小、月中建日为何日及各日用事宜忌等。末叶为年号纪年表，自成化六年（1470）始，回推往年纪年至正统元年，列出每年干支、闰月、五行、属相、所生之人岁数、男女命宫等。

此书应为民间所用历书。封面有木记“钦天监奏准印造大统历日颁行天下伪造者依律处斩有能告捕者官给赏银五十两如无本监历日印信即同私历”，并钤“钦天监历日印”。

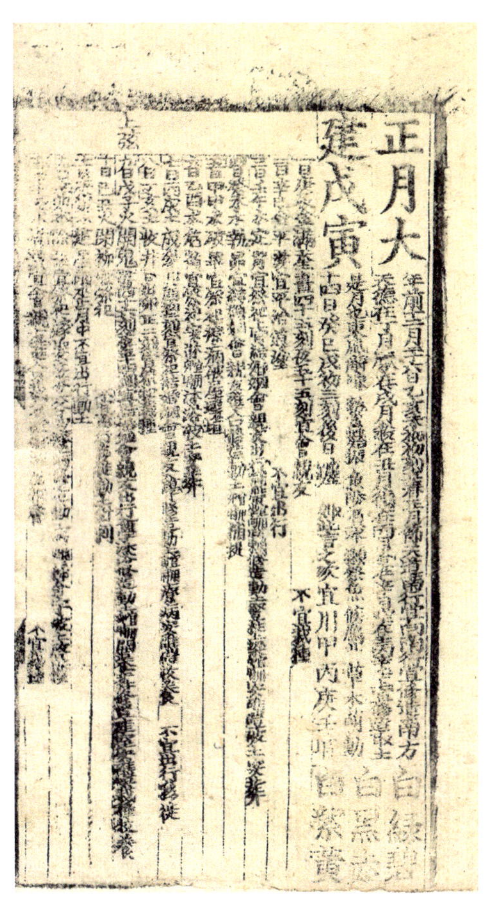
正月大

建戊寅

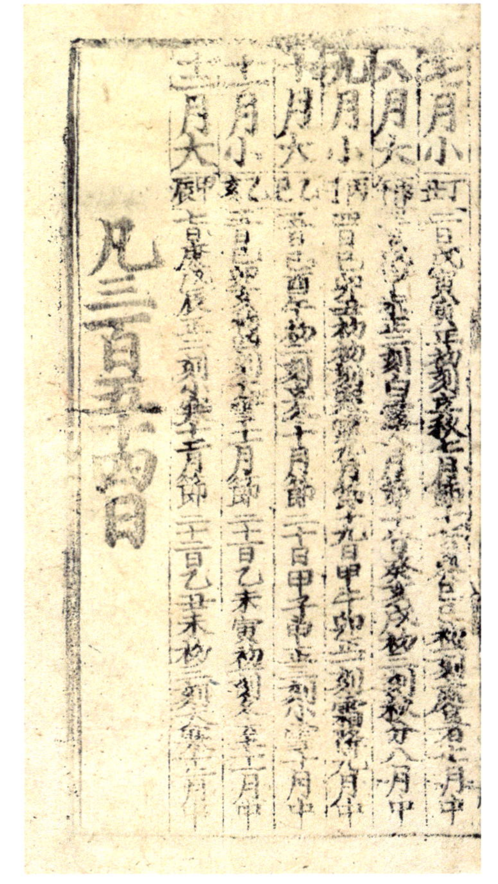
七月小

八月大

九月小

十月大

十一月小

十二月大

凡三百五十四日

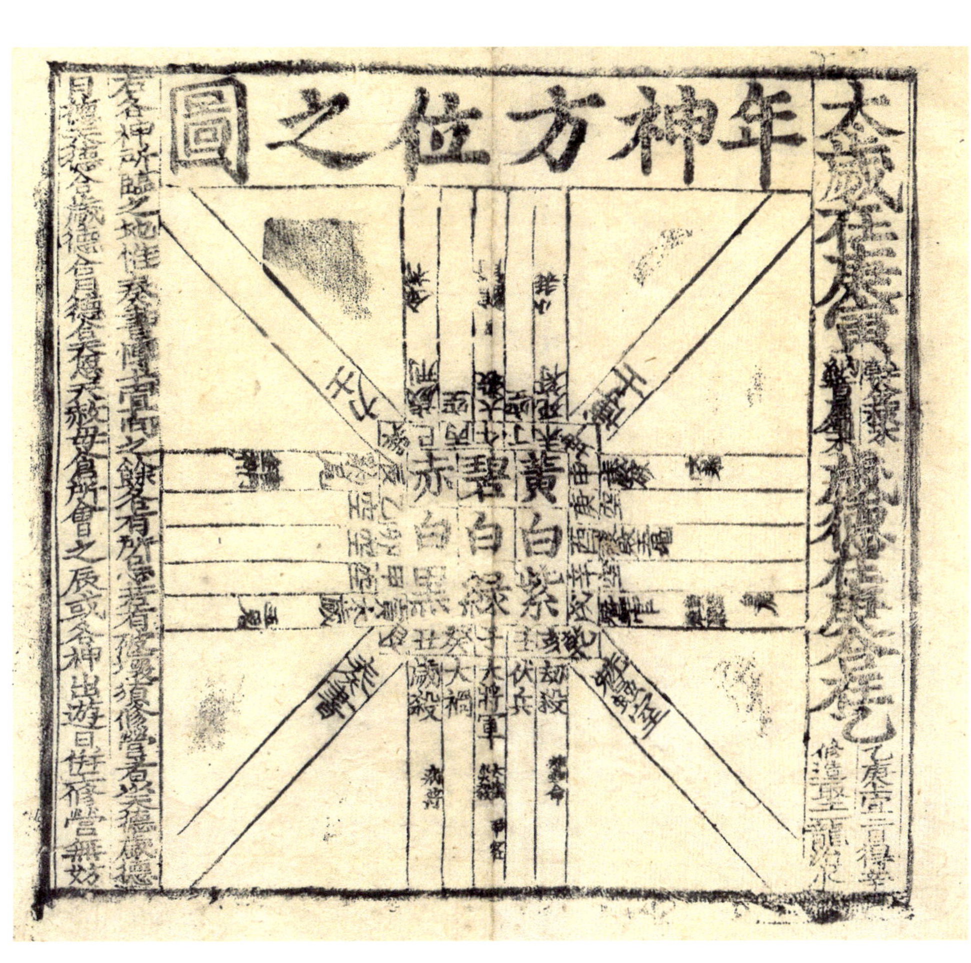
年神方位之圖

太歲在庚寅

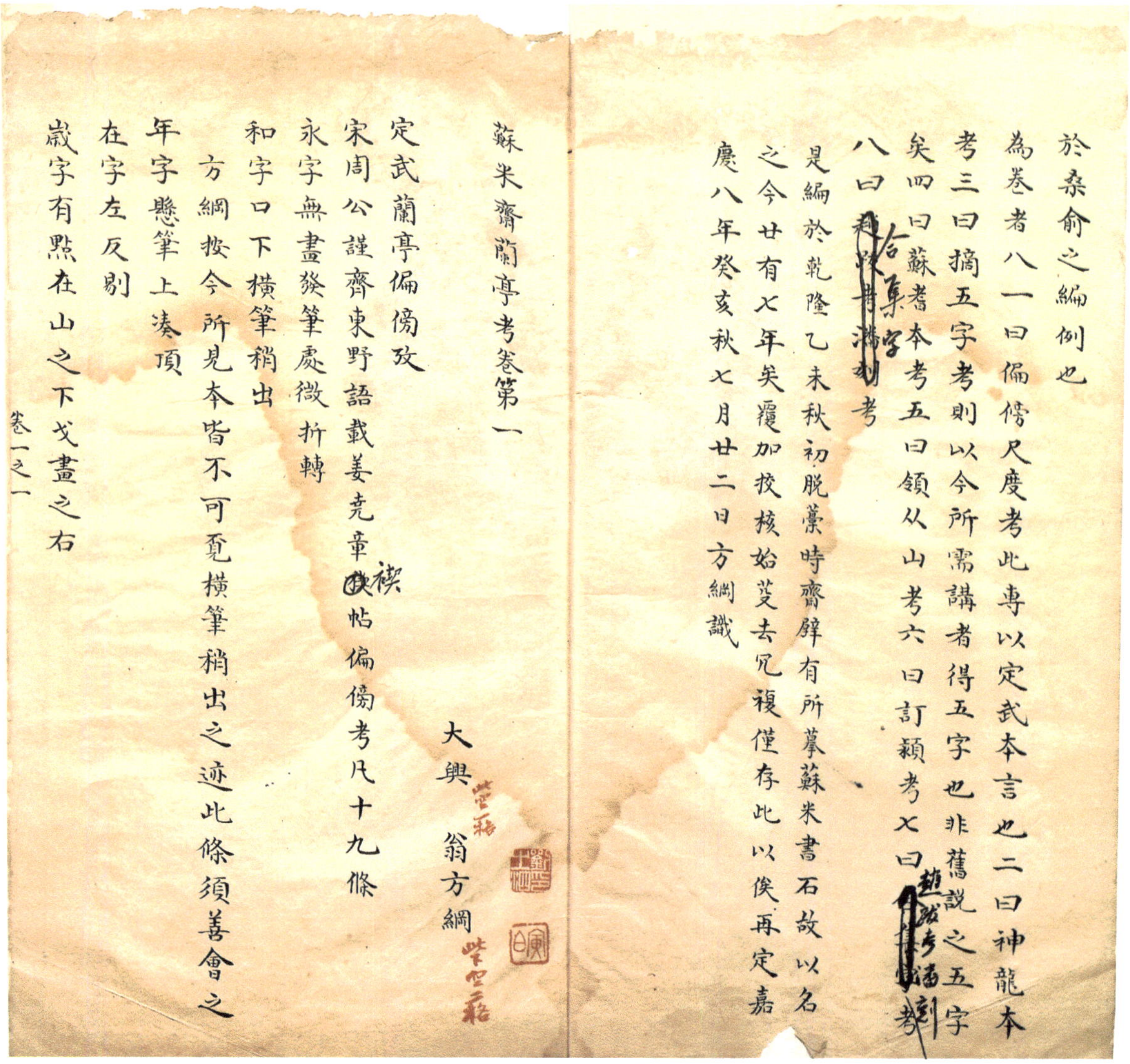
於桑俞之編例也
為卷者八一曰偏傍尺度考此專以定武本言也二曰神龍本
考三曰摘五字考則以今所需講者得五字也非舊說之五字
矣四曰蘇齋本考五曰領从山考六曰訂穎考七曰
八曰
是編於乾隆乙未秋初脫槀時齋壁有所摹蘇米書石故以名
之今廿有七年矣覆加按核始芟去冗複僅存此以俟再定嘉
慶八年癸亥秋七月廿二日方綱識

蘇米齋蘭亭考卷第一
大興 翁方綱
定武蘭亭偏傍攷
宋周公謹齊東野語載姜堯章禊帖偏傍考凡十九條
永字無畫發筆處微折轉
和字口下橫筆稍出
方綱按今所見本皆不可覓橫筆稍出之迹此條須善會之
年字懸筆上湊頂
在字左反剔
歲字有點在山之下戈畫之右
卷一之一

苏米斋兰亭考八卷

（清）翁方纲撰　稿本　刘之泗跋　二册　名录号及索书号 04669—117144

翁方纲（1733—1818），字正三，号覃溪，一号苏斋，直隶大兴（今北京）人。乾隆十七年（1752）进士。授编修，历充考官，督学政，官至内阁学士。工书法，晓经术，精鉴别，通金石、谱录、辞章之学。有《两汉金石记》《复初斋集》《石洲诗话》等。《清史稿》有传。

是书为书法考据著作，前有翁方纲《苏米斋兰亭考自序》，序中称："是编于乾隆乙未秋初脱稿，时斋壁有所摹苏米书石，故以名之。"书内天头、行间有翁氏朱、墨笔校改注释。苏斋丛书本即依此稿刊刻。

钤有"刘之泗""寅日""鲁公""畏斋""镏""桐城姚氏小红鹅馆收藏"等印。

或曰既知此崇字山頭中一直末有向左蹙起之勢則向左蹙起正與左外一筆相連豈非先中直而後左挑乎予曰不然第觀懷仁所集最分明其先以左挑一筆者開局甚寬也其中一直與右一斜下之直相聯接者其勢連下也此為先左挑而後中直無疑也中直末若不向左蹙起則右直無由聯接也此疎密迴合天然章法也

崇字必以懷仁集聖教序為圭臬而聖教近時拓本此字山下右邊小點有略可辨者有竟不可辨者予見宋拓精本數十篋矣惟畢下郭允伯本後歸吾里米紫來此其崇字最分明山下右邊一點竟是舊存下半而上半被捲去者此與左二小點之失皆不可以臆推也為影搨郭本於此以資印證嘉慶丁卯五月二十日

崇

畢下郭允伯所藏宋拓聖教序崇字如此 後歸於米紫來

山下右點似捲去上半狀從来所見聖教未有如此分明者 丁卯五月二十日記

此外如元祐秘閣重摹本如明晉藩藏本如四明天一閣本右點雖未極犀利而皆不及此之得真也

崇字褚本山下三點考

按崇字山下三點在褚本尤有關繫蓋諸本之原流同異胥於此證之今略區其細目曰神龍本曰蘇太簡本曰穎井本曰張金界奴本皆各以類附焉

神龍本

北宋劉無言所摹於秘閣本右一點向左迴帶極犀利按懷仁

卷三之八

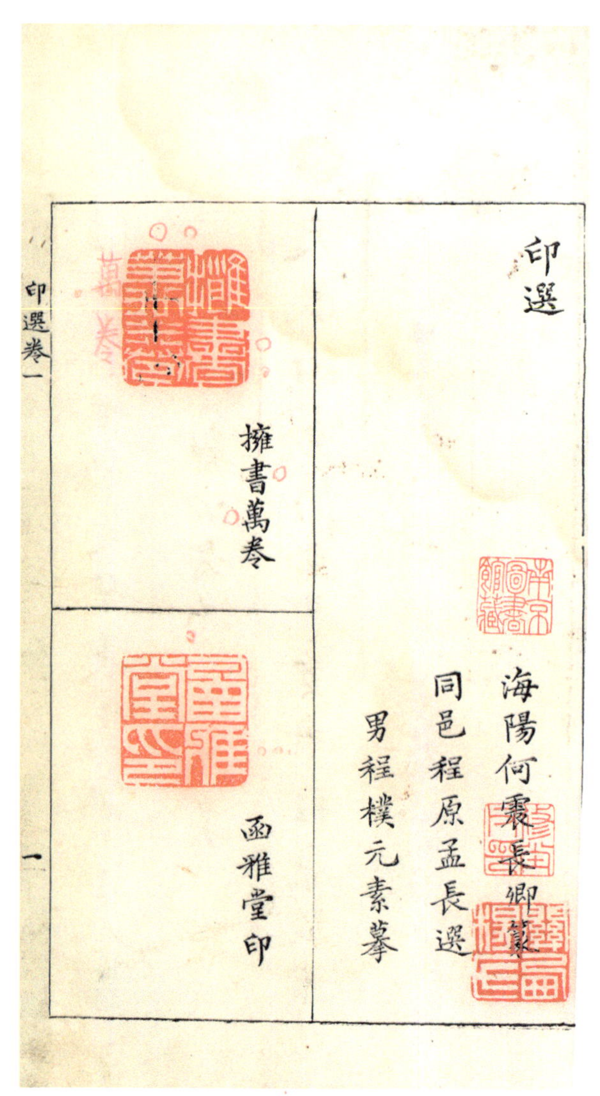
印選

海陽何震長卿篆
同邑程原孟長選
男程樸元素摹

擁書萬卷

函雅堂印

印選卷一

一

印选二卷

（明）何震篆刻　（明）程原辑　（明）程朴摹刻　明天启六年（1626）刻程朴摹刻钤印本　二册　名录号及索书号 04696—119374

何震，字主臣、长卿，号雪渔，徽州婺源（今江西婺源）人。

程原，字孟长，一字六水，新安（今安徽歙县）人。

程朴，字元素，新安（今安徽歙县）人

正文前有明天启六年陈继儒《印选叙》、明天启六年韩敬《印选序》、明陈赤《序忍草堂印选》、明天启六年程原《自叙》。全书分二卷，钤程朴所摹刻的何震印千余枚，几乎与何震所刻原印一般无二。

框高 20.1 厘米，宽 14.1 厘米。均分为四格，每格钤一印，释印文字行数及每行字数均不等。四周单边，白口，版心上题印选、卷次，下镌页次。

封面墨笔题“印选”卷次，又有民国佚名墨笔题记。正文首卷卷端钤“关西杨氏”白文方印、“修堂父印”朱文方印。

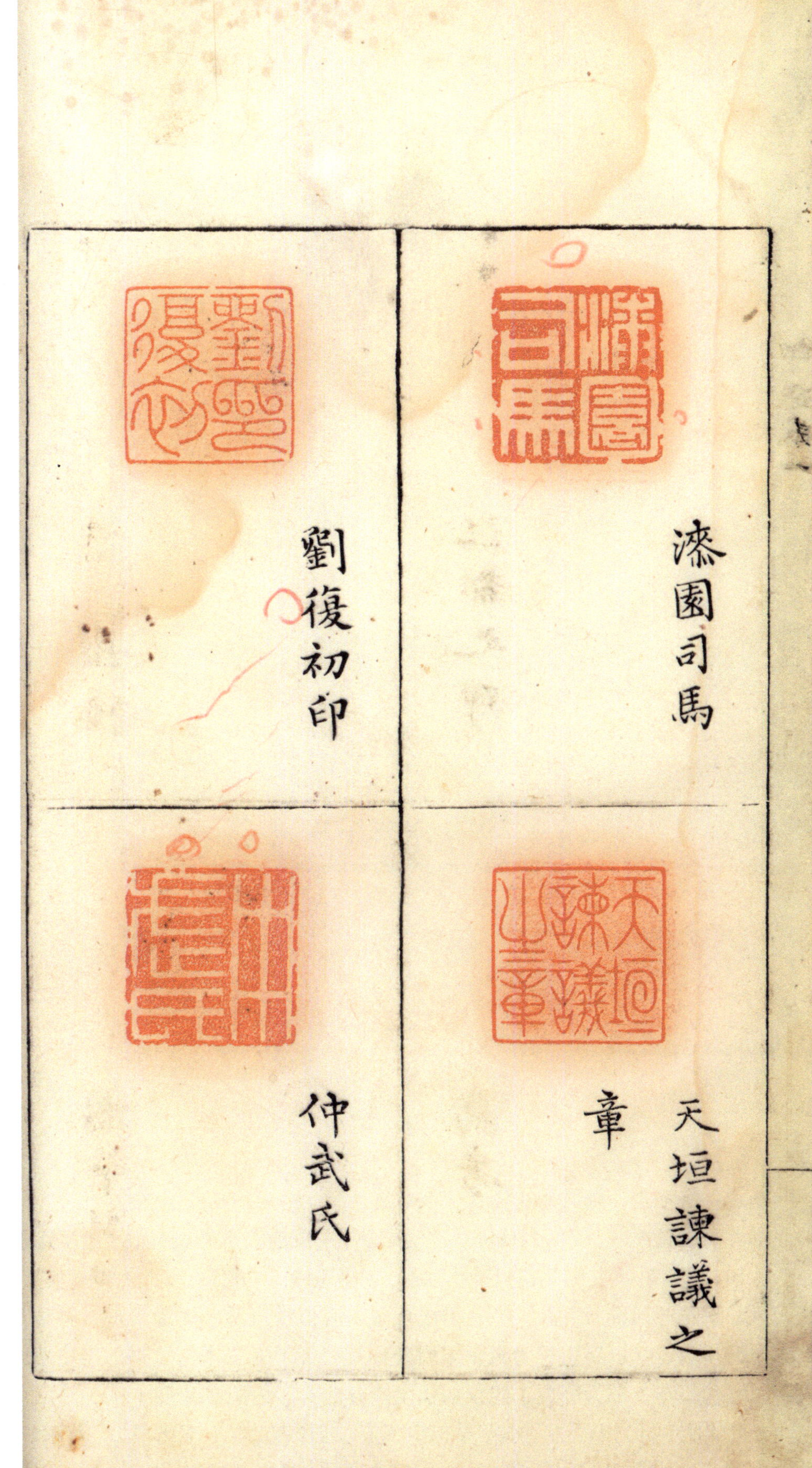

漆園司馬

劉復初印

天垣諫議之章

仲武氏

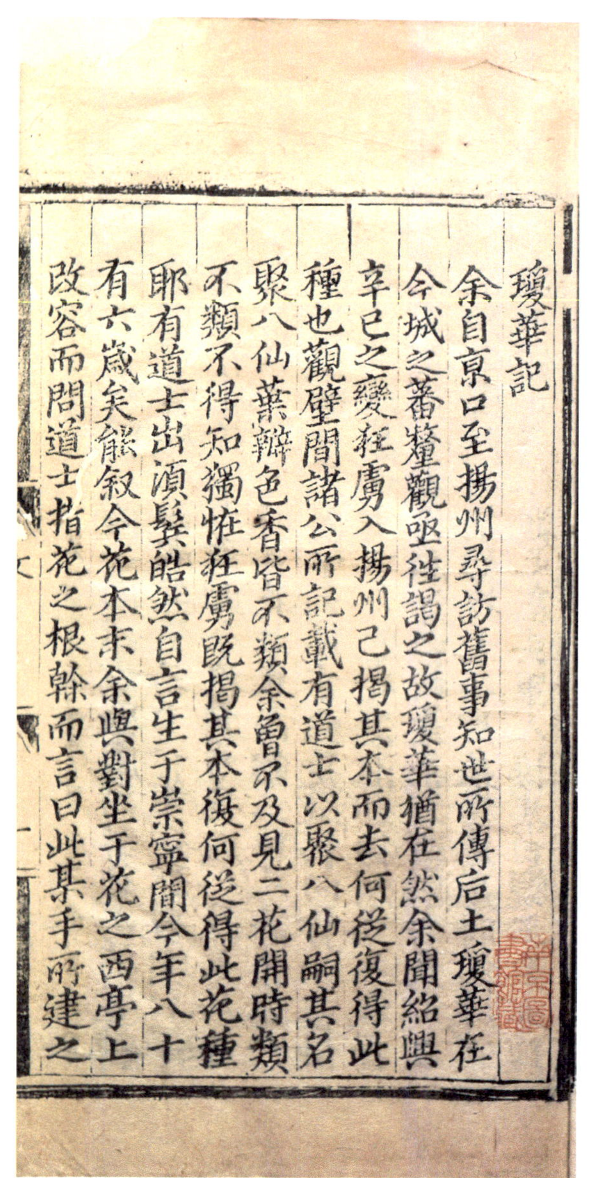
瓊華記
余自京口至揚州尋訪舊事知世所傳后土瓊華在
今城之蕃釐觀亟往謁之故瓊華猶在然余聞紹興
辛巳之變狂虜入揚州已揭其本而去何從復得此
種也觀壁間諸公所記載有道士以聚八仙嗣其名
聚八仙葉瓣色香皆不類余曾不及見二花開時類
不類不得知獨恠狂虜既揭其本復何從得此花種
耶有道士出須鬓皓然自言生于崇寧間今年八十
有六歲矣能叙今花本末余與對坐于花之西亭上
改容而問道士指花之根榦而言曰此某手所建之

扬州琼华集一卷

（明）杨端撰　明成化二十三年（1487）刻本　（清）丁申　丁丙跋　一册　名录号及索书号 04715—110850

杨端，字惟正，鄞县（今浙江宁波）人。

撰者寓居扬州时，受南台侍郎杨立斋之属，采摭前人琼花篇什，凡记序诗赋，皆汇为一编。

琼华，即琼花。古传此花只扬州独有，亦作琼树。据书中宋词《醉蓬莱》中载，此花“占断天风，岁花开两次。九朵一苞，攒成环玉，心似珠玑缀。瓣瓣玲珑，枝枝洁净，世上无花类”。扬州琼花又以后土祠为最，宋周密称其“天下无二本”。书前丁申跋赞曰：“偶一翻阅，觉意蕊心花，都为舒放，岂仅如枯木逢春哉？”内附琼华图。

半叶十行，行二十一字，小字单行字不定。四周双边，上下粗黑口，双顺花鱼尾。钤“八千卷楼”印。

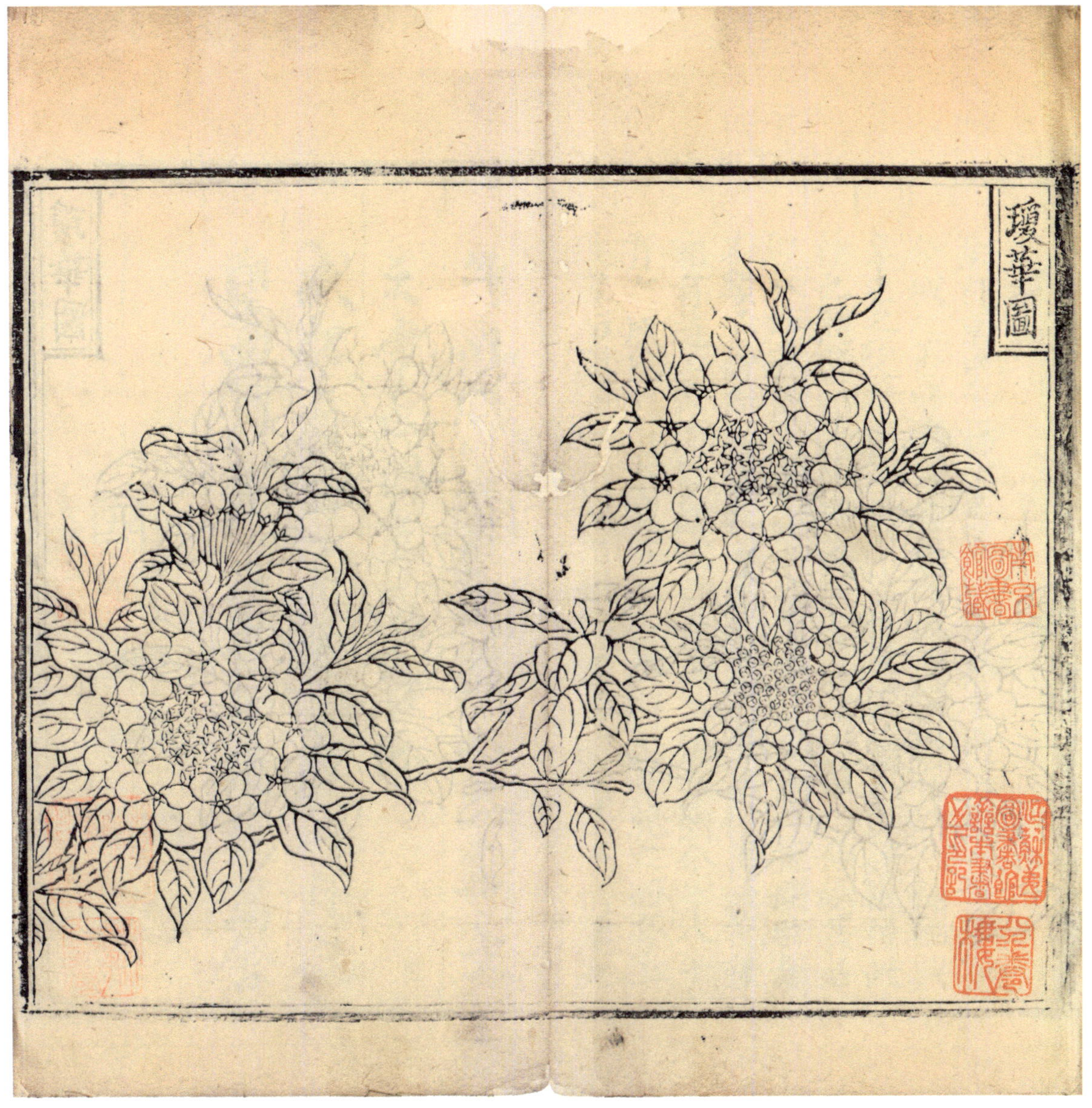
瓊華圖

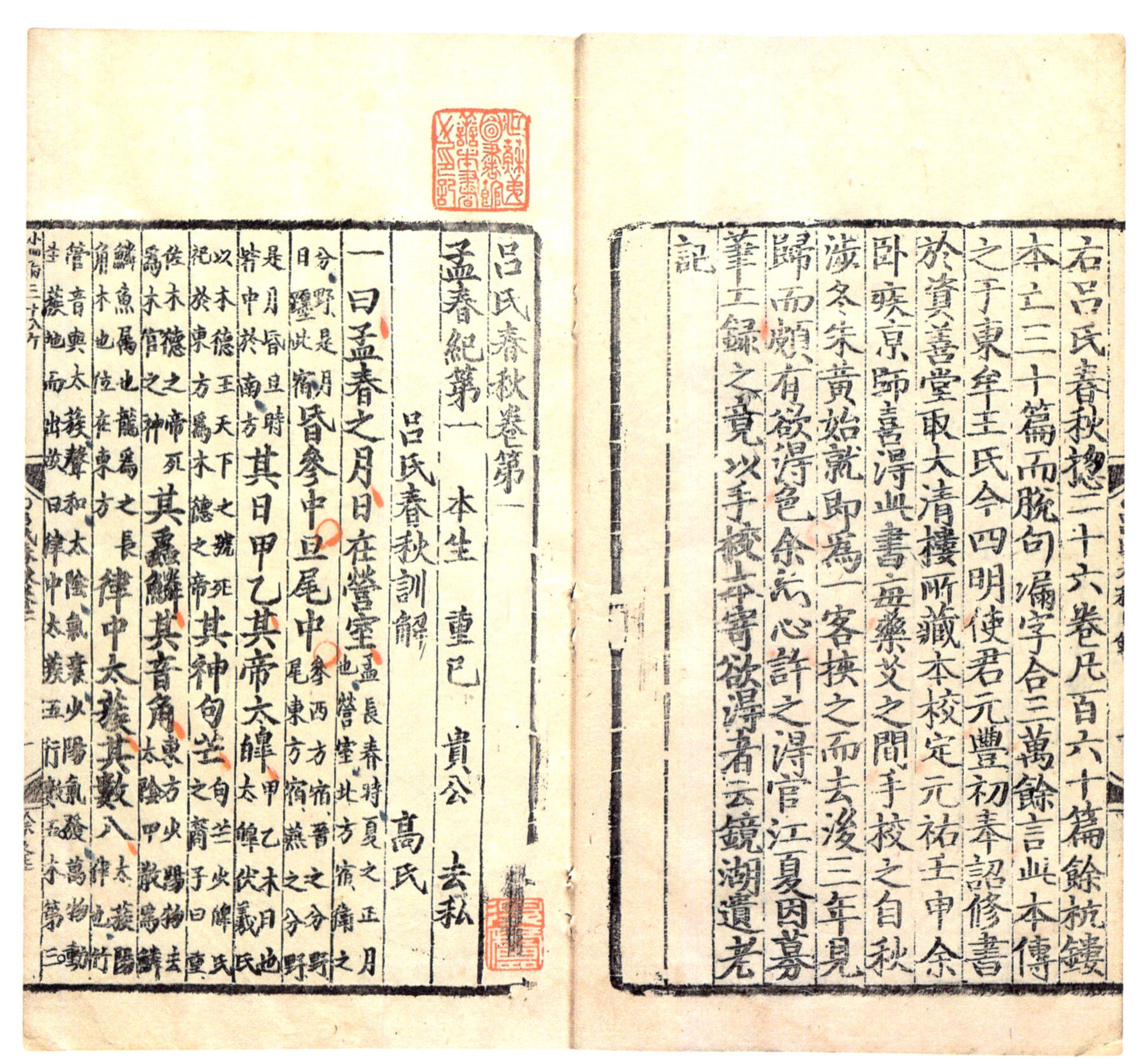
右吕氏春秋總二十六卷凡百六十篇餘杭鏤本亡三十篇而脱句漏字合三萬餘言此本傳之于東牟王氏令四明使君元豐初奉詔修書於資善堂取太清樓所藏本校定元祐壬申余卧疾京師喜得此書無藥艾之間手校之自秋涉冬朱黄始就即爲一客挟之而去後三年見歸而頗有欲得色余亦心許之得官江夏因募筆工録之竟以手校本寄欲得者云鏡湖遺老記

吕氏春秋卷第一

孟春紀第一　本生　重己　貴公　去私

吕氏春秋訓解　高氏

一曰孟春之月孟長也春時夏之正月也日在營室營室北方宿衛之分野是月昏參中旦尾中參西方宿晉之分野尾東方宿燕之分野其日甲乙甲乙木日也其帝太皞太皞伏羲氏以木德王天下之號死祀於東方爲木德之帝其神句芒句芒少皞氏之裔子曰重佐木德之帝死爲木官之神其蟲鱗鱗魚屬也龍爲之長其音角角木也位在東方律中太蔟其數八

吕氏春秋二十六卷

（汉）高诱注　明弘治十一年（1498）李瀚刻本　（清）丁丙跋　六册　名录号及索书号04721—110621

《吕氏春秋》又名《吕览》，为秦国丞相吕不韦召集门下客所撰。因其汇集了先秦各家学说，历来被归入杂家类著述。东汉高诱为之作注。高诱，涿县（今河北涿州）人。少从卢植受学。建安十七年（212）由濮阳令迁监河东。曾注《淮南鸿烈》《战国策》《孝经》等。

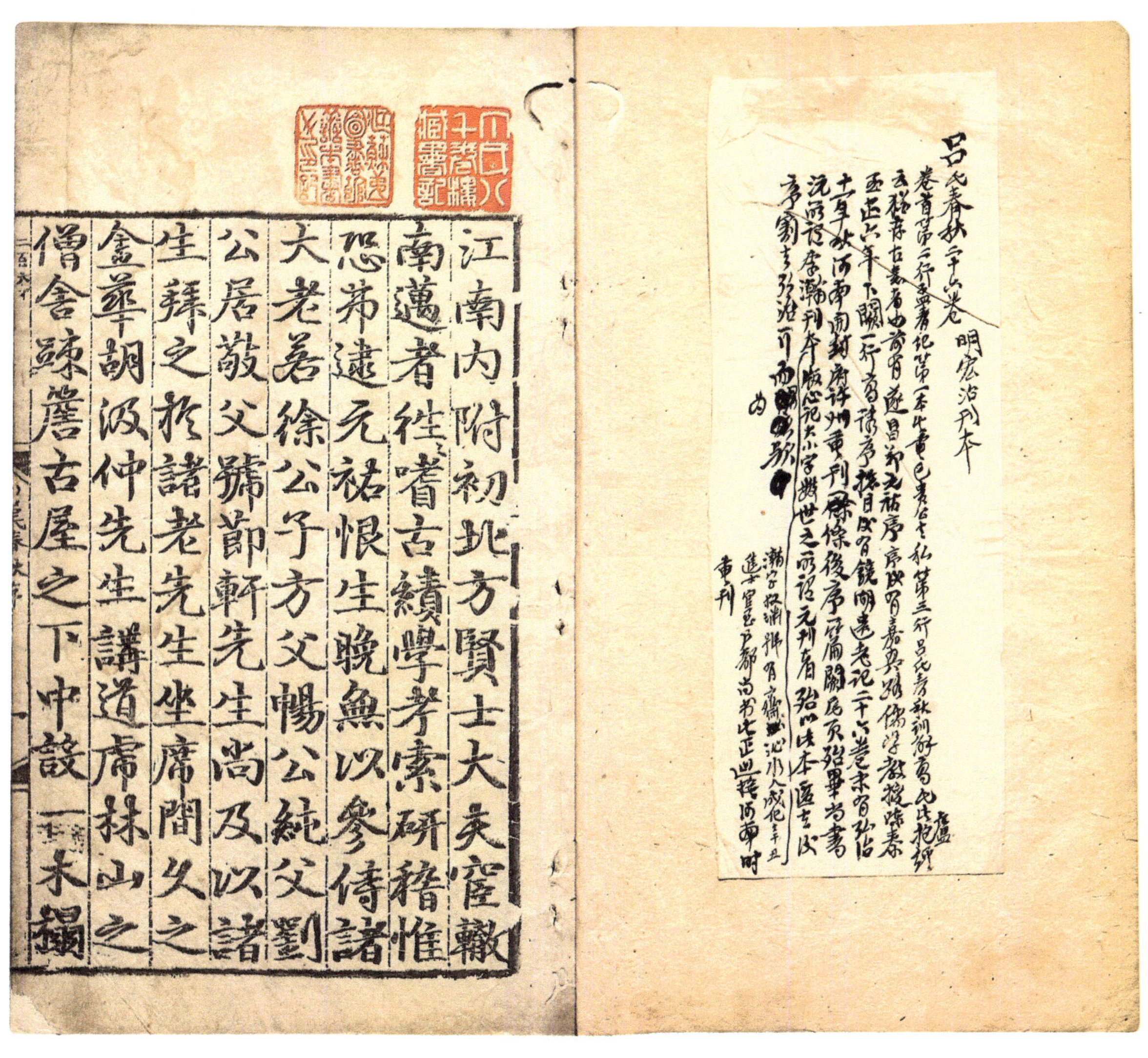
江南内附初北方賢士大夫寔轍
南邁者往往嗜古績學考索研稽惟
恐弗逮元祐恨生晚無以參侍諸
大老若徐公子方父暢公純父劉
公居敬父號節軒先生尚及以諸
生拜之於諸老先生坐席間久之
金華胡汲仲先生講道虎林山之
僧舍跡詹古屋之下中設一木榻

呂氏春秋二十六卷　明宏治刊本

汉代以后，因吕不韦受学者否定，《吕氏春秋》亦流传不广，现今传世最早版本为元至正嘉兴路儒学刻本。此为明弘治十一年李瀚翻刻本。李瀚（1453—1533），字叔渊，号省斋，山西沁水人。成化十七年（1481）进士。累官南京户部尚书。喜藏书、刻书，弘治、正德间刻印《五色线集》等十余种。著有《石楼集》等。弘治十年（1497）李瀚巡按河南，经过吕不韦出生地钧州，获阅《吕氏春秋》，即重刻流传。

此本钤丁氏八千卷楼朱文长印“八千卷楼珍藏善本”、白文方印“丁氏八千卷楼藏书记”，并有清代著名藏书家丁丙题跋。

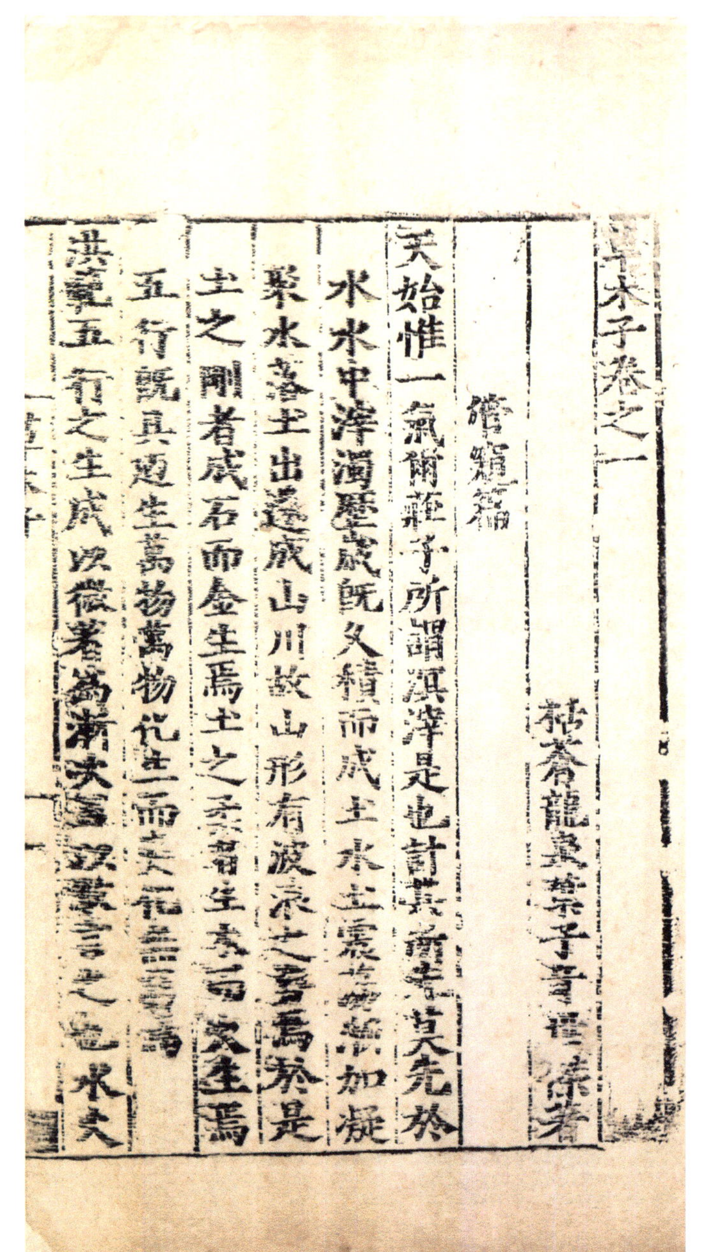

草木子卷之一

栝蒼龍泉葉子奇世傑著

管窺篇

天始惟一氣爾莊子所謂溟涬是也計其所先莫先於
水水中滓濁歷歲既久積而成土水土震蕩漸加凝
聚水落土出遂成山川故山形有波浪之勢焉於是
土之剛者成石而金生焉土之柔者生木而火生焉
五行既具遂生萬物萬物化生而變化無窮焉
洪範五行之生成以微著為漸次蓋以數言之也水火

草木子四卷

（明）叶子奇撰　明正德十一年（1516）叶溥刻本　四册　名录号及索书号 04758—118285

叶子奇，约 1327—1390 年前后在世，字世杰，号静斋，括苍龙泉（今浙江龙泉）人。元至正十年（1350）署县事，二十二年（1362）参加廷试，授巴陵县（今湖南岳阳）主簿。后因讼事株连下狱，以瓦研磨负梏而书，出狱后续成其书，即《草木子》。

此书旧有二十余篇，其裔孙叶溥重刻时约为八篇凡四卷，分别为管窥、观物、原道、钩玄、克谨、杂制、谈薮、杂俎。所记内容甚广，涉天文星躔、律历推步、时政得失、兵荒灾乱、草木虫鱼、医卜农圃等，且多采摭前人未述之史料，于元朝掌故、农民起义史迹等载叙详赅。

钤有“孔继涵印”印。

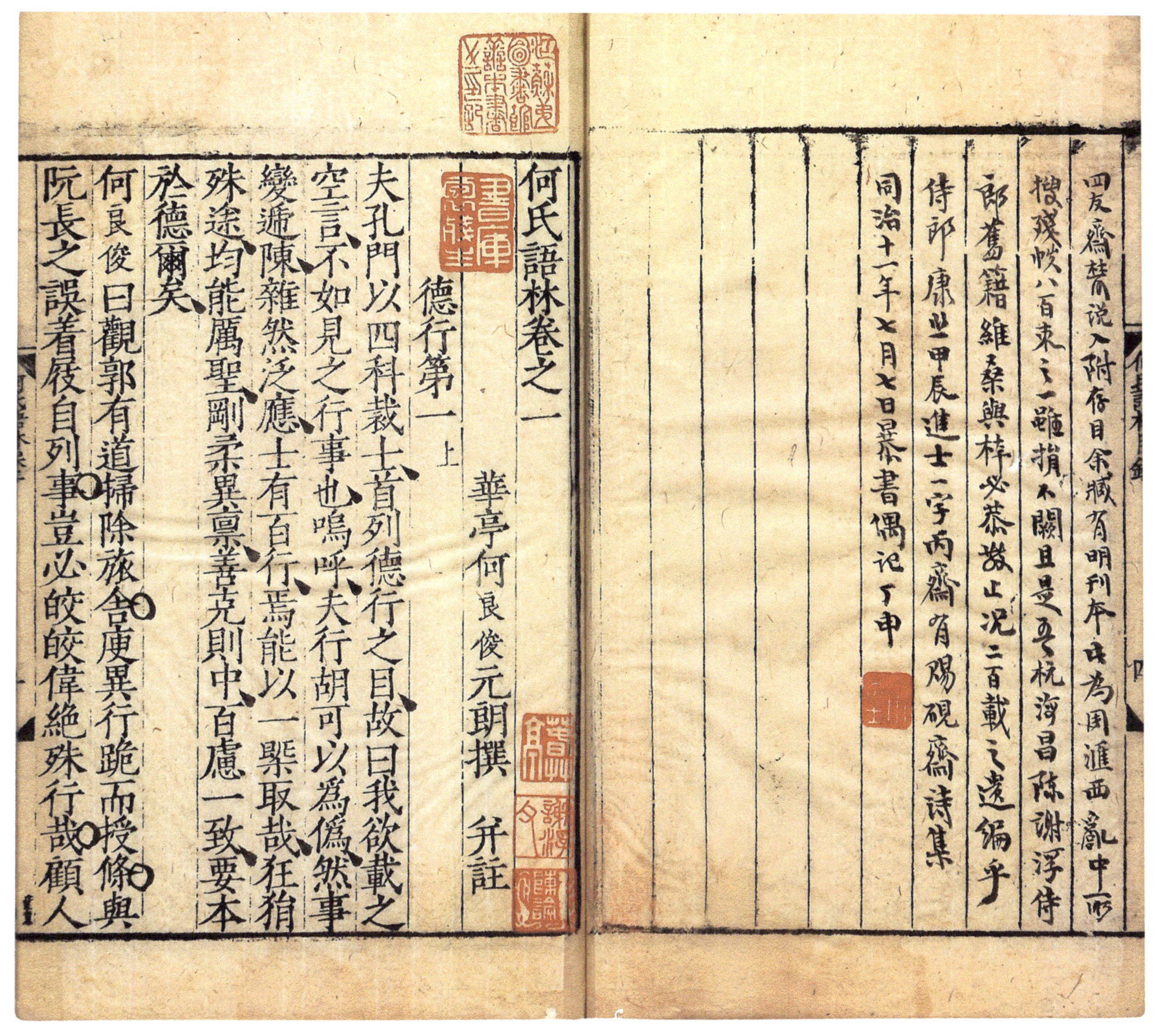

四友齋叢說入附存目余藏有明刊本亦為周淮西亂中所搜殘帙八百束之一雖損不闕且是吾杭海昌陳謝浮侍郎舊籍維桑與梓必恭敬止況二百載之遠編乎侍郎康熙甲辰進士一字丙齋有賜硯齋詩集
同治十一年七月七日晨書偶記 丁申

何氏語林卷之一
華亭何良俊元朗撰 并註
德行第一上
夫孔門以四科裁士首列德行之目故曰我欲載之空言不如見之行事也嗚呼夫行胡可以爲僞然事變遞陳雜然泛應士有百行焉能以一槩取哉在猗殊途均能厲聖剛柔異禀善克則中百慮一致要本於德爾矣
何良俊曰觀郭有道掃除旅舍庾異行跪而授條與阮長之誤着屐自列事豈必皎皎偉絕殊行哉顧人

何氏语林三十卷

（明）何良俊撰　明嘉靖二十九年（1550）何氏清森阁刻本（有抄配）　（清）丁申　丁丙跋　八册　名录号及索书号 04796—110717

何良俊（1506—1573），初字登之，后改元朗，号柘湖居士，又号清溪漫叟、紫溪真逸，华亭（今上海）人。博学多闻，以经世自负。嘉靖间以岁贡入国子监，授南京翰林院孔目。后辞官，移居苏州。富藏书，室名清森阁、翻经堂。有《四友斋丛说》《何翰林集》等。

是书因晋裴启《语林》之名，仿南朝宋刘义庆《世说新语》体例、类目，辑录西汉至元代人物事迹 2786 条，凡三十卷三十八类；并仿梁刘孝标为《世说新语》作注例，于每条目后详列注解，征引历代史书、笔记、杂著计三百余种。此书虽为笔记小说体，然《四库全书总目》谓其“语有根柢，终非明人小说所可比也”。

此为何氏自刻本，钤有陈论白文方印“陈论”“春草亭”，朱文方印“谢浮父”，丁氏千卷楼朱文长印“八千卷楼珍藏善本”“八千卷楼所藏”，朱文方印“钱唐丁氏正修堂藏书”，白文长印“书库抱残生”，并有清代著名藏书家丁申、丁丙兄弟题跋。

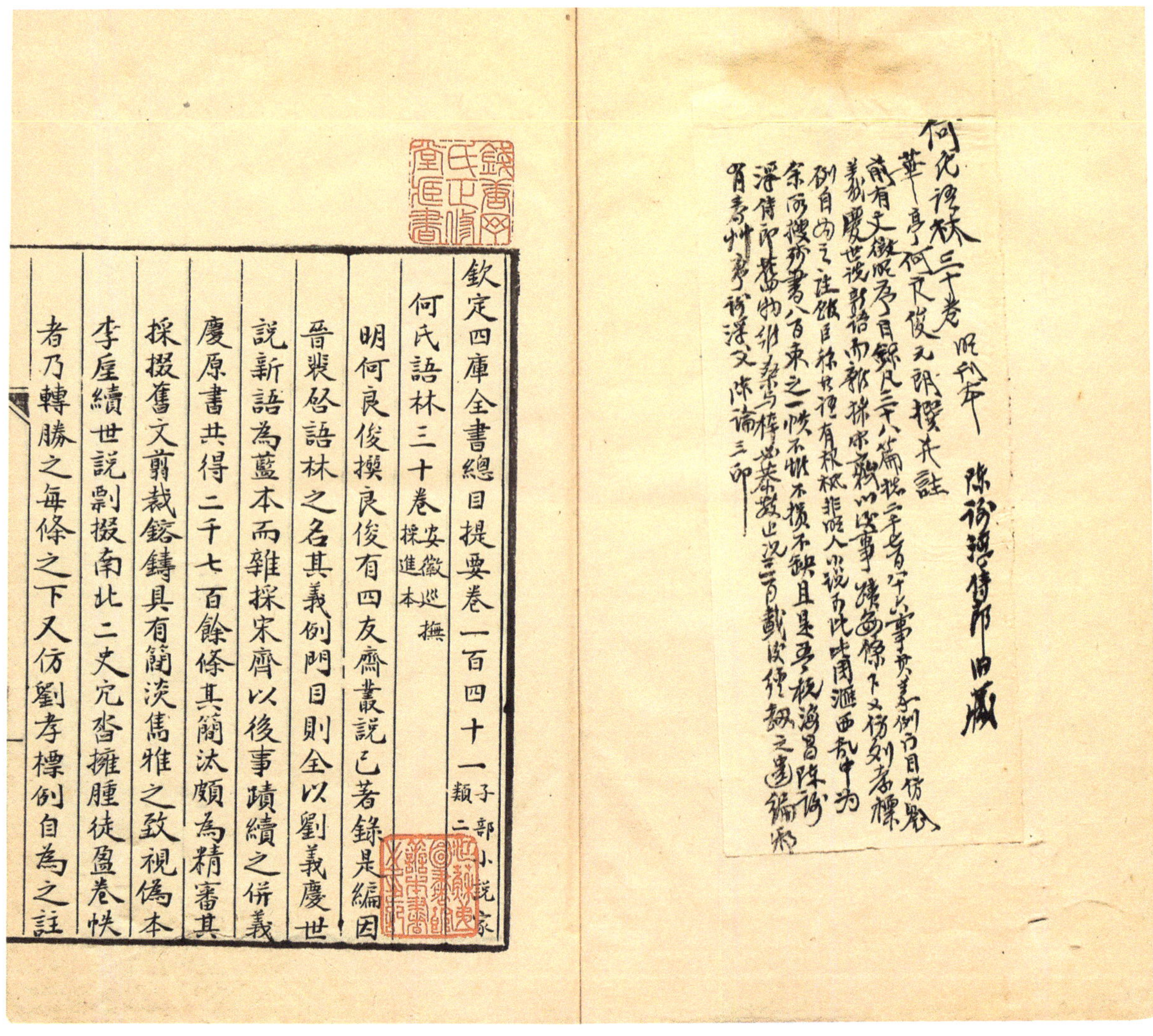

欽定四庫全書總目提要卷一百四十一 子部 小說家類二

何氏語林三十卷 安徽巡撫採進本

明何良俊撰良俊有四友齋叢說已著錄是編因晉裴啓語林之名其義例門目則全以劉義慶世說新語為藍本而雜採宋齊以後事蹟續之併義慶原書共得二千七百餘條其簡汰頗為精審其採掇舊文翦裁鎔鑄具有簡淡雋雅之致視偽本李垕續世說剽掇南北二史冗沓擁腫徒盈卷帙者乃轉勝之每條之下又仿劉孝標例自為之註

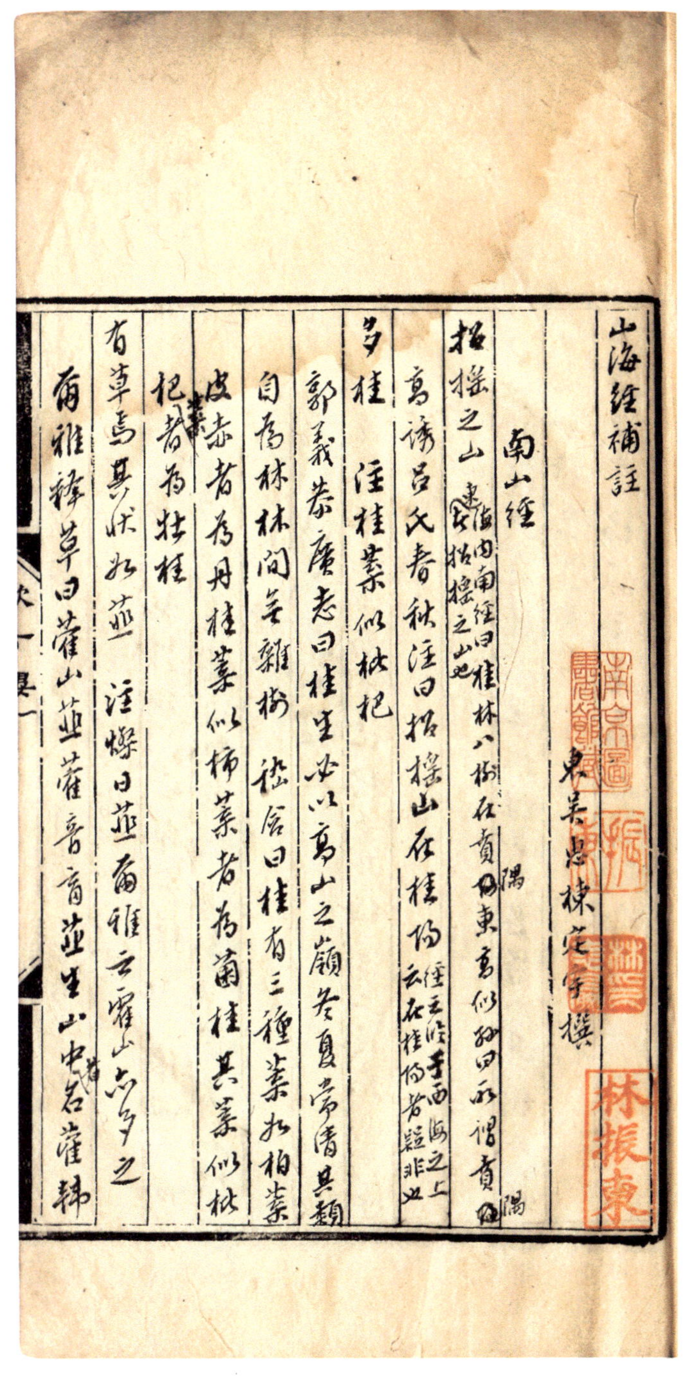
山海經補註

東吳惠棟定宇撰

南山經

山海经补注五卷

（清）惠栋撰　稿本　一册　名录号及索书号 04817—117737

惠栋（1697—1758），字定宇，一字松崖，人称小红豆先生，吴县（今江苏苏州）人。诸生。于诸经熟洽贯穿，为吴派经学集大成者。著有《古文尚书考》《后汉书补注》《诸史会最》等。

《山海经》为一部颇具争议性的奇书，或以其所记山川、道里大多可信，视为史部地理类著述；或以其所载神怪、异物荒诞不经，归入子部小说类。晋郭璞、明杨慎、清吴任臣等

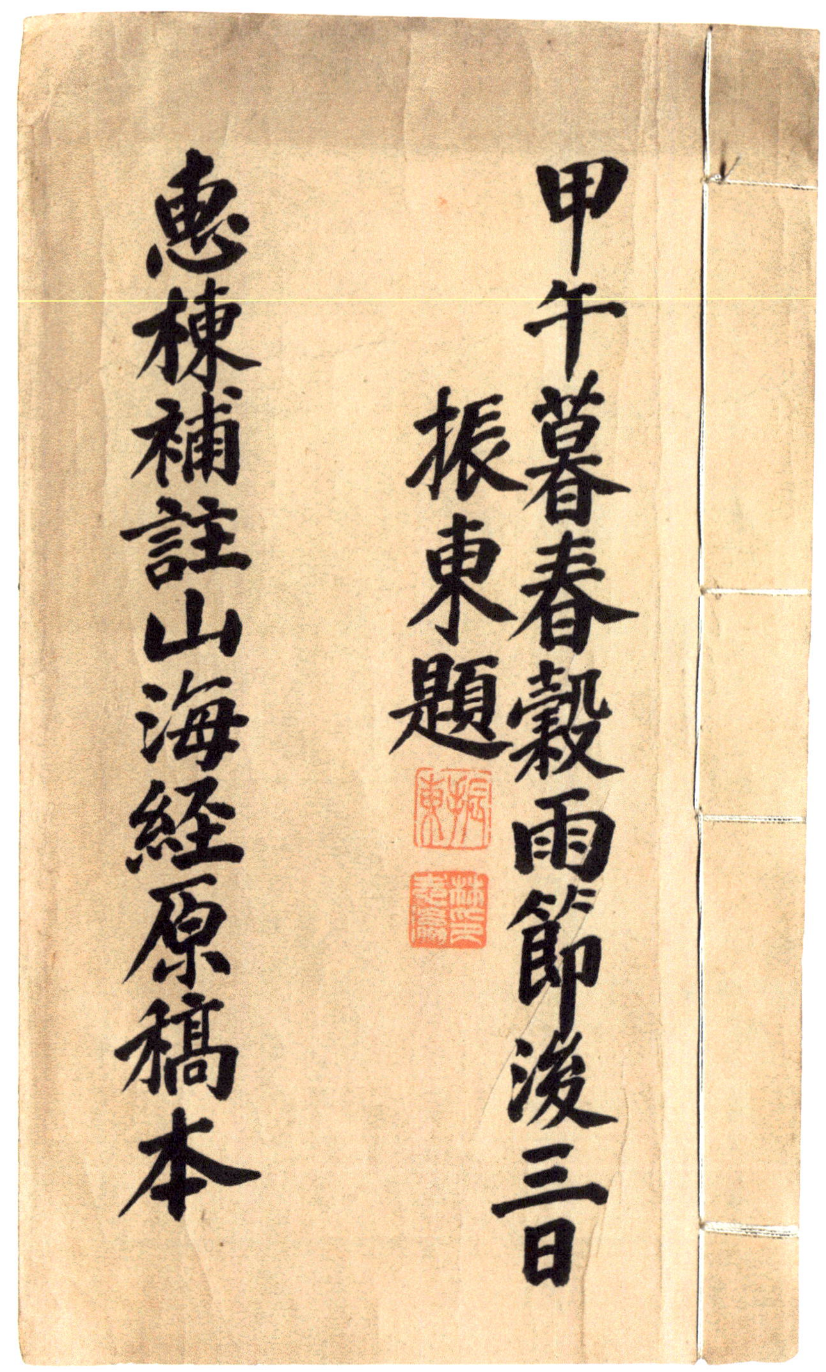
甲午暮春穀雨節後三日
振東題
惠棟補註山海經原稿本

皆曾为之作注。此为惠栋所补注，撰于清雍正年间，参考诸书，考究异同，以补前人之不足。

此本《中国古籍善本书目》《国家珍贵古籍名录》皆著录为稿本。然其所用稿纸版心题“漱六楼”，每半叶十二行，四周双边、黑口、双对鱼尾，其版框、行格与本馆所藏清漱六楼抄本《明史艺文志》相同。故此本似非稿本，或为清漱六楼抄本。漱六楼为周锡瓒室名。周锡瓒（1736—1819），学名赞，后改名涟，再改锡瓒，字仲涟，号香岩、漪塘、香岩居士等，江苏吴县人。富藏书，与袁廷梼、黄丕烈、顾之逵并称“乾嘉四大藏书家”，室名水月亭、香岩书屋、漱六楼等。

此本钤林振东朱文方印“振东”、白文方印“林志瀛印”、朱文长印“林振东”等。

多水玉注水精也
翻譯名義集曰水玉即蒼玉或云水精又云白珠
多白猿
有龜圖曰小說云伍兵
交州已上范能獻青白猿各一口山海經云堂庭山多白猿今三峽[illegible]有白獺猿

史游急就篇白疕瘕顛疾注曰瘕癥也加雅反又音遐

堂庭之山多棪木

尔雅釋木曰棪𣕁其郭氏曰棪實似柰赤可食

曹毗魏都賦覽御曰果則否棪山樗

猨翼之山多蝮虫　注虫古虺字

尔雅釋魚曰蝮虺博三寸首大如擘指為文學舍人注曰蝮一名虺江淮以南曰蝮江淮以北曰虺　陸佃曰一曰蝮與虺異虺如土色所在有之蝮蛇鼻反其上有針錦文衆蛇之中此獨胎產生子折副母腹

杻陽之山其陰多白金

尔雅釋器曰白金謂之銀

柢山有魚焉其音如留牛

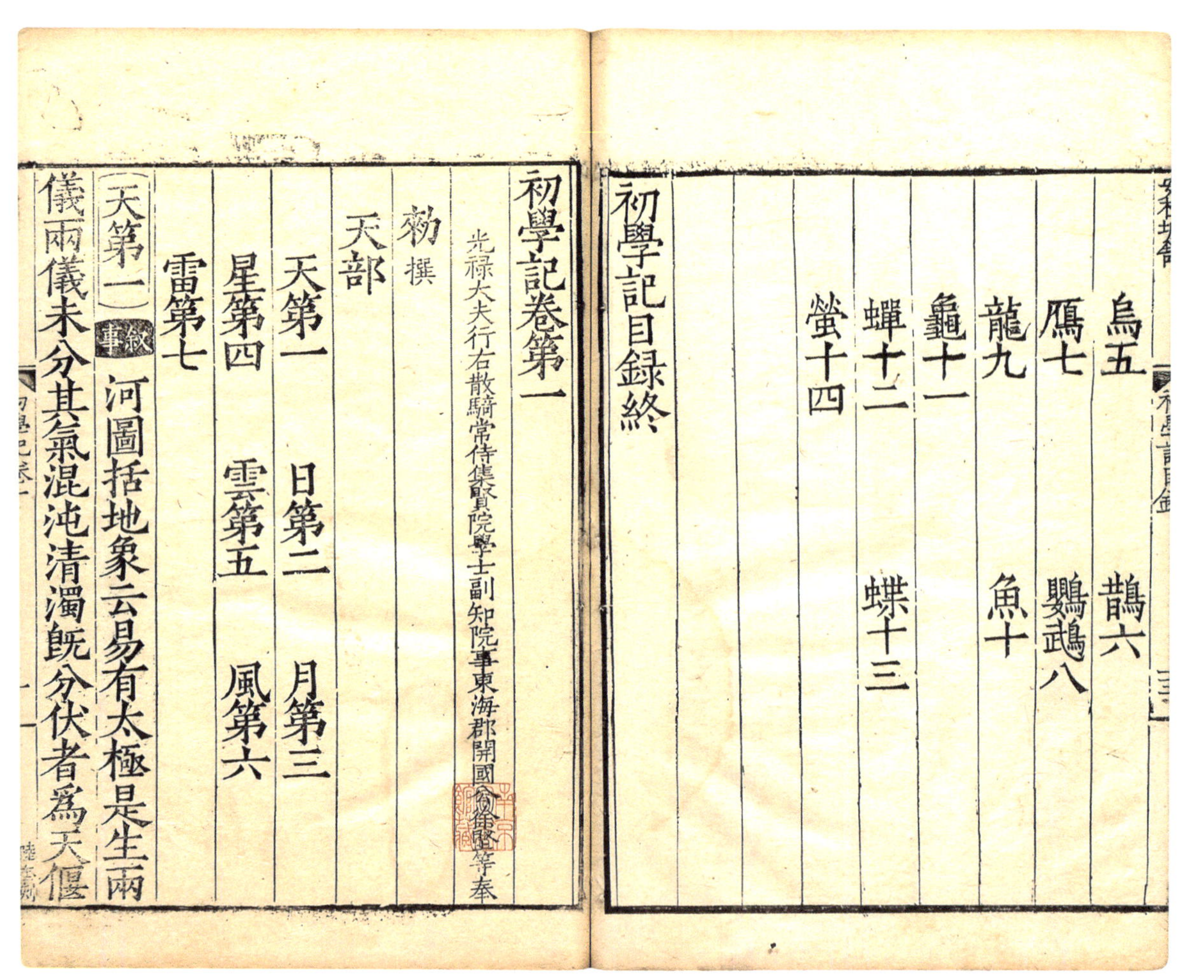

初学记三十卷

（唐）徐坚等辑　明嘉靖十年（1531）锡山安国桂坡馆刻本　十六册　名录号及索书号 04843—118863

《初学记》为唐开元初集贤院学士徐坚（659—729）等奉玄宗李隆基之命，为教诸皇子习文而编纂的一部类书，内容多选自隋以前古书，去取精审，为唐人类书中之精而约者。

明嘉靖间，《初学记》善本难觅，江南已无传本。无锡富商安国购得宋大字本，重加校订，刻印流传。安国（1481—1534），字泰民，号桂坡，室名桂坡馆，南直隶常州府无锡（今江苏无锡）人。以子安如山赠奉直大夫、南京户部员外郎。精鉴赏，嗜藏书。不吝赀财，以活字、雕版刷印典籍。安氏活字印刷仅次于同邑华氏，刻书亦以底本善、刻印精著称。此本世称最善，明代各家刻印多以此为祖本，今为海内传世最早刊本。

錦繡萬花谷前集卷之一

天

九關虎豹 虎豹九關啄害下人些虎豹九關言天門九重虎豹守之出楚辭

磨蟻 天圓如倚蓋地方如棊局天旁轉半在地上半在地下日月本東行天西旋入于海牽之以西如蟻行磨上磨左旋蟻右行磨疾蟻遲蟻不得不西出晉天文志吳王蕃傳

銀潢左界 河漢水之精發而浮上宛轉隨流名曰天河一曰雲漢詩疏亦名銀潢謝莊月賦斜漢左界北陸南躔亦曰銀灣出許洞詩亦曰銀浦出李賀詩

金階兩闕 神異經東北大荒中有金闕高千丈上有明月珠徑三丈光照千里中有金階兩闕名天門出杜詩注

通明殿 通明玉帝殿名常有紅雲捧之坡詩云侍臣鵠

锦绣万花谷前集四十卷后集四十卷续集四十卷

明嘉靖十五年（1536）秦汴绣石书堂刻本　三十二册　名录号及索书号 04896—117025

此书为南宋孝宗时人所编，编者不详。

书前有宋淳熙十五年编者撰《锦绣万花谷序》。《锦绣万花谷》为宋人所编的类书之一，共一百二十卷，分前集、后集、续集各四十卷，每集前各有总目。全书以类编辑词条，前集分天道、天时、地道等二百四十二类，后集分天时、人伦、动植物等三百二十六类，续集分居处、香茶、姓氏等四十七类，每类首记事物，再附录诗文，引证前代古籍十分繁富。虽此书门类无条理，所录资料亦多琐屑芜杂，然其中多有久经散佚之书，后世辑佚多有赖焉。

錦繡萬花谷序

余爲童時適當胡馬蹂踐之間又居窮鄉無業儒者余獨背馳而爲之文籍最爲難得苟可以假鬻亦未嘗戞戞以盡其誠以余有書之癖每讀一篇章如小兒之於飴劑有加而不能自止當其劇時雖夜分漏盡不之覺也所患性魯無彊記之敏誦久亦漫漶而不牢先人既老又獨膺門出入

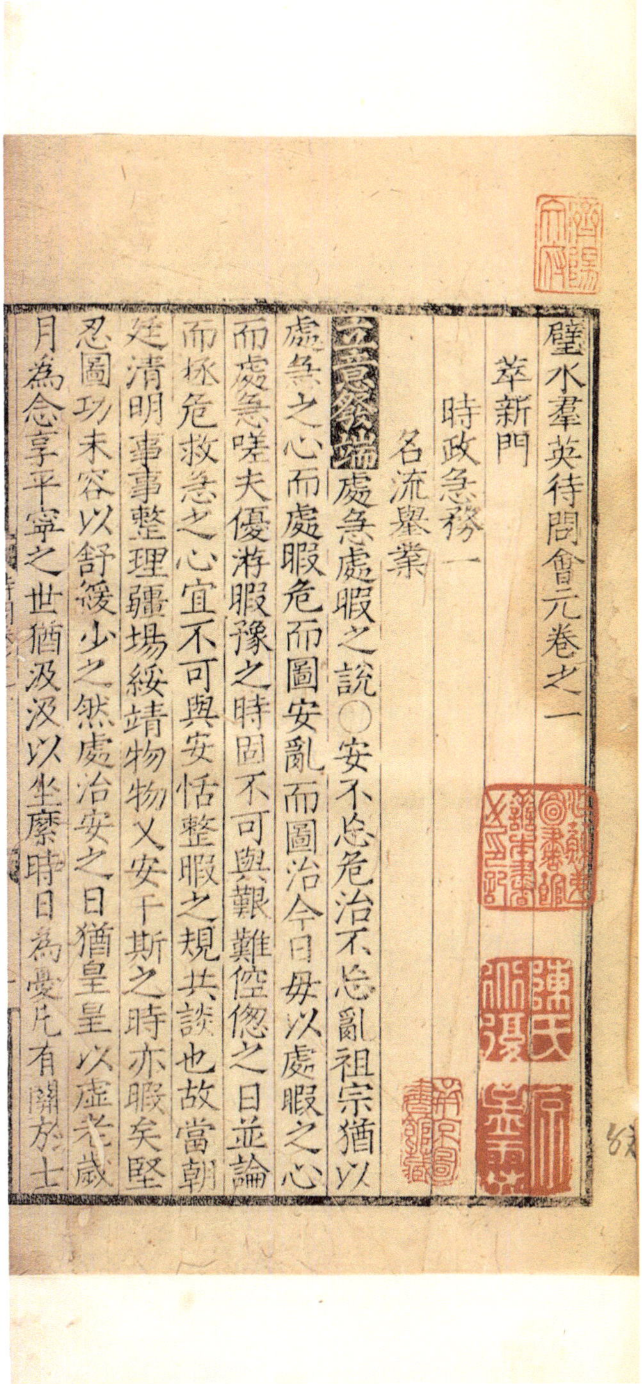
璧水羣英待問會元卷之一

舉新門

時政急務一

名流舉業

立意發端 處急處暇之説○安不忘危治不忘亂祖宗猶以處急之心而處暇危而圖安亂而圖治今日毋以處暇之心而處急嗟夫優游暇豫之時固不可與艱難倥偬之日並論而拯危救急之心宜不可與安恬整暇之規共談也故當朝廷清明事事整理疆埸綏靖物物乂安于斯之時亦暇矣堅忍圖功未容以舒緩少之然處治安之日猶皇皇以虚老歲月為念享平寧之世猶汲汲以坐糜時日爲憂凡有關於士

璧水群英待问会元九十卷

（宋）刘达可辑　明丽泽堂活字印本　（清）丁丙跋　三十六册

名录号及索书号 04903—110928

刘达可，据书中南宋淳祐陈子和序云“友人刘君达可”，知其为淳祐时人。后世翻刻书皆称其为建安（今福建建瓯）人，其生平事迹不详。

璧水，指太学，后泛指读书讲学之处。会元，是指会试的第一名，会试是由礼部主持在京师举行的考试。此书为宋人编纂的类书，是为当时太学生准备参加科举考试用的书。

书前有淳祐五年（1245）陈子和所撰《璧水群英待问会元序》。后接门目和类目，全书共分十六门二百三十八类。两目后为目录。正文中列目为墨底阴文，以作突出。书尾有四行木记，分署“丽泽堂活板印行”“姑苏胡升缮写”“章凤刻”“赵昂印”，版本信息一目了然。

钤有“石田”“启南”“陈氏道复”“字孟霖”“济阳文府”“嘉惠堂藏阅书”等印。沈周（1427—1509），字启南，号石田，晚号白石翁，长洲（今江苏苏州）人。沈周是吴门画派的创始人，与文徵明、唐寅、仇英并称“明四家”。传世作品有《庐山高图》《魏园雅集图》等。著有《石田集》《客座新闻》等。陈淳（1483—1544），字道复，后以字行，更字复甫，又字孟霖，号白阳，又号白阳山人，长洲人。陈淳绘画受沈周影响，造诣与徐渭并称，有“白阳、青藤”之目。他的作品传世较多，国内几大博物馆多有收藏。

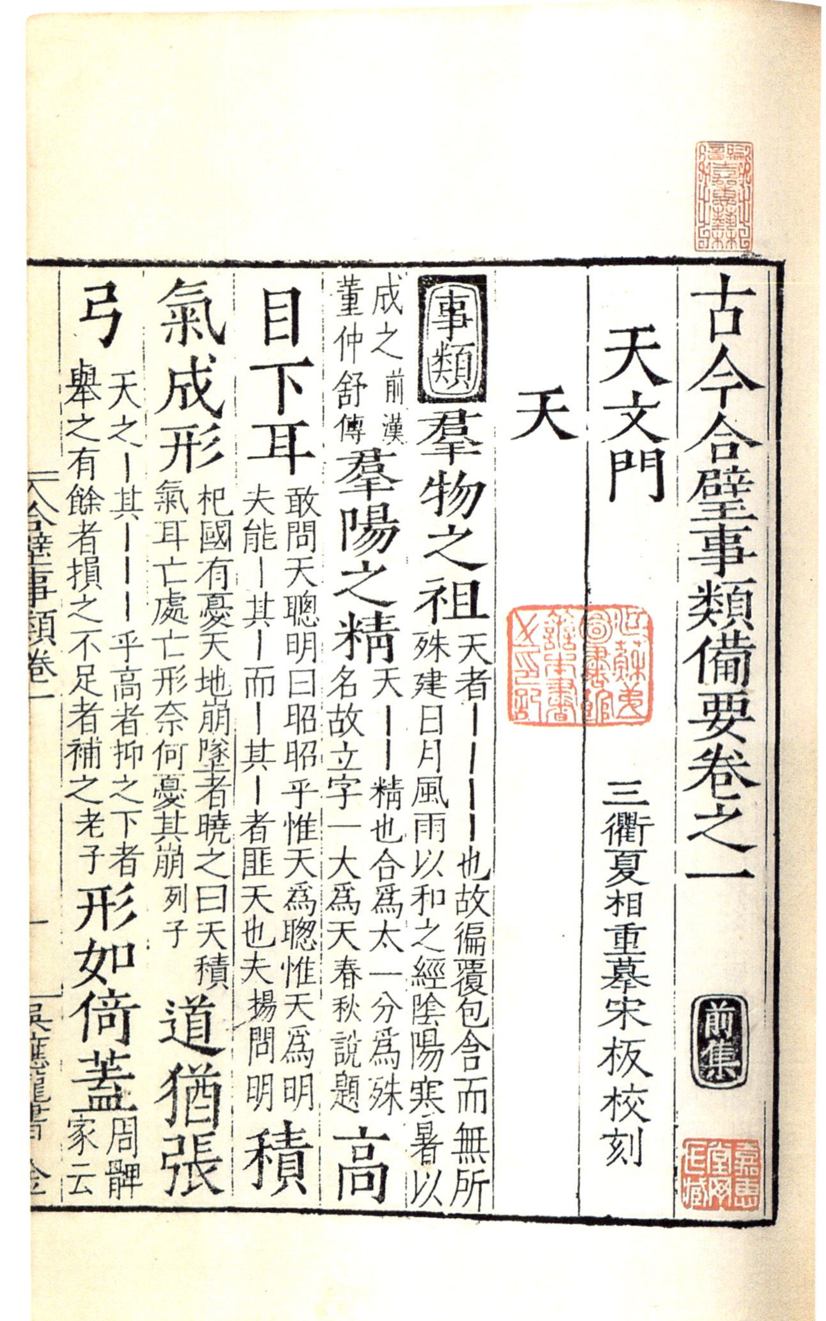
古今合璧事類備要卷之一

天文門　　三衢夏相重摹宋板校刻

天

事類　羣物之祖 天者｜｜｜｜也故徧覆包含而無所殊建日月風雨以和之經陰陽寒暑以成之 前漢董仲舒傳 羣陽之精 天｜｜｜精也合爲太一分爲殊名故立字一大爲天 春秋說題 高目下耳 敢問天聰明曰昭昭乎惟天爲聰惟天爲明夫能｜其｜而｜其｜者匪天也 夫揚問明 積氣成形 杞國有憂天地崩墜者曉之曰天積氣耳亡處亡形奈何憂其崩 列子 道猶張弓 天之｜其｜｜｜乎高者抑之下者舉之有餘者損之不足者補之 老子 形如倚蓋 周髀家云

古今合璧事類卷一

古今合璧事类备要前集六十九卷后集八十一卷续集五十六卷

（宋）谢维新辑　**别集九十四卷外集六十六卷**　（宋）虞载辑　明嘉靖三十一至三十五年（1552—1556）夏相刻本　（清）丁丙跋　四十册　名录号及索书号 04915—110927

谢维新，字去咎，建安（今福建建瓯）人。太学生。虞载，字子厚，建安（今福建建瓯）人。

此类书籍多是建安书坊编纂之类书，其所引虽未全注来源，然终是宋以前之书，可备参考。此本前集目录末有刊记“嘉靖壬子春正月三衢近峰夏相　宋板摹刻至丙辰冬十月事竣”。

嘉靖壬子春正月三衢近峯夏相

宋板摹刻于丙辰冬十月事竣

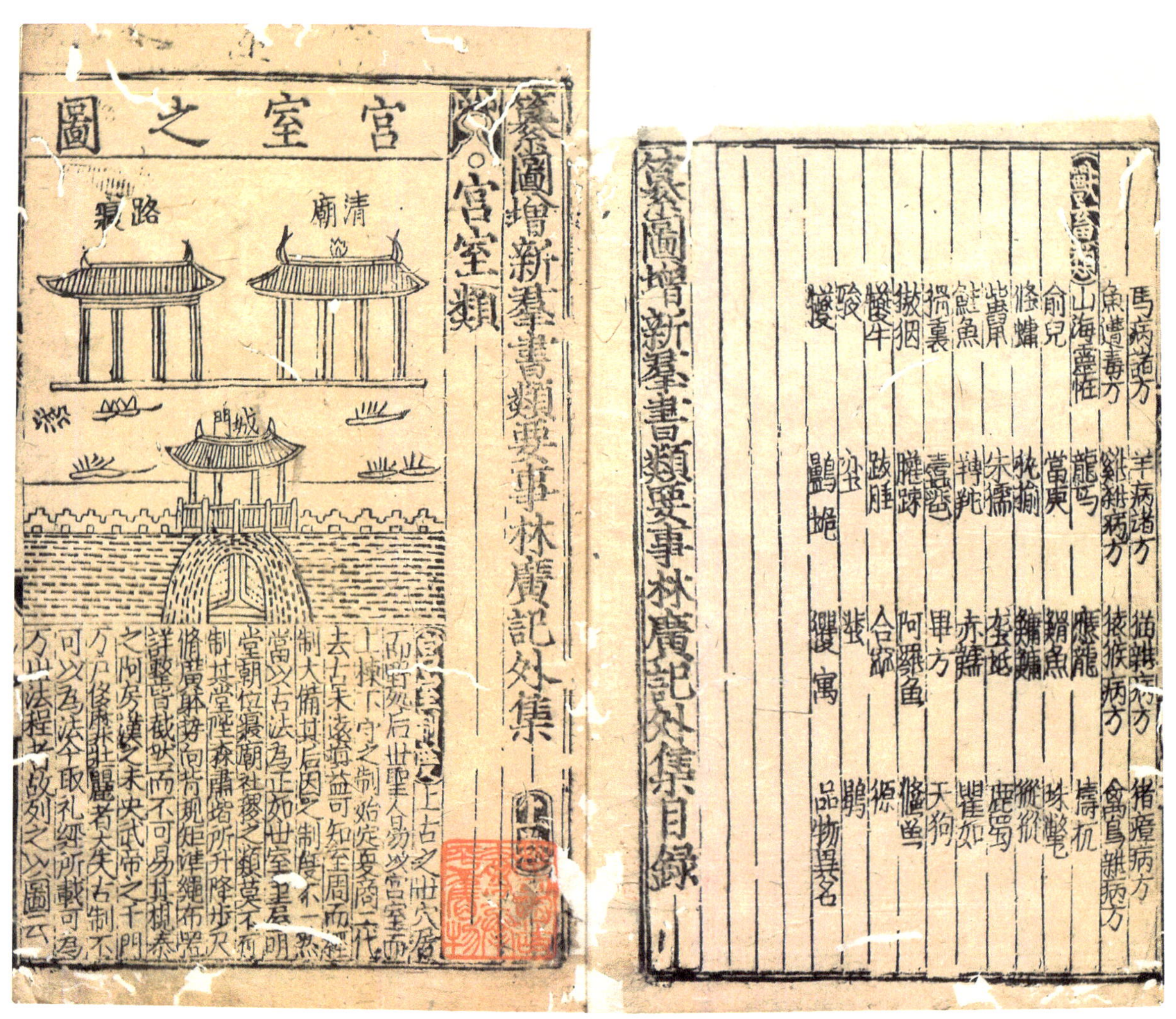

纂图增新群书类要事林广记前集二卷后集二卷续集二卷别集二卷新集二卷外集二卷

（宋）陈元靓辑　明初刻本　存八卷（前集全、续集全、别集全、外集全）　四册　名录号及索书号 04917—114970

陈元靓，自号广寒仙裔。南宋宁宗、理宗时福建崇安（今福建武夷山）人，一说为福建建阳（今福建南平）人，与朱熹孙朱鉴同时。另辑有《博闻录》《岁时广记》。

是书为南宋日用类书，涉生活百科，分六集五十余类，即天象、历候、节序、地舆、郡

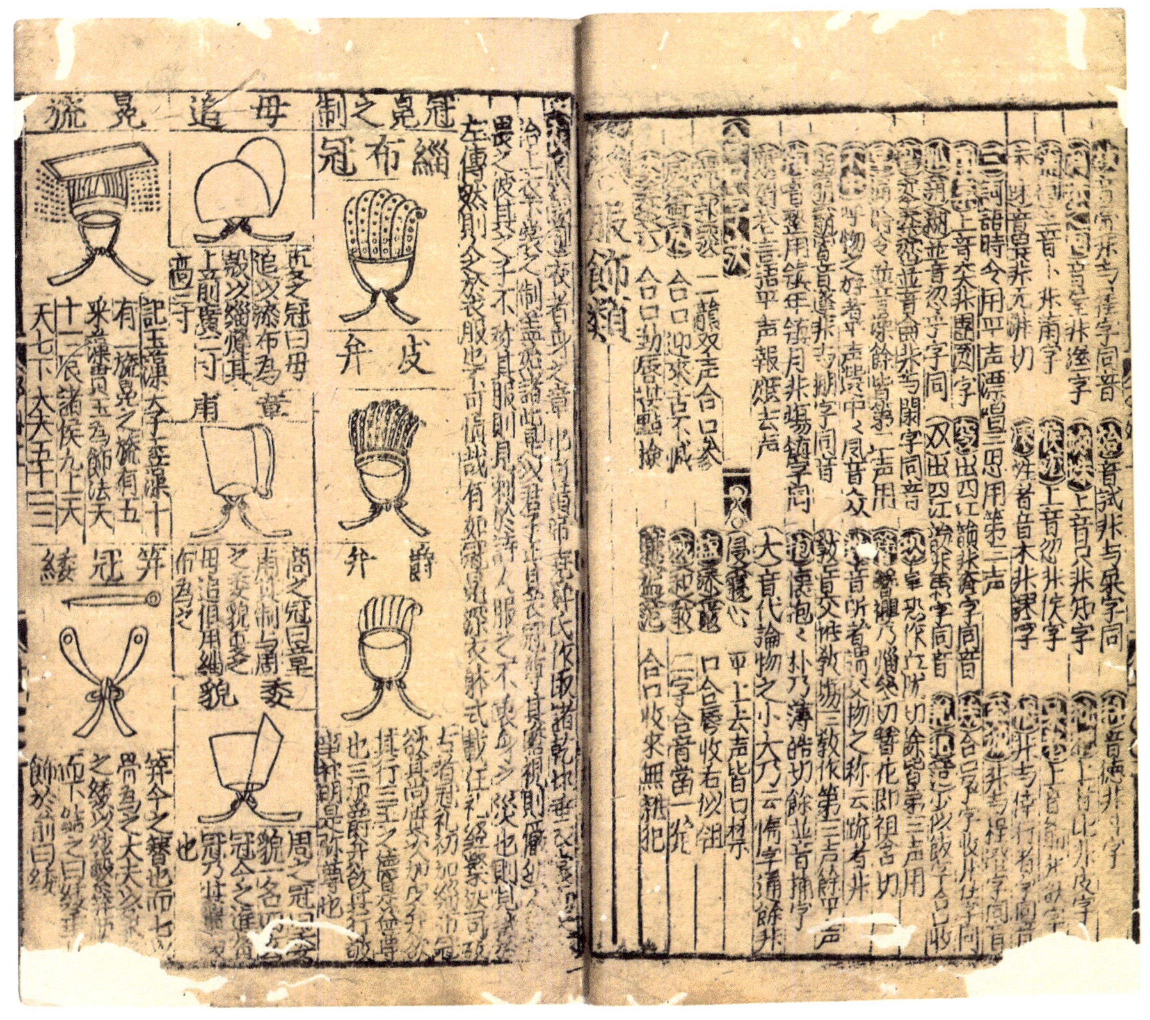

邑、方国、胜迹、仙境、人纪、人事、家礼、仪礼、农桑、花卉、果实、竹木、帝系、纪年、历代、圣贤、先贤、文籍、辞章、字学、图画、儒教、学校、幼学、书法、文房、翰墨、道教、杂术、修真、释教、官制、俸给、货宝、算法、医学、卜史、选择、文艺、武艺、伎术、宫室、器用、音乐、音谱、服饰、闺妆、茶果、酒曲、饮馔、面食、牧养、禽兽。文内多配插图。

是编各类所征引多至南宋止，然元明两朝多有增补。如《续集》“圣贤类”有“大元褒典”，“字学类”有“蒙古书百家姓”，当是元人增入。《前集》“地舆类”历代国有“大明皇帝”，为明人新增。

此本为清末学者沈曾植旧藏，钤有“沈曾植字子培”“子培父”等印。

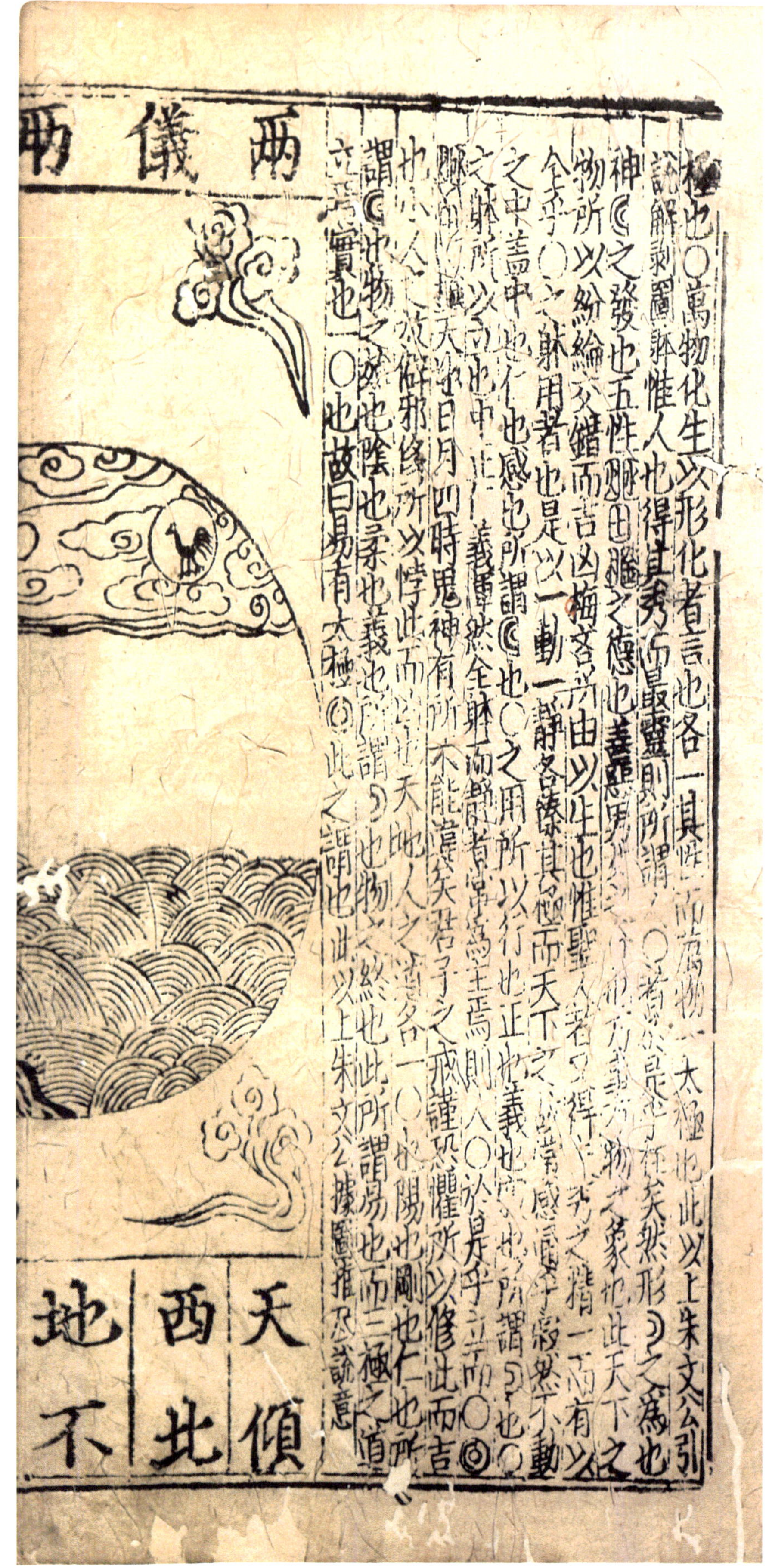

兩儀　兩

極也○萬物化生以形化者言也各一具性[illegible]而為物[illegible]太極也此以上朱文公引
說解說圖說惟人也得其秀而最靈則所謂[illegible]○者[illegible]矣然形[illegible]之為也
神[illegible]之發也五性[illegible]之德也善惡男[illegible]物之象也此天下之
物所以紛綸交錯而吉凶悔吝所由以生也惟聖人者又得[illegible]之精一而有以
全乎○之體用者也是以一動一靜各臻其極而天下[illegible]感[illegible]寂然不動
之中蓋中也仁也感也所謂[illegible]也○之用所以行也正也義也[illegible]所謂[illegible]也○
之體所以立也中[illegible]義[illegible]然全體而靜者為主焉則人○於是乎立而○◎
與天地日月四時鬼神有所不能違矣君子之戒謹恐懼所以修此而吉
也小人之放僻邪侈所以悖此而[illegible]天地人之道各一○也陽也剛也仁也所
謂[illegible]也物之始也陰也柔也義也所謂[illegible]也物之終也此所謂易也而三極之道
立焉實也○也故曰易有太極◎此之謂也此以上朱文公據圖推本說意

天傾西北　地不

楮记室十五卷

（明）潘埙辑　明嘉靖潘蔓刻本
五册　名录号及索书号 04937—117121

潘埙（1476—1562），字伯和，号熙台，又号平田野老，山阳（今江苏淮安）人。正德三年（1508）进士，授工科给事中，后任开州同知、山东右布政使、浙江右布政使、都察院右副都御史，河南巡抚等职。嘉靖八年致仕，《明史》有传。著有《熙台先生诗集》《抚台奏议》等。

框高 19.4 厘米，宽 13.7 厘米。每半叶 10 行，行 20 字。白口，四周单边，序文处双对黑鱼尾，正文处无鱼尾。版心上署书名，中署卷次，下署页次。封面有题签，署书名。

此为类书，开卷为嘉靖三十九年（1560）潘埙撰《楮记室序》。序后为目录，全书一至十四卷，分为天、地、人三部，每部又各分子目，十五卷为鸟兽、草木、夷狄三类。卷端下题署“平田野老纂集，不肖孙潘蔓梓行”。

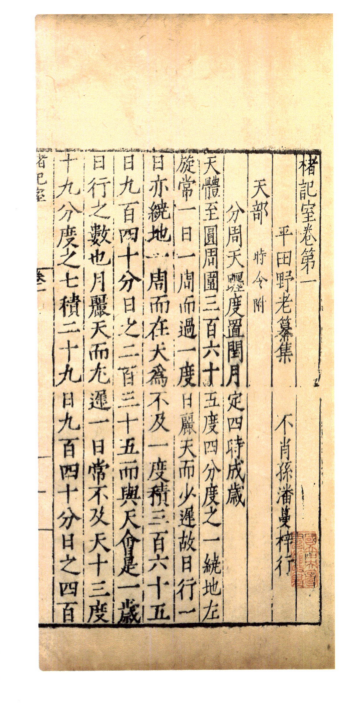

楮，落叶乔木，楮树皮是制作皮纸和宣纸的原料，这里借指纸；记室，官名，负责掌管章表书记文翰等事。类书可供文人临文查阅之用，事同管文字工作的记室，故名之《楮记室》。此书为潘氏抄撮各书奇闻怪事，“因事立题，因题分类，列十有五卷”，里面有许多与《西游记》相关内容的记载。

潘蔓（1538—1606），字孟深，号畏轩，潘埙孙，幼丧父，随祖父习举子业，官至胶州同知、鲁府纪善，以老归乡。潘蔓操行清雅，精书法、工诗文，著有《楚泽吟》《北游编》《闲中草》《溪上编》《胶西三草》等书。

钤有“高樟之印”“国立中央图书馆收藏”。高樟，清初人，王士禛同乡弟子，曾题《渔洋山人抱琴洗桐图》。

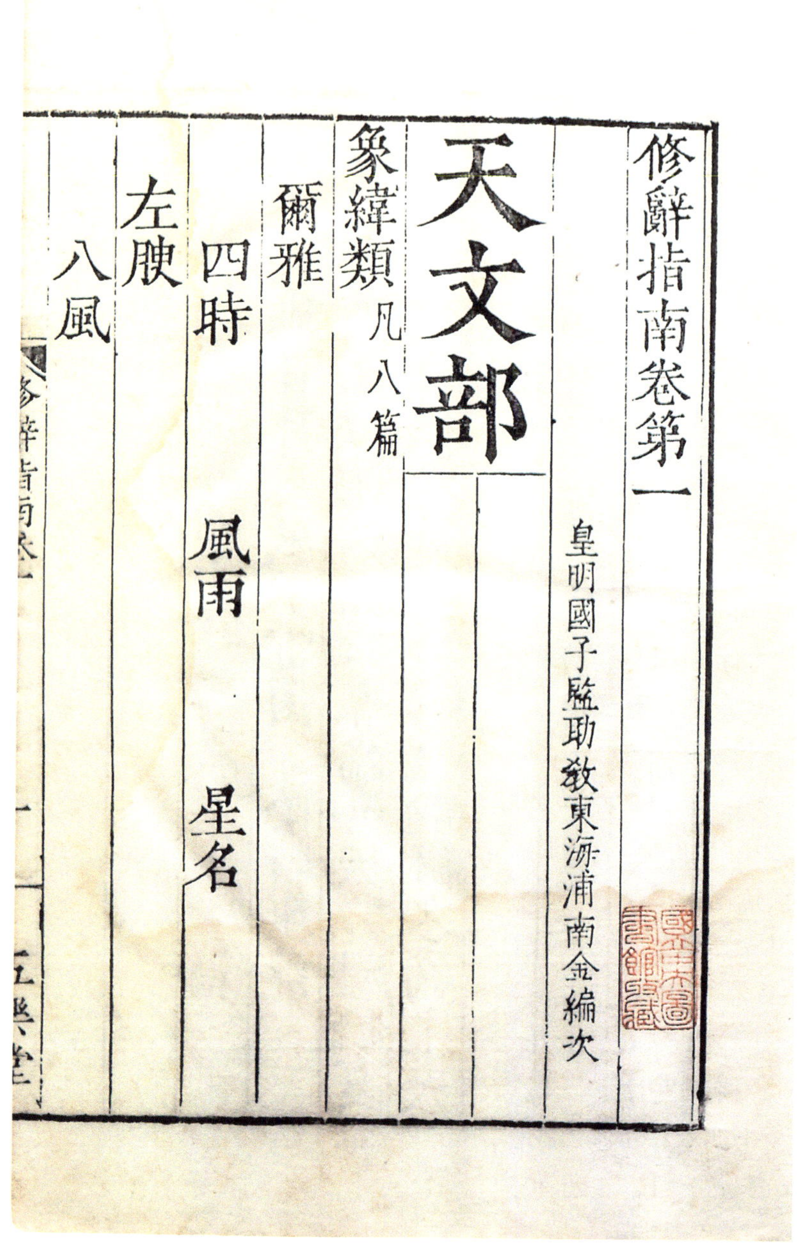
修辭指南卷第一
皇明國子監助教東海浦南金編次
天文部
象緯類 凡八篇
爾雅
四時 風雨 星名
左腴
八風

修辞指南二十卷

（明）浦南金辑　明嘉靖三十六年（1557）浦氏五乐堂刻本　六册　名录号及索书号 04940—117126

浦南金，字伯兼，嘉定（今上海）人。嘉靖元年（1522）举人。十九年，任归安县教谕，擢国子助教。

此本为浦氏私刻本，写工为吴曜，刻工有章衮、章聪、周瓒、周春、李显、袁宏、章儒、章权、唐诰、袁宸、夏文德、章庆、章亨等，皆是苏州、福建地区良工。

修辭指南卷第二十

丁巳歲仲冬朔書
吳嶇寫完書許刊

修辭指南序

傳曰述事者必舉其要纂言者必鉤其玄是故纂述之家如杜君卿之通典王伯厚之玉海等書其考覈非不詳蒐輯非不廣而篇帙浩瀚如涉大海茫無津涯讀者苦之吳郡海濱浦先生夙禀異資晚窺

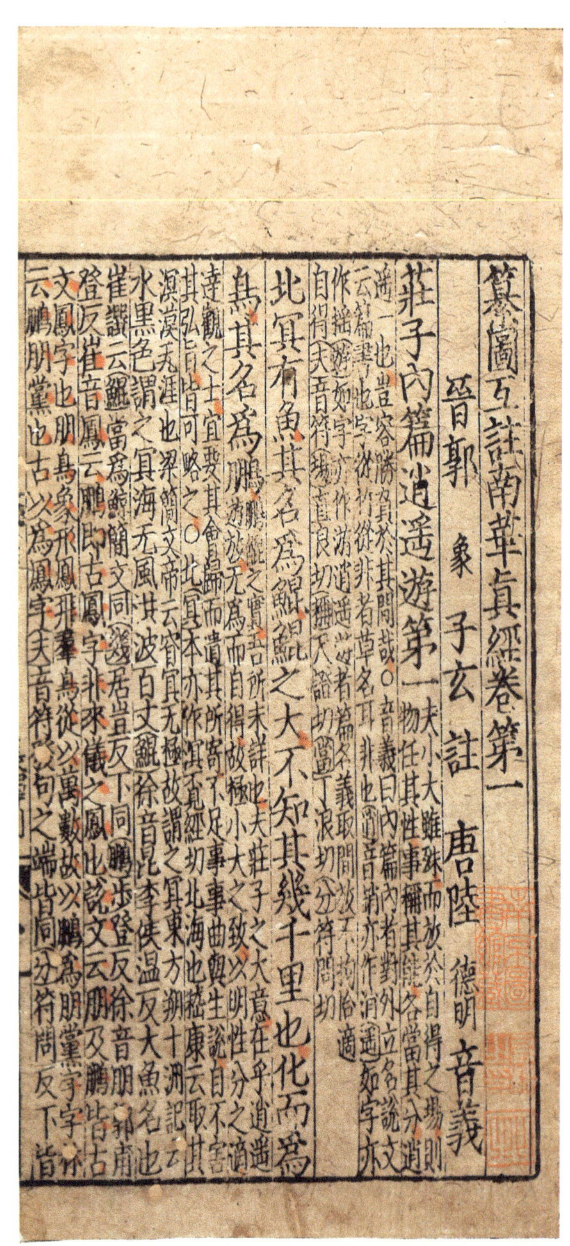
纂圖互註南華真經卷第一
晉郭　象　子玄　註　唐陸　德明　音義
莊子內篇逍遥遊第一
北冥有魚其名為鯤鯤之大不知其幾千里也化而為
鳥其名為鵬

纂图互注南华真经十卷

（晋）郭象注　（唐）陆德明音义　明初刻本　六册　名录号及索书号 04987—116112

郭象（？—312），字子玄，河南洛阳人。少有才理，好老庄，能清言。常闲居，以文论自娱。曾任黄门侍郎，后被东海王司马越引为太傅主簿。《晋书》有传。

陆德明（约 550—630），名元朗，字德明，以字显，江苏苏州人。隋时尝任国子助教，入唐为秦王府文学馆学士，拜国子博士。

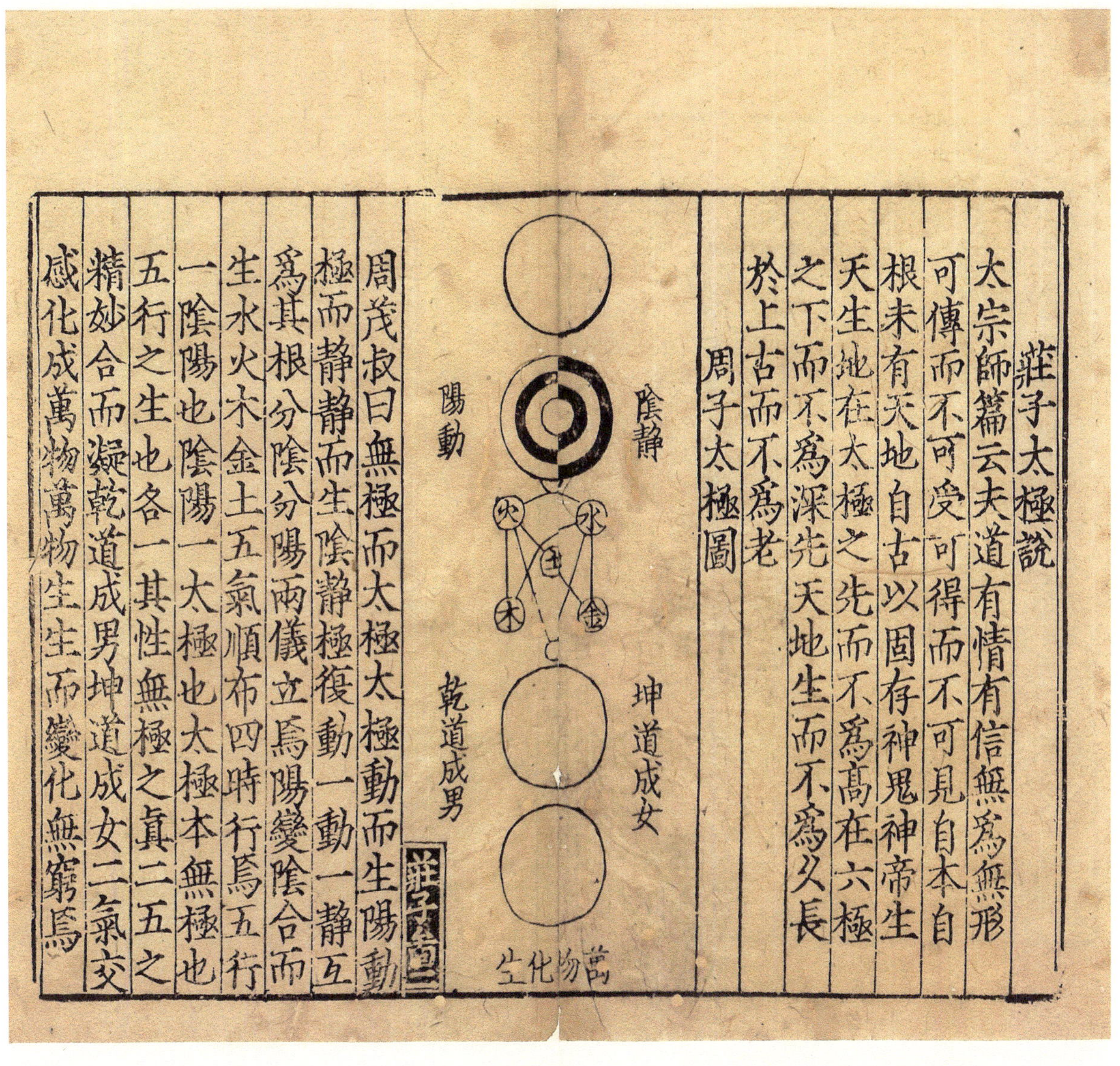

莊子太極說

太宗師篇云夫道有情有信無爲無形可傳而不可受可得而不可見自本自根未有天地自古以固存神鬼神帝生天生地在太極之先而不爲高在六極之下而不爲深先天地生而不爲久長於上古而不爲老

周子太極圖

周茂叔曰無極而太極太極動而生陽動極而靜靜而生陰靜極復動一動一靜互爲其根分陰分陽兩儀立焉陽變陰合而生水火木金土五氣順布四時行焉五行一陰陽也陰陽一太極也太極本無極也五行之生也各一其性無極之眞二五之精妙合而凝乾道成男坤道成女二氣交感化成萬物萬物生生而變化無窮焉

南华真经即《庄子》，正文前有庄子太极说、周子太极图。卷一至三内篇，包括卷一逍遥游、齐物论；卷二养生主、人间世、德充符；卷三大宗师、应帝王。卷四至七外篇，包括卷四骈拇、马蹄、胠箧、在宥；卷五天地、天道、天运；卷六刻意、缮性、秋水、至乐；卷七达生、山木、田子方、知北游。卷八至十杂篇，包括卷八庚桑楚、徐无鬼、则阳；卷九外物、寓言、让王、盗跖；卷十说剑、渔父、列御寇、天下。

是书六册，金镶玉线装，钤阴文方印“友槐之印”、阴文长方印“漪澜堂”。

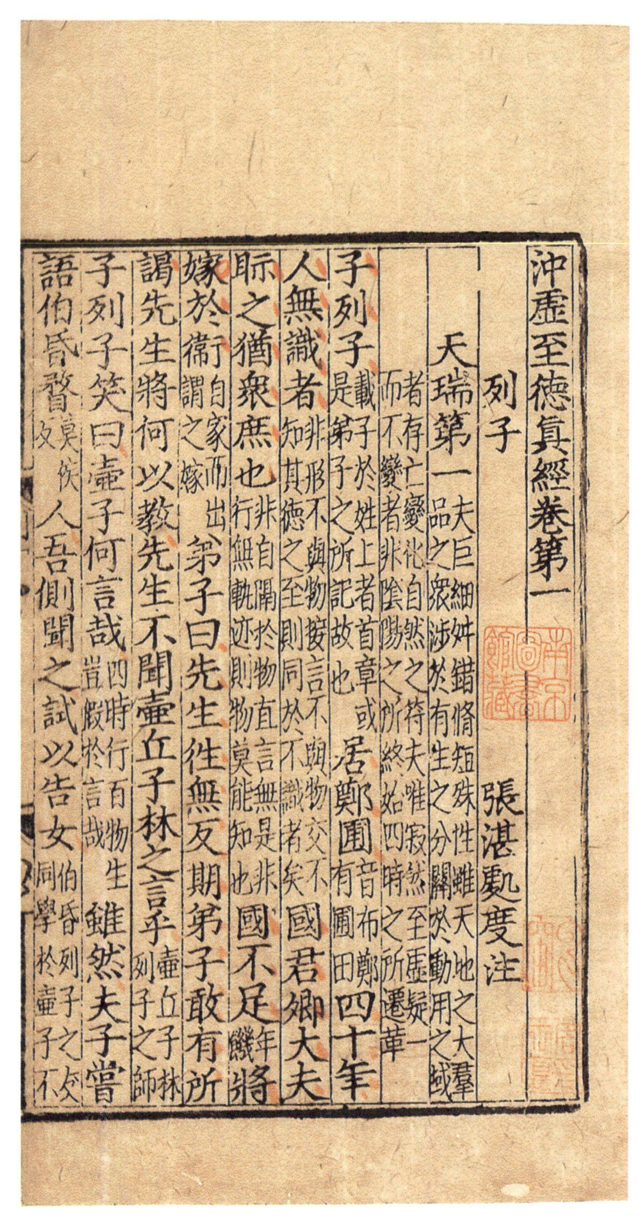
沖虛至德眞經卷第一
列子　張湛處度注
天瑞第一　夫巨細舛錯脩短殊性雖天地之大羣品之衆涉於有生之分關於動用之域者存亡變化自然之符夫唯寂然至虛凝一而不變者非陰陽之所終始四時之所遷革
子列子　載子於姓上者首章或是弟子之所記故也　居鄭圃　音布鄭有圃田　四十年人無識者　非形不與物接言不與物交不知其德之至則同於不識者矣　國君卿大夫眡之猶衆庶也　非自隔於物直言無是非行無軌迹則物莫能知也　國不足　年饑　將嫁於衛　自家而出謂之嫁　弟子曰先生往無反期弟子敢有所謁先生將何以教先生不聞壺丘子林之言乎　壺丘子林列子之師　子列子笑曰壺子何言哉　四時行百物生豈假於言哉　雖然夫子嘗語伯昏瞀　莫侯反　人吾側聞之試以告女　伯昏列子之友同學於壺子不

冲虚至德真经八卷

（晋）张湛注　（唐）殷敬顺释文　明初刻本　二册　名录号及索书号 04994—116113

张湛，东晋前期人，字处度，山阳郡高平县（今山东邹城）人。仕至中书侍郎、光禄勋。少年有为，撰有多部作品，主张佛玄合一。张湛《列子注》的哲学思想对后世宋明理学影响很大。殷敬顺，唐人。曾任当涂县丞。

是书前有晋张湛撰《列子序》及汉永始三年刘向撰《列子书录》。全书以《列子》八篇分为八卷，卷一为天瑞、卷二黄帝、卷三周穆王、卷四仲尼、卷五汤问、卷六力命、卷七杨朱、卷八说符。唐天宝初，列子（名御寇）被册封为冲虚真人，故《列子》改题为《冲虚真经》。宋景德四年敕加“至德”二字，号为《冲虚至德真经》。

钤有“孙印星衍”“史官”“孝仲”“云岫”“周印世德”等印。孙星衍（1753—1818），字渊如，又字季逑，号伯渊、芳茂山人等，江苏阳湖（今江苏常州）人。乾隆五十二年进士，授翰林院编修，改刑部主事，官至山东督粮道。晚年主讲钟山书院，主持杭州诂经精舍。喜藏书，闻人有善本，借抄无虚日，金石文字拓本，古鼎彝书画，无不考其原委。所藏颇多善本及秘府未收之书，编有《平律馆鉴藏书记》《廉石居藏书记》《孙氏祠堂书目》。另著有《尚书今古文疏证》《周易集解》《史记天官书考证》《寰宇访碑录》《孙渊如诗文集》等。其藏书约散于太平天国时，湘潭袁芳瑛游宦江南，故孙氏之书多归袁氏卧雪庐。袁氏殁后，其书多为李盛铎所得，部分归叶德辉。

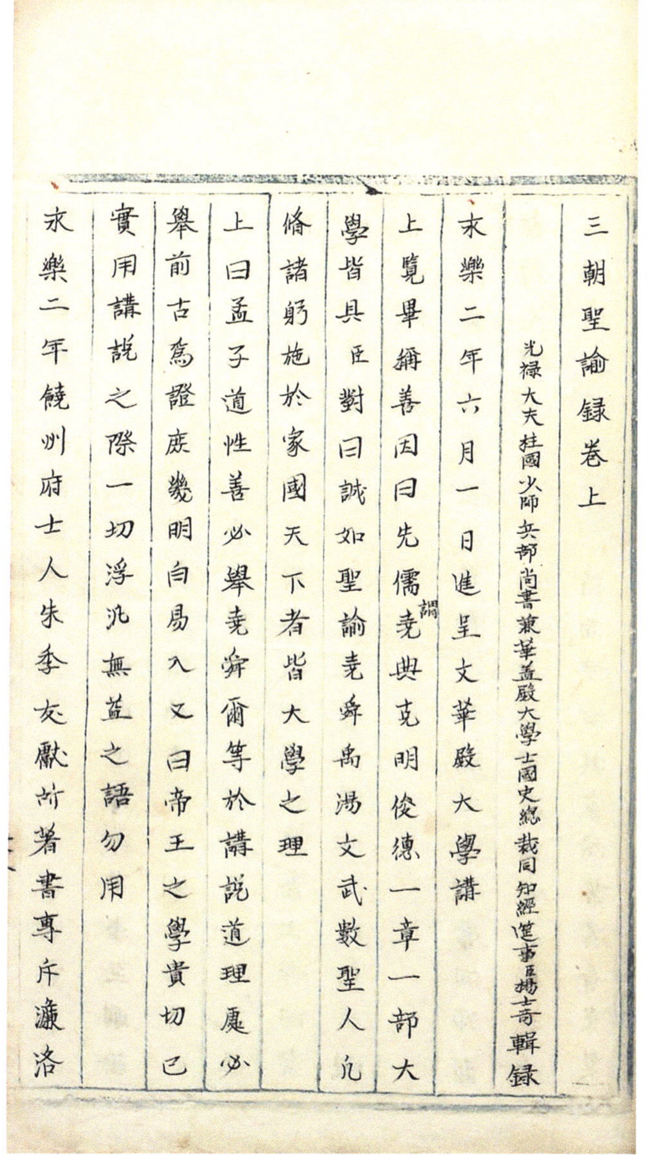
三朝聖諭録卷上
光禄大夫柱國少師兵部尚書兼華蓋殿大學士國史總裁同知經筵事臣楊士奇輯録
永樂二年六月一日進呈文華殿大學講
上覽畢稱善因曰先儒謂堯與克明俊德一章一部大
學皆具臣對曰誠如聖諭堯舜禹湯文武數聖人允
脩諸躬施於家國天下者皆大學之理
上曰孟子道性善必舉堯舜爾等於講說道理處必
舉前古爲證庶幾明白易入又曰帝王之學貴切已
實用講説之際一切浮泛無益之語勿用
永樂二年饒州府士人朱季友獻所著書專斥濂洛

艺海汇函九十二种一百六十一卷

（明）梅纯编　明抄本　三十册　名录号及索书号 05008—117704

梅纯（1449—1520），字一之，河南夏邑人。明太祖宁国公主驸马梅殷后裔，世居金陵（今江苏南京）。成化十七年（1481）进士。曾任定远知县，后袭武阶，为中都留守司副留守。另撰有《损斋备忘录》等。

梅氏自登仕途，南北往返三十余年，凡有所见辄手录之。日藏月增，积逾百卷。删其重复，第其篇章，而成此集。此书属丛书，分纪事、纂言、知人、格物、说诗、论文、补缺、拾遗、辨疑、刊误十类，辑存八十八种书，后又附四种书。

此书存世极少，目前所知仅南京图书馆一家藏。南图此本抄写于蓝格纸上。天头、正文行间有朱墨笔批校。书末清杭士骏墨笔题“堇浦杭大宗校于道古堂”。书内钤“曾在李鹿山处”“南海吴氏心香书屋所藏书画”“心香书屋”“吴尚璁书画印”“曾在吴珏如处”等印。

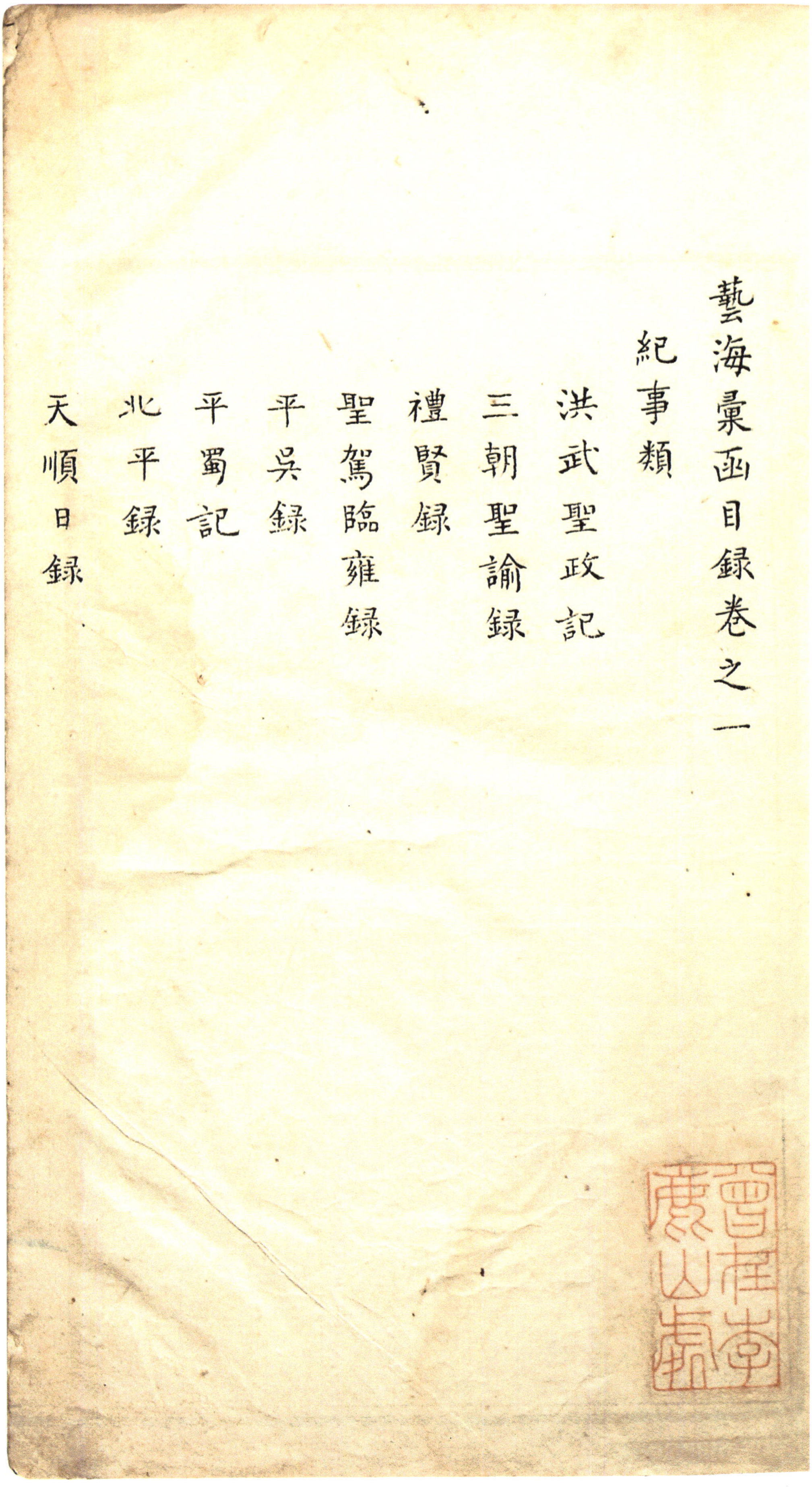

藝海彙函目録卷之一

紀事類

洪武聖政記

三朝聖諭録

禮賢録

聖駕臨雍録

平吳録

平蜀記

北平録

天順日録

上為其弟乞恩終不允

上召賢謂曰為侯者不知自責反乞恩澤朕終不允又以母老為辭求之良久竟從公法賢頓首曰真可謂王者不私矣

吏部左侍郎孫弘聞喪

上召賢曰孫弘豈勝吏部賢曰誠如

聖諭蓋弘以知縣考滿赴京為忠國公石亨鄉里囑留京官又因奉迎有功陞工部侍郎復極力謀求得此士林鄙之

上又恐其謀奪情即令守制復召賢曰吏部侍郎乃天下人物權衡非他部比必得其人先生以為誰可賢曰以在朝觀之無如禮部二人可擇一用之

上復問其優劣賢曰鄒幹為人端謹但規模稍狹姚夔表裏相稱有大臣之量

上曰然遂用之命下士類皆悅

禮部郎中李和託一釋子囑權近求為侍郎士論紛然不平

上問賢此人如何賢對不知

上悟其意復問吏部尚書王翱亦不甚許他日以學士李紹對

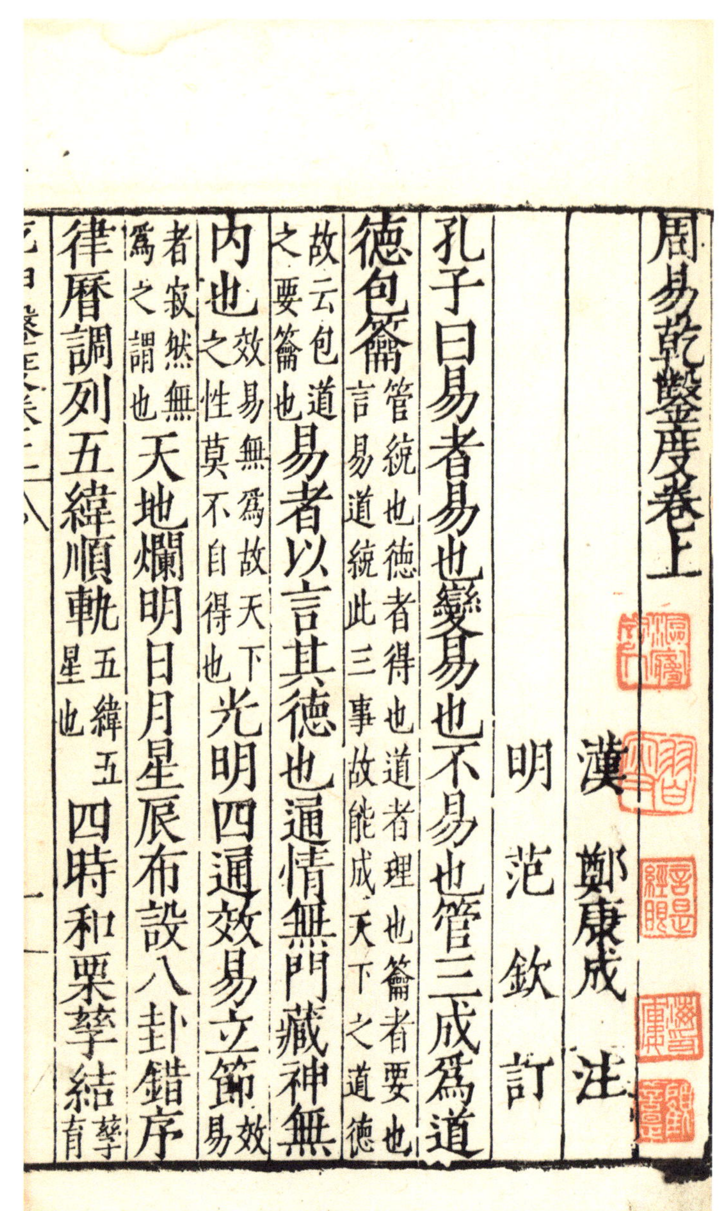
周易乾鑿度卷上
漢 鄭康成 注
明 范欽 訂
孔子曰易者易也變易也不易也管三成爲道德包籥管統也德者得也道者理也籥者要也言易道統此三事故能成天下之道德故云包道之要籥也易者以言其德也通情無門藏神無內也效易無爲故天下之性莫不自得也光明四通效易立節效易者寂然無爲之謂也天地爛明日月星辰布設八卦錯序律曆調列五緯順軌五緯五星也四時和粟孳結孳有

范氏奇书□□种□□卷

（明）范钦编　明范氏天一阁刻本　存十三种二十四卷　十二册　名录号及索书号 05011—118136

范钦（1506—1585），字尧卿，号东明，鄞县（今浙江宁波）人。嘉靖十一年（1532）进士。历任随州知州、工部员外郎、袁州知府、广西参政、福建按察使、云南右布政使、陕西左布政使、副都御史等职。后晋兵部右侍郎，辞不赴。归里后，于嘉靖四十年至四十五年（1561—1566）间，在宁波月湖西岸的住宅东侧建造了藏书楼，取“天一生水、地六成之”之义，名“天一阁”，这是中国现存最古老的藏书楼。其藏书以明版方志及登科录为世人所重，在明时已有“浙东藏书第一家”之誉。著述有《天一阁集》《四明范氏书目》《烟霞小说》《奏议》等。

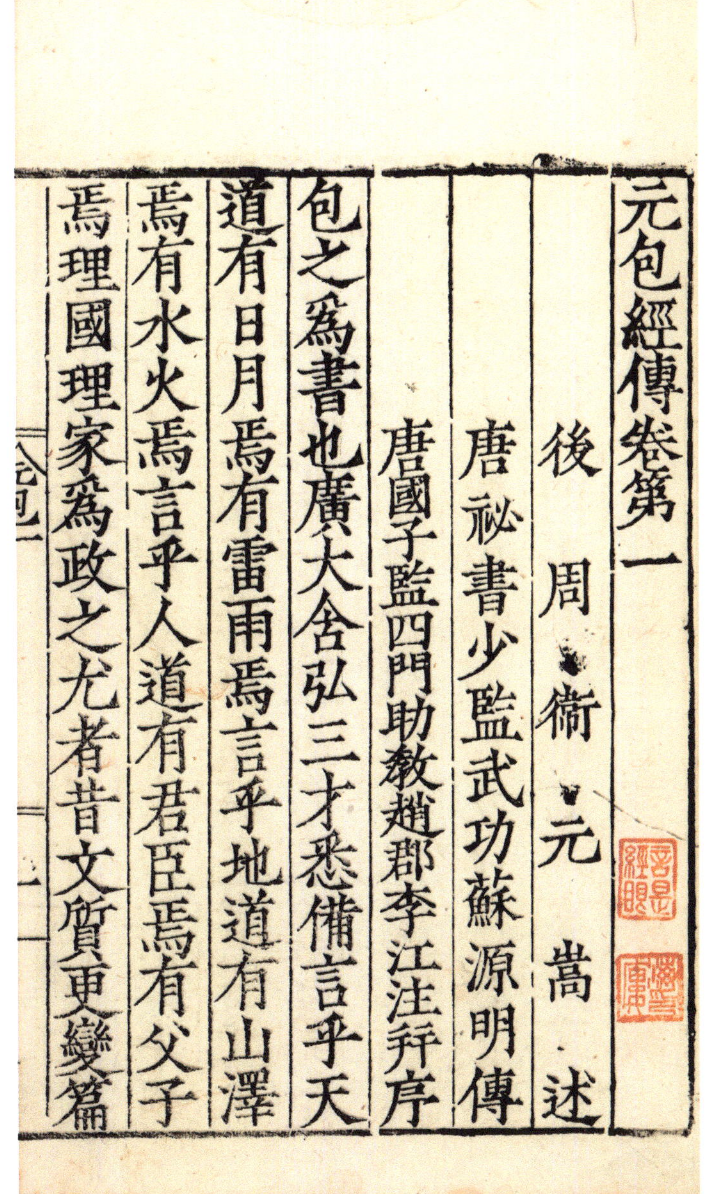
元包經傳卷第一

後　周　衛　元　嵩　述

唐祕書少監武功蘇源明傳

唐國子監四門助教趙郡李江注幷序

包之爲書也廣大含弘三才悉備言乎天道有日月焉有雷雨焉言乎地道有山澤焉有水火焉言乎人道有君臣焉有父子焉理國理家爲政之尤者昔文質更變篇

范钦不仅喜藏书，还喜刻书，其亲手校订、刊刻了一些内容神秘、成书传奇、版本孤绝的书籍，后人将其合成丛书《范氏奇书》。最早有此说法的是祁承㸁的《澹生堂书目》，其中著录了《范氏二十种奇书》一条。此书最初是以单行本面世，范氏自己并没有总称，所以现在的《范氏奇书》既无总目，也无总序，具体有多少种，众说纷纭，有学者认为符合以下两个特点可定为是“奇书”：一为范钦所手订，或具名，或具号，名字前或冠以籍贯，或冠以时代，落款格式与原书著者的题法相称；二是版式相同，即半页九行，行十八字，白口，左右双边，认为《范氏奇书》有二十一种，缺《虎钤经》一种。

今南图存此书《乾坤凿度》二卷、《周易乾凿度》二卷、《元包经传》五卷、《元包数总义》二卷、《周易古占法》二卷、《周易略例》一卷、《周易举正》三卷、《关氏易传》一卷、《论语笔解》二卷、《孔子集语》二卷、《竹书纪年》二卷、《潜虚》一卷、《潜虚发微论》一卷共十三种。若依上述“奇书”特点而言，《元包经传》和《元包数总义》当不

周易舉正序
我唐御注孝經删定月令盖爲前儒用意未極
精研後漢太學刊石撰集説文慮其日月浸深
轉寫訛謬京也歷代傳授五經爲業其於易道
討覈偏深曾得王輔嗣韓康伯手寫註定傳授
眞本讀誦比校今世流行本及國學鄉貢學人
等本或將經入註用註作經小象中間以下句
反居其上爻辭註内移後義却處於前又兼有
脫漏兩字顛倒謬誤增省義理不通今並依定

在其列，《潜虚》和《潜虚发微论》只作一种。

钤有“曹溶”“锄菜翁”“檇李”“沤梦词人”“顾言是”“海印楼”“言是经眼”“习叟”等印。曹溶（1613—1685），字秋岳，一字洁躬，号倦圃、锄菜翁，浙江秀水（今浙江嘉兴）人。明崇祯十年（1637）进士，官御史。入清后，任顺天学政、太仆寺少卿、左通政、左副都御史、户部右侍郎、广东布政使等职。家富藏书，朱彝尊纂《词综》，即多从其家藏宋人遗集中录出。工诗词，著有《静惕堂诗词集》等。“沤梦词人”是邓邦述藏印。邓邦述（1868—1939），字孝先，一字正暗，号虑斋、沤梦词人，晚号沤梦老人、群碧翁等，江苏江宁人。邓廷桢后人。光绪二十四年（1898）进士。入端方幕，后曾随端方外出欧美考察。喜藏书，得士礼居旧藏宋刊《群玉集》《碧云集》，藏书以史、集部为主，多宋元古本和明嘉靖本，编有《双沤居藏书目初编》《群碧楼书目初编》《群碧楼善本书录》《寒瘦山房鬻存善本书目》等。著有《群碧楼诗抄》《沤梦词》等。

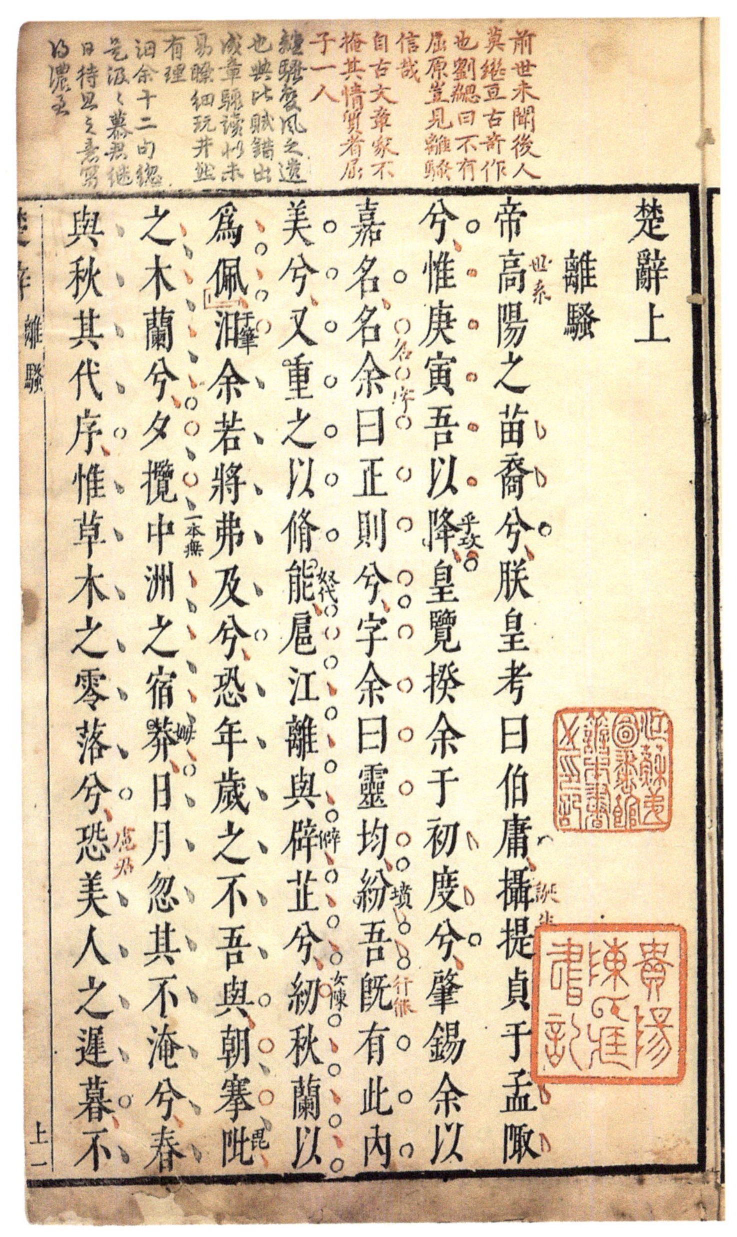

前世未聞後人莫繼亘古奇作也劉勰曰不有屈原豈見離騷信哉
自古文章家不掩其情實者屈子一人

楚辭上

離騷

帝高陽之苗裔兮朕皇考曰伯庸攝提貞于孟陬兮惟庚寅吾以降皇覽揆余于初度兮肇錫余以嘉名名余曰正則兮字余曰靈均紛吾既有此內美兮又重之以脩能扈江離與辟芷兮紉秋蘭以爲佩汩余若將弗及兮恐年歲之不吾與朝搴阰之木蘭兮夕攬中洲之宿莽日月忽其不淹兮春與秋其代序惟草木之零落兮恐美人之遲暮不

楚辭　離騷　上一

楚辞二卷

（战国）屈原　宋玉　（汉）贾谊等撰　明万历四十八年（1620）闵齐伋刻三色套印本（清）丁丙跋　二册　名录号及索书号 05042—111859

正文分上下篇。上篇为屈原所著《离骚》《九歌》《天问》《九章》《远游》《卜居》《渔父》。下篇为宋玉所著《九辩》《招魂》，景差著《大招》，贾谊著《惜誓》，刘安著《招隐士》，东方朔著《七谏》，严忌著《哀时命》，王褒著《九怀》，刘向著《九叹》，王逸著《九思》。

明万历间套印技术兴起，湖州闵、凌两家为套印技术的主要代表，学界曾把“闵板”作为对明代套印本的代称。此本为闵齐伋将传统经传合刻，套色刊印成经传评一体的三色套印本。

钤有“钱唐丁氏正修堂藏书”“松珊收藏”“贵阳陈氏藏书记”等印。

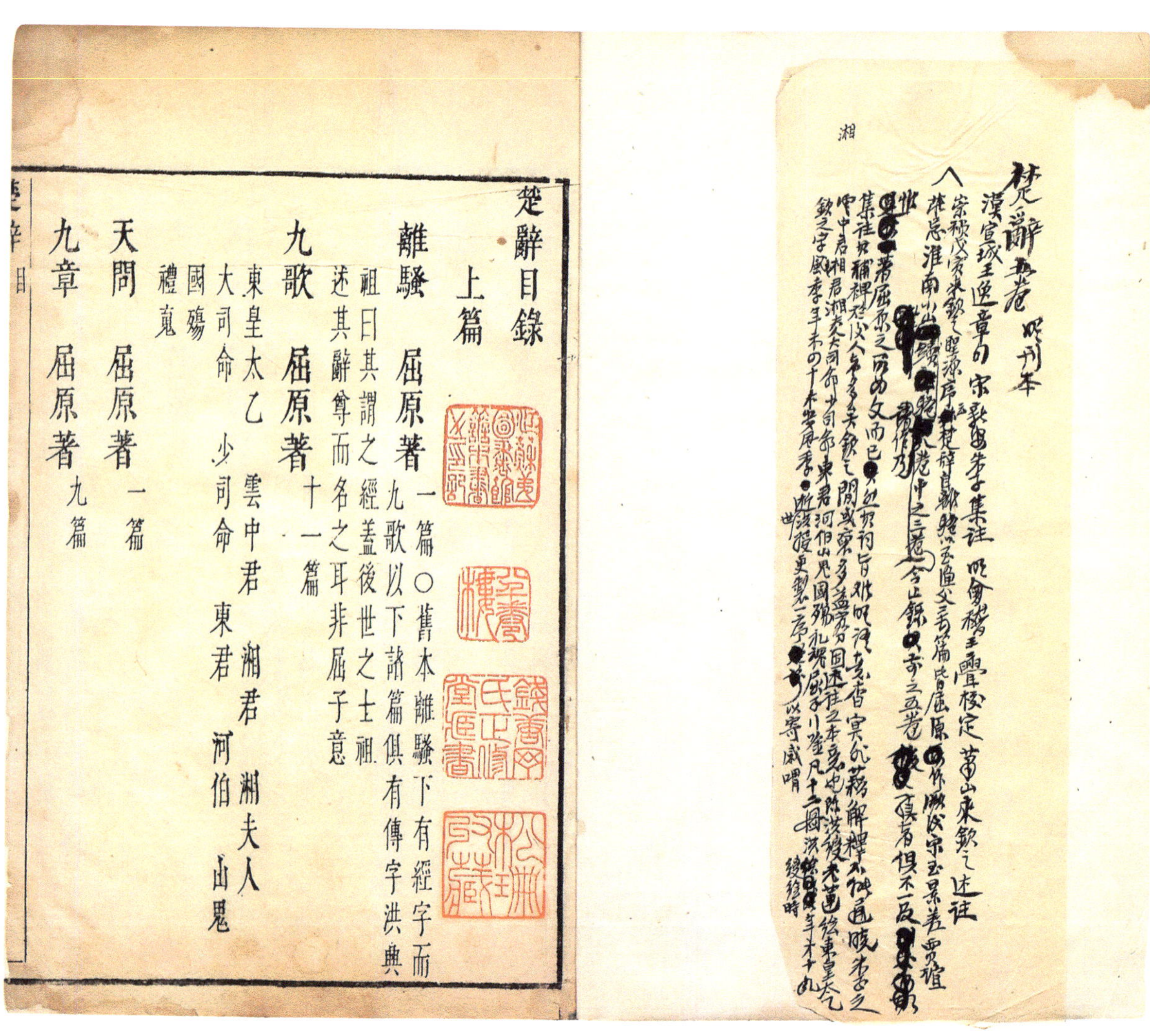

楚辭目錄

上篇

離騷　屈原著　一篇○舊本離騷下有經字而九歌以下諸篇俱有傳字洪典祖曰其謂之經蓋後世之士祖述其辭尊而名之耳非屈子意

九歌　屈原著　十一篇

東皇太乙　雲中君　湘君　湘夫人

大司命　少司命　東君　河伯　山鬼

國殤

禮䰟

天問　屈原著　一篇

九章　屈原著　九篇

楚辭五卷　明刊本

漢宣城王逸章句

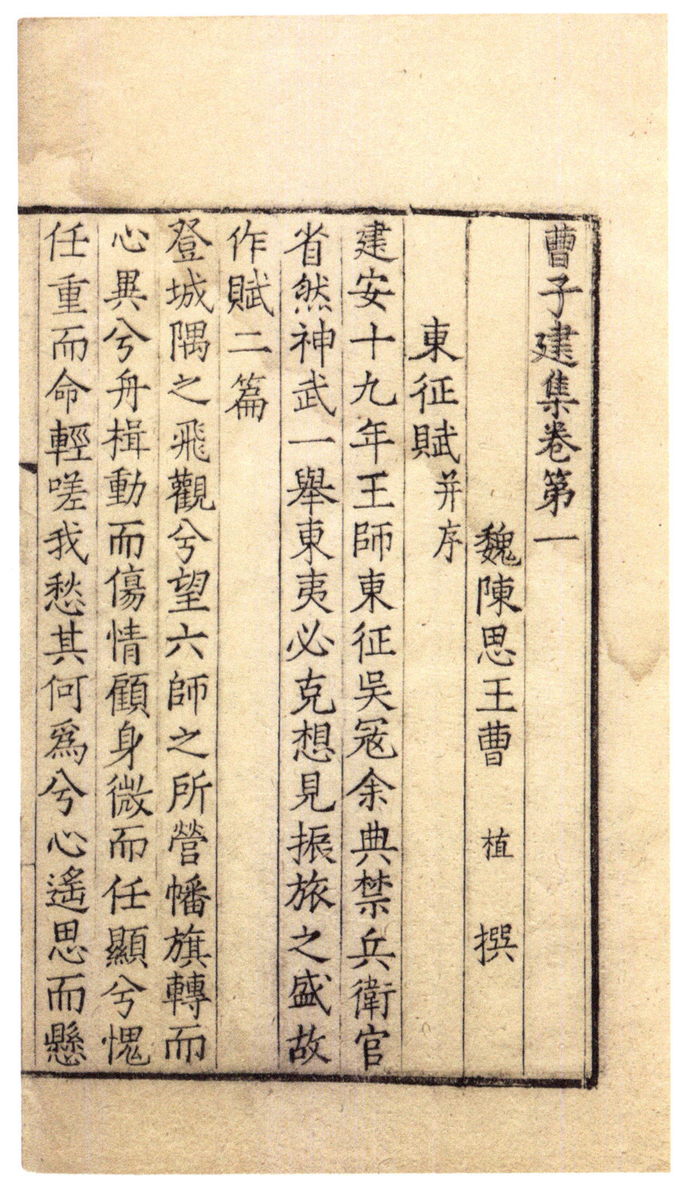

曹子建集卷第一

魏陳思王曹　植　撰

東征賦并序

建安十九年王師東征吳寇余典禁兵衛官
省然神武一舉東夷必克想見振旅之盛故
作賦二篇

登城隅之飛觀兮望六師之所營幡旗轉而
心異兮舟楫動而傷情顧身微而任顯兮愧
任重而命輕嗟我愁其何爲兮心遥思而懸

曹子建集十卷

（三国魏）曹植撰　明铜活字印本（卷七至十抄配）　二册　名录号及索书号 05082—113318

曹植（192—232），字子建，安徽亳州人。曹操子，曹丕弟，封陈王，谥号“思”，又称陈思王。三国时期著名文学家。《三国志·魏书》有传。

半页九行，行十七字，小字双行同，左右双边，白口，上黑鱼尾。书前有佚名抄录晁公武《郡斋读书志》、陈振孙《直斋书录解题》、马端临《文献通考》，及《钦定四库全书简明目录》《钦定四库全书总目》中关于《曹子建集》的著录情况。又录入《曹子建传》及补诗三首。全文分十卷，录曹植所著赋颂、诗铭、杂论凡百余篇，间有佚名批校内容。

在古代，雕版印刷一直处于主流地位，活字印刷居于次要地位，并且多在民间零星地印刷过一些书籍。此铜活字印本，刊于明代，是极具特色的古籍版本之一。

游游彼雙闕間文昌鬱雲興迎風高中天春
鳩鳴飛棟流猋激櫺軒顧念蓬室士貧賤誠
足憐薇藿弗充虛皮褐猶不全慷抗一作慨有
悲心興文自成篇寶棄怨何人和氏有其愆
彈冠俟知己知己誰不然良田無晚歲膏澤
多豐年亮懷璵璠美積久德愈宣親交義在
敦中章復何言

贈丁儀

初秋涼氣發庭樹微銷落凝霜依玉除清風

飄颻閣朝雲不歸山霖雨成川澤黍稷委疇
隴農夫安所獲在貴多忘賤爲恩誰能博狐

文選古作故

曹子建集十卷壬子十月觀 錄入子建傳一首採補詩三首其
餘字句與他卷稍有異同悉爲標出以俟考證
此集計詩七十三首賦四十三首較 四庫書多少一首

板曹子建集

華清池
我願執此
懷愁悲
風鳴我側義和逝不留重陰潤萬物何懼澤

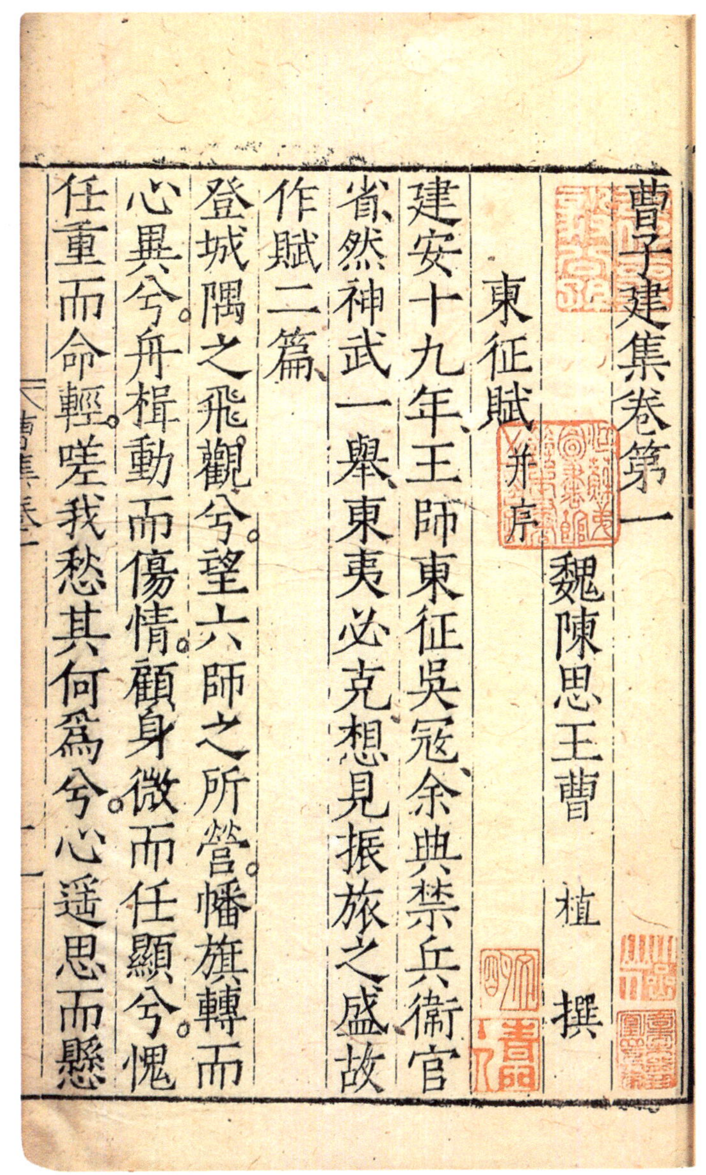

曹子建集卷第一

魏陳思王曹　植　撰

東征賦并序

建安十九年王師東征吳寇余典禁兵衛宫省然神武一舉東夷必克想見振旅之盛故作賦二篇

登城隅之飛觀兮望六師之所營幡旗轉而心異兮舟楫動而傷情顧身微而任顯兮愧任重而命輕嗟我愁其何爲兮心遥思而懸

曹子建集十卷

（三国魏）曹植撰　**疑字音释一卷**　明嘉靖二十一年（1542）郭云鹏刻本　（清）丁丙跋　二册　名录号及索书号 05087—110966

是书前十卷为曹植的赋、五言诗及文，其“宛而不险，质而不靡，蓄而不虚，节而不巧，幽愤而有余悲，其可谓古之遗声也已”。

曹子建文集版本众多，《四库全书总目》详细厘清过。据此本序载，景初以降，曹植著作凡百余篇，隋朝时曹集为三十卷，至明朝只十卷。因当时此集以活字印本传于世，多舛错脱漏。郭云鹏雅嗜建安诸子，遂刊《曹集疑字音释》一卷附后。

半叶九行，行十七字，小字双行同。左右双边，白口，单鱼尾。版心中记“曹集”、卷次，下记叶次。书钤“李毅”“仲石”“青门主人”“少保襄毅公孙”“小罟山人”“学而未能凤凰山下人家”“文明”印及“八千卷楼”等丁氏藏印。

按曹集十卷吴中舊有活字印本多舛錯脫漏大夫士往往有慨歎焉雲鵬雖不敏雅嗜建安諸子曹集之訛竊嘗一正之因梓於家與好古者共傳焉集端有序不敢贅謹識歲月於後云時嘉靖壬寅春正月既望吴下後學郭雲鵬跋

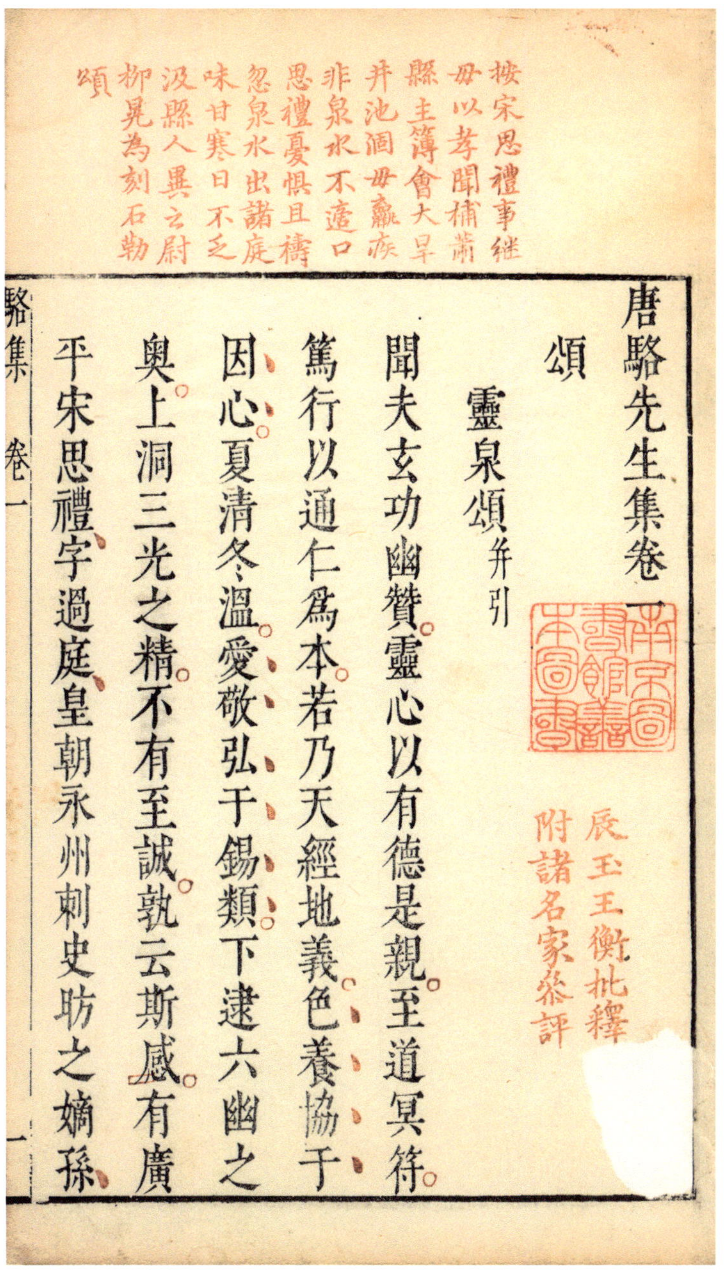

按宋思禮事繼母以孝聞補蕭縣主簿會大旱井池涸母羸疾非泉水不適口思禮憂惧且禱忽泉水出諸庭味甘寒日不乏汲縣人異之尉柳晃為刻石勒頌

唐駱先生集卷一

辰玉王衡批釋
附諸名家叅評

頌

靈泉頌并引

聞夫玄功幽贊靈心以有德是親至道冥符篤行以通仁爲本若乃天經地義色養協于因心夏清冬溫愛敬弘于錫類下逮六幽之奧上洞三光之精不有至誠孰云斯感有廣平宋思禮字過庭皇朝永州刺史昉之嫡孫

駱集　卷一　一

唐骆先生集八卷

（唐）骆宾王撰　（明）王衡等评释　**附录一卷**　明凌毓枏刻朱墨套印本　四册　名录号及索书号 05132—115748

骆宾王（约 638—684），字观光，“初唐四杰”之一，婺州义乌（今浙江金华）人。骆宾王出身寒微，少有才名。由于他性格极其清高、叛逆又耿直，注定了他的仕途无法平坦顺遂。光宅元年（684），他跟随英国公徐敬业起兵讨伐武则天，撰写《讨武曌檄》。徐敬业败亡后，骆宾王结局不明，或说被乱军所杀，或说遁入空门。

王衡（1562—1609），字辰玉，号缑山、别署蘅芜室主人，江苏太仓人。万历时期首辅王锡爵之子，明末清初画家王时敏之父。王衡为避免其父陷入党争，中断其科举之路，直到

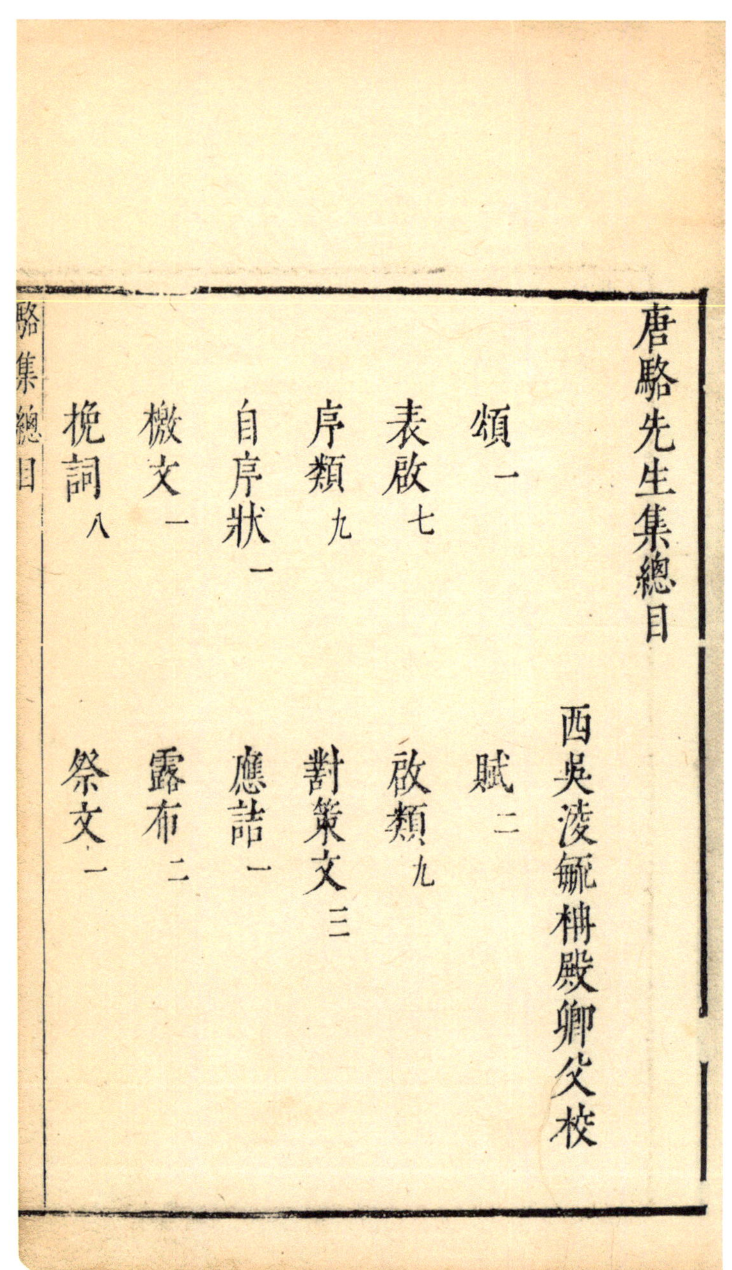

唐駱先生集總目　西吳淩毓枏殿卿父校

頌一　賦二

表啟七　啟類九

序類九　對策文三

自序狀一　應詰一

檄文一　露布二

挽詞八　祭文一

駱集總目

年近四十其父致仕后，才再入科场，以一甲第二名（榜眼）及第，授任翰林院编修。后辞官归隐，惜中年早卒。他是明代南剧的名家，编写有《郁轮袍》《真傀儡》《没奈何》等杂剧名篇。著有《缑山先生集》《王辰玉先生诗》等。

此书前有明万历十九年（1591）汪道昆撰《刻义乌骆先生文集叙》及《唐骆先生集总目》。全书八卷，每卷前各有细目，卷一至四为颂、赋、五言古诗、五言律诗、五言排律、五言色句、杂言、七言古诗、七言绝句；卷五至八为表启、序、杂著、檄等。后有骆集补遗及骆宾王本传和附录。末有明王衡跋、明万历四十三年（1615）汤宾尹撰《骆侍御文集叙》。

凌毓枏（1578—1633），字殿卿，后皈依佛门，号觉于居士，凌湛初独子，浙江乌程县（今浙江湖州）人。刻有套印本五种：《唐骆先生集》《楚辞注评》《吕氏春秋》《大佛顶如来密因修证了义诸菩萨万行首楞严经》《金刚经》。

通篇最有結構其轉換過接處段々神遊幹旋曲折

鍾惺曰四六何必只用成語然有文人四六有詩人四六如蒙鳥諸篇文人而無慧業者不能狀旱之甚

戸部員外順之長子幼丁偏罰早喪慈親承懷鞠育（一作养）之恩長增思慕之痛弱不好弄長而能賢趨庭聞詩禮之風亢宗曷曾閔之行事後母徐以至孝聞北面與悲泣高堂而咨巳東遊下位歡微祿以逮親調露二年來佐百里俯就微班之列將申返哺之情敬立身其若斯于從政乎何有時歲亢旱金石行銷遠近川源殆將堙絶濬井皆爲湯谷通波盡化

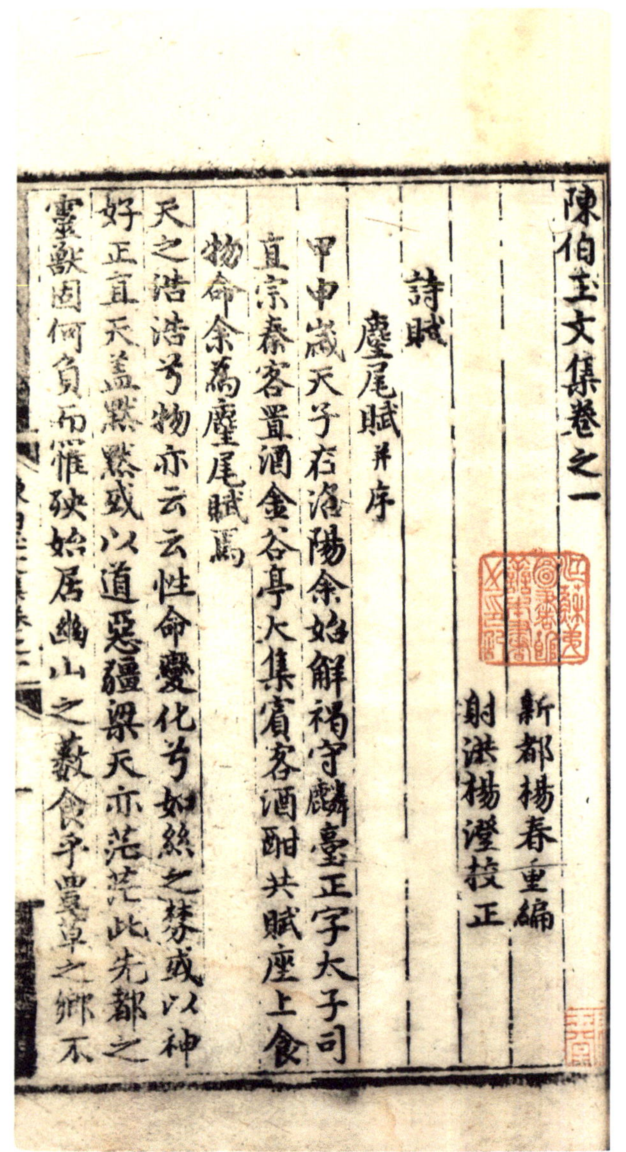

陳伯玉文集卷之一
新都楊春重編
射洪楊澄校正
詩賦
麈尾賦并序
甲申歲天子在洛陽余始解褐守麟臺正字太子司直宗秦客置酒金谷亭大集賓客酒酣共賦座上食物命余為麈尾賦焉
天之浩浩兮物亦云云性命變化兮如絲之棼或以神好正直天蓋默默或以道惡彊梁天亦茫茫此先都之靈獸固何負而罹殃始居幽山之藪食乎豐草之鄉不

陈伯玉文集十卷

（唐）陈子昂撰　**附录一卷**　明弘治四年（1491）杨澄刻本（卷八至十、附录配清抄本）（清）丁丙跋　八册　名录号及索书号 05138—110987

陈子昂（661—702），字伯玉，梓州射洪（今四川遂宁）人。官至右拾遗，遂人称“陈拾遗”。

是书前集收录诗赋、杂诗、表、碑文等，后集为墓志铭、表章文引、杂著、书、启等。有附录一卷，录唐书本传、陈氏别传、祭文等。唐韩愈《荐士》诗云“国朝盛文章，子昂始高蹈”。此本未收录《登幽州台歌》。

半叶十一行，行二十一字。四周双边，黑口，双顺黑鱼尾。版心中间镌“陈伯玉文集”、卷次。书钤“曾经八千卷楼所得”“光绪辛巳所得”“四库著录”“汉唐斋”“马玉堂”“八千卷楼藏书印”等印。

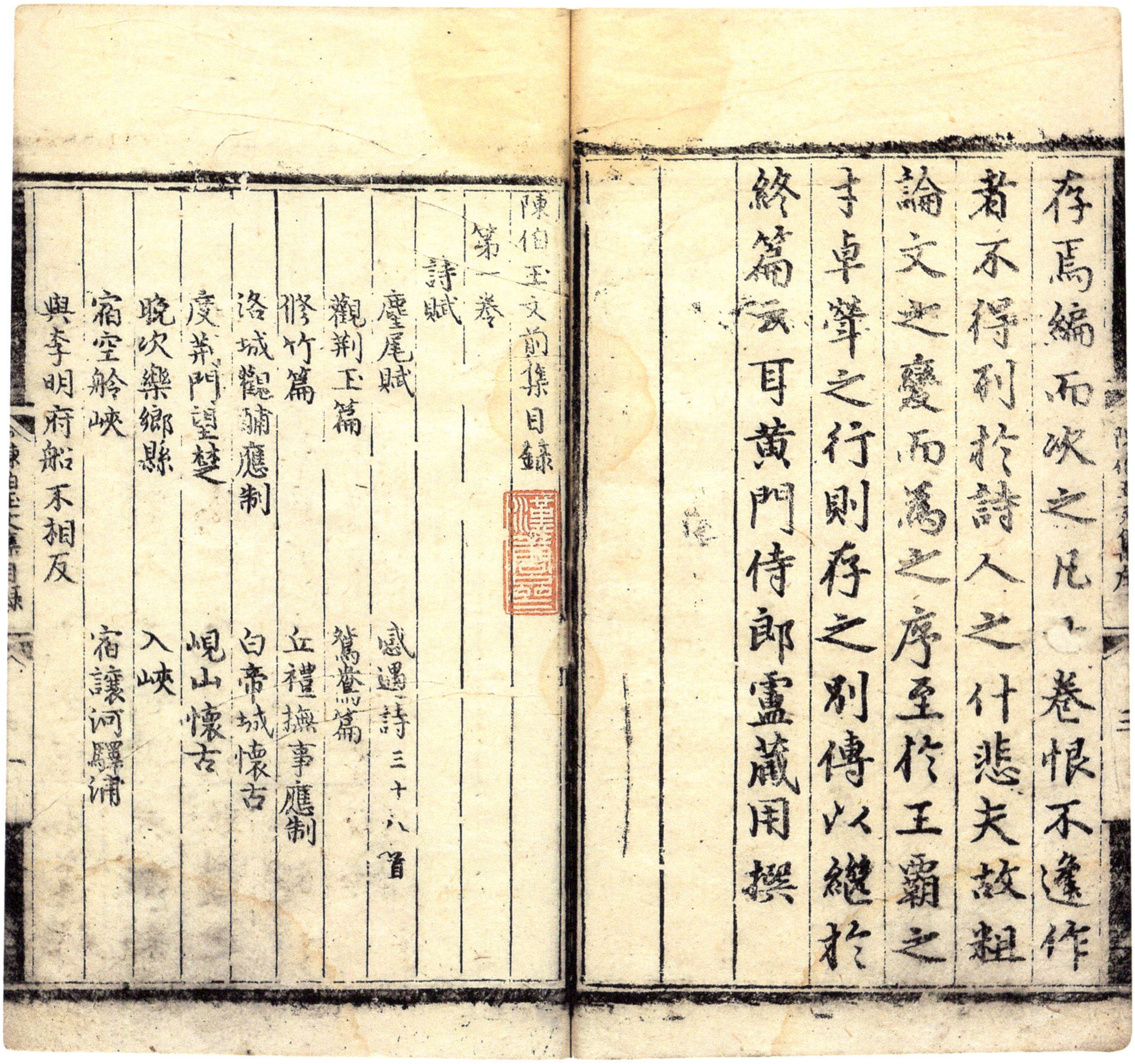

存焉編而次之凡十卷恨不逢作
者不得列於詩人之什悲夫故粗
論文之變而爲之序至於王霸之
才卓犖之行則存之別傳以繼於
終篇云耳黄門侍郎盧藏用撰

陳伯玉文前集目録

第一卷

詩賦

韋蘇州集卷之一

雜擬

擬古詩十二首

其一

辭君遠行邁飲此長恨端已謂道里遠如何中險艱流水赴大壑孤雲還暮山無情尚有歸行子何獨難驅車背鄉園朔風卷行迹嚴冬霜斷肌日入不遑息憂歡容髮變寒暑人事易中心

韋蘇州集 卷一 一

韦苏州集十卷拾遗一卷

（唐）韦应物撰　明凌濛初刻朱墨套印本　五册　名录号及索书号 05212—117369

韦应物（737—792），京兆万年（今陕西西安）人。出身望族，以荫入宫为三卫郎，历官京兆府功曹、比部员外郎、滁州刺史、江州刺史。入为左司郎中，贞元四年（788）出任苏州刺史，世称“韦苏州”。诗以写山水田园著名，淡远清雅，人比之陶渊明。

框高 21 厘米，宽 14.6 厘米，半叶八行，行十八字。四周单边，白口，无鱼尾。版心上镌韦苏州集、卷次，下记叶次。

前有宋嘉祐元年（1056）王钦臣撰《韦苏州集序》及古赋一首。正文分十卷，内容为杂拟、燕集、寄赠、送别、酬答、逢遇、怀思、行旅、感叹、登眺、游览、杂兴、歌行等。后

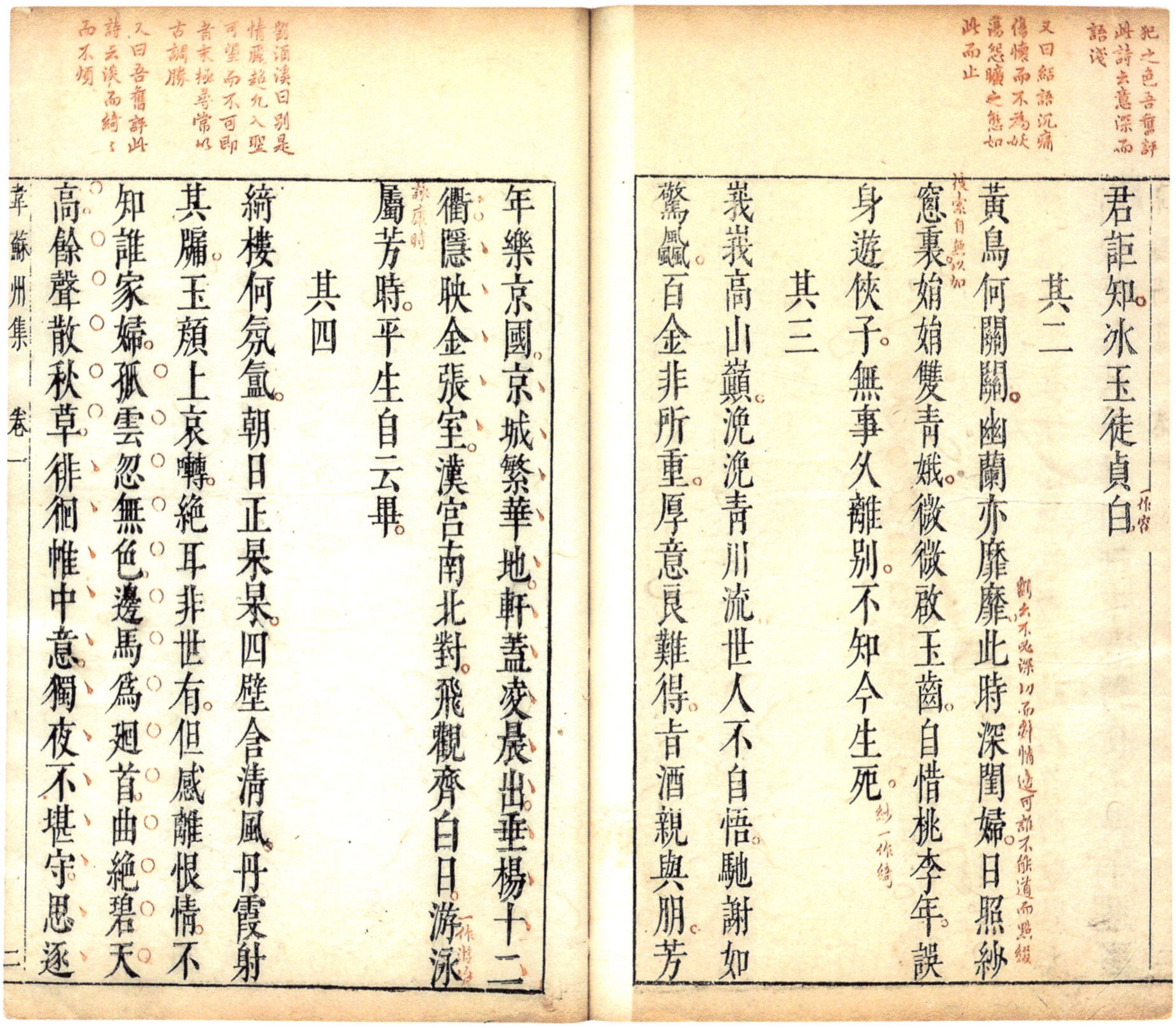

君詎知冰玉徒貞白

其二

黃鳥何關關幽蘭亦靡靡此時深閨婦日照紗窗裏娟娟雙青娥微微啟玉齒自惜桃李年誤身遊俠子無事久離別不知今生死

其三

峩峩高山巔浼浼青川流世人不自悟馳謝如驚飆百金非所重厚意良難得旨酒親與朋芳

年樂京國京城繁華地軒蓋凌晨出垂楊十二衢隱映金張室漢宮南北對飛觀齊白日游泳屬芳時平生自云畢

其四

綺樓何氛氲朝日正杲杲四壁含清風丹霞射其牖玉顏上哀囀絕耳非世有但感離恨情不知誰家婦孤雲忽無色邊馬爲廻首曲絕碧天高餘聲散秋草徘徊帷中意獨夜不堪守思逐

韋蘇州集 卷一 二

附拾遗一卷及韦苏州集总论。书眉及书内有刘须溪（辰翁）、顾东桥（璘）、钟伯敬（惺）、桂天祥、葛常之、谭友夏（元春）等人朱印评语。

凌濛初（1580—1644），字玄房，号初成，亦名凌波，一字彼岸，别号即空观主人，浙江乌程县（今浙江湖州）人。凌濛初才华横溢，一生著作颇多，小说、诗歌、传奇、文学评论、史传、戏曲等几乎所有文学领域都有涉及。著有《初刻拍案惊奇》《二刻拍案惊奇》拟话本短篇小说集。他还对我国双色、多色套版印刷作出了重大贡献，一生所刻的套色书籍有二十六种约二百卷。

钤“张鹏翘印”“友鹤”印。张鹏翘（1895—1940），陕西省朝邑县人，北大哲学系毕业。在北大求学期间，受山东名琴家王露（心葵）先生影响，师从王先生开始学习古琴。他收购古琴，研究古琴谱，后改名张友鹤，进入了北大研究所国学门，从事古琴曲谱系统的研究工作。

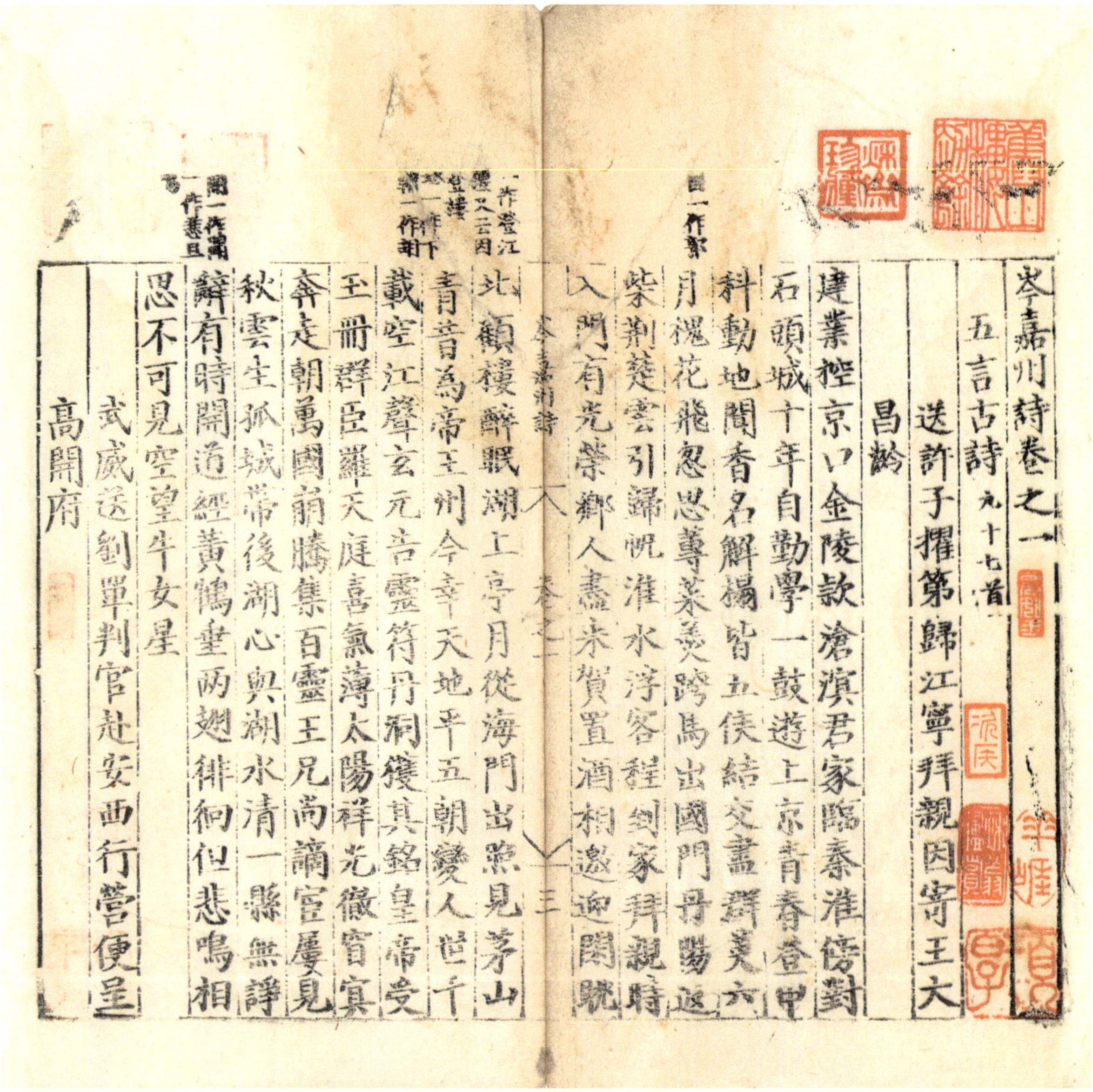
岑嘉州詩卷之一
五言古詩 九十七首
送許子擢第歸江寧拜親因寄王大
昌齡
建業控京口金陵款滄濱君家臨秦淮傍對
石頭城十年自勤學一鼓遊上京青春登甲
科動地聞香名解褐皆五侯結交盡羣英六
月槐花飛忽思蓴菜羹跨馬出國門丹陽返
柴荊楚雲引歸帆淮水浮客程到家拜親時
入門有光榮鄉人盡來賀置酒相邀迎閑眺
北顧樓醉眠湖上亭月從海門出照見茅山
青昔為帝王州今幸天地平五朝變人世千
載空江聲玄元告靈符丹洞獲其銘皇帝受
玉冊群臣羅天庭喜氣薄太陽祥光徹窅冥
奔走朝萬國崩騰集百靈王兄尚謫宦屢見
秋雲生孤城帶後湖心與湖水清一縣無諍
辭有時閑道經黃鶴垂兩翅徘徊但悲鳴相
思不可見空望牛女星
武威送劉單判官赴安西行營便呈
高開府

岑嘉州诗七卷

（唐）岑参撰　明正德十五年（1520）熊相、高屿刻本　二册　名录号及索书号 05221—118130

岑参（约 715—770），荆州江陵（今湖北江陵）人，先世居邓州棘阳（今河南南阳）。天宝三年（744）进士。著名边塞诗人。曾两赴西北边塞为幕僚。官嘉州（今四川乐山）刺史，世称岑嘉州。后被罢官，客死于成都。

岑参诗作初由唐人杜确编为八卷，后以不同版本流传。此七卷本，每卷一体，分五言古诗、七言古诗、五言律诗、五言长律、七言律诗、五言绝句、七言绝句等七体。瞿镛《铁琴

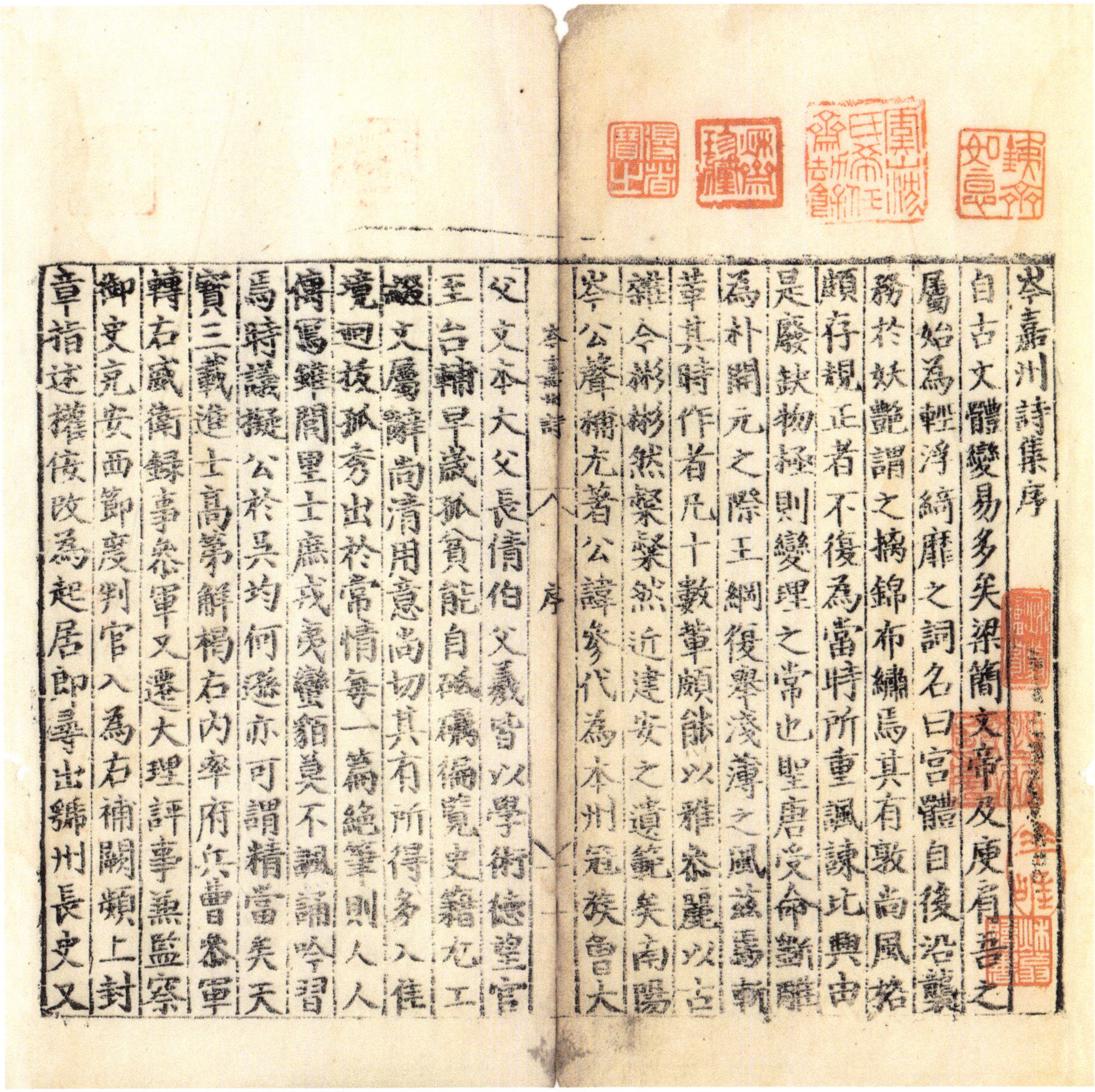
岑嘉州詩集序
自古文體變易多矣梁簡文帝及庾肩吾之
屬始爲輕浮綺靡之詞名曰宮體自後沿襲
務於妖艷謂之摛錦布繡焉其有敦尚風格
頗存規正者不復爲當時所重諷諫比興由
是廢缺物極則變理之常也聖唐受命斲雕
爲朴開元之際王綱復舉淺薄之風茲焉漸
革其時作者凡十數輩頗能以雅參麗以古
雜今彬彬然粲粲然近建安之遺範矣南陽
岑公聲稱尤著公諱參代爲本州冠族曾大

岑嘉州詩 序

父文本大父長倩伯父羲皆以學術德望官
至台輔早歲孤貧能自砥礪徧覽史籍尤工
綴文屬辭尚清用意尚切其有所得多入佳
境迥拔孤秀出於常情每一篇絕筆則人人
傳寫雖閭里士庶戎夷蠻貊莫不諷誦吟習
焉時議擬公於吳均何遜亦可謂精當矣天
寶三載進士高第解褐右內率府兵曹參軍
轉右威衛錄事參軍又遷大理評事兼監察
御史充安西節度判官入爲右補闕頻上封
章指述權佞改爲起居郎尋出虢州長史又

铜剑楼藏书目录》云七卷本“犹是宋元以来相传旧本，较别本为胜”。此本为明正德十五年熊相、高屿刻本。时熊相为河南道监察御史，巡按山东，于济南才子边贡处得此集，爱不释手，即托济南知府高屿刻印流传。熊相，字尚弼，号台峰，江西高安人。正德三年（1508）进士。官河南道监察御、山西巡按等。曾刻印自纂《四川志》等。高屿为北京锦衣卫人，弘治十五年（1502）进士，官济南知府、山东按察副使。

此本钤赵宗建朱文方印“铁斋如意”“旧山楼劫余”“赵印宗建”、朱文长印“次侯”“铁如意斋”，以及沈养孙朱文方印“虞山沈氏希任斋劫余”等。又钤朱文方印“秋斋珍藏”“曾在沈芳圃家”、白文方印“秋翁读书”、白文长印“小赵公”等。

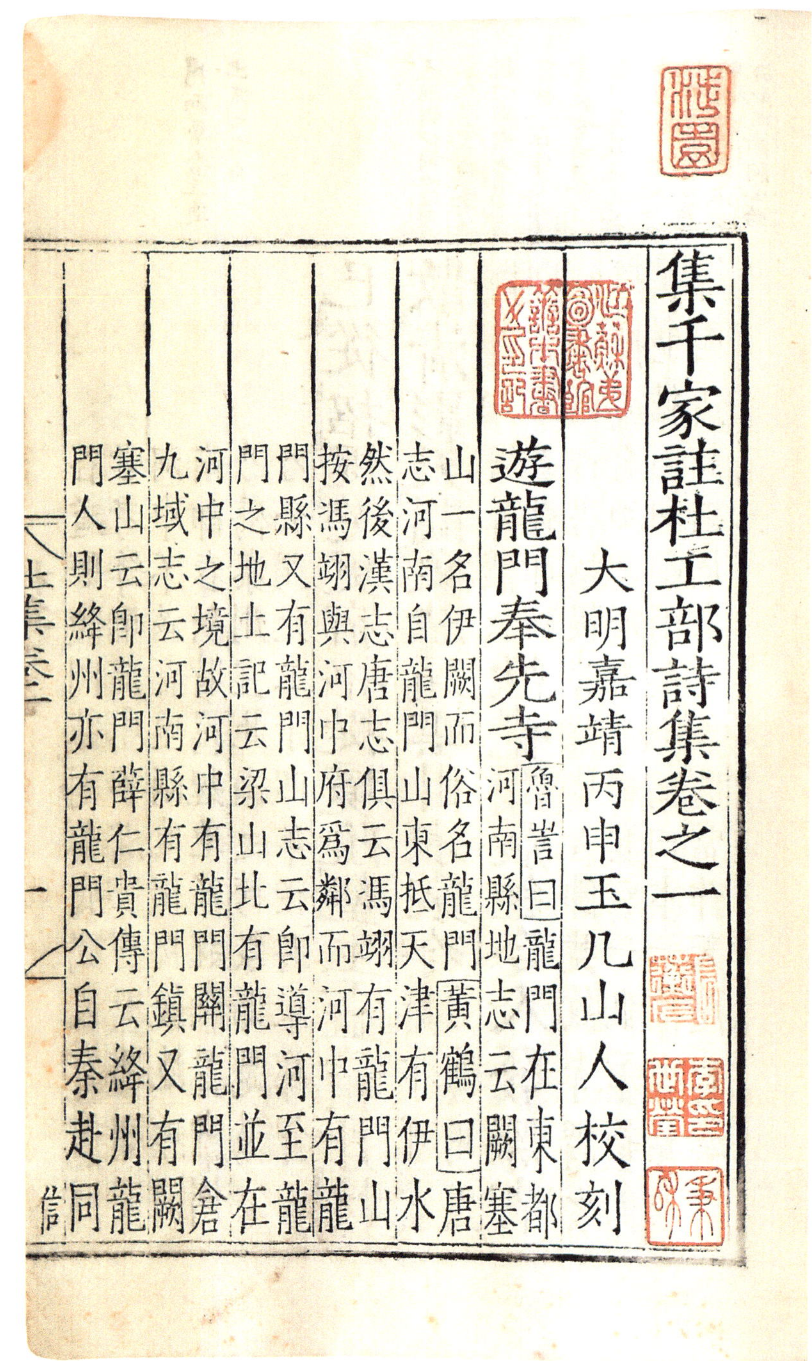

集千家註杜工部詩集卷之一

大明嘉靖丙申玉几山人校刻

遊龍門奉先寺魯訔曰龍門在東都河南縣地志云闕塞山一名伊闕而俗名龍門黃鶴曰唐志河南自龍門山東抵天津有伊水然後漢志唐志俱云馮翊有龍門山按馮翊與河中府爲鄰而河中有龍門縣又有龍門山志云卽導河至龍門之地土記云梁山北有龍門並在河中之境故河中有龍門關龍門倉九域志云河南縣有龍門鎮又有闕塞山云卽龍門薛仁貴傳云絳州龍門人則絳州亦有龍門公自秦赴同

杜集卷之一　一

集千家注杜工部诗集二十卷文集二卷

（唐）杜甫撰　（宋）黄鹤补注　**附录一卷**　明嘉靖十五年（1536）玉几山人刻本　（清）丁丙跋　十二册　名录号及索书号 05240—111011

杜甫（712—770），字子美，号少陵野老，湖北襄阳人。曾任检校工部员外郎，遂被称“杜工部”。

书前宋宝元二年（1039）王洙撰《杜工部诗史旧集序》详述杜甫生平。另有宋皇祐四年（1052）王安石撰《杜工部诗后集序》、宋元祐五年（1090）胡宗愈撰《成都草堂诗碑序》、

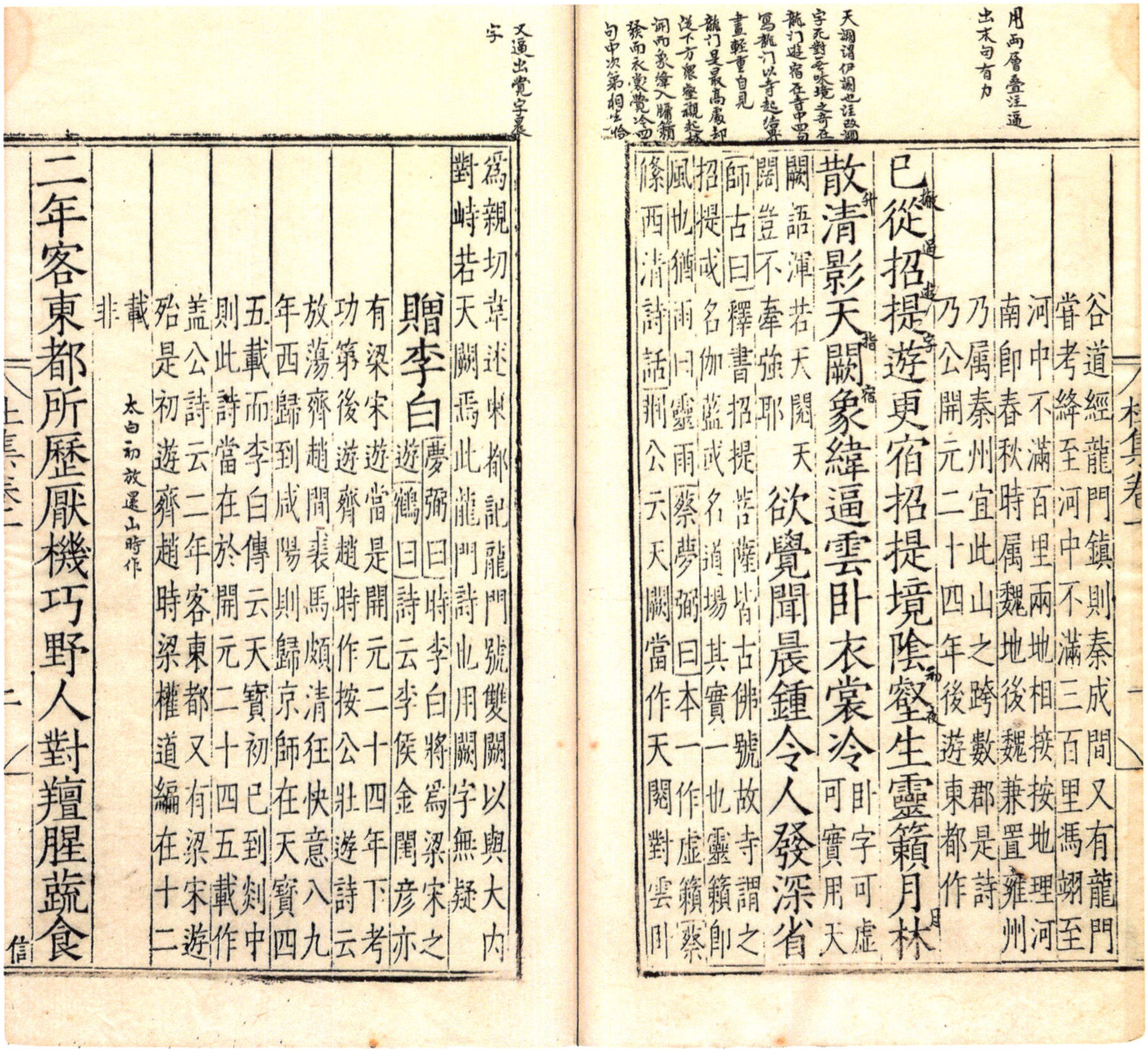
谷道經龍門鎮則秦成閒又有龍門嘗考絳至河中不滿三百里馮翊至河中不滿百里兩地相接按地理河南郎春秋時屬魏地後魏兼置雍州乃屬秦州宜此山之跨數郡是詩乃公開元二十四年後遊東都作

已從招提遊更宿招提境陰壑生靈籟月林散清影天闕象緯逼雲卧衣裳冷卧字可虛可實用天闕語渾若天闕天闕豈不奉旃耶欲覺聞晨鍾令人發深省[師古曰]釋書招提皆古佛號故寺謂之招提或名伽藍或名道場其實一也靈籟即風也猶雨曰靈雨[蔡夢弼曰]本一作虛籟[蔡絛西清詩話]荆公云天闕當作天閱對雲卧爲親切韋述東都記龍門號雙闕以與大内對峙若天闕焉此龍門詩也用闕字無疑

贈李白[夢弼曰]時李白將爲梁宋之遊[鶴曰]詩云李侯金閨彦亦有梁宋遊當是開元二十四年下考功第後遊齊趙時作按公壯遊詩云放蕩齊趙間裘馬頗清狂快意八九年西歸到咸陽則歸京師在天寶四五載而李白傳云天寶初已到剡中則此詩當在於開元二十四五載作蓋公詩云二年客東都又有梁宋遊殆是初遊齊趙時梁權道編在十二載非

二年客東都所歷厭機巧野人對羶腥蔬食

宋嘉泰四年（1204）蔡梦弼撰《杜工部草堂诗笺跋》。正文有诗集二十卷，收杜诗一千四百余首；文集二卷，收杜文二十八篇；附录一卷，收元稹撰唐杜工部墓志铭、宋祁撰唐文艺传两文。正文首卷卷端镌“大明嘉靖丙申玉几山人校刻”。

半叶八行，行十七字，小字双行同。四周双边，白口，双白鱼尾。版心中间上方镌杜集、卷次，下记叶次，版心下方镌刻工名。书钤有“学镜楼李惺谷藏”“八千卷楼”“嘉惠堂丁氏藏”“丁丙”“秀水朱氏潜采堂图书”“泉唐丁氏竹舟申松生丙辛酉以后所得”“芷塘过眼”“祝德麟印”“秉和”“李印世莹”“长蘅氏”“涉园”“嘉惠堂藏阅书”“松香”“吴郡顾元庆氏藏珍印”印。

柳文卷之一

明巡按直隸監察御史南平游居敬校

唐雅

獻平淮夷雅表

臣宗元言臣負罪竄伏違尚書牋奏十有四年聖恩寬宥命守遐壤懷印曳紱有社有人臣宗元誠感誠荷頓首頓首伏惟睿聖文武皇帝陛下天造神斷克清大憝金鼓一動萬方畢臣太平之功中陟仲切興之德推校千古無所與讓因伏自忖度有方剛之力不得備戎行致死命況今已無事思報國恩獨惟文章伏見周宣王時稱中興其道彰大于後罕及然徵於詩大小雅其選徒出狩則車攻吉日命官分土則崧高韓奕烝人南征北伐則六月采芑平淮夷則江漢常武鏗鍧炳耀盪人耳目故宣王之形容與其輔佐由今望之若神人然此無他以雅故也臣伏見陛下自卽位以來平夏州夷劒南取江東定河北今又發自天衷克翦淮右而大雅不作臣誠不佞然不勝憤踊伏以朝多文臣不敢盡專數事謹撰平淮夷雅二篇雖不及尹吉甫召穆公等庶施諸後代有以佐唐之光明謹昧死再拜以獻臣宗元誠恐誠懼頓首頓首謹言

平淮夷雅二篇

皇武命丞相度董師集大功也○皇耆其武于溵于淮既巾乃車環蔡其來狡衆昏囂甚毒于酲狂奔叫呶以干大

柳文　卷之一　一

韩文四十卷外集十卷遗集一卷

（唐）韩愈撰　**集传一卷　柳文四十三卷别集二卷外集二卷**　（唐）柳宗元撰　**附录一卷**　明嘉靖十六年（1537）游居敬刻韩柳文本　（清）丁丙跋　六册　名录号及索书号 05288—111027

韩愈（768—824），字退之，自称“郡望昌黎”，世称“韩昌黎”“昌黎先生”，河南河阳（今河南孟州）人。唐代古文运动的倡导者，被后人尊为“唐宋八大家”之首，与柳宗元并称“韩柳”，有“文章巨公”和“百代文宗”之名。柳宗元（773—819），字子厚，世称“柳河东”“河东先生”“柳柳州”，河东解县（今山西永济）人。唐代文学家、思想家，

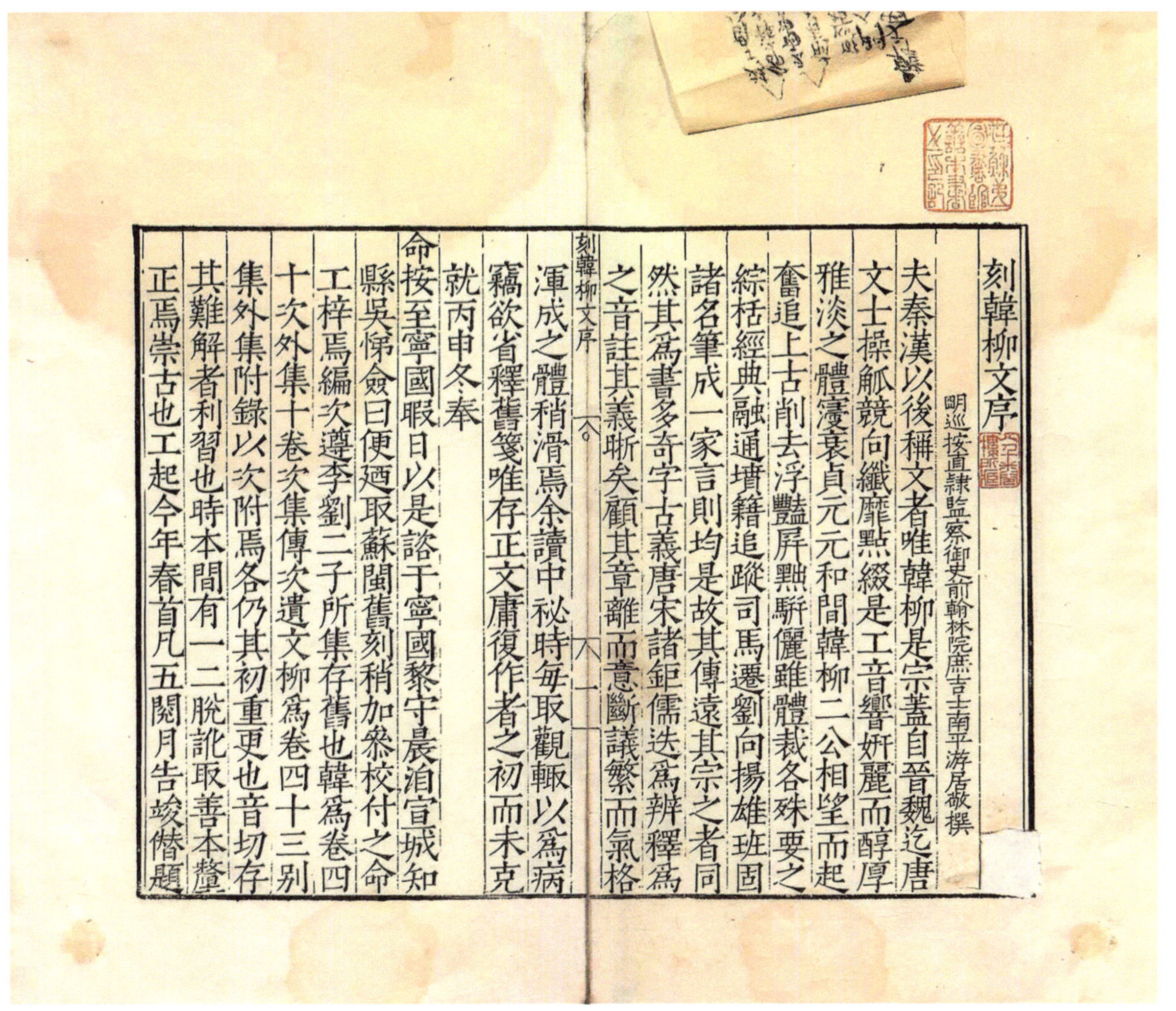

刻韓柳文序

明巡按直隸監察御史前翰林院庶吉士南平游居敬撰

夫秦漢以後稱文者唯韓柳是宗蓋自晉魏迄唐文士操觚競向纖靡點綴是工音響妍麗而醇厚雅淡之體寖衰貞元元和間韓柳二公相望而起奮追上古削去浮豔屏黜駢儷雖體裁各殊要之綜栝經典融通墳籍追蹤司馬遷劉向揚雄班固諸名筆成一家言則均是故其傳遠其宗之者同然其爲書多奇字古義唐宋諸鉅儒迭爲辨釋爲之音註其義晰矣顧其章離而意斷議繁而氣格

刻韓柳文序　一

渾成之體稍滑焉余讀中秘時每取觀輙以爲病竊欲省釋舊箋唯存正文庸復作者之初而未克就丙申冬奉

命按至寧國暇日以是諮于寧國黎守晨洎宣城知縣吳悌僉曰便迺取蘇閩舊刻稍加參校付之命工梓焉編次遵李劉二子所集存舊也韓爲卷四十次外集十卷次集傳次遺文柳爲卷四十三別集外集附錄以次附焉各仍其初重更也音切存其難解者利習也時本間有一二舛訛取善本釐正焉崇古也工起今年春首凡五閱月告竣僭題

唐宋八大家之一。

前有明嘉靖十六年（1537）游居敬撰《刻韩柳文序》。韩集前有唐李汉撰《韩文序》。正文分四十卷，卷一至十为赋、古诗、律诗；卷十一至四十为杂著、书、启、序、祭文、碑志、杂文、表状等。后附韩文外集十卷；韩文遗集及集传各一卷。柳集前有唐刘禹锡撰《柳文》序。正文凡四十三卷，卷一至四十一包括雅诗歌曲、赋、论、碑铭、奏状、祭文等众文体，卷四十二至四十三为古今诗。后有别集二卷、外集二卷及附录一卷。首卷卷端下署“明巡按直隶监察御史南平游居敬校”。

游居敬（1509—1571），字行简，号可斋，福建南平人。明嘉靖十一年（1532）进士。

集前皆有清丁丙跋，钤有“八千卷楼所藏”等藏书印。

韓文卷之一

明巡按直隸監察御史南平游居敬校

賦

感二鳥賦

貞元十一年五月戊辰愈東歸癸酉自潼關出息于河之陰時始去京師有不遇時之歎見行有籠白烏白鸜鵒而西者號於道曰某土之守（音狩）某官使使（去聲）者進於天子東西行者皆避路莫敢正目焉因竊自悲幸生天下無事時承先人之遺業不識干戈耒耜攻守耕穫之勤讀書著文自七歲至今凡二十二年其行已不敢有愧於道其閒居思念前古當今之故亦僅志其一二大者焉選舉於有司

韓文　卷之一　一

與百十人偕進退曾不得名薦書齒下士于朝以仰望天子之光明今是鳥也惟以羽毛之異非有道德智謀承顧問贊教化者乃反得蒙採擢薦進光耀如此故爲賦以自悼且明夫遭時者雖小善必達不遭時者累善無所容焉其辭曰

吾何歸乎吾將既行而後思誠不足以自存苟有食其從之出國門而東騖觸白日之隆景時返顧以流涕念西路之羌永過潼關而坐息窺黃流之奔猛感二鳥之無知方蒙恩而入幸惟進退之殊異增余懷之耿耿彼中心之何嘉徒外飾焉是逞余生命之湮阨曾二鳥之不如汨東西與南北恒十年而不居辱飽食其有數況策名於薦書時

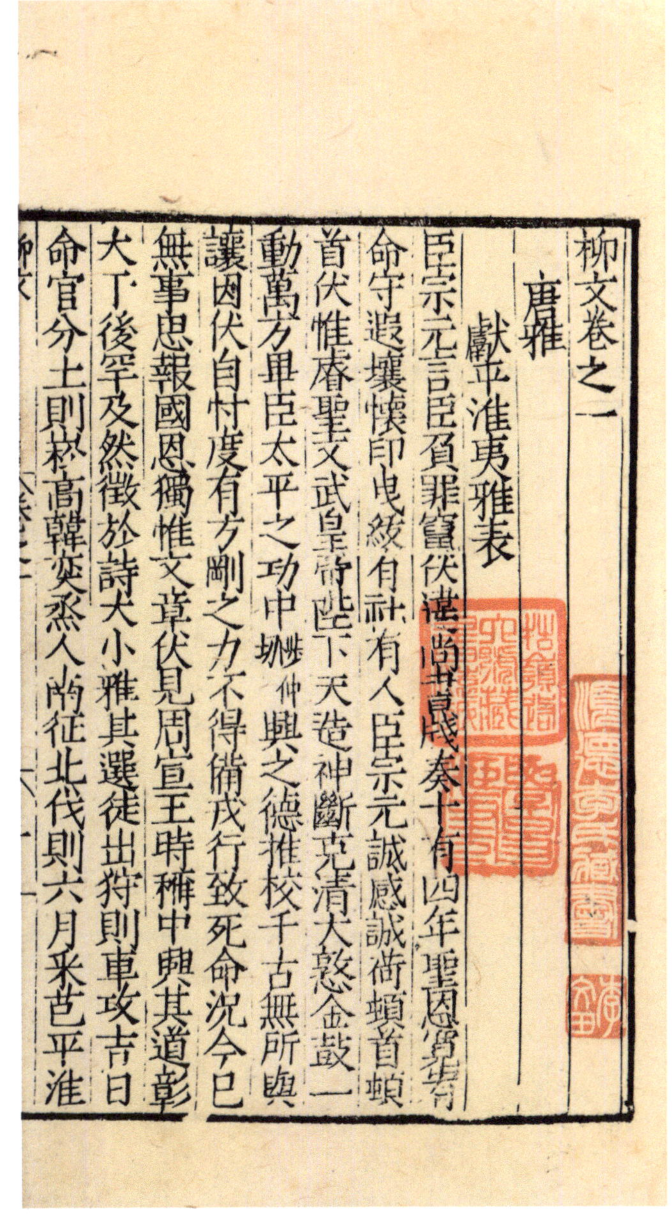

韩文四十卷外集十卷遗集一卷

（唐）韩愈撰　**集传一卷　柳文四十三卷别集二卷外集二卷**　（唐）柳宗元撰　**附录一卷**　明嘉靖三十五年（1556）莫如士刻韩柳文本　（清）丁丙跋　十八册　名录号及索书号 05298—114947

韩柳齐名，明代出现了韩柳合刻本。嘉靖十六年（1537），时任监察御史的游居敬在宁国府刊刻韩柳全集本。嘉靖三十五年（1556），莫如士刻《韩柳文》所用底本即为游本。

韩文为门人李汉编，柳文为刘禹锡所编。《韩文》卷端一行原有“明巡按直隶监察御史新会莫如士重校”字样，此本不知何故剜去。

有清丁丙跋，墨笔书于长条纸上，粘贴于首册前护叶。钤有“顺德李氏藏书”“李文田”“细论斋图书”“学知不足”“枯岭路六号藏书袁氏代存”等印。

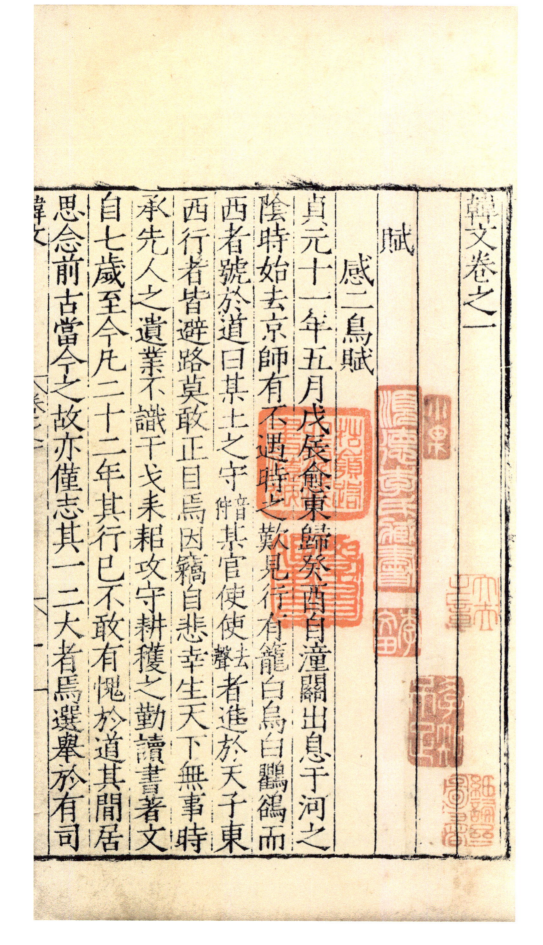

韓文卷之一

賦

感二鳥賦

貞元十一年五月戊辰愈東歸癸酉自潼關出息于河之陰時始去京師有不遇時之歎見行有籠白烏白鸜鵒而西者號於道曰某土之守（音狩）某官使使（去聲）者進於天子東西行者皆避路莫敢正目焉因竊自悲幸生天下無事時承先人之遺業不識干戈耒耜攻守耕穫之勤讀書著文自七歲至今凡二十二年其行已不敢有愧於道其閒居思念前古當今之故亦僅志其一二大者焉選舉於有司

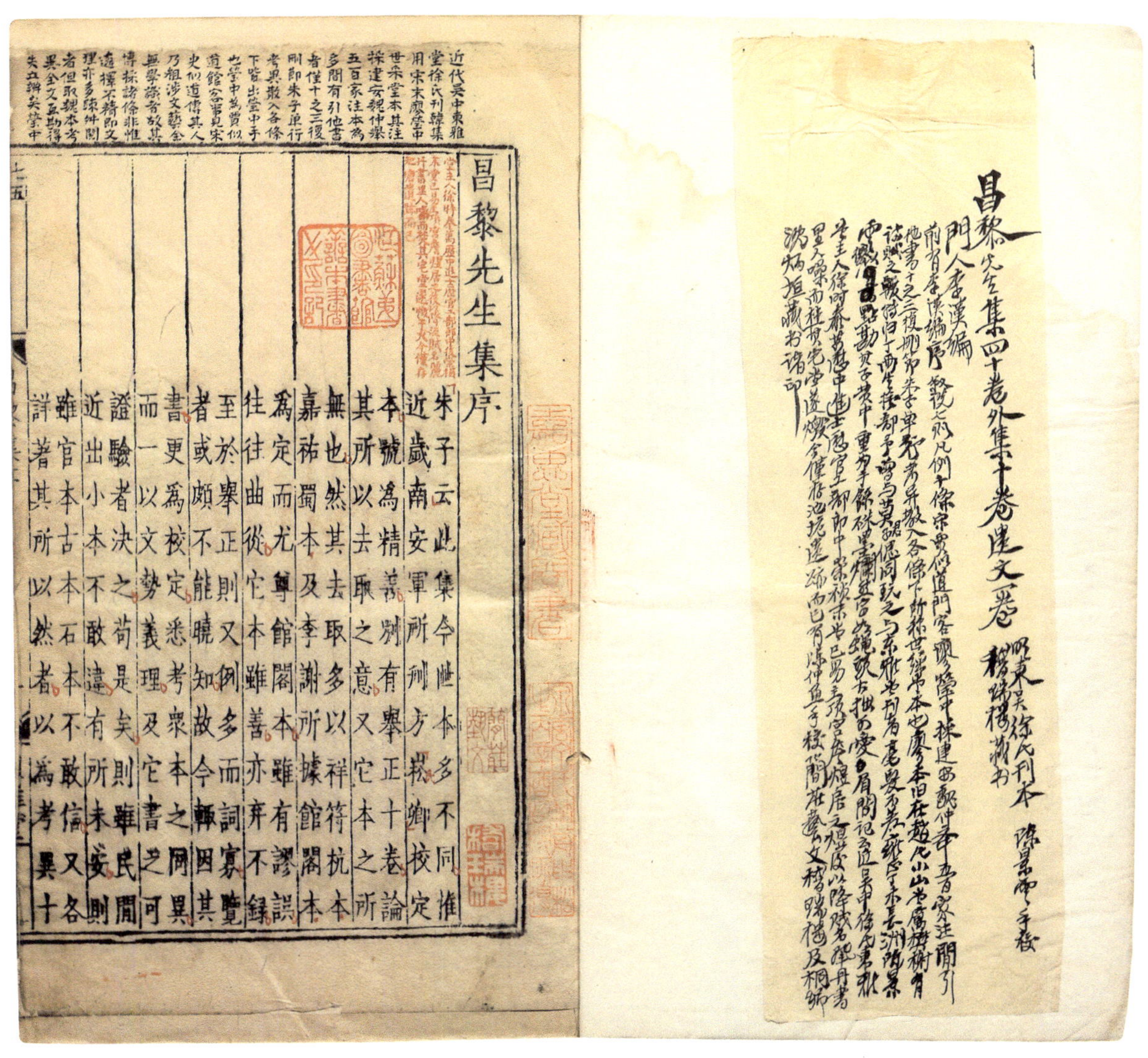

昌黎先生集序

朱子云此集今世本多不同推
近歲南安軍所刊方崧卿校定
本號為精善別有舉正十卷論
其所以去取之意又它本之所
無也然其去取多以祥符杭本
嘉祐蜀本及李謝所據館閣本
為定而尤尊館閣本雖有謬誤
往往曲從它本雖善亦棄不錄
至於舉正則又例多而詞寡覽
者或頗不能曉知故今輒因其
書更為校定悉考衆本之同異
而一以文勢義理及它書之可
證驗者決之苟是矣則雖民間
近出小本不敢違有所未安則
雖官本古本石本不敢信又各
詳著其所以然者以為考異十

昌黎先生集四十卷外集十卷遺文一卷

昌黎先生集四十卷外集十卷遗文一卷

（唐）韩愈撰　（宋）廖莹中校正　**朱子校昌黎先生集传一卷**　明徐氏东雅堂刻本　（清）陈景云批校　（清）陈鳣　丁丙跋　十六册　名录号及索书号 05343—111031

廖莹中（？—1275），字群玉，号药洲，福建邵武人。

此本为明徐氏东雅堂翻刻宋廖莹中世彩堂本韩集。有清陈景云朱、墨笔批校。陈景云（1670—1747），字少章，私谥文道先生，吴县（今江苏苏州）人。清藏书家、校勘学家。又有清陈鳣跋，书于首册淡黄纸上。陈鳣（1753—1817），字仲鱼，号简庄，浙江海宁硖石人。清代著名藏书家、校勘学家。另有清丁丙跋，墨笔书于长条纸上，粘贴于首册前护叶。

钤有“得此书费辛苦后之人其鉴我”“仲鱼图象”“稽瑞楼”“桐乡沈炳垣藏书印”“嘉惠堂藏阅书”等印。

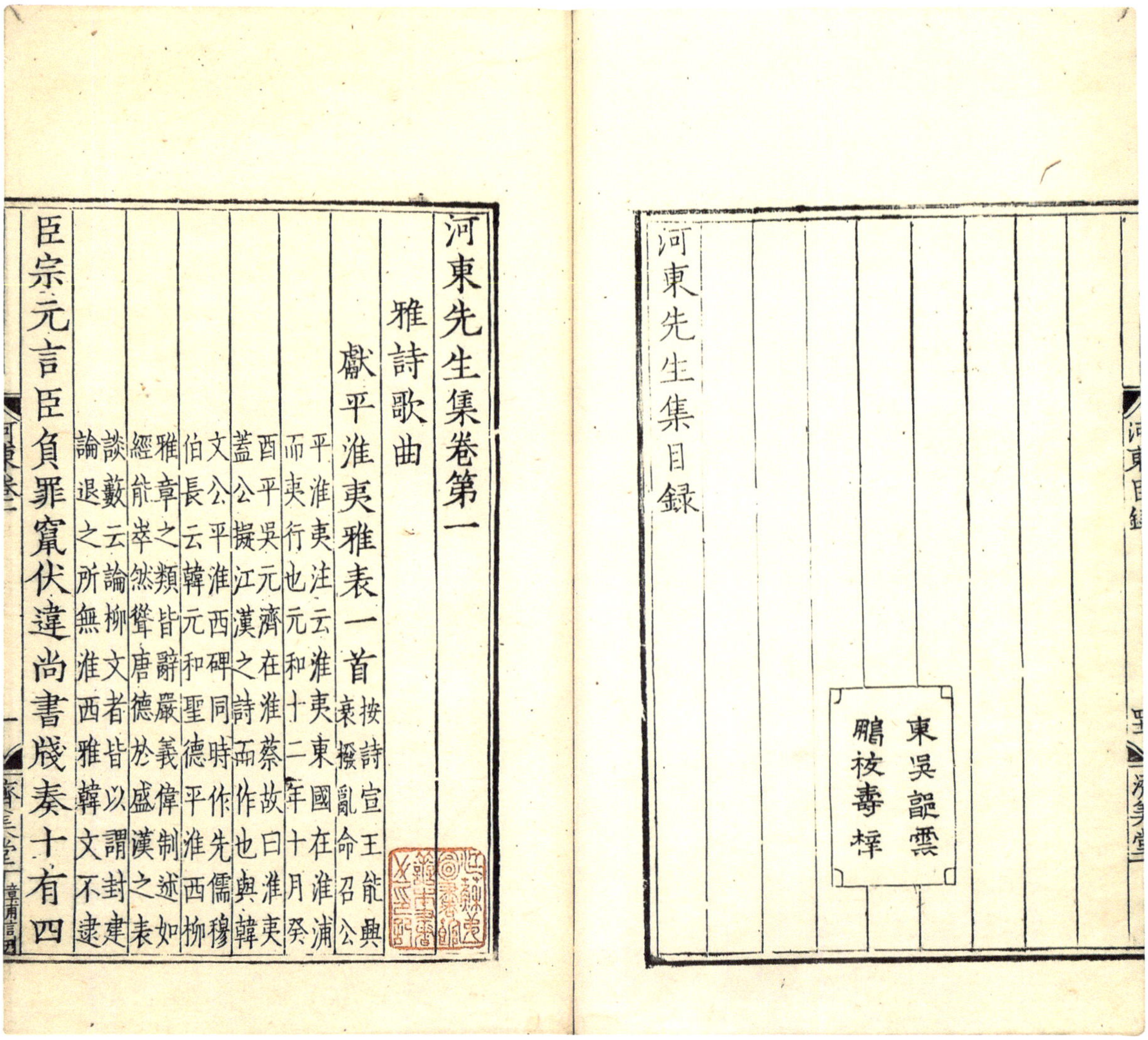
河東先生集目録

東吳郭雲
鵬校壽梓

河東先生集卷第一
雅詩歌曲
獻平淮夷雅表一首 按詩宣王能興衰撥亂命召公
平淮夷注云淮夷東國在淮浦而夷行也元和十二年十月癸酉平吳元濟在淮蔡故曰淮夷蓋公擬江漢之詩而作也與韓文公平淮西碑同時作先儒穆伯長云韓元和聖德平淮西柳雅章之類皆辭嚴義偉制述如經能崒然聳唐德於盛漢之表談藪云論柳文者皆以謂封建論退之所無淮西雅韓文不逮
臣宗元言臣負罪竄伏違尚書牋奏十有四

河东先生集四十五卷外集二卷龙城录二卷

（唐）柳宗元撰　（宋）廖莹中校正　**附录二卷传一卷**　明郭云鹏济美堂刻本　十册　名录号及索书号 05379—111037

柳宗元（773—819），字子厚，世称“柳河东”“河东先生”“柳柳州”，河东（今山西运城）人。廖莹中（？—1275），字群玉，号药洲，福建邵武人。南宋刻书家、藏书家。

前有唐刘禹锡撰《河东先生集序》。正文四十五卷：卷一至四十一包括雅诗歌曲、赋、论、碑铭、奏状、祭文等众文体，卷四十二至四十三为古今诗，卷四十四至四十五为非国语上下卷。后有河东先生外集二卷、龙城录二卷、河东先生集附录二卷及集传一卷。末有宋穆修、沈晦、李褫等人所撰序文。各卷及目录末有“东吴郭云鹏校寿梓”牌记。此为郭云鹏翻刻自南宋廖莹中世采堂本，刻印精美。郭云鹏，字万程，吴郡人，济美堂为其室名，明嘉靖年间刻书家。

钤有“江东罗氏所藏”“水南”“罗以智印”“竟泉”“八千卷楼藏书印”。罗以智（1788—1860），字镜泉，号学博，自号恬翁，新登（今浙江富阳）人。清藏书家、文学家。

河東先生集序

夔州刺史劉　禹錫　纂

八音與政通而文章與時高下三代之文至戰國而病涉秦漢復起（復扶富切又也）漢之文至列國而病唐興復起夫政痝而土裂（痝作厖莫江切雜也）三光五嶽之氣分（扶問切）大音不完故必混一而後大振初貞元中上方嚮文章昭回之光下飾萬物天下文士爭執所長與時而奮粲然如繁星麗天而芒寒色正（芒音忘說文草耑也又星芒角）

人生如白駒過隙不可不自悟

想假令病盡已身復壯悠悠人世不過爲三十年客耳前過三十七年與瞬息無異復所得者其不足把翫亦已審矣杓直以爲誠然乎僕近求得經史諸子數百卷嘗候戰悸稍定時即伏讀頗見聖人用心賢士君子立志之分著書亦數十篇心病言少次第不足遠寄但用自釋貧者士之常今僕雖羸餒亦甘如飴矣足下言已白常州煦僕僕豈敢衆人待常州耶若衆人即不復煦僕矣然常州未嘗有書遺僕僕安敢先焉裴應叔蕭思謙僕各有書足下求取觀之相戒勿示人敦詩在近地簡人事今不能致書足下默以此書見之勉盡志慮輔成一王之法以宥罪戾不悉某白

予覽子厚書由貶謫永州以後大較並從司馬遷答任少卿及楊惲報孫會宗書中來故其爲書多悲愴嗚咽之旨而其辭氣

柳文卷一　三

柳文七卷

（唐）柳宗元撰　（明）茅坤评　明刻朱墨套印本　七册　名录号及索书号 05401—116831

柳宗元（773—819），字子厚，河东（今山西永济）人。贞元间进士。唐代古文大家。唐顺宗时期参与王叔文革新运动，宪宗初被贬为永州司马，后改柳州刺史，世称柳柳州或柳河东。

茅坤（1512—1601），字顺甫，号鹿门，归安（今浙江湖州）人。嘉靖十七年（1538）

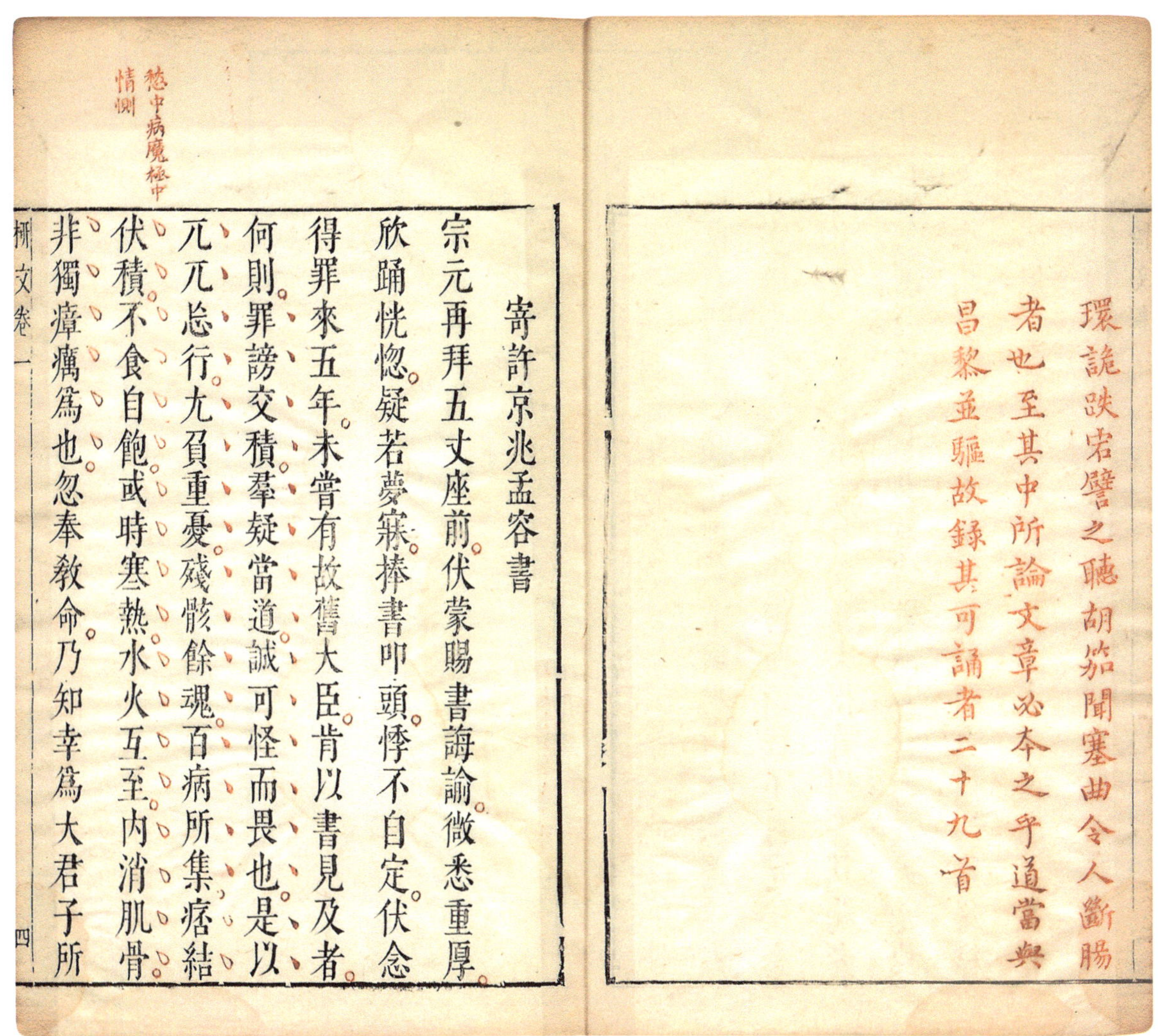

環詭跌宕譬之聽胡笳聞塞曲令人斷腸者也至其中所論文章必本之乎道當與昌黎並驅故錄其可誦者二十九首

愁中病魘極中情惻

寄許京兆孟容書

宗元再拜五丈座前伏蒙賜書誨諭微悉重厚欣踊恍惚疑若夢寐捧書叩頭悸不自定伏念得罪來五年未嘗有故舊大臣肯以書見及者何則罪謗交積羣疑當道誠可怪而畏也是以兀兀忘行尤負重憂殘骸餘魂百病所集痞結伏積不食自飽或時寒熱水火互至內消肌骨非獨瘴癘爲也忽奉教命乃知幸爲大君子所

柳文卷一　四

进士。官广西兵备佥事，迁大名副使。散文名家，为文多仿司马迁、欧阳修。因选评《唐宋八大家文钞》而享誉文坛。有《白华楼藏稿》《玉芝山房稿》《耄年录》等。

是书为柳宗元之选文集，亦即茅坤所选评之《唐宋八大家文钞》中之《柳柳州文钞》，茅坤点评不标姓氏，其余各家皆标明姓氏。此本为套版印刷，正文用宋体、墨色；评文用手写体、朱色，刻于天头及篇尾；全文标点，凡关键字句旁亦皆有圈点，行格疏朗，刻印精美。

此本钤朱文方印“西昆”、朱文长印“王氏西昆”、白文方印“王曾影印”“西昆名影”、白文长印“臣影”、朱文横长印“王曾影”、白文横长印“西昆氏”、白文方印“惟适之安”等。

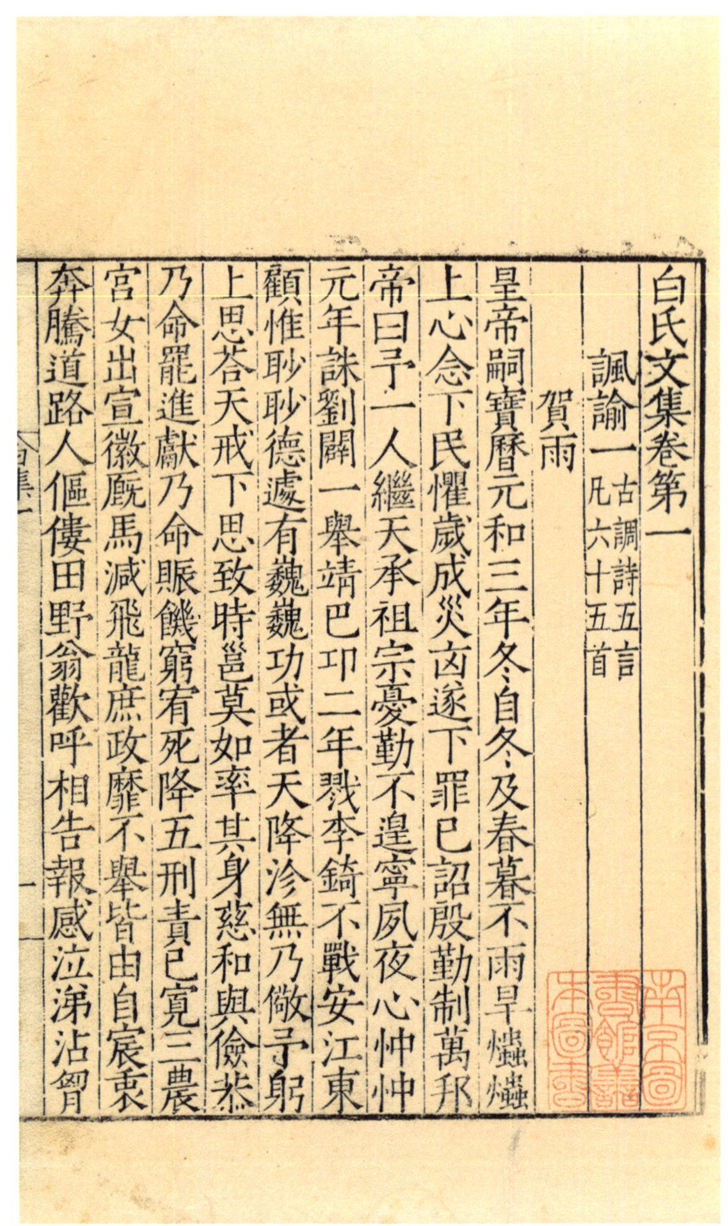
白氏文集卷第一

諷諭一 古調詩五言 凡六十五首

賀雨

皇帝嗣寶曆元和三年冬自冬及春暮不雨旱爞爞
上心念下民懼歲成災凶遂下罪己詔殷勤制萬邦
帝曰予一人繼天承祖宗憂勤不遑寧夙夜心忡忡
元年誅劉闢一舉靖巴邛二年戮李錡不戰安江東
顧惟眇眇德遽有巍巍功或者天降沴無乃儆予躬
上思荅天戒下思致時邕莫如率其身慈和與儉恭
乃命罷進獻乃命賑饑窮宥死降五刑責己寬三農
宮女出宣徽廄馬減飛龍庶政靡不舉皆由自宸衷
奔騰道路人傴僂田野翁歡呼相告報感泣涕沾胷

白氏文集一　　一

白氏文集七十一卷

（唐）白居易撰　明嘉靖十七年（1538）伍忠光龙池草堂刻本　二十册　名录号及索书号 05432—116116

白居易（772—846），字乐天，号香山居士，又号醉吟先生，祖籍太原，生于河南新郑。贞元十六年（800）中进士，历官秘书省校书郎、盩厔尉、翰林学士、左拾遗、左赞善大夫、江州司马、忠州刺史、杭州刺史、苏州刺史、刑部侍郎等职，以刑部尚书致仕。公元 846 年，白居易在洛阳逝世，葬于洛阳香山。白居易与元稹共同倡导新乐府运动，世称“元白”，与刘禹锡并称“刘白”。白居易的诗歌题材广泛，形式多样，语言平易通俗，有《白氏长庆集》传世，代表诗作有《长恨歌》《卖炭翁》《琵琶行》等。

框高 19.1 厘米，宽 15.5 厘米。半叶十二行，行二十字，小字双行同，左右双边，白口，

時應也惜

賣炭翁

賣炭翁伐薪燒炭南山中滿面塵灰烟火色兩鬢蒼
蒼十指黑賣炭得錢何所營身上衣裳口中食可憐
身上衣正單心憂炭賤願天寒夜來城外一尺雪曉
駕炭車輾氷轍牛困人饑日已高市南門外泥中歇
翩翩兩騎來是誰黃衣使者白衫兒手把文章口稱
勑迴車叱牛牽向北一車炭重千餘斤官使驅將惜
不得半疋紅紗一丈綾繫向牛頭充炭直

母別子

母別子子別母白日無光哭聲苦關西驃騎大將軍
去年破虜新策勲勑賜金錢二百萬洛陽迎得如花

上白鱼尾。

正文前有唐长庆四年（824）元稹撰《白氏长庆集序》，次接后周广顺三年（953）陶谷撰《龙门重修白乐天影堂记》及《白氏长庆集总目》。正文卷端题名“白氏文集”。全书分七十一卷，卷一至三十八为诗（赋），内容上分讽喻、闲适、感伤等类，诗体上分为古调诗、新乐府、古体、歌行曲引、律诗、半格诗等。卷三十九至七十一为文，文体上分为铭、赞、箴、谣、偈、哀祭文、碑碣、记、序、书、颂、议论、状、策问、制诰、奏状、策林、判、墓志等。

伍忠光，明嘉靖年间吴郡人，号龙池山人、金阊外史，龙池草堂为其室名，以刻书鬻书为业。伍氏还刻有《张说之文集》《江淮异人录》《冀越集》《石田杂事》《广客谈》《渔樵闲话》《历代帝王传国玺谱》《草野纂闻》等书，有些今已不可得见。

遊仙遊寺話及此事相與感歎質夫舉酒于樂天前曰夫希代之事非遇出世之才潤色之則與時消沒不聞于世樂天深於詩多於情者也試爲歌之如何樂天因爲長恨歌意者不但感其事亦欲懲尤物窒亂階垂于將來也歌既成使鴻傳焉世所不聞者予非開元遺民不得知世所知者有玄宗本紀在今但傳長恨歌云爾

漢皇重色思傾國御宇多年求不得楊家有女初長成養在深閨人未識天生麗質難自棄一朝選在君王側回頭一笑百媚生六宮粉黛無顔色春寒賜浴華清池温泉水滑洗凝脂侍兒扶起嬌無力始是新承恩澤時雲鬓花顔金步摇芙蓉帳暖度春宵春宵

蘇長公合作卷一

赤壁賦

壬戌之秋七月既望蘇子與客泛舟遊於赤壁之下清風徐來水波不興舉酒屬客誦明月之詩歌窈窕之章少焉月出於東山之上徘徊於斗牛之間白露横江水光接天縱一葦之所如凌萬頃之茫然浩浩乎如馮虛御風而不知其所止飄飄乎如遺世獨立羽化而登仙於是飲酒樂甚扣舷而

苏长公合作八卷补二卷

（宋）苏轼撰　（明）郑圭辑　**附录一卷**　明万历四十八年（1620）凌启康刻三色套印本　十二册　名录号及索书号 05580—117228

郑圭，字孔肩，钱塘（今浙江杭州）人。于苏轼文别有会心，用功至勤。其选编苏轼文章成此集，涉赋、词、记、叙、书、疏、策、论、赞、颂、偈、碑、铭、杂文、祭文、书牍等二十余种文体，并汇集高启、李贽、吕祖谦、唐顺之、茅坤、陈继儒、袁宏道等古今名家对苏文的品评、批点及考释。卷中以墨色印正文，以朱色套印高启批点及诸评词，以黛色套印李贽批点及诸考释，又以朱黛交替圈点好词佳句。是书篇无不朱，朱无不黛，观之色彩分明、疏朗悦目，为明代凌刻套印本之精品。

钤有“古莘陈氏子子孙孙永宝用”“龙山艺庐藏书之章”“泽存书库”等印。

朱子曰夢一道士偶本多是二道士疑筆誤也當以一字爲是

邵二泉曰兩賦只看他收煞處文字奇過人萬萬

就睡夢一道士羽衣翩躚過臨臯之下揖予而言曰赤壁之遊樂乎問其姓名俛而不答嗚呼噫嘻我知之矣疇昔之夜飛鳴而過我者非子也耶道士顧笑予亦驚悟開戶視之不見其處

李云收亦奇

呂東萊曰此賦結處用韓文公石鼎序彌明意指鶴至戶爲道士亦暗使高道傳青城山徐左卿化鶴事以比也

錢文登曰讀此作與石鍾山記乃知坡公有山水之癖者其於文也馳驟吞吐惟惟奇奇殆得之山水間者乎

李九我曰誦前赤壁賦已盡其妙後賦尤精於體物玩山高二句語自天巧末設夢與道士

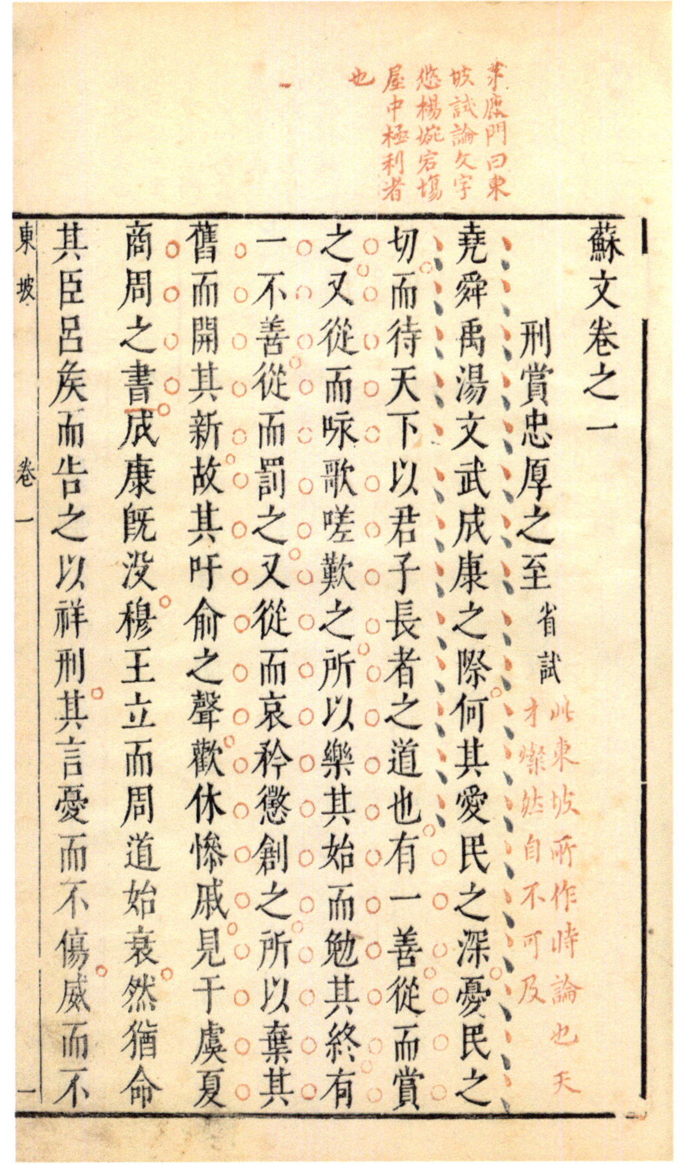

苏文六卷

（宋）苏轼撰　（明）茅坤等评　明闵尔容刻三色套印本　六册　名录号及索书号 05590—116848

苏轼（1037—1101），字子瞻，号东坡居士，四川眉州眉山人。嘉祐二年（1057）进士。北宋著名文学家。官至礼部尚书。有《东坡全集》等。

明中叶以后，苏文风行海内，选本迭出，此即为其中一种，主要取材于明人钱谷选评之《静观室三苏文选》及茅坤选评之《唐宋八大家文钞》，凡九十一篇；并收录历代名家批点评语，以钱谷点评为主，茅坤点评为辅，钱评不标姓氏，其余各家皆标明姓氏。

此本为朱、墨、黛三色套版印刷，正文用宋体、墨色，评文用手写体、朱色，钱谷圈点亦用朱色，茅坤圈点则用黛色。全文句读，凡字眼、佳句、主题句等皆一一加以圈点，词义显豁，便于阅读。此本出自明代套版印刷名家闵氏家族闵尔容之手。

從與從去正是忠厚之至宗方城曰獨舉堯以爲舜禹湯文武之例刑賞忠厚意便躍然

茅鹿門曰將虛情作實案

茅鹿門曰可以賞以下方

怒慈愛而能斷惻然有哀憐無辜之心故孔子猶有取焉傳曰賞疑從與所以廣恩也罰疑從去所以慎刑也當堯之時臯陶爲士將殺人臯陶曰殺之三堯曰宥之三故天下畏臯陶執法之堅而樂堯用刑之寬四岳曰鯀可用堯曰不可鯀方命圮族既而曰試之何堯之不聽臯陶之殺人而從四岳之用鯀也然則聖人之意盖亦可見矣書曰罪疑惟輕功疑惟重與其殺不辜寧失不經嗚呼盡之矣可以賞可以無賞賞之過乎仁可以罰可以

蘇長公小品卷一

老饕賦

古揚王聖俞評選

庖丁鼓刀，易牙烹熬。水欲新而釜欲潔，火惡陳而薪惡勞。九蒸暴而日燥，百上下而湯鏖。嘗項上之一臠，嚼霜前之兩螯。爛櫻珠之煎蜜，滃杏酪之蒸羔。蛤半熟而含酒，蟹微生而帶糟。蓋聚物之夭美，以養吾之老饕。婉彼姬姜，顏如李桃。彈湘妃之玉

蘇長公小品　卷一　一

苏长公小品四卷

（宋）苏轼撰　（明）王纳谏辑并评　明凌启康刻朱墨套印本　四册　名录号及索书号 05612—117225

王纳谏，字圣俞，号观涛，江都（今江苏扬州）人。万历进士。授行人，历吏部稽勋司员外郎。

凌启康，万历年间人，字安国，又字天放，号旦庵主人，浙江吴兴人。

前有施扆宾序、凌启康序、王纳谏序、章万椿题辞、附评名家、旦庵主人撰《凡例》六则、黄庭坚撰《苏子瞻像赞》。凌序曰：“是乃圣俞之所以评，而古生章氏镌之。予读而好，

陶石簣評
一六誠明定慧諸解都不從人間來至消道淺深之候一語真聖諦也長公遣語逆諧卻有至理

附考
世尊告阿難云攝心爲戒戒生定定生慧是則名爲三無漏學
伶玄意樂通

送錢塘僧思聰歸孤山敘

天以一生水地以六成之一六合而水可見雖有神禹不能知其孰爲一孰爲六也子思子曰自誠明謂之性自明誠謂之教誠則明矣明則誠矣誠明合而道可見雖有黄帝孔丘不能知其孰爲誠孰爲明也佛者曰戒生定定生慧慧獨不生定乎伶玄有言慧則通通則流是惡知真慧哉醉而狂醒而止慧之生定通之不流也審矣故夫有目而

蘇長公小品　卷一　五

好而再镌，镌而裒所评而加之丹铅也。”正文分四卷，每卷前皆有分卷目录。卷一赋二篇、序二篇、记七篇、传一篇、启二通、策问五篇，卷二尺牍三十通、颂三篇、偈五篇、赞七篇，卷三铭十一篇、评史九篇、杂著八篇、题跋七篇，卷四题跋四十七篇、词一首、杂记三十篇。此本朱墨套印，书眉镌朱色评语，正文镌朱色评语、圈点，依凡例言“或冠其总于简额，或录其词于篇终”。

是书共四册，迭经庋藏，流传有绪。钤有明万历间昆山人葛鼒之“葛鼒”朱文方印、“靖调氏”白文方印，又有“琢庵吴瑛收藏图书”白文长方印、“舜英”朱文方印、“泰和萧敷政蒲郇氏珍藏”朱文方印。

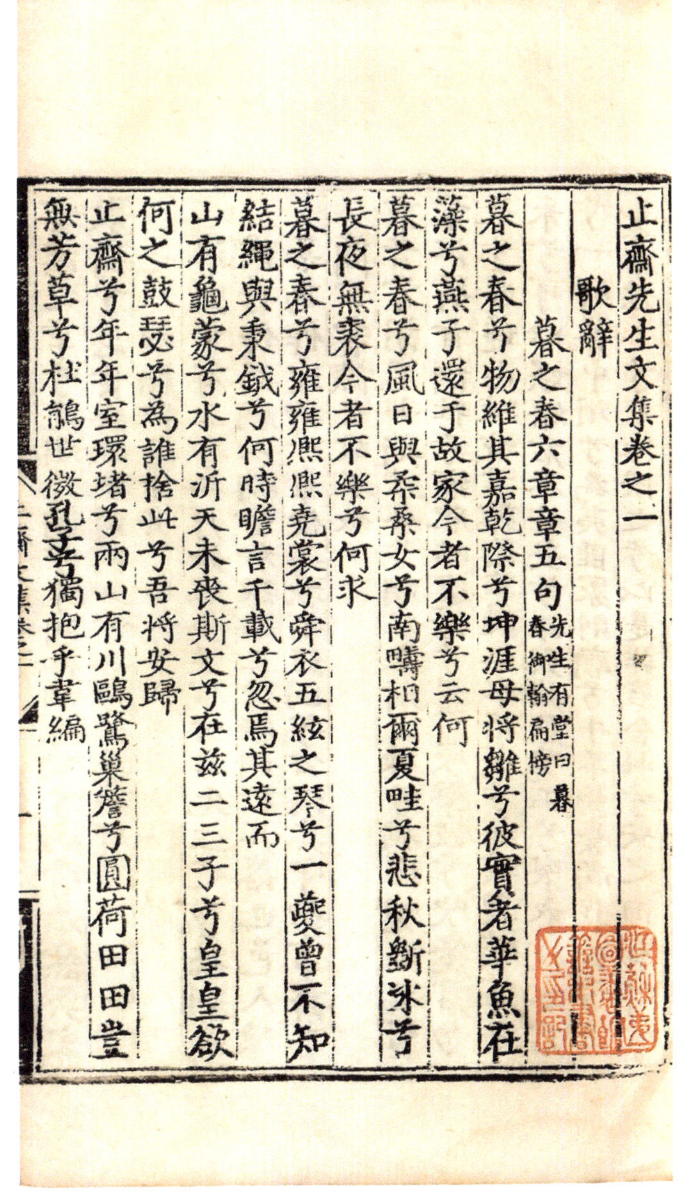
止齋先生文集卷之一

歌辭

暮之春六章章五句（先生有堂曰暮春御翰扁榜）

暮之春兮物維其嘉乾際兮坤涯毋將離兮彼實者華魚在藻兮燕于還于故家今者不樂兮云何

暮之春兮風日與忝忝女兮南疇相爾夏畦兮悲秋斷冰兮長夜無裘今者不樂兮何求

暮之春兮雍雍熙熙堯裳兮舜衣五絃之琴兮一夔曾不知結繩與秉鉞兮何時瞻言千載兮忽焉其遠而

山有龜蒙兮水有沂天未喪斯文兮在茲二三子兮皇皇欲何之鼓瑟兮為誰捨此兮吾將安歸

止齋兮年年室環堵兮兩山有川鷗鷺巢簷兮圓荷田田豈無芳草兮杜鵑世微孔兮獨抱手韋編

止斋先生文集五十二卷

（宋）陈傅良撰　**附录一卷**　明正德元年（1506）林长繁刻本　（清）丁丙跋　六册　名录号及索书号 05680—111286

陈傅良（1137—1203），字君举，号止斋，浙江瑞安人。乾道八年（1172）进士。历仕吏部员外郎、秘书少监、中书舍人等。南宋永嘉学派的重要人物。著有《诗解诂》《周礼说》《春秋后传》《左氏章指》等。

是书《直斋书录解题》著录有二：一为永嘉本，为门人曹叔远编五十二卷本；一为三山本，为门人蔡幼学所编五十卷本。此本为曹叔远所编本，永嘉王瓒于明弘治十八年（1505）从皇家秘阁录出，由温州知府同知林长繁刊于正德元年。

有丁丙跋，墨笔书于长纸条上，粘贴于首册前护叶。有“八千卷楼珍藏善本”等印。

何土無風俗而賦會稽便可想見禹迹

會稽三賦卷之一

宋 東嘉王十朋 撰

明 渭南南逢吉 註

上虞尹 壇補註

會稽陶望齡 評

會稽風俗賦 并序

風聲教也俗傳習也上行下效之謂風衆心安定之謂俗賦以風俗名則其所包者

會稽三賦卷一 風俗 一

会稽三赋四卷

（宋）王十朋撰 （明）南逢吉注 （明）尹坛补注 （明）陶望龄评 明天启元年（1621）凌弘宪刻朱墨套印本 二册 名录号及索书号 05692—115859

王十朋（1112—1171），字龟龄，号梅溪，谥号忠文，温州乐清人。南宋著名政治家、诗人，爱国名臣。

南逢吉（1494—1574），字符真，一作元贞，号姜泉先生，陕西渭南人。

尹坛，浙江上虞人，生平事迹不详。

陶望龄（1562—1609），字周望，号石篑，浙江绍兴人。

前有明天启元年凌弘宪撰《陶石篑评会稽三赋叙》及明陶望龄撰《会稽三赋叙》。次按《本史王龟龄传略》、会稽图说。全书四卷，卷一至三为会稽风俗赋，卷四为民事堂赋、蓬莱阁赋。末有明南逢吉撰《叙注会稽三赋后》。

會稽三賦卷一
圖說
六
北
子胥廟
茗山
北幹山
洛思山
龕山
蜀阜山
菊山
蕭山縣
黃竹山
浦陽江
梅山
湘湖
石岩山
種山
飛翼樓
紹興府
清白堂
戢山
火珠山
鎮東閣
峨眉山
山陰縣
龜山
蓮山
西
鑑湖
射的山
石簣
秦望山
會稽山
法華寺
諸暨縣
蘭渚山
銅牛山
苧蘿山
五泄山

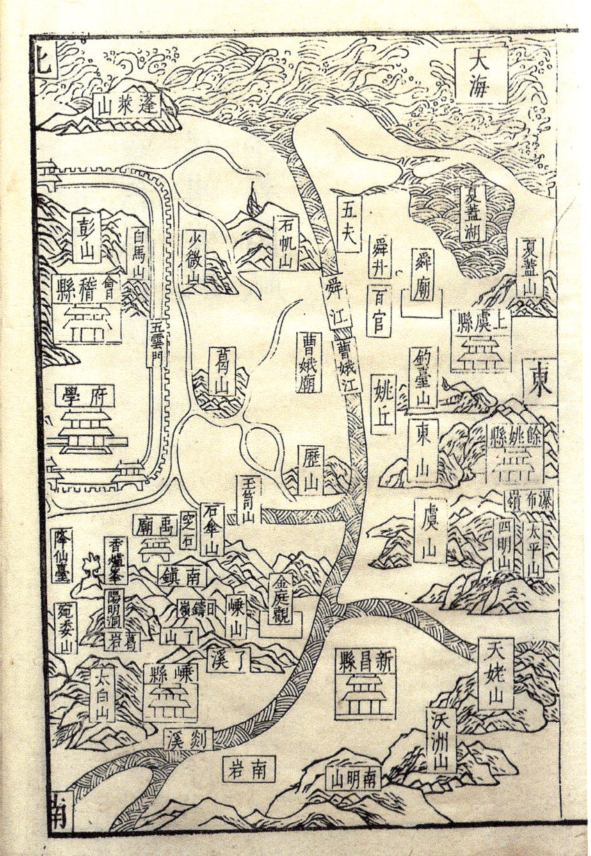
北
蓬萊山
大海
彭山
白馬山
會稽縣
少微山
石帆山
五夫
舜江
舜井
舜廟
百官
夏蓋湖
夏蓋山
上虞縣
東
五雲門
府學
曹娥廟
曹娥江
姚丘
釣臺山
東山
餘姚縣
歷山
禹廟
石傘山
虞山
瀑布嶺
太平山
四明山
降仙臺
香爐峯
陽明洞
鎮南
嵊山
金庭觀
了溪
天姥山
新昌縣
嵊縣
剡溪
大白山
沃洲山
南岩
南明山
南

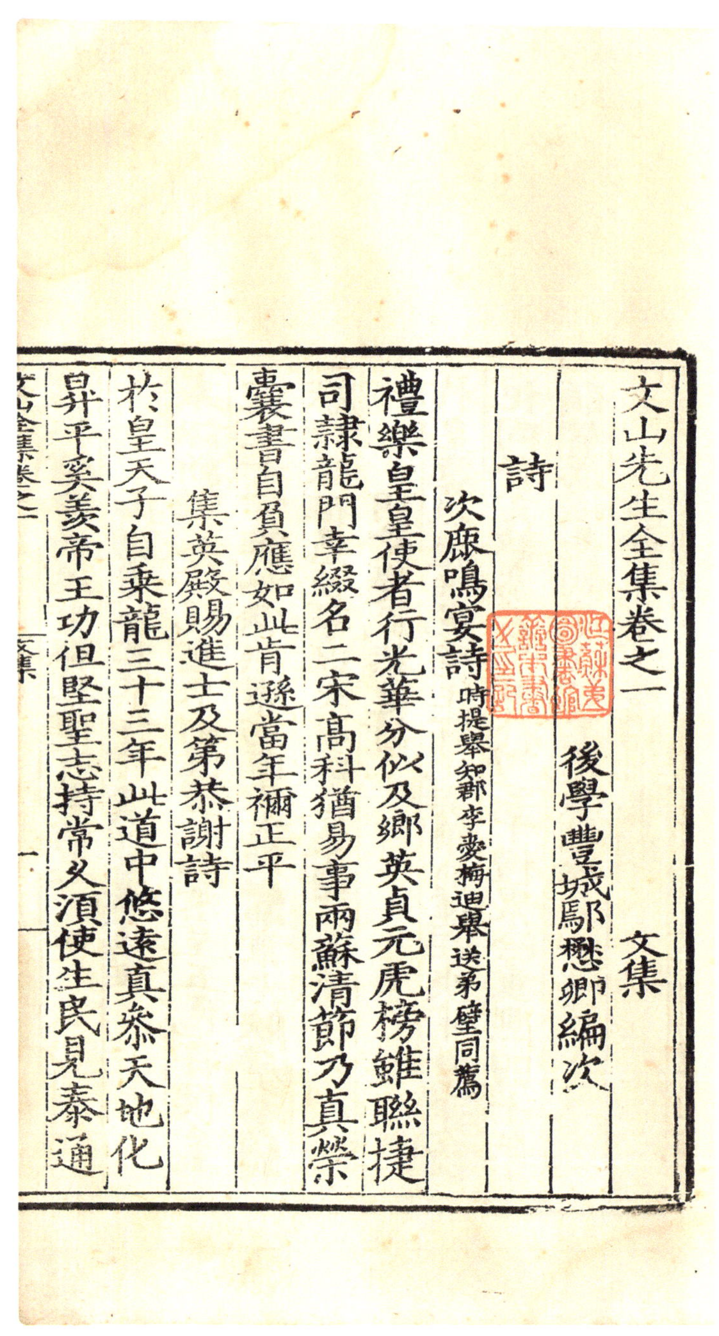

文山先生全集卷之一　　文集

後學豐城鄢懋卿編次

詩

次鹿鳴宴詩 時提舉知郡李愛梅迴舉送弟璧同薦

禮樂皇皇使者行光華分似及鄉英貞元虎榜雖聯捷司隸龍門幸綴名二宋高科猶易事兩蘇清節乃真榮囊書自負應如此肯遜當年禰正平

集英殿賜進士及第恭謝詩

於皇天子自乘龍三十三年此道中悠遠真參天地化昇平奚羨帝王功但堅聖志持常久須使生民見泰通

文山全集卷之一　文集　一

文山先生全集二十八卷

（宋）文天祥撰　明嘉靖三十一年（1552）鄢懋卿、宁宠刻本　（清）丁丙跋　十册

名录号及索书号 05730—111377

文天祥（1236—1283），初名云孙，字天祥，后改字宋瑞，一字履善，号文山，吉州庐陵（今江西吉安）人。南宋文学家、爱国诗人、抗元名臣。宝祐四年（1256）状元。官至右丞相兼枢密使，封信国公。德祐初应诏起兵抗元，景炎三年（1278）兵败被俘，被囚禁于燕京（今北京）四年。元至元十九年（1282）不屈就义。著有《指南录》《指南后录》《集杜诗》等。

文天祥生平著述颇丰，然遇难后多散佚。元元贞、大德间，乡人曾搜访其遗文，编为《前集》三十二卷、《后集》七卷。明初，其集又佚，翰林院侍读尹凤歧从内阁获其集，重加编订，此则为鄢懋卿重编本。鄢懋卿，丰城人。官至刑部右侍郎。嘉靖间依附严嵩，巧取豪夺，收受贿赂，后被流放戍边。嘉靖三十一年（1552），鄢懋卿以监察御史巡按直隶时阅此集，亦感触于文天祥之民族气节，将其文集重加编订，并转命河间教谕严顺校正，知县宁宠刊刻。

此本钤丁氏八千卷楼朱文长印“泉唐嘉惠堂丁氏收藏善本书图记”，并有清代著名藏书家丁丙题跋。

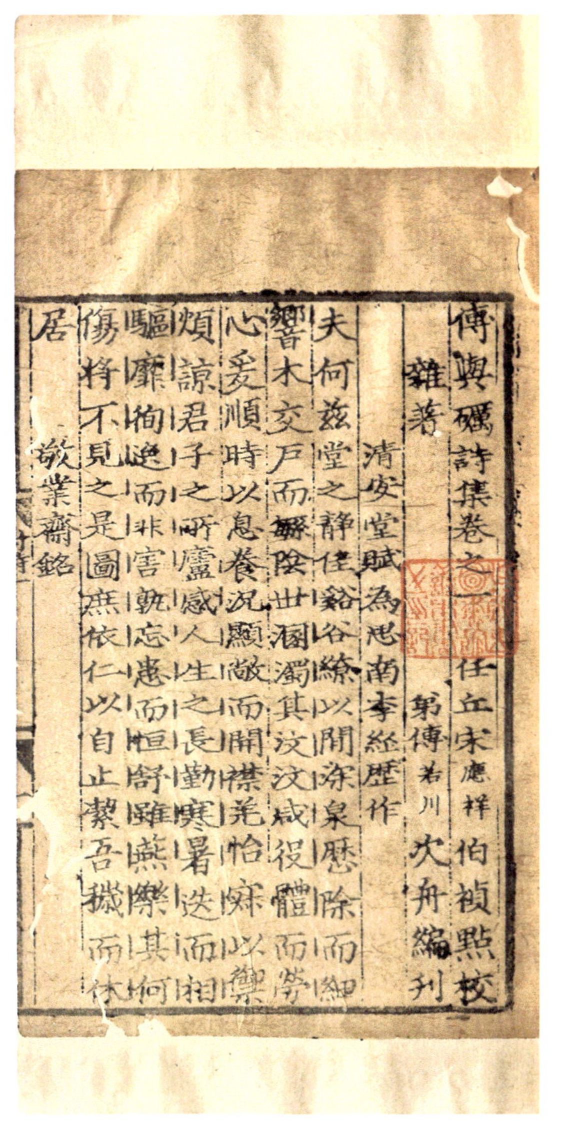

傅与砺诗集八卷

（元）傅若金撰　明洪武十五年（1382）傅若川建溪精舍刻本（卷五至八配清抄本）　（清）丁丙跋　三册　名录号及索书号 05771—111560

傅若金（1303—1342），字与砺，一字汝砺，临江新喻（今江西新余）人。受业于同郡范梈。年三十游燕京，虞集见其诗大加称赏，由是知名。元统三年（1335），介使安南还，授广州路儒学教授。

傅与砺所撰诗稿生前未及刊刻，仅以抄本行世，去世后由其弟傅若川率众力刻成于至正年间，后于至正十二年（1352）毁于兵灾。此本为洪武十五年（1382），若川偶得宋应祥抄录点校本，参对编次，刊刻而成。

此本为《傅与砺诗集》现存最早刻本。首有丁丙二跋，一墨笔书于长条纸上，粘贴于首册前护叶；一书写于前护叶上。末有清王士禛手书跋文一篇。

钤有“巡抚宣府关防”“莲泾”“太原叔子藏书记”“汪鱼亭藏阅书”等印。

錢竹汀潛研堂文集云崑山葉文莊公藏書之富甲於海内服官數十年未嘗一日輟書雖持節邊徼必携鈔胥自隨每鈔一書成輒用官印識於卷端其風流好事如此今惟菉竹堂書目尚有鈔本流傳而堂中圖籍散為雲煙久矣予所藏江雨軒集卷首有巡撫宣府關防卷末有公裔孫奕苞小印知為菉竹堂鈔本云云是册之首亦鈐巡撫宣府關防官印其為葉文莊遺書無疑余藏傳與礪文集為祁氏澹生堂鈔本與此可稱雙璧光緒戊子年嘉平月丁丙記於竹書堂

傅與礪詩集八卷 明洪武刊本

明葉文莊公舊藏 王蓮涇汪魚亭兩家藏

任江宗應祥稹點校 弟傅若川汝舟編

[illegible]

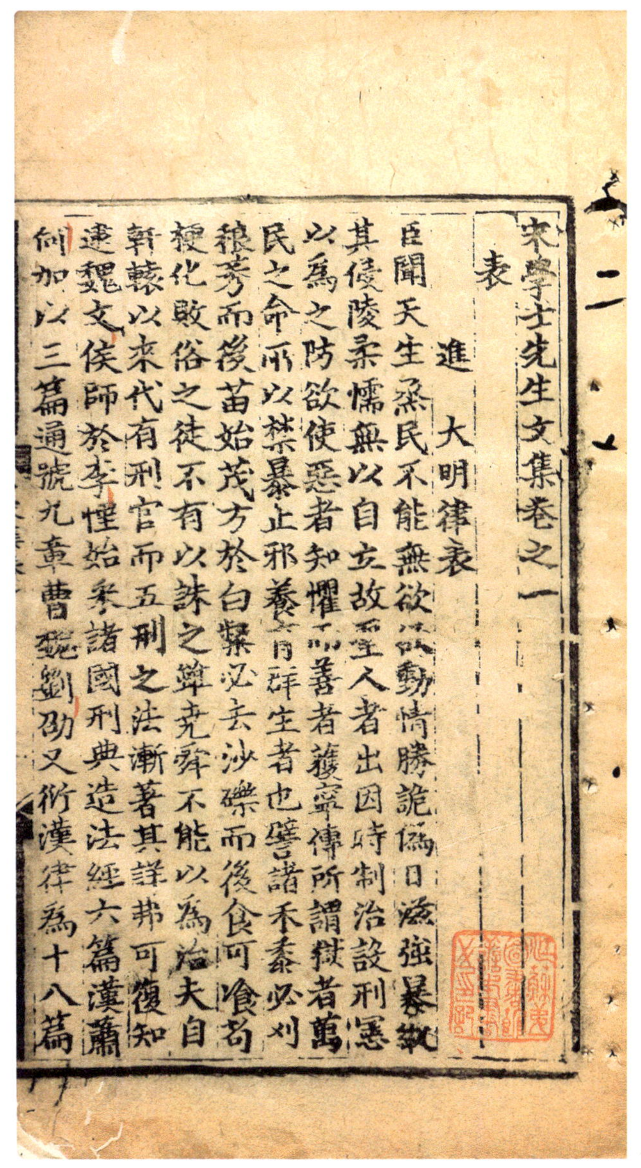
宋學士先生文集卷之一

表

進 大明律表

臣聞天生烝民不能無欲欲動情勝詭偽日滋強暴執其侵陵柔懦無以自立故聖人者出因時制治設刑憲以為之防欲使惡者知懼而善者獲寧傳所謂獄者篤民之命所以禁暴止邪養有辟生者也譬諸禾黍必刈稂莠而後苗始茂方於白粲必去沙礫而後食可飡茹梗化敗俗之徒不有以誅之姦宄[illegible]不能以為治夫自軒轅以來代有刑官而五刑之法漸著其詳弗可復知逮魏文侯師於李悝始彙諸國刑典造法經六篇漢蕭何加以三篇通號九章曹魏劉劭又衍漢律為十八篇

宋学士先生文集二十六卷

（明）宋濂撰 **附录一卷** 明天顺五年（1461）黄誉刻本 十六册 名录号及索书号 05789—111634

宋濂（1310—1381），字景濂，号潜溪，世称“潜溪先生”，又号龙门子、无相居士等，浙江金华人。元征召不仕，明初任江南儒学提举。洪武二年（1369），诏修元史，命充总裁官，后官至翰林学士承旨、知制诰。明初礼乐制作，多由其裁定，倡导文章要明道致用、宗经师古，为当时文坛领袖。《明史》有传。

正文前有明天顺五年魏骥撰《宋学士文集序》。正文二十六卷，分别为：表、笺、赋、颂、箴、铭，记，序，传，碑，题跋，神道碑、墓志铭、墓版文、行状、墓表等，杂著，辞，赞，琴操，鼓吹曲，五七言古诗、五七言律诗、五七言长律、五七言长短句、七言绝句等。末有附录一卷，收诰文、宋濂小传、行状、文集序等内容。

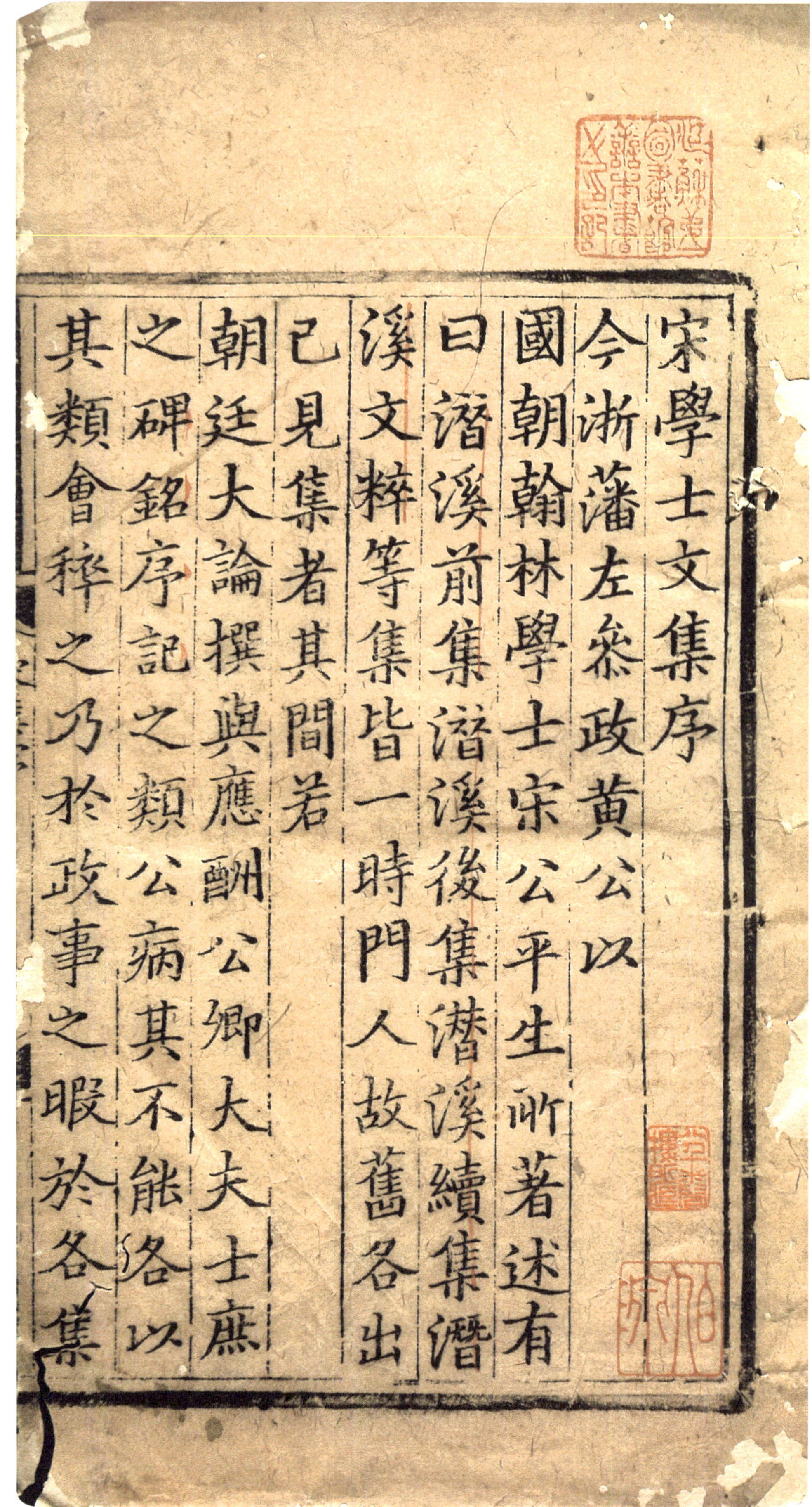

宋學士文集序

今浙藩左叅政黃公以
國朝翰林學士宋公平生所著述有
曰潛溪前集潛溪後集潛溪續集潛
溪文粹等集皆一時門人故舊各出
己見集者其間若
朝廷大論撰與應酬公卿大夫士庶
之碑銘序記之類公病其不能各以
其類會稡之乃於政事之暇於各集

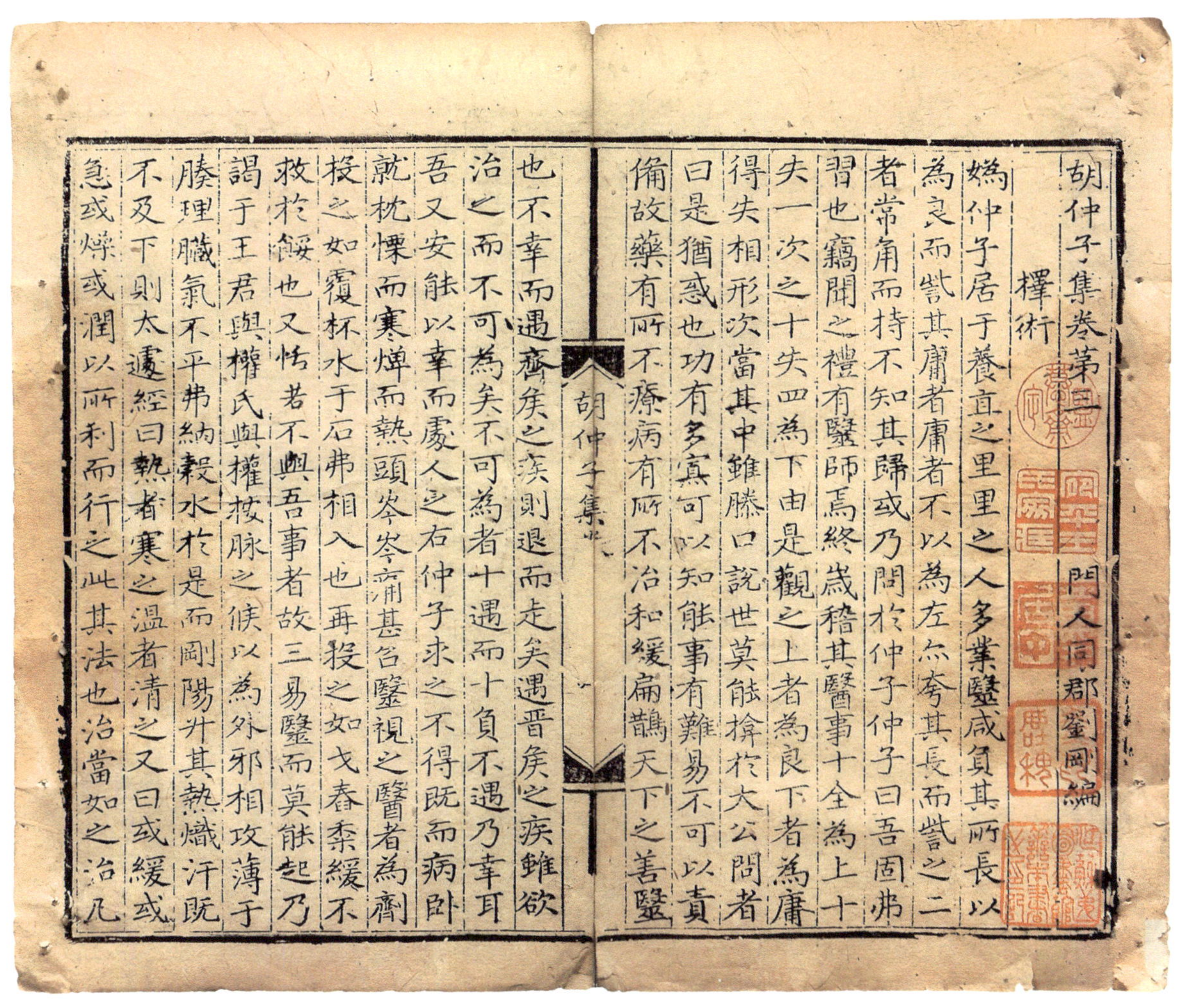
胡仲子集卷第一　門人同郡劉剛編

釋術

嬀仲子居于養直之里里之人多業醫咸負其所長以為良而鬻其庸者庸者不以為左亦夸其長而鬻之二者常角而持不知其歸或乃問於仲子仲子曰吾固弗習也竊聞之禮有醫師焉終歲稽其醫事十全為上十失一次之十失四為下由是觀之上者為良下者為庸得失相形次當其中雖滕口說世莫能揜於大公問者曰是猶惑也功有多寡可以知能事有難易不可以責備故藥有所不療病有所不治和緩扁鵲天下之善醫也不幸而遇齊侯之疾則退而走矣遇晉侯之疾雖欲治之而不可為矣不可為者十遇而十負不遇乃幸耳吾又安能以幸而處人之右仲子求之不得既而病卧就枕慄而寒焯而熱頭岑岑痛甚召醫視之醫者為劑投之如覆杯水于石弗相入也再投之如戈舂粟緩不救於餒也又恬若不與吾事者故三易醫而莫能起乃謁于王君與權氏與權按脉之候以為外邪相攻薄于腠理臟氣不平弗納穀水於是而剛陽升其熱熾汗既不及下則太遽經曰熱者寒之溫者清之又曰或緩或急或燥或潤以所利而行之此其法也治當如之治凡

胡仲子集卷一　一

胡仲子集十卷

（明）胡翰撰　明洪武十三至十四年（1380—1381）王懋温刻本　（清）丁丙跋　四册

名录号及索书号 05835—111647

胡翰（1307—1381），字仲申，别号仲子，浙江金华人。曾与宋濂同师吴莱学古文。于经术、儒理颇有造诣，尤以文章名世。宋濂有诗赞曰："故人守官在姑蔑，学林老虎文渊鲸。"明洪武初荐为衢州教授。旋应诏会修《元史》。史成，归隐长山之阳，学者称长山先生。

此集收录杂论、序文、游记、碑文、杂记、颂、铭、箴、辞、跋、墓志铭、诗文辞赋等凡十卷。为胡翰及门弟子刘刚所编订，再传弟子王懋温刊刻，刻印精良。此本传世无多，清代编修《四库全书》时即已"罕传"。钤有"晋安徐兴公家藏书""黄印居中""胡氏茨邨藏本""宛平王氏家藏""慕斋鉴定"等藏印，历经明代徐𤊹、黄居中，清初王崇简、王熙父子、胡介祉等名家珍藏。又经清代藏书家丁丙题跋，流传至今，至为难得。

胡仲子文集序
韓退之抗顔師一世自李習之以下皆欲弟子[illegible]之
而習之謇然不甚相下崇言正論往往與退之角其
復性平賦二書脩身治人之意明白深切得斯道之
用蓋唐人之所僅有而可與退之原道相表裏者也
濂嘗以為習之識高志偉不在退之下邁可畏如退
之而不屈真豪傑之士哉古之君子其自處也高其
自期也遠其自視也尊其擇師與友也審舉天下無
足慊意者則求古人之賢者而師友之茍有得於心
矣當時知否不䘏也身之賤貴弗論也行之為事功

胡仲子文集序 一

宣之為言論一致也其心廓然會天地之全而游乎
萬物之表視古今如一旦暮視千載以上之人若同
堂接鄰而與之語何暇以凡近者累其心乎孟子舍
子思之門人而願師孔子非遺其師也道宜然也近
世學者鄙陋而無志聞古之人畏之如雷霆鬼神不
敢稍自振儽儽焉於庸常之人師云師云而卒無所
成者皆習之之所棄也吾友胡先生獨不然自其少
時誦數十萬言在諸生中已驚動其鄉邦老儒咸畏
而敬之及其既長而壯奇邁卓越務師古人出言簡
與不煩而動中繩墨如夏圭商敦望而知為非今世

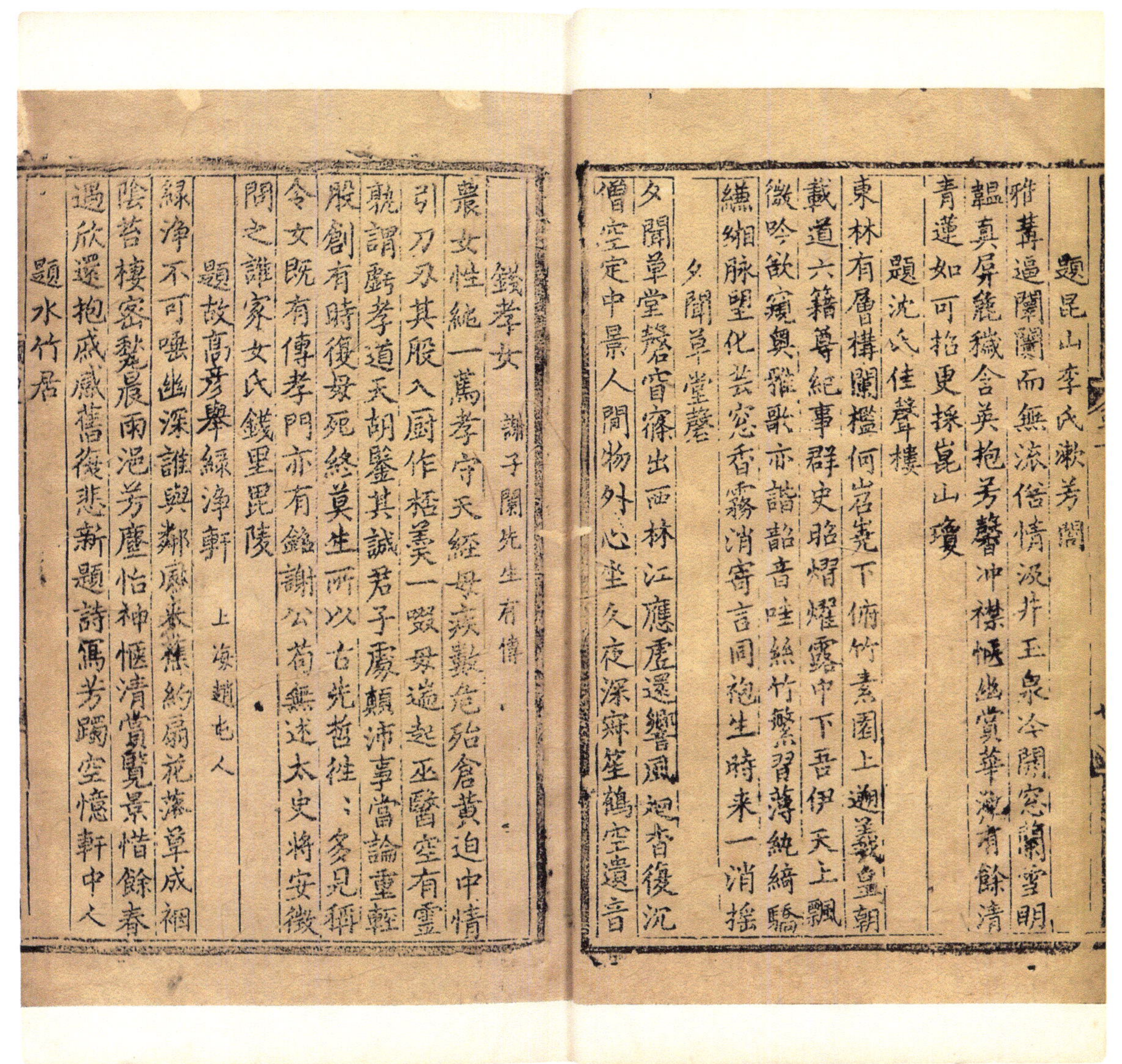

題昆山李氏漱芳閣

雅葺逼闤闠而無添俗情汲井玉泉冷開窗蘭雪明
韞真昇能織含英抱芳馨冲襟悵幽賞華滋有餘清
青蓮如可拾更採崑山瓊

題沈氏佳聲樓

東林有層構闌檻何岧嶤下俯竹素圃上遡羲皇朝
載道六籍尊紀事群史昭熠燿露中下吾伊天上飄
微吟歆窺輿雅歌亦諧韶音哇絲竹繁習薄紈綺驕
纖緗脉望化芸窗香霧消寄言同袍生時來一消搖

夕聞草堂磬

夕聞草堂磬音徐出西林江應虛還響風廻杳復沉
僧空定中景人間物外心坐久夜深寂笙鶴空遺音

錢孝女 謝子蘭先生有傳

農女性純一篤孝守天經母疾數危殆倉黃迫中情
引刀刃其股入廚作糜羹一啜母遽起巫醫空有靈
孰謂虧孝道天胡鑒其誠君子處顛沛事當論重輕
股創有時復母死終莫生所以古先哲往往多見稱
令女既有傳孝門亦有銘謝公苟無述太史將安徵
聞之誰家女氏錢里毘陵

題故高彥舉綠淨軒 上海趙屯人

綠淨不可唾幽深誰與鄰麼麼紈扇花藻草成裀
陰苔棲窈窕晨雨浥芳塵怡神愜清賞覽景惜餘春
過欣還抱戚感舊復悲新題詩寫芳躅空憶軒中人

題水竹居

陶情稿六卷

（明）易恒撰　明永乐刻本　（清）陆嘉颖　盛昱跋　三册　名录号及索书号 05837—117317

易恒，字久成，江苏昆山人。性简淡，有风节，博学能诗。筑泗园，歌咏其间，自号泗园叟。洪武中荐至京，以老归。终年八十余。此为其诗集，凡六卷，风格敦厚、清新，多为陶溶性情之作。清人陈田《明诗纪事》云："久成诗自然流露，不事镵刻，不愧陶情之号。"

此本钤陆嘉颖白文长印"嘉颖"、毕泷朱文方印"毕泷审定"、盛昱朱文方印"圣清宗室盛昱伯熙之印"、刘绍炎朱文方印"黄冈刘氏校书堂藏书记""黄冈刘氏绍炎过眼"、张乃熊朱文方印"芹伯"、白文方印"张乃熊印"、朱文长印"菦圃收藏"。又钤白文方印"德润"、朱文方印"莲樵曾观"、白文长印"研隐"等。书末有明天启五年（1625）陆嘉颖及清人盛昱跋。陆嘉颖（1850—1908），字子垂，又字明吾，明嘉定（今上海）人，天启中官主簿。盛昱（1850—1899），字伯希，又字伯熙、伯兮、伯羲、伯韫，号韵莳，清宗室，近代藏书家。

陶情詩集序

河南程夫子嘗云古詩三百篇皆古人之歌曲所以有被之絃歌而奏之郊廟房中竊意若其可奏者必聲之純正而和平者也是以詩之作先本乎性情復發乎理義故能動天地感鬼神興夫婦樂賓友合君臣無施不可由其心一以正而氣能渾乎自有不期其然而自不若然者矣近徒以四聲協之音韻使合節奏哉後世氣變風移漸拘制作制作愈更而意度愈下詩去古若亦已久焉雖然作者之意亦必各有所據至於風賦比興雅頌則凡有一作而六義舉無不備賦者恒多而比興次之有足以動人者莫不謂之風騷進才義萃揚功德孰不謂之頌詞不迫

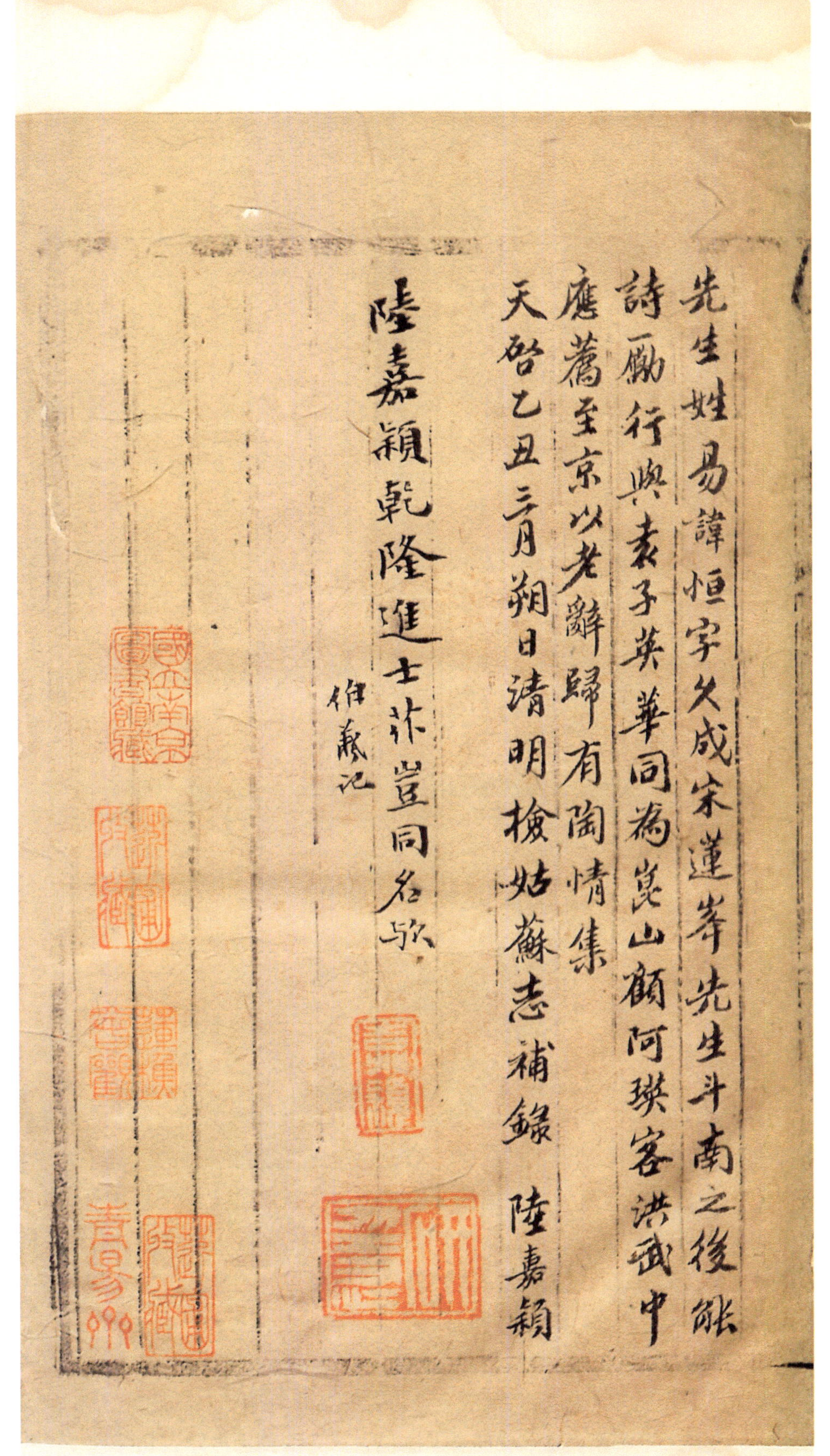

先生姓易諱恒字久成宋蓮峯先生斗南之後能詩勵行與袁子英華同爲崑山顧阿瑛客洪武中應薦至京以老辭歸有陶情集

天啓乙丑三月朔日清明檢姑蘇志補錄　陸嘉穎

陸嘉穎乾隆進士补豈同名歟

伯藏記

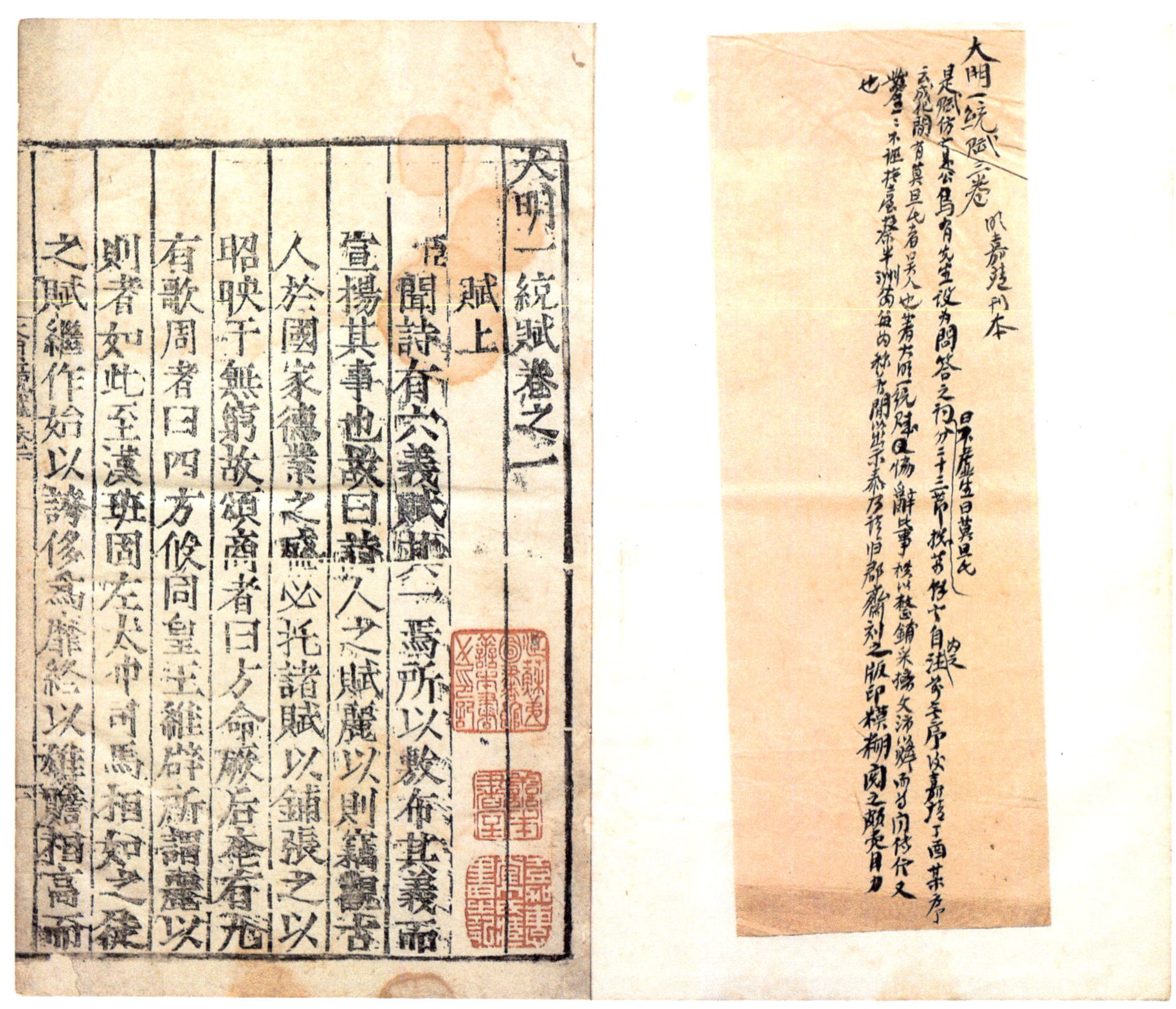

大明一統賦卷之一

賦上

聞詩有六義賦居其一焉所以敷布其義而宣揚其事也故曰詩人之賦麗以則蓋言人於國家德業之盛必托諸賦以鋪張之以昭映于無窮故頌商者曰方命厥后奄有九有歌周者曰四方攸同皇王維辟所謂麗以則者如此至漢班固左太冲司馬相如之徒之賦繼作始以誇侈為靡麗以雄贍相高而

大明一统赋三卷

（明）莫旦撰　明嘉靖十六年（1537）司马泰刻本　（清）丁丙跋　三册　名录号及索书号 05909—110362

莫旦（1429—？），字景周，号鲈乡，吴江（今江苏苏州）人。成化元年（1465）举于乡。卒业于国子监。博学多识，擅辞赋，精史志。历任新昌县训导、国子监学正。后告归，卒年八十余。著有《鲈乡集》，并编纂《松陵志》《新昌县志》《吴江县志》等。

此书以骈赋文体，兼地志体例，歌咏大明一统盛世，自建置、沿革、郡邑、山川至风俗、人物等，皆依次铺陈，凡三卷二十三节。赋体地志，自宋人王十朋撰《会稽三赋》后，非罕见，然铺陈全国一统之赋，仅莫旦此文。

此本为济南知府司马泰所刻。司马泰，字鲁瞻，南京锦衣卫人。嘉靖二年（1523）进士。善刻书。嘉靖十六年自山东巡抚蔡经处得此赋，即刻版流传。此外，司马泰还刻有王廷相《内台集》、边贡《边华泉集》、蔡经《半洲稿》，又编刻《再续百川学海》《三续百川学海》等。

此本钤丁氏八千卷楼朱文长印“八千卷楼珍藏善本”、白文圆角方印“嘉惠堂丁氏藏书之记”、朱文方印“善本书室”等，并有清代著名藏书家丁丙题跋。

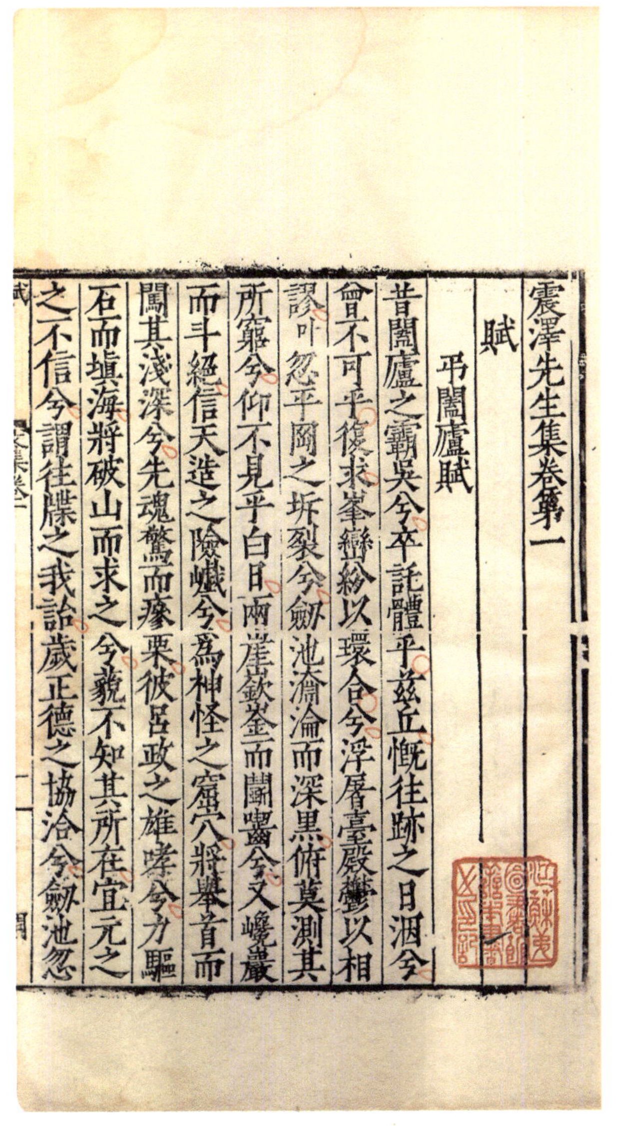

震泽先生集三十六卷

（明）王鏊撰　明嘉靖刻本　（清）丁丙跋　十册　名录号及索书号 05924—111738

王鏊（1450—1524），字济之，号守溪，晚号拙叟，学者称震泽先生，江苏吴县人。王鏊早慧擅文，科举之路通达，连中解元、会元及探花。初授翰林编修，历官吏部侍郎、户部尚书、文渊阁大学士、武英殿大学士等职。宦官刘瑾专权，王鏊无力挽救局面，辞官家居十余年，于嘉靖三年（1524）去世，年七十五。追赠太傅，谥号文恪，世称“王文恪”。王鏊博学有识鉴，善书法，多藏书。著有《震泽编》《震泽长语》《震泽纪闻》《姑苏志》等传世。

书前有明嘉靖十五年（1536）霍韬撰《叙文恪公集》。此为王鏊诗文集，正文分三十六卷，卷一至卷九为诗集部分，卷十至卷三十六为文集部分。诗分赋、诗、联句等，文分为序、引、记、说、内制、奏疏、传、墓表、题跋等诸体。《明诗综》卷二十九谓其诗“萧散清逸，有王、岑风致”。《四库全书总目》卷一七一谓其“时文工而古文亦工”。

钤有“八千卷楼藏书之记”“四库著录”等丁氏藏书印。

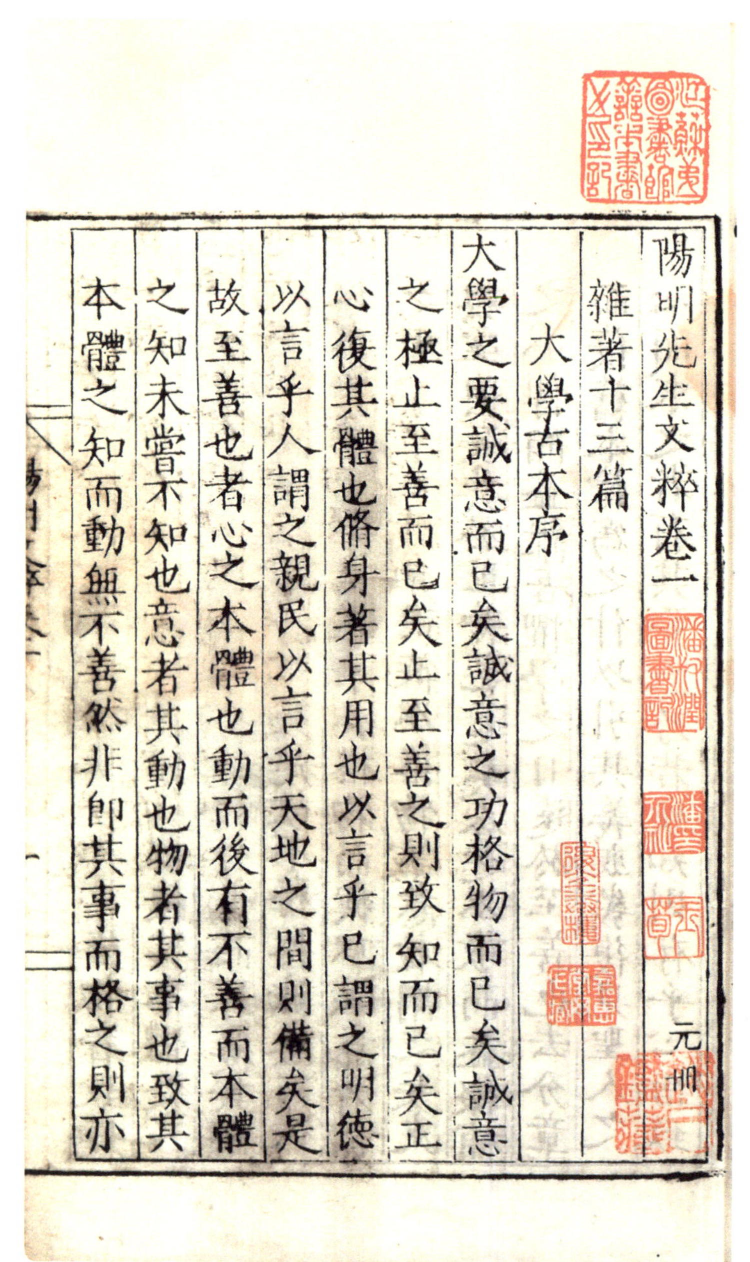

陽明先生文粹卷一　元冊

雜著十三篇

大學古本序

大學之要誠意而已矣誠意之功格物而已矣誠意之極止至善而已矣止至善之則致知而已矣正心復其體也脩身著其用也以言乎已謂之明德以言乎人謂之親民以言乎天地之間則備矣是故至善也者心之本體也動而後有不善而本體之知未嘗不知也意者其動也物者其事也致其本體之知而動無不善然非即其事而格之則亦

阳明先生文粹十一卷

（明）王守仁撰　（明）宋仪望辑　明嘉靖三十二年（1553）姚良弼刻本　（清）丁丙跋　四册　名录号及索书号 05984—111800

王守仁（1472—1529），字伯安，号阳明，余姚（今浙江宁波）人。

宋仪望（1514—1578），字望之，江西永丰人。明朝理学家。嘉靖二十六年（1547）进士。

前有明嘉靖三十二年宋仪望《刻阳明先生文粹序》，卷末有姚良弼《阳明先生文粹跋》。正文凡十一卷：卷一杂著，卷二至六答书，卷七杂著，卷八杂诗，卷九至十一传习录。

钤有“嘉惠堂丁氏藏”“后八千卷楼”“古吴潘介祉叔润氏收藏印记”“潘介祉印”“玉笋”等印。

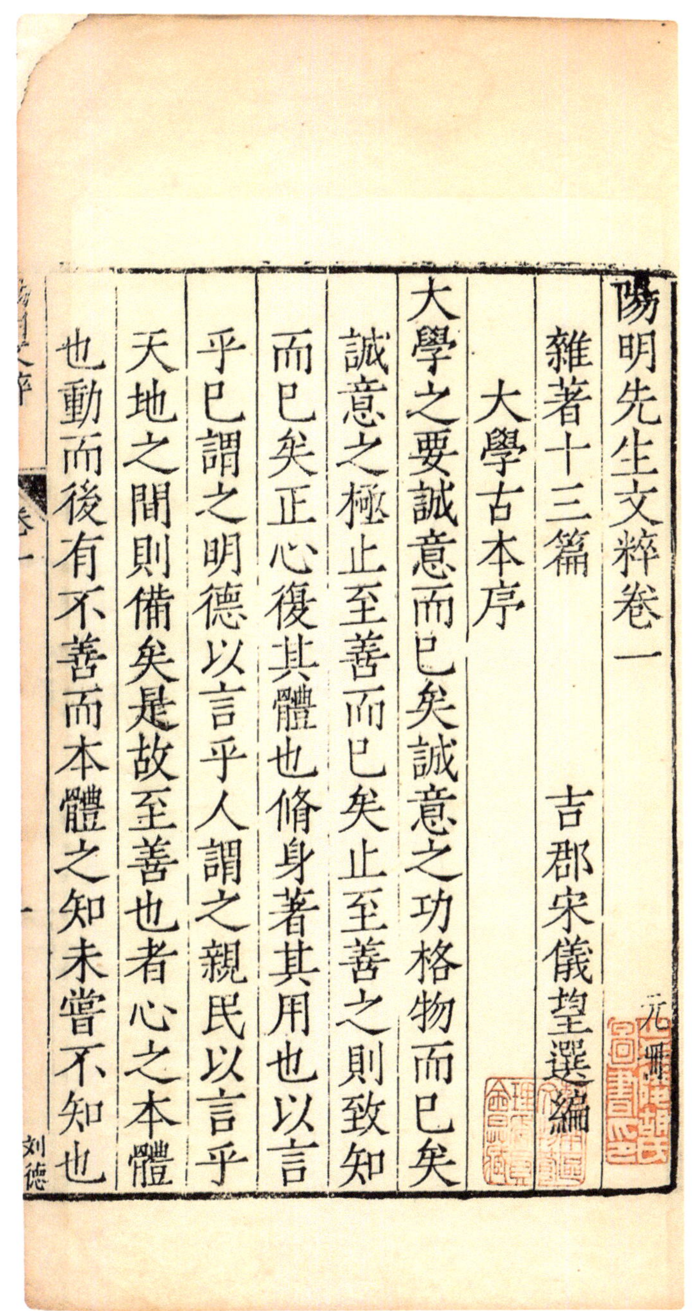

陽明先生文粹卷一

雜著十三篇　　吉郡宋儀望選編

大學古本序

大學之要誠意而已矣誠意之功格物而已矣誠意之極止至善而已矣止至善之則致知而已矣正心復其體也脩身著其用也以言乎已謂之明德以言乎人謂之親民以言乎天地之間則備矣是故至善也者心之本體也動而後有不善而本體之知未嘗不知也

阳明先生文粹十一卷

（明）王守仁撰　（明）宋仪望辑　明隆庆六年（1572）宋仪望刻本　四册　名录号及索书号 05985—116665

王守仁（1472—1529），本名王云，字伯安，世称阳明先生，浙江余姚人。弘治十二年（1499）进士，授刑部主事，改兵部，官至南京兵部尚书。平宁王朱宸濠之乱，封新建伯。隆庆间追谥文成。门人辑其著述为《王文成全书》。《明史》卷一九五有传。

此书嘉靖二十二年（1543）初刻于河东书院，再则于三十二年（1553）属姚良弼校刻。此本为编者宋仪望第三次刊刻，刻地在福建。此本可视为宋氏最后校定之本，流传较罕。

譬則巧聖譬則力致良知以學聖巧之至也嗚呼此非達天德者其孰能知之若是則予於先生之學奚若曰吾吉有三君子皆先生門人而予從而受學焉學而未能是則先生之罪人也

嘉靖癸丑孟秋後學廬陵宋儀望謹序

按是編往予手自校選刻于河東嗣後刻于大梁洛陽間顧海內學士多以不得先生刻本爲恨今年春予視學閩中乃重校刻之期與八閩人士共勉焉

隆慶六載閏二月宋儀望續題于正學書院

刻陽明先生文粹序畢

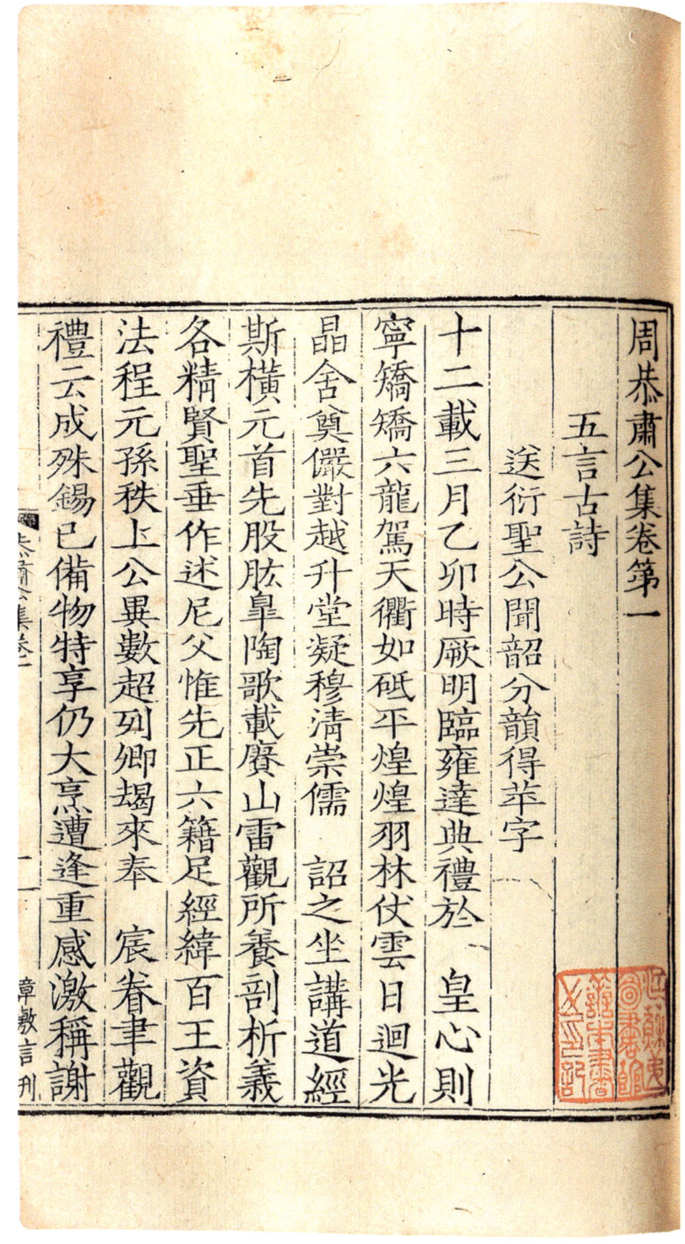
周恭肃公集卷第一
五言古詩
送衍聖公聞韶分韻得芊字
十二載三月乙卯時厥明臨雍達典禮於皇心則
寧矯矯六龍駕天衢如砥平煌煌羽林仗雲日迴光
晶舍奠儼對越升堂疑穆清崇儒詔之坐講道經
斯橫元首先股肱臯陶歌載賡山雷觀所養剖析義
各精賢聖垂作述尼父惟先正六籍足經緯百王資
法程元孫秩上公異數超列卿揭來奉宸眷聿觀
禮云成殊錫已備物特享仍大烹遭逢重感激稱謝

周恭肃公集十六卷

（明）周用撰　**附录一卷**　明嘉靖二十八年（1549）周国南川上草堂刻本　（清）丁丙跋　四册　名录号及索书号 05995—111806

周用（1476—1547），字行之，号白川，又号伯川，吴江（今江苏苏州）人。弘治十五年（1502）进士，授行人。正德初，擢南京兵科给事中。嘉靖八年（1529）擢右副都御史，巡抚南、赣，卒于吏部尚书，谥恭肃。

正文凡十六卷，前十卷为诗，后六卷为文。《附录》一卷，为有关周用的墓志铭、传、行状等。

钤有“光绪辛巳所得”“八千卷楼藏书之记”等印。

遵巖先生文集卷之一

五言古詩

郊丘頌成也

上親定南北郊之祀乃於國陽建南郊皇皇乎一代之盛觀王者之大制也作頌成

於辟翼承序祇德鑒昊蒼觀文釐元命造哲煥令章諍臣秉周禮納議光文昌經始揆皇覽測臬即靈壤巍基摩地軸層構羅天綱營陔三奇積蹠陛四維張象形以紛規效運故秉陽躨跜白虎守蚴

遵巖文集　卷之一

遵岩先生文集四十一卷

（明）王慎中撰　明嘉靖四十五年（1566）刘湪刻本　十二册　名录号及索书号 06068—113697

王慎中（1509—1559），字思道，号遵岩居士，福建晋江人。嘉靖十八年（1539）进士，授户部主事。历官山东提学佥事、河南参政。生平详见《河南布政司参政王先生慎中行状》《河南参政王遵岩墓表》《明史》等。

王氏十八岁中进士，世人皆以才子目之。王氏文集，其生前所刻，有嘉靖三十一年（1552）句吴书院刻《王遵岩家居集》七卷。王氏身后，其婿庄国祯、子同康、同衣辑其诗文为四十卷，苏州知府刘湪刻之，即为此本。

作賦不偉麗不如爲文笑賦以敷陳其事一于妍麗鋪誕令人不曉不敷陳矣以賦宏博而不織巧琱琫

選賦卷一

梁昭明太子蕭統選

班固

兩都賦序

或曰。賦者。古詩之流也。昔成康沒而頌聲寢。王澤竭而詩不作。大漢初定。日不暇給。至於武宣之世。迺崇禮官。考文章。內設金馬石渠之署。外興樂府協律之事。以興廢繼絕。潤色鴻業。是以

選賦　卷一　一

选赋六卷

（南朝梁）萧统辑　（明）郭正域评点　**名人世次爵里一卷**　明凌氏凤笙阁刻朱墨套印本　六册　名录号及索书号 06270—117800

萧统（501—531），字德施，兰陵（今江苏武进）人。

郭正域（1554—1612），字美命，号明龙，湖广江夏（今湖北武汉）人。万历十一年（1583）进士。官礼部右侍郎。

前有吴兴凌氏凤笙阁主人识、梁昭明（统）传、梁昭明（统）序、唐李学士（善）行略、李善上注表。正文凡六卷。正文墨印，点评朱印。规格精整，版面悦目。

钤有“森美松印”“朋笙阁”等印。

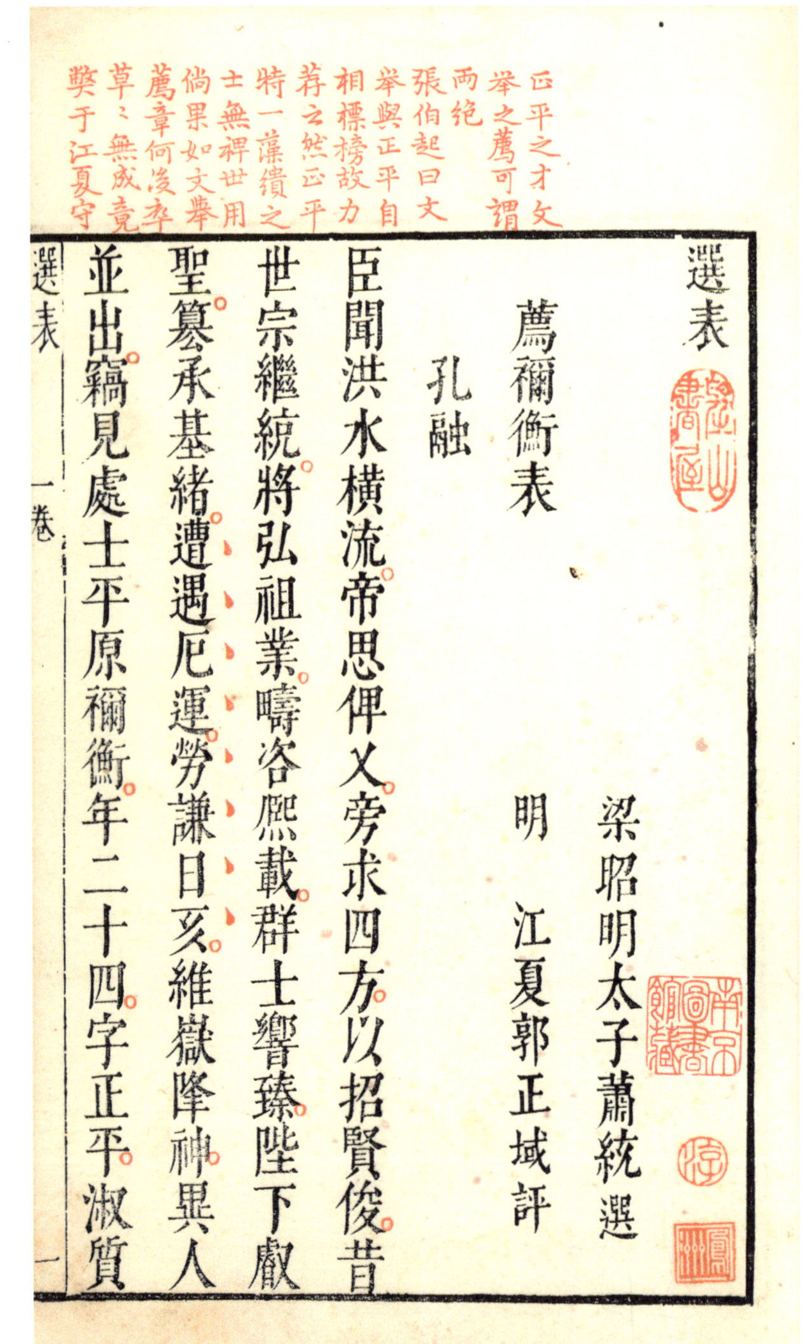
正平之才文举之薦可謂兩绝
張伯起曰文举與正平自相標榜故力荐之然正平特一藻績之士無裨世用倘果如文舉薦章何後卒草草無成竟斃于江夏守

選表

薦禰衡表

孔融

梁昭明太子蕭統選

明 江夏郭正域評

臣聞洪水橫流帝思俾乂旁求四方以招賢俊昔
世宗繼統將弘祖業疇咨熙載群士響臻陛下叡
聖纂承基緒遭遇厄運勞謙日昃維嶽降神異人
並出竊見處士平原禰衡年二十四字正平淑質

選表 一卷 一

文选后集五卷

（南朝梁）萧统辑 （明）郭正域评 明闵于忱刻朱墨套印本 五册 名录号及索书号 06288—119062

是书各篇皆选自南朝梁萧统所编《文选》，以表、上书、启、奏章、笺、书、文等七类文体为限。名《文选后集》，概因其时凌氏已刻《选诗》七卷、《选赋》六卷，此为继其后而刻之故。是书除原文外，并汇辑宋、元、明各家点评之语，以郭正域点评为主，凡郭氏评语皆不标姓氏，其余各家则一一注明。郭正域（1554—1612），字美命，号明龙，

也陳眉公曰古之荐者及其字如此

陳眉公曰忠果四句飛辯四句摹寫正平太似

唐荊川曰賈誼終軍皆大言無當者文舉志廣才踈故慕二子且不度正平之才而妄為之言也

貞亮英才卓躒初涉藝文升堂覩奧目所一見輒誦之口耳所暫聞不忘於心性與道合思若有神弘羊潛計安世默識以衡準之誠不足怪忠果正直志懷霜雪見善若驚疾惡若讐任坐抗行史魚厲節殆無以過也鷙鳥累百不如一鶚使衡立朝必有可觀飛辯騁辭溢氣坌涌解疑釋結臨敵有餘昔賈誼求試屬國詭係單于終軍欲以長纓牽致勁越弱冠慷慨前代美之近日路粹嚴象亦用

湖广江夏（今湖北武汉）人。万历十一年（1583）进士。官至礼部右侍郎。卒于家，追谥文毅。

此本为套版印刷，正文用宋体、墨色。评文则用手写体、朱色，刻于天头、行间或篇尾。全文标点，且重点字句旁皆有圈点，段落分明，行格疏朗，便于阅读，出自明代套版印刷名家闵氏家族闵于忱之手。闵于忱（1583—1643），字静思，号远醇，又号松筠主人，室名松筠馆，乌程（今浙江湖州）人。著有《枕函小史》。

是本钤“凤洲”“淳”“望山书屋”“颖州郡记”等印。

文苑英華卷第一　　　賦一
天象一
天賦二首　　碧落賦一首
天行健賦一首　　乾坤爲天地賦一首
披霧見青天賦一首　　鍊石補天賦一首
管中窺天賦二首　　三無私賦一首

天賦　　劉允濟
臣聞混成發粹大道含元興於物祖首自胚渾分泰階而
立極光耀魄以司尊懸兩明而必照列五緯而無言驅馭
陰陽裁成風雨叶乾位而凝化建坤儀而作輔錯落九垓
岧嶤八柱爍黄道而開域闢紫宫而爲宇横斗樞以旋運

文苑英华一千卷

（宋）李昉等辑　明隆庆元年（1567）胡维新、戚继光刻本　二百二十册　名录号及索书号 06291—116936

李昉（925—996），字明远，一作明叔，深州饶阳（今河北饶阳）人。以门荫入仕，补任太庙斋郎、太子校书。后汉时期，进士及第，授秘书郎，累迁右拾遗、集贤殿修撰。后周世宗时期，出任集贤殿直学士、翰林学士。北宋建立后，担任中书舍人、给事中、知衡州。宋太宗时，担任参知政事、同平章事。主张与契丹修好，弭兵息民，以特进、司空致仕。至道二年（996），李昉去世，时年七十二，获赠司徒，谥号文正。李昉工诗，效法白居易诗风，为“白体诗”代表人物之一。主管诰命三十余年，参与编写《太平御览》《文苑英华》《太平广记》三部大型类书，著有文集五十卷，已佚。

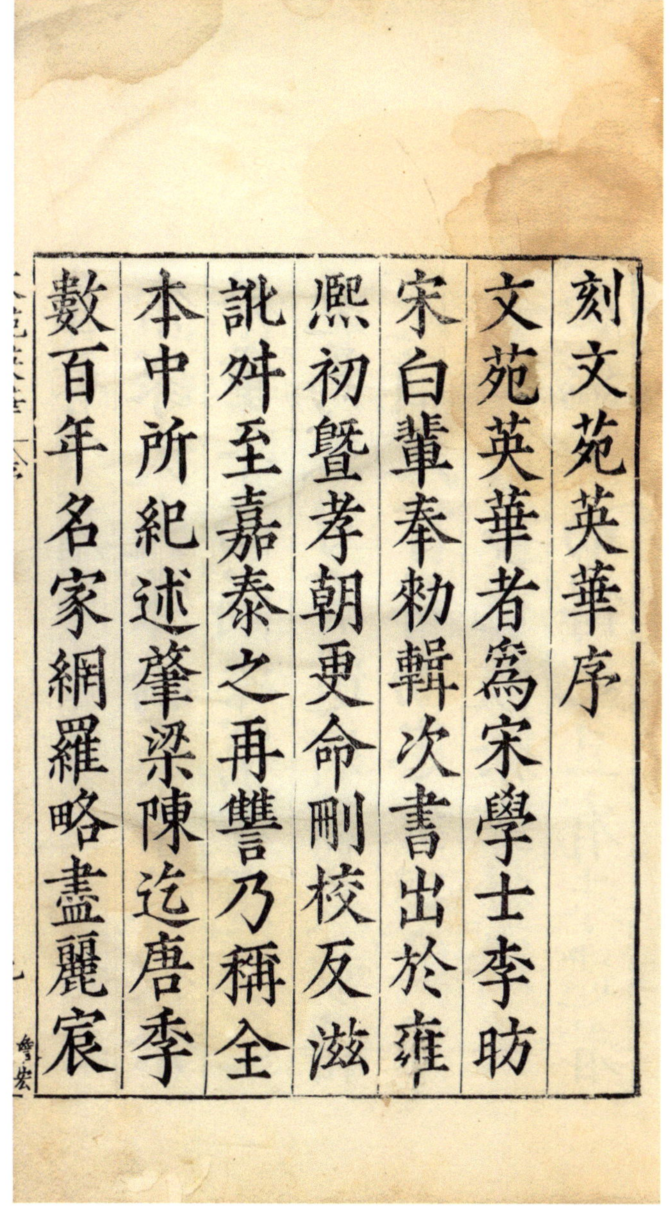

刻文苑英華序

文苑英華者爲宋學士李昉宋白輩奉勑輯次書出於雍熙初暨孝朝更命刪校反滋訛舛至嘉泰之再讐乃稱全本中所紀述肇梁陳迄唐季數百年名家綱羅略盡麗宸

正文前有明隆庆元年胡维新撰《刻文苑英华序》，后接涂泽民、胡维新、戚继光等一众福建官员衔名及《纂修文苑英华事始》。正文分三十九类，卷一至三百五十分别是赋、诗、歌行；卷三百五十一杂文、中书制诰、翰林制诏、策问、策、判、表、笺、檄、露布、弹文、移文、启、书、疏、序、论、议、连珠、颂、赞、铭、箴、传、记、谥哀册文、谥议、诔、碑、志、墓表、行状、祭文。刻工有：厉程、詹宏、刘亨、龚相、蔡希等。

此书始编于宋太平兴国七年（982）下半年，宋太宗命李昉、徐铉、宋白及苏易简等二十余人共同编纂，选材时限与《文选》相衔接，上自南朝梁，下至晚唐五代。选录的作者近二千二百人，作品近两万篇。书中约一成是南北朝作品，九成是唐人作品，多数是根据当时流传不多的抄本诗文集收录的。因《文苑英华》中收录不少诏诰、书判、表疏、碑志，校记里还附注有别本的异文，可以用以辑补校勘唐人的诗文集。

胡维新（1534—？），字文化，号云屏，浙江慈溪人。嘉靖三十八年（1559）进士，历

文苑英華卷第一千　祭文二十三

哀弔下

弔古戰塲文一首　弔夷齊文一首

弔漢武文一首　弔萇弘文一首

弔屈原文一首　弔樂生文一首

弔道殣文一首　弔韓弁没胡中文一首

弔古戰塲文　李華

浩浩兮(一作乎)平沙無垠敻不見人河水縈帶群山糺紛黯兮憯(一作慘)悴風悲日曛蓬斷草枯凛若霜晨鳥飛不下獸鋌亡群亭長告予曰此古戰塲也嘗(一作常)覆三軍往往鬼哭天陰則聞傷心哉秦歟漢歟將近代歟吾悼(浙本作聞)夫齊

任北京巡街御史、龙庆巡关御史、山西道监察御史和福建道监察御史、大名兵备道、广西参政等职。胡氏出身名门，嗜书如痴，广购穷搜，积累了大量的手抄珍本和名刻善本。搜求古籍加以校勘，予以刊行。此书即是胡维新在福建道监察御史任上招募福州、泉州两府刻工开雕《文苑英华》，并亲自督校。福建巡抚涂泽民、总兵戚继光也热心赞助出版。历经数月，这部千卷巨著终于在隆庆元年（1567）刻成。这是现存最早的完本，后人的各种翻印本多出自此本。此后他又主持刊刻了《记纂渊海》《两京遗编》等书。

戚继光（1528—1588），字元敬，号南塘、孟诸，山东登州人。世袭登州卫指挥佥事，联合俞大猷等抗击倭寇十余年。后又镇守北方，抗击蒙古部族来犯，保障了北部疆域的安全。因其赫赫战功，累迁左都督、少保兼太子太保。万历十三年（1585），戚继光遭弹劾罢免，三年后病死于家中，谥号武毅。著有《纪效新书》《练兵实纪》等著名兵书。他又工诗文，善书法，著有《止止堂集》，其书法作品也有不少传世。

钤有“苏南区文物管理委员会藏”印章。

漢魏詩集卷之一

監察御史河中劉成德編緝

中書舍人信陽何景明

刑部郎中江都蕭　海校正

漢詩

高帝諱邦字季姓劉氏豁達大度寬仁愛人好謀能聽知人善任五載而成帝業雖日不暇給規模宏遠矣然不事詩書禮文制度大抵襲秦

鴻鵠歌一名楚歌

鴻鵠歌者高帝之所作也初呂后起閭閻佐帝定天下既老而疎太子盈又柔弱初得定陶戚夫人有寵於上上以其子趙王如意爲類己欲廢太子而立之呂后恐不知所爲問計於留侯留侯爲畫計使太子卑詞厚禮招隱士四人以爲客後上置酒太子侍四人者從年皆八十有餘鬚眉皓白衣冠甚偉上恠問之四人前對各言姓名上廼驚曰吾求公公避逃我何自從吾兒遊乎四人曰陛下輕士善罵臣等義不辱故恐而亡匿今聞太子仁孝恭敬愛士天下莫不延頸願爲太子死者故臣等來上曰煩公幸卒調護太子四人

漢魏詩集卷一　一

汉魏诗集十四卷

（明）刘成德辑　明正德十二年（1517）何景旸刻本　四册　名录号及索书号 06327—114037

刘成德，字润之，河中（今山西永济）人。明正德六年进士。曾任湖北布政司右参议，监察御史等职。编选刻印过多种古籍，有《唐李嘉祐诗集》《唐李颀集》《唐二皇甫诗集》等。

此书前有明正德十二年刘成德及何景明所撰《汉魏诗集序》。全书共十四卷，卷一至七为汉诗，录汉高帝至繁钦诗；卷八至十三，为魏诗，录曹操至吴韦昭诗，此两部分诗前多有作者小传及诗序；卷十四为汉魏古辞，自《饮马长城窟》至《秦女休行》，则为无名氏之作；末有明正德十一年萧海撰《序汉魏诗集后》及明正德十二年张文锦撰《汉魏诗叙》。卷八、

漢魏詩集卷之三

漢詩

霍去病少年從征伐爲嫖姚將軍有功封冠軍侯

衛青異母兄弟也

琴歌

霍去病益封秩祿與大將軍青等於是志得

意歡而作此歌

四夷既獲諸夏康兮國家康寧樂無央兮載戢干戈

弓矢藏兮麒麟來臻鳳凰翔兮與天相保永無疆兮

親親百年各延長兮

匡衡歌

漢魏詩集卷三　二

衡字稚圭東海承人也世農夫至衡好學家

貧傭作以供資用尤精力過絶人諸儒爲之

語

無說詩匡鼎來匡說詩解人頤

望卿歌

長沙王去寵姬去后成陽昭信與望卿相妬

譖望卿失寵去爲望卿作歌

背尊章嫖以忽謀屈奇起自絶行周流自生患諒非

望今誰怨

燕王旦與蓋主上官桀等謀不軌事敗王憂懣置

酒會賓客群臣妃妾與華容夫人作歌

卷十一、卷十四末有后人抄录的四首诗作。

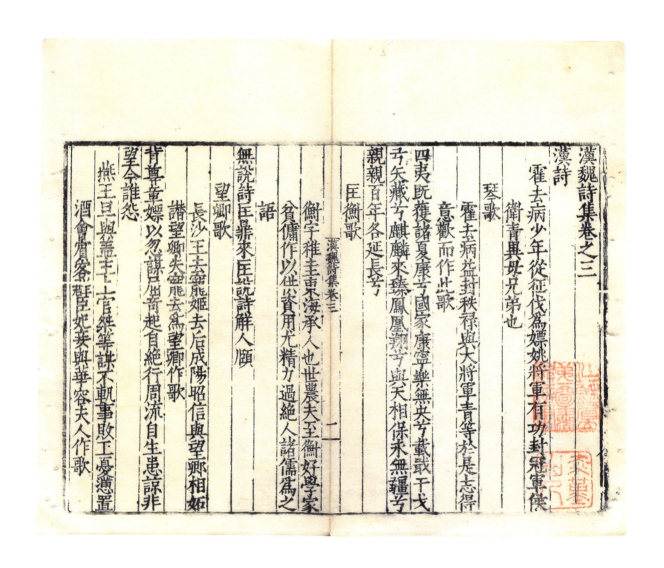

卷端下题有“监察御史河中刘成德编缉”“中书舍人信阳何景明　刑部郎中江都萧海校正”三行。何景明（1483—1521），字仲默，号大复。是明代中期重要的文学家，被尊为明代文坛上“前七子”时代的领袖。曾选编《古乐府》三卷。何景旸，何景明兄，字仲升。弘治十一年（1498）举人，官安庆府通判。因平宸濠之乱有功，升右军都督府经历，晋光禄寺少卿。张文锦（？—1524），字闇夫，山东安丘人。弘治十二年（1499）进士，历官户部主事、郎中，安庆知府、太仆寺少卿右副都御史、大同巡抚等职。萧海，字子委，直隶江都人。正德三年（1508）进士，历官奉政大夫，刑部郎中等职。此书正是何景旸推荐给张文锦，获张氏资助，才得以付梓行世。

钤有“赤堇山人”“陈自东印”“钱唐丁氏正修堂藏书”等印。

新刊迂齋先生標註崇古文訣卷一

先秦文　松陵後學吳邦楨邦杰校正

答燕惠王書　樂毅

可以見燕昭王樂毅君臣相與之際略似蜀昭烈諸葛武侯書詞明白洞見肺腑

臣不佞不能奉承王命以順左右之心恐傷先王之明有害足下之義故遁逃走趙今足下使人數之以罪臣恐侍御者不敢斥言故托之侍御者不察先王之所以畜幸臣之

新刊迂斋先生标注崇古文诀三十五卷

（宋）楼昉辑　明刻本　（清）丁丙跋　十册　名录号及索书号 06351—111943

楼昉，字旸叔，号迂斋，鄞县（今浙江宁波）人。南宋绍熙四年（1193）进士。授从事郎，官至直龙阁、朝奉郎，知兴化军。淳祐十二年（1252）追赠龙图阁待制。著有《中兴小传》《宋十朝纲目》等。

此书为楼昉所编古文选本，是其在四明、金华太学授课时所用教材，业进士者咸诵之，因受举子推崇，历代增删翻刻颇多，故其版本复杂，有五卷、十卷、不分卷、二十卷、三十五卷等体系，各版本题名、选篇亦有不同。三十五卷本以元刊麻纱巾箱本为最早，此本刊刻时参校他本，共收录古文 193 篇，是三十五卷本系统中刊刻较精、影响较大、流传较广的版本。

有清丁丙跋，墨笔书于长条纸上，粘贴于首册前护叶。钤有“八千卷楼藏书之记”“四库著录”等印。

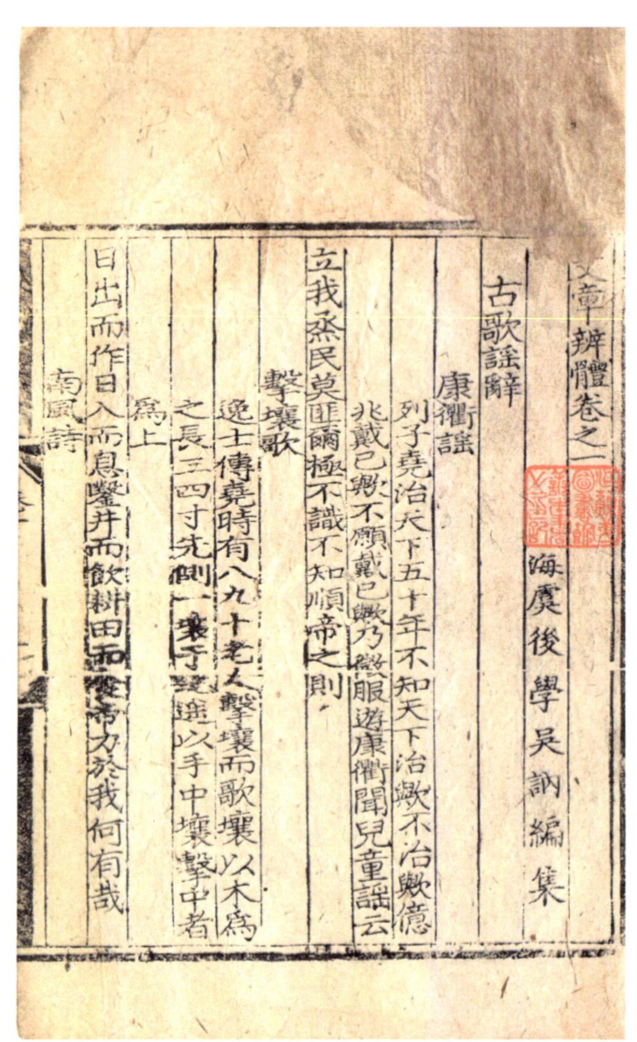

文章辨體卷之一

海虞後學吳訥編集

古歌謠辭

康衢謠

列子堯治天下五十年不知天下治歟不治歟億兆戴己歟不願戴己歟乃微服遊康衢聞兒童謠云

立我烝民莫匪爾極不識不知順帝之則

擊壤歌

逸士傳堯時有八九十老人擊壤而歌壤以木爲之長三四寸先側一壤于地遥以手中壤擊中者爲上

日出而作日入而息鑿井而飲耕田而食帝力於我何有哉

南風詩

文章辨体五十卷外集五卷总论一卷

（明）吴讷辑　明天顺八年（1464）刘孜等刻本　（清）丁丙跋　十四册　名录号及索书号 06378—111947

吴讷（1372—1457），字敏德，号思庵，南直隶常熟（今江苏常熟）人。永乐间以知医荐至京。洪熙元年（1425）授监察御史，出按浙江、贵州，官至南京左副都御史。刚介有为。天顺元年（1457）卒，谥文恪。著有《删补棠阴比事》《祥刑要览》《思庵文粹》等。

是书仿宋真德秀《文章正宗》，选辑先秦至明初诗文，按体裁分类，内集收古体，外集收骈体、律诗及词等变体，凡五十九类。每类各为序说，对各种体裁的特点及其源流、演变皆叙述详尽，于选文标准亦加以说明，可补《文章正宗》之未备。

此本为右副都御史刘孜巡抚江南时主持刊刻，苏州府同知卢忠、常熟县知县孟进、儒学教谕谢纮、训导诸伦、高旦等襄助其事，邑人刘效、顾岳、赵谦、王玄、李南、魏祺、钱昌、周堂、徐慎、郁宗、汤智、张木等解囊捐资。刘孜（1411—1468），字显孜，江西万安人。正统十年（1445）进士。累官南京刑部尚书。成化四年（1468）致仕，卒于道。

此本钤“八千卷楼珍藏善本”“丁氏八千卷楼藏书记”，并有清代著名藏书家丁丙题跋。

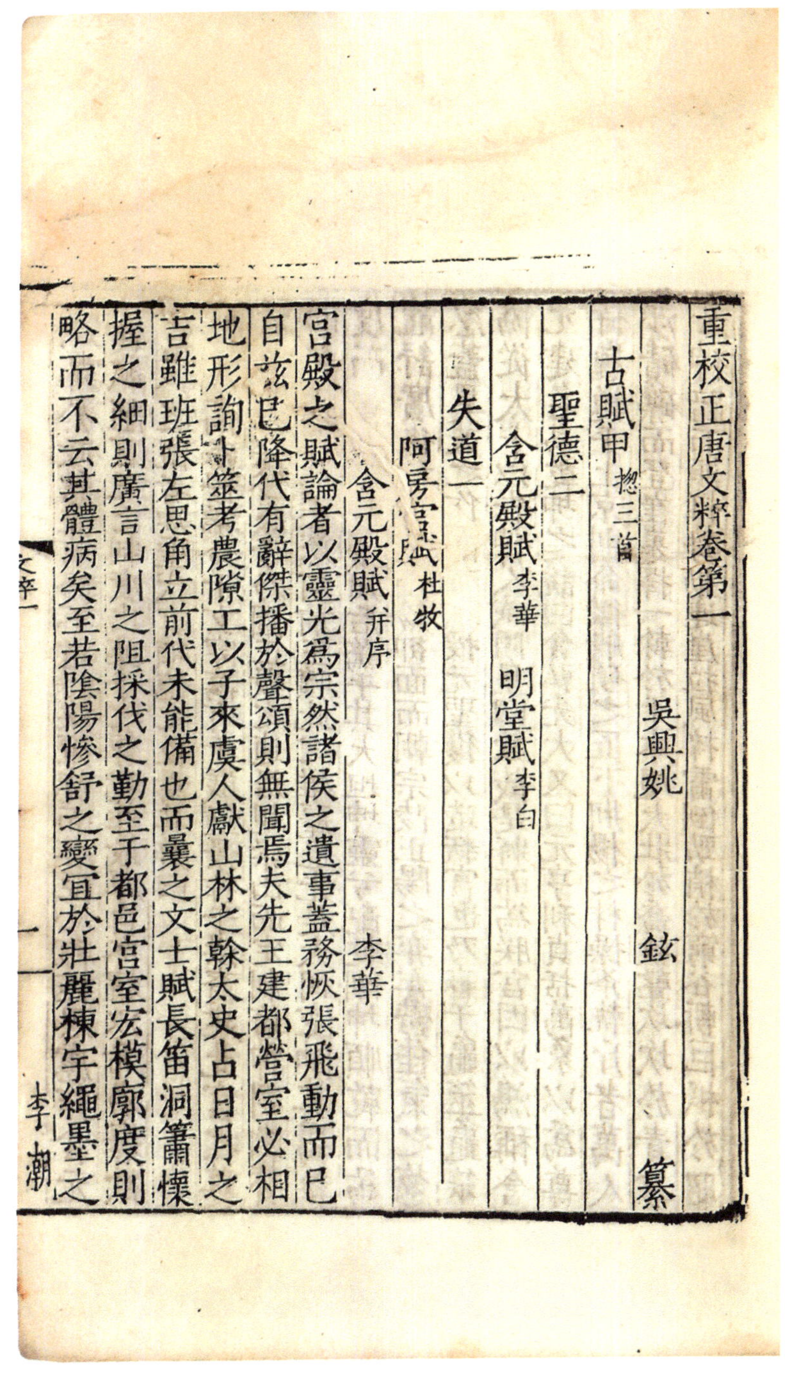

重校正唐文粹卷第一

吳興姚　鉉　纂

古賦甲　揔三首

聖德二

含元殿賦　李華　明堂賦　李白

失道一

阿房宫賦　杜牧

含元殿賦　并序　李華

宫殿之賦論者以靈光爲宗然諸侯之遺事蓋務恢張飛動而已自茲已降代有辭傑播於聲頌則無聞焉夫先王建都營室必相地形詢卜筮考農隙工以子來虞人獻山林之榦太史占日月之吉雖班張左思角立前代未能備也而曩之文士賦長笛洞簫懐握之細則廣言山川之阻採伐之勤至于都邑宫室宏模廓度則略而不云其體病矣至若陰陽慘舒之變宜於壯麗棟宇繩墨之

文粹一　一　李潮

重校正唐文粹一百卷

（宋）姚铉辑　明嘉靖三年（1524）徐焴刻本　八册　名录号及索书号 06417—117105

姚铉（968—1020），字宝之，庐州合肥（今安徽合肥）人。太平兴国八年（983）进士。官至两浙路转运使。传见《宋史》卷四四一。

此本姚铉序、目录及每五卷后有“嘉靖甲申岁太学生姑苏徐焴文明刻于家塾”刊记，目录及卷一百后并有“姑苏后学尤桂、朱整同校正”。李开升《明嘉靖刻本研究》云，此书后印本增嘉靖六年（1527）胡缵宗序，徐氏刊记多被剜去。此本刊记俱在，尚是较早之印本。

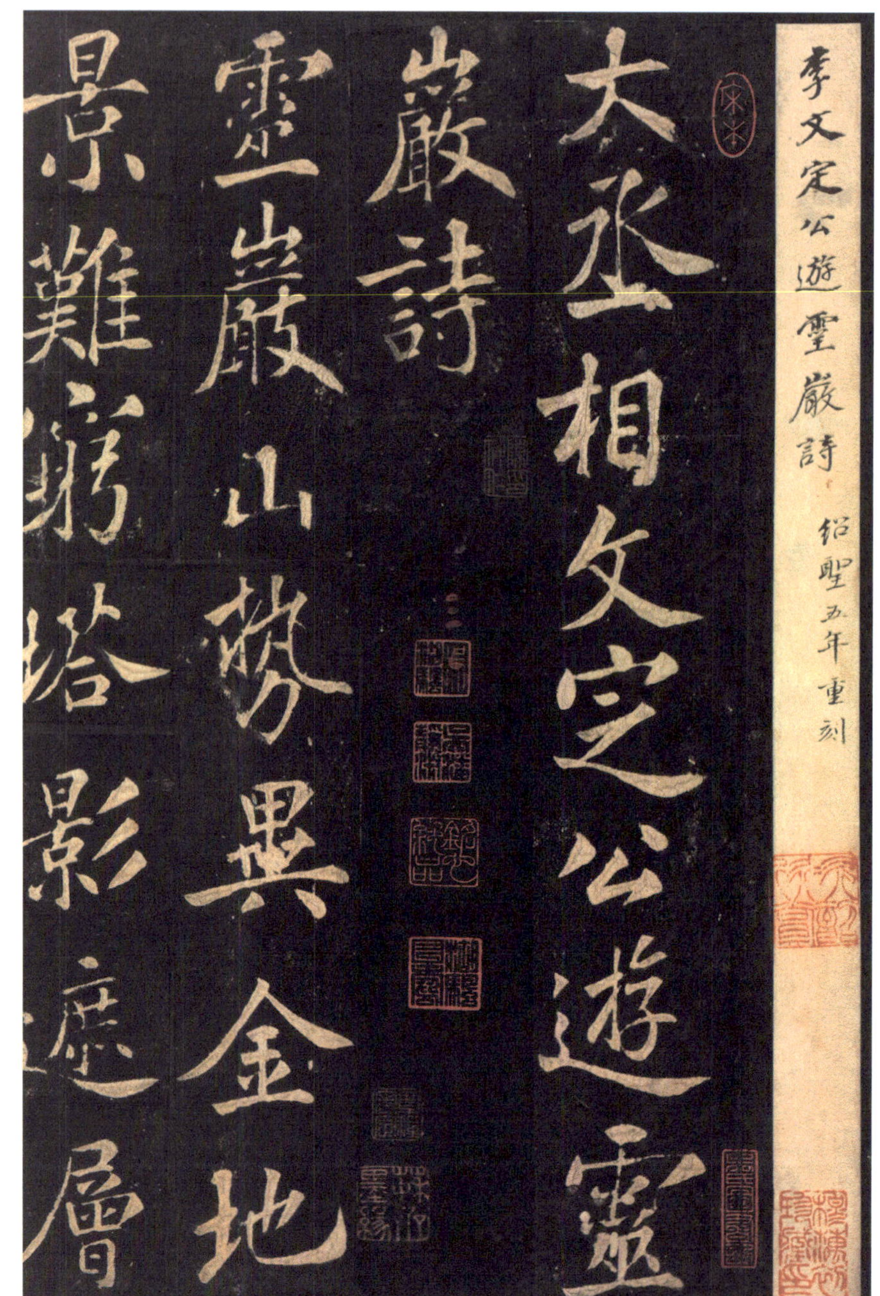

灵岩寺宋贤题诗题名集拓

（宋）李侃等撰　北宋天圣六年至政和五年（1028—1115）刻石　宋拓本　叶恭绰题端　陈承修　方还　穆湘玥　吴湖帆题跋　一册　名录号及索书号 07226—120782

此乃集拓灵岩寺石刻宋人题诗而成，其内容为“李文定公游灵岩诗”“滕涉过灵岩诗并序”“王广渊范知章题名”“蔡口口等送灵岩禅师诗四种”“鲜于侁题诗”“王临送确公长老诗”“刘概游灵岩诗及并记”“梁彦深留灵岩寺诗”“赵子明题记”。刻石年代最早为北宋天圣六年（1028），最晚为政和五年（1115）。拓本排列顺序是以题诗之年而非刻石之年，如“李文定公游灵岩诗”乃其侄曾孙重刻于绍圣五年三月，但原诗题于天圣间，故列于全本之首。

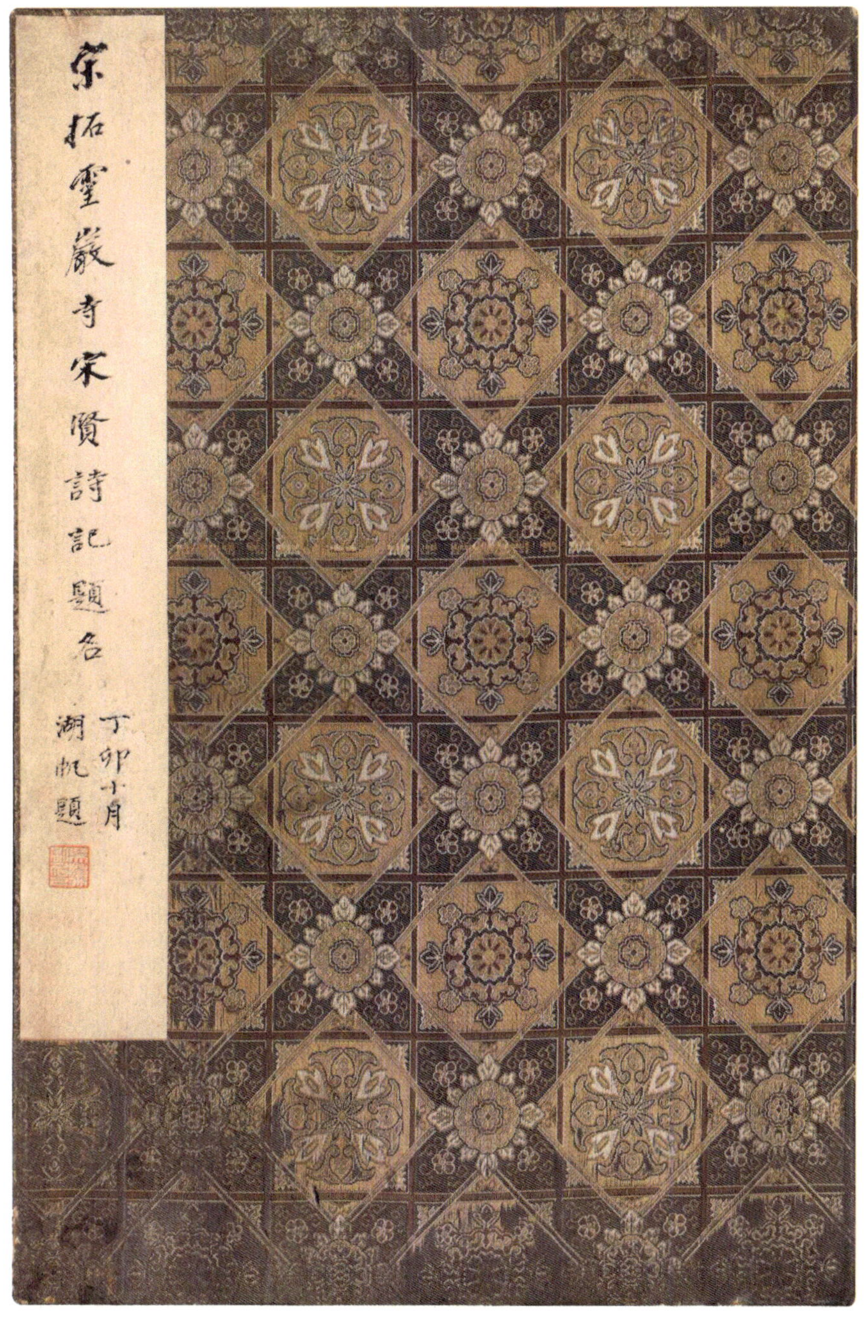

关于拓印时间，陈承修谓在明以前，吴湖帆题为宋拓。此拓笔锋显露，字画清晰，少有勒痕，只有部分字画为虫蚀，装潢时以纸补之，展之灿然，玩之可爱，拓石时纸张的褶皱效果亦清晰可见。碑刻著录以汉魏六朝为多，宋以后则寥寥，盖年代近而石刻多，遂不珍视。今灵岩寺石刻不知存否，然此旧拓孤本精绝，当视为千金之璧。

此拓之传藏颇为曲折。一日，坊友携一斑驳零落的拓本至穆藕初处，藕初以为不值得收藏。恰巧陈承修在座，他认为这是一件难得的精品，于是怂恿藕初重金购买。许是不放心，藕初又将此拓本拿给吴湖帆看。没想到吴湖帆大加称许，并为此拓画了一幅画——《灵岩山图》，同时冯超然也为此画了一幅画。吴、冯具为现代绘画名家，藕初将此拓与二人画作并称为“三绝”，为之重加装潢，吴湖帆又一一考订题名诸贤生平，此拓之精神顿时复显。民

此靈巖寺宋賢題記為天津樊文卿彬舊藏丁卯春日
見之滬上因慫恿 藕初道兄以重值易之石已不存
而此拓古味盎然筆鋒顯露的是明以前氊墨想見
北宋諸賢文翰之盛詞章政術彪炳一時餘事清游
從容蠟屐眉山導其淵源群彥企其風采微特氣
節所徵連枝同感即播諸豪素間具同工千載以下
幽賞承平契心薖軸令人有玉宇瓊樓之想
丁卯冬日裝成閩縣陳承修補記

国二十年（1931），藕初因此拓与吴氏因缘不浅，故举之以赠，并志颠末于此拓之后。对这个差点错失的宋拓，藕初写道：“夫以区区一纸，堙晦于屠沽负贩之手者不知几经百年，非得淮生之怂恿余未必购，非得湖帆之考订，虽购亦未必显。”

此拓今藏南京图书馆，装帧成册页一册。古锦面板，四周以红木镶边，上有丁卯十月吴湖帆题签。首页有陈承修跋、方还跋，册末有穆湘玥跋、吴湖帆跋。册中还有三个不同的题签，分别为刘墉题“灵岩寺诗记题名”、李筠盦题“灵岩寺诗记题名宋拓本”、叶恭绰题“宋拓灵岩寺诗刻题名”。从题签小字可知，此拓经樊彬、刘鹗递藏。册中钤“樊彬收藏金石文字印”“叶恭绰印”“吴湖帆藏”“潘静淑”“陈承修”“方还”“穆藕初珍藏印”等印。

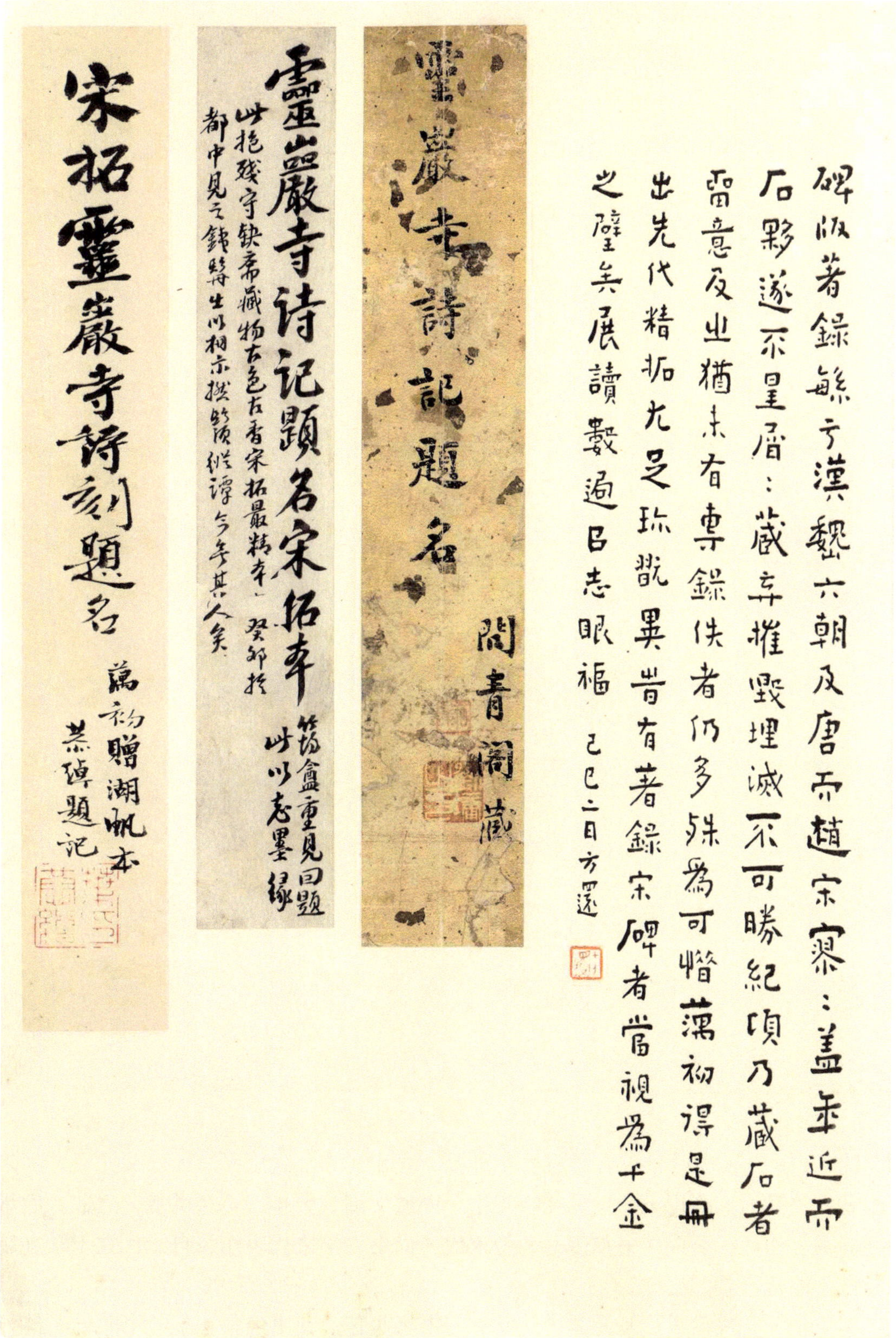

碑版著錄緐于漢魏六朝及唐而趙宋寥寥蓋年近而石夥遂不呈眉眉藏弆摧毀埋滅不可勝紀頃乃藏石者留意及此猶未有專錄佚者仍多殊爲可惜藕初得是冊出先代精拓尤足珍貴異昔有著錄宋碑者當視爲千金之璧矣展讀數過以志眼福

己巳二月方還

靈巖寺詩記題名

閒青閣藏

靈巖寺詩記題名宋拓本

此拓殘守缺齋藏物古色古香宋拓最精本也 癸卯於都中見之錢驊生以相示擬鈔頃從譚今年其人矣

筱盦重見因題此以志墨緣

宋拓靈巖寺詩刻題名

藕初贈湖帆本

恭綽題記

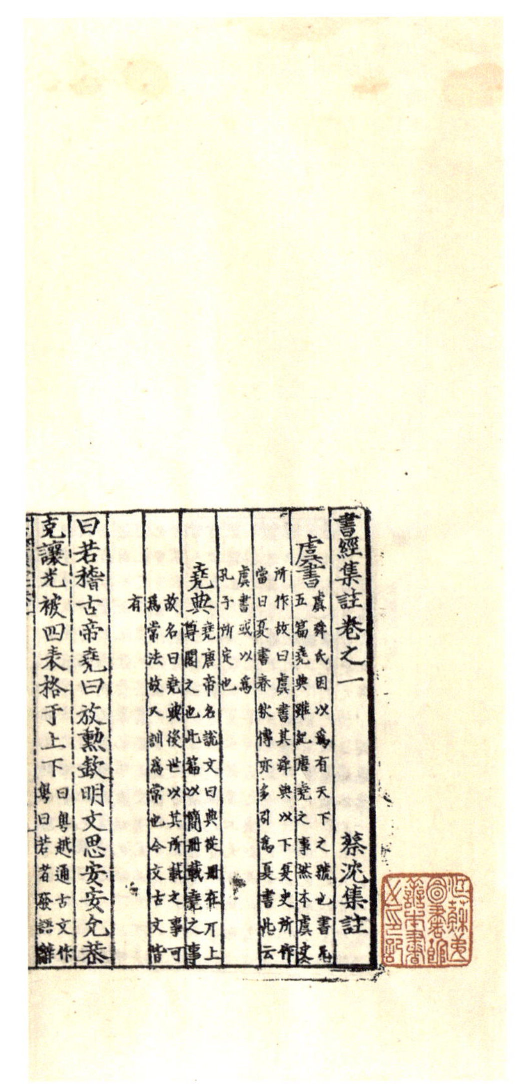

書經集註卷之一　蔡沈集註

虞書　虞舜氏因以為有天下之號也書凡五篇堯典雖紀唐堯之事然本虞史所作故曰虞書其舜典以下夏史所作當曰夏書春秋傳亦多引為夏書此云虞書或以為孔子所定也

堯典　堯唐帝名說文曰典從冊在丌上尊閣之也此篇以簡冊載堯之事故名曰堯典後世以其所載之事可為常法故又訓為常也今文古文皆有

曰若稽古帝堯曰放勳欽明文思安安允恭克讓光被四表格于上下　曰粵越通古文作粵曰若者發語辭

书经集注十卷

（宋）蔡沈撰　明嘉靖二年（1523）赣州府刻本　（清）罗檠　丁丙跋　四册　名录号及索书号 07282—110029

蔡沈（1167—1230），又作蔡沉，字仲默，建阳（今福建南平）人。父元定，师朱熹。屡荐不就，遂隐居九峰山下，世称九峰先生。谨遵父训，数年研习《洪范》之数。后承师之托为《尚书》作注，著成《书集传》，为宋代《尚书》学之代表作，自元代立于学官后，成为科举试士的标准经注之一。

《书集传》传之后世，屡易其名，又称《书经集传》《书经集注》《书蔡传》等。据书前蔡沈《序》云，《集传》将虞、夏、商、周四代之书，分为六卷。然此书改“集传”为“集注”，分六卷为十卷。《后序》末有牌记曰“嘉靖癸未季春月刊行于赣州府清献堂”。此本板框较小，天头空阔，故丁丙谓之“巾箱本”。

钤有“丁氏八千卷楼藏书记”“四库著录”“光绪庚辰泉唐嘉惠堂丁氏所得”“八千卷楼珍藏善本”等印。

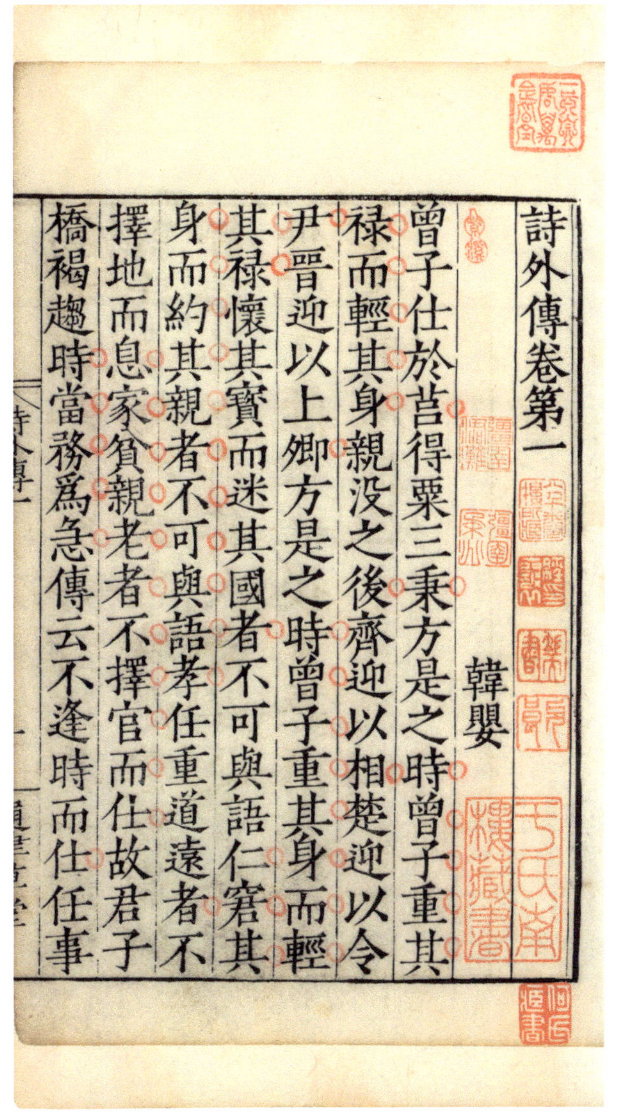

诗外传十卷

（汉）韩婴撰　明嘉靖十四年（1535）苏献可通津草堂刻本　（清）丁丙跋　四册　名录号及索书号 07303—110047

韩婴，燕（今属河北）人。文帝时为博士，景帝时任常山王刘舜太傅。治《诗》，为西汉今文诗学“韩诗学”创始者。其著作，据《汉书艺文志》载，易类有《韩氏》二篇，诗类有《韩故》三十六卷、《韩内传》四卷、《韩外传》六卷、《韩说》四十一卷。见《史记·儒林传》。

《韩诗外传》未有宋本流传，传世最早者为中国国家图书馆藏元刻本。此本亦从元本出，前有至正十五年（1355）钱惟善序，云刘侯贞以家藏抄本刻于嘉兴郡学。傅增湘《藏园群书经眼录》曰此本文字不若薛来芙蓉泉书屋刻本为善，然其本渊源有自，对于研究《韩诗外传》的流传仍有重要价值。此本纸墨精善，《善本书室藏书志》定为原刊初印本，为嘉靖间吴门刊书精品。

志韓詩外傳後

漢以來言詩者有齊魯毛韓諸家今惟毛公傳行而三詩亡矣獨韓氏有外傳在余間讀而愛之惜其未有善本也嘉靖乙未之夏游雲間得之蓋勝國時刻於嘉禾者歸而與二三同志校焉因重刻諸家塾期年告成據錢曲江序稱嘉禾本成於至正乙未而甲子三周余復有事於此似非偶然者然則右文奇籍在宇宙間其顯晦信

韓詩外傳後文　一　通津草堂

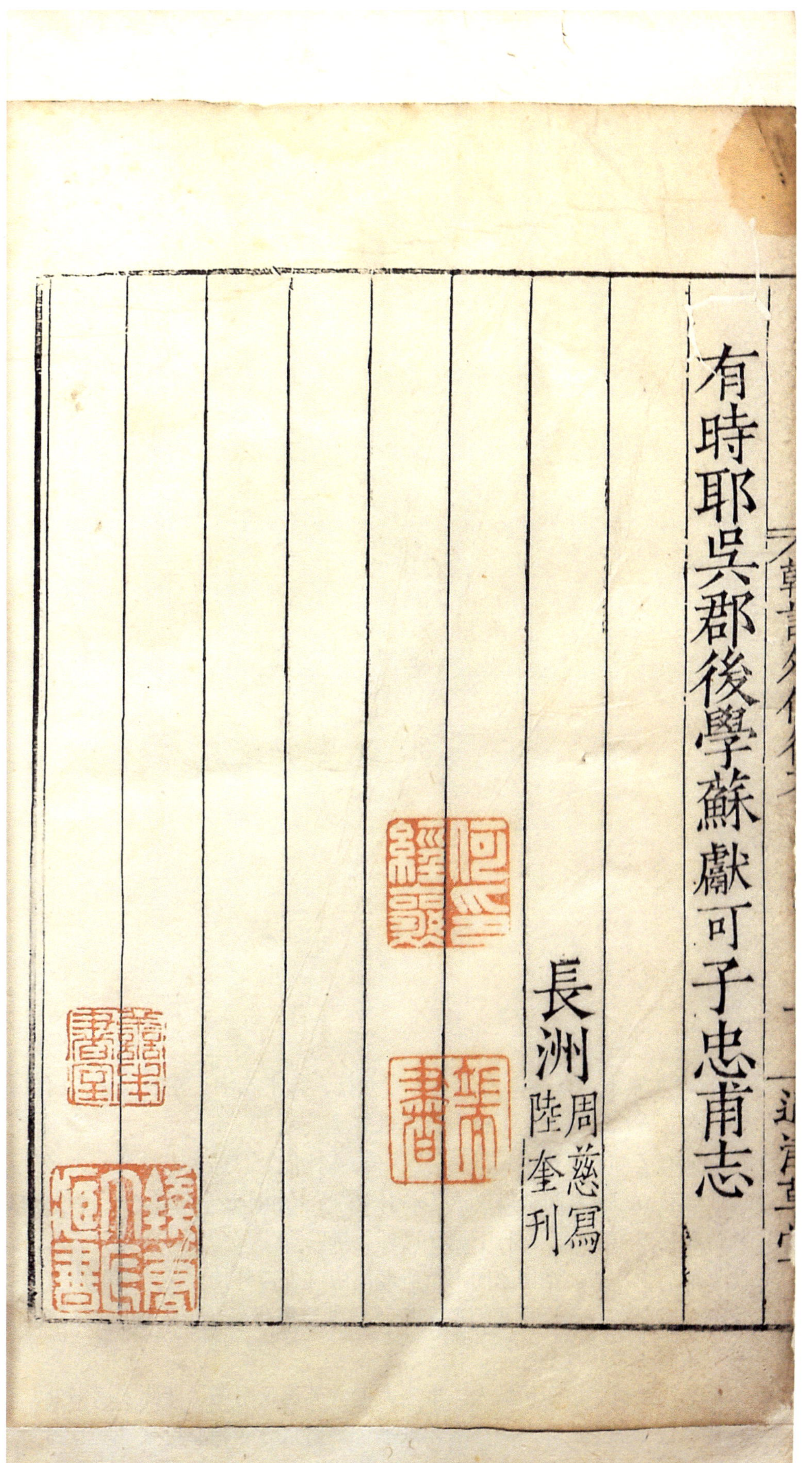
有時耶吳郡後學蘇獻可子忠甫志

長洲周慈寫

陸奎刊

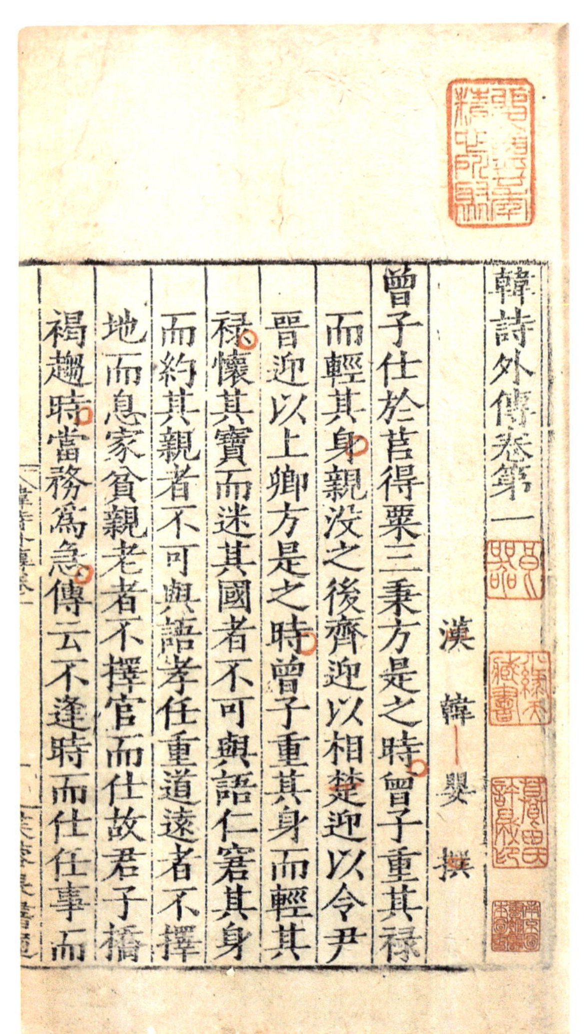
韓詩外傳卷第一
漢　韓嬰　撰
曾子仕於莒得粟三秉方是之時曾子重其祿
而輕其身親沒之後齊迎以相楚迎以令尹
晉迎以上卿方是之時曾子重其身而輕其
祿懷其寶而迷其國者不可與語仁窘其身
而約其親者不可與語孝任重道遠者不擇
地而息家貧親老者不擇官而仕故君子橋
褐趨時當務爲急傳云不逢時而仕任事而

韩诗外传十卷

（汉）韩婴撰　明嘉靖十八年（1539）薛来芙蓉泉书屋刻本　四册　名录号及索书号 07308—117532

框高 18.4 厘米，宽 14.3 厘米。半叶九行，行十八字。左右双边，白口，单白鱼尾。版心中镘书名、卷次、页次，下镌“芙蓉泉书屋”。

正文前有《韩婴小传》，出自《汉书·儒林传》。正文十卷全，大多先述孔子逸闻、诸子杂说或春秋故事，其间杂以议论，末引《诗》互相印证。每卷卷端首行顶格题书名、卷次，如“韩诗外传卷第一”，次行下题“汉韩婴撰”。

此书前后无序跋。据国家图书馆所藏同版《韩诗外传》，此书前应有钱塘杨祜嘉靖十八年撰《刻韩诗外传序》。书末有薛来撰《跋韩诗外传后》，末署：“嘉靖己亥秋八月望月泉薛来书于芙蓉泉之秋月亭。”

薛来，字汝修，山东历城人。事迹无考。芙蓉泉书屋，即薛来读书处。

钤有“馂田氏许晟印”“小绿天藏书”“留盦廿年精心所聚”“良器”等印。“小绿天藏书”“留盦廿年精心所聚”二印为孙毓修藏印。

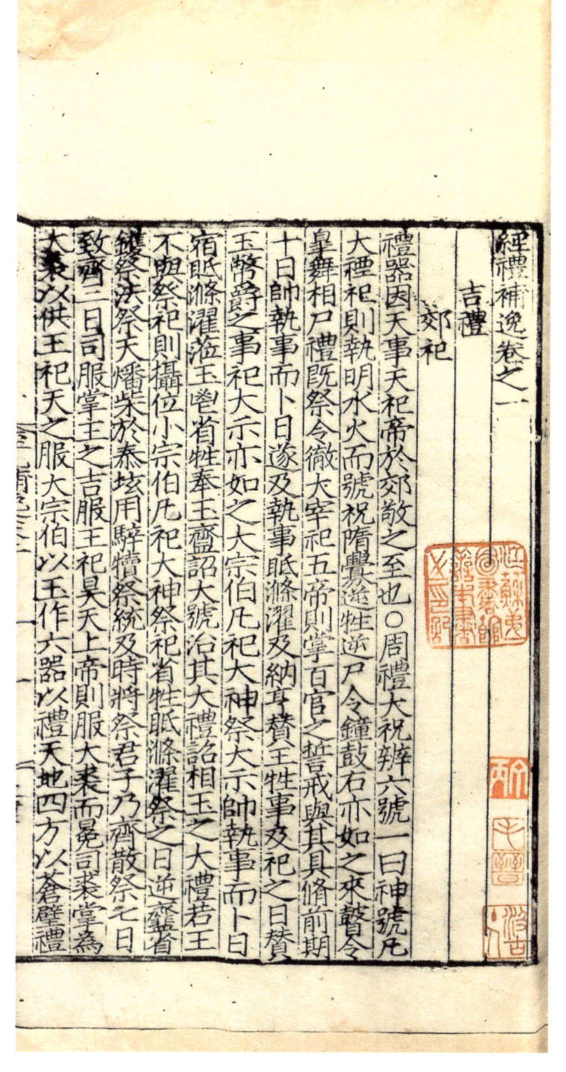

经礼补逸九卷

（元）汪克宽撰　**附录一卷**　明弘治十年（1497）汪璋、汪珙等刻本（卷五至九配清抄本）（清）丁丙跋　二册　名录号及索书号 07322—110063

汪克宽（1304—1372），字德辅，又字德一、仲裕，号环谷先生，安徽祁门人。泰定三年（1326）举于乡。元亡不仕，明初聘至京师修《元史》，后以老辞归。其出身理学世家，以朱子学为宗，著书立说，教授乡里，为元末明初新安理学之代表人物。

是书取《仪礼》《周官》《大戴礼》《小戴礼》《春秋传》《孝经》《家语》及诸经之文，凡有涉于《礼》者，各著其目，以吉、凶、军、宾、嘉五礼统之。卷一至四吉礼，有目 68 条；卷五至六凶礼，有目 57 条；卷七军礼，有目 25 条；卷八宾礼，有目 13 条；卷九嘉礼，有目 21 条。每条必标出典，又间附按语以解说此礼。正文前有《环谷汪先生真像》一幅及序文诸篇，又附录一卷，包括关文、行状等。

此书迭经名家收藏，书中钤有毛晋“毛氏子晋”“汲古阁”印、汪宪“汪鱼亭藏阅书”印，丁丙“八千卷楼”印等。书前护叶有丁丙跋。

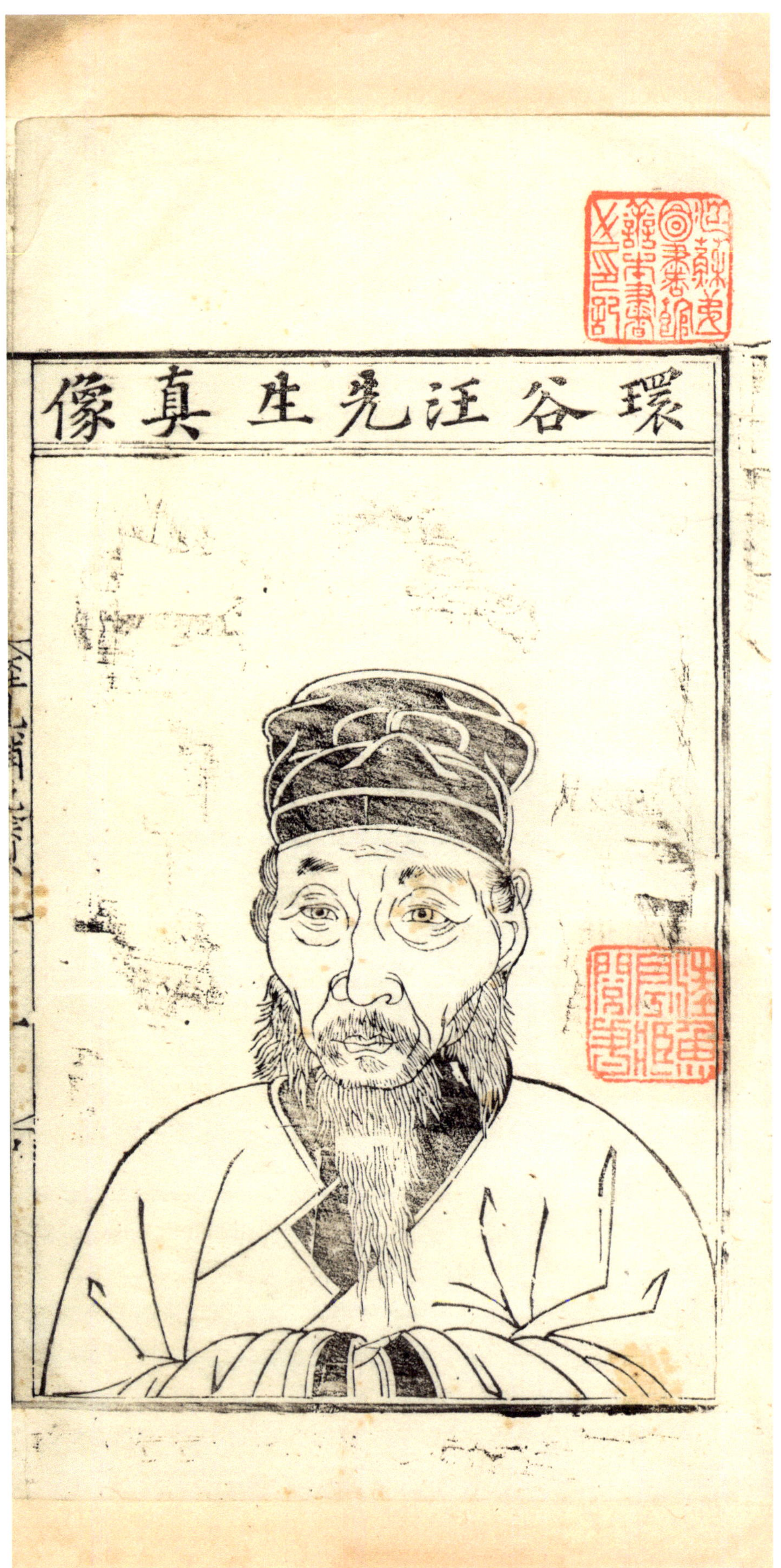
環谷汪先生真像

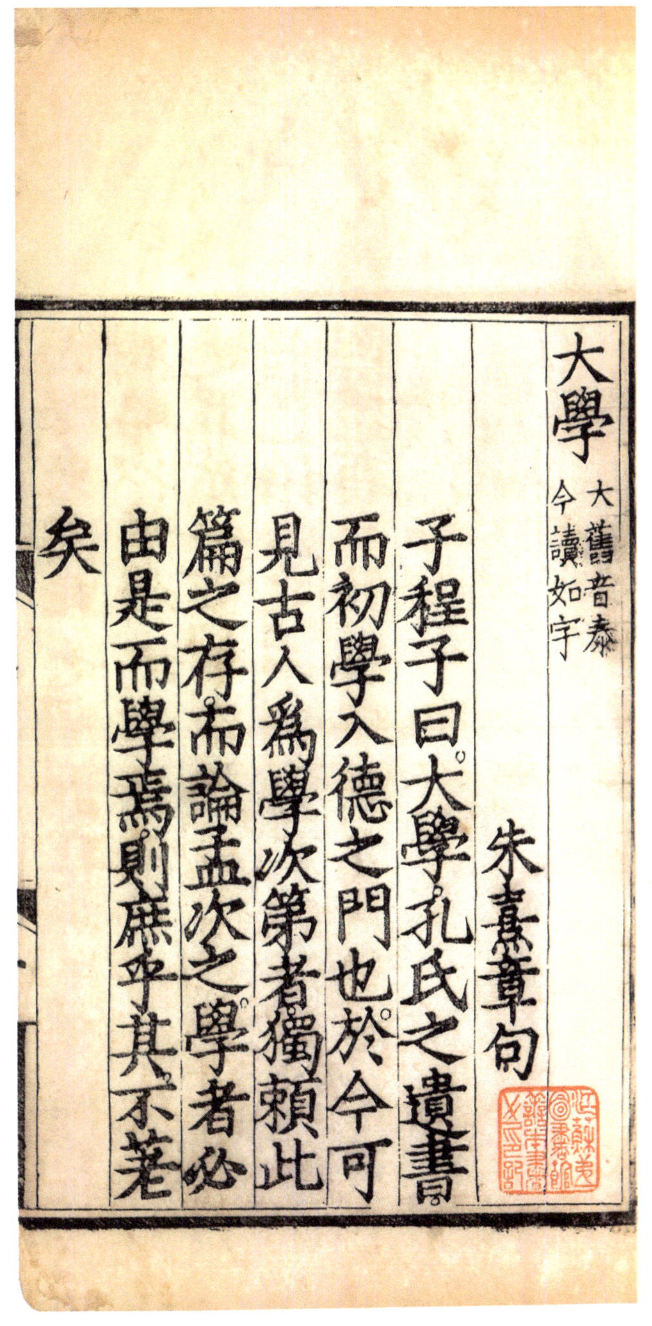

大學 大舊音泰今讀如字 朱熹章句

子程子曰大學孔氏之遺書而初學入德之門也於今可見古人爲學次第者獨賴此篇之存而論孟次之學者必由是而學焉則庶乎其不差矣

四书集注二十八卷

（宋）朱熹撰　明嘉靖二十七年（1548）伊藩刻本　（清）丁丙跋　十册　名录号及索书号 07399—110107

朱熹（1130—1200），字元晦，一字仲晦，号晦庵、晦翁、云谷老人、遁翁。徽州婺源（今江西婺源）人。绍兴十八年（1148）进士。《宋史》卷四二九有传。

此本翻刻自“官本”，序云：“乃命工正官率诸工作，将原颁官本《四书》誊录翻刻。”据丁丙考证，所谓“官本”就是正统间司礼监刻本。此本在翻刻时行款、字体、版式完全按照司礼监本。

大學章句一卷中庸章句一卷論語集註十卷孟子集註十四卷照[illegible]

各省書坊有朱子序五經大全論語孟子俱並有嘉靖戊申十月[illegible]國子監祭酒[illegible]元子
承其事撰序於欽賜正誼樓[illegible]嘉靖乙巳奏請頒降五經四書等書以備觀覽既而小兒輩
少知向學紀善伴讀等官持南板四書以進然粗字訛有誤後學[illegible]原頒官本四書
勅刻傳之子孫貽于後世五經照原頒官本四書照國子監所刊之五經四書也行寬字大
梓印頒[illegible]勅刻[illegible]觀[illegible]大學或問耳

伊國重刻四書集註序

予自幼冲之年承教育于
先考敬王膝下使之習讀經書書
皆
聖朝御製頒降初不知外有南板梓
行于世後因年久書殘予于嘉
靖乙巳奏請
頒降五經四書等書以便觀覽旣而

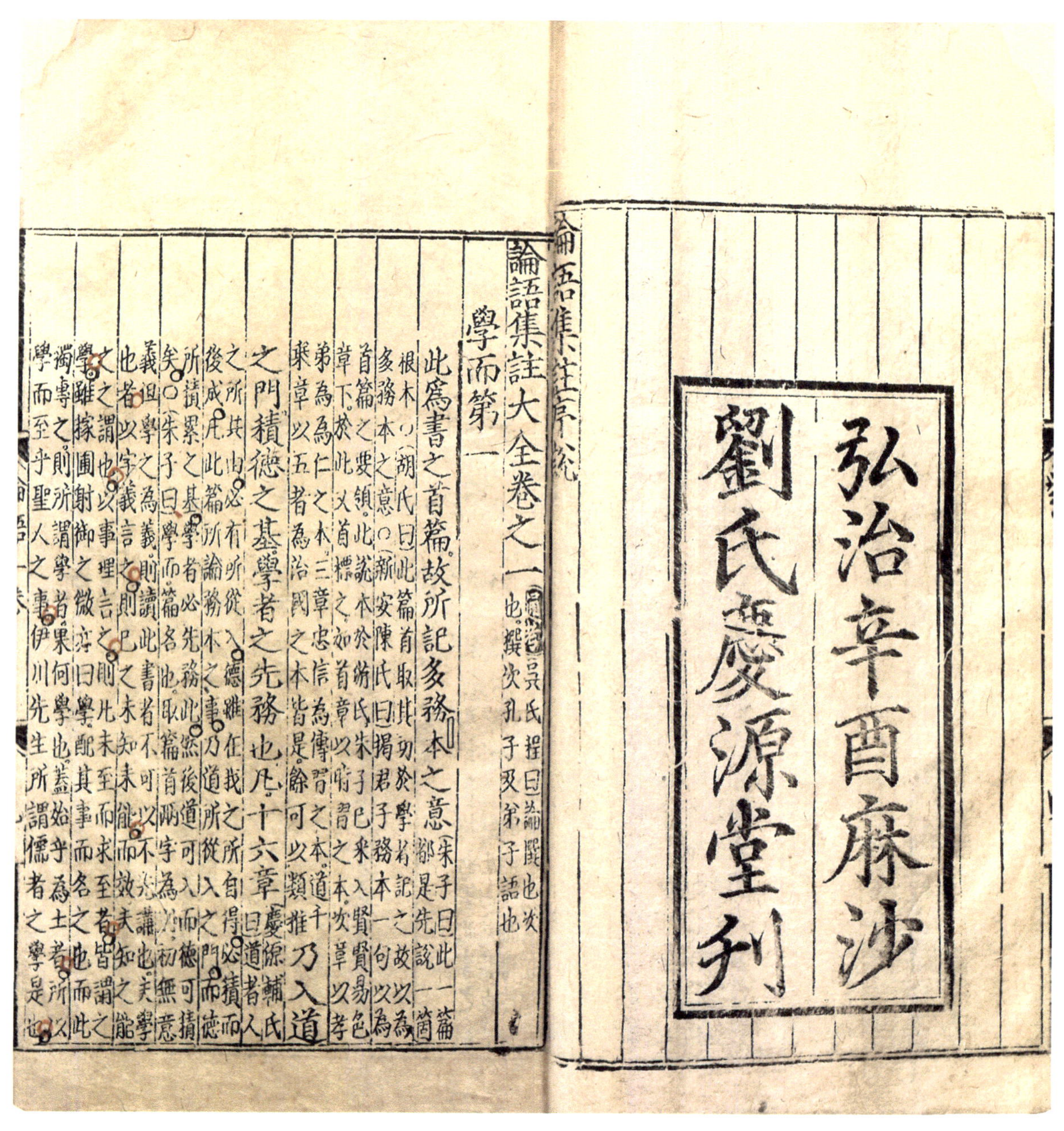
弘治辛酉麻沙
劉氏慶源堂刊

論語集註大全卷之一
學而第一
此爲書之首篇故所記多務本之意乃入道之門積德之基學者之先務也凡十六章

四书集注大全四十三卷

（明）胡广等辑　明弘治十四年（1501）刘氏庆源书堂刻本　十册　名录号及索书号 07408—115378

胡广（1370—1418），字光大，江西吉水人。建文二年（1400）举进士第一，授翰林院修撰。靖难后迎附朱棣，迁右春坊右庶子。历官翰林学士、左春坊大学士、文渊阁大学士等。卒谥文穆。著有《胡文穆公杂著》一卷。传见《明史》卷一四七。

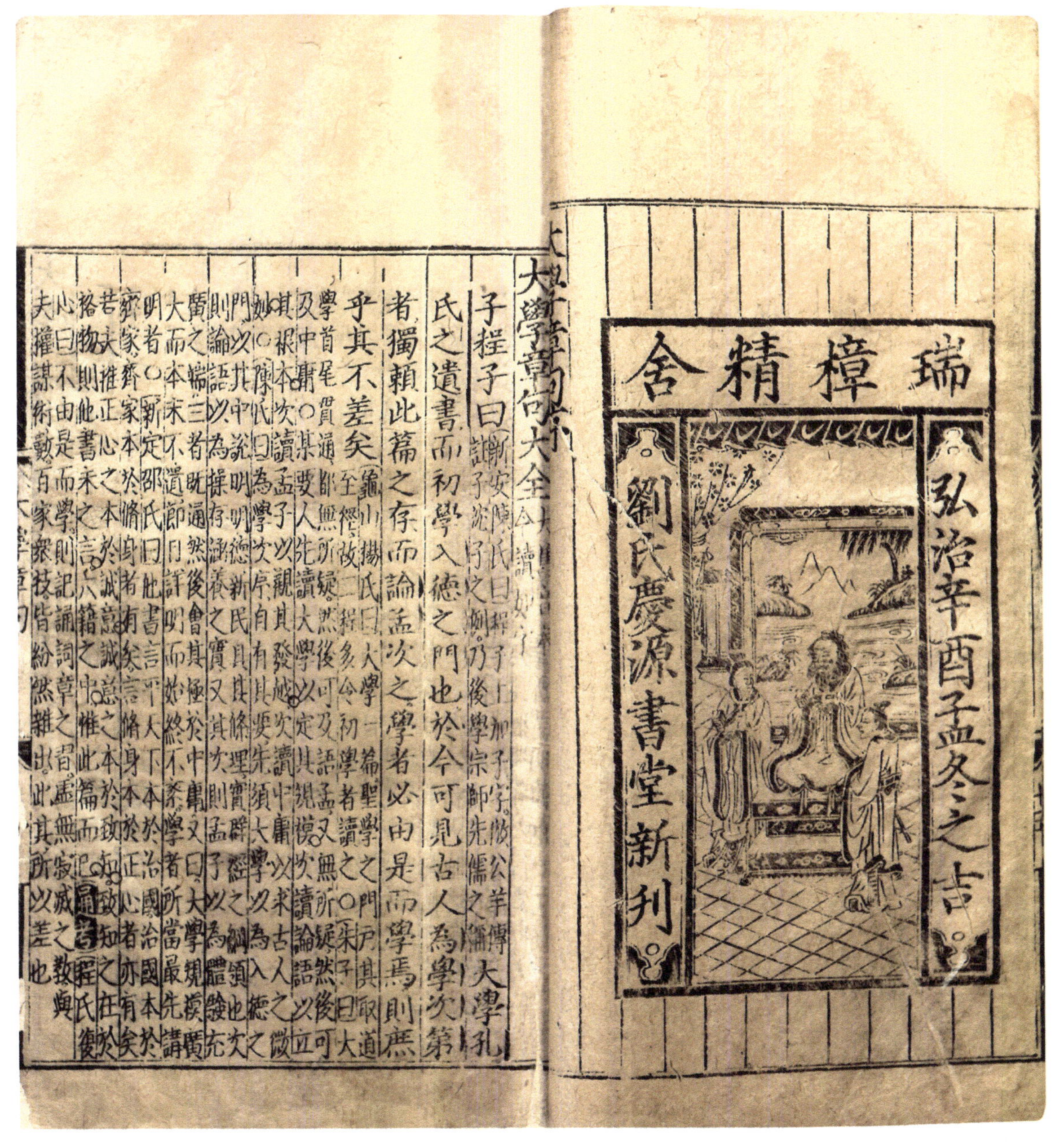
瑞樟精舍

弘治辛酉孟冬之吉

劉氏慶源書堂新刊

大學章句大全

子程子曰大學孔氏之遺書而初學入德之門也於今可見古人為學次第者獨賴此篇之存而論孟次之學者必由是而學焉則庶乎其不差矣

此书为胡广奉敕编撰，据元代倪士毅《四书辑释》稍加点窜而成。此书是明代科举考试的标准用书，对明清两代四书研究与士大夫思想有重要影响。《四库全书总目》云：“后来四书讲章，浩如烟海，皆是编为之滥觞。盖由汉至宋之经术，于是始尽变矣。特录存之，以著有明一代士大夫学问根柢具在于斯，亦足以资考镜焉。”

此本为书坊翻刻本，有“四书大全旧板漫灭翻刻讹谬本堂敬求颁降原本命善书者抄誊绣梓印行天下视他本大不侔矣幸相与宝之　弘治十四年辛酉秋菊月庆源堂谨识”长方形牌记。此本目前仅见南京图书馆藏。

上天之載無声無臭然後為至侯氏説多疏闊惟以此章為再叙入德成德之序者獨為得之也河東侯氏曰自衣錦尚絅至無聲無臭至矣子思再叙入德成德之序也

四書大全舊板漫滅翻刻訛謬本堂
敬求
頒降原本命善書者抄謄綉梓印行天
下視他本大不侔矣幸相與寶之
弘治十四年辛酉秋菊月慶源堂謹識

中庸或問終

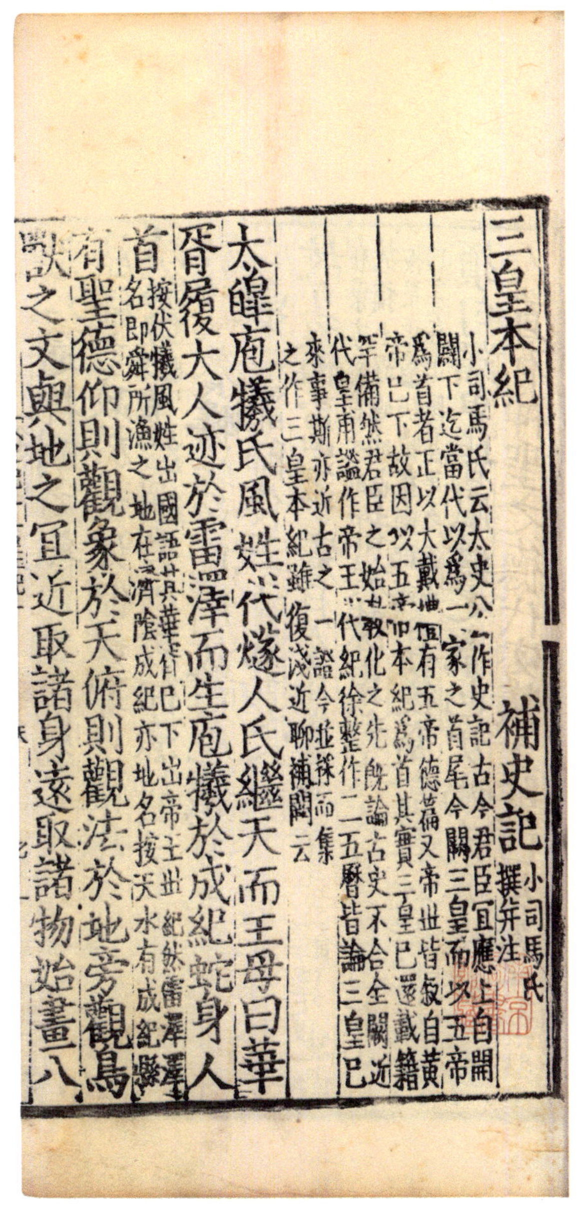

三皇本紀　補史記　小司馬氏撰并注

小司馬氏云太史公作史記古今君臣宜應上自開闢下迄當代以為一家之首尾今闕三皇而以五帝為首者正以大戴禮有五帝德篇又帝世皆叙自黃帝已下故因以五帝本紀為首其實三皇已還載籍罕備然君臣之始教化之先既論古史不合全闕近代皇甫謐作帝王代紀徐整作三五曆皆論三皇已來事斯亦近古之一證今並採而集之作三皇本紀雖復淺近聊補闕云

太皞庖犧氏風姓代燧人氏繼天而王母曰華胥履大人迹於雷澤而生庖犧於成紀蛇身人首按伏犧風姓出國語其華胥已下出帝王世紀然雷澤澤名即舜所漁之地在濟陰成紀亦地名按天水有成紀縣有聖德仰則觀象於天俯則觀法於地旁觀鳥獸之文與地之宜近取諸身遠取諸物始畫八

史记一百三十卷

（汉）司马迁撰　（南朝宋）裴骃集解　（唐）司马贞索隐　（唐）张守节正义　明嘉靖十三年（1534）秦藩朱惟焯刻二十九年（1550）重修本　二十册　名录号及索书号 07489—118574

《史记》为中国首部纪传体史书，是史书中的典范之作。南朝宋裴骃《集解》、唐司马贞《索隐》、张守节《正义》合称“三家注”，是《史记》最经典注本，自宋将其散列于《史记》正文之下，合为一编，延续至今。

正文前有嘉靖十三年（1534）秦藩鉴抑道人（朱惟焯）《重刻史记序》。嘉靖二十九年（1550）秦藩允中道人（朱怀埢）《史记序刻》。书尾有嘉靖十三年（1534）黄臣《书重刻史记后》。

蒙恬列傳第二十八　　史記八十八

蒙恬者其先齊人也恬大父蒙驁（索隱曰驁音遨又鄒氏音五到反）自齊事秦昭王官至上卿秦莊襄王元年蒙驁爲秦將伐韓取城皋滎陽作置三川郡二年蒙驁攻趙取三十七城始皇三年蒙驁攻韓取十三城五年蒙驁攻魏取二十城作置東郡始皇七年蒙驁卒驁子曰武武子曰恬恬嘗書獄典文學（索隱曰謂恬嘗學獄法遂作獄官文學）始皇二十三年蒙武爲秦裨將軍與王翦攻楚大破之殺項燕二十四年蒙武攻楚虜楚王蒙恬弟毅始皇二十六

明朝历代藩王刻书，大都校勘精审、纸墨精良、版印精湛，一直为学者和藏书家所珍视，后世称为“明藩府刻本”或“藩府本”。藩王著书，有一定历史原因。明朝实行藩封制度，皇子被分封到全国各地，赴封国时，会得到朝廷丰厚的赏赐，其中就包括经史等各方面的书籍，这不仅让藩王体会到皇家无上恩赐，更重要的是希望他们借以陶冶情操，避免图谋不轨。一些藩王为避嫌疑，保全自己，往往投身绘画、吟诗或著书的活动中，于是，就出现了很多潜心学术、热爱文学和文化事业的藩王。明代有名的藩王府刻本有周藩刻本、晋府刻本、蜀藩刻本等。

朱惟焯（约1500—1544），明太祖七世孙，秦昭王朱秉欓之子，正德四年（1509）嗣封秦王。平生刻书甚多。

包背装，二十册。封面贴书签，刻印书名，下方刻印《增广贤文》标记册次。钤“郦亭”白文方印、“赵子元所藏旧椠本”“守远主人曾阅”朱文长印。

南唐書卷之一

先主

土運中圮諸侯跋扈基搆自吳紹于唐祚作先主書

先主姓李唐宗室裔也小字彭奴其父榮榮之父志志之父超超蚤卒志爲徐州判司因家焉榮性謹厚適丁世亂晦迹民間號李道者彭奴以光啓四年生於彭城未名故書小字流寓濠泗吳武王楊行密克濠州得之奇其狀貌養以爲子而楊氏諸子不能容行密以乞徐温乃姓徐名知誥温嘗夢水中黄龍十數温獲一龍而寤翌日得知誥知誥奉温以孝聞從温出不

南唐书三十卷

（宋）马令撰　明嘉靖二十九年（1550）顾汝达刻本　二册　名录号及索书号 07552—118107

马令，江苏常州宜兴人。祖马元康，世居金陵，多知南唐旧事，旁搜旧史遗文，并集朝野之能道其事者，未及撰次而逝。令承祖志，于崇宁四年（1105）撰成《南唐书》（上海图书馆藏《江苏宜兴马氏宗谱》）。

框高 19 厘米，宽 12.7 厘米。半叶十行，行二十字，小字双行，行二十字，左右双边，白口，双顺黑鱼尾。版心中间上方镌“南唐书”、卷次，版心下方记叶次。

正文前有崇宁乙酉（四年）马令《南唐书叙》。次接马令《南唐书序》，不署撰序时间。正文分三十卷，卷一先主书，卷二至四嗣主书，卷五后主书，卷六女宪传，卷七宗室传，卷八义养传，卷九至十二列传，卷十三至十四儒者传，卷十五隐者传，卷十六至十七义死传，卷十八廉隅传、苛政传，卷十九诛死传，卷二十至二十一党与传，卷二十二至二十三归明传，卷二十四方术传，卷二十五谈谐传，卷二十六浮屠传、妖贼传，卷二十七叛臣传，卷二十八至二十九灭国传，卷三十建国谱、世系谱。正文后有嘉靖二十九年（1550）姚昭跋。

顾汝达，即顾从孝，顾定芳子，上海人。邑庠生，万玉楼为其室名。

封面墨笔书“嵩霞氏藏马令南唐书”。钤有“嵩霞”“皆大欢喜”“甫里湘管斋赵氏藏书”“万玉楼”“鬻及借人为不孝”“吴淞王氏连石珍藏”“甫里赵卓宝藏”“赵氏缃芸”“季蕃”“赵晋之印”“赵嵩霞藏”“缃芸”“缃管斋赵”“香叟遁人”“赵卓”“话雨斋”“发潜德之幽光”等印。赵卓，字嵩霞，晚清苏州角直人，家有湘管斋，藏古籍字画甚富。其子缃芸，能承其家学。

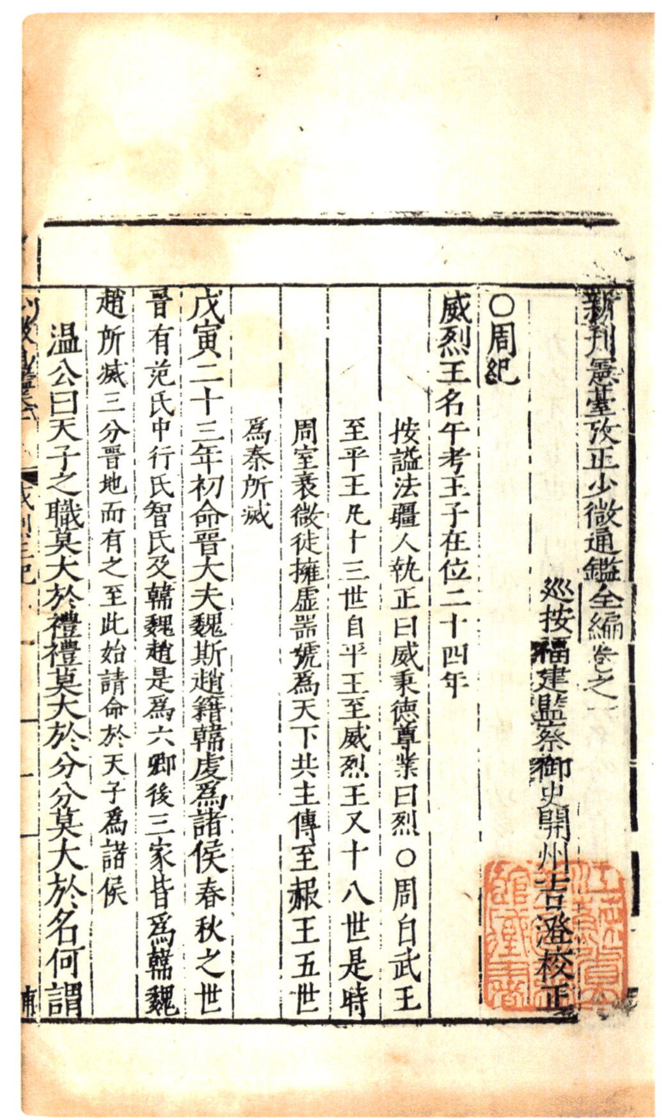

新刊宪台考正少微通鉴全编二十卷外纪二卷

（宋）江贽撰　新刊宪台考正宋元通鉴全编二十一卷　明嘉靖三十五年（1556）吉澄刻三十八年（1559）樊献科重修本　二十四册　名录号及索书号 07613—112548

江贽，字叔圭，崇安（今福建武夷山）人。数征不起，赐号少微先生。著有《通鉴节要》。

此本正文《外纪》二卷在前，卷一三皇纪、五帝纪，卷二夏纪、商纪、周纪。《少微通鉴全编》凡二十卷，卷一周纪、卷二列国纪、后秦纪，卷三至七汉纪、东汉纪，卷八至九东汉纪，卷十后汉纪，卷十一晋纪，卷十二南北朝纪、隋纪，卷十三唐纪，卷十四至十九唐纪，卷二十五代纪。《宋元通鉴全编》凡二十一卷，卷一至八宋纪，卷九至十七南宋纪，卷十八至二十一元纪。

此本各卷卷端次行下题“巡按福建监察御史开州吉澄校正”。《通鉴全编》卷二十末镌牌记：“巡按福建监察御史樊献科重订”。刻工有张旺、余友、王荣、李清、蒋仲深、吴茂森、叶文胜、叶胜、叶伯仕、张文力、张福兴、张文恩、吴长明、吴茂森、蔡长成等。

新刊憲臺攷正宋元通鑑全編卷之一

巡按福建監察御史開州吉澄校正

宋太祖皇帝紀 附遼紀

帝初仕周爲歸德節度使掌軍政及陳橋兵變代周而有天下在位十七年壽五十崩謚曰英武聖文神德皇帝廟號太祖葬永昌陵

帝聰明仁孝豁達大度陳橋之變迫於衆心時僭國十餘盡削平之信任儒臣分理郡國抑奪權豪愛養民力號稱英仁之主也

帝諱匡胤姓趙氏涿郡人四世祖朓唐幽都令生珽唐御史中丞珽生敬涿州刺史敬生弘殷周檢校司徒岳州防禦使弘殷娶杜氏生匡胤於洛陽夾馬營赤光滿室

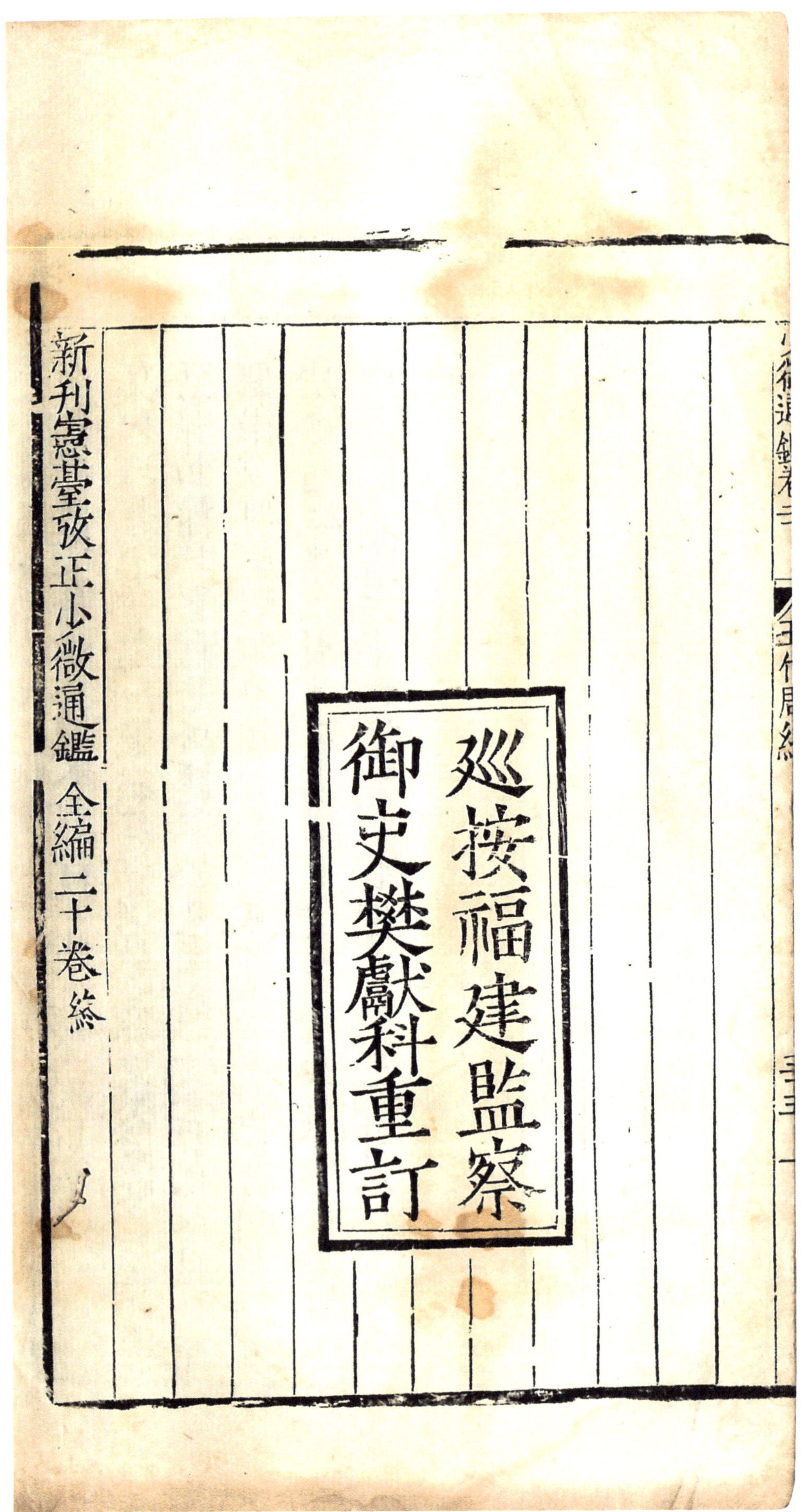
新刊憲臺攷正少微通鑑全編二十卷総
巡按福建監察
御史樊獻科重訂

資治通鑑綱目卷之一

起戊寅周威烈王二十三年盡乙巳周赧王五十九年凡一百四十八年

戊寅周威烈王二十三年秦簡公十二年晉烈公十七年齊康公貸二年楚穀王當五年燕閔公二十一年魏文侯斯二十二年趙烈侯籍六年韓景侯虔六年皆始爲侯　統舊國五新國三凡八大國【考異】按歲年例曰橫行之上甲字子字別之以朱橫行之下正統朱書國號謚號君名列國朱注國名圈下朱注總結凡若干國今考朱書朱注刊本當用白字然坊本行上甲子仍用白字則行下朱注皆當易以白字後僉倣此又威烈王名細注據凡例於正統君名下注曰如云午則此午字亦當比晉帝奕例大書【考證】謹按春秋左傳終於魯悼公四年是爲周貞定王五年也自是曠六十一年始爲通鑑何耶春秋以降諸侯相吞滅者有之而大夫滅其君自三晉始天子不恤同姓而爵其賊臣此通鑑所以託始也左傳終智伯通鑑始智伯通鑑不敢續春秋所以接左傳也綱目分

资治通鉴纲目五十九卷首一卷

（宋）朱熹撰　明嘉靖十三年（1534）江西按察司刻十四年（1544）张鲲重修本（卷一至二配明刻本）　六十册　名录号及索书号 07627—116598

朱熹（1130—1200），字元晦，一字仲晦，号晦庵、晦翁、云谷老人、遁翁，徽州婺源（今江西婺源）人。绍兴十八年（1148）进士。《宋史》卷四二九有传。

朱熹《纲目》出后，围绕《纲目》产生了一批著作，如汪克宽《考异》、徐昭文《考证》、王幼学《集览》、陈济之《正误》、刘友益《书法》、尹起莘《发明》等。建阳书坊旧刻《纲目》，多将上述著作缀于各卷之末。明弘治九年（1496），江西提学黄仲昭因其不便批阅，

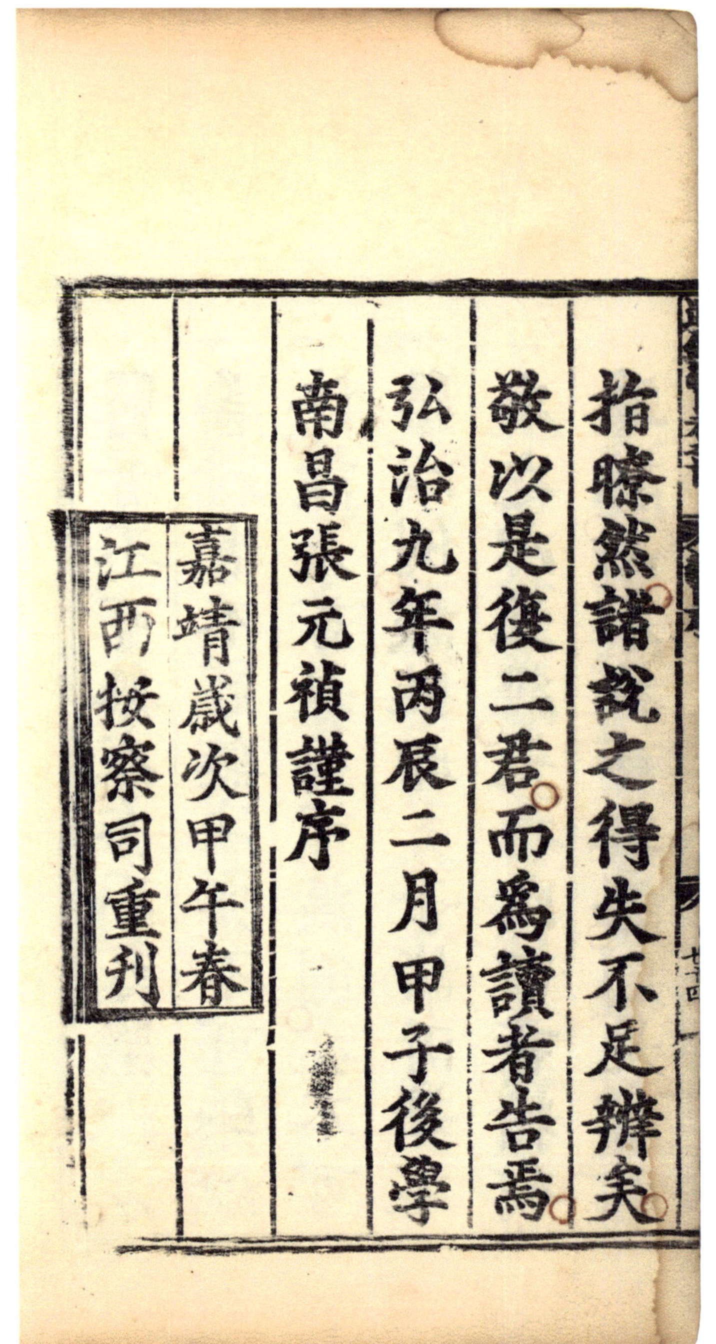

指瞭然諸説之得失不足辨矣
敬以是復二君而爲讀者告焉
弘治九年丙辰二月甲子後學
南昌張元禎謹序

嘉靖歲次甲午春
江西按察司重刊

故汇而分系于各条之下。弘治十一年（1498），刘洪慎独斋刻本又益之以冯智舒《质实》。嘉靖十三年，江西按察司重刻《纲目》，亦有冯舒《质实》。十四年，书版不幸遭遇火灾，损毁良多，故按察使张鲲为之补刊。今存张鲲重修本，卷端题名下署“颖川张鲲补校”，上海图书馆、北京大学图书馆、吉林大学图书馆、中山大学图书馆、苏州大学图书馆、美国柏克莱加州大学东亚图书馆等皆有藏。

此本卷首张元祯序后有“嘉靖岁次甲午春江西按察司重刊”牌记，然与张鲲重修本比勘，可知此本刷印当更在其后，且有新的修补。如此本卷三第 5、6、87、88 叶，字体与其前后不一致，版心有刻工严春、张时晓、熊清，并镌字数。同叶之柏克莱刻本与此本不同。

資治通鑑綱目卷第三

起己亥漢高帝五年盡甲申漢文帝後七年凡四十六年

己亥

漢太祖高皇帝五年冬十月王追項籍至固陵齊王信魏相國越及劉賈誘楚周殷迎黥布皆會【考異】黥亦當作英十二月圍籍垓下籍走自殺楚地悉定

十月漢王追項羽至固陵齊王信魏相國越期會不至楚擊漢軍大破之漢王復堅壁自守謂張良曰諸侯不從柰何對曰楚兵且破二人未有分地其不至固宜君王能與共天下可立致也信之立非君王意不自堅且其家在楚欲得故邑越本定梁地亦望王而君王不早定今能出捐此地以許兩人使各自為戰則楚易破也王從之於是信越皆引兵來十一月劉賈圍壽春誘楚大司馬周殷

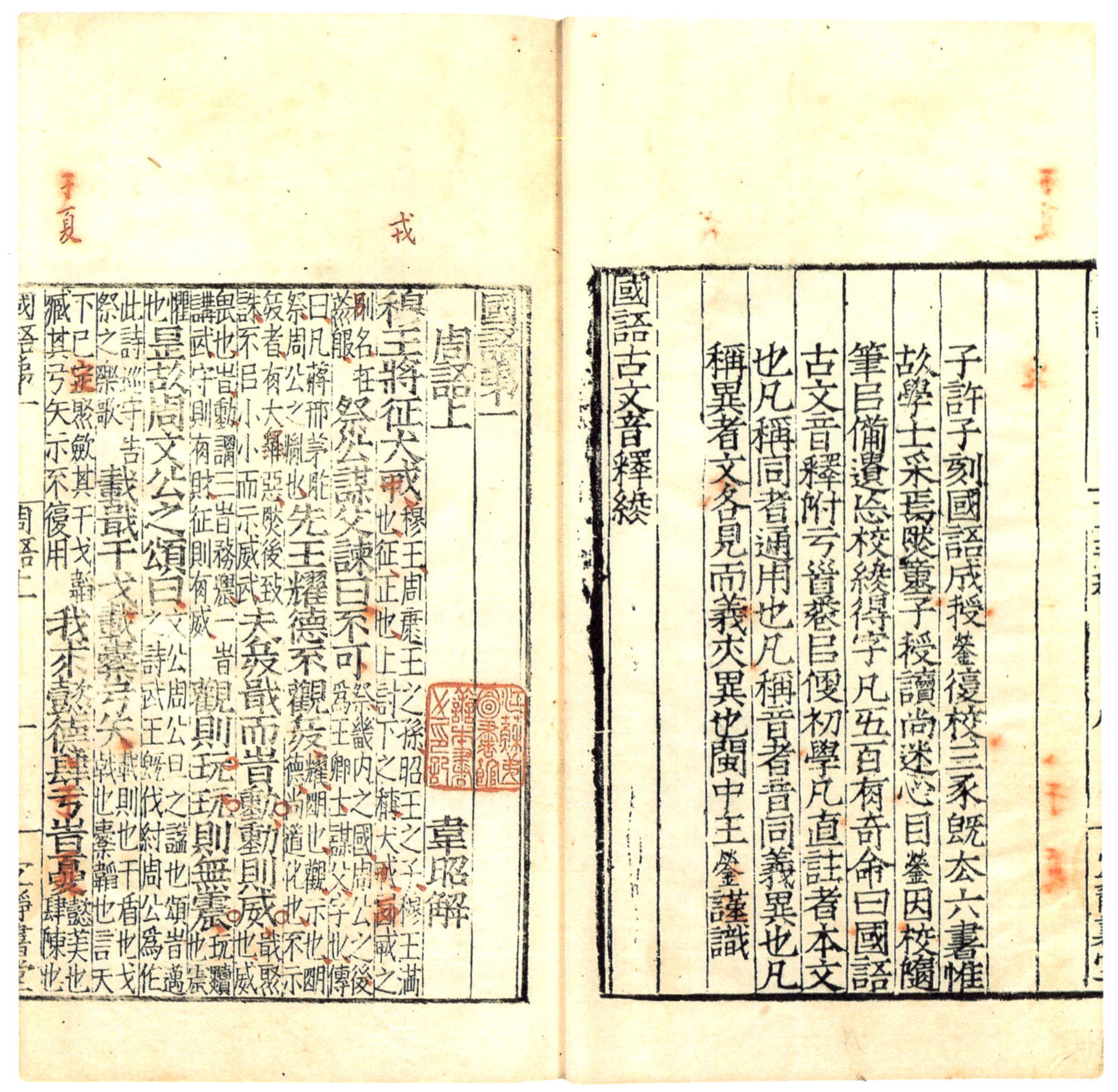
國語卷第一
周語上 韋昭解
穆王將征犬戎 祭公謀父諫曰不可 先王耀德不觀兵 夫兵戢而時動 動則威 觀則玩 玩則無震 是故周文公之頌曰 載戢干戈 載櫜弓矢 我求懿德 肆于時夏

子許子刻國語成授鎣復校三家既於六書惟
故學士采焉然童子授讀尚迷心目鎣因校讎
筆以備遺忘校讎得字凡五百有奇命曰國語
古文音釋附于首卷以便初學凡直註者本文
也凡稱同者通用也凡稱音者音同義異也凡
稱異者文各見而義亦異也閩中王鎣謹識
國語古文音釋終

国语二十一卷

（三国吴）韦昭注 **古文音释一卷** （明）王鎣撰 明嘉靖四年（1525）许宗鲁宜静书堂刻本 （清）丁丙跋 十册 名录号及索书号 07738—110216

韦昭（204—273），字弘嗣，吴郡云阳（今江苏丹阳）人。官至侍中，封高陵亭侯。著有《吴书》。传见《三国志》卷六五。王鎣，字鼎文，闽县（今福建福州）人。

《国语》有两大系统，一出天圣明道本，一出宋庠校本。此本出自宋庠校本，但未刻其《补音》，仅存其序而已。此本多用古体，盖亦一时风气。

擬知縣胡美罪疏
參提知縣周孔徒等疏
會題處置南京叛軍疏
申明律例疏
辯御史鄭存仁欺罔疏
認罪回話疏

嘉惠堂藏閱

鄭端簡公奏議目錄終

鄭端簡公奏議卷之一

門人項篤壽校梓

淮陽類

謝恩疏

奏爲謝恩事臣於嘉靖三十三年正月二十四日
接到吏部咨爲缺官事該本部會題奉 聖旨鄭曉
改兵部右侍郎兼都察院右僉都御史總督漕運兼
巡撫鳳陽等處地方寫勑與他欽此欽遵備咨到臣
本年二月十一日臣至揚州府准前任總督漕運兼
巡撫鳳陽等處地方兵部左侍郎兼都察院右副都

郑端简公奏议十四卷

（明）郑晓撰　明隆庆四年（1570）项氏万卷堂刻本　十四册　名录号及索书号 07816—110420

郑晓（1499—1566），字窒甫，号淡泉，浙江海盐人。明嘉靖二年（1523）进士。官至刑部、兵部尚书。后为权臣严嵩所忌，落职。卒赠太子少保，谥端简。

郑晓为嘉靖间名臣，《明史·列传》谓其“谙悉掌故，博洽多闻，兼资文武”。先后任职吏部、刑部、兵部，亲历朝政。又曾以兵部侍郎兼副都御史督办漕运，为抗击倭寇立下汗马功劳。生平奏议累数千万言，涉及疆土夷防、国计民生、礼乐兵刑等方方面面，极具史料价值。

此书乃郑晓门生、子婿项笃寿以其遗文编辑、刻印而成。项笃寿（1521—1586），字子长，号少溪，浙江嘉兴人。嘉靖四十一年（1562）进士。授刑部主事，历兵部郎中、广东参议。与弟元汴皆好藏书，室名万卷堂。著有《小司马奏草》《今献备遗》《全史论赞》等。

此本钤“八千卷楼珍藏善本”“嘉惠堂藏阅书”“善本书室”等印鉴，原为丁氏八千卷楼藏书。

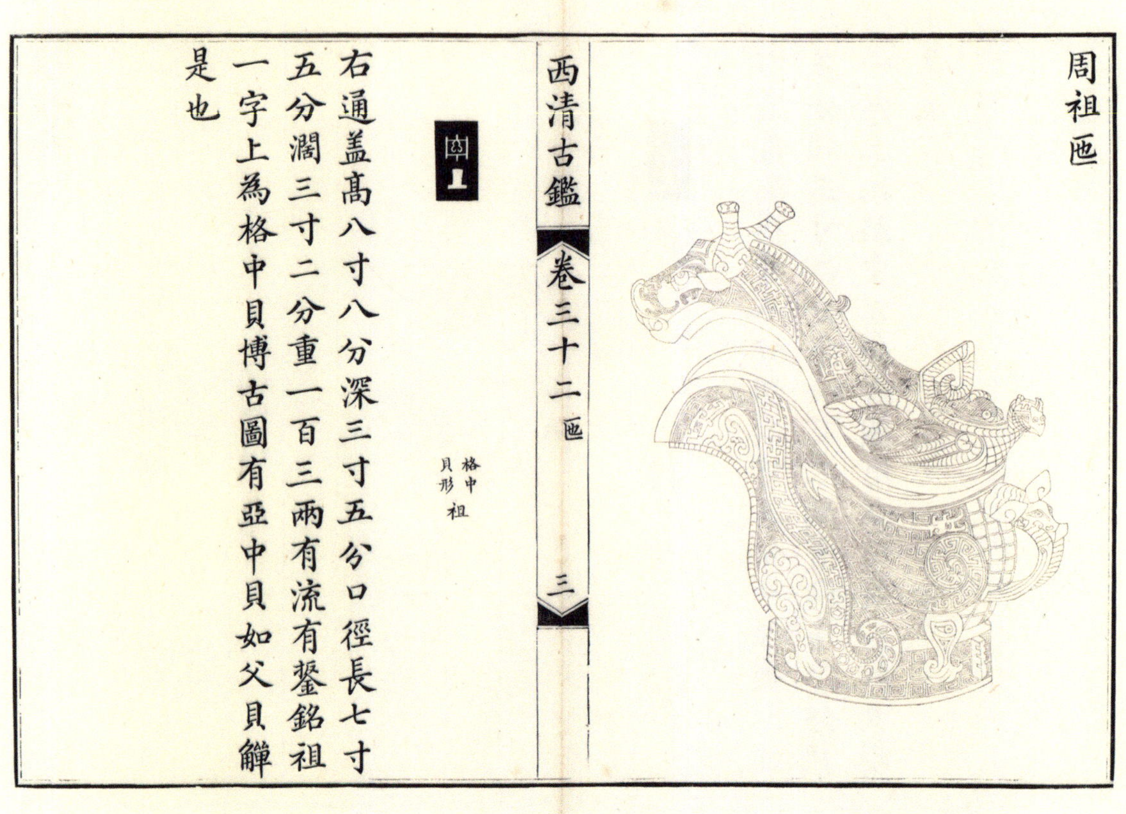
周祖匜

西清古鑑　卷三十二　匜　三

格中貝形　祖

右通蓋高八寸八分深三寸五分口徑長七寸五分闊三寸二分重一百三兩有流有鋬銘祖一字上爲格中貝博古圖有亞中貝如父貝觶是也

西清古鉴四十卷钱录十六卷

（清）梁诗正　蒋溥等纂修　清乾隆十六年（1751）武英殿刻本　四十二册　名录号及索书号 08161—120839

梁诗正（1696—1763），字养仲，钱塘（今浙江杭州）人。乾隆间仕至东阁大学士兼吏部尚书。

蒋溥（1708—1761），字质甫，江苏常熟人。官至东阁大学士。

此书前四十卷著录清官所藏古铜器一千多件，如鼎、尊、卣、爵、书镇、仪器、表座、簠、簋、豆、爵、斝、觚、刀、剑、弩机、砚滴、书镇等，每器绘制一图，图后细说。后为《钱录》十六卷，共收录历代钱币五百余种，如自伏羲氏帝昊钱至舜当金、周景王宝货至秦半两、汉高祖半两至武帝赤仄五铢、唐高祖开元通宝等，末三卷有外域诸品、撒帐吉语诸品（异钱各种附）、厌胜诸品三类，可资研究参考。

封面粘贴书签，刻印书名、器物类别、各类别分卷次、总卷次。目录首叶钤“乾隆御览之宝”朱文椭圆印，首册后护叶钤“避暑山庄”朱文方印。

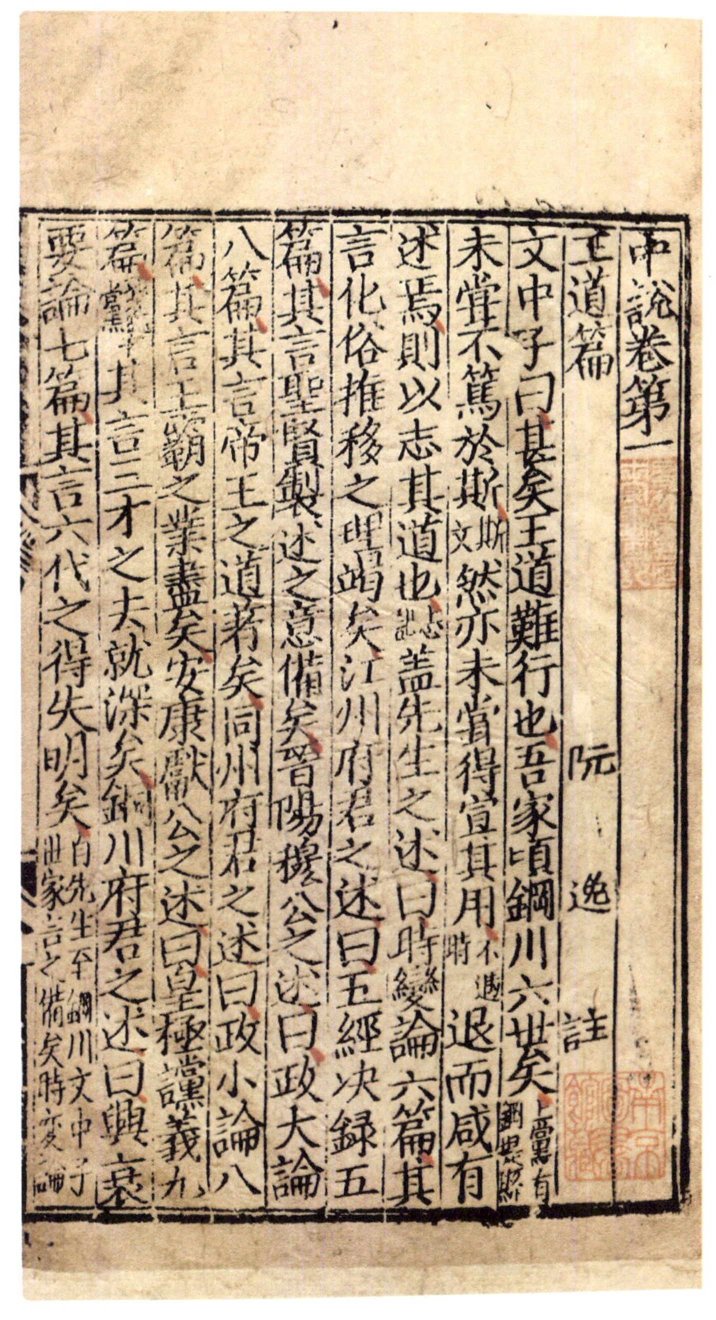
中説卷第一

王道篇　　阮逸註

文中子曰甚矣王道難行也吾家頃銅川六世矣（上黨有銅川縣）未嘗不篤於斯（斯文）然亦未嘗得宣其用（不遇時）退而咸有述焉則以志其道也（志記）蓋先生之述曰時變論六篇其言化俗推移之理竭矣江州府君之述曰五經決録五篇其言聖賢制述之意備矣晉陽穆公之述曰政大論八篇其言帝王之道著矣同州府君之述曰政小論八篇其言王霸之業盡矣安康獻公之述曰皇極讜義九篇（讜善也）其言三才之大就深矣銅川府君之述曰興衰要論七篇其言六代之得失明矣（自先生至銅川文中子世家言之備矣時變論……）

中说十卷

题（隋）王通撰　（宋）阮逸注　明初刻本　二册　名录号及索书号 08244—116108

王通（584—617），字仲淹，道号文中子，河中郡龙门县（今山西河津）人。阮逸，字天隐，建阳崇化里（今福建南平）人。

此本正文前有《文中子中说序》，次接河汾肆子王壬所纂《文中子纂事》。正文分十篇，卷一王道篇，卷二天地篇，卷三事君篇，卷四周公篇，卷五问易篇，卷六礼乐篇，卷七述史篇，卷八魏相篇，卷九立命篇，卷十关朗篇。有刻工景亨、福颜、福庆、计荣等。此本末有“寒云秘籍珍藏之印”朱文长方印，乃袁克文旧藏之物。

文中子中說序

周公聖人之治者也後王不能舉則仲尼述之而周公之道明仲尼聖人之備者也後儒不能達則孟軻尊之而仲尼之道明文中子聖人之修者也孟軻之徒歟非諸子流矣蓋萬章公孫丑不能極師之奧盡錄其言故孟氏章句略而多闕房杜諸公不能臻師之美大宣其教故王氏續經抑而不振中說者子之門人對問之書也薛收姚義集而名之唐太宗正觀初精修治具文經武略高出近古若房杜李魏二溫王陳輩迭為將相實永三百年之業斯門人之功過

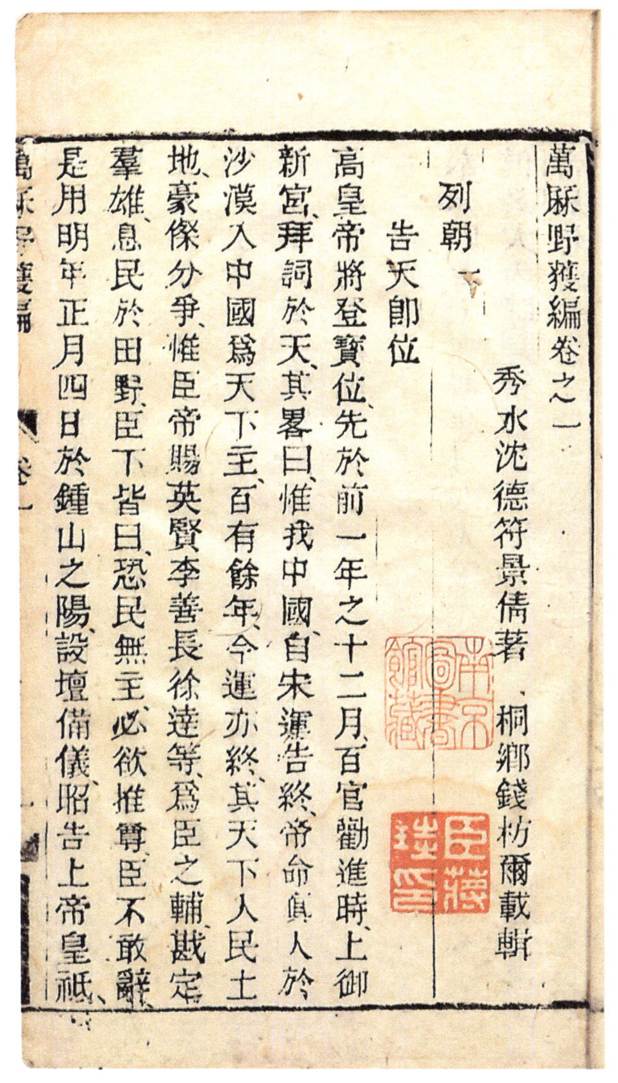
萬厤野獲編卷之一

秀水沈德符景倩著　桐鄉錢枋爾載輯

列朝

告天卽位

高皇帝將登寶位，先於前一年之十二月，百官勸進。時上御新宮，拜祠於天，其畧曰：惟我中國，自宋運告終，帝命眞人於沙漠入中國，爲天下主，百有餘年，今運亦終，其天下人民土地，豪傑分爭。惟臣帝賜英賢李善長、徐達等，爲臣之輔，戡定羣雄，息民於田野。臣下皆曰：恐民無主，必欲推尊臣，不敢辭。是用明年正月四日，於鍾山之陽，設壇備儀，昭告上帝皇祇、

萬厤野獲編　卷一

万历野获编三十卷

（明）沈德符撰　清活字印本　十六册　名录号及索书号 08545—118888

沈德符（1578—1642），字景倩，一字景伯，又字虎臣，秀水（今浙江嘉兴）人。自幼随祖、父寓京师，博洽多闻。万历四十六年（1618）举人。中年南归。有《飞凫语略》《顾曲杂言》《敝帚轩剩语》等。

是书初成于万历三十四年至三十五年（1606—1607），凡三十卷。万历四十七年（1619）又成《续编》十二卷。清康熙间，桐乡人钱枋为便于检阅，以朱彝尊抄本重编为三十卷四十八类。主要取材于祖父辈、师友、乡里老农言谈，以及亲身见闻、明人文集等，以笔记体裁，记载明初至万历间朝章典故、山川人物、风俗遗闻、巷里琐语等，内容丰富，考订切实，可补正史之不足。

此本钤蒋珪白文方印“臣蒋珪印”、朱文方印“蒋清荫堂书籍”“清荫堂蒋”等，又钤白文方印“寿同金石”、朱方长印“乐安”“敬之”、朱文半圆印“三径竹庐”、朱白文方印“敬之文翰”等。

禁之亦多畏寒而死者管象房緹帥申報兵部上疏得旨始
命再驗發光祿寺距其斃已旬餘穢塞通衢過者避道且天
庖何常需此殘骨京師彌文大抵皆然

傅粉

婦人傅粉固爲恒事然國色必不爾古來惟宮掖尙之北周
天元帝禁人間傅粉但令黃眉黑粧已屬可笑乃北朝又笑
南朝諸帝爲傅粉郎君蓋其時天子亦用此飾矣予遊都下
見中官輩談主上視朝必用粉傅面及頸以表睟穆意其言
或不妄至男子如佞倖藉閎之屬所不論若士人則惟漢之
李固糊粉飾面魏何晏粉白不去手最爲妖異近見一大僚
年已耳順潔白如美婦人客譏之乃知亦用粉何敢事也昔
齊文宣帝刜彭城王元韶鬢鬚加以粉黛目爲嬪御蓋謂其
雌懦耳今劍佩丈夫以嬪御自居亦怪矣金自章宗後諸王
亦多傅粉爲臣下所竊誚豈宋世帝王亦有此風而完顏染
之耶若乃陳思王粉裝作舞劾賓客之觀李天下粉墨交塗
分伶官之席此不過狡獪戲劇耳

小唱

京師自宣德顧佐疏後嚴禁官妓縉紳無以爲娛於是小唱
盛行至今日幾如西晉太康矣此輩狡猾解人意每遇會客
酒餚十百計盡以付之席散納還無一遺漏僮奴輩藉手以

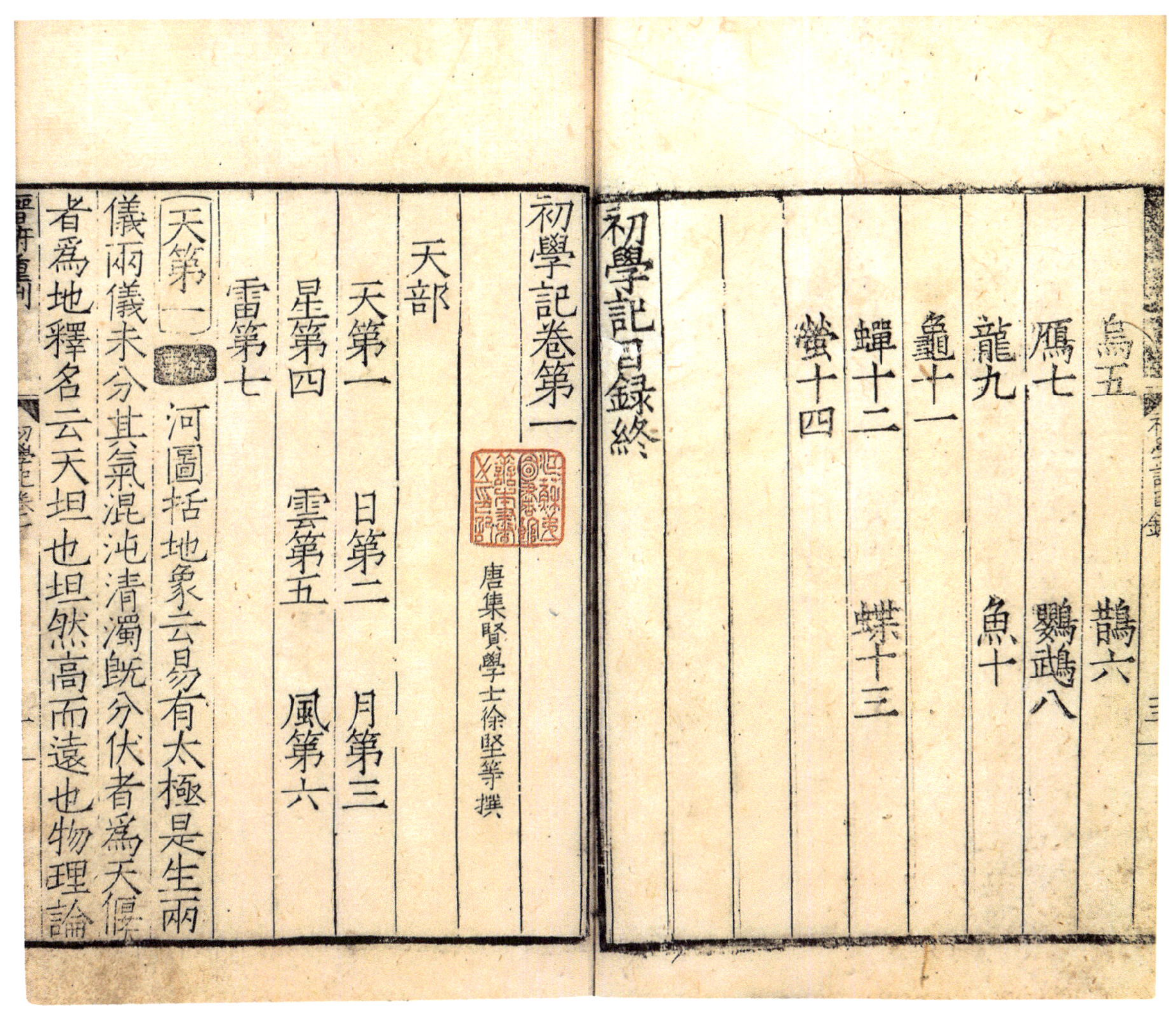

初学记三十卷

（唐）徐坚等辑　明嘉靖十三年（1534）晋府虚益堂刻本　（清）丁丙跋　十二册　名录号及索书号 08583—110917

虚益堂为明晋简王朱新㙉的室名。朱新㙉（？—1575），晋端王朱知烊再从子。嘉靖十二年（1533）知烊卒，奉敕管理晋府。嘉靖十五年（1536）嗣封为第八代晋王。万历三年（1575）卒，谥号简。

晋藩始封于明太祖朱元璋第三子朱棡，封地太原。晋府富藏书，与周府并称"周晋二府"，刻书在各藩府中亦属上乘。晋府以端王与简王刻书为多，端王刻《昭明文选》《汉文选》《唐文粹》《宋文鉴》等，简王刻《元文类》《续文章正宗》《明文衡》等。端王生前有意刻《初学记》，未竟，简王续其志，将安国桂坡馆本再加校订，刻印传世。

此书原为丁氏八千卷楼藏书，首叶钤白文方印"丁氏八千卷楼藏书记"、朱文方印"善本书室"等，清代藏书家丁丙为之题跋。

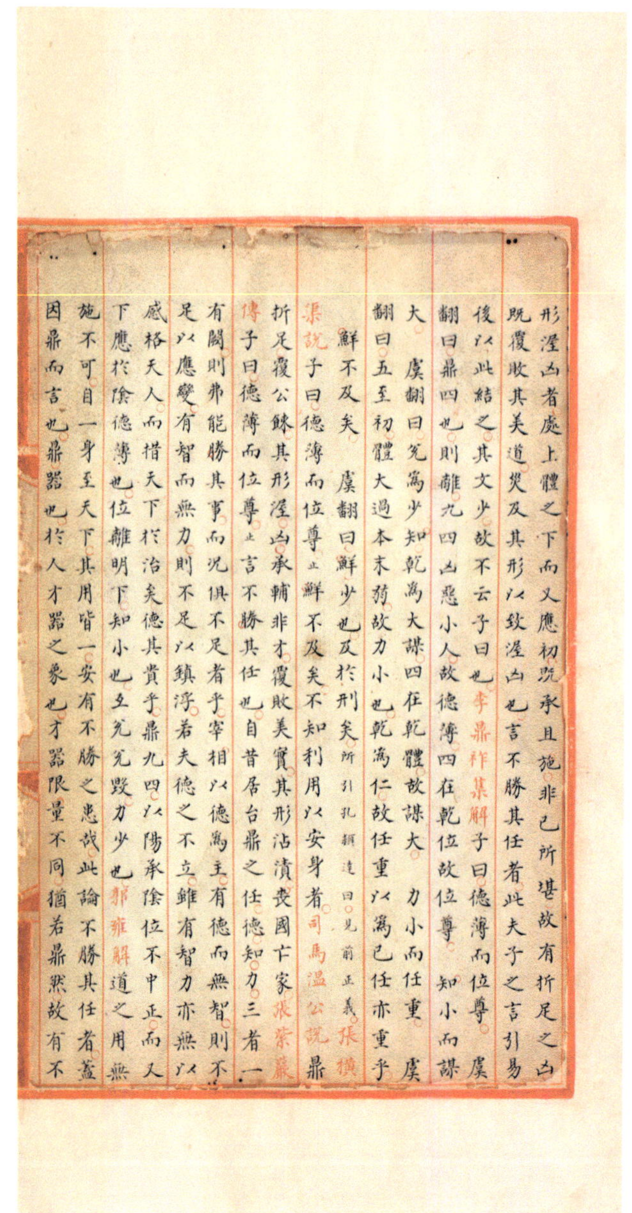

形渥凶者處上體之下而又應初既承且施非己所堪故有折足之凶
既覆敗其美道災及其形以致渥凶也言不勝其任者此夫子之言引易
後以此結之其文少故不云子曰也李鼎祚集解子曰德薄而位尊虞
翻曰鼎四也則離九四凶惡小人故德薄四在乾位故位尊知小而謀
大虞翻曰兌為少知乾為大謀四在乾體故謀大力小而任重虞
翻曰五至初體大過本末弱故力小也乾為仁故任重以為己任亦重乎
鮮不及矣虞翻曰鮮少也及於刑矣所引孔穎達曰見前正義張横
渠說子曰德薄而位尊止鮮不及矣不知利用以安身者司馬溫公說鼎
折足覆公餗其形渥凶承輔非才覆敗美實其形沾漬喪國亡家張紫巖
傳子曰德薄而位尊止言不勝其任也自昔居台鼎之任德知力三者一
有闕則弗能勝其事而況俱不足者乎寧相以德為主有德而無智則不
足以應變有智而無力則不足以鎮浮若夫德之不立雖有智力亦無以
感格天人而措天下於治矣德其貴乎鼎九四以陽承陰位不中正而又
下應於陰德薄也位離明下知小也互兌兌毀力少也郭雍解道之用無
施不可自一身至天下其用皆一安有不勝之患哉此論不勝其任者蓋
因鼎而言也鼎器也於人才器之象也才器限量不同猶若鼎然故有不

永乐大典二万二千八百七十七卷

（明）解缙等辑　明内府抄本　存一叶（册）（卷一千一百九十一第五页）　名录号及索书号 08612—110937

解缙（1369—1415），字大绅，一字缙绅，号春雨，江西吉水人。官至内阁首辅，右春坊大学士，与徐渭、杨慎一起被称为“明朝三大才子”。

《永乐大典》编纂于明永乐年间，为迄今世界最大的百科全书。《永乐大典》的 3.7 亿字，都是书手们用明代官用的楷书之馆阁体一笔一画抄写出来的，每一叶朱色的边栏界行都是用手绘制。随着朝代更迭，内忧外患中被偷盗、抢掠、焚烧，正本已不知所踪，副本亦只剩下 400 余册，散藏于世界各地的三十多家单位。因此，南京图书馆所藏的卷一千一百九十一第五页，虽为残页，亦弥足珍贵。

永樂大典殘葉
玄覽堂祕藏

陸士衡文集卷第一　晉平原内史吳郡陸　機　士衡

賦一

文賦并序　感時賦

豪士賦并序　瓜賦

思親賦

文賦并序

余每觀才士之所作竊有以得其用心夫其放言遣辭良多變矣妍蚩好惡可得而言每自屬文尤見其情恒患意不稱物文不逮意蓋非知

陸士龍文集卷第一　晉清河内史陸　雲　士龍

賦　箴

逸民賦　逸民箴

歲暮賦　愁霖賦

喜霽賦　登臺賦

南征賦　寒蟬賦

逸民賦并序

富與貴人之所欲也而古之逸民或輕天下細萬物而欲專一丘之歡擅一壑之美豈不以身

晋二俊文集二十卷

明正德十四年（1519）陆元大刻本　（清）丁丙跋　二册　名录号及索书号 09355—112008

是书为陆机及其弟陆云所著诗文集。陆机（261—303），字士衡；陆云（262—303），字士龙，吴郡吴县（今江苏苏州）人。西晋著名文学家，合称“二陆”。

隋唐至两宋，二陆集均有散佚，宋代流传的陆机集属重辑本，相较而言陆云集尚存其主体。宋华亭县学本陆机集据重辑本而刻，而陆云集则据内府藏残本而刻，遂为二陆集祖本。此本据宋本重刻，但经过校订而失宋本旧貌，明代流传二陆集诸本主要自此本而出。

《陆士龙文集》前有清丁丙跋，墨笔书于长条纸上，粘贴于次册前护叶。钤有“八千卷楼藏阅书”印。

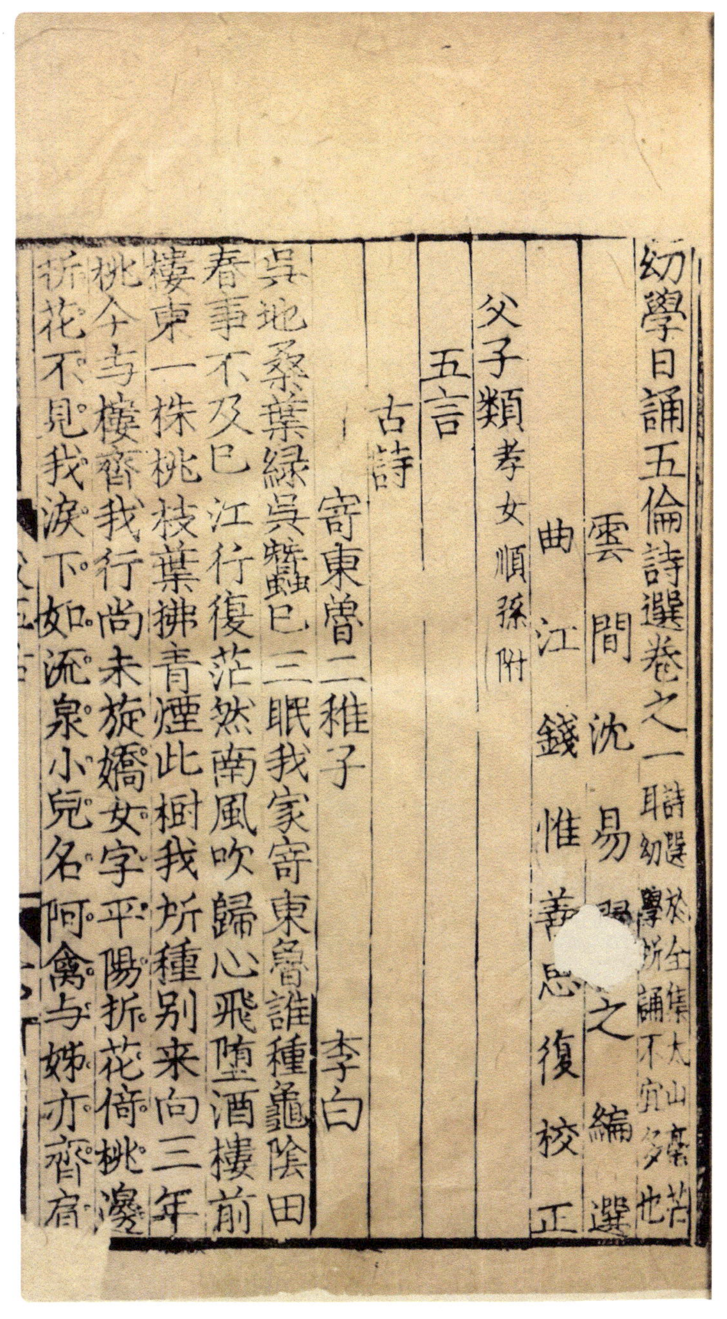

幼学日诵五伦诗选五卷

（明）沈易辑　明洪武二十年（1387）刻本　二册　名录号及索书号 09388—114020

沈易，字翼之，华亭（今上海）人。洪武初，屡征不出，闭门授徒。年六十卒，门人私谥苦节先生。

五伦即父子、君臣、夫妇、朋友、兄弟这五种人际关系。沈氏选取历代诗歌中与这五种关系有关的诗歌，用以童蒙诵读，培养伦理观念。

此本前有《五伦诗集总目》，载《五伦内集》五卷、《五伦外集》七卷，凡十二卷，今传仅见《内集》五卷。

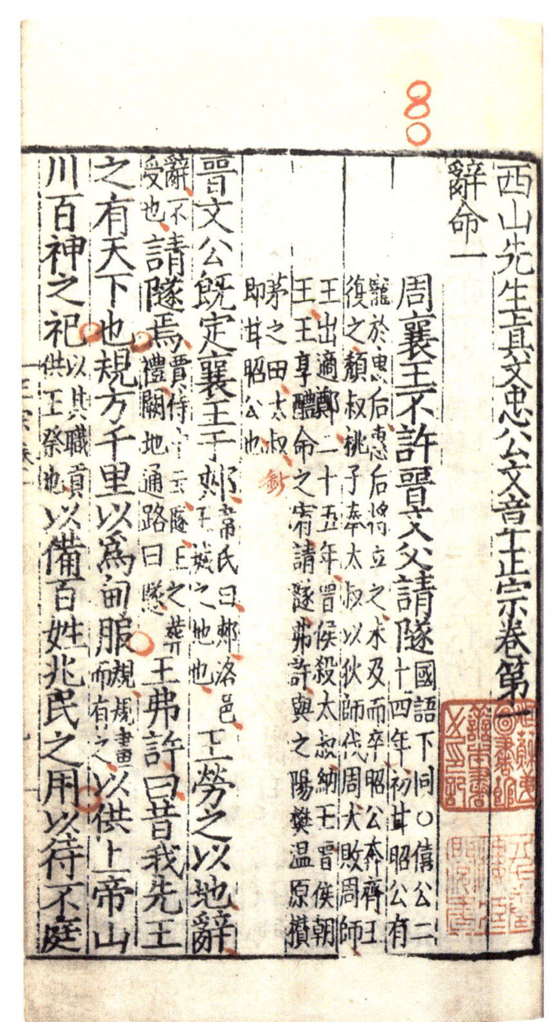
西山先生真文忠公文章正宗卷第一
辭命一
周襄王不許晉文公請隧 國語下同○僖公二十四年初甘昭公有寵於惠后惠后將立之未及而卒昭公奔齊王復之頹叔桃子奉太叔以狄師伐周大敗周師王出適鄭二十五年晉侯殺太叔納王晉侯朝王王享醴命之宥請隧弗許與之陽樊温原攢茅之田太叔即甘昭公也
晉文公既定襄王于郟 韋氏曰郟洛邑王城之地也 王勞之以地辭 辭不受也 請隧焉 賈侍中云隧王之葬禮闕地通路曰隧 王弗許曰昔我先王之有天下也規方千里以爲甸服 規規畫而有之 以供上帝山川百神之祀 以共其職貢供王祭祀也 以備百姓兆民之用以待不庭

西山先生真文忠公文章正宗二十四卷

（宋）真德秀辑　明正德十五年（1520）马卿刻本　（清）丁丙跋　十二册　名录号及索书号 09421—111940

真德秀（1178—1235），字景元，后改字景希、希元，号西山，建宁浦城（今福建南平）人。庆元进士。官至参知政事。卒谥文忠。学术承继朱熹，倡尊理学，著述宏富。学者称西山先生。著有《大学衍义》《唐书考疑》《四书集编》等。

是书为选文集，约成于宋宁宗末、理宗初，所选为先秦至唐末之作，分辞令、议论、叙事、诗歌四类。编选以理为宗，突显理学扶名教、正人心之教化功能，去取谨严，为明清科举必读书。

此本为山西提学马卿主持刊刻。马卿（1478—1536），字敬臣，号柳泉，河南林县人。弘治十八年（1505）进士。累官都察院右副都御史、总督漕运。卒于任。曾刻印自著《中丞马先生诗集》四卷、《文集》四卷、《诗余》一卷、《外篇》一卷。此本钤丁氏八千卷楼朱文长印“八千卷楼珍藏善本”、朱文方印“八千卷楼藏阅书”，并有清代著名藏书家丁丙题跋。又钤白文长印“窒父”等。

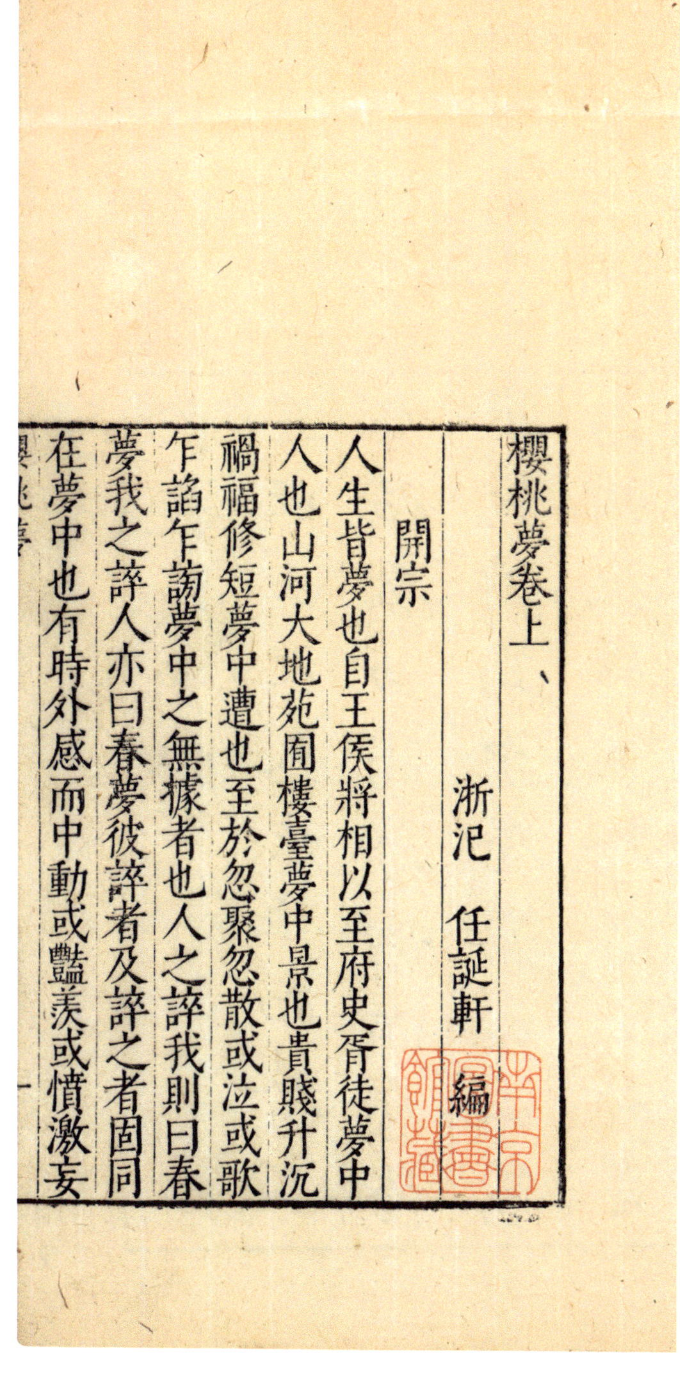

櫻桃夢卷上　　　　　　浙汜　任誕軒　編

開宗

人生皆夢也自王侯將相以至府史胥徒夢中人也山河大地苑囿樓臺夢中景也貴賤升沉禍福修短夢中遭也至於忽聚忽散或泣或歌乍諂乍謅夢中之無據者也人之辭我則曰春夢我之辭人亦曰春夢彼辭者及辭之者固同在夢中也有時外感而中動或豔羨或憤激妄

櫻桃夢　　一

樱桃梦二卷

（明）陈与郊撰　明万历四十四年（1616）刻本　一册　名录号及索书号 09568—117495

陈与郊（1544—约 1610），字广野，号禺阳、玉阳仙史，原姓高，或署高漫卿、任诞轩，浙江海宁人。官至太常寺少卿，戏曲家，著有传奇、杂剧多种。

是书为南曲剧本。正文前有万历三十二年齐悫《詅痴符题辞》、陈继儒序、梦梦生题词、《樱桃像》插图若干幅及目录。全书两卷三十五出。卷上：适寺、听讲、入梦、谒姑、议亲、

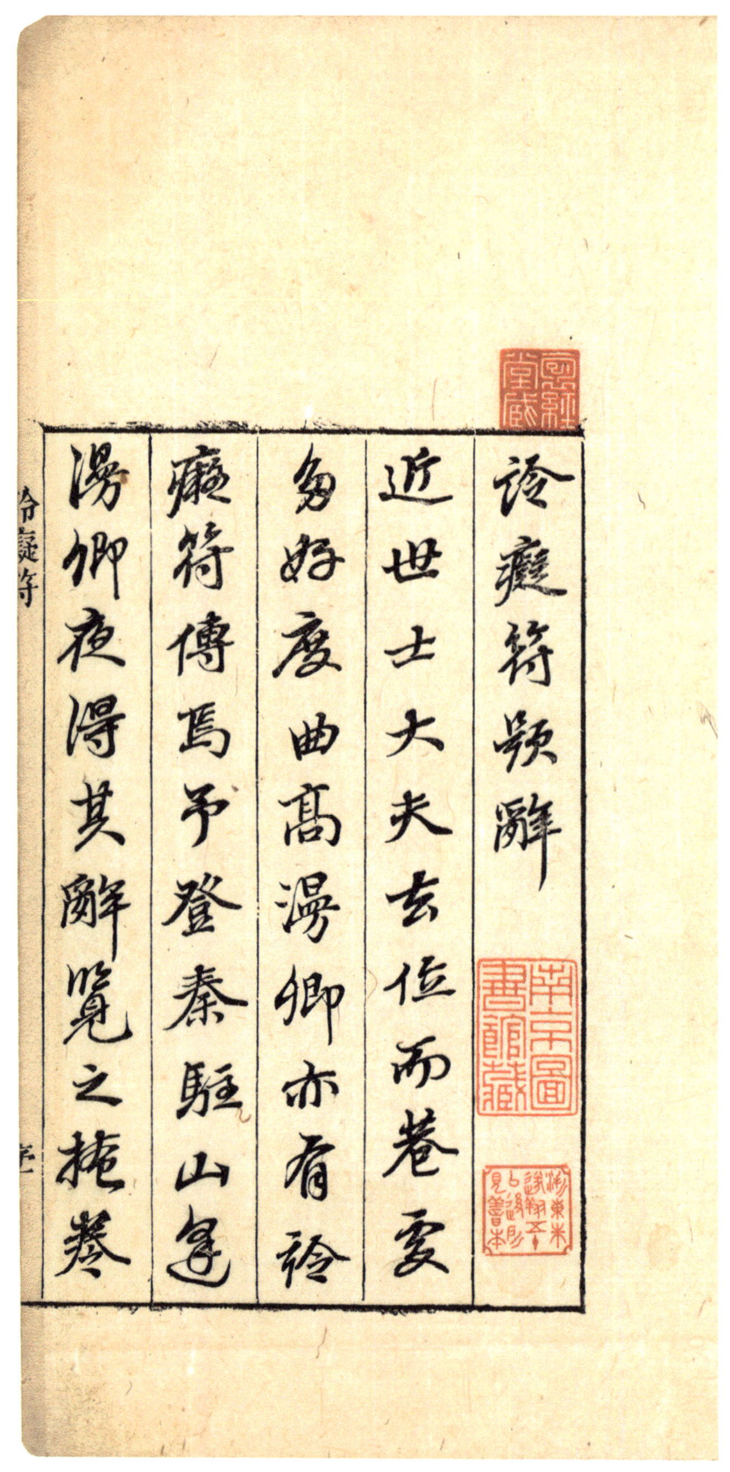
詅癡符題辭
近世士大夫去位而卷叐
多好度曲高湯卿亦有詅
癡符傳焉予登秦駐山逢
湯卿夜得其辭覽之掩卷

结婚、猎饮、破嗔、幽期、遣试、觉贪、访道、游街、报喜、逆旅、迎吠、义激、魍魉、狭邪。卷下：清谈、呓语、幻侠、虐戏、召起、慨世、晤仙、恶消、渔色、送妾、诈传、互妄、还朝、逐谄、退思、出梦。

《樱桃像》插图末有牌记“万历丙辰修玄之季海昌陈氏绘像镂板”。

《题辞》首叶钤“浙东朱遂翔五十以后所见善本”朱文方印、“抱经堂臧”白文方印，书尾钤“遂翔经眼”白文方印。

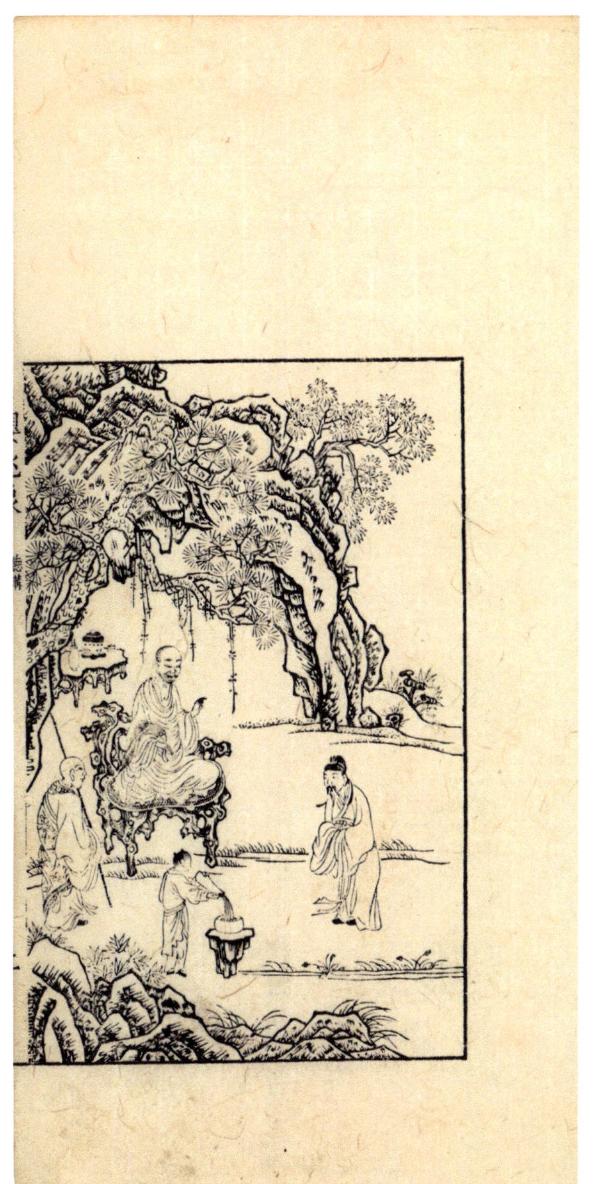

程氏易傳卷之二

䷃坎下艮上

蒙序卦屯者盈也屯者物之始生也物生必蒙故受之以蒙蒙者蒙也物之穉也屯者物之始生物始生穉小蒙昧未發蒙所以次屯也爲卦艮上坎下艮爲山爲止坎爲水爲險山下有險遇險而止莫知所之蒙之象也水必行之物始出未有所之故爲蒙及其進則爲亨義

蒙亨匪我求童蒙童蒙求我初筮告再三瀆瀆則不告利貞告古毒反

蒙有開發之理亨之義也卦才時中乃致亨之道六

程氏易传十二卷

（宋）程颐撰　明嘉靖八年（1529）姜梁刻本　四册　名录号及索书号 10027—115340

程颐，详见《周易程朱传义》条目。

姜梁，字子方，号龟山，浙江江山（今浙江衢州）人。嘉靖二年（1523）进士。此本为姜氏任合江知县时刻，合江隶于泸州直隶州，可为嘉靖蜀刻作一标本。

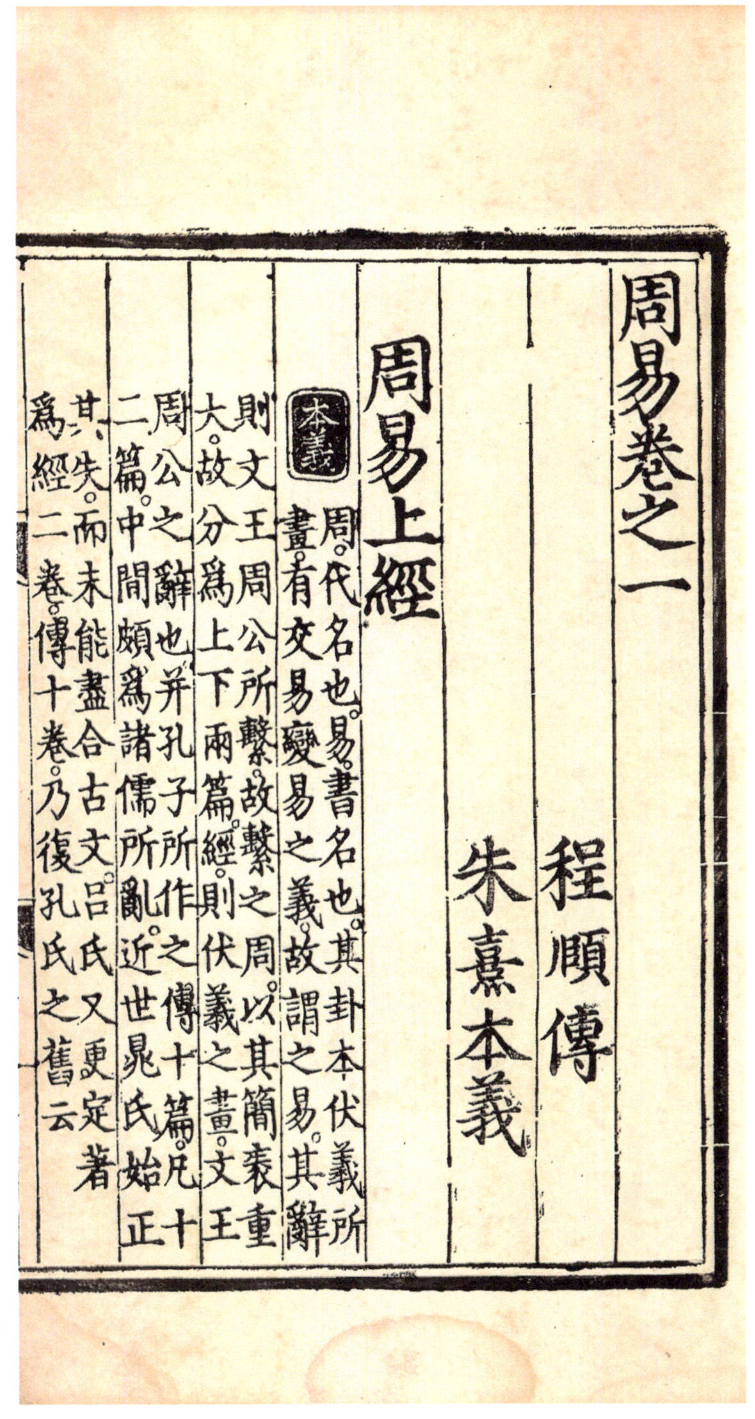
周易卷之一

程頥傳

朱熹本義

周易上經

【本義】周，代名也。易，書名也。其卦本伏羲所畫，有交易變易之義，故謂之易。其辭則文王周公所繫，故繫之周。以其簡袠重大，故分爲上下兩篇。經則伏羲之畫，文王周公之辭也。并孔子所作之傳十篇，凡十二篇。中間頗爲諸儒所亂，近世晁氏始正其失，而未能盡合古文。呂氏又更定，著爲經二卷，傳十卷，乃復孔氏之舊云。

周易传义十卷

（宋）程颐　朱熹撰　**上下篇义一卷**　（宋）程颐撰　**易图集录一卷易五赞一卷筮仪一卷**　（宋）朱熹撰　**易说纲领一卷**　（宋）程颐　朱熹撰　明正统十二年（1447）司礼监刻本　六册

名录号及索书号 10030—114427

前有司礼监奉旨重刊《五经四书》文，后接宋元符二年程颐《易传序》、朱熹集录《易图》、易说纲领（用“程子曰”“朱子曰”标出）。无总目录。正文共十卷，卷一至四为上经三十卦，卷五至八为下经三十四卦，卷九系辞传（上下），卷十说卦传、杂卦传。卷端顶格题“周易卷之某”，二行下题“程颐传”（卷九至十题“程颐后传”），三行下题“朱熹本义”。版心中题“易传义卷某”，下题页次。卷末尾题同卷端。经文、系辞传、说卦传、杂卦传用大字，程颐传及朱熹本义用小字双行，并以黑底阴文标出“传”（或“后传”）、“本义”以及校勘（如“一作文”）。书末缀《上下篇义》《易五赞》《筮仪》（版心题易筮仪）。

司礼监，官署名，是明朝内廷管理宦官与宫内事务的“十二监”之一，始置于明太祖洪武十七年（1384）。有提督、掌印、秉笔、随堂等太监。提督太监掌督理皇城内一切礼仪、刑名及管理当差、听事各役。司礼监由太监掌管，在明初并没有太大的权力；到了中后期，因种种原因，司礼监不断扩大自己的权力，干预朝政，给明朝政治、经济、军事、司法造成了恶劣的后果。明代著名宦官如王振、刘瑾、冯保等皆曾任司礼监之主管，都是司礼监掌印太监，魏忠贤曾任司礼监秉笔太监，还兼任东厂太监一职。司礼监刻本是明代内府刻本的重要组成部分，呈现出版式开阔、行格疏朗、纸洁墨丽、装帧雍容等特征，是明刻本中不折不扣的精品。

钤有“苏南区文物管理委员会藏”印。

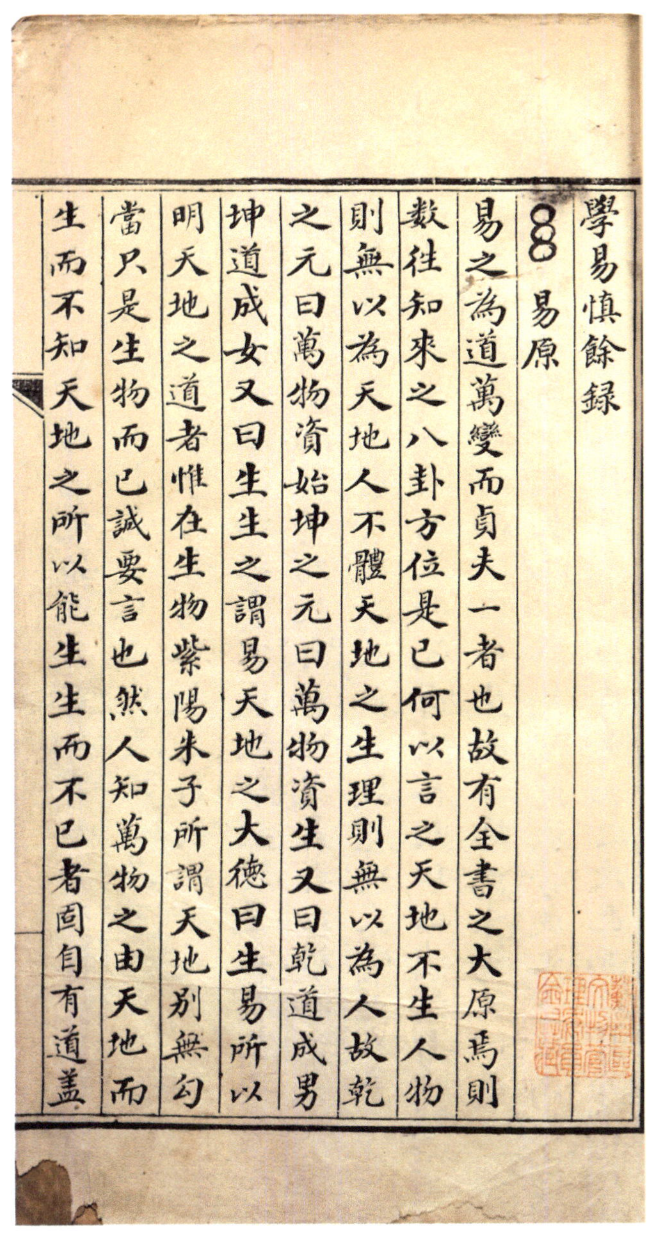

學易慎餘録

易原

易之為道萬變而貞夫一者也故有全書之大原焉則數往知來之八卦方位是已何以言之天地不生人物則無以為天地人不體天地之生理則無以為人故乾之元曰萬物資始坤之元曰萬物資生又曰乾道成男坤道成女又曰生生之謂易天地之大德曰生易所以明天地之道者惟在生物紫陽朱子所謂天地別無勾當只是生物而已誠要言也然人知萬物之由天地而生而不知天地之所以能生生而不已者固自有道蓋

学易慎余录四卷

（清）叶佩荪撰　清抄本　（清）钱大昕批　（清）王鸣盛批并跋　一册　名录号及索书号 10044—116386

叶佩荪（1731—1784），字丹颖，号辛麓，归安（今浙江湖州）人。乾隆十九年（1754）进士，试兵部主事，充顺天乡试同考官，擢职方司郎中，授河南卫辉知府，调南阳知府，擢河东道、山东按察使，升湖南布政使，因遭连累归，不久卒。著有《易守》《慎余斋诗钞》《传经堂诗文集》等。

框高 20.5 厘米，宽 14.2 厘米，半页十行，行二十一字。白口，四周双边，单黑鱼尾。

叶氏幼时见《周易本义》，请塾师讲解，师不能，佩荪谓吾他日必自得之。此书及《易守》正是叶氏治《易》之作。全书分四卷：卷一易原、易名说、周易加代名说、卦字义说、

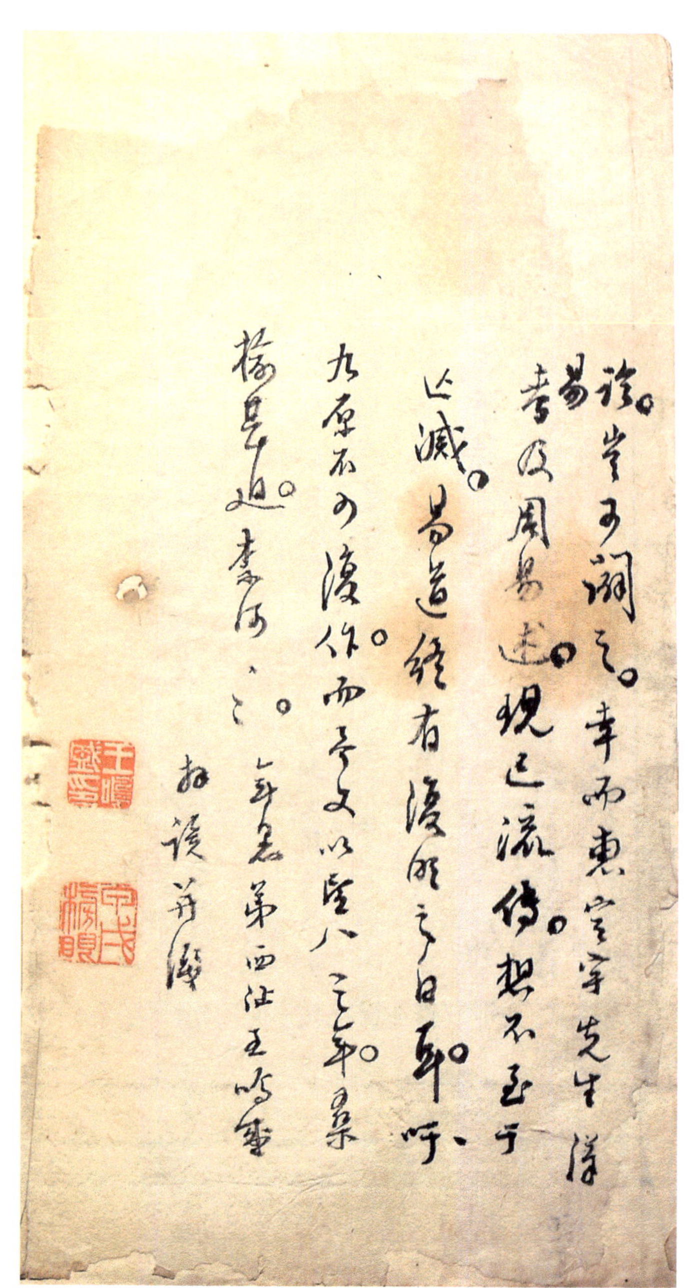

彖象字义说、爻字义说、重卦说、周公作爻辞说、十翼说；卷二卦体乾坤说、卦德说、卦象说、卦时说、卦位说、应爻说、近爻说、反复二卦说、六虚说、中四爻成卦说、辞例考；卷三古本周易说、传辞不当称彖象说、十二月卦说；卷四河图洛书、先天图、卦变、立象尽意论。此书未见有刻本流传，《续修四库全书》据此抄本影印传世。

书中间有钱大昕亲笔圈发评点文字及批改墨迹。卷一末有佚名跋，书末有王鸣盛跋。钤有“王鸣盛印”“甲戌榜眼”印。王鸣盛（1722—1798），字凤喈，一字礼堂，别字西庄，晚号西江、西沚居士，江苏太仓州嘉定县（今上海）人。乾隆十九年（1754）殿试以一甲第二人及第（榜眼），授翰林院编修，历官侍读学士、内阁学士兼礼部侍郎、光禄寺卿。以汉学考证方法治史，为“吴派”考据学大师。撰《十七史商榷》百卷，为传世之作。另有《耕养斋诗文集》《西沚居士集》《蛾术编》《西庄始存稿》等著作。

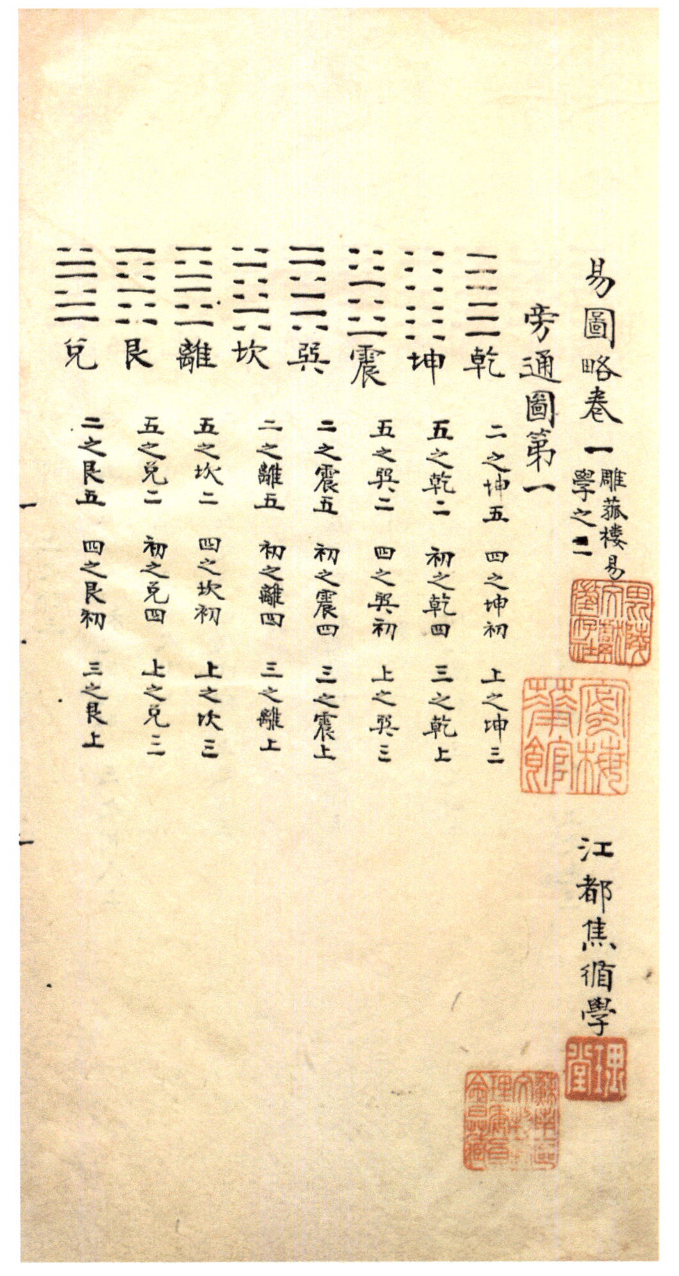

易图略八卷

（清）焦循撰并跋　稿本　二册　名录号及索书号 10045—116156

焦循（1763—1820），字里堂，一字理堂，晚号理堂老人，江苏甘泉（今江苏扬州江都）人。嘉庆六年（1801）举人。通经史、历算、声韵、训诂，尤擅长易学。著述颇丰，有《易通释》《易图略》《易章句》《孟子正义》《论语通释》《里堂算学记》《雕菰楼集》等。

此书系焦氏《雕菰楼易学三书》之一，为焦氏易学的义理阐释。目录末及各卷末有焦循跋若干。

钤有“里堂”“焦循私印”“雕菰楼”“蜜梅华馆”“臣循”“半九书埻”“仲轩”“北湖”“焦循手录”等印。

五男九非聖人之義也余於文辰無取焉爾

嘉慶癸酉十一月二十四日寫此八卷完 甲戌三月廿一日改本二頁 六月廿七日增
納音連山歸藏二篇刪去反對一篇 乙亥倩人寫一通寄江西 丙子倩人寫一通
寄宗師 丁丑二月又自手寫一通 今日十九日清明節拜 祖父墓歸寫至此
數日陰雨天寒如臘適半晴天氣稍和
戊寅三月廿一日又校改一過 是日細雨

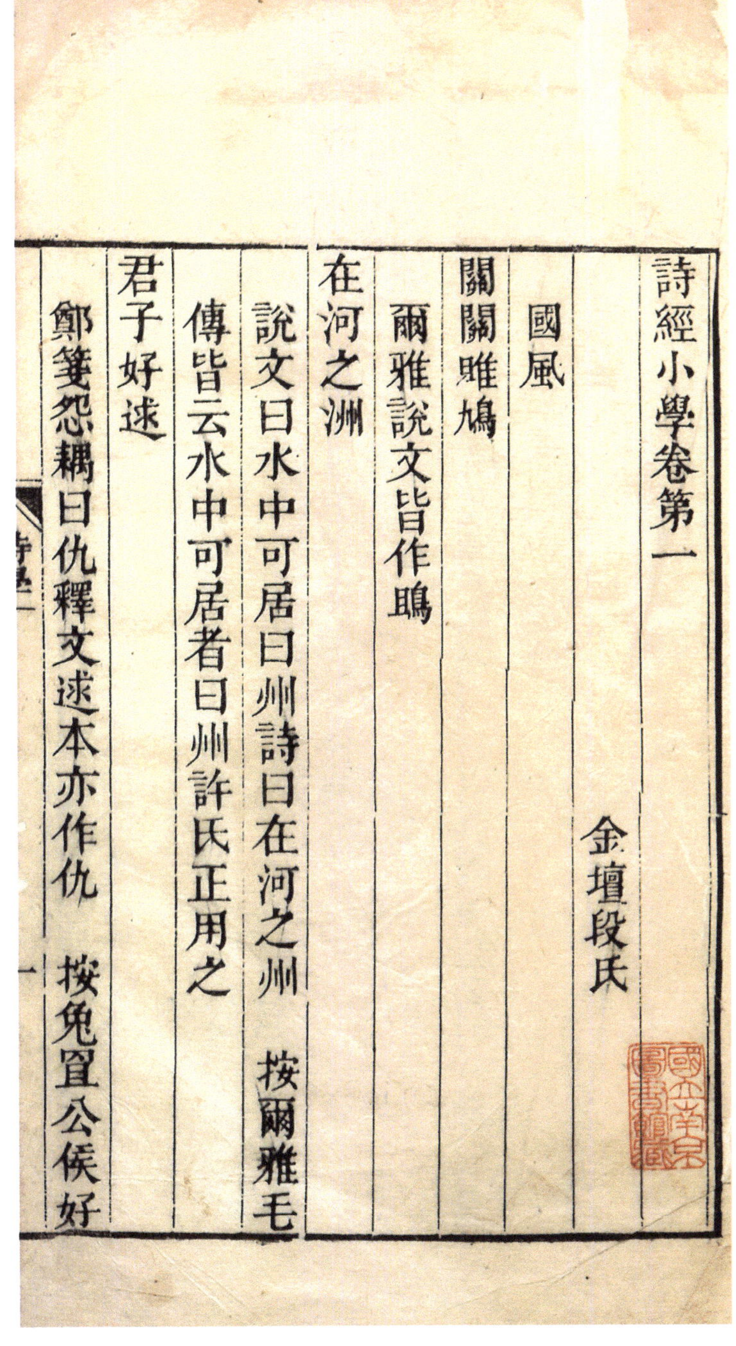
詩經小學卷第一　　金壇段氏

國風

關關雎鳩

爾雅說文皆作鴡

在河之洲

說文曰水中可居曰州詩曰在河之州　按爾雅毛傳皆云水中可居者曰州許氏正用之

君子好逑

鄭箋怨耦曰仇釋文逑本亦作仇　按兔罝公侯好

诗经小学四卷

（清）段玉裁撰　清嘉庆二年（1797）武进臧氏同述观刻拜经堂丛书本　焦循校并跋　二册

名录号及索书号 10059—117348

段玉裁（1735—1815），字若膺，号懋堂，晚年又号砚北居士、侨吴老人，江苏金坛人。乾隆二十四年（1759）举人。官贵州玉屏、重庆巫山知县。曾从戴震受业，精文字训诂、音韵之学。著有《六书音韵表》《说文解字注》《古文尚书撰异》《周礼汉读考》《仪礼汉读考》《毛诗故训传定本》《经韵楼集》等。

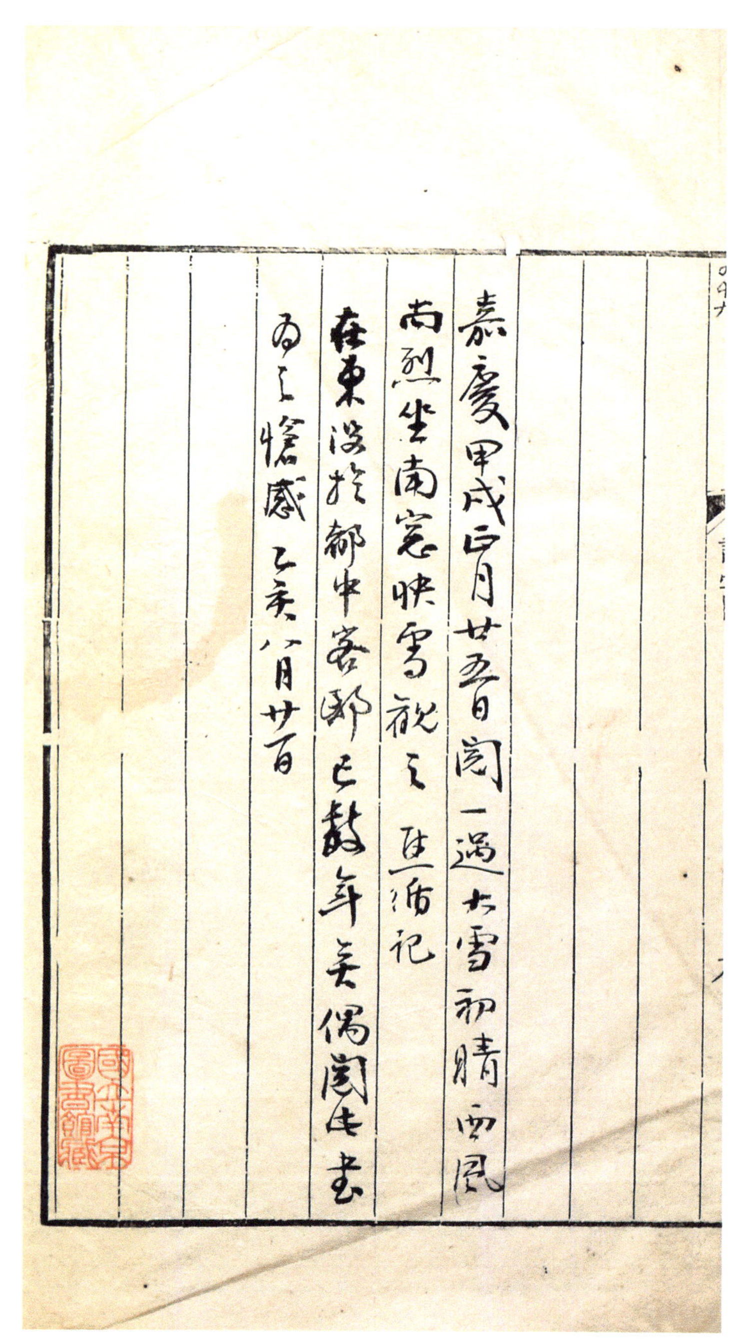

嘉慶甲戌正月廿四日閲一過大雪初晴西風
尚烈坐南窗映雪讀之　里堂記
在東没於都中寄郵已數年矣偶閲其書
爲之愴感　乙亥八月廿日

框高 18.2 厘米，宽 13.3 厘米，半叶十行，行二十一字，小字双行同。白口，左右双边，上单黑鱼尾。版心中镌“诗学”、卷次，下记页次。

这是一部以小学方法考订《诗经》的考证札记。正文凡四卷：卷一国风，卷二小雅，卷三大雅，卷四颂。每条先列《诗经》原句，然后杂取《尔雅》《说文》《方言》《广雅》等字书及其注释书中对有关字音字义的解释，最后断以己意，或注音、或释义，或正讹误、或明假借，同时，也注明各本引诗的异文。每卷末题有“臧镛堂录”。臧庸（1767—1811），初名镛堂，字在东，号拜经，江苏武进（今江苏常州）人。从学于卢文弨，后客阮元幕。著有《拜经日记》《拜经堂文集》等。编印《拜经堂丛书》十种，该书为其中之一。

书末有焦循墨笔题跋，朱笔校记散见文中。

周禮集註

刑部尚書盱江何　喬新　集註

地官司徒第二

徒衆也謂萬民也地官掌教以盡民之性成民之德使之克綏厥猷故謂之司徒

愚按周禮得於秦火之餘簡編朽折散亂六官之文互相錯糅而地官所屬半爲冬官之文蓋編書者以司空掌邦土而土即地也故凡山川土地稼穡之事悉歸諸地官以此致

周禮集註　地官

周礼集注七卷

（明）何乔新撰　明嘉靖七年（1528）褚选刻本　二十册　名录号及索书号 10068—117116

何乔新（1427—1502），字廷秀，江西广昌人。景泰五年（1454）进士。历官至南京刑部尚书。卒谥文肃。别有《椒丘文集》三十四卷、《外集》一卷。

此本前有何乔新序及目录，经与《四库全书存目丛书》影印明嘉靖七年褚选刻本比勘，可知为同一版本。目录有褚氏题识，曰："今因司寇何，从古证今，参考诸说，附以己意，作为《集注》，而严削富丽，训义切当，读则不烦，考索诸家之释而经旨自明矣。锓梓广传，以俟择焉。嘉靖七年孟冬上浣都下后学褚选识。"

檀弓叢訓卷上

檀弓上 孔穎達曰檀姓弓名今山陽有檀姓 附謝疊山批點 批見注後點見文傍

公儀仲子之喪檀弓免焉仲子舍其孫而立其子檀弓曰何居我未之前聞也趨而就子服伯子於門右曰仲子舍其孫而立其子何也伯子曰仲子亦猶行古之道也昔者文王舍伯邑考而立武王微子舍其孫腯而立衍也夫仲子亦猶行古之道也子游問諸孔子孔子曰否立孫 黃東發曰古者死他邦無親則朋友為之袒免仲子舍嫡孫立庶子檀弓譏其父兄不能正猶無親也故為之服以示其親而問焉伯子為其親隱故謂行古道以武王微子為證然文

檀弓藂训二卷

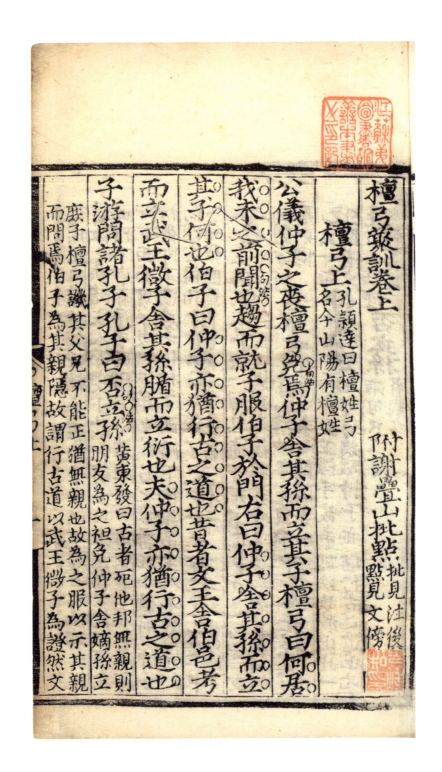

（明）杨慎撰　明嘉靖十五年（1536）姚安府刻本　一册　名录号及索书号 10079—110068

杨慎（1488—1559），字用修，号升庵，四川新都人。正德六年（1511）进士，殿试一甲第一名，授编修。明世宗即位，充经筵讲官。嘉靖三年（1524），官翰林学士。因议大礼触怒世宗，而谪戍云南永昌卫（今云南保山），最终卒于戍所。

此本卷末有“嘉靖丙申夏六月姚安府刊送于安宁州书院”一行，知此本乃姚安府官刻之

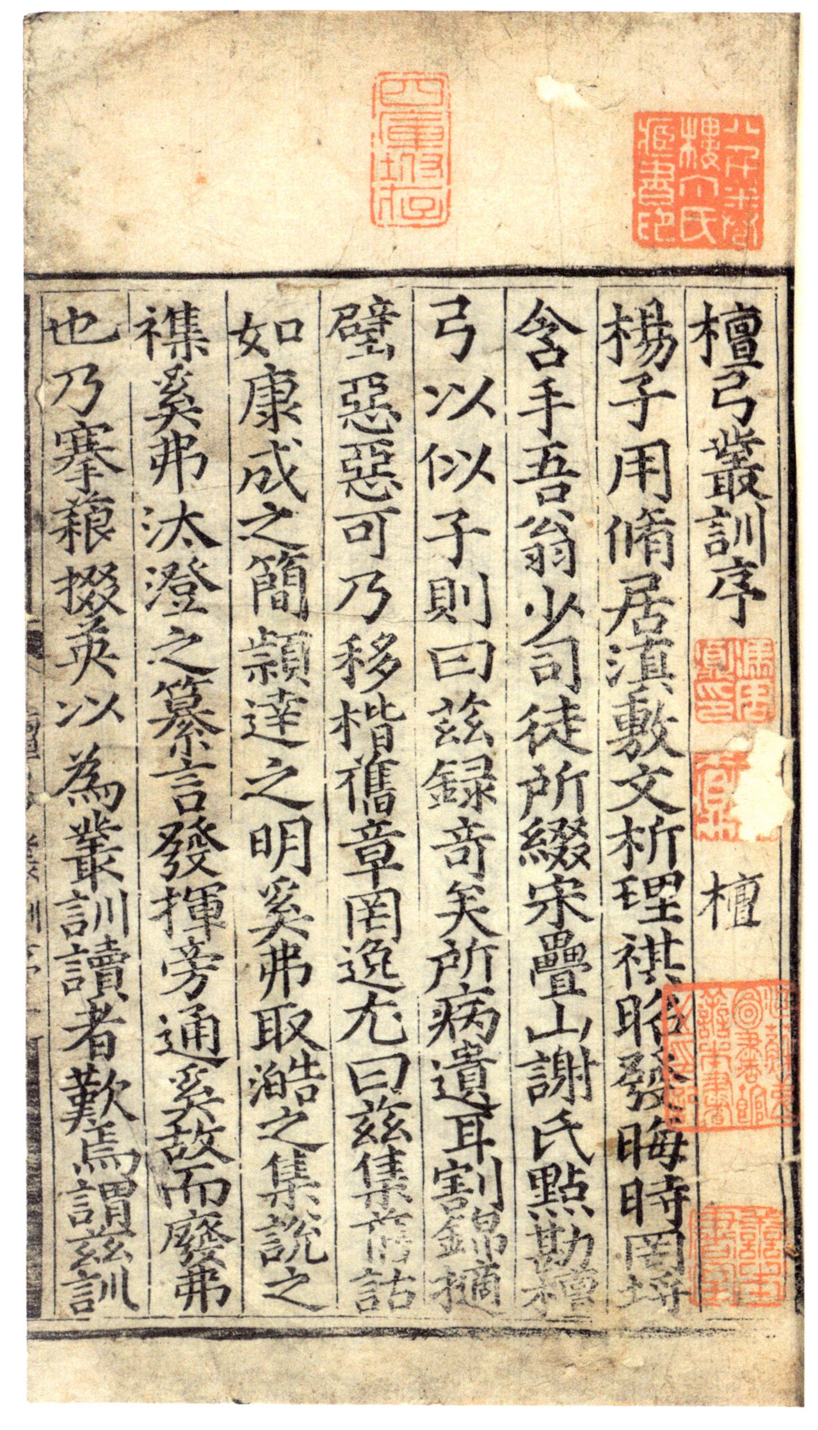

檀弓叢訓序　　檀

楊子用脩居滇敷文析理禩聆發晦時闡

含手吾翁少司徒所綴宋疊山謝氏點勘檀

弓以似子則曰茲録奇矣所病遺耳割錦摘

鸞惡惡可乃移楷舊章罔逸尤曰茲集諸詁

如康成之簡穎達之明奚弗取澔之集說之

襍奚弗汰澄之纂言發揮旁通奚兹而廢弗

也乃搴穮擷英以為叢訓讀者歎焉謂兹訓

本，丙申为嘉靖十五年（1536）。《善本书室藏书志》著录此本为“明嘉靖丙辰姚安府刻本”，“辰”字当是“申”字之误，丙辰为嘉靖三十五年（1556）。其后各书目多袭丁氏之误，著录为“明嘉靖三十五年姚安府刻本”。《第四批国家珍贵古籍名录》收录此本，著录亦误。

此本在传世《檀弓藂训》中刊刻较早，尚未见他馆有藏。此本附谢枋得批点，出自弘治十五年（1502）张志淳增补之本。《善本书室藏书志》卷二曰：“明万历丙辰，乌程闵齐伋谓得谢高泉所校旧本，始以朱墨印行，而不知先有弘治张氏增补之本也。”可见此本所附谢氏批点的版本价值也不容忽视。

而閒然鄭注然猶焉也陸注問所以然鄭說新陸說深詹法短句

孔子曰衛人之祔也離之句法魯人之祔也合之句法善夫孔氏曰衛之合葬以物隔兩棺之間猶生時男女隔居處也魯人則合并兩棺置槨中無別物隔之言異生不須隔詩云穀則異室死則同穴故善魯之祔也

凡玖拾貳條　上下總貳百壹拾肆條

凡玖拾貳條　上下總貳百壹拾肆條

此本圈批前俱有至季氏章起止有圈而無批前亦有不盡然者至于所以然之意俗有去取不可曉者今雖少為增補而卒亦草草也

弘治十五年壬戌五月二十三日永昌張志淳

嘉靖丙申夏六月姚安府刊送于安寧州書院

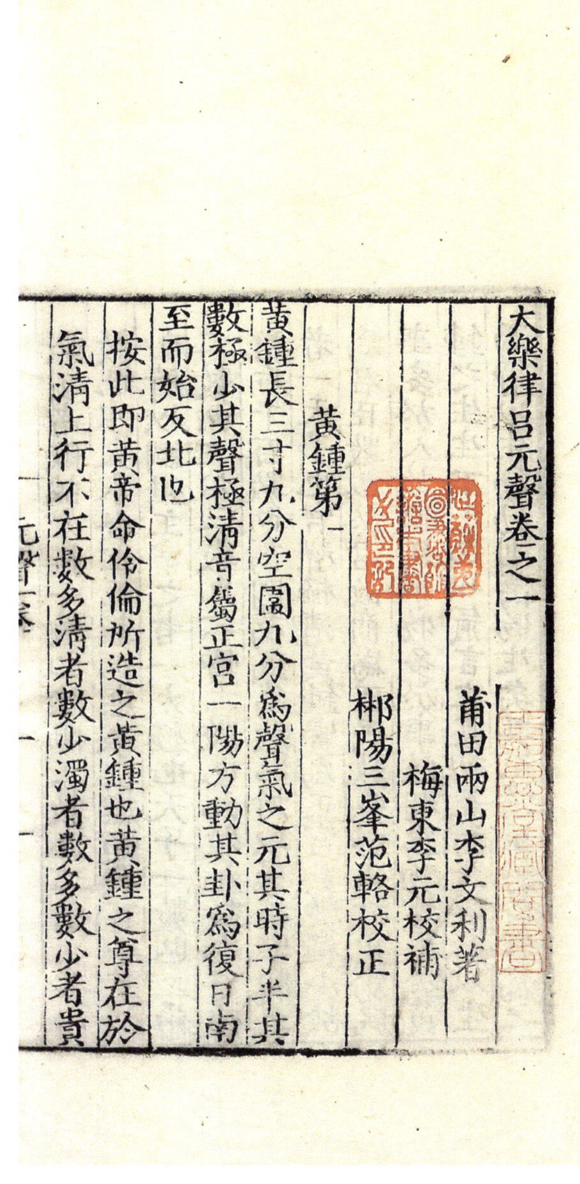

大乐律吕元声六卷大乐律吕考注四卷

（明）李文利撰　（明）李元校补　明嘉靖三年（1524）范辂刻本　（清）丁丙跋　二册

名录号及索书号 10089—110080

李文利，字乾遂，号两山，福建莆田人。成化十六年（1480）举人。历官桂阳教授、思南教授。

弘治三年（1490），李文利任桂阳县教谕，范辂时学于县学，故为其门人。三十余年后，范氏访得文利长子元，得其校补之《大乐律吕元声》，于是命其子永官与景昕校正付梓。

今存此书多为嘉靖十四年（1535）浙江布政使司刻本，此本乃范氏原刻。此本作“嘉靖三年七月二十九日题”。另外，此本曾经会稽钮氏世学楼藏，钤“会稽钮氏世学楼图籍”朱文方印。

大樂律吕元聲序

大樂本乎太始生於人心動形於聲樂律以龢樂龢政形治道以之故聲樂之道與政通古昔聖帝明王所甚重也樂至周情文大備律吕度數人人習知秦去周未遠其器與聲猶有存者六籍既焚士儒失業樂經淪喪其制遂亡漢儒掇拾煨燼莫知適從河間獻王與毛生共採周官及言樂事者以作樂記亦不言制樂之度至司馬遷止因九寸之文遂以九寸爲黄鍾之管不知爲黄鍾之變積數之極也漢斛亦以變數之極爲準非黄鍾之始也孰悟子月一陽之始可以九寸之者當之

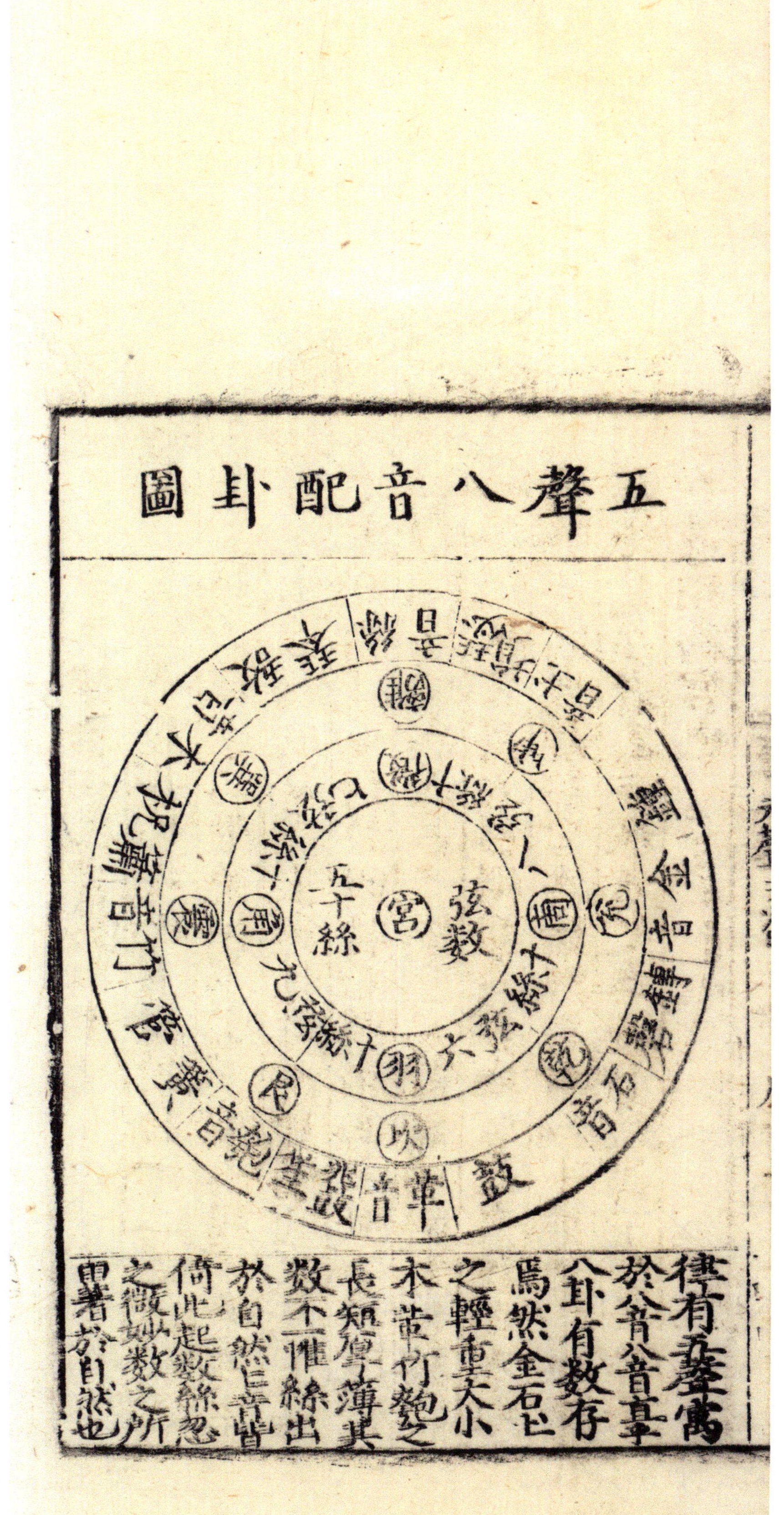

五聲八音配卦圖

律有五聲寓於八音八音寓八卦有數存焉然金石土之輕重大小木革竹匏之長短厚薄其數不一惟絲出於自然七音皆倚此起數絲忽之微妙數之所由著於自然也

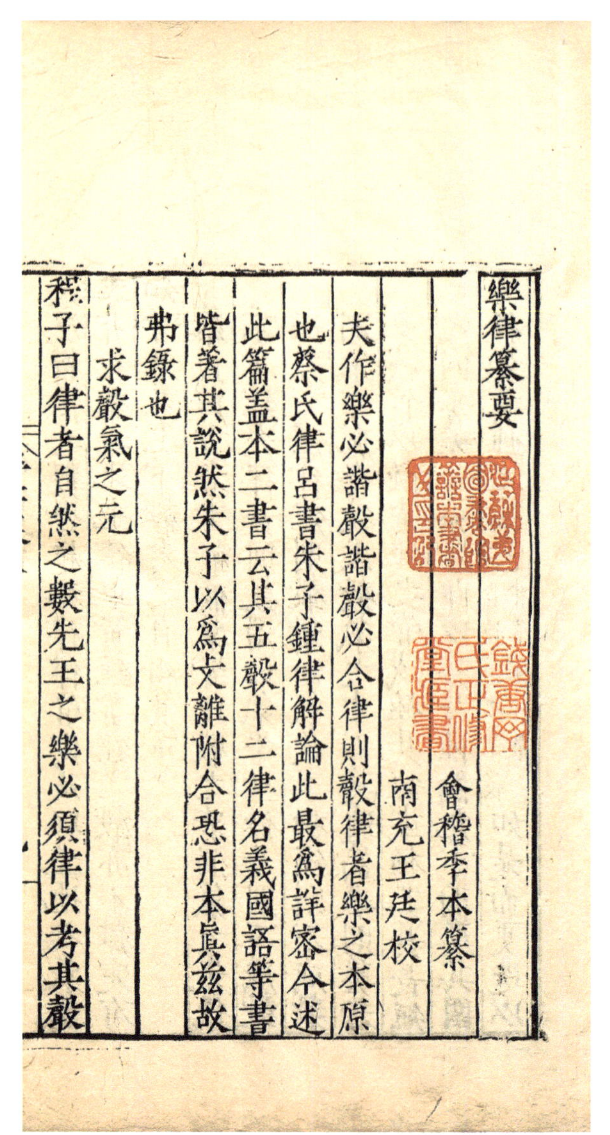
樂律纂要
會稽季本纂
南充王廷校
夫作樂必諧聲諧聲必合律則聲律者樂之本原
也蔡氏律呂書朱子鍾律解論此最爲詳密今述
此篇蓋本二書云其五聲十二律名義國語等書
皆著其說然朱子以爲文離附合恐非本真茲故
弗録也
求聲氣之元
程子曰律者自然之數先王之樂必須律以考其聲

乐律纂要一卷

（明）季本撰　明嘉靖十八年（1539）宋楫刻本　（清）丁丙跋　一册　名录号及索书号10090—110077

季本（1485—1563），字明德，号彭山，会稽（今浙江绍兴）人。曾师事王守仁，明正德十二年（1517）进士，除建宁推官，征授御史，以言事谪官。累迁长沙知府，落职归。平生考索经传，著述甚富。有《易学四同》《诗说解颐》《读礼疑图》《庙制考仪》等。

是书为一部乐律书，以声律者为乐之本原为要，论蔡元定《律吕书》、朱熹《钟律解论》等之说。《四库全书总目》评曰："虽不无可取，而大致不根于古义。观其自序，亦言无所师承，以意考究而得之也。"

半叶十行，行二十字，小字双行同。左右双边，白口，上单白鱼尾。版心中镌书名、页次，后序版心下镌"仁、义、礼、智、信"以代页次。书钤"八千卷楼珍藏善本""丁氏八千卷楼藏书记""钱唐丁氏正修堂藏书""善本书室""四库附存"等印。

先生謂足以發明西山蔡氏之學不欲廢焉嗚呼使此書果得其精猶懼不足以作樂况器數之間尚多踈漏觀者幸廣其志焉可也

嘉靖己亥歲八月晦日彭山季本識

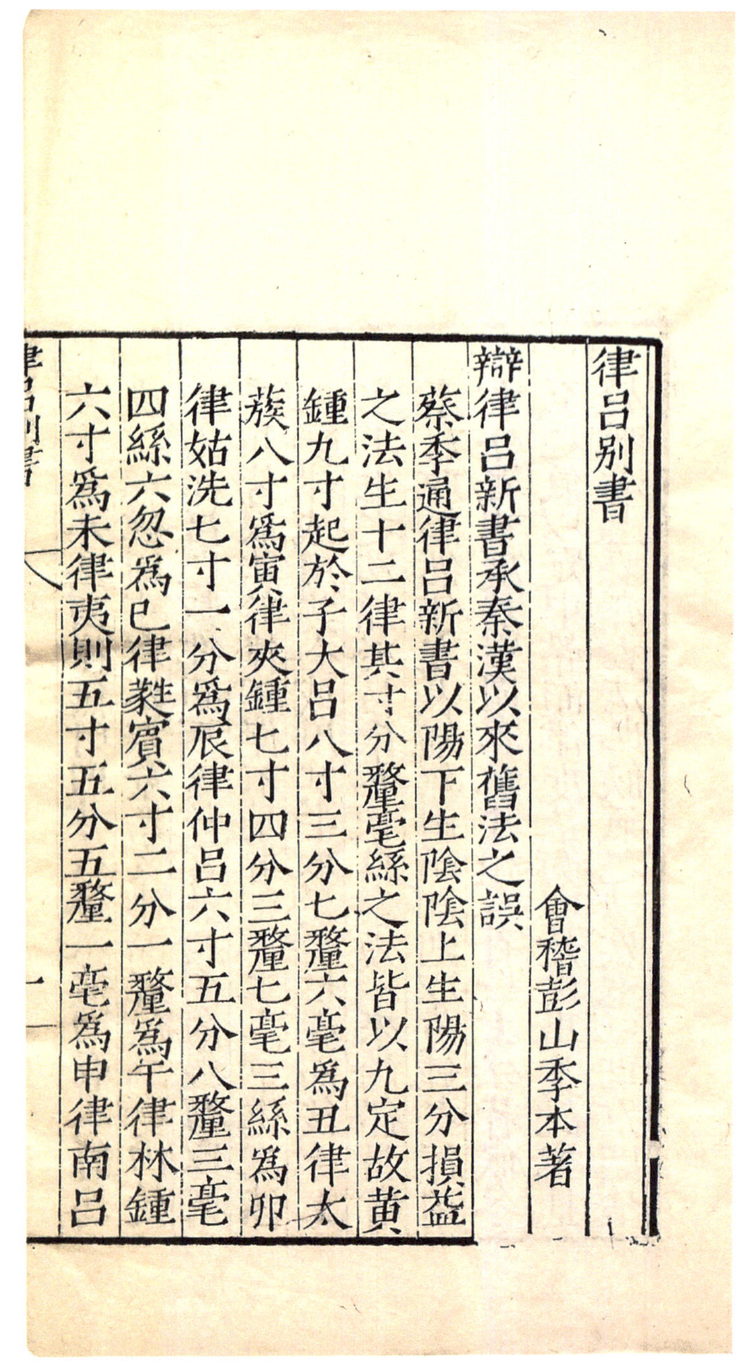
律呂別書

會稽彭山季本著

辯律呂新書承秦漢以來舊法之誤

蔡季通律呂新書以陽下生陰陰上生陽三分損益之法生十二律其寸分釐毫絲之法皆以九定故黃鍾九寸起於子大呂八寸三分七釐六毫爲丑律太蔟八寸爲寅律夾鍾七寸四分三釐七毫三絲爲卯律姑洗七寸一分爲辰律仲呂六寸五分八釐三毫四絲六忽爲巳律蕤賓六寸二分一釐爲午律林鍾六寸爲未律夷則五寸五分五釐一毫爲申律南呂

律呂別書　一

律吕别书一卷

（明）季本撰　明嘉靖李有则刻本　一册　名录号及索书号 10091—112485

季本（1485—1563），字明德，号彭山，会稽（今浙江绍兴）人。曾师事王守仁。正德十二年（1517）进士，除建宁推官，征授御史，以言事谪官。累迁长沙知府，落职归。著有《易学四同》《诗说解颐》《读礼疑图》《庙制考仪》等。

此本末有“建阳李树令男举人有则校刊”刊记。李有则，字子彝，建阳人。嘉靖二十八年（1549）举人。四十三年（1564）任顺德知县。

呂反生而用其變律之半已非正律之清聲也而扭捏用之其聲烏得爲適均哉此可見後世樂家之以意湊合矣然此流傳已久當時豈無知音者皆未有改也今於事物之陵君者亦不必論姑隨其律之長短而差爲五音聲歌之際善過度焉亦未見其爲不和也故雖千聲百聲同歸於五亦奚論於四清哉然則蔡書之筭雖甚精詳竊恐聖人作樂之意不如是之繁瑣也況上下相生往而不返之說於理又難通

予附錄此條以備參考云

律呂別書終

建陽李樹令男舉人有則校刊

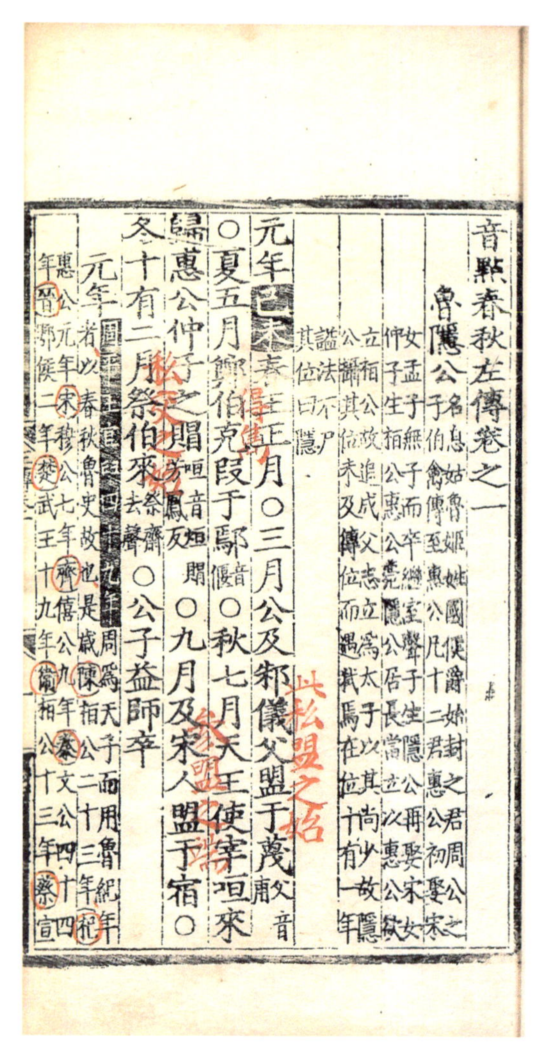

音点春秋左传十六卷

明弘治十五年（1502）陈理刻本　（清）丁丙跋　八册　名录号及索书号 10094—110083

陈理，字性之，睢州（今河南睢县）人。成化二十二年（1486）举人。弘治十四年任徽州府通判。

“‘春秋’者，鲁史记之名也。”书末彭泽《刊春秋左传后序》中言刻书缘由：“弘治辛酉（十四年，1501）秋，巡抚都宪坦洞先生安成彭公莅郡，谓《左传》无善本，学者艰于诵习也，乃命刊如胡传。”陈理取《左传》句解旧本录之，存音点而去注释，刊置郡斋。此番书中《凡例》亦有详解。据载，陈将元本杜预注之三十五卷与林尧叟注之七十卷删脱，合为十六卷。元本还将经文与传文编为一例，以朱书字别之。此本却以尊行为经，卑行为传，经文顶格，传文低一格，以便观览。又因“元二氏注本，按句直解，难字音反，庶便初学。今兹脱注，观者未易句读，特加音点以解疑难”。

半叶十一行，行二十一字，小字双行同。四周双边，上下黑口，双顺黑鱼尾。版心中题“左传”、卷次、页次，下题刻工简名。有丁丙跋，佚名朱、墨笔批注。除“八千卷楼珍藏善本”等丁氏藏印外，还有“沧晓”“胡煦之印”“甘泉书臧”“当归草堂”等印。

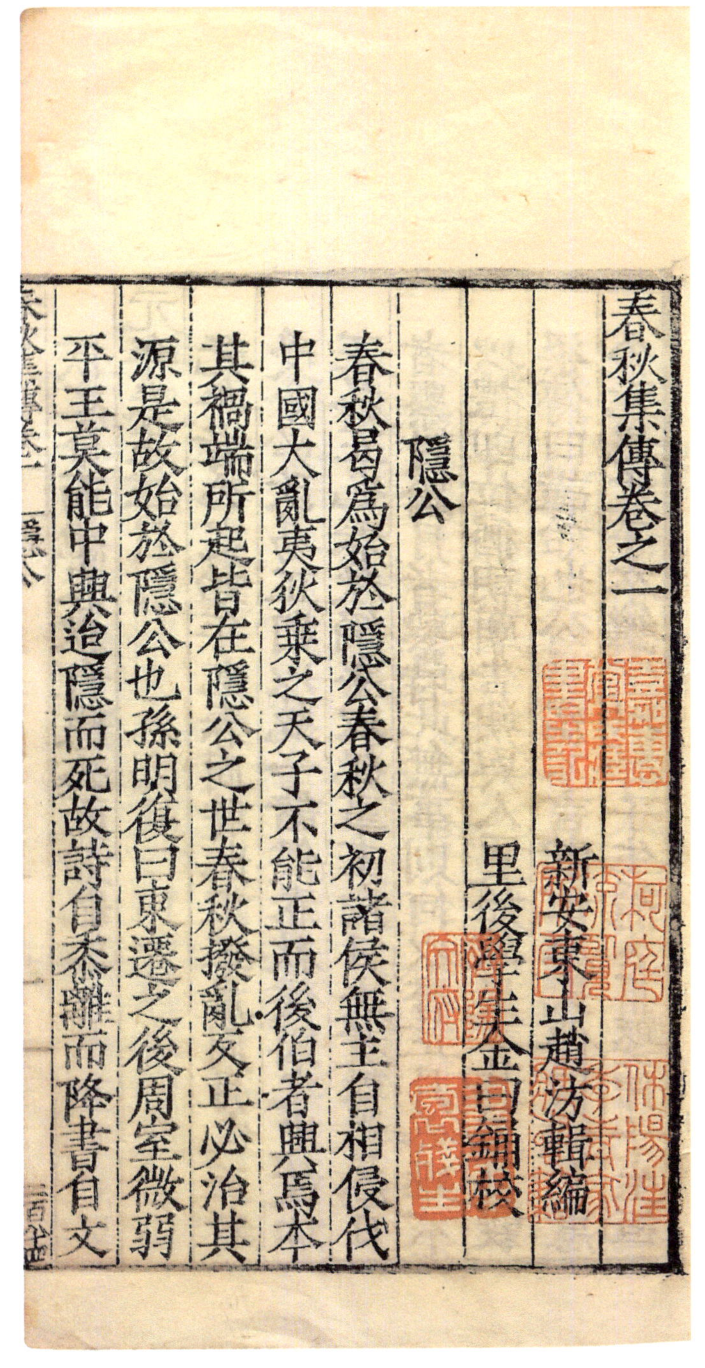
春秋集傳卷之二

新安東山趙汸輯編

里後學金曰鏞校

隱公

春秋曷爲始於隱公春秋之初諸侯無王自相侵伐中國大亂夷狄乘之天子不能正而後伯者興焉本其禍端所起皆在隱公之世春秋撥亂反正必治其源是故始於隱公也孫明復曰東遷之後周室微弱平王莫能中興迨隱而死故詩自黍離而降書自文

春秋集传十五卷

（元）赵汸撰　明嘉靖三十四年（1555）金曰鏞刻蓝印本　（清）丁丙跋　四册　名录号及索书号 10103—114341

赵汸（1319—1369），字子常，晚年人称“东山先生”，徽州休宁（今安徽黄山）人。师事黄泽，受《春秋》之学。事迹详《明史》本传。金曰鏞，休宁人。举人，嘉靖三十三年（1554）任翁源县知县。

前有赵汸撰《春秋集传序》，后接明嘉靖三十四年（1555）金曰鏞识语。全书共十五卷，

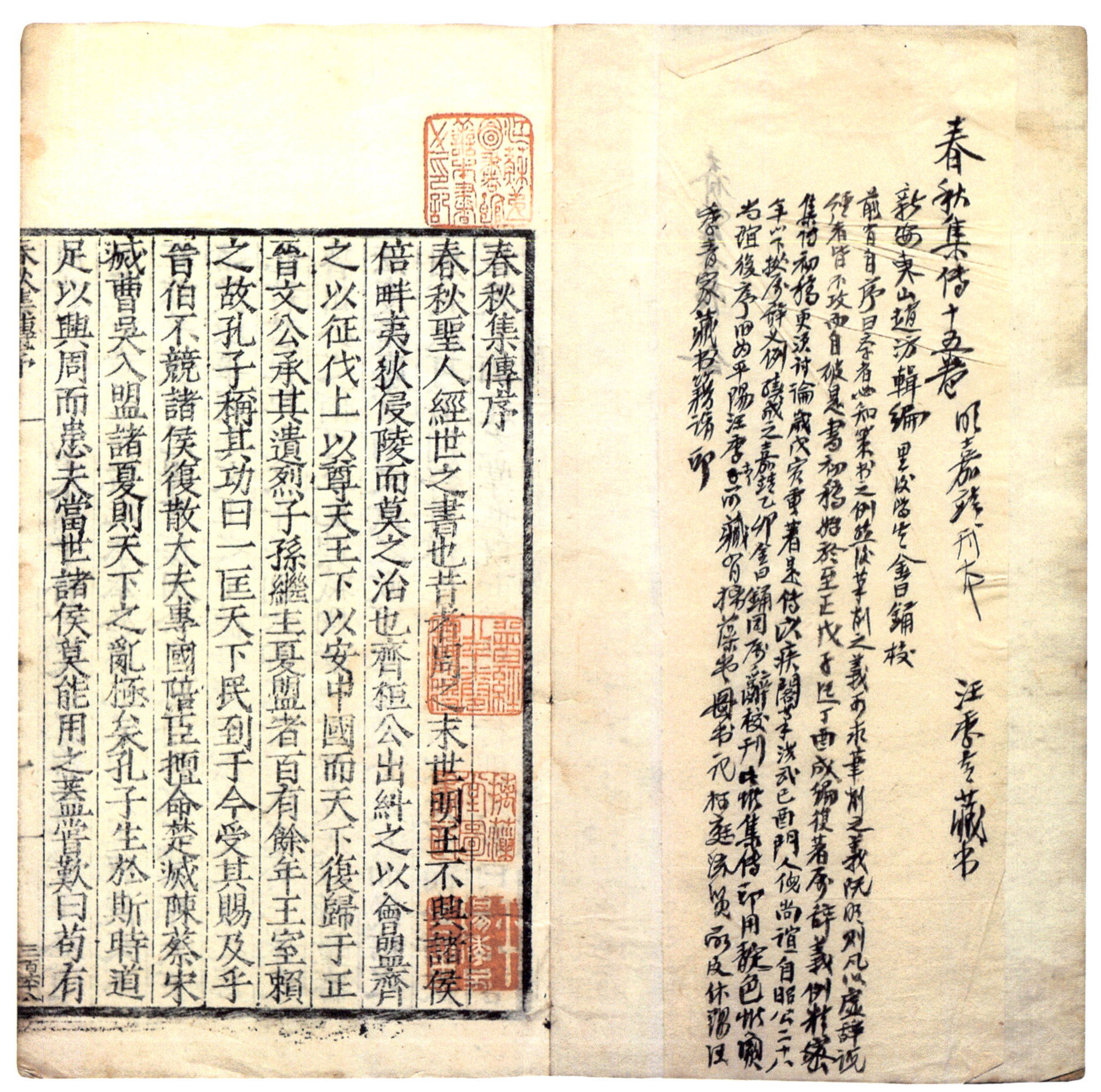

以鲁十二公为次序（其中僖公、襄公、昭公分上、下卷）。经文顶格，传文低一格。各卷卷端次二行下题“新安东山赵汸辑编　里后学生金曰鏞校”。

此书为蓝印本，所谓蓝印本，是指书版刻成后以蓝色颜料试刷的初印本。先用蓝色便于用墨笔校改，经校勘修改无误，再以墨汁正式刷印。此法至迟明刻本中已出现。蓝印本也因数量稀少而受藏书家珍视。

钤有“平阳季子之章”“摛藻堂图书记”“柯庭浏览所及”“休阳汪季青家藏书籍”。

汪文柏（1659—1725），字季青，号柯庭，浙江桐乡人（原籍安徽休宁）。汪森、汪文桂之弟。附贡生，善画墨兰，尤工诗。好藏书，筑别业于吴兴山水间，读书其中。著有《古香楼吟稿》《柯庭余习》《摛藻堂诗稿》等。

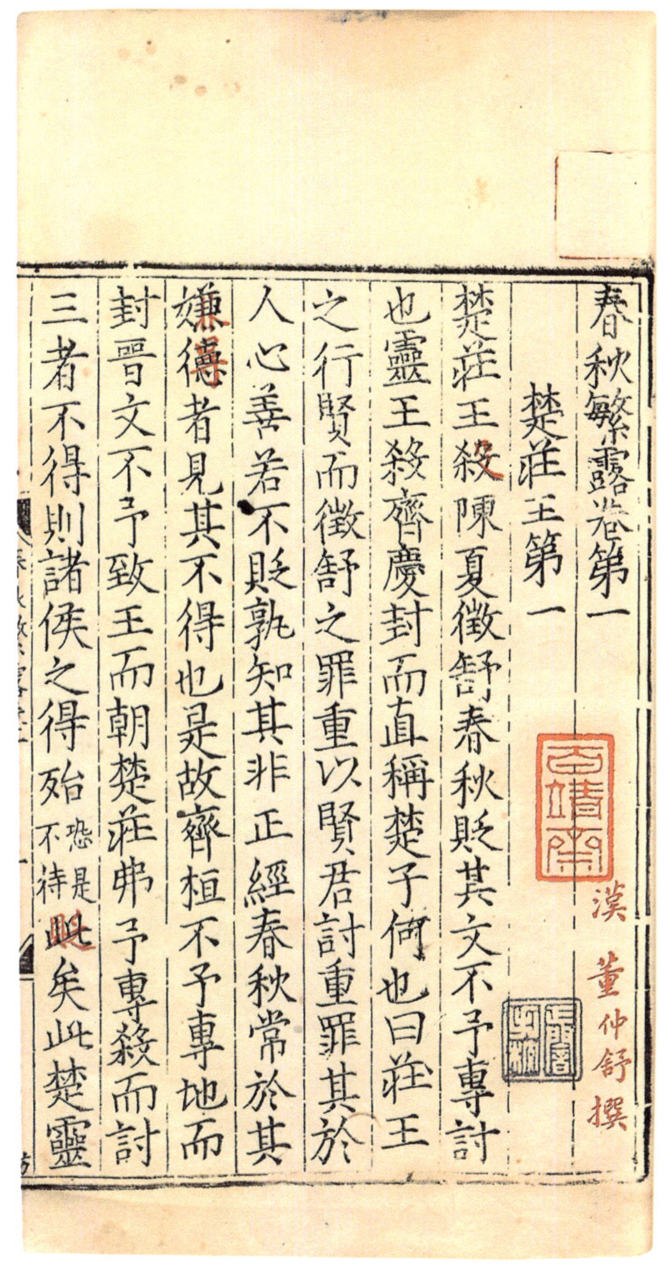
春秋繁露卷第一
楚莊王第一　　漢　董仲舒撰
楚莊王殺陳夏徵舒春秋貶其文不予專討也靈王殺齊慶封而直稱楚子何也曰莊王之行賢而徵舒之罪重以賢君討重罪其於人心善若不貶孰知其非正經春秋常於其嫌得者見其不得也是故齊桓不予專地而封晉文不予致王而朝楚莊弗予專殺而討三者不得則諸侯之得殆矣此楚靈

春秋繁露十七卷

（汉）董仲舒撰　明刻本　邓邦述跋并录孔继涵校跋　四册　名录号及索书号 10117—117008

董仲舒（前 179—前 104），广川（今河北景县）人。汉景帝时为博士。《汉书》卷五六有传。

此本为邓邦述百靖斋藏书，护叶有邓氏跋。邓邦述（1869—1939），字正闇，号孝先，自号沤梦老人、群碧翁，江宁（今江苏南京）人。光绪二十五年（1899）进士，授翰林。光绪三十一年（1905）奉派出国考察，归国后任吉林民政使。后辞官回北京，移居祖籍江苏吴县（今江苏苏州）。著有《群碧楼诗草》《群碧楼书目》等。其中朱笔为邓氏录孔继涵校，孔氏原校本今藏中国国家图书馆。

春秋繁露明刻有數本然皆訛舛不可讀此莊谷據大典本校
實錢飲之底本也余有淮南鴻烈亦莊谷物而飲之所校者
校勘之學述乾嘉諸老據一字不肯放過非牧齋義門批本
可擬故成絕詣而當時大典裒輯日益詳實繇是為點竄
之助如此書非得此校不能讀也是書前八卷與兩京遺編
無異自九卷後至十七卷字體不同殆後刊者與沅本所據
本又自不同亦頗有殘蠹余常云讀書之事無窮即茲
版本流傳非區區目論之士所能究也 正闇校畢記於津沽

春秋繁露目錄

漢董　仲舒撰

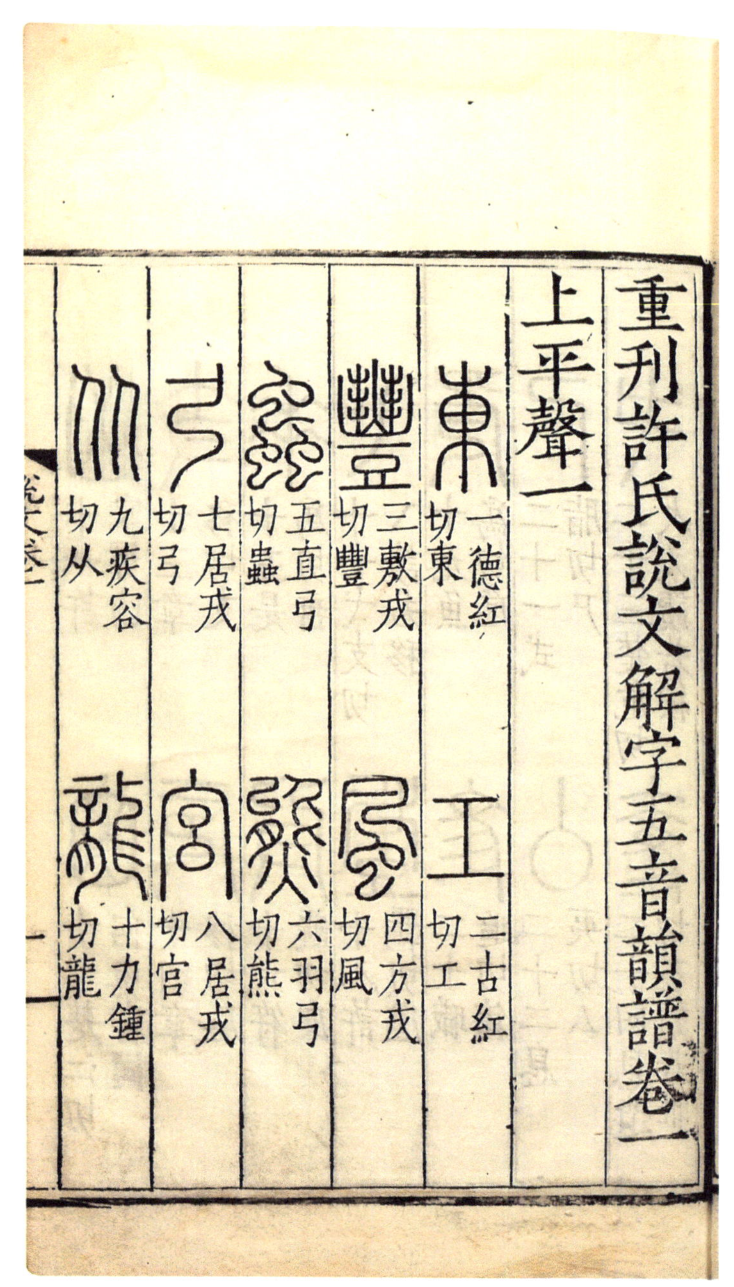
重刊許氏說文解字五音韻譜卷一

上平聲一

一德紅切東　二古紅切工

三敷戎切豐　四方戎切風

五直弓切蟲　六羽弓切熊

七居戎切弓　八居戎切宮

九疾容切从　十力鍾切龍

重刊许氏说文解字五音韵谱十二卷

（宋）李焘撰　明嘉靖七年（1528）郭雨山刻本　六册　名录号及索书号 10114—117403

李焘（1115—1184），字仁甫，一字子真，号巽岩，眉州丹稜（今四川眉山）人。南宋绍兴八年（1138）进士。历任兵部员外郎、湖北转运使、秘阁修撰、权同修国史、权实录院同修撰、常德府知府等。孝宗淳熙十一年（1184）以敷文阁学士致仕。另著有《续资治通鉴长编》等。《宋史》卷三八八有传。

此本首列序，收录宋徐铉序及徐铉、王惟恭、辛仲甫等进表牒文。各卷前有分卷目录。书尾有嘉靖七年（1528）刘节撰《书许氏说文后》，云：“台使雨山郭子观风吴越，考阅斯籍，订谬伐讹，授工于梓。”

謬伐譌摟工於梓君子曰可以觀世矣夫結繩以上不可及也書契之後僞日滋焉良哉考文以爲治也治以法禁法以令畫令以政一政以文同而天下復古矣是故可以觀世矣

嘉靖七年戊子冬十有一月長至

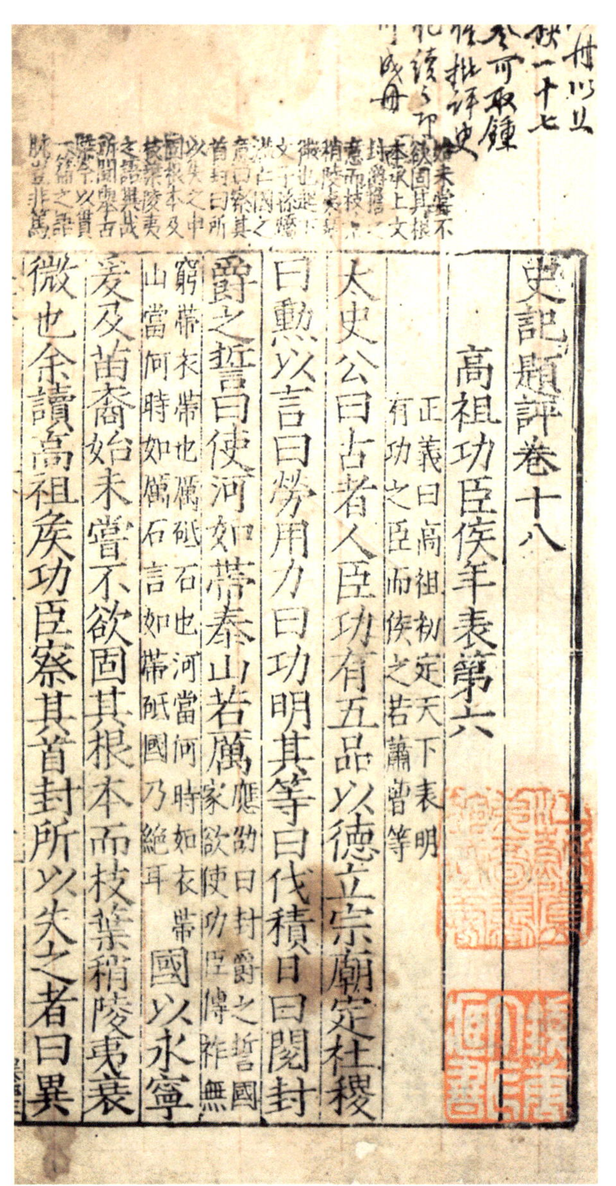

史记题评一百三十卷

（明）杨慎　李元阳辑　明嘉靖十六年（1537）胡有恒、胡瑞敦刻公文纸印本（卷一至十七、十九至二十、二十三配清抄本）　三十八册　名录号及索书号 10163—112536

李元阳（1497—1580），字仁甫，号中溪，别号逸民，云南大理人，白族。嘉靖五年（1526）进士，选翰林院庶吉士。曾任江阴知县，监察御史等。著有《心性图说》《中溪漫稿》等。

是书大字为正文，小字为三家注，杨氏所辑前代评论及本人疏解，均刻于书眉之上。杨氏学识渊博，著述宏硕，在史学批评上极有见解，其说体现了他学贵有疑的史学批评观。

公文纸印本，也称公牍纸本、文牍纸本、官册纸本等，是古籍刻印本的一种特殊形态，专指宋元明时期利用官府废弃的公文档册账簿（包括私人书启等写本）纸背刷印的古籍，亦即古人利用公私废旧纸张背面印刷的古籍印本，具有正面为古籍刻本内容，背面为原始文献内容的双重价值。

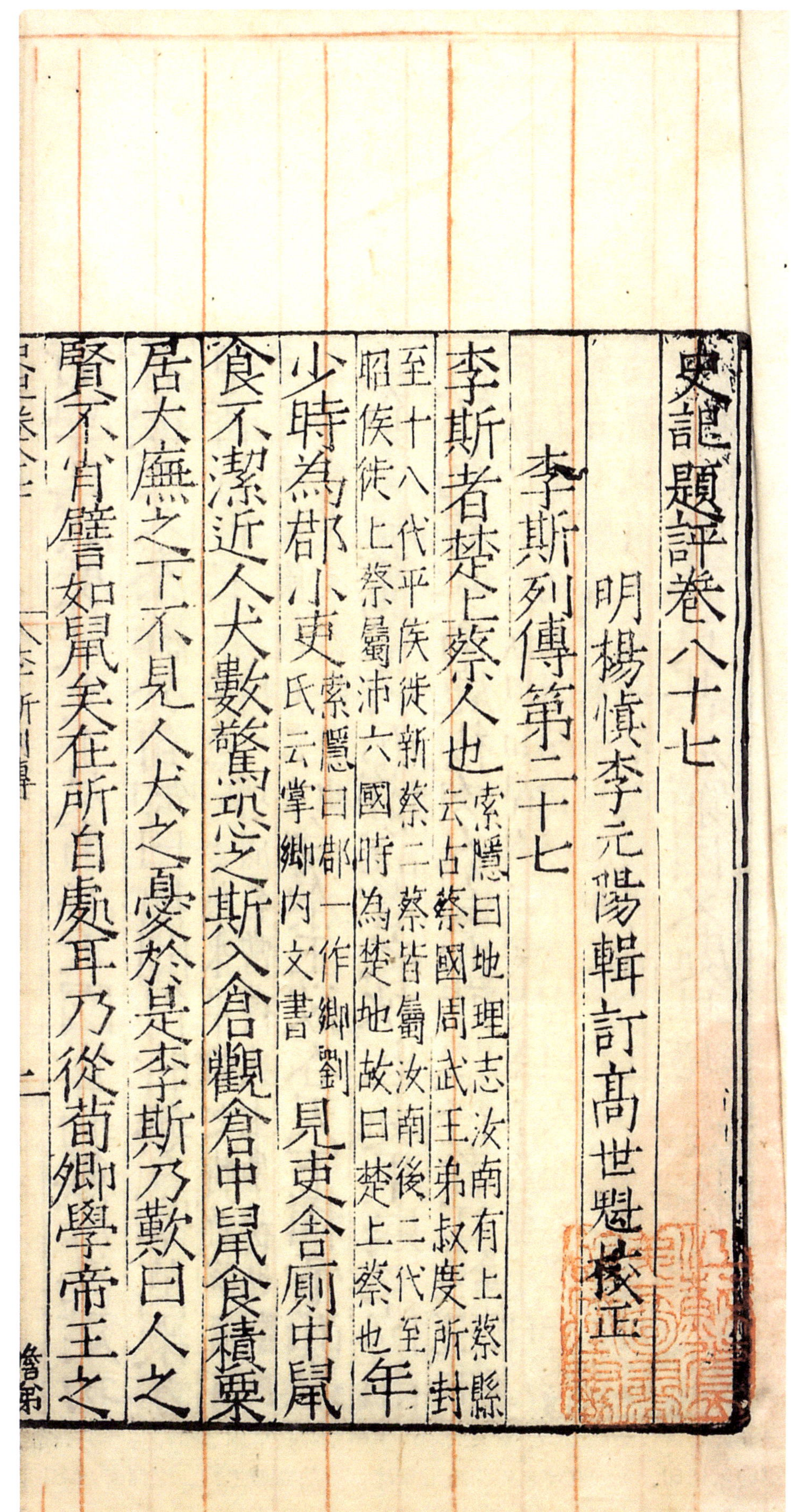

史記題評卷八十七

明楊慎李元陽輯訂高世魁校正

李斯列傳第二十七

李斯者楚上蔡人也索隱曰地理志汝南有上蔡縣云古蔡國周武王弟叔度所封至十八代平侯徙新蔡二蔡皆屬汝南後二代至昭侯徙上蔡屬沛六國時為楚地故曰楚上蔡也年少時為郡小吏索隱曰郡一作鄉劉氏云掌鄉内文書見吏舍廁中鼠食不潔近人犬數驚恐之斯入倉觀倉中鼠食積粟居大廡之下不見人犬之憂於是李斯乃歎曰人之賢不肖譬如鼠矣在所自處耳乃從荀卿學帝王之

皇朝本紀

大明　皇帝濠泗人也姓朱氏世爲農業

母大后陳氏夜夢一黄冠自西北来至舍南麥塲中

麥糠内取白藥一丸置

大后掌中

大后視漸長黄冠曰好物食之

大后應而吞之覺謂

仁祖曰口尚有香明旦

帝生生三日腹脹幾殆

皇朝本纪一卷

明抄本　一册　名录号及索书号 10184—117583

此书又名《明本纪》《皇明本纪》，不著撰人，记载了明太祖朱元璋从出生至洪武五年（1372）的生活及战争经历，分年编排，是研究明初史事的重要文献。此本为蓝格抄本，郑振铎先生以其为底本编入《玄览堂丛书》续集。

此书钤“吴兴沈氏药盦父尚絅卢主所蓄经籍书画金石印”“吴兴抱经楼藏”“授经楼藏书印”诸印，可知在清末曾为藏书家沈德寿的插架之物。沈德寿，字长龄，号药庵，别号窳民，浙江慈溪人。

汉纪三十卷

（汉）荀悦撰　明正德十六年（1521）何景明、翟清刻本　六册

名录号及索书号 10208—118499

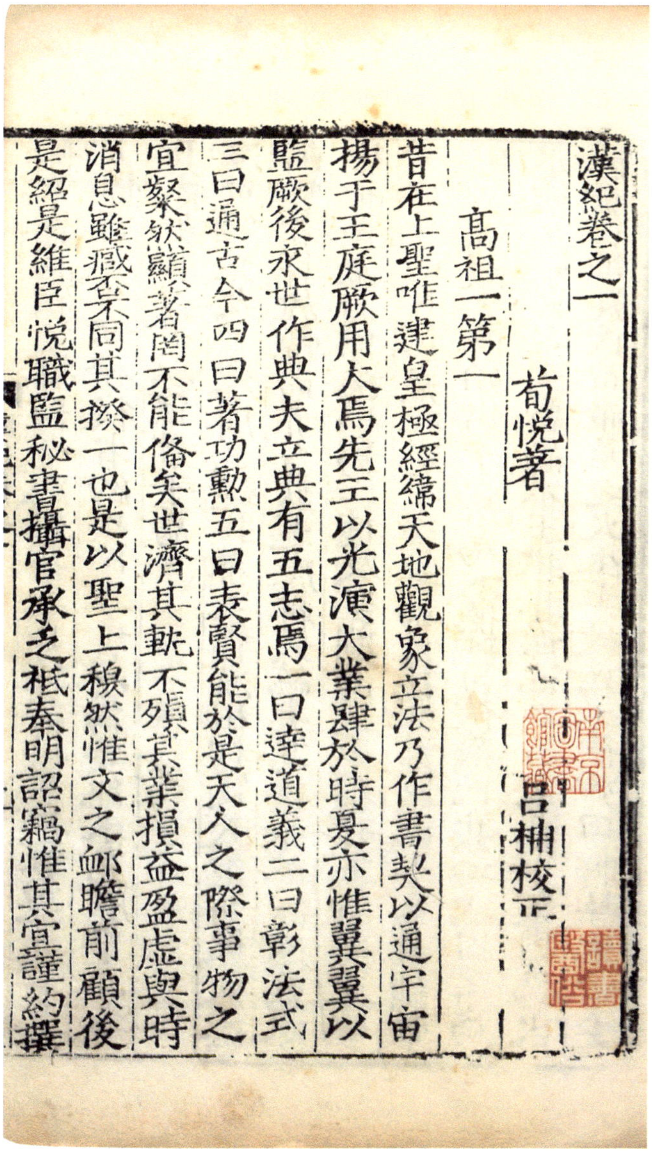

漢紀卷之一

高祖一第一

荀悅著　吕柟校正

昔在上聖唯建皇極經緯天地觀象立法乃作書契以通宇宙揚于王庭厥用大焉先王以光演大業肆於時夏亦惟翼翼以監厥後永世作典夫立典有五志焉一曰達道義二曰彰法式三曰通古今四曰著功勳五曰表賢能於是天人之際事物之宜粲然顯著罔不能備矣世濟其軌不殞其業損益盈虛與時消息雖臧否不同其揆一也是以聖上穆然惟文之卹瞻前顧後是紹是維臣悅職監秘書攝官承之祗奉明詔竊惟其宜謹約撰

荀悦（148—209），字仲豫，颍川颍阴（今河南许昌）人。献帝时，累迁至秘书监、侍中。《后汉书》卷六二有传。另著有《申鉴》。

此书大体约《汉书》而成，《四库全书总目》称其“词约事详，论辨多美”。后为与袁宏《汉纪》区别，又称荀书为《前汉纪》，袁书为《后汉纪》。自嘉靖间黄姬水以宋本翻刻《两汉纪》（荀悦《汉纪》与袁宏《汉纪》合刻），其后各刻均本之，再无别本单行者，故学界多以黄姬水本为《汉纪》最早善本。其实，黄本之前尚有一种单行的《汉纪》刻本，即此本。

此本半叶十行，行二十三字，白口，左右双边，单黑鱼尾，版心书书名、卷次及页码。卷端题“汉纪卷之一”，低一行书“荀悦著”“吕柟校正”。卷前有何景明、吕柟二序。与黄本相校，此本多《汉纪目录（并序）》，且目录与荀悦序相连直下，犹是宋版之遗，或其抄本源于宋刻，今刻仍之，而黄本已变其旧。此外，荀悦之论黄本均另起一行作“荀悦曰”，此本均连正文作“论曰”。此本底本来源，何序云得《汉纪》抄本于徐子容（徐子容即徐缙，字子容，号崦西，江苏吴县人），子容得之于吴下故家，但未交代吴下故家之抄究出何本。将之与黄本相校，其脱讹衍倒之处多与之相合，或当源于同一祖本。也可能吴下故家之抄即抄自黄氏所得宋刻本，只是钞本只存《汉纪》，王铚序在《后汉纪》后，故未抄，此本亦无缘得刻。

此本刊布弗广，遂至湮晦，今传本亦较稀。此本经吕柟校正，其参校者为《汉书》。同时，黄本部分误刻此本并不误，如卷一“立游为楚王”，黄本误作“立楚为楚王”，后之刻本多据《汉书》改黄本上“楚”字为“交”。此可知“游”字并不是吕柟据《汉书》校改，原文如是，黄氏所得宋本或亦当作“游”，只是黄本误刻。

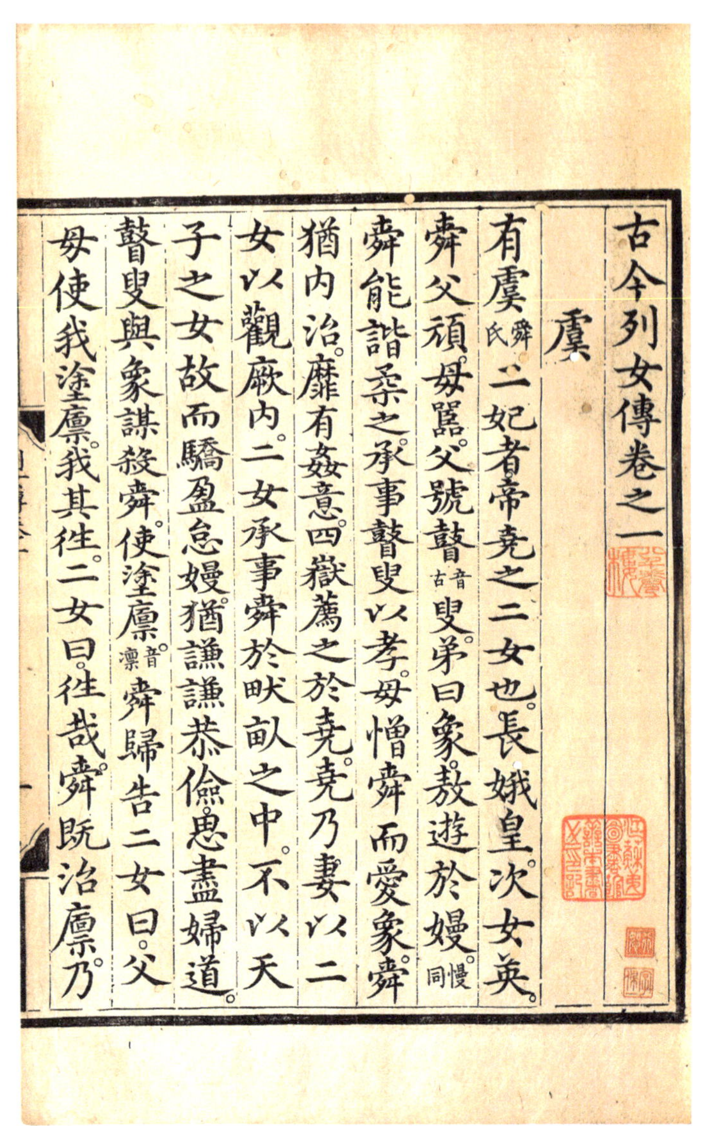

古今列女傳卷之一

虞

有虞（舜氏）二妃者帝堯之二女也長娥皇次女英舜父頑母嚚父號瞽（音古）叟弟曰象敖遊於嫚（同慢）舜能諧柔之承事瞽叟以孝母憎舜而愛象舜猶内治靡有姦意四嶽薦之於堯堯乃妻以二女以觀厥内二女承事舜於畎畝之中不以天子之女故而驕盈怠嫚猶謙謙恭儉思盡婦道瞽叟與象謀殺舜使塗廩（音凛）舜歸告二女曰父母使我塗廩我其往二女曰往哉舜既治廩乃

古今列女传三卷

（明）解缙等撰　明内府刻本　（清）丁丙跋　三册　名录号及索书号 10255—110273

解缙（1369—1415），字大绅、缙绅，号春雨、喜易，吉水（今江西吉水）人。洪武二十一年（1388）进士。官至翰林学士兼右春坊大学士。永乐初主持纂修《永乐大典》。后因赞立太子，为汉王朱高煦所恶，死狱中。有《文毅集》《春雨杂述》等。

此书为永乐元年（1403）解缙、黄淮、胡广等奉明成祖朱棣之命编纂，叙述历代后妃及诸侯、大夫、士庶人妻事迹，以作闺门典范。其中汉以前辑自刘向《列女传》，汉以后则取材于正史，并以明初诸女附之。《四库全书总目》云“诸臣编辑是书，稍为经意”，“去取颇见审慎”。

此为明内府刻本，开本宽阔，行格疏朗，刻印精良。钤丁氏八千卷楼白文方印“钱唐丁氏藏书”、朱文方印“八千卷楼”、白文长印“四库著录”，并有清代著名藏书家丁丙题跋。又钤朱文方印“钱某簃图书印”、朱文长印“尊敕堂”、白文方印“行恕”等。

古今列女傳

御製序

朕聞唯天下至誠為能經綸天下之大經。立天下之大本。知天地之化育。大經者五品之人倫也。大哉經綸之道乎。而以人倫為本。人之大倫有五。而男女夫婦為先。有夫婦而後有父子。有父子而後有君臣。妃匹之際。生民之始。萬福之原。經訓之作。皆載之

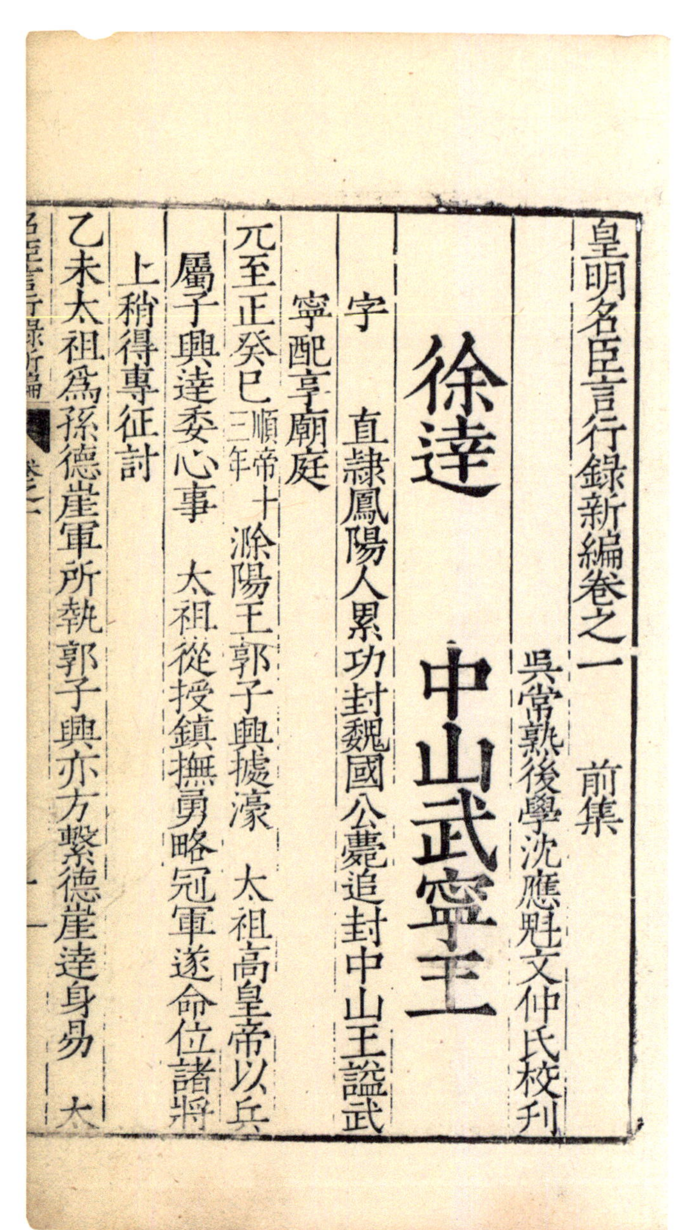
皇明名臣言行録新編卷之一　前集
吳常熟後學沈應魁文仲氏校刋
徐達　中山武寧王
字　直隷鳳陽人累功封魏國公薨追封中山王謚武
寧配享廟庭
元至正癸巳順帝十三年滁陽王郭子興據濠　太祖高皇帝以兵
屬子興達委心事　太祖從授鎮撫勇略冠軍遂命位諸將
上稍得專征討
乙未太祖爲孫德崖軍所執郭子興亦方繫德崖達身易　太
名臣言行録新編　卷之一　一

皇明名臣言行录新编三十四卷

（明）沈应魁辑　明嘉靖三十二年（1553）自刻本　八册　名录号及索书号 10265—112650

沈应魁，字文父、文仲，号冲玄，南直隶苏州府常熟（今江苏常熟）人。嘉靖二十九年（1550）进士。授南京礼部侍郎，官至广西按察佥事。

此书辑录明代自开国至嘉靖间名臣功将之言行事迹。所录者共一百六十七人，“或以节行标，或以勋业显，或以理学称，或以忠烈著，或以文章鸣”。其中卷一至十为前集，收录徐达等五十四人；卷十一至十七为中集，收录罗伦等三十一人；卷十八至二十六为后集，收录彭韶等三十五人；卷二十七至三十四为外集，收录郭英等四十七人。

钤有“嘉惠堂丁氏藏书之记”“八千卷楼”“光绪辛卯嘉惠堂丁氏所得书”“岛原秘藏”等印。

皇明名臣言行錄新編序

序曰遷固殁天下無世史矣紀錄多天下無信史矣雖然猶愈於無書也名臣言行錄者自宋文公朱子始也編分彙萃文獻足徵焉嗣後學者纘異同摭聞見則恒規摹之如李幼武名臣續錄元好問金君臣言行錄蘇伯衡元名臣事略由此其選也

明明

中兴馆阁录十卷

（宋）陈骙等撰　清乾隆二十九年（1764）卢文弨抄本　（清）卢文弨校并跋　（清）丁丙跋　存三卷（七至八、十）　四册　名录号及索书号 10330—112779

《中兴馆阁录》亦名《南宋馆阁录》，馆阁即三馆和秘阁，为宋代藏书及人才培养机构。是书记录南宋时期馆阁的基本功能、日常活动等。

陈骙（1128—1203），字叔进，台州临海（今浙江临海）人。绍兴二十四年（1154）进士。累官将作少监、守秘书少监，知秀州、宁国府、太平州等。《宋史》有传。

是书全帙应为十卷，已残，仅存三卷（七至八、十），有卢文弨校并跋。卢文弨（1717—1795），清校勘学家、藏书家。名录题有丁丙跋，实无。书归钱塘丁氏八千卷楼后，丁氏将之配入清光绪十二年（1886）丁氏刻《武林掌故丛编》之《南宋馆阁录》全本中，合四册，以使卢抄与丁刻有个对比。

钤有“武林卢文弨手校”印。

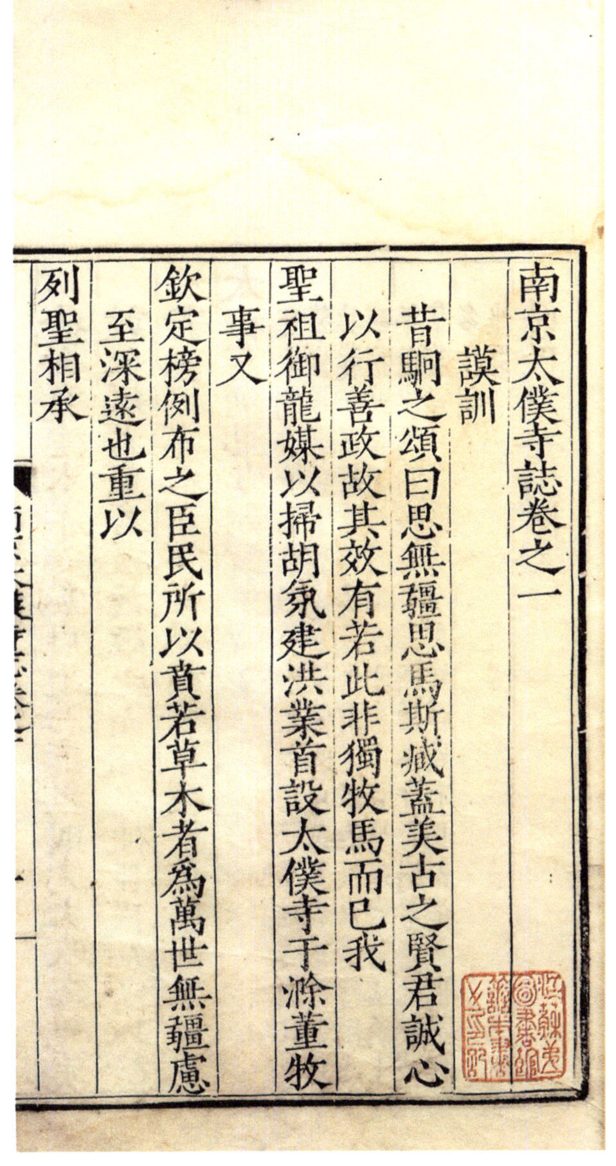
南京太僕寺誌卷之一

謨訓

昔駉之頌曰思無疆思馬斯臧蓋美古之賢君誠心以行善政故其效有若此非獨牧馬而已我

聖祖御龍媒以掃胡氛建洪業首設太僕寺于滁董牧事又

欽定榜例布之臣民所以貫若草木者爲萬世無疆慮至深遠也重以

列聖相承

南京太仆寺志十六卷

（明）雷礼纂修　明嘉靖刻本　（清）丁丙跋　三册　名录号及索书号 10331—110391

雷礼（1505—1581），字必进，号古和，江西丰城（今江西宜春）人。嘉靖壬辰（1532）进士，曾为南京太仆寺少卿。

是书为一部关于南京太仆寺马政的志书。明洪武间置太仆寺于滁州（今安徽滁州），永乐间改为“南京太仆寺”，掌牧养马匹，以备军需，属兵部。

“国之大事在戎，戎之大事在马，马之储养在时与预”。时逢“庚戌之变”，需征马匹，然南京太仆寺马政颓靡，致选马难。后为整顿，撰写此志。内有《纂修寺志公移》，称“有关于马政者，备录不遗”。

半叶九行，行二十一字，小字双行同。四周双边，白口，单鱼尾。钤有“嘉惠堂丁氏藏书之记”“八千卷楼藏阅书”等丁氏藏印，有丁丙跋。

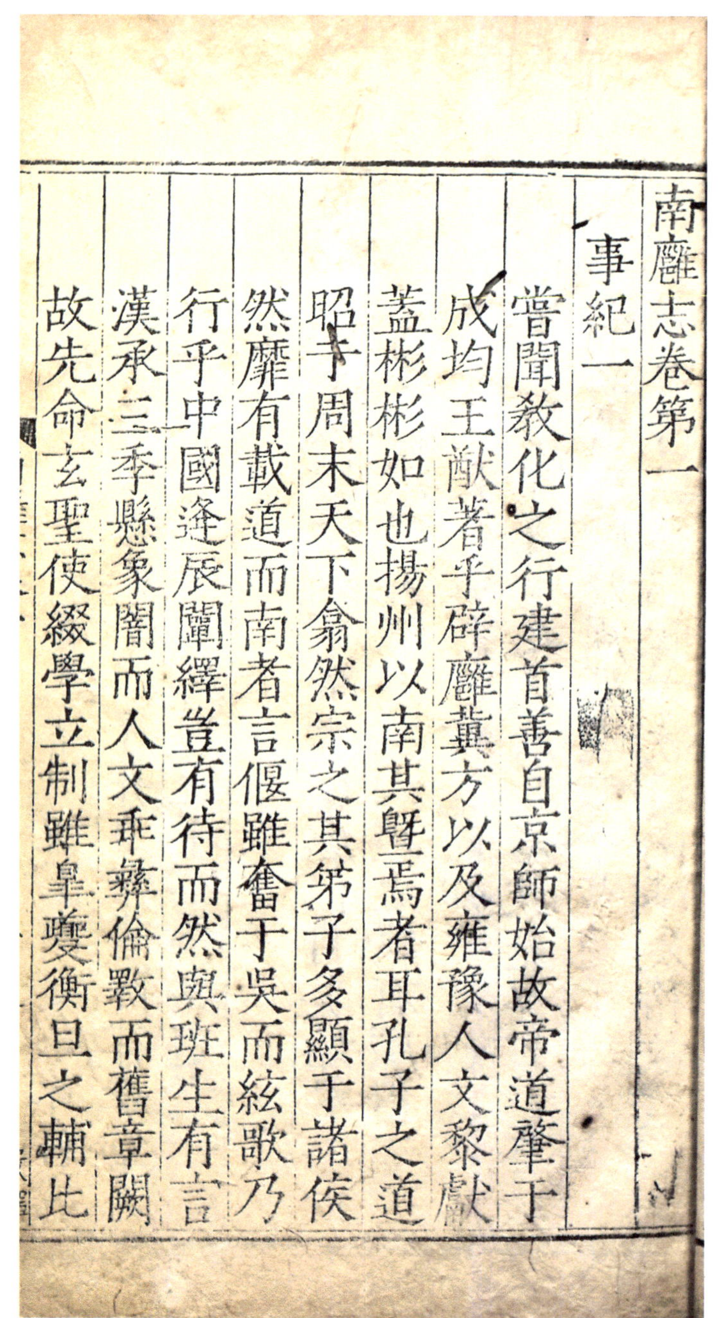

南廱志卷第一

事紀一

嘗聞教化之行建首善自京師始故帝道肇于成均王猷著乎辟廱冀方以及雍豫人文黎獻蓋彬彬如也揚州以南其暨焉者耳孔子之道昭于周末天下翕然宗之其弟子多顯于諸侯然靡有載道而南者言偃雖奮于吳而絃歌乃行乎中國逢辰闡繹豈有待而然與班生有言漢承三季懸象闇而人文乖彝倫斁而舊章闕故先命玄聖使綴學立制雖皋夔衡旦之輔比

南廱志二十四卷

（明）黄佐等撰　明嘉靖刻隆庆增修本　十册　名录号及索书号 10332—117607

黄佐（1490—1566），字才伯，号泰泉，香山（今广东中山）人。正德十六年（1521）进士。累官至南京国子监祭酒、少詹事。《明史》卷二八七有传。

国子监是明代重要教育机构和出版机构。明成祖北迁后，称设在南京的国子监为南雍。黄佐为改嘉靖间南雍的奢丽席宠之风，作此志，较其他纪录南雍之书，详辨宏博，最为完善。

此本刻印精良，有“阳湖陶氏涉园所有书籍之印”“四明张氏约园藏书之印”。由此知曾为民国著名藏书家陶湘、张寿镛所藏。

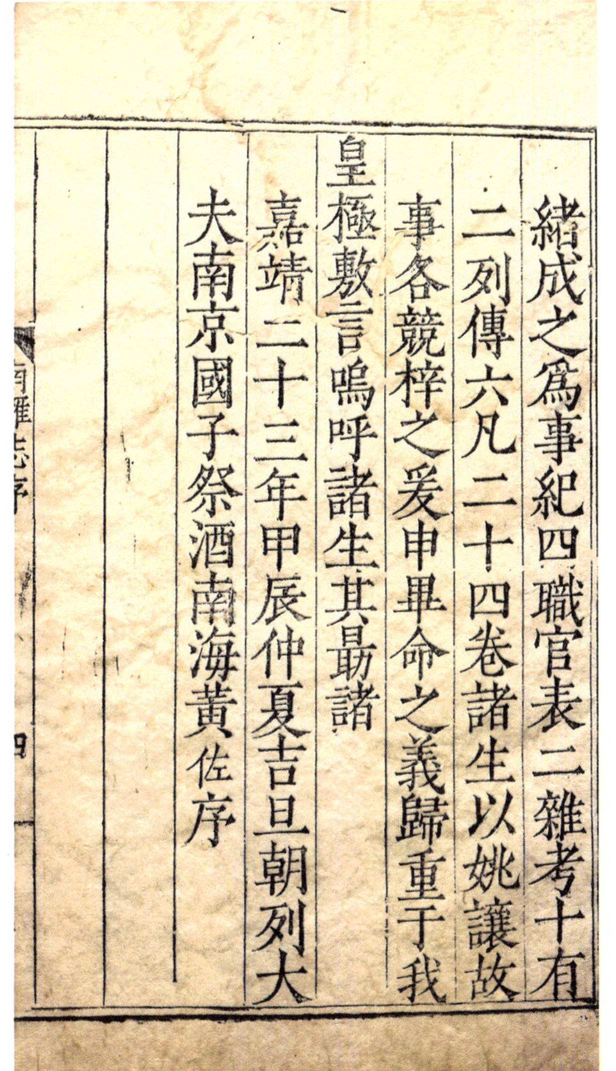
緒成之爲事紀四職官表二雜考十有二列傳六凡二十四卷諸生以姚讓故事各競梓之爰申畢命之義歸重于我
皇極敷言嗚呼諸生其勗諸
嘉靖二十三年甲辰仲夏吉旦朝列大夫南京國子祭酒南海黃佐序

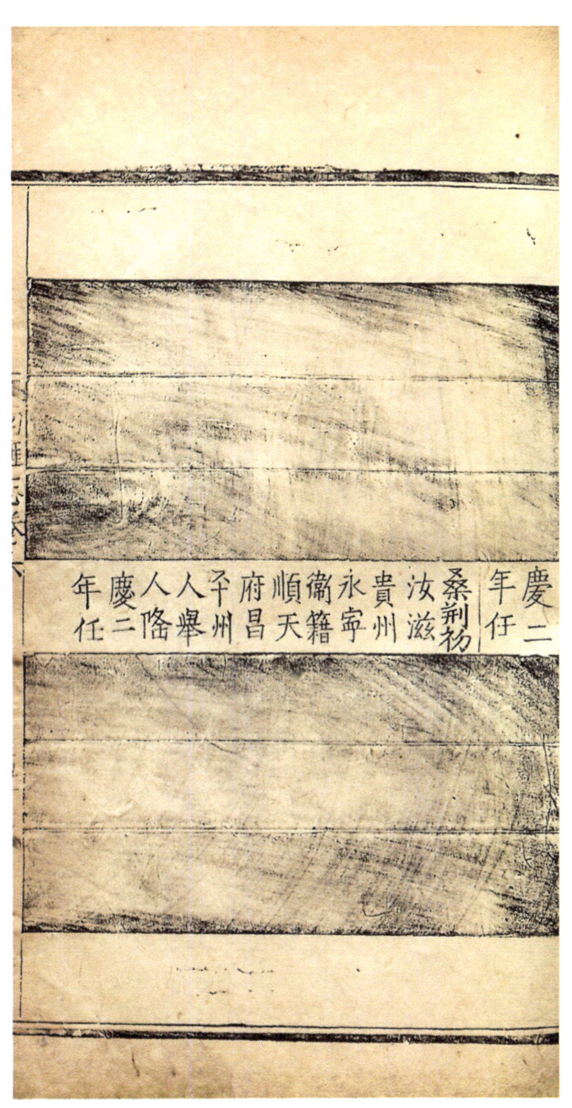
慶二年任
桑荊初汝滋貴州永寧衛籍順天府昌平州人舉人陰慶二年任

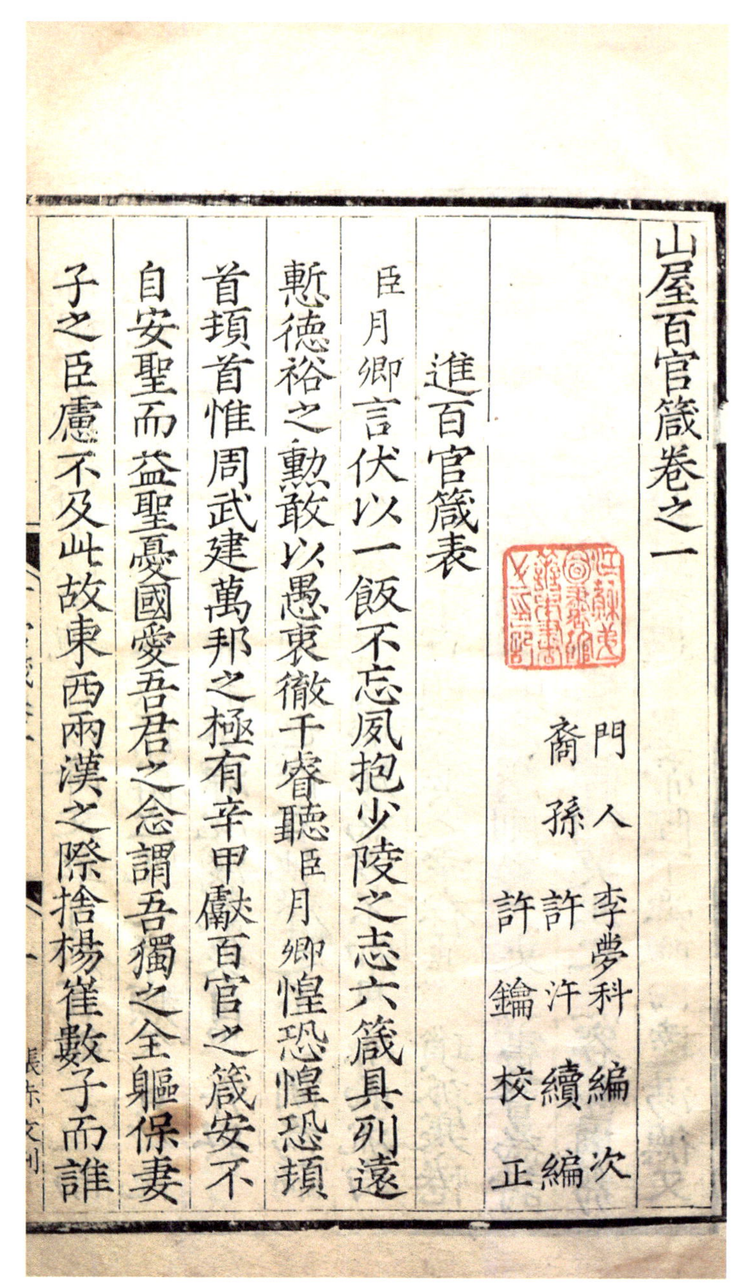
山屋百官箴卷之一
門人李夢科編次
裔孫許汴續編
許鑰校正
進百官箴表
臣月卿言伏以一飯不忘夙抱少陵之志六箴具列遠
慙德裕之勳敢以愚衷徹于睿聽臣月卿惶恐惶恐頓
首頓首惟周武建萬邦之極有辛甲獻百官之箴安不
自安聖而益聖憂國愛吾君之念謂吾獨之全軀保妻
子之臣慮不及此故東西兩漢之際捨楊崔數子而誰

山屋百官箴六卷

（宋）许月卿撰　明嘉靖十四年（1535）潘滋刻本　一册　名录号及索书号 10334—110401

许月卿（1216—1285），字太空，入元后更字宋士，号泉田子，人称山屋先生，江西婺源人。早年以军功补校尉，淳祐四年（1244）廷对赐进士及第，累官承直郎、浙西运干等。

官箴为官吏之诫。据《四库全书总目》："是书仿扬雄《官箴》，分曹列职，各申规戒。……盖以所掌之事区分，故既列本职，又及其兼官；既列总司，又及其所分掌。"卷一为进《百官箴》表文、序文及《百官箴》次第，卷二《百官箴》缘起、指归、施用、用韵、讳例，卷三至六自左丞相至太子、太孙、师友僚属，凡四十九箴。

钤"八千卷楼藏阅书""钱唐丁氏藏书""八千卷楼珍藏善本"等印。

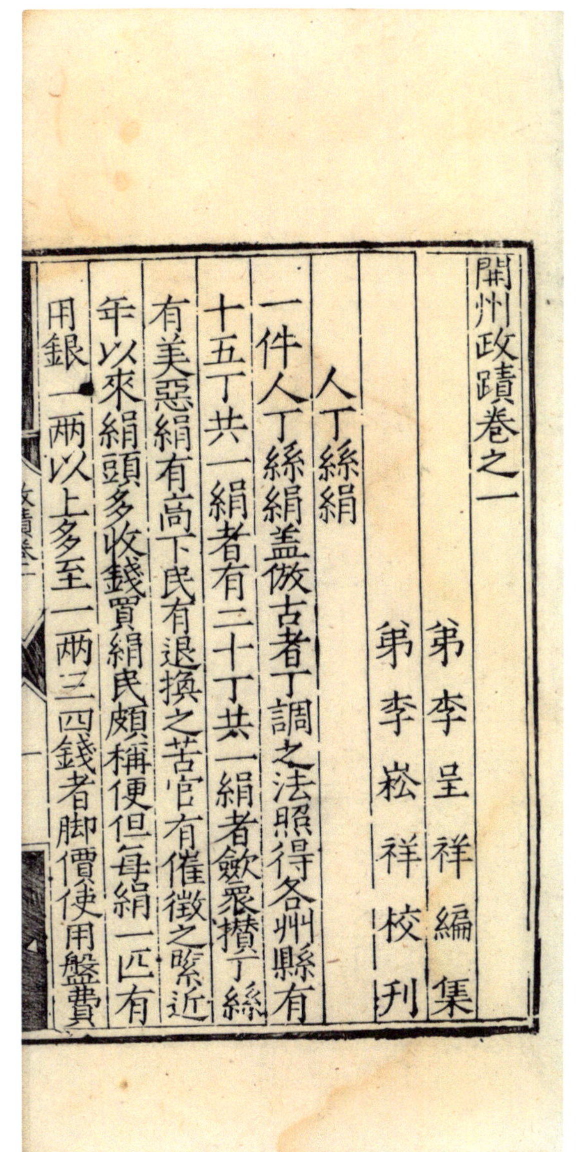
開州政蹟卷之一
弟李呈祥編集
弟李崧祥校刋
人丁絲絹
一件人丁絲絹盖倣古者丁調之法照得各州縣有
十五丁共一絹者有二十丁共一絹者歛聚攢丁絲
有美惡絹有高下民有退換之苦官有催徵之弊近
年以來絹頭多收錢買絹民頗稱便但每絹一匹有
用銀一兩以上多至一兩三四錢者脚價使用盤費

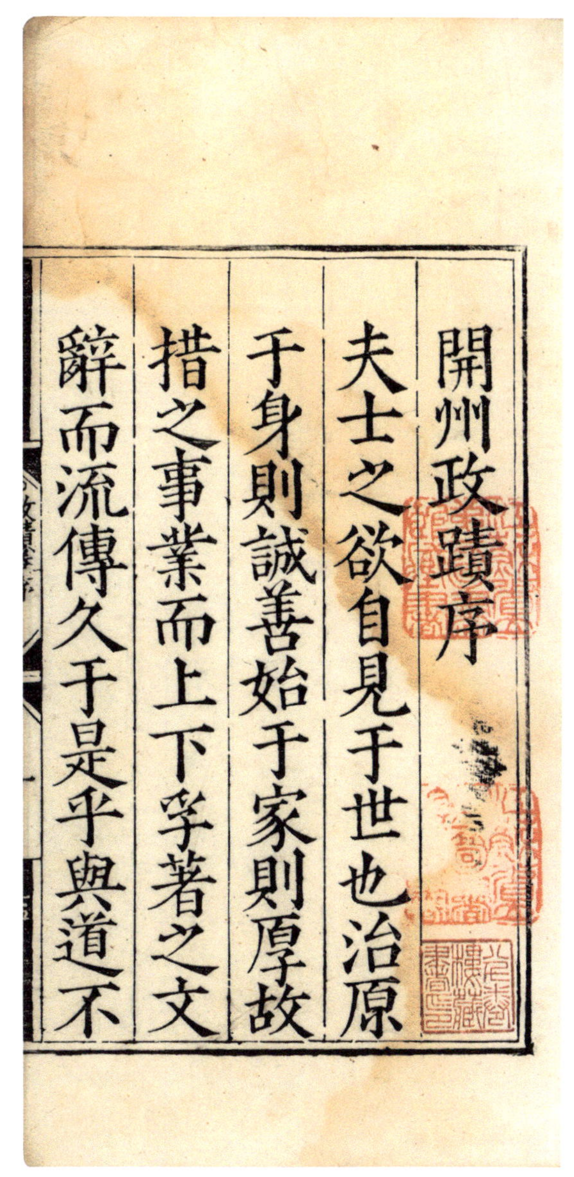
開州政蹟序
夫士之欲自見于世也治原
于身則誠善始于家則厚故
措之事業而上下孚著之文
辭而流傳久于是乎與道不

开州政迹八卷

（明）李呈祥辑　明嘉靖十六年（1537）李崧祥刻本　二册　名录号及索书号 10336—112817

是书主要为明弘治间开州知州李嘉祥任内公牍、奏疏及其传记之汇编。李嘉祥，字时凤，号默斋，明南直隶贵池（今属安徽）人。弘治九年（1496）进士。次年以进士任开州知州。在任期间，“公勤明敏，民吏畏服”，政绩卓著。擢南京户部员外郎，卒于任。正德十二年（1517）入祀开州名宦祠。编纂者为其弟李呈祥。呈祥字时龙，号古源。嘉靖二年（1523）贡生，乐道不仕。有《古源日录》《知行二论》等。

此本刻印者为其弟李崧祥。崧祥字时望，号恭川。正德八年（1513）进士。历官江西、四川布政使。有《恭川遗集》《靖晋录》《解带记》等。此本钤丁氏八千卷楼朱文方印“八千卷楼藏书印”，传世稀少，今仅见南京图书馆收藏。

史通訓故補卷之一

北平黃叔琳崑圃補註

海虞顧鎮備九叅訂

吳門張鳳孫少儀同訂

內篇

六家第一

自古帝王編述文籍外篇言之備矣古往今來質文遞變諸史之作不恆厥體榷而為論其流有六一曰尚書家二曰春秋家三曰左傳家四曰國語

史通训故补二十卷

（清）黄叔琳撰　清乾隆十二年（1747）黄氏养素堂刻本　（清）卢文弨校跋并录　（清）冯舒　钱曾　何焯校　（清）丁丙跋　四册　名录号及索书号 10362—110465

黄叔琳（1672—1756），字昆圃，顺天大兴（今北京）人。

唐刘知几（661—721）作《史通》，后明王惟俭（一作“王维俭”）撰《史通训故》，其题识称对《史通》“除增《因习》一篇及更定《直书》《曲笔》二篇外，共校正一千一百四十二字”。至清一代，黄叔琳又作《史通训故补》以补王惟俭注所未及。书为避讳，“玄”“炫”“弘”缺末笔。

书前有乾隆十二年撰者自序。次接王惟俭《史通训故原序》，又唐景龙四年（710）刘知几《史通序录》。

半叶九行，行十九字，小字双行同。左右双边，白口，单黑鱼尾。天头刻小字。版心上方镌“史通训故补”，版心中间镘卷次，版心下方记叶次。有清卢文弨校跋并录明冯舒、清钱曾、何焯校。又有清丁丙跋。书钤有多印：“八千卷楼珍藏善本”“数间草堂藏书”“范阳卢氏”“嘉惠堂藏阅书”“抱经堂校定本”“卢文弨字绍弓”“数间草堂藏书”“八千卷楼藏书记”“文弨读过”“强圉柔兆”“强圉涒滩”“文弨”“弓父”“数间草堂”及“嘉惠堂藏阅书”。

為時議嘉仰、

唐書、柳芳傳、芳字仲敷、蒲州河東人、開元末、擢

進士第、直史館、叙天寶後事、棄取不倫、史官病

之、

孫端綬佩章
孫景緯揆基　校

皆二月望日校日昳出門應酬路有醉人欲毆我從者叱劫不已因送

上元陳明府處置六年來所未有之事也　東里老人

三月九日錄馮己蒼何義門兩家評語訖　引文記

通川文補　卷二十

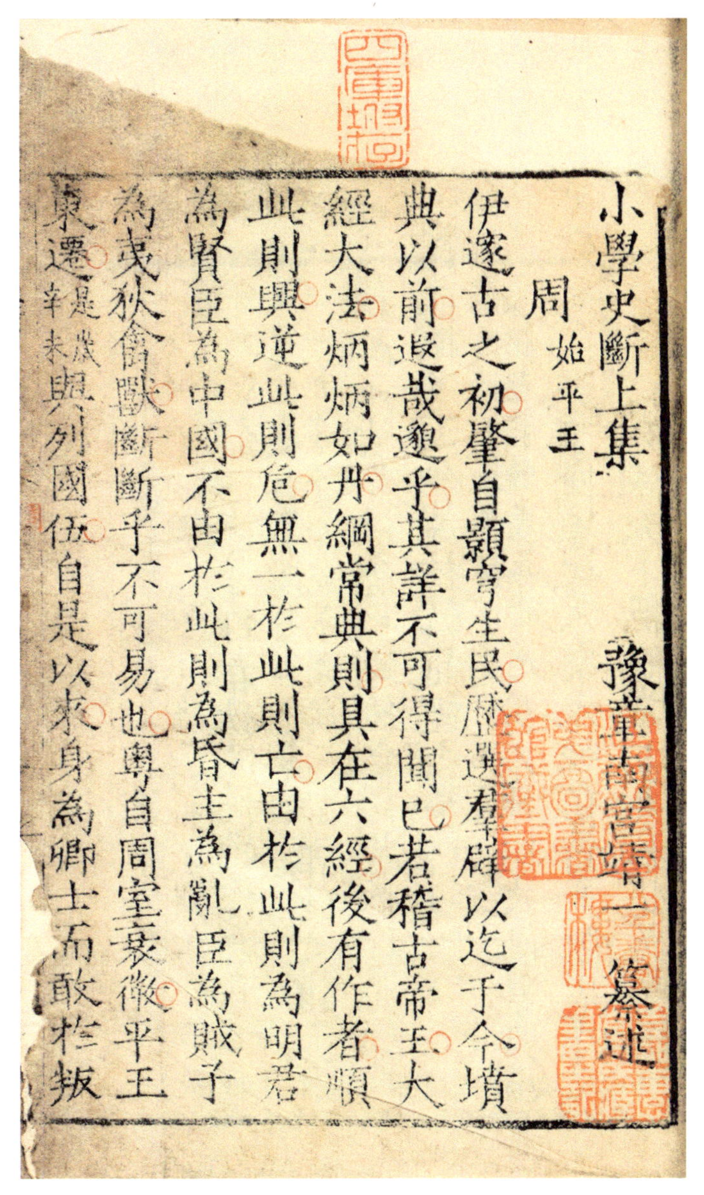
小學史斷上集

豫章南宮靖一纂述

周 始平王

伊邃古之初肇自顥穹生民歷選擘闢以迄于今墳典以前邈哉邈乎其詳不可得聞已若稽古帝王大經大法炳炳如丹綱常典則具在六經後有作者順此則興逆此則危無一於此則亡由於此則為明君為賢臣為中國不由於此則為昏主為亂臣為賊子為夷狄禽獸斷斷乎不可易也粤自周室衰微平王東遷是歲辛未與列國伍自是以來身為卿士而敢於叛

小学史断二卷

（宋）南宫靖一撰　**续一卷**　（明）晏彦文撰　明嘉靖十七年（1538）张木刻蓝印本　二册

名录号及索书号 10364—112838

南宫靖一，字仲靖，自号坡山主人，豫章（今江西南昌）人。晏彦文，明初庐陵（今江西吉安）人。

《四库全书总目》卷八十九云：“是书上起周平王，下迄五代，叙述史事而裒集宋儒论断，联络成文。所采《读史管见》《说斋讲义》为多，《通鉴》及程朱《语录》《吕祖谦集》次之。至邵子之诗，亦摘句缀入。其他苏洵父子之属，则寥寥数则而已。”

此本为嘉靖十七年（1538）四明张木刻本，书末有其《刻史断后》曰：“予自幼雅好是编，每欲新诸梓以广其传，兹承乏京兆，而蓟守蔡君贤与予同志，未几，而李君蓁乃克相其成。”此本较诸他刻增晏彦文续著。

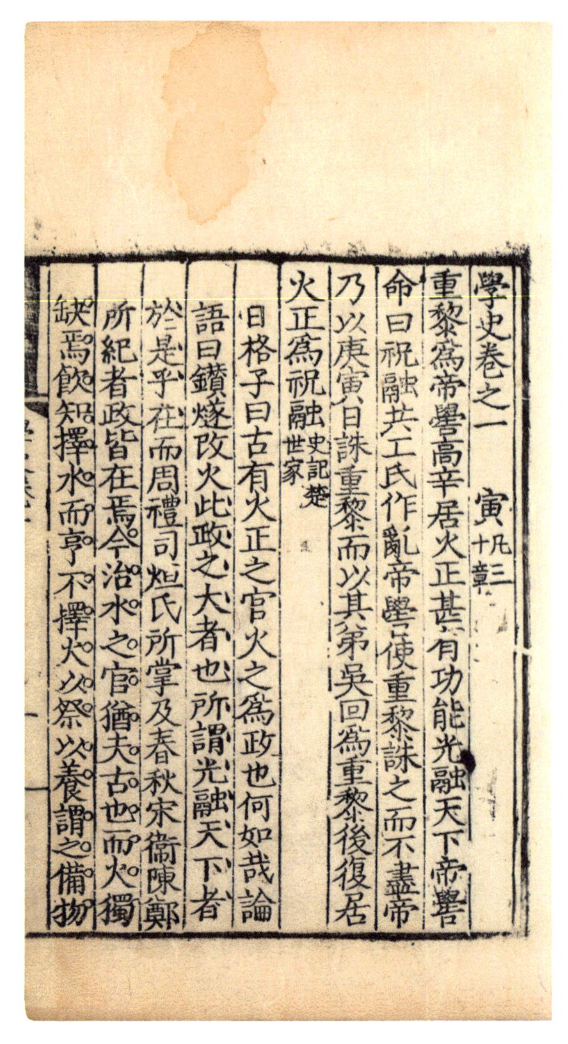
學史卷之一　寅凡十三
重黎爲帝嚳高辛居火正甚有功能光融天下帝嚳
命曰祝融共工氏作亂帝嚳使重黎誅之而不盡帝
乃以庚寅日誅重黎而以其弟吳回爲重黎後復居
火正爲祝融史記楚世家
日格子曰古有火正之官火之爲政也何如哉論
語曰鑽燧改火此政之大者也所謂光融天下者
於是乎在而周禮司爟氏所掌及春秋宋衛陳鄭
所紀者政皆在焉今治水之官猶夫古也而火獨
缺焉飲知擇水而亨不擇火以祭以養謂之備物

学史十三卷

（明）邵宝撰　明正德十五年（1520）陈察刻本　六册　名录号及索书号 10366—117503

邵宝（1460—1527），字国贤，号二泉，南直隶无锡（今江苏无锡）人。成化二十年（1484）进士。崇尚程朱理学。成化间于无锡建东林书院，聚徒讲学。弘治间任江西提学副使时，主修白鹿洞书院学舍，纳诸生修学。累官南京礼部尚书。后辞官告归，卒谥文庄。学者称二泉先生。有《定性书说》《漕政举要》《容春堂集》等。

是书为邵宝任山西提学副使时所撰，以二程观点，论述先秦至元代史事，旨在供诸生问学之用。每卷或三十条，或二十九条，比拟月大三十日、月小二十九日；卷数十三卷，比拟一年十二月、闰月十三月。每日一条史论，取二程“今日格一物，明日格一物”之义。《四库全书总目》称其“词简意赅”“持论平正”。

此本刻印者为陈察。陈察（1471—1554），字元习，号虞山，南直隶常熟（今江苏常熟）人。弘治十五年（1502）进士。累官佥都御史巡抚南赣。刚介直言，罢归。喜藏书，室名至乐楼。著有《虞山集》《小学集注》《黔蜀稿》等，辑刻《义慈集》《奕世清风录》等。正德间以养亲告归，居家九年。时邵宝亦因忤权贵落职居乡。二人同处江南，时相过从，故有此刻。

鬻子

華州鄭縣尉逄行珪註

撰吏五帝三王傳政乙第五撰具也吏者為政之具也又撰博也言王者布政施令其在博求於良吏也賢者舉之不賢者不預言五帝三王政道可以百代傳行者乙次於甲以此明政之次也

政曰政者法教也此明帝王之政事以為法教可稱也君子不與人謀之則已矣言君子脩於內理於外端其形正其影體真德之安守冲妙之

五子书八卷

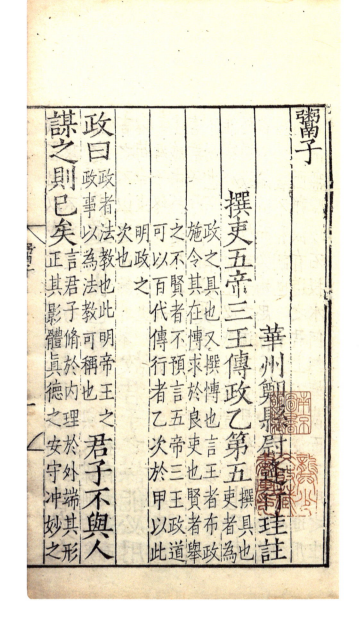

（明）欧阳清编　明嘉靖二十三年（1544）欧阳清刻本　三册　名录号及索书号 10372—117457

欧阳清（1492—？），字懋直，号冲庵，江西上饶人。明嘉靖十一年（1532）进士。官至浙江按察司副使。

正文前首有嘉靖甲辰（二十三年）欧阳清《刻五子书序》。次接《鬻子序》，不署撰者及撰写时间。再接永徽四年逄行珪《进鬻子表》。正文凡八卷，鬻子一卷、尹文子一卷、公孙子龙子一卷、鶡冠子三卷、子华子二卷。刻工有蔡和、贤。钤“郑杰之印”白文方印、“郑氏注韩居珍藏记”朱方长印、“大通楼藏书印”朱文长印，正文首叶钤“龚少文收藏书画印”朱文方印。

刻五子書序

賜進士第中順大夫浙江按察司副使上饒歐陽清撰

五子有書鬻子十四篇一卷子華子十篇二卷鶡冠子十九篇三卷尹文子二篇公孫龍子六篇各一卷故刻在關中有取而刻之栝者久未及校予始讀之爲之改誤若干字漶漫脱落者補正之刻逎完可觀序曰六經垂訓大道孔昭群言之紛徒多淫會存諸子果

蔡示刻

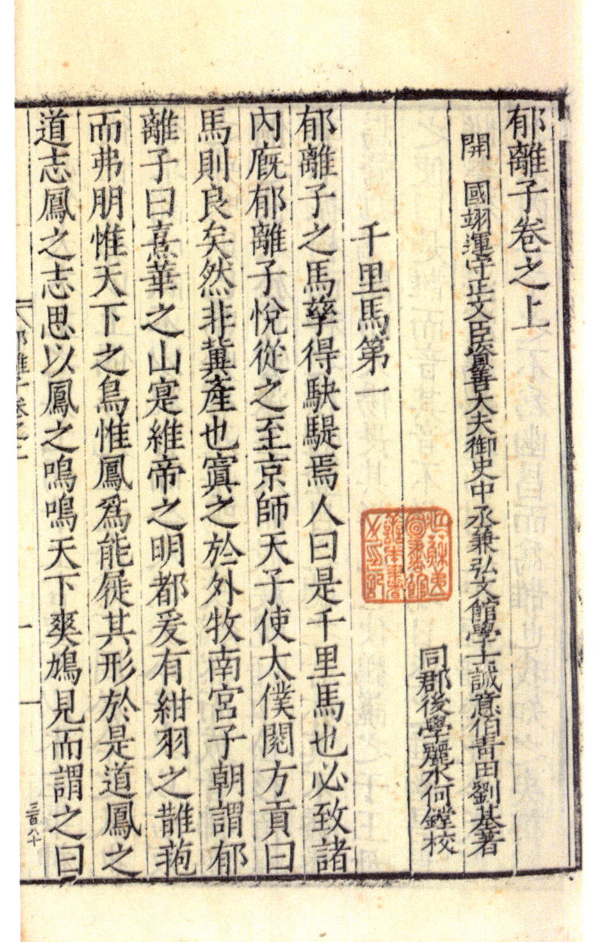

郁離子卷之上

開　國翊運守正文臣資善大夫御史中丞兼弘文館學士誠意伯青田劉基著

同郡後學麗水何鏜校

千里馬第一

郁離子之馬孳得駃騠焉人曰是千里馬也必致諸內廐郁離子悅從之至京師天子使太僕閱方貢曰馬則良矣然非冀產也寘之於外牧南宮子朝謂郁離子曰熹華之山寔維帝之明都爰有紺羽之鵲鵷而弗朋惟天下之鳥惟鳳爲能馴其形於是道鳳之道志鳳之志思以鳳之鳴鳴天下爽鳩見而謂之曰

龍門子凝道記卷之上

翰林學士承旨浦江潛溪宋濂著

栝蒼後學賔巖何鏜校

采苓符第一

龍門子采苓山陽二三子從之龍門子采巳登磐石而憩焉龍門子仰瞻俯覩洋然若有得者乃賦白雲之歌歌曰白雲如旗兮于彼中林矣我采我苓兮寔獲我心矣孔子不出兮麟曷從來矣舍旃舍旃兮我將何依矣歌罷復北面而嘆旁有進者曰夫子何嘆也非聖曷師非經曷窮坤翕乾張地拓天通夫子之

刘宋二子四卷

明嘉靖三十五年（1556）何镗刻本　（清）丁丙跋　四册　名录号及索书号 10376—110597

是书为《郁离子二卷》及《龙门子凝道记二卷》的合称，刘宋二子指的是撰者刘基与宋濂。

刘基（1311—1375），字伯温，处州青田县南田乡（今浙江温州文成县）人。宋濂（1310—1381），字景濂，号潜溪，又号玄真子，别号龙门子等，浦江（今浙江金华）人。

《郁离子》内容多为寓言，然其于天地、阴阳、性命、道德、世运、政治、礼乐、法度之际亦详，寓讽于理。

《龙门子凝道记》之“龙门”即龙门山，亦称小龙门山，宋濂曾购青萝山房于此，更是“入小龙山著书”。

半叶十行，行二十字，小字双行同。左右双边，白口，上单白鱼尾。有清丁丙跋。是书钤有王金铦藏印数枚：“湛庐”“王金铦印”“湛庐藏书记”。另有丁丙的“嘉惠堂藏阅书”印。

刘宋二子四卷明刊本　王鎬士藏书

郁離子（開國翊運守正文臣資善大夫御史中丞兼弘文館學士誠意伯青田劉基著）龍門子凝道記（翰林學士承旨浦江潛溪宋濂著）。按：郁離子十八篇一百九十五條，乃其仕元不得志，棄官歸隱青田時所著。天台徐一夔序稱其生逢□□，郁離為火，文明之象，言用之為文明之盛，為盛世文明之治。向附載誠意伯集中，嘉靖間餘姚張元又為之序。凝道記十八篇（翰林編修吳從善為序），為至正十八年入小識山著書，曰四箴、曰八規、曰十二微，符之含龍之奥，微之偏也，總二十有四篇，以擬一歲之氣，辭之曰凝道記。成化間魏承孫禮為之序。嘉靖丙申羅水何鏜貢守閩封，景仰鄉賢，合而刻之，既自序，復徵大梁李濂為序，曰刘宋二子。明王邵箕錫湛廬盂淵書印

新書卷第一

過秦上事勢

漢長沙太傅賈誼撰

秦孝公據殽函之固擁雍州之地君臣固守以窺周室有席卷天下包舉宇內囊括四海之意并吞八荒之心當是時也商君佐之內立法度務耕織脩守戰之具外連衡而鬬諸侯於是秦人拱手而取西河之外孝公既沒惠文武昭襄

新书十卷

（汉）贾谊撰　明正德十年（1515）吉府刻本　（清）丁丙跋　二册　名录号及索书号10381—110499

贾谊（前200—前168），河南洛阳人。少有才学。汉文帝征召为博士，擢太中大夫。曾多次上书文帝提出改革主张。才高遭忌，贬为长沙王太傅，后改任梁怀王太傅。因怀王坠马而死，自责，抑郁而终。

是书以贾谊之奏疏、政论、词赋编纂而成，由汉代学者刘向主持删定。因年代久远，古奥难读，历代传抄、刊印屡有删改，真伪难辨。《四库全书总目》谓其“不全真，亦不全伪”。

贾谊曾为长沙王太傅，历代地方官对《新书》之流布不遗余力，先后有宋淳熙八年（1181）潭州提学漕使给事程某、明正德九年（1514）长沙知府陆相等主持刊刻。明代吉藩封地为长沙，正德十年亦刻印是书。吉藩始封于明英宗朱祁镇第七子朱见浚（1456—1527），天顺元年（1457）封吉王，成化十三年（1477）就藩长沙。嘉靖六年（1527）卒，谥号简。刻有《二十家子书》《四书集注》等。

此本钤彭元瑞朱文长印“知圣道斋藏书”、朱文方印“南昌彭氏”、白文方印“遇读者善”，又钤丁氏八千卷楼朱文长印“八千卷楼珍藏善本”“八千卷楼所藏”、朱文方印“善本书室”、白文长印“四库著录”等，并有清代著名藏书家丁丙题跋。

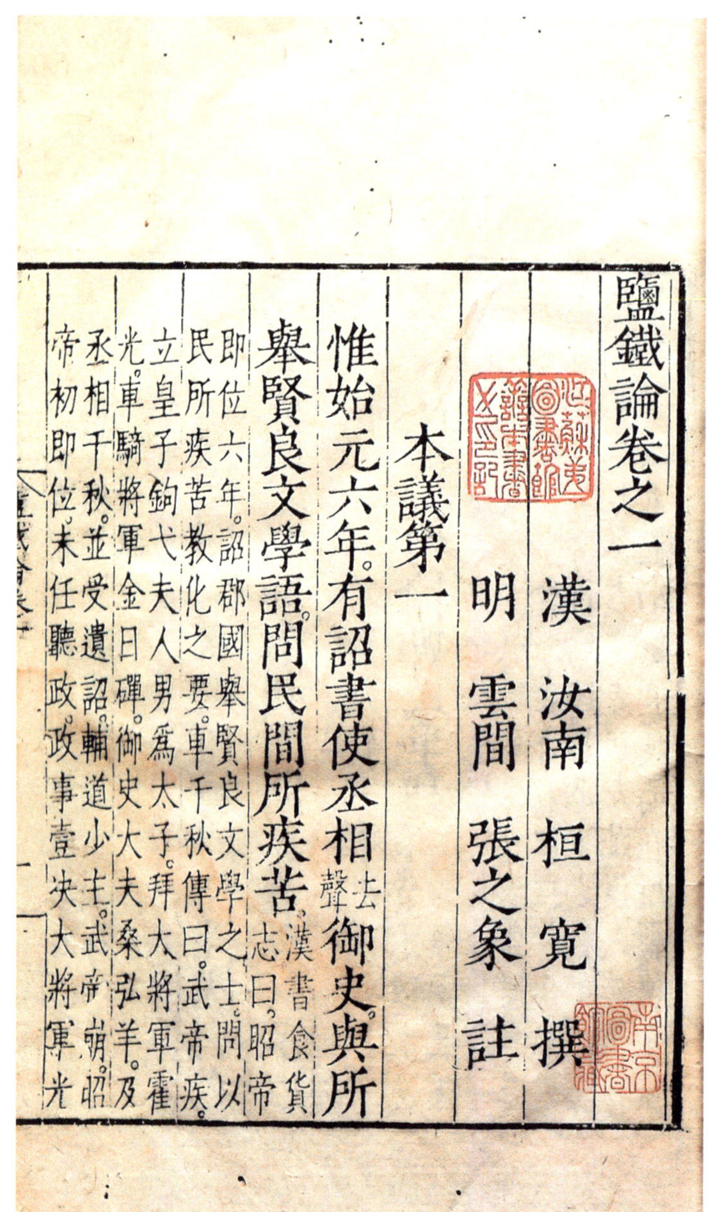
鹽鐵論卷之一
漢　汝南　桓寬　撰
明　雲間　張之象　註
本議第一
惟始元六年。有詔書使丞相（去聲）御史與所舉賢良文學語。問民間所疾苦。（漢書食貨志曰。昭帝即位六年。詔郡國舉賢良文學之士。問以民所疾苦。教化之要。車千秋傳曰。武帝疾。立皇子鉤弋夫人男爲太子。拜大將軍霍光。車騎將軍金日磾。御史大夫桑弘羊。及丞相千秋。並受遺詔。輔道少主。武帝崩。昭帝初即位。未任聽政。政事壹決大將軍光

盐铁论十二卷

（汉）桓宽撰　（明）张之象注　明嘉靖三十三年（1554）张氏猗兰堂刻本　（清）丁丙跋　六册　名录号及索书号 10383—110500

桓宽，字次公，西汉汝南郡（今河南上蔡）人。官至庐江太守丞。

张之象（1496—1577），字月鹿，一字玄超，号王屋山人。上海人。

始元六年（前 81），汉昭帝诏丞相车千秋、御史大夫桑弘羊举贤良文学之士，问以民所疾苦，因“今郡国有盐铁、酒榷、均输，与民争利”，于是盐铁之议起焉。后桓宽广辑会议记录，采议文于诸与会儒生，推衍盐铁之议，以对话体形式汇成此书。

半叶九行，行十七字，小字双行同。左右双边，黑口，单鱼尾。版心中题书名、卷次、页码。书钤“善本书室”“锡五”“花诰印”“四库著录”印。

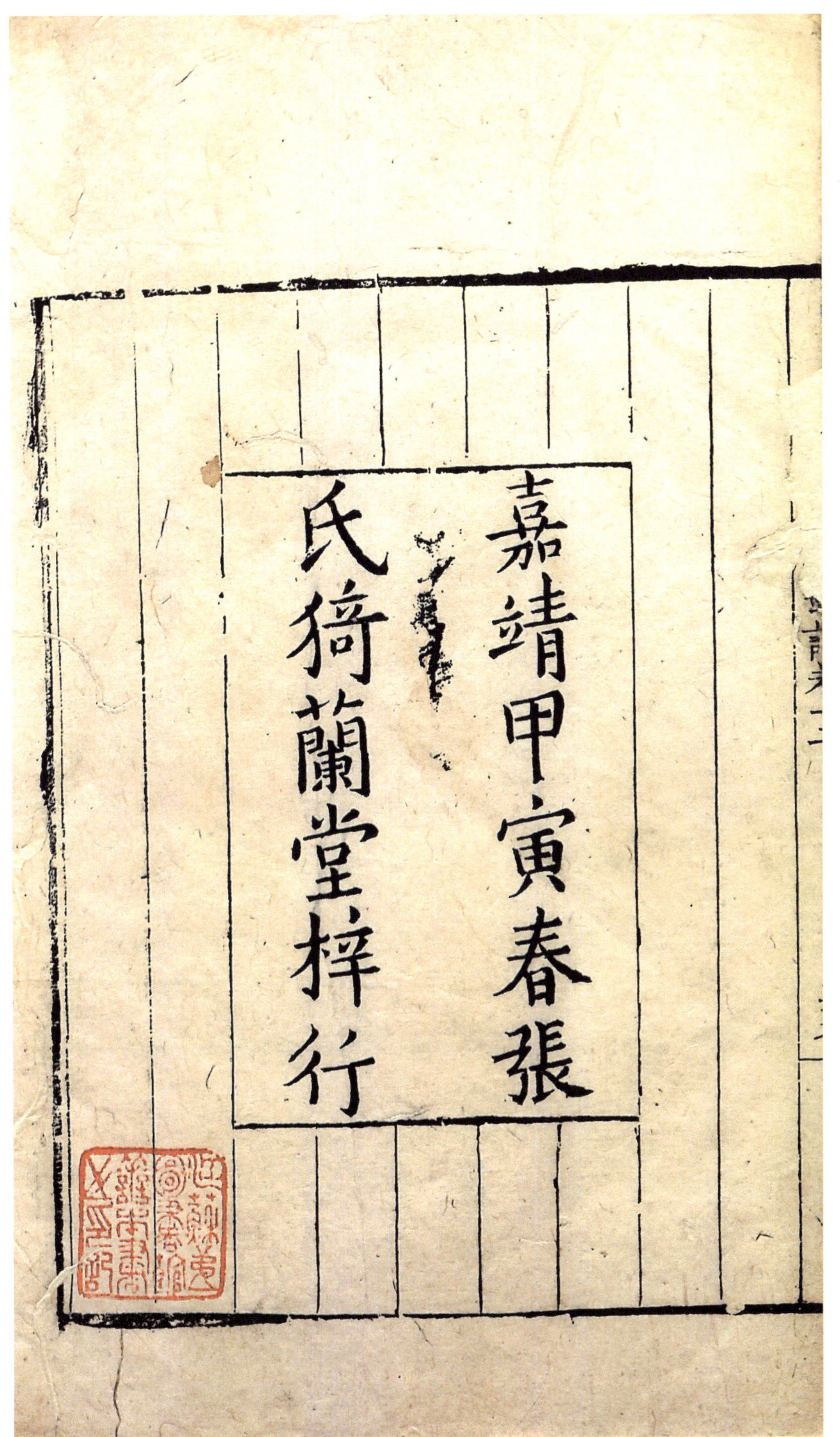
嘉靖甲寅春張
氏猗蘭堂梓行

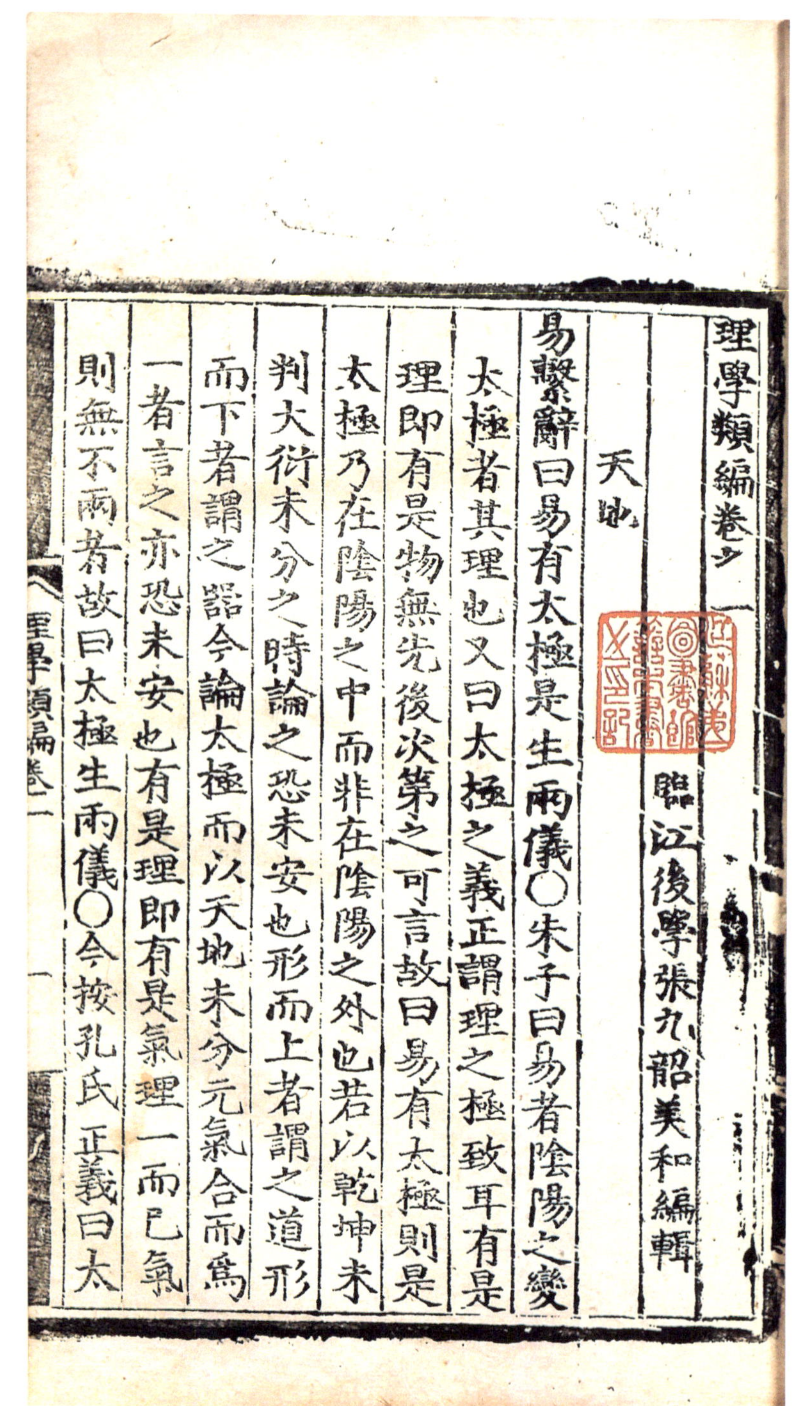

理学类编八卷

(明)张九韶撰　明嘉靖二十一年(1542)益府刻本　(清)丁丙跋　四册　名录号及索书号 10395—110524

张九韶(1314—1396),字美和,号吾乐,临江(今江西樟树)人。

理学类编者,集先儒之格言而示学者,以穷理学之要也。据书前明嘉靖二十一年勿斋益王(朱厚烨)序载,书所采辑以"周子、程子、邵子、张子、朱子之言为主,而本之六经(《诗》

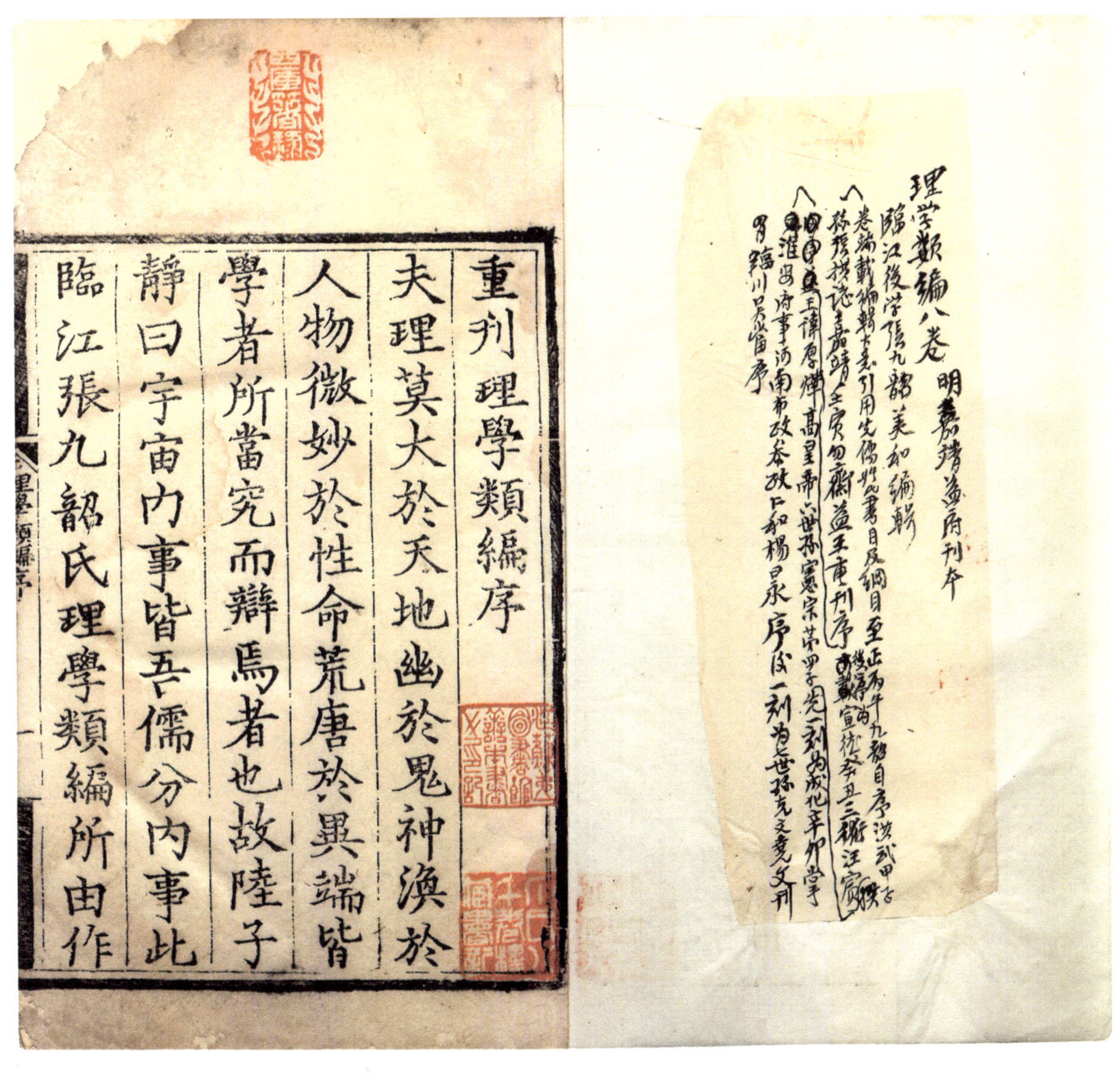
重刊理學類編序
夫理莫大於天地幽於鬼神渙於
人物微妙於性命荒唐於異端皆
學者所當究而辯焉者也故陸子
靜曰宇宙内事皆吾儒分内事此
臨江張九韶氏理學類編所由作

理學類編序　一

理學類編八卷　明嘉靖益府刊本
臨江後學張九韶美和編輯

《书》《礼》《易》《乐》《春秋》）语（《论语》）孟（《孟子》）之诸儒论议而附以己见，无非阐明理学，以淑人心”。次接元至正二十六年张九韶撰《编辑大意》，言明书凡八卷，涉天地、天文、地理、鬼神、人物、性命及异端。另有理学类编引用先儒姓氏共五十三家书目、理学类编纲目。

半叶十一行，行二十二字。四周双边，上下黑口，单鱼尾，版心中镌理学类编、卷次、叶次。有清丁丙跋。书钤有“丁氏八千卷楼藏书记”“四库著录”“光绪癸巳泉唐嘉惠堂丁氏所得”“善本书室”“八千卷楼珍藏善本”印。

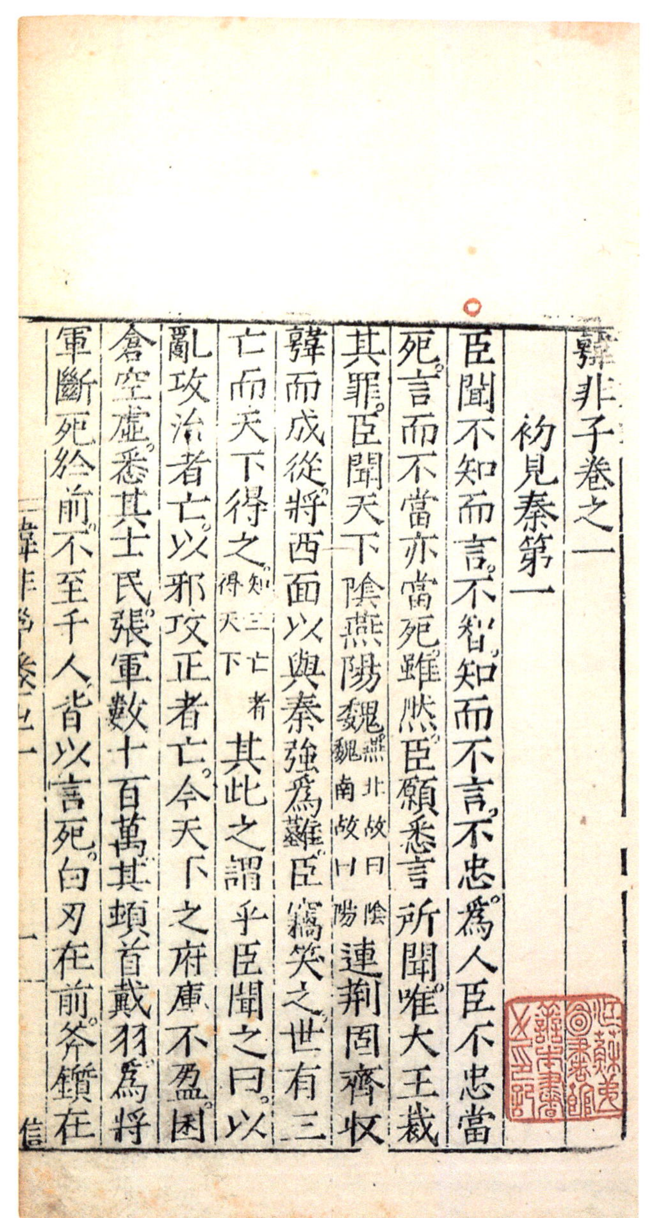
韓非子卷之一

初見秦第一

臣聞不知而言不智知而不言不忠為人臣不忠當死言而不當亦當死雖然臣願悉言所聞唯大王裁其罪臣聞天下陰燕陽魏（燕北故曰陰 魏南故曰陽）連荊固齊收韓而成從將西面以與秦強為難臣竊笑之世有三亡而天下得之（知三亡者得天下）其此之謂乎臣聞之曰以亂攻治者亡以邪攻正者亡今天下之府庫不盈囷倉空虛悉其士民張軍數十百萬其頓首戴羽為將軍斷死於前不至千人皆以言死白刃在前斧鑕在

韓非子卷之一　一　信

韩非子二十卷

明嘉靖四十年（1561）张鼎文刻本　（清）丁丙跋　八册　名录号及索书号 10416—110609

韩非（约前280—前233），战国末期韩国（今属河南）人。受业于荀子，喜刑名法术之学。为人吃，口不能道说，善著书。其思想集法家之大成，其文则“三代以下，一家之言”。

书前有明嘉靖四十年张鼎文撰《校刻韩非子序》，后接韩非子序，正文凡二十卷，五十五篇。除卷五、卷八外，其余各卷卷末末行下镌牌记“顺斋张鼎文征伯甫校刊”。刻工有信、申、良、祥、登、皮、伦等。

半叶十行，每行二十字，小字双行同。四周单边，白口，版心中刻书名、卷次、叶次，下记刻工名。书钤“山阴祁氏藏书之章”“澹生堂经籍记”“旷翁手识”“善本书室”“嘉惠堂丁氏藏”“四库著录”“子孙世珍”印。

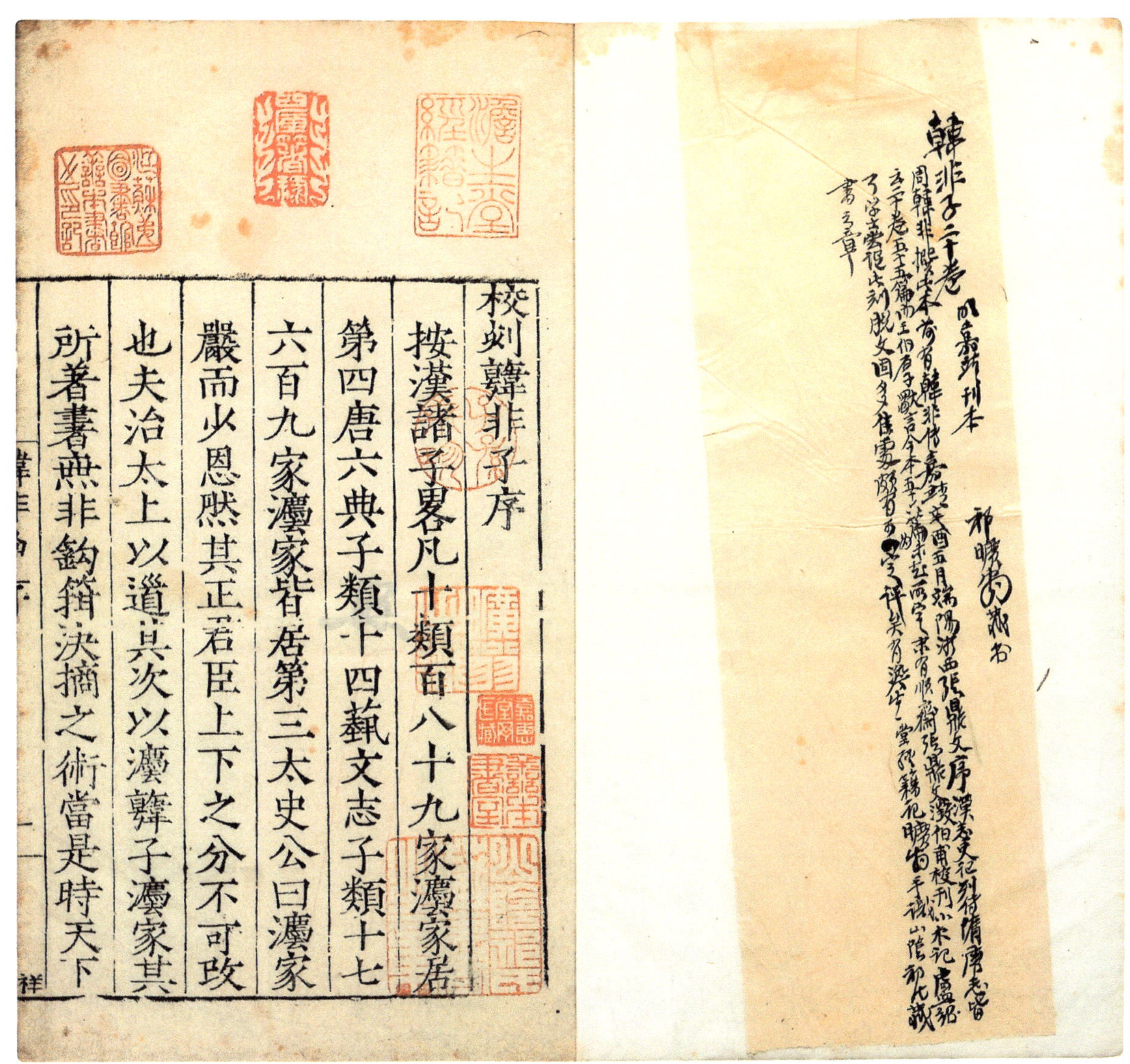
校刻韓非子序

按漢諸子畧凡十類百八十九家灋家居第四唐六典子類十四藝文志子類十七六百九家灋家皆居第三太史公曰灋家嚴而少恩然其正君臣上下之分不可改也夫治太上以道其次以灋韓子灋家其所著書無非鉤箝决摘之術當是時天下

韓非子二十卷 明嘉靖刊本

法家裒集

宗服歌

五服多繁人不識　我今摘備相關律
期年之服親枝近　伯叔父母兄弟姪
大功九月堂兄弟　小功五月爲堂姪
從祖伯叔祖父母　同堂伯叔父母及
再從兄弟并姪孫　母之兄弟姊妹集
緦麻三月服雖輕　同族曾祖父母尊
族伯叔祖父母輩　同族伯叔父母親
族兄弟連再從姪　堂姪孫同親外孫

法家裒集一卷

（明）苏祐辑　明嘉靖三十年（1551）唐尧臣刻本　一册　名录号及索书号 10418—118880

此书不著撰人，苏祐《题辞》曰："从史陈永以是集见，曰内台司籍潘智手录也。因命补缀什之一云。"则此本或为陈永编定。

此书是法律条款的汇编，编辑时注重实用，可帮助官吏掌握法律。如《宗服歌》《妇人纳钞歌》《迁徙歌》，就是用韵文的方式帮助记忆。《律颐断法》就是用设问的方式回答一些具体案例，以及法律无明文规定的判罚例。

此本钤"叶德辉焕彬甫藏阅书"白文方印、"观古堂"朱文方印，乃叶氏观古堂旧藏。

刻法家裒集

傳曰一壺千金非壺之貴也以所用者中流耳六經語孟具載聖賢脩治之道如布帛菽粟之不可一日無者人皆知之至於緣法求情以上泝古人惟衷之治高明之士其或以吏事鄙之未盡無也予入仕愛閱是書謂其有裨于理雖不足以煖飽斯人亦中流之壺也敬用梓之期與高明之士共焉若夫舍孔孟以事申韓則吾豈敢

嘉靖辛亥七月七日南昌唐堯臣書于鎮雅堂中

黃帝素問靈樞經卷之一

○九鍼十二原第一 法天

黃帝問於岐伯曰余子萬民養百姓而收其租稅余哀其不給而屬有疾病余欲勿使被毒藥無用砭石欲以微鍼通其經脈調其血氣營其逆順出入之會令可傳於後世必明爲之法令終而不滅久而不絕易用難忘爲之經紀異其章別其表裏爲之終始令各有

趙府居敬堂　靈樞經卷之一　一　孝

补注释文黄帝内经素问十二卷

（唐）王冰注　（宋）林亿等校正　（宋）孙兆改误　**遗篇一卷　黄帝素问灵枢经十二卷**　（宋）史崧音释　明赵府居敬堂刻本　十册　名录号及索书号 10421—115169

王冰（约 710—805），自号启玄子。仕为太仆令，医家称其王太仆。

林亿，嘉祐二年为校正医书官，熙宁中累官朝散大夫、守光禄卿直秘阁，判登闻检院上护军。

孙兆，北宋卫州（今河南卫辉）人，客居河阳（今河南孟州）。与其父孙尚（字用和）、其兄孙奇，俱以医名。

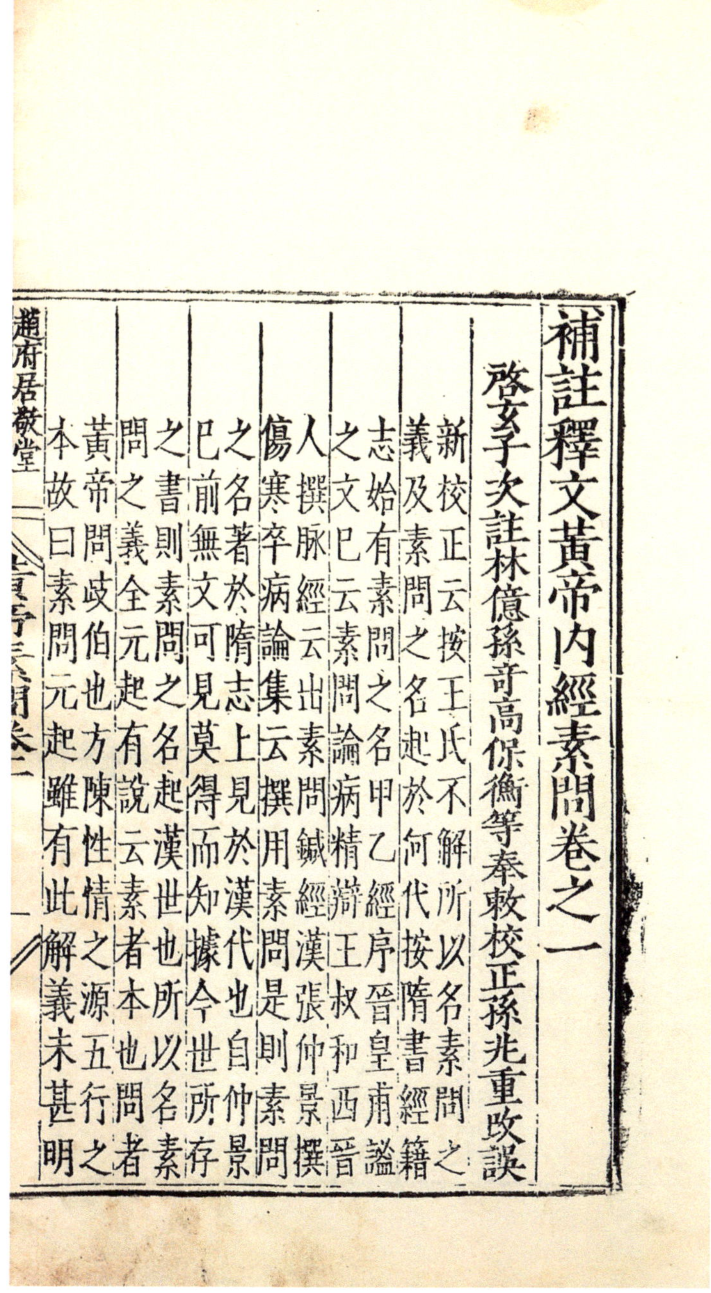
補註釋文黃帝内經素問卷之一

啓玄子次註林億孫奇高保衡等奉敕校正孫兆重改誤

新校正云按王氏不解所以名素問之義及素問之名起於何代按隋書經籍志始有素問之名甲乙經序晉皇甫謐之文已云素問論病精辯王叔和西晉人撰脉經云出素問鍼經漢張仲景撰傷寒卒病論集云撰用素問是則素問之名著於隋志上見於漢代也自仲景已前無文可見莫得而知據今世所存之書則素問之名起漢世也所以名素問之義全元起有説云素者本也問者黃帝問岐伯也方陳性情之源五行之本故曰素問元起雖有此解義未甚明

趙府居敬堂　黃帝素問卷之一

史崧，南宋初锦官（今四川成都）人。

是书为明赵府居敬堂本，明赵王朱厚煜所刊。朱厚煜（？—1560），号枕易道人，明永乐帝朱棣第三子朱高燧五世孙，正德十六年（1521）袭封赵王，在位39年，谥号康。据《明史》记载，他“嗜学博古，文藻弘丽”，个性温和敦厚，礼贤下士，乐于召集文人雅士，聚会燕游。

此书版心上刻“赵府居敬堂”字样，开本敞阔，笔画端劲，行格疏朗，洁纸漆墨，刻印精美，极具明代藩府刻本大气隽逸之风，历来为书家所善。一直以来，包括现代，如果刊行出版《黄帝内经》，明居敬堂本，乃是必备之书。

线装，十册。钤长方形朱印阳文“阳湖陶氏涉园所有书籍之记”，为民国陶湘藏书。

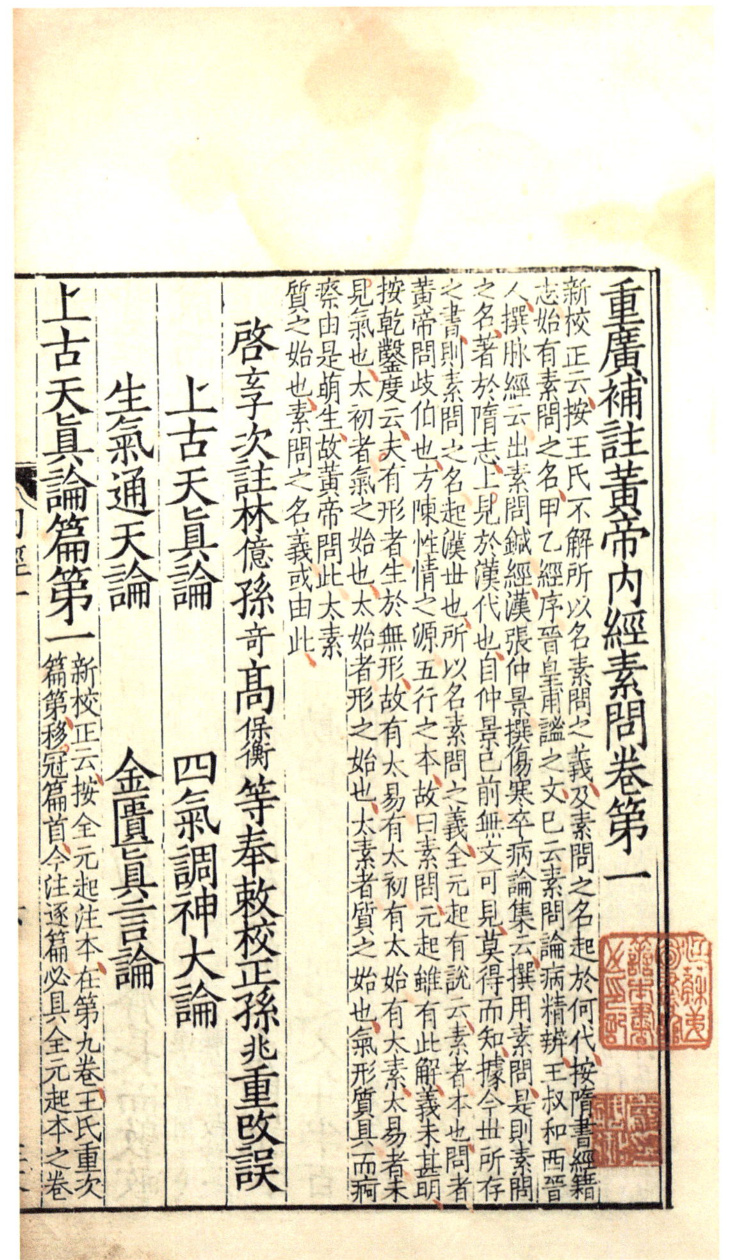
重廣補註黄帝内經素問卷第一
新校正云按王氏不解所以名素問之義及素問之名起於何代按隋書經籍志始有素問之名甲乙經序晉皇甫謐之文已云素問論病精辨王叔和西晉人撰脉經云出素問鍼經漢張仲景撰傷寒卒病論集云撰用素問是則素問之名著於隋志上見於漢代也自仲景已前無文可見莫得而知據今世所存之書則素問之名起漢世也所以名素問之義全元起有説云素者本也問者黄帝問岐伯也方陳性情之源五行之本故曰素問元起雖有此解義未甚明按乾鑿度云夫有形者生於無形故有太易有太初有太始有太素太易者未見氣也太初者氣之始也太始者形之始也太素者質之始也氣形質具而痾瘵由是萌生故黄帝問此太素質之始也素問之名義或由此
啓玄子次註林億孫奇高保衡等奉敕校正孫兆重改誤
上古天眞論　四氣調神大論
生氣通天論　金匱眞言論
上古天眞論篇第一
新校正云按全元起注本在第九卷王氏重次篇第移冠篇首今注逐篇必具全元起本之卷

重广补注黄帝内经素问二十四卷

（唐）王冰注　（宋）林亿等校正　（宋）孙兆改误　明嘉靖二十九年（1550）顾从德影宋刻本　（清）丁丙跋　十册　名录号及索书号 10422—110862

王冰（710—804），号启玄子，一作启元子。师从郭斋堂玄珠。因官太仆令，故又称王太仆。

《黄帝内经·素问》传为黄帝所作中医医书。一说书成于春秋战国，原书九卷，已亡佚。据书前唐宝应元年王冰序载，“时于先生郭子斋堂，受得先师张公秘本，文字昭晰，义理环周。一以参详，群疑冰释……兼旧藏之卷，合八十一篇二十四卷，勒成一部”。书每卷卷端顶格题书名、卷次，次行空一格题“启玄子次注林亿孙奇高保衡等奉敕校正孙兆重改误”，

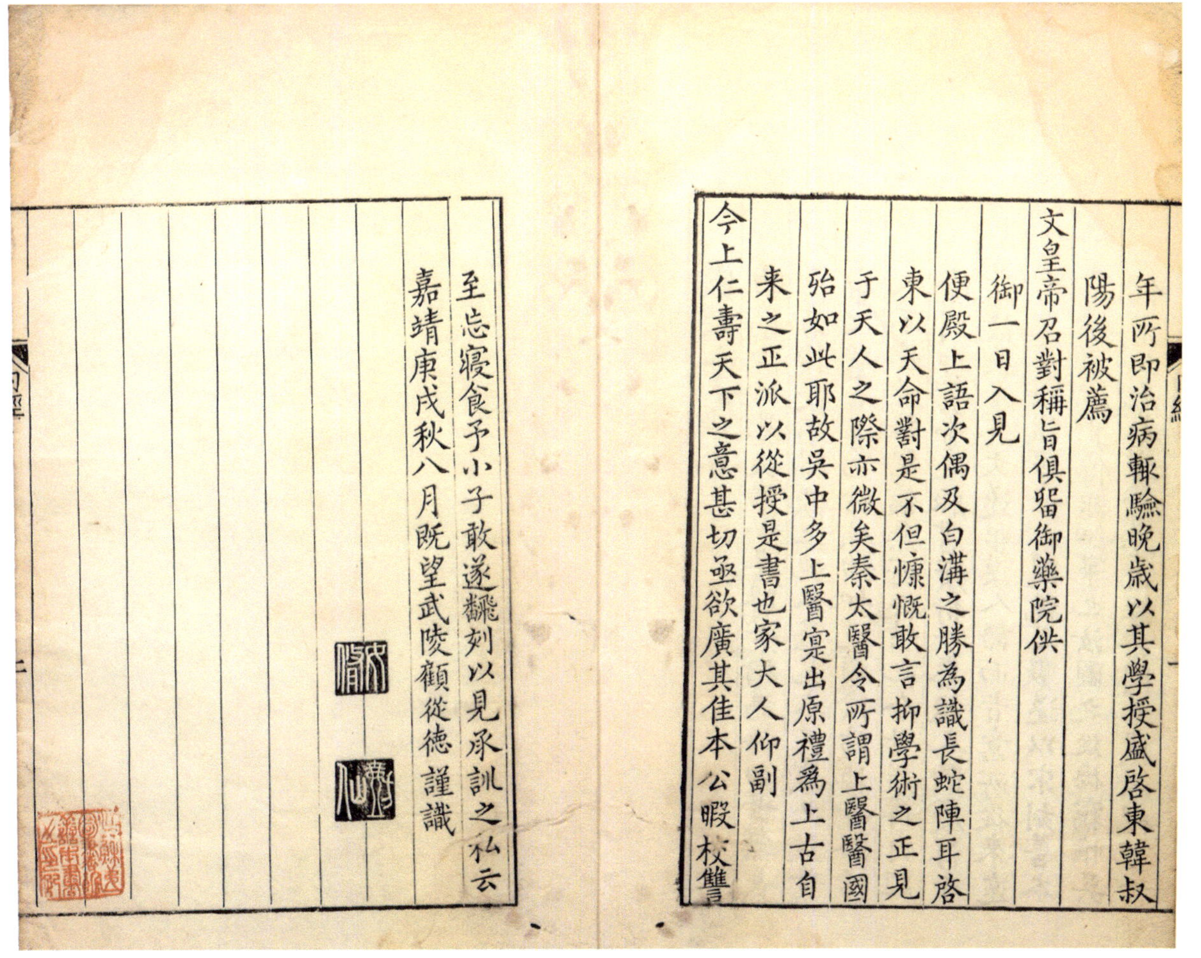

年所即治病輙驗晚歲以其學授盛啓東韓叔
陽後被薦
文皇帝召對稱旨俱留御藥院供
御一日入見
便殿上語次偶及白溝之勝為讖長蛇陣耳啓
東以天命對是不但慷慨敢言抑學術之正見
于天人之際亦微矣秦太醫令所謂上醫醫國
殆如此耶故吳中多上醫寔出原禮為上古自
來之正派以從授是書也家大人仰副
今上仁壽天下之意甚切亟欲廣其佳本公暇校讐
至忘寢食予小子敢遂𣪠刻以見承訓之私云
嘉靖庚戌秋八月既望武陵顧從德謹識

后数行空二格题本卷篇目总名，另行顶格题篇名篇次。经文大字顶格，注文及校文以小字夹列其下，先王冰注，后空一格，以“新校正”标示林亿等校正。每卷尾题后附释音。撰者凡所加字，皆朱书其文，使今古必分，字不杂糅。全书共二十四卷，八十一篇，其中卷二十一之七十二篇刺法论、七十三篇本病论已亡佚。

是书刻字避宋讳，如殷、匡、炅、恒、玄、征、镜等缺末笔。

半叶十行，行二十字，小字双行三十字。左右双边，白口，上单黑鱼尾。版心中题内经、卷次、页次，下题刻工名。卷末无木记，应为后印本。有清丁丙跋，中有“不知何年流售东瀛，装潢题面皆彼土所为，又不知何年仍归杭州，楚弓楚得，洵可宝也”语。书钤明末余杭人严调御（字印持）之印：“严调御印”及“印持”，又丁氏藏印“八千卷楼藏阅书”。

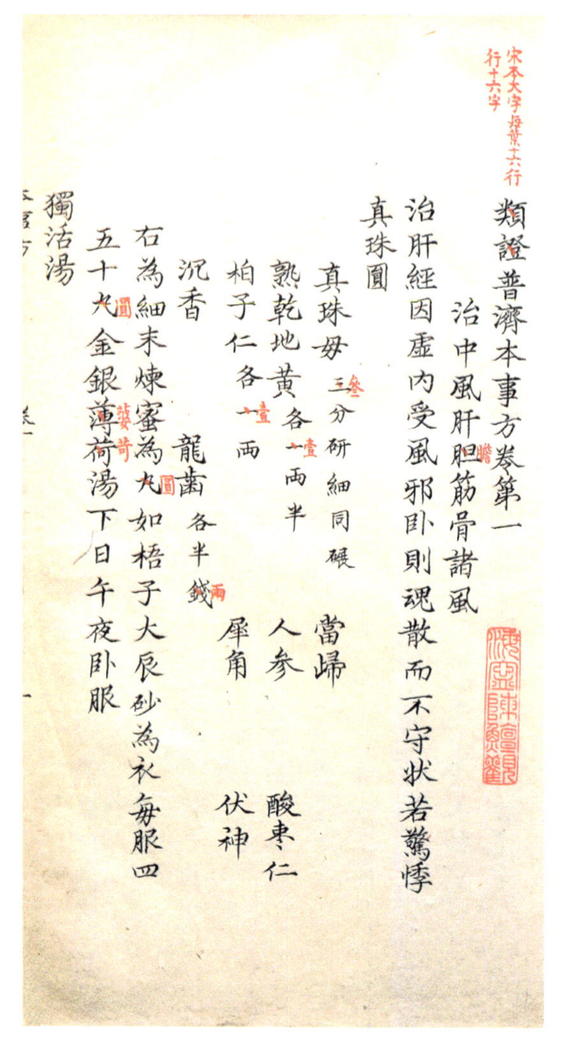
宋本大字每葉十六行行十六字

類證普濟本事方卷第一

治中風肝胆筋骨諸風

治肝經因虛內受風邪卧則䰟散而不守狀若驚悸

真珠圓

真珠母 三分研細同碾　當歸

熟乾地黃 各一兩半　人參　酸棗仁

柏子仁 各一兩　犀角　伏神

沉香　龍齒 各半錢

右為細末煉蜜為丸如梧子大辰砂為衣每服四

五十丸金銀薄荷湯下日午夜卧服

獨活湯

类证普济本事方十卷

（宋）许叔微撰　清抄本　（清）陈鳣校跋并录黄丕烈题识　（清）杨沂孙校并跋　（清）丁丙跋　一册　名录号及索书号 10430—110883

许叔微（1079—1154），字知可，号白沙，真州白沙（今江苏仪征）人。

是书为一部医方书，类证探方、因方附案。书前有宋钱闻礼撰《序》及撰者自序。后接目录，目录下原题“许学士亲述”，后朱笔改为“仪真许叔微知可述”。正文凡十卷，首为治药制度总例，后分二十四门，论及：治中风肝胆筋骨诸风病、治心小肠脾胃诸病、治肺肾经病、治补益虚劳方、治头痛头晕诸方等常见病，旁及其他内科杂病、外科、妇科、儿科、伤寒时疫等，每门分列数症，症下系方若干，共收录方剂三百余。卷十第十三页夹有附页一张，论及治小儿食积，乃丁丙以和刻本对勘之后，补抄陈鳣精校本卷十第十三页原阙之内容。

有清嘉庆十六年（1811）陈鳣朱墨笔校跋并录清黄丕烈题识，又有陈鳣绿笔补校。另有清光绪四年（1878）杨沂孙校并跋及清丁丙校跋。书中钤有陈鳣印章多枚：如“仲鱼图象”“得此书费辛苦后之人其鉴我”“简庄艺文”“简庄所录”“海宁陈鳣观”等印。另有丁丙印章数枚，如“丁氏八千卷楼藏书记”“宋本”印。

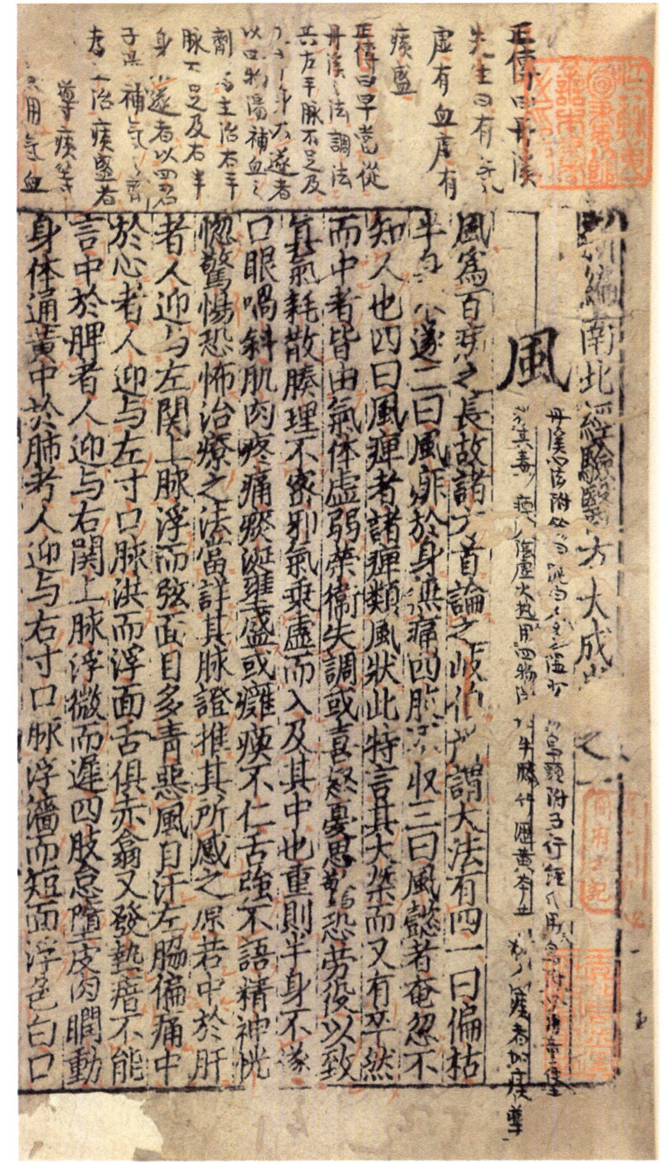
新編南北經驗醫方大成卷之一

風

風爲百病之長故諸方首論之岐伯所謂大法有四一曰偏枯半身不遂二曰風痱於身無痛四肢不收三曰風懿者奄忽不知人也四曰風痺者諸痺類風狀此特言其大概而又有卒然而中者皆由氣體虛弱榮衛失調或喜怒憂思驚恐勞役以致真氣耗散腠理不密邪氣乘虛而入及其中也重則半身不遂口眼喎斜肌肉疼痛痰涎壅盛或癱瘓不仁舌强不語精神恍惚驚惕恐怖治療之法當詳其脉證推其所感之原若中於肝者人迎與左關上脉浮而弦面目多青惡風自汗左脇偏痛中於心者人迎與左寸口脉洪而浮面舌俱赤翕又發熱瘖不能言中於脾者人迎與右關上脉浮微而遲四肢怠墮皮肉瞤動身体通黃中於肺者人迎與右寸口脉浮澀而短面浮色白口

新编南北经验医方大成十卷

（元）孙允贤撰　（明）熊彦明辑　明初刻本　（清）丁丙　森立之跋　十一册　名录号及索书号 10431—110890

孙允贤，文江（今福建三明）人。熊彦明，建阳（今福建南平）人。

孙允贤始撰《医方集成》，后熊彦明“复选《宣明》《拔萃》等方而附益之”，谓之《医方大成》。书前为目录一卷，卷端上题为“类编南北经验医方大成”，有木记云自医方集成增补并重新刊刻而成。正文十卷分五十八门，集宋、元习用之主要方剂类编而成。

半叶十四行，行二十四字，双行小字同。四周单边或左右双边，上下黑口，双鱼尾，版心中题卷次、页次。卷首有丁丙跋，末有日本明治九年（1876）森立之跋。森立之（1807—1885），字立夫，号枳园，又号伊织、养真、养竹等，日本江户人。出生于七代世医之家，精医学、文献及考据学。书钤“森氏开万册府之记”印及“八千卷楼珍藏善本”等丁氏藏印。

捷徑也之後選諸方中多孫奇効者而孫氏未嘗
採者目之曰醫方大全
又案寶素堂所藏元板題云類編經驗醫方大成缺四二卷
版式寸分全與此本同則爲此本所原出首有啓迪院印
記此本無宣明校梓諸方知是先贋原帙以當傳集
成而題云大成者蓋後人所改竊謂大成一書盛行于世
故又翻刊集成改題大成者歟抑就原刊每卷首題
目改集字換大字者歟如醫方類聚所引云醫方集成云
醫方大成云南北經驗方三書分別不混同宜俟他日
一校之耳
明治九年丙子九月廿六日手自糊裝新成因錄
數言以爲之跋
古稀老人　枳園

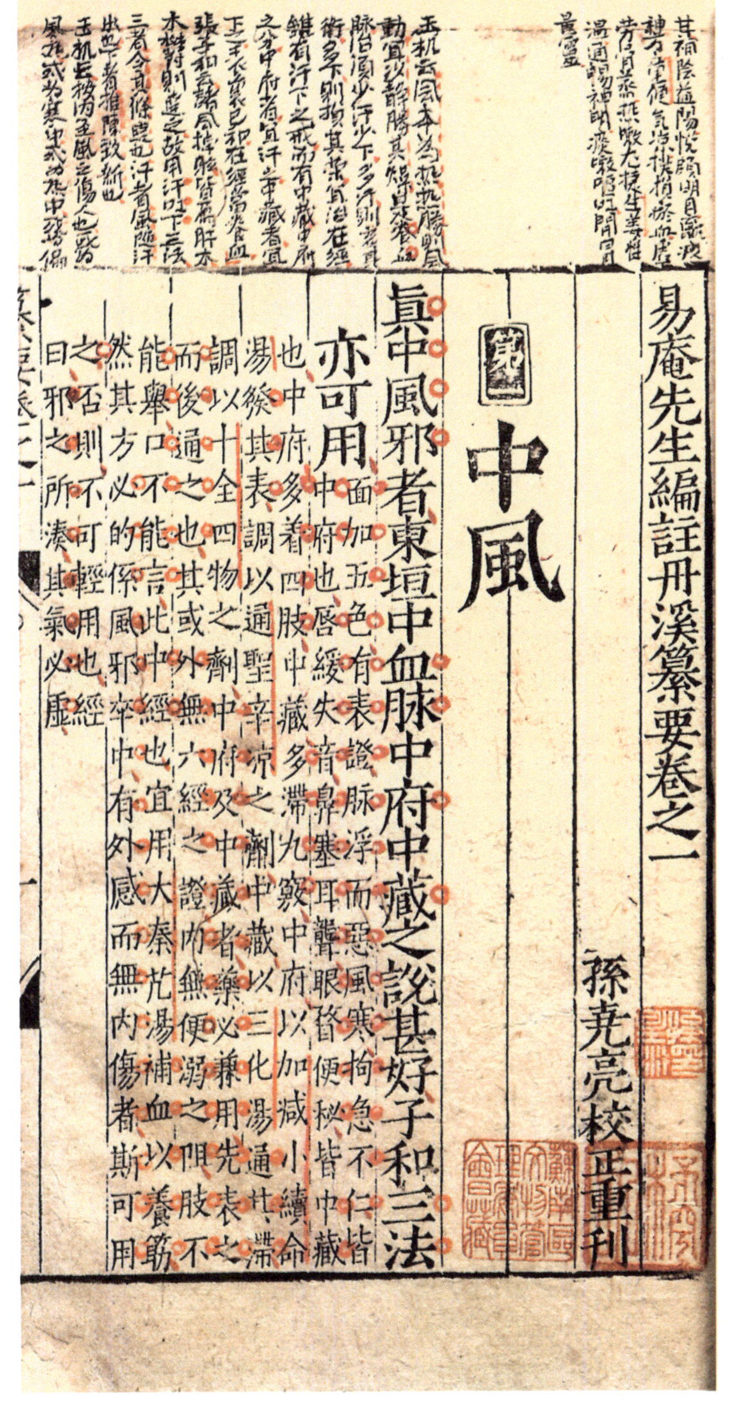

易庵先生編註丹溪纂要卷之一

孫堯亮校正重刊

中風

眞中風邪者東垣中血脉中府中藏之説甚好子和三法亦可用面加五色有表證脉浮而惡風寒拘急不仁皆中府也唇緩失音鼻塞耳聾眼瞀便秘皆中藏也中府多着四肢中藏多滯九竅中府以加減小續命湯發其表調以通聖辛涼之劑中藏以三化湯通其滯調以十全四物之劑中府及中藏者藥必兼用先表之而後通之也其或外無六經之證內無便溺之阻肢不能舉口不能言此中經也宜用大秦艽湯補血以養筋然其方必的係風邪卒中有外感而無內傷者斯可用之否則不可輕用也經曰邪之所湊其氣必虛

易庵先生编注丹溪纂要四卷

（元）朱震亨撰　（明）卢和注　明嘉靖刻本　四册　名录号及索书号 10432—116685

朱震亨（1281—1358），字彦修，号丹溪，世称“丹溪翁”，婺州义乌（今浙江金华）人。生平详见戴良撰《丹溪翁传》。卢和，字廉夫，浙江东阳人。

此本卷四“损伤”下皆是抄配。各卷署“孙尧亮校正重刊”。此本天头批校亦是医家实践之言，可与此本医方参照。

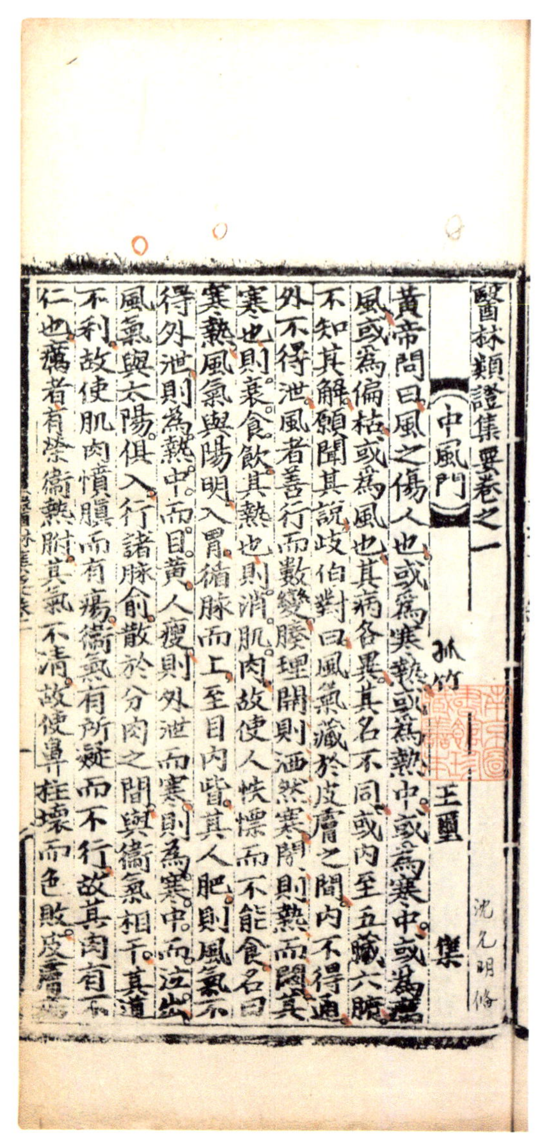

醫林類證集要卷之一

中風門　　孤竹　王璽　集

黃帝問曰風之傷人也或為寒熱或為熱中或為寒中或為癘風或為偏枯或為風也其病各異其名不同或內至五藏六腑不知其解願聞其說岐伯對曰風氣藏於皮膚之間內不得通外不得泄風者善行而數變腠理開則洒然寒閉則熱而悶其寒也則衰食飲其熱也則消肌肉故使人怢慄而不能食名曰寒熱風氣與陽明入胃循脉而上至目內眥其人肥則風氣不得外泄則為熱中而目黃人瘦則外泄而寒則為寒中而泣出風氣與太陽俱入行諸脉俞散於分肉之間與衛氣相干其道不利故使肌肉憤䐜而有瘍衛氣有所凝而不行故其肉有不仁也癘者有榮衛熱胕其氣不清故使鼻柱壞而色敗皮膚瘍

医林类证集要十卷

（明）王玺撰　明成化十八年（1482）春德堂刻本　十册　名录号及索书号 10433—117096

王玺（？—1488），北直隶（今河北）人。由太原左卫指挥同知，历官至右军都督府都督同知。《明史》卷一七四有传。

此书是王玺任甘肃总兵时所撰，卷一至八按病症分类，卷九、十则是专为“妇人”“老人”“小儿”而设。如同为中风，卷一已有此病症的论述，卷十则专门针对老人中风而言。王玺籍贯未见史籍记载，此书落款“孤竹王玺”，则其籍贯为“孤竹”。明代无“孤竹”地名，王氏所用当是古称，其地在今河北卢龙、迁安一带。

此本为《医林类证集要》今存最早版本，刊刻时间与王氏作序时间一致。此本目录后有春德堂题识，云：“张掖耆老乡士彭澧、胡震、杨政、谢钊、周广、张壬等，惜秘藏于一人一己之私，遂各捐己资，鸠工锓梓。”中国西北地区在明代较不发达，刻书数量较少，此本可为西北刻书标本之一。

老人　小兒　四

醫林類證集要。乃節制甘肅諸軍事總兵官。平羌將軍都督。王公。手集之書也。凡古今聖賢。良方秘術。與夫載諸道經。紀諸人言。鐫諸碑石。曾收奇效者。悉採而輯之。復專以本草。內經。為主。外考各醫師家議論。與經旨藥性。不相背馳者。爰作論斷。始於中風。終於小兒。凡十卷。然病有大小。而無不經之論。藥有精粗。而無不效之方。張掖耆老鄉士。彭禮、胡霽、楊政、謝釗、周廣、張玉等。惜秘藏於一人一己之私。遂各捐己資。鳩工鋟梓。以廣其傳。是知向所未真知之病。定見之藥。今皆得以知見。俾養老慈幼者。咸躋仁壽之域。而無夭折之厄。不惟有以惠人於一時。將有以惠人於無窮矣。噫。王公之用心。何其仁哉。

成化壬寅歲春德堂刊識。

太玄經卷第一
晋范　望　字叔明　解贊
贊曰楊子雲處前漢之末值王莽用事身褻
亂世遜退無由是以朝隱官爵不徙昔者文
王屈抑而繫易仲尼當衰周而述春秋爲一
代之法以彰聖人之符子雲志不申顯於是
覃思耦易著玄其道以陰陽爲本比於庖犧
之作事異道同福順禍逆無有主名桓譚謂

太玄经十卷

（汉）扬雄撰　（晋）范望解赞　**说玄一卷**　（唐）王涯撰　**释文一卷**　明嘉靖孙沐万玉堂刻本　四册　名录号及索书号 10443—117177

扬雄（前 53—18），字子云，蜀郡成都人。汉成帝时，扬雄初为待诏，后任给事黄门郎。王莽时，校书于天禄阁，官至大夫。《汉书》卷八七有传。

范望，字叔明，晋尚书郎。采宋衷、陆绩之说而注《太玄》。

王涯（763—835），字广津，山西太原人。贞元八年（792）进士，为翰林学士。元和中拜中书侍郎、同中书门下平章事。《旧唐书》卷一六九有传。

此本《太玄经》卷五及《说玄》卷末镌“右迪功郎充两浙东路提举茶盐司干办公事张实校勘”一行，贞、玄、镜、策、敬等字缺末笔避讳，则此本底本或为宋两浙东路茶盐司刻本。又版心下刻“万玉堂”，知为嘉靖时孙沐所梓。孙沐，江苏丹阳人。万玉堂为其室名，嘉靖六年曾刻唐颜元孙《干禄字书》。

說玄五篇

唐宰相王　涯　字廣津　纂

明宗一

玄之大旨可知矣其微顯闡幽觀象察法探吉凶之朕見天地之心同夫易也是故八十一首擬乎卦者也九贊之位類夫爻者也易以八八爲數其卦六十有四玄以九九爲數故其首八十有一易之占也以變而玄之筮

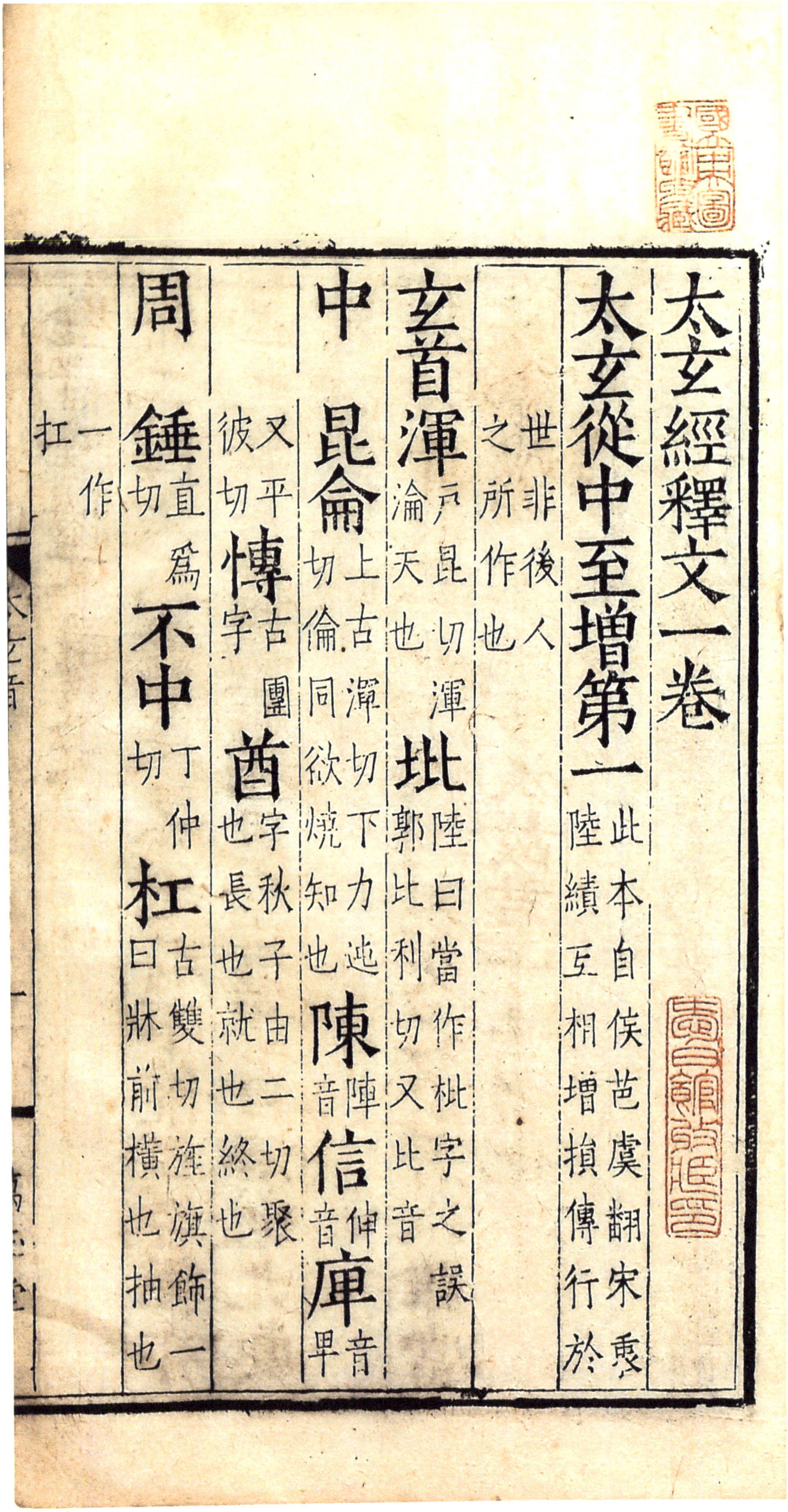

太玄經釋文一卷

太玄從中至增第一 此本自侯芭虞翻宋衷陸績互相增損傳行於世非後人之所作也

玄首 渾戶昆切渾淪天也 坒陸曰當作枇字之誤郭比利切又比音

中 昆侖上古渾切下力迯切倫同欲燒知也 陳音陣 信音伸 庳音畀又平彼切 慱古團字 酋字秋子由二切聚也長也就也終也

周 鍾直爲切 不中丁仲切 杠古雙切旌旗飾一曰牀前橫也抽也一作扛

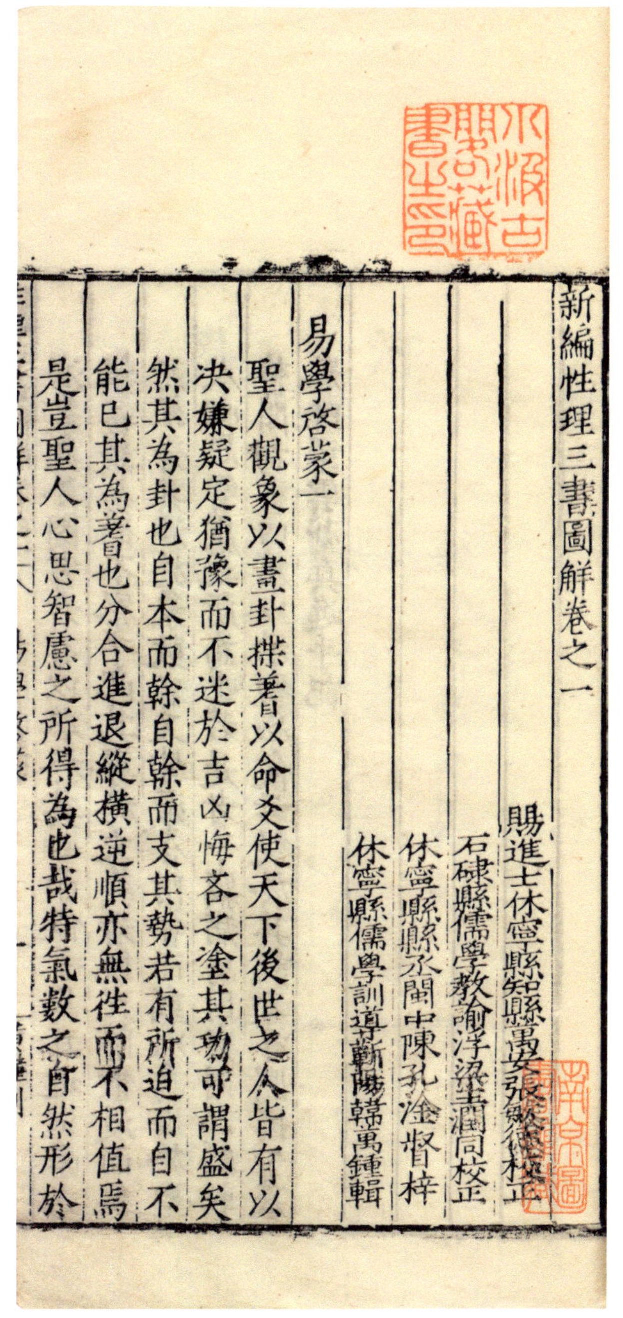

新編性理三書圖解卷之一
賜進士休寧縣知縣禺安張敏德校正
石埭縣儒學教諭浮梁吉瀾同校
休寧縣縣丞閩中陳孔淦督梓
休寧縣儒學訓導蘄陽韓萬鍾輯
易學啓蒙一
聖人觀象以畫卦揲蓍以命爻使天下後世之人皆有以
决嫌疑定猶豫而不迷於吉凶悔吝之塗其功可謂盛矣
然其為卦也自本而榦自榦而支其勢若有所迫而自不
能已其為蓍也分合進退縱横逆順亦無往而不相值焉
是豈聖人心思智慮之所得為也哉特氣數之自然形於

新编性理三书图解九卷

（明）韩万钟撰　明嘉靖四十一年（1562）张敏德刻本　十册　名录号及索书号 10446—117765

韩万钟，胡广蕲州（今湖北蕲春）人。贡生。嘉靖三十八年（1559）任休宁县儒学训导。另著有《象纬汇编》二卷。

《四库全书总目》卷一一〇《子部·存目类一》曰：“三书者，《易学启蒙》《律吕新书》《洪范皇极内篇》也，皆本无性理之名，万钟盖以永乐中修《性理大全》载此三书，故从其后而追题之也。”此本为海内孤本，刻工黄铅、黄铉等皆为歙县虬村黄氏良工。

大巡浮梁黃公按部崇儒重道廉訪茂異
余舉韓君所編以告因賀三書殊加欣
賞遂命石埭學諭王君校讐命余刋布
嘉惠四國人士余以韓君抱志明經鈔
悟象數排群疑直窺邃古名著于儒林
圖書顯于當世使君登巍科躋膴仕曷
以易此則知君子惟懋學之為先哉可
以為士者式矣敬叙于左簡
旹
嘉靖壬戌春三月吉旦
賜進士知休寧縣事萬安葛野張敏德譔

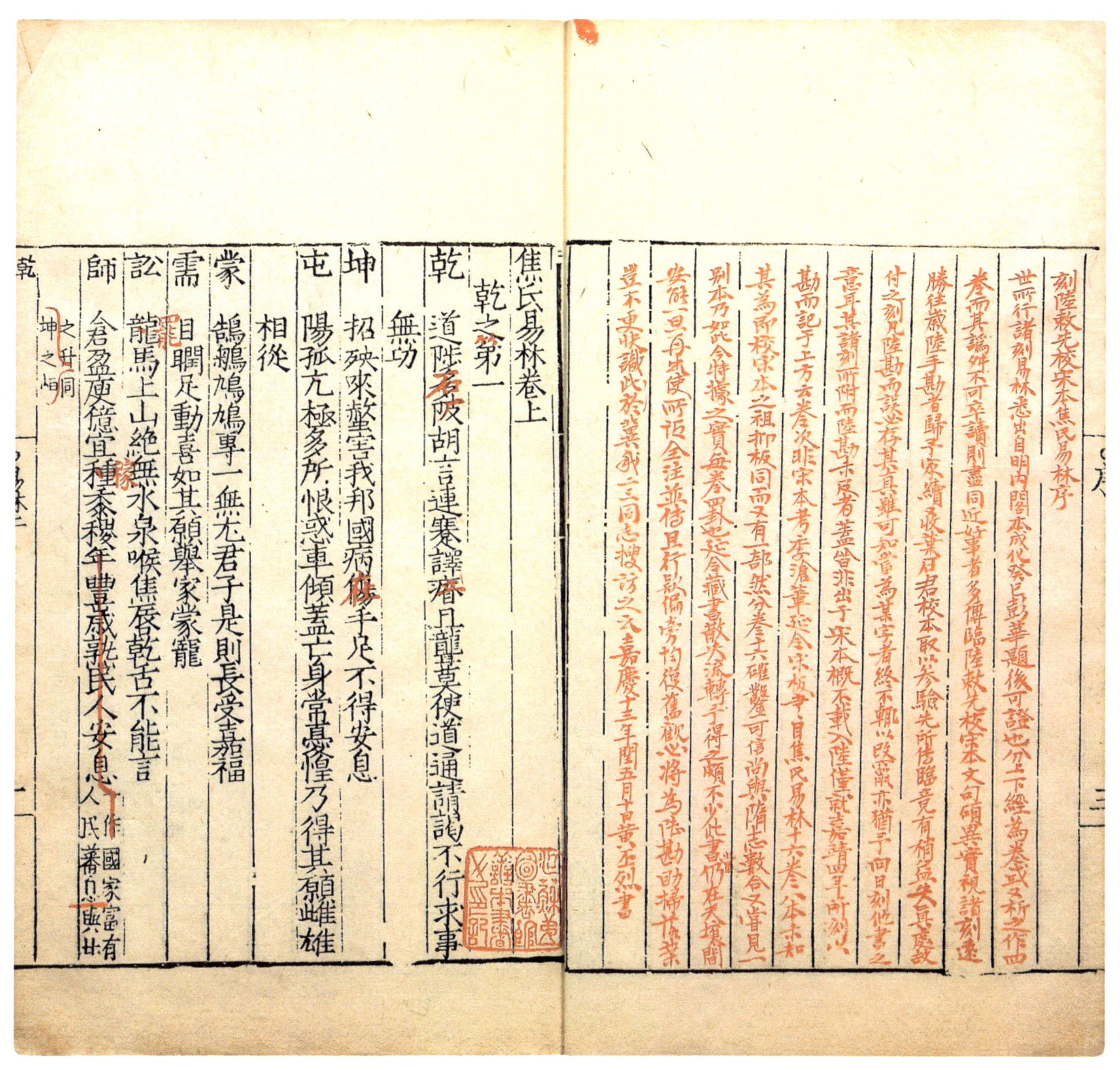

焦氏易林二卷

题（汉）焦延寿撰　明嘉靖四十年（1561）沈藩勉学书院刻本　（清）顾广圻跋并录陆贻典校跋　（清）丁丙跋　二册　名录号及索书号 10450—110794

焦延寿，名赣，一曰名贡，西汉梁国睢阳（今河南商丘）人。汉昭帝时任小黄县令，尝学于孟喜。

《易林》即《周易卦林》，为变化象数之说。据书前明嘉靖四十年朱恬烄撰《翻刊焦氏易林序》载，撰者得《易林》一书，观之“一卦之变为六十四卦，六十四卦之变则爻爻有应变，变无穷故得若干焉”。此书又首开沙随之记，遂翻刊之。《汉书》云：“其说长于灾变，

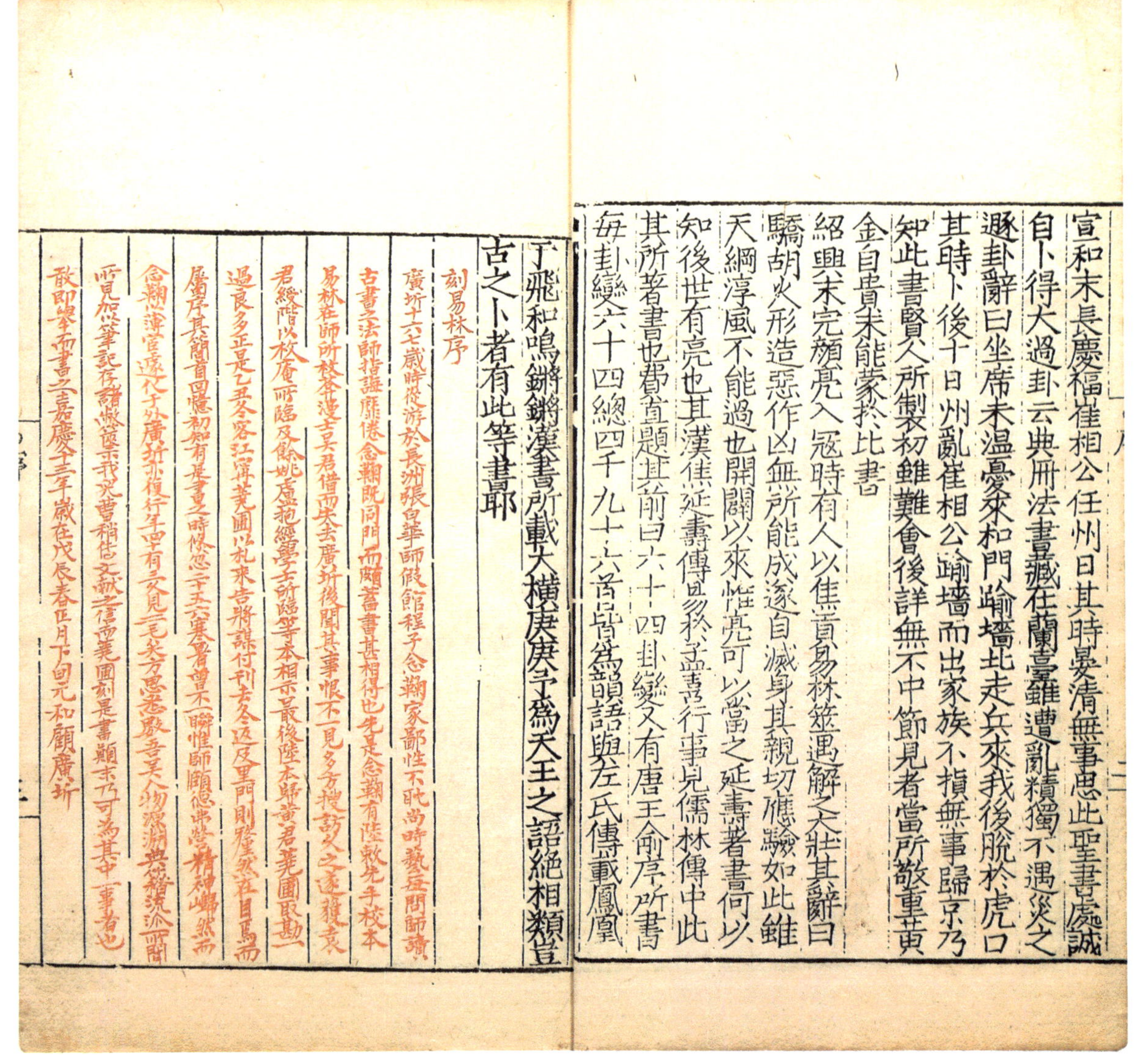
宣和末長慶福崔相公任州日其時晏清無事思此聖書處誠
自卜得大過卦云典冊法書藏在蘭臺雖遭亂潰獨不遇災之
遯卦辭曰坐席未溫憂來扣門踰墻北走兵來我後脫於虎口
其時卜後十日州亂崔相公踰墻而出家族不損無事歸京乃
知此書賢人所製初雖難會後詳無不中節見者當所敬重黄
金自貴未能蒙於此書
紹興末完顏亮入寇時有人以焦貢易林筮遇解之大壯其辭曰
驕胡火形造惡作凶無所能成遂自滅身其親切應驗如此雖
天綱淳風不能過也開闢以來惟亮可以當之延壽著書何以
知後世有亮也其漢焦延壽傳見於孟喜行事見儒林傳中此
其所著書也舊直題其前曰六十四卦變又有唐王俞序所書
每卦變六十四總四千九十六首皆爲韻語與左氏傳載鳳凰
于飛和鳴鏘鏘漢書所載大橫庚庚予爲天王之語絕相類豈
古之卜者有此等書耶

刻易林序
廣圻十六七歲時從游於長洲張白華師假館程子念鞠家鄙性不耽尚時藝㕑問師讀
古書之法師指授靡倦念鞠既同門而隨師書甚相得也先是念鞠有陸敕先手校本
易林在師所校本漫去吳君借而失去廣圻後聞其事恨不一見多方搜訪久之遂獲袁
君綬階以校本所臨及餘姚盧抱經學士所臨等本相示最後陸本歸黃君蕘圃取勘一
過良多正是乙丑冬客江寧蕘圃以札來告將謀付刊去冬返及里門則㮣然在目焉而
屬序其簡首回憶初知有是書之時倏忽二十五六寒暑曾不一瞬惟師顧念弗營精神嶄然而
念鞠薄宦遠代于外廣圻亦復行年四十有三又見二毛矣方思悉啟吾美人物源源典籍流衍而?
所見加以筆記存諸篋笥集我光曹稍佔文獻之信而蕘圃刻是書顛末乃可為其中一事者也
敢即舉而書之云嘉慶十三年歲在戊辰春正月下旬元和顧廣圻

分六十四卦，更直日用事，以风雨寒温为候。”书次接唐王俞撰《周易变卦序》、宋黄伯思撰《校定焦贡易林序》、宋程迥撰《纪验》。正文二卷，卷下前有焦氏易林目录，书后有宋淳祐元年撰《题识》、明成化九年（1473）彭华撰《题焦氏易林后》、明嘉靖四年（1525）姜恩撰《序焦氏易林后》。

半叶十二行，行二十四字，小字双行同。左右双边，白口。版心上镌六十四卦卦名。有清丁丙跋，另有嘉庆十三年（1808）顾广圻撰《刻易林序》和明嘉靖十三年黄丕烈撰《刻陆敕先校宋本焦氏易林序》。书钤“嘉惠堂丁氏藏”“一云散人”“顾千里印”“顾涧苹藏书”“松生”“八千卷楼所藏”印。

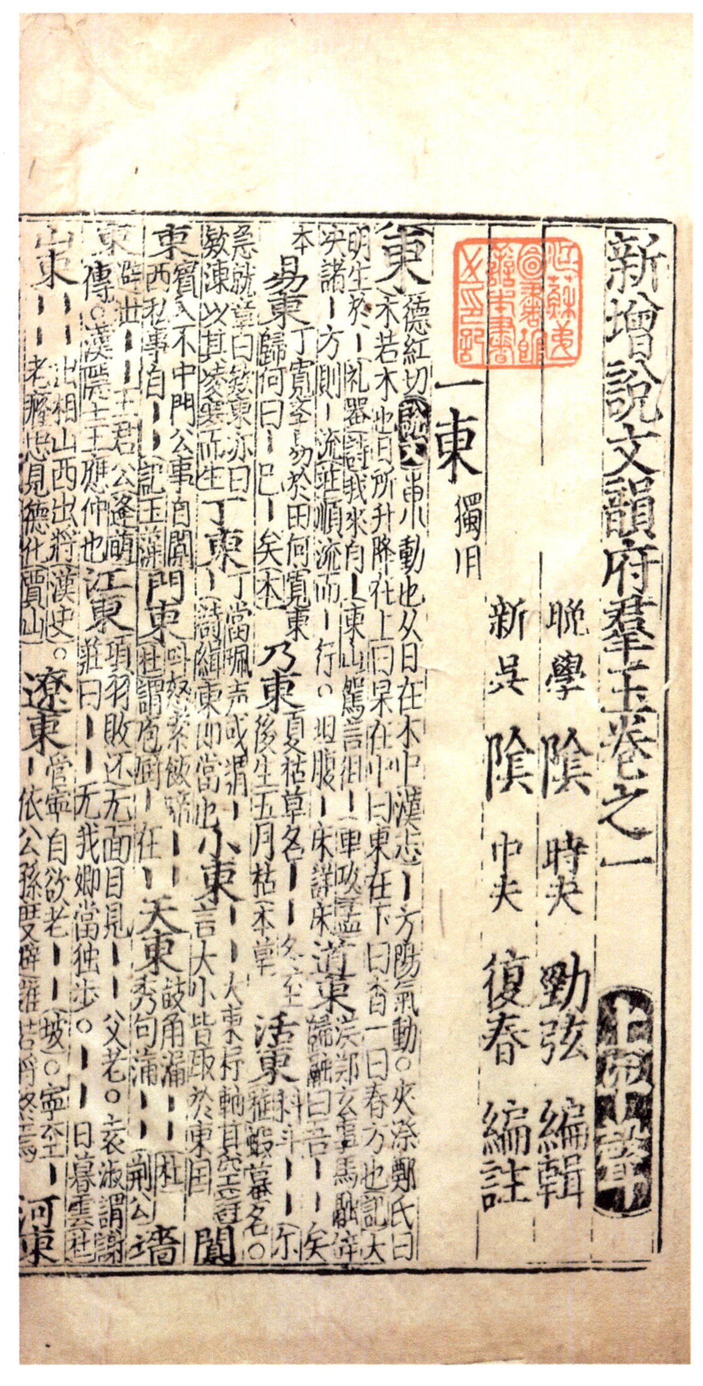
新增說文韻府羣玉卷之一　上平聲

晚學　陰時夫　勁弦　編輯

新吳　陰中夫　復春　編註

一東　獨用

新增说文韵府群玉二十卷

（元）阴时夫辑　（元）阴中夫注　明天顺六年（1462）叶氏南山书堂刻本　（清）丁丙跋　二十册　名录号及索书号 10528—110940

阴时夫，名幼达，以字行，一字劲弦，奉新（今江西奉新）人。

阴中夫，名劲达，以字行，一字复春，奉新人，为时夫之兄。

是书为一部韵书。凡例末有叶氏南山堂木记一方，注明成书缘由：“瑞阳阴君所编《韵府群玉》，以事系韵，以韵摘事，乃韵书而兼类书也。检阅便益，观者无不称善。本堂今将

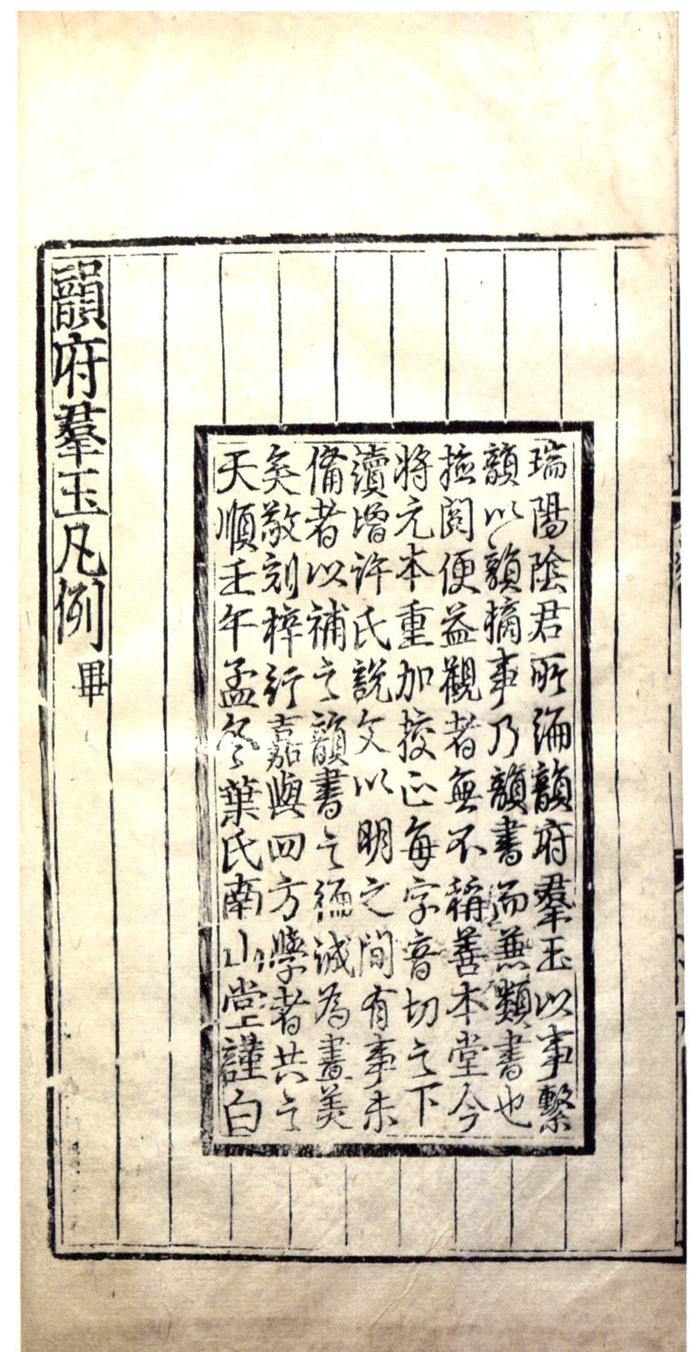
瑞陽陰君所編韻府羣玉以事繫
韻以韻摘事乃韻書而兼類書也
撿閱便益觀者無不稱善本堂今
將元本重加挍正每字音切之下
續增許氏說文以明之間有事未
備者以補之韻書之編誠爲盡美
矣敬刻梓行嘉與四方學者共之
天順壬午孟冬葉氏南山堂謹白

韻府羣玉凡例 畢

元本重加校正，每字音切之下，续增许氏《说文》以明之，间有事未备者以补之。”“许氏说文”即指东汉许慎所作《说文解字》。南山堂，亦作“南山精舍”，为明天顺间叶继武的书坊名。书正文二十卷，前有韵目、事类总目和凡例，卷一至四上平声，卷五至十二下平声，卷十三至十六去声，卷十七至二十入声。

半叶十一行，行字不等。左右双边，上下黑口，双顺黑鱼尾。版心中题书名、卷次、页码。卷首有清丁丙跋。书钤有“宋嘉”“嘉惠堂丁氏藏书之记”“四库著录”“光绪癸巳泉唐嘉惠堂丁氏所得”等印。

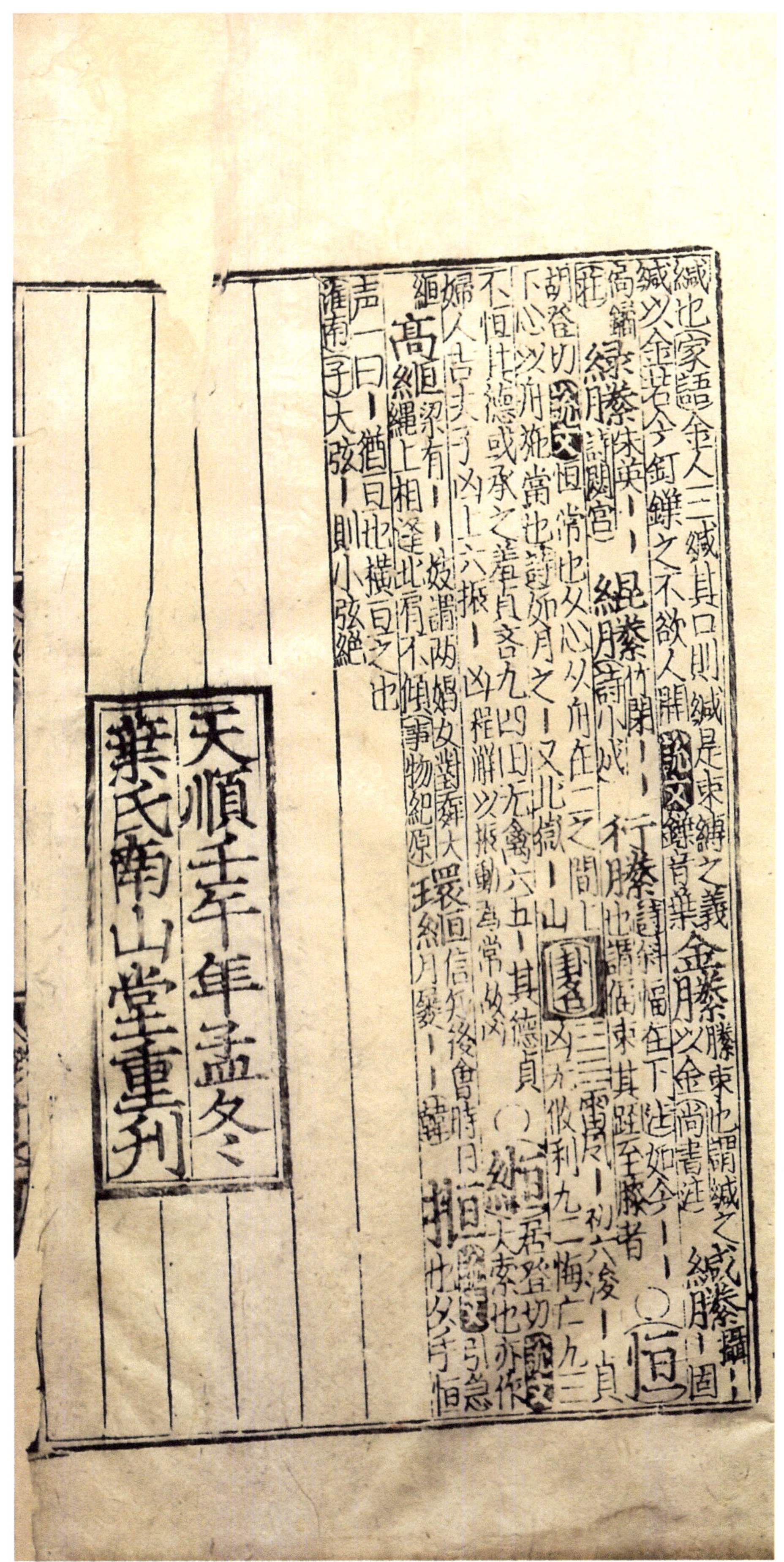

緘也(家語)金人三緘其口則緘是束縛之義 金縢 縢束也謂緘之以金(尚書注) 緘縢 攝ㄧㄧ ㄧ固

緘以金若今釘鍱之不欲人開(說文)鍱音渫

偪(莊) 綠縢 朱英ㄧㄧ(詩閟宮) 緄縢 竹閉ㄧㄧ(詩小戎) 行縢 詩斜偪在下注如今ㄧㄧ也謂偪束其脛至膝者 ○恒

胡登切(說文)恒常也从心从舟在二之間上下心以舟施恒也詩如月之ㄧ又北嶽ㄧ山(卦名)☳☴震上巽下ㄧ亨无咎利貞初六浚ㄧ貞凶无攸利九二悔亡九三

不恒其德或承之羞貞吝九四田无禽六五ㄧ其德貞(　)婦人吉夫子凶上六振ㄧ凶 程頤以振動為常故凶 絚 居登切(說文)大索也亦作

絙 高絙 梁有ㄧㄧ妓謂兩娼女對舞大 絙上相逢出有不傾(事物紀原) 環絙 信宿後會時日ㄧ日 絲月發ㄧㄧ(韓) 揯 (說文)引急 廿久亐恒

声一曰ㄧ猶亘也横亘之也

淮南子大弦ㄧ則小弦絕

天順壬午年孟冬

葉氏南山堂重刊

文选六十卷

（南朝梁）萧统辑　（唐）李善注　明成化二十三年（1487）唐藩朱芝址刻本　二十册
名录号及索书号 10886—117167

《文选》为南朝梁昭明太子萧统主编的一部诗文选集，又名《昭明文选》，选录先秦至南朝梁时期各类文学作品七百余篇。唐显庆中，崇贤馆直学士李善为之注解。至开元时，又有衢州常山县尉吕延济等五臣为之作注。南宋以来，李善注皆与五臣注合刊，单行本罕传。

此明唐藩朱芝址本，存元版遗风，独留善注，为李善注版本系统中的重要版本，此后晋藩、汲古阁等刻印皆以此为祖本。唐藩始封于洪武二十四年（1391）明太祖第二十三子朱桱，永乐六年（1408）就藩南阳。朱芝址为第四代唐王，初封舞阳王，成化十三年（1477）袭封。成化二十一年（1485）卒（是书首有明成化二十三年朱芝址序，其卒年或另有说法），谥庄。成化以前，唐藩为明藩府刻书中最为精善者。隆庆五年（1571）唐端王朱硕熿重刻《文选》，清代学者莫友芝谓其“刻字甚恶，不及成化初刻远甚”，成化本之善由此可见。

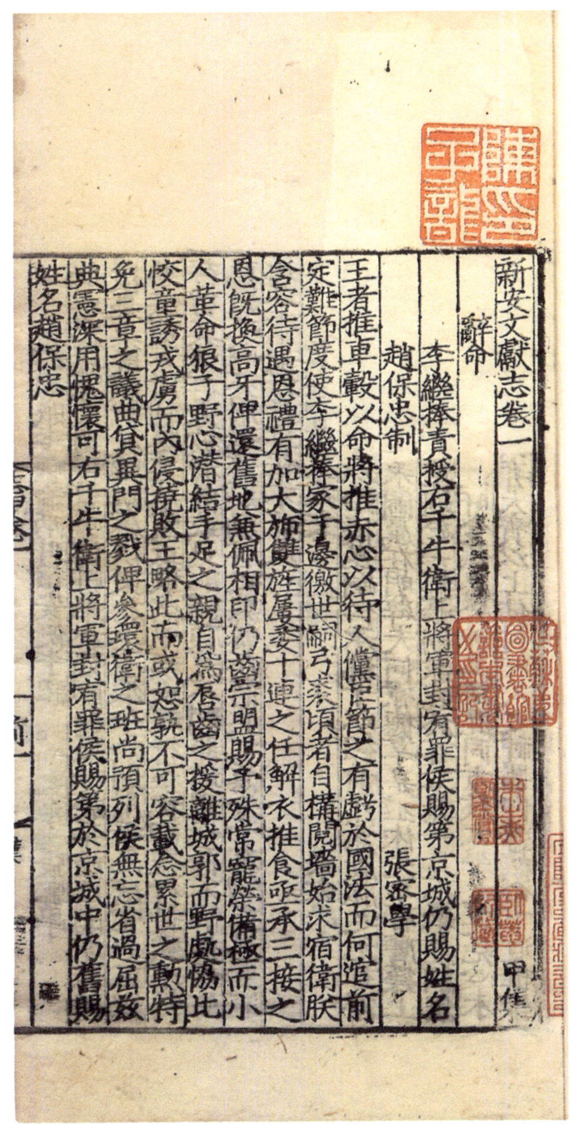

新安文獻志卷一

辭命

李繼捧責授右千牛衛上將軍封宥罪侯賜第京城仍賜姓名

趙保忠制　　張密學

王者推車轂以命將推赤心以待人儻虧節之有虧於國法而何逭前定難節度使李繼捧家于邊徼世嗣弓裘頃者自備闕庭始來宿衛朕含容待遇恩禮有加大旆雙旌屢委千里之任解衣推食亟承三接之恩既換高牙俾還舊地兼佩相印仍齒宗盟賜予殊常寵榮備極而小人革命狼子野心潛結手足之親自爲脣齒之援離城郭而野處協比狡童誘戎虜而內侵撓敗王略此而或恕孰不可容載念累世之勳特免三章之議曲貸異門之戮俾參環衛之班尚預列侯無忘省過屈茲典憲深用愧懷可右千牛衛上將軍封宥罪侯賜第於京城中仍舊賜姓名趙保忠

新安文献志一百卷先贤事略二卷目录二卷

（明）程敏政辑　明弘治十年（1497）祁司员、彭哲等刻本　（清）丁丙跋　十六册　名录号及索书号 10948—111954

程敏政（1446—1499），字克勤，中年后号篁墩，又号篁墩居士、篁墩老人，安徽休宁人。成化二年（1466）进士，官至礼部右侍郎。

是书为程敏政主持编纂的一部徽州地方文献总集，荟萃极为赅备，自明以来推为巨制。创始于天顺年间，成书于弘治三年（1490），开雕于弘治九年（1496）春，次年五月刊成，历时三十年始刻成。

全书凡一百卷，分上、下集。上集六十卷，专收徽州自齐、梁迄明乡贤所撰诗文，略依真德秀《文章正宗》之例，分类辑录。下集四十卷，则皆先达行实，不必尽出郡人所论撰。

钤有“宣城李氏瞿硎石室图书印记”“朱之赤鉴赏”“卧庵所藏”“宛陵李之郇藏书印”“安乐堂藏书记”“明善堂览书画印记”“休宁朱之赤珍藏图书”等印。

新安文獻志先賢事畧上 本郡

齊

程郢州茂 休寧篁墩人齊永元中爲郢州長史會蕭衍起兵襄陽分兵圍郢城與守將張沖協力拒守移書責衍反正詔以茂都督郢司二州軍事輔國將軍郢州刺史會援絕城降義不受梁官 篁墩本屬休寧後割隸歙

梁

程秘書 詧 郢州茂之子幼能文以諸生選爲司徒左長史累遷散騎侍郎大同中爲秘書少監與柳惲齊名嘗作東天竺賦以自况爲文士所傳忠壯公靈洗其孫也

唐

吳侍御 少微 歙人第進士中興初官至左臺監察御史以文名有集五卷 覼本

程密州 諫 字仲幾忠壯公七世孫開元二十七年進士再選藍田尉累

历年“册府千华”系列展览举办情况

年份	场次	举办单位	展览名称
2014	3	湖北省图书馆	册府千华——湖北省藏国家珍贵古籍特展
		山东省图书馆	册府千华——山东省藏国家珍贵古籍特展
		南京图书馆	册府千华——江苏省藏国家珍贵古籍特展
2015	4	湖南图书馆	册府千华——湖南省藏国家珍贵古籍特展
		国家图书馆	册府千华——西域文献保护成果展
		国家图书馆	册府千华——珍贵古籍雕版特展
		国家图书馆	册府千华——民间珍贵典籍收藏展
2016	2	浙江图书馆	册府千华——浙江省藏国家珍贵古籍特展
		广东省立中山图书馆	册府千华——广东省珍贵古籍特展
2017	6	贵州省图书馆	册府千华——贵州省藏国家珍贵古籍特展
		内蒙古自治区图书馆	册府千华——内蒙古自治区藏国家珍贵古籍特展
		四川省图书馆	册府千华——四川省图书馆藏国家珍贵古籍暨四川省古籍保护十周年成果展
		河南省图书馆	册府千华——河南省藏国家珍贵古籍特展
		云南省图书馆	册府千华——云南省藏国家珍贵古籍特展
		青海省图书馆	册府千华——青海省藏国家珍贵古籍特展
2018	8	南京图书馆	册府千华——2018 江苏省藏国家珍贵古籍特展
		广西壮族自治区图书馆	册府千华——广西壮族自治区藏国家珍贵古籍特展
		吉林省图书馆	册府千华——吉林省珍贵古籍特展
		云南迪庆藏族自治州图书馆	册府千华——纳格拉洞藏经修复成果展
		山西省图书馆	册府千华 妙手匠心——山西省古籍保护成果展
		浙江绍兴图书馆	册府千华——绍兴市古籍保护成果展
		山东省图书馆	册府千华 守望文明：泰山·黄河·孔子——山东珍贵古籍展
		宁夏回族自治区图书馆	册府千华——宁夏回族自治区珍贵古籍特展

续表

年份	场次	举办单位	展览名称
2019	2	黑龙江省图书馆	册府千华——黑龙江省藏国家珍贵古籍特展
		辽宁大连图书馆	册府千华——大连地区藏国家珍贵古籍特展暨古籍保护成果展
2020	2	重庆图书馆	册府千华——重庆市藏国家珍贵古籍特展
		江西省图书馆	册府千华——江西省藏国家珍贵古籍特展
2021	3	苏州图书馆	册府千华——苏州市藏国家珍贵古籍特展
		浙江大学图书馆	册府千华：中国与亚洲——浙江大学藏中外善本珍本图书
		南京大学图书馆	册府千华·南雍撷珍——南京大学古籍菁华展暨中国古代套色版画特展
2023	4	四川大学图书馆	册府千华·锦水含章——四川大学古籍菁华展
		苏州图书馆	册府千华——《永乐大典》与苏州文献展
		扬州市图书馆	册府千华——扬州运河文化典籍展
		湖北省图书馆	册府千华——湖北省藏珍贵古籍特展
2024	1	新疆维吾尔自治区图书馆	册府千华——历代西域诗抄珍贵古籍展